Lieber Werner! – In Dankbarkeit für über acht Jahre gute Kollegialität – im Dienst unserer Gemeinde zugeeignet.

Windisch, 26/6/1994 [illegible]

Föderalismus und Freiheit

Der Aufstand von 1802: ein in der Schweiz geschriebenes Kapitel Weltgeschichte

von Jürg Stüssi-Lauterburg
illustriert unter Mitwirkung von Derck Engelberts

Vorwort von Landammann Thomas Pfisterer

Effingerhof AG, Brugg 1994

Die Interessengemeinschaft

«Revolution und Gegenrevolution in der Schweiz»

unter der Leitung von B. de Diesbach, H. Foerster und J.-P. Vuarnoz mit A. Fankhauser als Vorsteher des wissenschaftlichen Beirats gibt die Publikationsreihe *«Quellen und Forschungen 1789–1815»* heraus.

Die Publikationen erscheinen in loser Folge.
In Vorbereitung sind u. a. folgende weitere Themen:

- A.-J. Tornare, Le 10 août 1792 et le colonel d'Affry;
- A. Portmann, Die Bundesverfassung von Karl Ludwig von Haller;
- F. Seydoux, La vie musicale vers 1800;
- P. Schmid, Die historischen Ereignisse der Helvetik in der Belletristik;
- H. Foerster – A. Fankhauser, Bibliographie zur Militärgeschichte der Helvetik (1924–1992).

Informationen können angefordert werden bei:
J.-P. Vuarnoz, Veilchenweg 3, 3186 Düdingen.

INHALT

1. Auflage 1994

Gesamtherstellung und Vertrieb:
Effingerhof AG, CH-5200 Brugg
Printed in Switzerland
ISBN 3-85648-109-5

Vorwort

von Landammann Thomas Pfisterer

Die Mediationsverfassung, die Napoleon im Jahre 1803 dem helvetischen Staat diktierte, sollte den Ausgleich zwischen den zentralistischen Bedürfnissen und dem föderalistischen Wesen schaffen. Bonaparte brauchte für seine internationale Machtpolitik den inneren Frieden im Nachbarland. Um diesen zu sichern, verwandelte er den helvetischen Einheitsstaat kurzerhand in einen föderalistischen Staatenbund und schuf sechs neue Kantone, darunter den Aargau, seinerseits selbst zusammengesetzt aus vier Regionen. Er sollte als Puffer dienen zwischen den rivalisierenden Ständen Zürich, Bern und Basel. Es ging dabei keineswegs um das neue Staatsgebilde an sich, sondern allein um die Interessen Frankreichs.
So entstand der Aargau nicht als gewachsene Einheit, sondern am Verhandlungstisch als Zweckbündnis für Ausgleich und Verbindung. Der ersten Aargauer Regierung blieb nichts anderes übrig, als aus der Not eine Tugend zu machen und das auf Diktat Geschaffene mit Lebenskraft zu erfüllen. Sie sah sich in eine Rolle versetzt, die sie gleichermassen nach innen und nach aussen wahrnehmen musste: aus der Vielfalt eine Einheit bilden, vom Gegeneinander zum Miteinander führen, Gegensätze in Gemeinsamkeiten verwandeln. Seit bald zweihundert Jahren nimmt der Aargau nun diese Vermittlerfunktion wahr und stellt sich mit freiheitlichem Elan immer wieder neu der Aufgabe, an der Entwicklung des gemeinsamen Staatsgefüges entscheidend mitzuwirken. In kürzester Zeit war der neue Kanton Aargau damals das souveräne Glied in einem schwachen Staatenbund, indem er eine aussergewöhnliche Führungsleistung vollbrachte. Napoleon wollte den Aargau als starken Kanton, der verbindet. Noch heute ist der Aargau mit seinen 232 Gemeinden immer wieder gefordert, wenn es darum geht, Kompromisse zu finden und Gleichgewichte herzustellen. Die Natur hat ihn zum Ausgleich bestimmt.
Das nach der Mediationsverfassung notwendig gewordene Zusammenleben und Zusammenwachsen der verschiedenen Regionen, die Rücksichtnahme auf die unterschiedlichen Religionen und die andersartige kulturelle und historische Herkunft haben die föderalistische Überzeugung gestärkt und Toleranz und den Sinn für Minderheiten geweckt. Rasch entstand in diesem neuen Staatsgebilde ein erstaunliches Zusammengehörigkeitsgefühl. Von allem Anfang an war diese Politik des Ausgleichs darauf aus, alle Regionen gleichermassen zu entwickeln und wirtschaftlich stark zu machen. Den Begriff Hinterland kennt der Aargau nicht. Fleiss, Beharrlichkeit und Unternehmergeist waren die Verbindung über die Gräben hinweg, zuverlässige Arbeit und Ideenreichtum wichtiger als Konfrontation. Die dezentrale Siedlungsstruktur begünstigte das Erstarken von einer Vielzahl mittlerer und kleiner Betriebe und förderte eine grosse Vielfalt, nicht zuletzt auch auf kulturellem Gebiet.
Die zentrale Lage mitten in diesem Land hat den Aargau geprägt. Er ist der Kanton der Mitte, er ist die Schweiz im Kleinen. Keine Region, keine Gemeinde, keine Konfession und keine Partei hat hier je dominiert – auch kein städtisches Zentrum. Man sagt ihm braven Durchschnitt nach: moderat, verlässlich, stabil und vertrauenswürdig. Gerade diese Eigenschaften

sind nützlich in seinem steten Bemühen um den Ausgleich zwischen ländlich und städtisch, zwischen landwirtschaftlich, gewerblich und industriell, zwischen Wirtschaft und Politik, zwischen Ost- und Westschweiz, zwischen katholisch und reformiert. Dieses System der Gleichgewichte hat kein zentrales aargauisches Staatsverständnis entstehen lassen. Der Aargau ist nicht verankert in einer jahrhundertealten Geschichte, er ist dadurch aber auch nicht gelähmt durch die Last der Überlieferung. Er kann sich voraussetzungslos im Hier und Heute einrichten und sich frei und unbeschwert auf die Zukunft ausrichten. Seine politische Tradition liegt in der Vielfalt, in der Toleranz und in der Öffnung. Die Mediationskantone verkörperten 1803 nicht den überholten reaktionären Föderalismus, sondern das neue, junge Element im Bund. Die Schicksalsgemeinschaft der sechs jugendlichen Staatswesen von damals ist heute der Schicksalsgemeinschaft der Völker Europas vergleichbar. Wie vor rund 200 Jahren liegt hier unsere Chance, im Offensein über die Grenzen hinweg. Diese Einsicht in die Notwendigkeit von 1803 ist eines der Fundamente aargauischer und schweizerischer Existenz, heute im Hinblick auf unsere gesicherte Zukunft in der europäischen Staatengemeinschaft. Zum Ausgleich bestimmt und in die Zukunft orientiert – das ist die Rolle des Aargaus.

Ein Wort des Dankes

Ohne die tatkräftige Unterstützung einer sehr grossen Zahl von Institutionen und Privatpersonen hätte das vorliegende Buch nicht entstehen können. Ihnen sei an dieser Stelle auf das Beste gedankt! Es ist ausgeschlossen, alle namentlich zu erwähnen; so möge denn eine Auswahl hier die Gesamtheit vertreten: Bundesarchiv Bern, Staatsarchive Bern, Schwyz und Freiburg, Stadtarchiv Aarau, Landesbibliothek, Stadt- und Universitätsbibliothek, Burgerbibliothek und Eidg. Militärbibliothek in Bern. Der Direktion des Park Hôtel Sauvage in Meiringen (J. & B. Musfeld-Brugnoli) verdanke ich interessante Angaben zur Geschichte ihres gastlichen Hauses. M. Pestalozzi in Aarau hat mich in selbstloser Weise an das hochinteressante Protokoll der dortigen Munizipalität herangeführt. R. Munday in Much Hadham hat mir zur Parlamentsdebatte von 1802 und zu weiterer englischer Literatur verholfen. H. Foerster in Freiburg, E. Birri und R. Kühnis in Windisch, H. von Dach und R. Barth in Bern, E. Horat in Schwyz, A. Berlincourt in Ostermundigen und V. Bartlome in Bümpliz haben auf die verschiedenste Weise Steine aufs Baugerüst getragen. Therese Mühlemann, Kathrin Neuhaus und Regula Renggli haben geduldig und zuverlässig einen schwierigen Text geschrieben und umgeschrieben. R. Waldburger hat die Kopien angefertigt und zusammengestellt. In J. Räber und A. Häuptli von der Firma Effingerhof habe ich verständnisvolle Verleger gefunden. Allen, Genannten und Ungenannten, gilt mein herzlicher Dank!

Windisch, 28. August 1993 — Jürg Stüssi-Lauterburg

Zwei Worte auf den Weg

Der Aufstand von 1802 erzwang in der Schweiz den Föderalismus, brachte Bonaparte zur erneuten Intervention in unserem Land, führte mit zur englischen Kriegserklärung an Frankreich im Jahre 1803, stimulierte Schiller zur Behandlung des Tell. Jede dieser Thesen wäre für sich allein ein Buch wert, wieviel mehr alle zusammen. Auf den folgenden Seiten wird dem Leser zuerst ein Überblick vermittelt. Das anschliessende I. Kapitel schildert die Entwicklung bis zum Abzug der 1798 ins Land gekommenen französischen Truppen im Juli 1802. Wie die aus einem Putsch hervorgegangene helvetische Regierung eine Verfassungsabstimmung fälschte und so den Aufstand provozierte, beschreibt das II. Kapitel. Im III. Kapitel wird der Verlauf des Aufstandes in allen erforderlichen Einzelheiten dargestellt, weil so ein verzerrungsarmes Bild vom einzigen Sturz einer Schweizer Regierung durch einen Volksaufstand vor dem geistigen Auge des Lesers entstehen kann. Wie sich Bonaparte zum Mediator machte und der Schweiz zeigte, dass ihr Selbstbestimmungsrecht 1802 höchstens eine nützliche Fiktion war, präsentiert Kapitel IV, dem sich in Kapitel V eine Betrachtung der Folgen des Aufstandes in der Schweiz, in der deutschsprachigen Literatur und in der Weltgeschichte anschliesst. Die im Anhang abgedruckte amtliche Erwahrung der Volksabstimmung betreffend die Einführung einer neuen Verfassung vom 2. Juli 1802, mit ihren detaillierten Angaben zu den einzelnen Kantonen und Distrikten, gestattet eine Annäherung an die politische Landkarte jenes stürmischen Jahres, dessen Kalender Anhang 2 bietet. Anhang 3 bietet die Petition der probernischen Aargauer aus dem Jahr 1801 als Spiegel einer der zum Aufstand von 1802 führenden politischen Tendenzen.

Der Aufstand von 1802

Napoleon Bonaparte war am Ziel dessen, was er wünschen konnte: die Französische Republik, kontinentale Vormacht von Europa, hatte England einen Frieden abgetrotzt, und der siegreiche General stand der Grande Nation in *quasi* monarchischer Stellung vor. Das Jahr 1802 hätte zum Ausgangspunkt einer neuen europäischen Friedensordnung werden können. Einer der Gründe, warum diese Möglichkeit auf immer verflog, war die Misshandlung der Schweiz durch den Korsen. Bonaparte hatte 1801 im Frieden von Lunéville mit Österreich das Selbstbestimmungsrecht unseres Landes unter beidseitige, also internationale, Garantie gestellt. Er hatte 1802 in Amiens mit England *rebus sic stantibus* Frieden geschlossen. Bonaparte erzwang danach die Trennung des Wallis von der Schweiz, zog aber auch seine Truppen aus der Helvetischen Republik zurück. Wozu? Kleist vermutete noch vor dem Rückzug, schon im März, die Schweiz werde auf irgendeine Art zum Opfer der französischen Brutalität werden und der russische Gesandte in Paris warnte seinen helvetischen Kollegen vor der französischen Hinterlist des *reculer pour mieux sauter.* Und doch war die Freude über den Abgang der ungebetenen Gäste gross: «Marsch! Marsch! Franzos gang hey!» dichtete der Sigriswiler Pfarrer Kuhn aus tiefstem Herzen, «So gang und chum nit meh.»

Der französischen Bajonette beraubt, aber nach wie vor von der zentralistischen französischen Staatsidee gefesselt, musste die helvetische Regierung nun mit ihrer eigenen Glaubwürdigkeit stehen oder fallen. Schwyz und die anderen alten, föderalistischen, vom Respekt vor dem Gewordenen, dem Herkommen geprägten Landsgemeindedemokratien forderten das wacklige System alsbald heraus und versetzten ihm, als es militärisch reagierte, an der Rengg am 28. August eine erste Schlappe. Ein Waffenstillstand offenbarte die Schwäche der Helvetik vollends – *in Paris,* wo sich Talleyrand wegwerfend über eine Regierung äusserte, die mit Rebellen traktiere, und *in der Schweiz,* wo die Föderalisten Aufwind erhielten. Der helvetische General Andermatt nahm daraufhin die Masse seiner Truppen aus dem Grossraum Luzern und führte sie vor die Stadt Zürich. Die Bürgerschaft schloss die Tore und öffnete sie trotz zweimaligen Bombardements am 10. und am 13. September nicht. Diese klare Niederlage liess die helvetische Regierung schwach, der Kampf gegen die Zivilbevölkerung liess sie hassenswert erscheinen. Zudem war Andermatt, der den See überquert hatte und auf dem Zürichberg lag, nun auf der falschen Seite von Limmat und Reuss, um gegen eine Revolution im Aargau einzuschreiten. Erlach, Chef der dortigen Föderalisten, wurde am 13. September selbst vom Ausbruch des seit langem vorbereiteten Aufstands überrascht. Die schwache helvetische Garnison von Baden gab den Kampf nach kurzem Gefecht verloren, und wenig später stand Erlach in Windisch und Brugg, am 14. September dann in Aarau. Die Festung Aarburg kapitulierte noch nicht, so dass das föderalistische Heer über Olten und Solothurn weiterrückte. Die aus dem Boden gestampfte oder vielmehr selbst aufgestandene aargauisch-bernisch-solothurnische Armee gelangte am 17. September bis Bätterkinden. In der Zwischenzeit hatten die neuen Behörden von Baden Andermatt über die Limmat, jene von

Mellingen ihn über die Reuss gelassen. Mays Aargauer Landsturm und Andermatts Armee standen vor dem Zusammenstoss, vermieden diesen jedoch durch eine Konvention der Chefs, die dem helvetischen General gestattete, rasch nach Westen zu gelangen. Andermatt konnte zum Wettlauf nach Bern gegen Erlach antreten oder doch mindestens der helvetischen Regierung den Rücken so weit stärken, dass sie Widerstand leistete, bis ihre Armee heran war. Daraus wurde aber nichts: Der regierende Vollziehungsrat unter Landammann Dolder war von einer bizarren Koalition föderalistischer und zentralistischer Kräfte gestürzt worden. Dolder selbst wurde als Gefangener nach Jegenstorf gebracht. Jene neuernannten Vollziehungsräte, die innert nützlicher Frist befragt werden konnten, erklärten aber, die Wahl nicht anzunehmen, so dass die soeben gestürzten Männer wieder eingesetzt wurden. Das waren keine Voraussetzungen für entschlossene Haltung. Nun, am 17. September lag Andermatt mit der helvetischen Armee in Kirchberg. In dieser Lage bildete der vom bernischen Zentralkomitee der Föderalisten dazu beauftragte Effinger aus einigen Veteranen aus Fremden Diensten und aus Landstürmern das Aequivalent eines Bataillons. Auf der Strasse, die am 5. März 1798 der französische General Schauenburg eingeschlagen hatte, ging Effinger gegen das Grauholz vor, aus welcher Stellung er die schwachen helvetischen Vorposten herausbluffte. Vor das Untere Tor Berns marschiert, nahm er ein Bombardement an die Hand, verlangte die Übergabe der Stadt und erreichte sie, nicht zuletzt dank Leutnant von Werdts heldenhaftem, mit dem Leben bezahlten Einsatz. Ein unvermeidlicher Preis der leichten Eroberung Berns war allerdings, dass die Masse der helvetischen Armee einmal mehr ihrer – kriegsentscheidenden – Vernichtung entging und, durch die Bestimmungen der Kapitulation geschützt, über Aarburg in den Raum Murten–Payerne marschieren konnte. Der Fall von Bern liess nun auch die letzten Zweifler erkennen, welche Stunde es geschlagen hatte, und so fiel es der Berner Militärkommission leicht, der von Erlach auf Wattenwyl übertragenen Armee Verstärkung über Verstärkung zuzuführen. Dazu kam der Beitrag von Uri, Schwyz, Unterwalden, Glarus und Appenzell, die ihren Waffenstillstand gekündigt hatten und die kleine Armee des Schwyzers Aufdermaur über den Brünig sandten.

Aufdermaur war in Bern zunächst nur mässig willkommen, fürchtete doch die aristokratisch gesinnte Mehrheit der Standeskommission genannten neuen Regierung den demokratischen Einfluss des aus Landsgemeindemännern bestehenden Heeres. Dass der Schwyzer die Kapitulation von Bern mit ihrem Schutz des freien Abzugs der helvetischen Truppen für sich nicht gelten liess und in Burgdorf die nach Westen marschierende Garnison von Luzern gefangennahm, war ärgerlich, weil die Berner Standeskommission dadurch an Glaubwürdigkeit verlor und dahinter die Tendenz durchschimmerte, *Bundesrecht* (das unter den Bedingungen von 1802 nur demokratisches Recht sein konnte) über eventuell *auch* aristokratisches *kantonales* Recht zu stellen. Die Tagsatzung, die in Schwyz zusammentrat, bestand denn auch auf je einem Vertreter von Stadt und Land und demonstrierte dadurch ganz klar ihren Willen, allen Bewohnern der Kantone Anteil an den politischen Rechten zu geben. Zur ideologischen Schwächung der Sache der Föderalisten beharrte die Berner Standeskommission aber auf dem rein aristokratischen Standpunkt, wonach die Regimentsfähigkeit nur den Burgern der Stadt Bern zukam, war aber immerhin bereit, das Burgerrecht zu öffnen.

Anzumerken bleibt jedoch, dass ganz offensichtlich die Bevölkerungsmehrheit in den ehemaligen helvetischen Kantonen Oberland, Bern und Aargau eine, wenn auch durch gewisse Reformen eingegrenzte Restauration der alten aristokratischen Republik Bern als kleineres Übel der Helvetik vorzog. Die Tagsatzung konnte sich gar nicht leisten, den militärisch unentbehrlichen Stand Bern zu einer Verfassung zu zwingen, die er selbst in seiner Bevölkerungsmehrheit damals wohl nicht wollte. So blieb die Demokratisierung Berns, kurz vor dem Einfall der Franzosen 1798 schon einmal in aller Form beschlossen, ein Problem, dessen Lösung noch Jahrzehnte in Anspruch nehmen sollte. Dasselbe galt für die Ausgestaltung des Verhältnisses zwischen Bund und Kantonen, obwohl seit 1787 die Verfassung der USA den Weg wies. Wie weiter? Nach dem Fall Berns stellte sich den Föderalisten gebieterisch diese Frage. Die Kantone Freiburg und Waadt hatten von 1797/1798 her eine besondere Qualität, da das Direktorium sie unter französischen Schutz gestellt und weil die am 24. Januar 1798 ausgerufene Lemanische Republik die französischen Truppen ins Land gerufen hatte. Vor allem aber bildeten sie zusammen eine Art Glacis der Walliser Alpenpässe und ihrer nördlichen Zugänge und gehörten deshalb seit 1797 zum unmittelbaren Interessenbereich Bonapartes. 1800 hatte der General auf dem Marsch nach Marengo der ganzen Welt den strategischen Wert des Grossen St. Bernhard gezeigt, und durch den schon 1797 initiierten Strassenbau am Simplon demonstrierte er dessen Bedeutung noch täglich.

Unzweifelhaft genoss die Waadt den französischen Schutz in höherem Mass als Freiburg und es ist nicht weiter erstaunlich, dass Aufdermaur und Wattenwyl sich am 26. September, allerdings erfolglos, an der alten Zähringerstadt versuchten, anstatt an ihr vorbei ins Herz des helvetischen Rumpfstaates, nach Lausanne, zu stossen. Der Rückschlag vor Freiburg und ein weiterer Misserfolg an der Brücke von Salavaux verzögerten die Operationen, die durch die Ernennung des Glarner Veteranen aus Fremden Diensten Bachmann zum Oberbefehlshaber am 27. September freilich an Einheitlichkeit gewannen und im Gefecht von Pfauen vom 3. Oktober die klare Überlegenheit der eidgenössischen über die helvetische Armee demonstrierten. Das Konzept des Gefechts war einfach und erfolgsversprechend: durch einen Angriff in der Front die Helvetier zu binden, ihren rechten Flügel zu umfassen, sie einzukesseln und zu vernichten. Dass es nicht gelang, *diese* Idee in die Wirklichkeit umzusetzen, geht auf einen Gottesdienst zurück, den Aufdermaur auf offenem Felde bei Cressier feiern liess und dessen Dauer dem helvetischen Gros die nötige Zeit gab, zu entschlüpfen. Das nicht intendierte aber für die Nachgeborenen erfreuliche Ergebnis war ein Sieg mit geringem Blutverlust, der aber trotzdem die helvetischen Streitkräfte als zusammenhängende und in Rechnung zu stellende Grösse ausschaltete. Bis Montpreveyres stiessen die Föderalisten weiter, bevor der Abgeordnete des Ersten Konsuls mit französischen Drohungen einen Waffenstillstand erzwang.

Die Schweiz hatte klar und eindrücklich ihren föderalistischen Willen kundgetan: nicht umsonst machte sich Schiller wenige Tage nach der Rengg ernsthaft an seinen *Tell.* Jeder Leser der *Times,* überhaupt alle Beobachter, die die Dinge von aussen verfolgten und nicht aus Angst oder weil es ihnen ökonomisch oder ideologisch so in den Kram passte, der französischen Propaganda folgten, konnten keinen Zweifel mehr haben. Wordsworths berühmtes

Gedicht über die Unterjochung der Schweiz spricht eine deutliche Sprache. Nur noch durch den offenen Bruch seiner Lunéviller Verpflichtung konnte Bonaparte aus der Schweiz erneut einen Vasallenstaat machen: deshalb war der Erste Konsul so zornig über Dolder, der nicht den Mut gehabt habe, sich ermorden zu lassen, über den Senat und seine Flucht an die Gestade des Genfersees. Die Kreaturen Frankreichs hatten im Felde auch nicht einmal einen Achtungserfolg zu erzielen vermocht. Bonaparte musste seine Hand, die er gern versteckt hätte, offen zeigen, offen den Frieden von Lunéville und damit die Friedensordnung von Amiens und Lunéville brechen. Darüber konnte das in Paris inszenierte Mediationstheater niemanden täuschen, umsoweniger, als der Erste Konsul von Anfang an als Diktator auftrat. Die wieder in die Schweiz einrückenden Truppen wurden von Bonaparte nicht ohne Zögern entsandt, weil sie auch den letzten Zweifel am Charakter der Mediation beseitigen mussten. Der Einmarsch zerstörte aber auch die letzte Chance für Bonaparte, seinen Frieden mit England dauerhaft zu machen, und führte sehr direkt, wenn auch nicht allein, zur Kriegserklärung Georgs III. an Frankreich, eine Erklärung, die sich ausdrücklich auf die Schweiz bezieht und die in ihrer Bedeutung gar nicht überschätzt werden kann: Europa sollte nicht auf der Grundlage von Amiens und Lunéville sondern auf der Grundlage des Wiener Kongresses ins weitere 19. Jahrhundert gehen, auf der Grundlage einer Ordnung, die, wenn auch vielfach erschüttert, erst 1914 endgültig zerbrach. Ihre segensreichen, territorialen und moralisch-rechtlichen Folgen sind für die Schweiz immer noch spürbar. Der Herzog von Wellington war bezeichnenderweise 1815 unter den Unterzeichnern der Anerkennung der schweizerischen Neutralität durch die Mächte, der Sieger von Waterloo besiegelte so für unser Land den *aussenpolitischen* Prozess, der 1802 begann.

Allein, wenn Bonaparte auch weltpolitisch kaum einen grösseren Fehler beging, als 1802 der Schweiz seine Mediation aufzuzwingen, so lässt sich doch auch sagen, dass der Erste Konsul sein Werk im Einzelnen klug ausgestaltete. Mit ganz wenigen Ausnahmen (Engelberg etwa) war die territoriale Einteilung von Dauer. Die von Bonaparte neugegründeten Stände erwiesen sich sichtlich als lebenskräftige und wertvolle Bundesglieder, und das Land als Ganzes verfügte über eine an den Umständen gemessen beachtliche Autonomie. Selbstverständlich war dies alles mit einem erheblichen Blutzoll zu bezahlen. Auch waren die amputierten Teile des alten Corpus Helveticum zum Teil für immer verloren – wie Mülhausen und das Veltlin – zum Teil für lange Jahre – wie das Wallis, Neuenburg, Genf und das Bistum Basel – und der Kanton Tessin sollte ebenfalls noch Gefahr laufen, abgerissen zu werden – wie von Bonaparte schon 1797 erwogen. Nicht zuletzt hatte die Schweiz einem Ausländer den usurpierten Titel eines Mediators zuzuerkennen, eine völlig gegen die eidgenössische Tradition verstossende Neuerung. All dies änderte aber nichts daran, dass die Schweizer der Jahre 1803 bis 1813 mit anderen unterjochten Völkern verglichen verhältnismässig wenig litten, dass sie sich deshalb später und zögernder als andere der antinapoleonischen Koalition anschlossen und dass selbst heute noch in einigen von Bonaparte 1803 neu geschaffenen Kantonen, ja selbst in gewissen Regionen des Kantons Bern die Erinnerung an seine Zeit entschieden hochgehalten wird. Wer es nicht glaubt, kehre im *Bären* von Langnau ein oder lese Emil Günters *'s Järbsyte-Peters Gschichtli vom alte Napolion u vom Chräjebüel.*

In der Schweiz hatte der Aufstand von 1802 eine Reihe von besonderen Folgen, die zum Teil bis heute nachwirken. Eine davon ist das Misstrauen gegen stehende Truppen *des Zentralstaates* bzw. seines Nachfolgers, *des Bundes*. Dieses Misstrauen geht noch über jenes hinaus, dem stehende Truppen *überhaupt* begegnen, ist es doch gemäss den Bundesverfassungen von 1848 und 1874 den Kantonen erlaubt, 300 Mann dauernd unter den Fahnen zu halten, dem Bund hingegegen ausdrücklich nicht. Noch ein Bombardement von Zürich wollte genausowenig jemand erleben wie einen weiteren Versuch der Zentrale, angesichts der Niederlage in einer Volksabstimmung den eigenen Standpunkt mit den Bajonetten durchzusetzen. So wie die Dinge liegen, kann man vernünftigerweise die gemäss Verfassung möglichen stehenden Truppen der Kantone als Notwehrinstrument gegen Bundeswillkür betrachten und die Nichtanwendung dieser Kompetenz durch die Stände als eine Mischung politischen Vertrauens in den Bund und altschweizerischer Sparsamkeit. Denn stehende Truppen waren und sind teuer.

Kostspieligkeit oder gar Verschwendung aber hatte in den kargen und engen Tälern und Landschaften der Schweiz von jeher einen üblen Klang und wurde darüber hinaus mit Adel und Fürstlichkeit, also mit in der Eidgenossenschaft seit dem Spätmittelalter höchstens geduldeten, immer aber als wesensfremd empfundenen Gesellschaftsständen, identifiziert. Besonders schwer zu akzeptieren war Verschwendung auf Kosten des Volkes. Zusammen mit dem allgemeinen Widerstand gegen Steuern, einem der Hauptgründe für das Entstehen und Überdauern des Milizsystems in allen Bereichen, machte die Ablehnung von Pomp und Aufwand der Helvetik, die das grandiose Frankreich kopierte, zu schaffen. Die Advokaten und bankrotten Kaufleute, aus deren Kreisen die Volkrepräsentanten hauptsächlich stammten, hätten liederlich gehaust, eine grosse Löhnung eingestrichen, schöne Kleider getragen und das dem bedrängten Bauern weggeschnappte Geld zum Teil «bey Nr. 13 mit den schenen Nimpfen» vertan, schreibt Weissenfluh voller Ingrimm.

Trotz ihrer Vertreter ohne Furcht und Tadel wie Rothpletz oder Monod besass die Helvetische Republik als System zu keinem Zeitpunkt eine grosse moralische Autorität. Zu sichtbar stützte sich das Ganze auf die französischen Bajonette, zu hart pressten die Franzosen der Schweiz Leistungen ab, für die selbstverständlich die von Frankreich eingesetzte Regierung verantwortlich gemacht wurde. Die Gleichheit aller, auch in Bezug auf die politischen Rechte, war gewiss ein köstlicher Grundsatz, der eine grosse Zukunft vor sich hatte. Dass er aber um den Preis der eigenen kantonalen Identität, der Fahnen, unter denen die Vorfahren so viele Schlachten gewonnen und bald drei Jahrhunderte den Frieden bewahrt hatten, um den Preis der kostengünstigen Staatsordnung, in den Landsgemeindekantonen um den Preis direkter Demokratie und überall um den Preis von Unabhängigkeit, Frieden und Neutralität erworben werden sollte, leuchtete einer Mehrheit von Schweizern ganz einfach nicht ein. Warum kam es nicht früher zu einem gesamtschweizerischen Aufstand? Weil keine Aussicht auf Erfolg bestand, solange die erfolgreiche französische Militärmaschine allerorten ihre Macht zeigte und zugleich das militärische Selbstbewusstsein der Schweizer seit der Katastrophe von 1798 auf einem Tiefstand war, aus dem es auch der heldenhafte Widerstand der Nidwaldner am 9. September 1798 nicht hatte emporheben können. Erst als die Schweizer Regimenter 1812 an der Beresina die Grande Armée vor dem sichern Untergang retteten, kräftigte sich das Vertrauen der Schweizer in ihre militärische Kraft wieder in nennenswertem Ausmass. Man traute sich 1802 ganz einfach nicht zu, mit den Franzosen im Felde fertig zu werden. Weil man die Armeen des Ersten Konsuls fürchtete, war auch die Sprache, die man ihm gegenüber führte, von Servilität durchtränkt, konnte Bonaparte letztlich die politische Neuordnung des Landes diktieren und sich als einziger Mensch seit der Gründung der Eidgenossenschaft eine *quasi monarchische* amtliche Stellung beilegen, wenn auch durch den relativ bescheidenen Begriff des Mediators noch deutlich von kommenden Kaiser- und Königstiteln unterschieden. Allein, Bonapartes Einfluss in der Schweiz basierte auf der Gewalt. Hatten 1798 die Eidgenossen auf den Schlachtfeldern der schon damals gefürchteten Übermacht weichen müssen und waren alle ihre Aufstände *manu militari* niedergeschlagen worden, so krallte sich gut zwei Monate nach dem Abzug der französischen Truppen das von ihnen im Vollbesitz der Staatsgewalt zurückgelassene helvetische System Anfangs Oktober 1802 an einen Uferstreifen des Genfersees , den es sehr bald ebenfalls verloren hätte, wenn es nicht von Bonaparte durch die Drohung mit Gewalt und danach durch den Einmarsch französischer Truppen noch zu einer kurzen Rolle als politischer Verwalter des eigenen Konkurses gekommen wäre. Warum brach das System so rasch und so gründlich zusammen? Es fehlte der Regierung sichtbar der Rückhalt im Volk, hatte sie doch ihre Verfassungsabstimmung verloren und sich nur durch krasse Manipulation zur Siegerin erklären können.

Nach dem Abzug der Franzosen waren den helvetischen Behörden drei Bataillone stehender Truppen, etwas Artillerie und reitende Jäger, die Expektanz auf die helvetischen Halbbrigaden in französischen Diensten und der Rückgriff auf die Miliz geblieben. Angesichts der Schwäche der stehenden Truppen und der Ferne der Halbbrigaden musste die Miliz entscheiden. Die Miliz entscheidet aber immer zugunsten dessen, von dem die Mehrheit glaubt, er werde gewinnen, und da die Mehrheit nicht nur föderalistisch war, sondern auch an den Erfolg der eigenen Sache glaubte, war der wahrscheinliche Ausgang kein besonderes Geheimnis. Bei einem besseren General als Andermatt hätte die Sache länger dauern können, gewiss. Am Endergebnis konnte aber von Anfang an kein Zweifel bestehen. Entscheidend waren die Mehrheitsverhältnisse. Daneben hatten die Föderalisten politisches und militärisches Talent die Fülle zu ihrer Verfügung: Namen wie Reding, Inderbitzin, Aufdermaur, Meyer, May, Erlach, Effinger, Mülinen, Herrenschwand, Bachmann und selbst Wattenwyl stehen nicht für unverdiente Ehren, sondern für konsolidiertes Wissen und Können aus Fremden Diensten oder einheimischer politischer und militärischer Praxis. Ebenso wichtig war die aus dieser Vergangenheit resultierende Anzahl von Freundschaften und Bekanntschaften, die eine Mobilisierung ausserhalb und gegen die helvetische Staatsordnung ungemein erleichterte. Ohne Kameradschaften aus holländischen Diensten und von 1798 her wäre es 1802 schwerer gewesen, einen Aufstand zu entfesseln. Dazu kamen regionale und lokale Elemente, die sich zum Teil für, in ihrer Masse aber gegen die Helvetik auswirkten: wollten durch das Vorbild der Landsgemeinden in der Nachbarschaft und durch die Helvetik inspirierte Zürcher Gemeinden in einem (lückenhaften) grossen Bogen von Mettmenstetten über Hor-

Abbildung 1
Napoléon Bonaparte, Erster Konsul der Französischen Republik, konzedierte im Frieden von Lunéville das Selbstbestimmungsrecht der Schweiz. Gestützt darauf schloss, nach Österreich, auch England einen Frieden, jenen von Amiens (Text ab Seite 21)

Abbildung 2
Bonaparte glaubte offensichtlich, durch geschicktes Balancieren von Altgesinnten und Franzosenfreunden die Schweiz auch nach dem Abzug seiner Truppen unter Kontrolle halten zu können (Text ab Seite 22). (Schweizerisches Landesmuseum, Zürich, Inv. Nr. LM-41456)

Abbildung 3
Johann Rudolf Dolder stand im Sommer 1802 an der Spitze der Helvetischen Republik. Dolders Flexibilität war grenzenlos, so dass er es auch Freunden schwermachte, die eigene Linie zu erkennen *(Text ab Seite 34)*

General
Jos. Leonz Andermatt
von Baar
geb. 1740. gest. 1817.

Abbildung 4
Nach dem Abzug der französischen Truppen war die kleine helvetische Armee (drei Infanteriebataillone, etwas Jäger zu Pferd, etwas Artillerie und einige Kriegsboote auf dem Vierwaldstättersee) die Hauptstütze Dolders und seiner Regierung. Josef Leonz Andermatt führte den Oberbefehl (Text ab Seite 38)

gen, Wädenswil, Stäfa, Bäretswil und Bauma bis Embrach tendenziell lieber die Helvetik als eine altzürcherische Restauration, so war doch die Stimmung im Unterland und in der Stadt selbst stark föderalistisch. Der gegen seinen Willen im selben Jahr zum Aargau geschlagene ehemalige Kanton Baden wollte seine Selbständigkeit zurück und war deshalb antihelvetisch, und dasselbe galt, aus anderen Gründen, für den ehemals bernischen Teil des Kantons Aargau von 1802, wo die helvetische Mehrheit in Aarau und, weniger ausgeprägt, auch in Brugg einer bernfreundlichen Landschaft und den eher zu Bern tendierenden Städten Lenzburg und Zofingen nicht die Waage halten konnte. Im Entlebuch und im Untersimmental, in den Distrikten Büren und Zollikofen, machten sich helvetische Strömungen bemerkbar, ohne dass diese besonders stark geworden wären.

Obersimmental, Sigriswil, Frutigen und Hasli waren dagegen weitgehend föderalistisch. Die Waadt wollte ein eigener Kanton bleiben und war gerade deshalb helvetisch. Die Reihe liesse sich fast beliebig fortsetzen. Selbstverständlich waren nicht alle Aarauer helvetisch und nicht alle Frutiger föderalistisch gesinnt: die Meinungen schieden Gemeinden, ja Familien in gegensätzliche Parteien. Auch waren die beiden Lager ideologisch alles andere als homogen: die Anhänger der Helvetik kämpften zum Teil, wie Monod, hauptsächlich für das Lebensrecht ihres Kantons oder vor allem für die Macht, was immer sie kosten möge, wie Dolder, oder für einen idealen Zentralstaat im Zeichen von Freiheit und Gleichheit wie Rengger. Die Föderalisten traten, wie der Badener Baldinger, ebenfalls für ihren eigenen Kanton an, wollten einen geläuterten Bund im Zeichen der Demokratie wie Reding oder wie Thormann die Restauration des Ancien Régime mit mehr oder weniger grossen Retouchen. Im Unterschied zu den Villmerger Kriegen von 1656 und 1712 und im Unterschied selbst noch zum Sonderbundskrieg von 1847 fehlte dem Aufstand von 1802 das konfessionelle Element: die helvetische Regierung erhielt am 3. Oktober für ihre katholischen Vertreter eine Messe in der Kathedrale von Lausanne – ein seit 1536 nie dagewesenes Ereignis. Selbstverständlich amtete ein waadtländischer Priester. Auf der föderalistischen Seite wurde gleichzeitig im Felde bei Cressier die Messe gelesen. So wie auf beiden Seiten prominente Katholiken zu finden waren, standen hüben und drüben hervorragende Reformierte. Was immer 1802 war, ein von konfessionellen Gegensätzen geplagtes Jahr war es nicht.

Die Aussicht auf Erfolg war für gar viele Beteiligte von 1802 ausschlaggebend. Erst als die helvetische Regierung in Bern vor einer Handvoll straff geführter Soldaten und Landstürmer kapituliert hatte, kamen, wie sich Wurstemberger erinnert, von allen Seiten Scharen von Leuten herbei, die helfen wollten, den Dotter zu fressen. Offene Fenster signalisierten die Bereitschaft vieler Lausanner, den erwarteten Berner Truppen zuzujubeln. Als der Aide-de-Camp des Ersten Konsuls erschien, so weiss Monod zu berichten, verwandelte sich mancher Berntreue stracks wieder in einen Waadtländer Patrioten. Auf der andern Seite zeigten die Schweizer Sympathien und Antipathien in klarer Weise: sogar aus dem innersten Emmental, wo man wenig Grund hatte, dem Alten Bern *besonders* nachzutrauern, fanden sich Freiwillige bei den Föderalisten, während die Helvetik dort keine Truppen auszuheben vermochte. Anderswo lagen die Dinge ähnlich, und von der signifikanten Ausnahme der Waadt abgesehen stimmte das Land, das in der Abstimmung die helvetische Verfassung verworfen hatte, mit Leib und Leben noch einmal klar und deutlich gegen sie und für den bleibenden Ertrag von 1802: für Föderalismus und Freiheit.

I. Gang hey Franzos!

Der Sturm auf die Bastille vom 14. Juli 1789 lag rund vier Jahre zurück und seit dem Massaker der königlichen Schweizergarde vom 10. August 1792 waren auch bereits 15 Monate ins Land gegangen. Da beantragte Maximilien Robespierre am 17. November 1793 der *Convention,* dem französischen Parlament, ein Dekret, welches die Pflege der Freundschaft zwischen der Französischen Republik einerseits, der Eidgenossenschaft und den Vereinigten Staaten andererseits zur Pflicht des *Comité du salut public,* der Regierung, machte. Die *Convention* votierte einstimmig für den denkwürdigen Vorschlag, der einerseits die bedrängte Lage des revolutionären Frankreichs, andererseits den Respekt auch vor anders gearteten republikanischen Staats- und Lebensformen spiegelt. Von beidem war beim zum Herrn von Oberitalien gewordenen französischen General Napoléon Bonaparte nichts mehr zu spüren, als er am 14. Mai 1797 einem Agenten den Auftrag gab, das Truppendurchmarschrecht durch das Wallis zu erwirken, und das Projekt einer Simplonstrasse skizzierte. Dem Sekretär der eidgenössischen Repräsentanten in Lugano drohte er mit einem Feldzug von 30000 Mann gegen Bern. Im Geheimartikel 6 des Friedensvertrags von Campoformio vom 17. Oktober 1797 liess sich Bonaparte von Österreich Handlungsfreiheit gegen die im Text antizipierend so genannte *République helvétique* einräumen. Nach einer militärpolitischen Rekognoszierung durch die Schweiz, welche die Orte, ängstlich und verblendet, nicht zu verhindern wagten, nahm der Korse am 30. November 1797 in Rastatt die kaiserliche Ratifikation von Campoformio und damit das Todesurteil der Alten Eidgenossenschaft entgegen. Das einzig noch in Frage kommende England vermochte der Schweiz aus militärischer Schwäche nicht zu helfen; Britanniens Stärke zur See konnte sich nur über einen längeren Zeitraum auf dem Kontinent auswirken. Einige Schweizer in Paris – die Nachfolger der von Robespierre in seiner Rede vor der Convention erwähnten «comités ténébreux... de banquiers, d'étrangers et d'intrigans couverts d'un masque de patriotisme» (1) – und auch in der Heimat mochten an die modernitätsbringende Sendung der Franzosen glauben. Die Grande Nation selbst wusste mit Bonaparte genau, dass sie noch nie für andere Völker, sondern immer nur für ihre eigenen Interessen zum Schwert gegriffen hatte.

Ein scharfer Geist wie David Müslin sah durch die Phrasen von Campoformio und Rastatt die ungeschminkte Wahrheit. Müslin predigte am Bettage 1797 im Berner Münster unter anderem wie folgt:

«Armes, liebes Vaterland! Muss nicht das Herz jedes redlichen - vielleicht redlichern Bürgers, als mancher nicht ist, der doch das Mark des Landes in unthätiger Ruhe verzehret – muss es nicht bluten, das Schiff deiner Wohlfahrt zwischen zwei gleich fürchterlichen Klippen zu wissen; es voraus zu sehen, wie entweder deine Tempel völlig verlassen, der Nerv der Religion gänzlich gelähmt seyn; wie das undankbar gewordene Volk Forderungen auf Forderungen häufen wird; wie seine, in unverschuldete Verachtung gefallene Prediger es nicht mehr werden zu stillen vermögen; wie es geld- und herrschgierig alle Bande zerreissen, und, in seinen eigenen Eingeweiden wüthend, seinem Untergange zueilen wird - oder: wie es von seinen eigenen, undankbaren, selbstsüchtigen Kindern feigherzig verlassen oder verrathen - durch feindliche Heere erobert, zur Sklavin erniedrigt – und als eine solche misshandelt, zu späte mit seiner verlorenen Freiheit seinen Wohlstand und mit beyden seine Thorheit, sich von der, es seit so langem schützenden, Gottheit losgerissen zu haben, beweinen wird.»

Trotz solcher prophetischer Worte war die Reaktion der Schweiz auf die unmittelbare Bedrohung 1797/1798 fast überall vom ängstlichen Willen gekennzeichnet, am Ende auf der Seite der Sieger zu stehen. Am 24. Januar 1798 revoltierte die vom französischen Direktorium besonders erfolgreich bearbeitete, für Frankreich ihrer Lage an der Simplon- und St. Bernhard-Achse wegen auch besonders wichtige Waadt, konstituierte sich als *Lemanische Republik* und liess französische Truppen einrücken. Bern wich ohne Schwertstreich.

Die eidgenössische Tagsatzung in Aarau hatte zwar die Bünde noch einmal beschworen, aber selbst Schwüre waren im revolutionären Zwielicht nicht mehr, was sie einst gewesen. Die Aarauer Revolution wurde von Bern mit Hilfe des treuen Landvolkes unblutig niedergeschlagen, der Staat Bern demokratisiert. Allein, der Wille zur Selbstbehauptung war insgesamt wohl schwächer als zu jeder anderen Zeit der Schweizer Geschichte, wenn sich auch die heldenhaften Taten vieler Landstürmerinnen und Landstürmer und auch von Teilen der regulären Truppen vorteilhaft vom düsteren Hintergrund abheben. Doch was soll eine Armee erreichen, wenn sie zu einem Zeitpunkt kämpfen muss, da, was sie zwar nicht weiss, aber dumpf erahnt, das amtierende Staatsoberhaupt die Kapitulationsurkunde bereits unterschrieben hat? Am 4. März 1798 unterzeichnete der bernische Präsident Karl Albrecht Frisching die Kapitulation, am 5. März gewann das Heer das die Ehre rettende Gefecht von Neuenegg und verlor die entscheidenden Kämpfe bei Fraubrunnen und im Grauholz. Die Schweiz wurde zur Beute der französischen Sieger und ihrer einheimischen Gefolgsleute, von denen sich einige – wenn auch teilweise gutgläubig – soweit erniedrigten, dass sie französische Truppen verlangten, um Volksaufstände (wie den Nidwaldens am 9. September 1798) blutig niederzuschlagen. Die Operationen der Österreicher und Russen im wiederausgebrochenen Krieg vermochten vorübergehend Teile des Landes dem Griff der Franzosen zu entreissen, nicht aber einen machtpolitischen Umschwung herbeizuführen: Erzherzog Karl von Österreich schlug General André Masséna im Juni 1799 in der ersten Schlacht von Zürich, aber der etwas naive russische Nachfolger Karls, Alexander Rimski-Korsakow liess sich von Masséna am 25. und 26. September 1799 werfen, bevor der über den Gotthard und Kinzig heranziehende Alexander Suworow Gelegenheit hatte, seine Truppen mit denen Korsakows zu vereinigen und so das russische Heer in der Schweiz für den erfolgreichen Kampf gegen die Franzosen stark genug zu machen. Suworows Leidensmarsch über Pragel, Panixer und St. Luzisteig war die eine Folge davon, die andere war die weitestgehende Wiederherstellung des französischen Satellitenstaates *Helvetische Republik.*

In Frankreich wurde mittlerweile vom grossen Korsen schrittweise die Monarchie eingeführt: der Staatsstreich vom 9. und 10. November 1799 (18. und 19. Brumaire VIII) richtete die Herrschaft von drei auf zehn Jahren gewählten Konsuln ein, deren Erster, Bonaparte, aber die ganze Exekutivgewalt besass. Versöhnung mit Kirche und royalistischer Emigration und ein auf Stärke gegründeter Friede sollten das neue Régime stabilisieren: Durch das schon 1797 als Operationslinie ins Auge gefasste Wallis, über den Grossen St. Bernhard zog der Erste Konsul alsbald nach Oberitalien. Bonapartes Sieg bei Marengo am 14. Juni 1800 und der Erfolg General Jean Victor Moreaus bei Hohenlinden am 3. Dezember 1800 bewogen die Österreicher zum Frieden von Lunéville vom 9. Februar 1801, in welchem Frankreich unter anderem die Rheingrenze und die Anerkennung seiner Satellitenstaaten, der Cisalpinischen, der Ligurischen, der *Helvetischen* und der Batavischen Republik erreichte.

Der Wortlaut des Artikels 11 sollte sich als für die Schweiz besonders bedeutungs- und folgenschwer erweisen: «In den gegenwärtigen Friedensvertrag werden die Batavische, die Cisalpinische, die Helvetische und die Ligurische Republik eingeschlossen. Die vertragsschliessenden Parteien garantieren sich gegenseitig die Unabhängigkeit der genannten Republiken und das Recht der sie bewohnenden Völker, die nach ihrem (eigenen) Urteil passende Regierungsform einzuführen.» (2) Mit anderen Worten waren das Selbstbestimmungsrecht der Schweiz und ihre Unabhängigkeit nun von Frankreich und Österreich garantiert. Diese Botschaft musste einerseits die Schweizer dazu verlocken, herauszufinden, wie treu seinem gegebenen Wort der Erste Konsul bleiben werde. Andererseits konnte das noch im Krieg mit Frankreich stehende England die Frage klären, wie eine Friedensordnung auf dem europäischen Festland unter den machtpolitischen Umständen der Zeit aussehen würde. Alfred Thayer Mahan, vielleicht der grösste amerikanische Historiker überhaupt, bezeichnete den 11. Artikel von Lunéville als «in seiner Auswirkung auf den weiteren Gang der Ereignisse wichtigste Bestimmung. Er definierte den politischen Zustand des Kontinents; auf diese Definition verliess sich Grossbritannien in seinem eigenen Vertrag mit Frankreich einige Monate später. Die eigentliche Verletzung (dieses Artikels) durch Bonaparte wurde schliesslich sowohl Grund als auch Entschuldigung für (Englands) Weigerung, die Malta betreffenden Verpflichtungen zu erfüllen, was zur Wiederaufnahme des Krieges und letztendlich zum Sturz Napoléons führte.» (3)

Bonapartes Korrespondenz zeigt klar, dass er nicht gesonnen war, dem Artikel 11 die Kraft zuzugestehen, der französischen Machtpolitik Schranken zu setzen. Die Tinte des Friedensvertrags war noch kaum trocken, die Christenheit schrieb den 13. Februar 1801, als der Erste Konsul bereits den Bürger Charles Maurice Talleyrand anwies, mit Helvetien Verhandlungen zu beginnen, um für Frankreich das Wallis bis Brig und einschliesslich des Simplons im Austausch gegen das Fricktal zu erhalten, welches Österreich an Frankreich hatte abtreten müssen (4). Eine Woche später finden wir den Ersten Konsul mit rein internen schweizerischen Verfassungsfragen beschäftigt, und tags darauf, am 21. Februar 1801, befiehlt er, auf dem Simplon, also auf (noch) helvetischem Boden, sowie auf dem Mont Cenis ein jenem auf dem Grossen St. Bernhard entsprechendes Hospiz zu errichten. Die zwölf Tage vorher garantierte Unabhängigkeit der Cisalpinischen Republik hindert ihn nicht daran, ihrer Regierung zu befehlen, den Orden vom Grossen St. Bernhard mit (jährlich) 20'000 Francs eintragenden

Gütern auszustatten. An den mit dem Strassenbau am Simplon beauftragten General Louis Marie Turreau ergeht der Befehl, das Werk zu fördern. Der Staat, auf dessen Gebiet das alles geschehen soll, die Helvetische Republik, wird mit keinem Wort erwähnt (5). Am 7. März 1801 erhält Talleyrand Papiere zur Schweiz mit dem Kommentar zurück, er, Bonaparte, werde keinen Fuss breit französischer Erde (d.h. z.B. das der Schweiz 1797 und 1798 mit Gewalt entrissene Erguel und Biel) abtreten. Das Wallis wolle er im Austausch gegen das Fricktal erhalten, so dass man von Genf auf den Simplon gelangen könne, ohne Frankreich zu verlassen. Nebst dem Fricktal erhalte die Schweiz die Anerkennung ihrer Neutralität und den Verzicht auf den Durchmarsch französischer Truppen (6). Der Erste Konsul war offensichtlich unfähig, Recht und Billigkeit als Schranken eigenen Handelns zu akzeptieren, eine Blindheit, die angesichts der naturgegebenen Veränderlichkeit irdischer Kräfteverhältnisse letztlich immer in den Ruin führen muss, wie weit sich der Herr Frankreichs 1801 auch davon entfernt wähnen mochte. Von Helvetien erwartete Bonaparte wohl seinen Ruin zu allerletzt, war er doch auch im April fleissig daran, für das total verfügbare Land eine Verfassung zu skizzieren (7).

Am 17. Mai 1801 verwarf Bonaparte einen Vorschlag seines Kriegsministers, der Helvetischen Republik drei Millionen Francs als Anzahlung für die Lieferungen zugunsten des französischen Heeres auszurichten. Schliesslich habe dieses Heer Helvetiens Integrität gegen Russen und Österreicher verteidigt und dem Land Graubünden sowie einen Teil des Wallis angefügt, was Kompensation genug sei... (8).

Kein Wunder verlor der Erste Konsul auch in den Unterhandlungen mit England den Sinn für menschliches Mass völlig. Am 23. Juli 1801 zum Beispiel gab er Weisung, den Engländern klar zu machen, dass eine von ihnen organisierte grosse europäische Koalition gegen Frankreich die Geschichte der Grösse Roms erneuern (9), also wohl Frankreich die Stellung Roms und Bonaparte jene Trajans geben werde. Mit einem solchen Gegner dennoch Frieden geschlossen zu haben, ist wohl entweder als Zeichen tiefer Friedenssehnsucht oder als Schwächesymptom zu deuten. Die Präliminarien wurden am 1. Oktober in London unterzeichnet (10). Am 10. Oktober 1801 teilte dies Bonaparte – bereits mit imperialer Gebärde – brieflich dem Papst mit und liess den Nachfolger Petri zugleich wissen, dass die Räumung Unteritaliens durch französische Truppen bevorstehe (11). Der korsische Parvenu war Staatsoberhaupt der unbestrittenen Vormacht des Kontinents geworden und hatte nunmehr allen relevanten Mächten die Anerkennung dieser Verhältnisse abgetrotzt. Ob er durch kluge Mässigung das Erworbene zu erhalten imstande sein würde, musste die Zukunft zeigen.

Die Korrespondenz des Ersten Konsuls zeigt ihn allerdings nicht gesonnen, von der bisher verfolgten Politik der Gewalt Abstand zu nehmen. Am 26. Oktober 1801 zum Beispiel befahl er je ein Bataillon nach Brig, Sitten und Villeneuve; die Bataillone unterstanden General Turreau und waren vom Wallis zu unterhalten (12). Sie waren nicht als Kommentar dazu gedacht, die Worte, die William Pitt am 3. November 1801 im englischen Parlament gebrauchte, aber sie charakterisieren die bis zu jenem Zeitpunkt von Frankreich allgemein und von Bonaparte im besonderen der Schweiz gegenüber angewandte Methode auf das Beste: «Wir haben erlebt, wie das Jakobinertum seine Ausstrahlung verlor; wir haben erlebt, wie es des Namens und des Vorwandes der Freiheit entkleidet wurde; es hat sich als nur zur Zerstörung und nicht zum Aufbau fähig erwiesen und (schliesslich klar gemacht) dass es notwendigerweise in eine Militärdespotie ausmünden muss.»(13) Diese Militärdiktatur begnügte sich nicht damit, das zur Schweiz gehörende Wallis als bereits abgetrennte Provinz zu behandeln, sie mischte sich auch in die kleinsten Einzelheiten der Schweizer Innenpolitik ein. So befahl der Erste Konsul am 30. November 1801 seinem Werkzeug Talleyrand, dem französischen Gesandten in der Schweiz Raymond Verninac zu melden, er, Bonaparte, werde nicht dulden, dass man die Männer der Revolution, jene, welche sich als Anhänger der (Französischen) Republik erwiesen, beleidige. Der ohne Konsultation mit Frankreich erfolgte Aufruf zur Rückkehr (in die Heimat), der an alle im Solde Englands stehenden Schweizer ergangen sei, stelle eine Beleidigung dar usw. (14). Es sollte noch schlimmer kommen: Am 2. Dezember 1801 schrieb Bonaparte dem Kriegsminister Louis Alexander Berthier, der Kommandant der französischen Truppen in Helvetien, General Montchoisy, solle der Helvetischen Regierung mitteilen, dass die Französische sie nicht anerkenne (15). Da erstaunt es nicht, in einem unter Schweizern gewechselten Brief jener Zeit die Frage zu finden «ob's unserm grossen Nachbar Ernst ist, uns wieder frei zu lassen...» (16) Das helvetische Staatsoberhaupt Alois Reding liess der Erste Konsul am 6. Januar 1802 wissen, Frankreich wolle in der Schweiz den Status quo samt der allgemeinen Rechtsgleichheit erhalten und hege väterliche Gefühle für das Land... (17). Der Status quo bedeutete natürlich primär die überragende Stellung Frankreichs. Wie vollständig Bonaparte über die in Lunéville als unabhängig garantierten Satellitenstaaten zu verfügen gesonnen war, zeigte sich in jener Zeit am schlagendsten am Beispiel der Cisalpinischen Republik. Ihre Würdenträger erschienen ausserhalb des Staatsgebietes, in Lyon, wo sie als Italienische Consulta am 25. Januar 1802 Bonaparte zum Präsidenten ernannten (18), was er in der Folge bis zur Umwandlung des Staates in ein Königreich am 17. März 1805 bleiben sollte. Danach amtete er als König Napoleon, ohne dass der Wechsel im Décor an der Substanz der Militärdespotie irgendetwas geändert hätte. In einem Lande mit einer freien Presse musste Bonapartes merkwürdige formelle Machtergreifung in Italien Aufsehen erregen, aber darum kümmerte sich der Erste Konsul (wie die Ergebnisse zeigen sollten vorderhand zu Recht) nicht. Der preussische Geschäftsträger schrieb am 5. Februar 1802 aus London seinem König:

«Was der Erste Konsul soeben in London vollbracht hat, indem er sich zum Präsidenten der Italienischen Republik ernennen liess, beweist hinreichend, dass er sich durchaus nicht um die Beunruhigung kümmert, die sein Ehrgeiz hervorrufen muss, da er sich inmitten einer Verhandlung, wo er den Engländern Gründe des Vertrauens geben sollte, zu einem Schritte entschlossen hat, der seine Absichten auf Italien sehr verdächtig macht. Die englischen Minister sind darüber sehr erregt.» (19)

Immerhin versuchte Bonaparte gleichzeitig, beruhigende Signale abzusenden. Am 16. Februar 1802 schrieb er dem Zaren, der sich für die Schweiz interessiert hatte, die französischen Truppen würden das Land verlassen, sobald der helvetische Senat glaube, auf sie verzichten zu können (20). Das Interesse, das die Schweiz in Sankt Petersburg fand, verdankt sie zum grössten Teil dem dort als Erzieher zu Einfluss gelangten Frédéric-César de La Harpe (21), der die Spezialinteressen der Waadt und danach auch die allgemeinen Interessen der Schweiz stets kraftvoll vertrat. Vom 20. Februar datiert ein weiteres Schreiben Bonapartes an Talleyrand mit Erwägungen zur helvetischen Verfassung; das letzte Wort des Textes lautet bezeichnenderweise «Simplon» (22). Es ist nicht ausgeschlossen, wenn auch nicht besonders wahrscheinlich, dass Bonaparte damals mit Österreich ernsthaft eine Aufteilung der Schweiz erwog, und, um Komplikationen mit Russland und England zu vermeiden, schliesslich darauf zurückkam (23). Das in schweizerischen Kreisen kursierende Gerücht zeigt immerhin, welch gottähnliche Entscheidungskraft dem Ersten Konsul mittlerweile zugeschrieben wurde, eine Aura, die manch älterem und reiferem Mann den Kopf verdreht hätte. Aber wenn es auch unwahrscheinlich ist, dass Bonaparte die Schweiz um den unvermeidlichen Preis österreichischer Truppen an der Limmat teilen wollte, das Wallis gedachte er sich im Windschatten der englischen Friedenssehnsucht zu sichern.

Am 20. März 1802 schrieb er Talleyrand, man müsse den Walliser Handel jetzt entscheiden (24). Helvetien müsse die Unabhängigkeit des Wallis zugestehen und auf Untertanenverhältnisse im Innern verzichten. Der französische Gesandte Verninac müsse ausserdem – «aber auf eine sehr verdeckte Art» – seine Hand über die Männer der Revolution, die italienischen (d.h. Tessiner) Vogteien und das Waadtland halten... So standen, was die Schweiz betrifft, die Dinge, als am 25. März 1802 in Amiens die englischen und französischen Unterhändler den Frieden unterzeichneten (25), was Bonaparte am 26. März 1802 voller Stolz dem Papst mitteilte (26). Nun war der Friede von Amiens von beiden Seiten klar *rebus sic stantibus* abgeschlossen worden. Er konnte für England nur als Pendant zu jenem von Lunéville sinnvoll sein, da er für sich allein lediglich Bonaparte den Weg zu weiteren Übergriffen auf dem Kontinent als Auftakt zu einer weiteren Attacke gegen England geebnet hätte. Wie weit der Erste Konsul für diesen Umstand Verständnis aufzubringen vermochte, musste das Schicksal des Friedens zutiefst beeinflussen. Eine gute Woche nach dem Friedensschluss finden wir den Ersten Konsul bei seiner alten Einmischung in die schweizerische Innenpolitik: dem französischen Gesandten in Bern sei aufzutragen, ohne Erschütterung und ohne den französischen Einfluss oder gar die Kraft der französischen Truppen zu zeigen, die liberal gesinnten Männer zu ermutigen (27). Der hier sichtbar werdende Wille Bonapartes führte am 17. April 1802 in Bern zu einem erfolgreichen Staatsstreich der von ihm im Moment geförderten Unitarier; so sichtbar hielten halt die französischen Gewehre noch die französische Vorherrschaft aufrecht. Immerhin konnte Bonapartes Spezialsorge um den Simplon, dessen Strasse und die Walliser Rochaden überhaupt (28) ja zusammen mit dem unzweideutigen Artikel 11 von Lunéville sowie der Verfestigung der Friedensordnung durch Amiens den Gedanken aufkommen lassen, der Erste Konsul habe sich um den Preis der Rochaden mit der Unabhängigkeit der Schweiz abgefunden. Einem völlig abhängigen Staat ein Stück Territorium zu entreissen, ist ja offensichtlich absurd, schafft man sich so doch nur unnötigen Verwaltungsaufwand und neue Gegner, ohne nachher etwas tun zu können, wozu man vorher nicht in der Lage war. Vielleicht glaubte der Erste Konsul, England und die anderen Mächte würden sich mit dem *Schein* der Schweizer Unabhängigkeit zufriedengeben, vielleicht fürchtete er, später unter widrigen Umständen *eventuell* die *Substanz* konzedieren zu müssen und für diesen Fall die Abtrennung des Wallis zu brauchen. Gleichviel! Er dachte keinesfalls daran, den Artikel 11 von Lunéville im Augenblick einzuhalten. Den letzten Rest libertärer Glaubwürdigkeit verlor Bonaparte gerade in jener Zeit: am 27. April 1802 führte der Erste Konsul die Sklaverei und den Sklavenhandel wieder ein (29). Der Wegbereiter der Unabhängigkeit Haitis François Dominique Toussaint L'Ouverture wurde gefangengenommen und im Juli dann zur Bestrafung des schwarzen Freiheitswillens ins Fort de Joux geworfen (30). Das deutete auf ein Arrangement mit der alten Ordnung hin, ein Arrangement, zu dem auch gehörte, die Friedensverträge einzuhalten zu scheinen. Am 6. Mai 1802 sandte der Erste Konsul dem *Corps Législatif* eine Botschaft, in der sich folgender Abschnitt über die Schweiz findet:

«Die Helvetische Republik, im Ausland anerkannt, wird im Inneren noch immer durch Parteiungen aufgeregt, die sich um die Macht streiten. Die (französische) Regierung, treu den Grundsätzen, hat auf eine unabhängige Nation nicht anders als durch Ratschläge Einfluss nehmen dürfen: ihre Ratschläge sind bisher wirkungslos gewesen. Sie hofft noch, die Stimme der Weisheit und der Mässigung werde gehört, und die Nachbarmächte Helvetiens werden sich nicht gezwungen sehen, einzugreifen, um Unruhen zu beenden, deren Fortsetzung ihre eigene Ruhe gefährden würden.» (31)

Wäre das ernst gemeint gewesen, hätte eine Umgestaltung der Schweiz nur schnell vor sich gehen müssen, um eine ausländische, d.h. französische Intervention zu verhindern. Aber wie hätte das gegebene Wort eines Mannes jemals ernst gemeint sein können, der just in diesem Abschnitt seines Lebens die Republik, die ihn emporgebracht hatte, vollends zur Farce machte, indem er sich in wenigen und kurzen Etappen zum Konsul auf Lebenszeit mit Recht zur Ernennung seines Nachfolgers wählen liess. Somit hatte er ein Recht, das die meisten Monarchen entbehrten, und was weiterhin Republik hiess, war in Wahrheit hinfort die Willkürherrschaft *eines* Mannes. Am Wallis war dieser Mann nach wie vor interessiert: am 16. Mai 1802 schrieb er Talleyrand, die innere Verfassung des Staates sei ihm gleichgültig, er dürfe aber gegen aussen nur mit der Französischen, Helvetischen und Italienischen Republik verkehren und müsse die Simplonpassage für die Französische und die Italienische Republik offenhalten. (32) Noch sollte durch die Fiktion einer Walliser Unabhängigkeit der nackte Raub etwas verschleiert werden. Dieses Verschleiern war umso nötiger, als sich der Zar beharrlich für die Schweiz interressierte. Am 23. Mai 1802 schrieb ihm der Erste Konsul:

«Die helvetischen Angelegenheiten sind noch wirr. Das sind Völker, die man nur schwer zu einem Ausgleich bringen kann, wenn man sich nicht mit Gewalt zeigen, sondern nur Ratschläge und gütliche Mittel anzuwenden gesonnen ist. Ich hoffe immerhin, dieses interessante Land sei daran, in den Hafen einzulaufen.» (33)

In den Hafen einlaufen sollte in allererster Linie das Wallis: am 29. Juni 1802 schreibt Präsident Bonaparte dem Vizepräsidenten der Italienischen Republik, er solle nachschauen lassen, wie die Dinge am Simplon stünden. Nur diese Strasse könne Mailand im Kriegsfall sichern, da die Truppen aus dem Burgund und aus der Freigrafschaft dadurch viele Märsche (d.h. Tage) zu gewinnen vermöchten (34). Nicht am Simplon, sondern im Herz der Schweiz, in Bern, sollte sich für Bonaparte Adrien Lezay-Marnésia umsehen. So jedenfalls legen es die Umstände nahe. Der gebildete junge Mann – er hatte Don Carlos von Friedrich Schiller ins Französische übersetzt – war ein geradezu idealer Kandidat für eine Mission in der Schweiz: Als politischer Flüchtling hatte er das Land kennengelernt, die deutsche Sprache machte ihm keine Mühe, und er konnte als Vertrauter der Beauharnais für zuverlässig gelten. Im April 1802 beauftragte Bonaparte Lezay-Marnésia mit einer landwirtschaftlichen Forschungsreise nach Ungarn. Die Tour berührte die Schweiz. Ihr wahrer Zweck ist selbst vom freundlichen Biographen Charles Eckert bei allem qualifizierenden Beiwerk letztlich mit einem in sämtlichen Sprachen verständlichen Wort gekennzeichnet worden: «espionnage» (35). Lezay-Marnésia kannte von seiner Schweizer Zeit her Georg Thormann, den früheren Landvogt von Morges und eifrigen Verfechter der weitgehenden Wiederherstellung der Republik Bern in territorialer wie in verfassungsmässiger Hinsicht. Lezay-Marnésia suchte Thormann auf und bedauerte ihm gegenüber die Distanz, welche die Vertreter des alten Bern zu den Männern Frankreichs beobachteten. Thormann erinnerte ihn unter anderem an den noch frischen Staatsstreich und wohl auch an das von den Putschisten gefälschte Abstimmungsergebnis über die neue helvetische Verfassung. Diese war trotz ablehnender Mehrheit für angenommen erklärt worden, weil man die Nichtstimmenden zu den Befürwortern zählte. Vom altbernischen Kreis um Thormann, etwa vom nachmaligen Berner Schultheissen, Landammann der Schweiz und dreimaligen General (1805, 1809, 1813) Niklaus Rudolf von Wattenwyl oder von Gottlieb Thormann, wurden Lezay-Marnésias etwas enigmatische Äusserungen als Aufforderung zur Beteiligung der Altberner an der Regierung verstanden. Wahre Unabhängigkeit und Neutralität der Schweiz hielt Wattenwyl dagegen für mit Frankreichs Herrschaft über Italien unvereinbar. Erörterungen über die Notwendigkeit einer *Centralgewalt,* d.h. einer über das alte Tagsatzungssystem hinausgehenden Bundesregierung, und einer Öffnung des Burgerrechtes von Bern unter bestimmten, von keiner Willkür abhängigen Bedingungen, wurden nun plötzlich mehr als nur abstrakte Diskussionsthemen. Thormann schrieb Lezay-Marnésia am 21. Juli, die Grundlagen eines schweizerisch-französischen Ausgleichs seien die Unabhängigkeit der Eidgenossenschaft, die Wiederherstellung des ehemaligen Verhältnisses zu Frankreich, die Einführung einer achtbaren (Bundes-) Regierung und Zulassung aller Bürger zur Regierung auf der Basis von Verdiensten, Fähigkeiten und öffentlicher Achtung. Lezay-Marnésia antwortete von Schinznach aus zustimmend aber unverbindlich, betonte seine Unkenntnis der Absichten Frankreichs, schrieb aber auch, es liege in dessen Interesse, der Schweiz eine möglichst grosse Unabhängigkeit zu gewähren, eine so grosse, wie sie sich mit ihrer Ruhe vertrage… (36)

Mittlerweile hatte sich der Erste Konsul zum Abzug der französischen Truppen aus Helvetien (d.h. aus jenem Teil, den er davon übrigzulassen gedachte, nicht aus dem Wallis) entschlossen: Talleyrand schrieb dem helvetischen Gesandten Philipp Albert Stapfer am 8. Juli 1802, die Truppen würden am 20. Juli 1802 das Land verlassen (37). Dass der helvetische

Vollziehungsrat praktisch um Wiedererwägung dieses Entschlusses bettelte (38) machte seine Stellung deutlich und wird ihm beim Ersten Konsul nicht zu höherem Ansehen verholfen haben. Aber die Walliser Angelegenheit wollte Bonaparte noch unter Dach bringen; am 21. Juli 1802 schrieb der Gesandte Verninac von Bern aus an Talleyrand, am folgenden Tag werde dem helvetischen Senat die Abtretung des Wallis beantragt (39). Der Rest war noch eine Formsache (40). Bleibt die Frage nach dem wahren Grund des Rückzugs der französischen Truppen überhaupt. Man kann natürlich vor der Tiefgründigkeit Bonapartes kapitulieren und mit dem Dichter sagen: «Das Dunkel, das Rätsel, die Frage bleibt.» Es lässt sich auch durchaus behaupten, Bonaparte habe einen zu soliden Eindruck von seinem Einfluss in der Schweiz gehabt: das Schicksal eines gewisse Wahrheiten schlecht ertragenden und deshalb von Schmeichlern, Heuchlern und Lügnern umgebenen Mannes. Auch mag etwas an der Idee sein, es sei dem Korsen um internationale Glaubwürdigkeit gegangen. Doch die Sache ist so einfach nicht. Am 11. Dezember 1802 sollte Bonaparte den nach Paris geladenen Schweizer Deputierten die interessante Erklärung abgeben, er habe dem helvetischen Vollziehungsrat *keine* Falle gestellt. Das war *post festum. Vor* den Ereignissen prophezeite der russische Gesandte in Paris, Arkadi Markow, seinem helvetischen Kollegen Stapfer fast unheimlich genau den kommenden Gang der Dinge:

«*Markow:* Man sagt, die französischen Truppen verlassen Sie?
Stapfer: Wir haben nie daran gezweifelt.
Markow: Sie sind gut. Sie werden in grösserer Stärke wieder zurückkehren und zwar im ersten Augenblick, in dem Ihre (inneren) Zerwürfnisse den Vorwand dafür liefern. Man sieht dieses Ereignis voraus und will daraus Nutzen ziehen, bevor die Ordnung bei Ihnen ganz wiederhergestellt und konsolidiert ist.» (41)

Im Lichte dieser Markowschen Prognosen nimmt Lezay-Marnésias Schweizer Besuch neben dem eines Kundschafters auch noch den Charakter jenes eines *Agent provocateurs* an. Zwei Tage nachdem Stapfer dem helvetischen Staatssekretär Gottlieb Abraham Jenner Markows Äusserungen brieflich rapportiert hatte, am 25. Juli 1802, liess Bonaparte den französischen Ministern in London, Wien, St.Petersburg, Berlin und München mitteilen, «dass die französischen Truppen die Schweiz evakuiert und diesem Land eine ganze und absolute Unabhängigkeit gelassen» haben. Gleichzeitig erhielt der Kriegsminister den Befehl, das als vollendete Tatsache gemeldete in den nächsten Tage zu tun... (42). Und so geschah es auch; zurück blieben Mitte August nur noch einige schwerkranke französische Soldaten (43). Der – von Abschiedsständchen und dergleichen charakterisierte – Abzug war für jene eindeutige, durch die Verfassungsabstimmung vom Mai als solche beglaubigte Mehrheit von Schweizern, die das herrschende Régime ablehnten, das Signal zur Befreiung: als das wurde dieser Rückmarsch nach Frankreich insbesondere in den ehemaligen Landsgemeindedemokratien, im Aargau – wo die Badener mit dem Verlust ihres eigenen Kantons, viele ehemals bernischen Landleute gegen die neu ans Ruder gekommenen Munizipalstädter und in den Munizipalstädten die ehemaligen gegen die gegenwärtigen Amtsinhaber noch besondere Gravamina hatten – in Zürich und in Bern aufgefasst. Kein Wunder wurde am 1. August 1802 zu Schwyz wieder Landsgemeinde gehalten und Alois Reding zum Landammann gewählt. Am 6. August trafen sich die Vertreter der Urkantone in jenem Flecken von dem unser Land den Namen hat, dem es sich in mancherlei Hinsicht selbst verdankt. Der französische Gesandte sah es mit Sorge (44), war er doch ohne Zweifel mitverantwortlich für die Illusion des Ersten Konsuls, die zentralistische Partei sei in der Schweiz die stärkere oder doch wenigstens so stark, dass sie im Ringen mit den föderalistischen Befürwortern des Selbstbestimmungsrechts ein Patt herbeiführen und die von Markow prognostizierte französische Vermittlung nötig machen konnte. Nun war die Lage so, dass der Sieg der grossen Mehrheit, also der Föderalisten unvermeidlich, eine Vermittlung daher unnötig war und der Erste Konsul so genötigt wurde, die stets nur als Maske gedachte französische Respektierung der schweizerischen Unabhängigkeit fallen zu lassen. Damit musste Bonaparte dann *nolens volens* die englische Unzufriedenheit mit dem Frieden von Amiens (und auch das englische Mitgefühl für die Schweiz) fördern, den Bruch mit der herrschenden Seemacht und damit, weil als verlässlicher Partner in England ein- für allemal diskreditiert, in letzter und fernster Konsequenz seinen Sturz beschleunigen: Das russische Abenteuer von 1812 war ja in erster Linie ein gigantischer Versuch, das Meer vom Land her zu besiegen, England den Zugang auch zu entferntesten kontinentalen Märkten zu verschliessen. An all das dachte in der Schweiz im Juli 1802 noch kaum jemand. Die Freude über den Abzug der Franzosen hingegen äusserte sich spontan und ungekünstelt. Gottlieb Jakob Kuhn hat dem Ereignis zwei Gedichte gewidmet. Sie mögen am Ende unseres Kapitels vom damaligen Zeitgefühl zeugen (45):

Beim Abzug der Franzosen, im Julius 1802.

Carmina laetitae jam tibi plena dabo.
OVID.

Jetz, Buebe freuet ech, Juhe!
Bal hei mer keini Franze meh.
U sy alleini Meister.
Wie d's Hagelwetter sy si cho;
Doch redet no nit z' lut darvo!
Die böse Unglücks-Geister,
Si lose no am Pfäister.

Es manglet o nit dass me s'säg;
I meyn mir wüsse-n-eine weg,
Was die dem Land hei brunge.
U wei si jetz im Friede gah,
So werfet ne doch d' Chappe na:

So heisst es: fröhlich g'sunge,
U lustig g'si u g'sprunge!

Ja! Glück uf d' Reis zur guete Stund,
Will's Gott dass kene umhi chunnt,
U-n-alli dusse blybe!
Es hei im Land no leider gnue
O g'fresse vo der taube Chue!
Die werde bi-n-is blybe,
Die cheu mer nit vertrybe.

Doch we si keini Franze g'seh
So guetet ne das Fieber de;
Süst wei mer si – uslache!
Drum, Franze, machet ech uf d'Bey,
U gaht, i bitte-n-ech, gaht hey;
So cheu mer üsi Sache
Im Friede selber mache!

Jetz Schwytzer, z'weg mit Herz u Hand
Jetz standet z'rings um d's Vaterland,
Wie süst i-n-alte Tage.
Ei Gott, eis Herz, ei Sinn, ei Muth!
Für d's Vaterland sys Gut u Blut,
Sy Lyb und Lebe wage,
Hilft meh als alles chlage.

O hätte mir die alte Lüt!
So wurd die gueti alti Zyt
Wohl selber umhi werde.
Wo Einigkeit u Friede-n-ist,
Muess selber d's Tüfels bösi List,
Trotz aller Hülf uf Erde
Am Möntsche z'Schande werde.

Drum get e-n-andre fründlich d'Hand,
U schweret Treu dem Vaterland,
U lat das Aeke blybe!
Erst we mer rechti Schwytzer sy,
So chert d' s Glück wieder by-n-is y,
U wird o by-n-is blybe,
We mir's nit gar vertrybe.

MARSCH! MARSCH! FRANZOS GANG HEY!

Gang hey Franzos.
(Julius 1802)

Über d Wys: Jetz gan i nimme hey usw.

Marsch! Marsch! Franzos gang hey!
Mir thüe der alli Thüren uuf.
Marsch! Marsch! Franzos gang hey!
Mir thüe der d'Thüre uuf.
Hest z'Alte z'ungerobsig gmacht
Un üs nüt bessers darfür bracht,
U gmeint 's syg nume Gspass.
Der Gugger dank dir das.

Du hest is Spillüt bracht,
Die spilten is zum Tanzen uuf;
Du hest is z' Tanze gemacht –
Aeh was! I thät dir druuf!
Mir sy nit lustig wie der Franz,
Mir cheu nüt als der Bäretanz;
Pfyf andre we de witt,
Mir meu das Tanze nit.

Es tanzet si nit guet,
We men eim z'erst der Buggel schmeizt,
Wen eim der Buuch weh tuet,
U men eim d'Höll so heizt.
Drum hey mer grännet z'mitz im Tanz,
U gwünscht: i wett doch dass der Franz! –
Exgüsi! s isch mer leid!
Ha' s ja nit uuse gseit.

Hest ghuuset – sakerdie!
Es het ken Art! wie d'selber weist;
Doch wey mer dir's verzieh,
Wed' jetz im Fride geist.
Du hätt'st no chönne wirser tue,
Drum drücke mir gern d'Auge zue,
Wed'endlich höre chast
Un üs mit Fride last.

Ja! gang jetz einisch hey,
U blib deheim u chum nit meh!
Mer wey tue was mer cheu,
Dass mir di nie meh gseh.
Me het a dir d's erst Mahl scho gnue,
U wünscht nit d's zweute no derzue.
Versteisch, Mussie Frangseh?
So gang, u chum nit meh.

II. Putsch, Abstimmungsbetrug, Aufstand

Ostern fiel 1802 auf den 18. April. Die vom Ersten Konsul inspirierten Unitarier im helvetischen Kleinen Rat, welche sich selbst als Einheits- und gar als Freiheitsfreunde bezeichneten, ergriffen die Gelegenheit der Abwesenheit des helvetischen Staatsoberhauptes, Landammann Alois Redings in seiner schwyzerischen Heimat, um am 17. April in Bern die Macht zu ergreifen. Der Putsch fand in Form einer illegalen Vertagung des Senats (Parlament) und der Einstellung der Arbeiten an der Einführung der projektierten neuen Verfassung statt. Diese Massnahmen wurden von den Kleinräten Vinzenz Rüttimann, Albrecht Rengger, Johann Rudolf Dolder, Johann Jakob Schmid und Hans Heinrich Füssli gegen Johann Rudolf Frisching, Hans Kaspar Hirzel und Hans Konrad Escher kompetenzwidrigerweise beschlossen. Die Putschisten beschlossen eine von ihnen selbst willkürlich zusammengestellte Notabelnversammlung über einige Verfassungsänderungen anzuhören (1). Die nicht genehmen Regierungsstatthalter Hans Reinhard in Zürich, Gottlieb Hünerwadel im Aargau und Johann Peter Genhard in Luzern wurden durch stramme Franzosenfreunde ersetzt, was natürlich den Beifall des für die Inszenierung des Putschs hauptsächlich verantwortlichen Gesandten Verninac fand. Die Putschisten hatten kaum Widerstand zu fürchten: die französischen Bajonette, die in Nidwalden gezeigt hatten, was sie konnten – Johann Heinrich Pestalozzis Fürsorge für die Waisen von Stans hatte wahrhaftig einen traurigen Anlass – sie standen nach wie vor zur Verfügung. Landammann Alois Reding und seine Gleichgesinnten erklärten die Beschlüsse des unvollständigen und nicht ordentlich einberufenen Kleinen Rates für null und nichtig, was die Machthaber als Entlassungsgesuch zu deuten beliebten, worauf sie Rüttimann die Stelle des Ersten Landammanns einnehmen liessen. Reding forderte Rüttimann zum Duell, was dieser ablehnte. Proteste waren vorderhand die einzige Reaktion auf Vorgänge, die ja in Tat und Wahrheit nur eine Auswechslung des Verwaltungspersonals durch die französischen

Herren des Landes darstellten. David von Wyss fasste am 20. April 1802 die Stimmung in die bezeichnenden Worte:

«Der entschieden fränkische Einfluss bei allem Vorgegangenen und die in so mancher Hinsicht äusserst verworrene Lage, in der wir uns schon lange befunden, machen das Geschehene für unsere Personen eher zu einem Glück, und unvermeidlich wäre der nämliche Streich in Kurzem gewesen, vermuthlich unter weniger erträglichen Formen. Gestern Abends waren die gleichgesinnten Senatoren bei Reding versammelt und in ihren Ansichten über den einzuschlagenden Weg ziemlich einmüthig. Heute oder morgen werden wir in einer Erklärung gegen die Mehrheit des kleinen Rathes förmlich unsern Austritt nehmen und zugleich unser Betragen nachdrücklich rechtfertigen. Es würde keineswegs schwer halten, einen Vergleich mit dem einstweiligen Sieger anzuknüpfen; *mais nous ne sommes pas des gens, qui s'accordent comme larrons en foire,* und wollen nunmehr ruhig abwarten, wie gewisse Leute der schweren Verantwortlichkeit gegen das Vaterland, die sie auf sich genommen haben, ein Genüge leisten werden.»

Albrecht Rengger rechtfertigte die von ihm so genannte Veränderung vom 17. April damit, dass sie habe durchgeführt werden müssen, um einem Aufstand von 30000 bis 40000 Mann der Gegner der durch den Putsch entmachteten Senatsmehrheit zuvorzukommen (2). Es ist nur fair, daran zu erinnern, dass auch Alois Reding auf dem Wege des Staatsstreichs am 28. Oktober 1801 an die Macht gelangt war und sich seine Stellung durch eine Reise nach Paris von Bonaparte hatte beglaubigen lassen (3). So wurden letztlich am 17. April 1802 Putschisten von Putschisten gestürzt. Die neue Regierung entbehrte dadurch so sehr wie ihre Vorgängerin der Legitimation, welche nach den alten Ideen nur das Herkommen, das gute alte Recht, nach den neuen nur das Volk geben konnte. Die Annahme einer Verfassung durch den Souverän konnte eine solche Legitimation schaffen.

Legitimität und Glaubwürdigkeit der Regierung waren in der Schweiz nie nötiger aber auch nie weniger vorhanden als im Spätwinter und im Frühling 1802. Der hochsensible Heinrich von Kleist schrieb von seinem Wohnsitz Thun aus am 18. März 1802 an Ulrike von Kleist:

«Es ist fast so gut wie ausgemacht, dass dies unglückliche Land auf irgend eine Art ein Opfer der französischen Brutalität wird, und ich weiss aus sichern Händen, dass die Schweizer Regierung, die bisher immer noch laviert hat, auf dem Punkte ist, sich ganz unzweideutig gegen die Franzosen zu erklären. Die Erbitterung der Schweizer gegen diese Affen der Vernunft ist so gross, dass jede andere Leidenschaft weicht, und dass die heftigsten Köpfe der Parteien durch den Würfel entscheiden lassen, wer sich in die Meinung des andern fügen soll, bloss um, wie schmollende Eheleute, sich gegen den Dieb zu wehren, der einbricht. Ein Krieg also steht wahrscheinlicher Weise diesem Lande schon in diesem Sommer bevor...»(4)

Der Dichter hat den Kern der Dinge ohne Zweifel richtig gesehen: der Volksmund hat nicht umsonst aus dem *Citoyen* der Franzosen den wahrlich nicht schmeichelhaften Ausdruck *Si-*

Abbildung 5
Das Leichte Infanteriebataillon Clavel bildete 1802 rund einen Drittel der helvetischen Armee (Text ab Seite 40)

Abbildung 6
Die Jäger zu Pferd, auch Husaren genannt, trugen durch provokative Exkursionen nach Küssnacht am Rigi stark zur Erhöhung der politischen Temperatur bei (Text ab Seite 40)

Abbildung 7
Der von Dolder und dessen Männern gestürzte helvetische Landammann Alois Reding liess sich nach einer Phase des Privatlebens von der Schwyzer Landsgemeinde zum Landammann wählen. Reding war die Seele des föderalistischen Aufstandes von 1802 und wurde dementsprechend im selben Jahr noch Präsident der Tagsatzung und nach dem erneuten Einmarsch der Franzosen Staatsgefangener auf Aarburg (Text ab Seite 36)

Abbildung 8
Die föderalistische Armee, die aus dem Nichts aufstand – hier Schwyzer Infanterie – war nur dank der jahrhundertelangen Miliztradition des Landes und dank zahlreichen Kameradschaften aus Fremden Diensten überhaupt denkbar. (Text ab Seite 51)

diaan geprägt, und auch die eifrigsten Franzosenfreunde waren in einer Ecke ihres Wesens doch immer Schweizer und empfanden die Franzosen wohl mehr als lästigerweise notwendige Stützen ihrer Macht denn als wahre Freunde. Die Eintracht der Schweizer, die Intensität ihrer Gefühle mag Kleist hingegen ebenso überschätzt haben wie die Ernsthaftigkeit französischer Pläne, das Land zu annektieren, vor denen er im März 1802 erschrak (5) und die im April und Mai in der mit schweizerischer Retardation im Waadtland ablaufenden Verbrennung von Beweistiteln für Grundzinsen und herrschaftliche Rechte gespenstisch aufloderten. Es wäre allzu naiv, im Waadtländer Aufstand der Papierverbrenner, der *Bourla–papei* nur ein lokales Nachbeben der Französischen Revolution und nicht auch eine französische Demonstration dafür zu sehen, dass Bonaparte seine Ansprüche auf das Wallis nötigenfalls auch auf die Waadt ausdehnen könne. Ein Grund mehr, Paris bei den Arbeiten an der neuen Verfassung eifrig zu konsultieren (6). Die so zustandegekommene Verfassung, der auch gleich noch eine verbindliche Einheitsliste von 27 Senatoren inkorporiert war, wurde vom Volk am 25. Mai 1802 mit 92423 Nein gegen 72453 Ja klar verworfen (7). Angenommen wurde sie in den acht Kantonen Aargau, Baden, Basel, Luzern, Oberland, Schaffhausen, Thurgau und Zürich, verworfen in den dreizehn Kantonen Bellinzona, Bern, Freiburg, Leman, Linth, Lugano, Rätien, Säntis, Schwyz, Solothurn, Unterwalden, Uri und Zug. Dieses Ergebnis fälschte der Kleine Rat – wie bereits vor der Abstimmung angekündigt – durch Addierung der nichtstimmenden Stimmberechtigten zu den Annehmenden in eine befürwortende Mehrheit von 239625 Ja (gegen 92423 Nein) um. Die amtlichen Abstimmungsergebnisse wären jedoch ohnehin verdächtig gewesen und geblieben: so sollen wir glauben, in neun von zehn Distrikten des Kantons Oberland habe kein Mensch die Verfassung verworfen, im zehnten (Thun) nur 12 Stimmberechtigte und das bei 11098 Aktivbürgern im Kanton! Im Distrikt Interlaken mit 1626 Aktivbürgern habe nicht nur kein Mensch die Verfassung verworfen, sondern auch keiner angenommen!

Zur Feier des ertrogenen Sieges liess der Kleine Rat am 2. Juli 1802 zweimal 40 Kanonenschüsse abfeuern: 40 von der Berner Schanze aus und 40 als Antwort aus dem Feld, ein unfreiwilliger vorausgeworfener Schatten kommender Ereignisse. Mit dieser krassen Fälschung machte der Kleine Rat sich selbst und seinen verfassungsmässigen Nachfolger, den Vollziehungsrat, vollends unglaubwürdig. Nur noch die französischen Gewehre standen zwischen der Regierung und dem Volk, welches sie gegen seinen Willen zu lenken versuchte. Das helvetische Militär taugte als Machtinstrument einer eindeutig illegitimen Regierung nicht. Joseph Anderwert fasste das Dilemma in einem Brief an David von Wyss in folgende Worte:

«Da sich die Regierung über alle Formen bei der Annahme der Verfassung wegsetzt und das Nämliche auch in Rücksicht der Kantonsorganisationen thut, muss sie durch Gewalt sich behaupten, hat aber zu wenig Truppen und zu wenig Geld dazu.» (8)

Dass man die Schweiz nur mit und niemals gegen den Willen der dank der Miliztradition ja stets bewaffneten Mehrheit regieren kann, sollte die helvetische Regierung erst lernen – um den Preis eines Bürgerkrieges und einer zweiten bewaffneten Intervention Frankreichs. Nicht ein paar Tausend Mann unter den Waffen waren in der Schweiz von 1802 die Verkörperung der Staatsgewalt, die Staatsgewalt war letztlich identisch mit dem Volk (damals rund 1,45 Millionen Seelen) in der Mehrheit seiner Waffenfähigen.

Vorderhand konstituierte sich die Regierung am 3. Juli 1802 in Bern: Dolder wurde Landammann, Rüttimann und Füssli Statthalter; dieser dreiköpfige Vollziehungsrat entsprach mehr oder weniger dem französischen Konsulat. Unter ihm amteten als Staatssekretäre Rengger für das Innere, Tribolet für Justiz und Polizei, Custer für die Finanzen, Schmid für das Kriegswesen und Jenner für das Äussere (9).

Zunächst herrschte im Land noch Ruhe, aber es war nur die Ruhe vor dem Sturm. Besorgt schreibt Johann Rudolf Steinmüller am 2. Juli 1802 seinem Freund Hans Konrad Escher (nachmals von der Linth), die Anführer des Volkes in Glarus und Appenzell seien voller Hoffnungen, die ihn, Steinmüller, beunruhigten. Gottlieb Thormann, entschiedener Anhänger des Lunéviller Artikels 11, Aristokrat und Föderalist, sowie Reding sollen in Trogen gewesen sein, und heute erklärten in Gais zwei Schwyzer den Artikel 11 der Gemeinde (10). Die Agitation gegen die helvetische Regierung war bereits in vollem Gange. Das Selbstbestimmungsrecht (Artikel 11) vereinigte Demokraten und Aristokraten, bot den Schwyzern um Alois Reding und altbernisch Gesinnten um Gottlieb Thormann, Beat Jakob Tscharner, Emanuel von Wattenwyl, Rudolf Mutach und anderen eine gemeinsame Losung (11). In Zürich gingen die Vorbereitungen zur Revolution im Schatten der Feuerordnung vor sich, welche Johann Jakob Meyer dazu verwendete, 10 Pannerkompanien einzurichten, von denen drei als Sammelplatz das Helmhaus, drei den Predigerkirchhof und vier den Münsterhof zugewiesen erhielten. Die drei so gebildeten Korps standen unter Offizieren mit Erfahrung aus den Fremden Diensten. Politisches Äquivalent des Berner *Teeleists* oder *Comité anglais* waren in der Limmatstadt informelle Vorläufer der Gesellschaft *des beschlossenen Café auf der Waag* (12).

Zu glauben, die Schweizer Anhänger von Artikel 11 seien ein homogenes Ganzes gewesen, wäre allerdings verkehrt. Da gab es die Demokraten der alten Landsgemeindekantone und ausserhalb derselben ihre Bewunderer. Da gab es die Berner und auch die Zürcher, Luzerner, Freiburger, Solothurner, Basler und Schaffhauser Aristokraten mit mehr oder weniger Verständnis für die Notwendigkeit eines Ausgleichs mit der vor 1798 politisch zurückgesetzten Landschaft. Das war nicht die Reife von 1848 oder von 1874, die organisch Gewachsenes mit den Bedürfnissen des modernen Lebens auszusöhnen verstand, gewiss nicht. Aber es war doch der gemeinsame Wille, das doppelte Joch von Zentralismus und Fremdherrschaft abzuschütteln, für Föderalismus und Freiheit etwas zu wagen, in nicht wenigen Fällen alles zu wagen, auch das eigene Leben.

Die Anhänger von Artikel 11 müssen sich durch Lezay-Marnésias Besuch und den Abzug der französischen Truppen unverhofft an den Pforten Kanaans gesehen haben. Thormanns grundlegender Brief an Lezay-Marnésia, den dieser von Schinznach aus bei aller Unverbindlichkeit doch klar begrüsste und lobte, datiert vom 21. Juli.

Selbentags schrieb Thormann auch an Reding, den er – in Nichtanerkennung des Putsches vom 17. April – mit Landammann betitelte. Thormann – er war Redings Staatssekretär gewesen – teilte dem Schwyzer mit, einige Männer von Scharfsinn, Mut und Ehrgefühl hätten die Mitteilung des Ersten Konsuls, die Truppen auf den 1. Thermidor (20. Juli) abzuziehen zum Anlass genommen, den regierenden Unitäts-Rittern und Jakobinern eine Kraft entgegenzusetzen, die das Land vor einer Rückkehr der Franzosen sichern und Ehre, Freiheit und Unabhängigkeit der Nation mit Nachdruck behaupten könne. Dazu sei es notwendig, dass die Landsgemeindedemokratien Mannschaft, die Berner Subsidien beisteuerten. Thormann regte die Bildung eines Ausschusses oder *Heilscomités* unter Reding an, zu dem auf den 1. August aus jedem Kanton ein Mann «nach unserem Sinn» einzuladen wäre. «Ich kann Ihnen aber, mein Werthester, nicht genug wiederholen, dass alles von der Celerität abhangt, mit der es bewerkstelligt wird; das, was jetzt gut ist, dürfte nach 14 Tagen nicht mehr anwendbar sein.» Dem Plan, so führte Thormann weiter aus, komme die Stellung des mit Rengger, Bernhard Friedrich Kuhn und Schmid verfeindeten Landammanns Dolder zugute. Dieser sei angegangen und mit der projektierten Erklärung konfrontiert worden, die er mit beiden Händen ergriffen und freudig gelesen habe. Er habe aber bemerkt, mehr als 14 Tage würden nicht zur Verfügung stehen. Am 24. Juli trafen sich in Gersau bei Altlandammann Camenzind Vertreter der Urkantone (Alois Reding von Schwyz, Jost Anton Müller von Uri und Franz Anton Würsch von Unterwalden) und beschlossen,die Zentralmunizipalitäten der Urkantone zu bewegen, Landsgemeinden abzuhalten (13), was eine Gesandtenkonferenz in Treib am 30. Juli bestätigte.

Xaver Keller, der helvetische Regierungsstatthalter von Luzern, wurde von der Regierung als bevollmächtigter Kommissar in die Urschweiz geschickt (14), wo er am 30. Juli in Schwyz den Beratungen der Zentralmunizipalität folgte. Diese beschloss, nachdem sechzig Landleute in Hirtenhemden in den Sitzungssaal eingedrungen waren und die Wiederherstellung der alten Demokratie verlangt hatten, die Landsgemeinde zu versammeln. Der so zusammengerufene Souverän solle einen Landrat wählen und dieser mit der Zentralregierung verhandeln sowie eine Kantonsverfassung ausarbeiten und sie dem Volk zur Annahme oder Verwerfung vorlegen. Der Landrat sollte ferner die brüderlichen Verhältnisse mit Uri und Unterwalden wiederherstellen und die Landschaften March, Höfe, Einsiedeln, Küssnacht und Gersau im Namen der Landsgemeinde einladen, die ihnen zustehenden Mitglieder in den Landrat und ihre eigenen Behörden zu ernennen (15). Damit war die Agitation in den offenen Aufstand gegen die helvetische Regierung übergegangen, bezeichnenderweise in Schwyz, jenem seit den frühesten Zeiten der Eidgenossenschaft immer aktiven Ort, einem Ort, dessen demokratische Legitimation jede französische bzw. helvetisch-republikanische Propaganda Lügen strafte und wo ein fähiger Chef im Einklang mit den Gefühlen und Wünschen seiner Mitlandleute energisch handelte (16). In Uri zögerte man zunächst, nicht nur in Ursern: die dreissig Erstfelder, die den bedroht geglaubten Unterwaldnern zu Hilfe eilen wollten, machten in Altdorf aus Mangel an Sukkurs wieder kehrt (17). In Nidwalden ertönten begreiflicherweise

Stimmen, angesichts der noch rauchenden Ruinen nicht ein zweites Mal Feuer und Schwert gegen das ausgeblutete Tal auf den Plan zu rufen. (18). Allein, so empfand im Lande Winkelrieds auch 1802 nur eine Minderheit. Wie Jahrhunderte zuvor, so wirkte auch jetzt das Beispiel von Schwyz. Am 1. August 1802 trat dort die Landsgemeinde zusammen und wählte Alois Reding zum Landammann. Dieser hielt folgende Rede:

«Seit den Tagen, als durch die unerforschliche Zulassung Gottes unsere mit dem Blute der Väter erkaufte Verfassung in Trümmer fiel, hat sich der politische Zustand unseres lieben Vaterlandes in einem Kreis wechselvoller Zufälle und Umwälzungen bewegt. Nach Beseitigung unserer Verfassung durch die Uebermacht der fränkischen Waffen gieng die höchste Gewalt in unserem Lande an die unter der Einwirkung der Sieger geschaffene helvetische Zentralregierung über. Damals war eine wilde und aufgeregte Zeit, die in Uebertreibung aller Art und in der Vernichtung von dem, was an die ehrwürdige Vorzeit erinnerte, ihre Auszeichnung suchte. Dabei war die Zusammensetzung der höchsten Gewalten sehr bedaurungswerth. Von Mässigung und Rechtsgefühl waren nur wenige Vertreter der Nation beseelt, wogegen Misstrauen, politische Schwärmerei und Selbstsucht an der Tagesordnung waren. Der Mangel an einem festen Regierungsplan und äffisches Nachahmen von Einrichtungen, welche dem Charakter und Bedürfnisse des Volkes fremd waren, brachten ein unsicheres Schwanken hervor, welches bei den allgemeinen Aufregungen der Gemüther Unordnung erzeugte, die der Regierung Anlass zu Gewaltmassregeln gab. Um den Schlund massloser Verschwendungen zu füllen und sich Anhänger zu gewinnen, wurden wohlerworbene, durch Sitte und Alter geheiligte Eigenthumsrechte entweder unentgeltlich, oder gegen eine geringe Entschädigung aufgehoben. Landschaften, die sich aus edlem Pflichtgefühl, aus Liebe zum Alten oder andern leicht verzeihlichen Vorurtheilen willkürlichen Gewaltsmassregeln widersetzten, wurden mit Feuer und Schwert verheert und mit Einquartierung von Truppen und endlosen Militärleistungen erdrückt. Mit despotischer Strenge erzwang man Gehorsam und übte angeblich zum Schutze der bürgerlichen Freiheit die härteste Willkür. Im Schoosse der obersten Gewalten selbst herrschte zügellose Parteiwuth. Man vergass das allgemeine Beste und das Wohl des Vaterlandes und war auf die Wahrung eigenen Vortheils und Befriedigung des Ehrgeizes bedacht. In dem kurzen Zeitraum von weniger als fünf Jahren erlitt die helvetische Staatsverfassung viermal sehr wesentliche Umgestaltungen, wobei die Ueberzeugung besserer und vollkommenerer Staatseinrichtungen Nebensache war, dagegen Eigennutz und Verfolgungssucht die Hauptrolle spielten. Endlich schienen sich unter dem Einflusse der fränkischen Regierung die politischen Zustände fester gestalten zu wollen, und ein gesundes Streben nach Vernünftigem und Angemessenem machte sich bemerkbar. An die Stelle wilder Aufregung trat Ruhe und Mässigung und mit Vergnügen konnte der Freund des Vaterlandes die Wahrnehmung machen, dass sich die politische Anschauung den Begriffen einer frühern Zeit wieder nähere. Unter diesen Umständen wurde ich zur Leitung des helvetischen Staates berufen. Da sich der neuen Regierung sehr viele Schwierigkeiten entgegenstellten und es bei der Lage der Dinge von der höchsten Wichtigkeit war, die Ansichten und Wünsche der fränkischen Regierung bezüglich der zu treffenden Massregeln und der Ausgleichung der zwischen den beiden Staaten obschwebenden Verhältnisse zu kennen, so entschloss ich mich zur Reise nach Paris, um mit dem ersten Konsul Berathungen zu pflegen und von ihm wo möglich Zugeständnisse zum Besten unseres Vaterlandes zu erlangen. Meine daherigen Bemühungen waren vom besten Erfolg gekrönt. Der erste Konsul anerkannte die helvetische Regierung, genehmigte die Einrichtungen der helvetischen Republik, welche sich den frühern näherten, sowie die neue Organisation der Zentral- und Kantons-Behörden. Die Herstellung der alten Schweizergrenze und die Neutralität erhielten ihre Bestätigung. Ausserdem wurden mir noch andere wesentliche Vortheile in sichere Aussicht gestellt. Nach meiner Zurückkunft nach Bern liess ich es mir alles Ernstes angelegen sein, die dem ersten Konsul gemachten Zusagen in vollster Ausdehnung in Erfüllung zu bringen, indem ich mich der Hoffnung hingab, von seiner Seite eine eben so schnelle als genaue Erfüllung der mir gemachten Versprechen zu erhalten. Aber leider fand ich mich getäuscht, denn es war das Benehmen der fränkischen Regierung mit den mir gemachten Verheissungen in geradem Widerspruch. Dieser Umstand war es hauptsächlich, der den Willen und die Thatkraft, welche meine hohe Stelle forderte, lähmte. Gleichzeitig wurde der helvetische Senat mit sechs Mitgliedern verstärkt, deren Wahl durch Frankreichs Einfluss auf entschiedene Einheitsfreunde fiel. Die Folgen hievon sind Euch bekannt. In meiner Abwesenheit von der Hauptstadt wurde die wichtigste Staatsbehörde ausser Thätigkeit gesetzt, eine Abänderung der bestehenden Verfassung eingeleitet, ich selbst auf hinterlistige Weise von Amt und Würde gestossen. Des Treibens der Parteien müde, in meinem Vertrauen und meiner Hoffnung getäuscht, verliess ich jenen mir unbehaglichen Schauplatz und kehrte in den Schoss meiner theuren Heimat zurück, um da jenen günstigen Zeitpunkt abzuwarten, der mir erlauben würde, meine Kraft zur Wiederherstellung unserer alten Verfassung anzuwenden. Und dieser Zeitpunkt, wertheste Landleute, ist nun gekommen. Es erlaubt uns ein Artikel des Lüneviller Friedens ausdrücklich und unbedingt, uns eine Verfassung nach Belieben zu geben, eine Verfassung, die unsern Bedürfnissen und Verhältnissen entspricht und nicht das Werk fremder Bedrückung ist. Ich versichere Euch in diesem feierlichen Augenblick, dass ich keine andere Gesinnungen hege, als das Wohl des Vaterlandes nach allen meinen Kräften zu fördern und dass ich nie eine andere Sprache führen werde, als diejenige, so ich an dieser Stelle vor der Revolution, während derselben, im helvetischen Senat und vor dem Manne führte, vor dcm Europa zitterte!»

Selbstverständlich hatte zu jenem Zeitpunkt der Lunéviller Artikel 11 schon eine ganze Zeit lang gegolten, aber nur theoretisch, solange die französischen Soldaten eine ganz andere Praxis dozierten. Nun gingen sie jedoch nach Hause, und der Weg war offen für die Wiederherstellung der Schwyzer Demokratie. Landrat und Volk schlossen miteinander einen feierlichen Vertrag, dessen Inhalt zugleich das Regierungsprogramm darstellte:

«Der neue Landrath verspricht dem Volke, dass er die ihm anvertraute Gewalt nach Gewissen, Pflicht und Eid zum Wohl und zur Wohlfahrt des Vaterlandes, zur Aufrechthaltung der Religion, wahrer Freiheit und Gleichheit verwenden und nie zur Einführung einer Verfassung Hand bieten wolle, wenn diese nicht zuvor vom Volke freiwillig angenommen sein wird. Dagegen verspricht das Volk dem Landrath Treue und Gehorsam und verpflichtet sich demselben bei jeder Gefahr mit Leib, Hab und Gut beizustehen und ihn gegen innere und äussere Feinde zu schützen.»

Der helvetische Vollziehungsrat begegnete der Gärung und dem Ausbruch mit verschiedenen Mitteln. So wurden mit Beschluss vom 29. Juli die Kantone Bern und Oberland zum neuen Kanton Bern, Aargau und der grösste Teil des Kantons Baden zum Aargau sowie Lugano und Bellinzona zum Tessin (21). Militärisch war das Ungenügen der vom Volk so genannten Helvekler (22), der stehenden oder Linientruppen, evident. Das Kriegsdepartement teilte schon am 23. Juli dem Vollziehungsrat mit: «Wenn die fr(z.) Truppen die Schweiz werden verlassen haben, so sind gewiss ca. 2'000 Mann besoldete Truppen, von denen 500 M. immer, als nie augenblicklich zum Dienst brauchbar, müssen abgerechnet werden, nicht hinreichend, um das Ansehen der Gesetze und der Regierung überall zu erhalten.» Deshalb müsse man vorsehen, die in Bern stehende Garnison im Notfall durch ein Aufgebot von Miliztruppen des Auszuges, (im Unterschied zur Reserve) so genannten Eliten, «natürlich durch bekannte und sichere Offiziers... commandirt» zu ergänzen (23). Der Rückgriff auf die Miliz musste der nur von einer Minderheit des Volkes gestützten Regierung verderblich werden, weil die Mehrheit des Volkes *ipso facto* auch die Mehrheit der Miliz war. So wunderbar schützte damals und zu allen Zeiten das Milizsystem das Land gegen ein Ueberschäumen obrigkeitlicher Willkür. Dass es dennoch zum Bürgerkrieg kommen musste, ist eine Folge der Zeitumstände, unter welchen dem Vollziehungsrat (zu Recht) die wahre Macht nicht vom Schweizervolk auszugehen schien sondern von Bonaparte und (zu Unrecht) dieser als ein fester Freund der bestehenden helvetischen Regierung galt, wo er doch immer nur blieb, was er war: ein fester Vertreter des eigenen Vorteils wie er diesen im Augenblick jeweils sah.

Die Urkantone gingen mit jenem Ernst und jener Kraft zu Werke, die ihnen das jahrhundertelange Ringen mit den Naturgewalten und ihre einzigartige politische Selbstbehauptung gegeben hatten. Dort wo 1315 nach dem Sieg am Morgarten vielleicht der zweite, vielleicht der dritte, sicher aber der endgültige Anlauf zur Konstituierung der Eidgenossenschaft genommen wurde, in Brunnen, versammelte sich am 6. August 1802 eine dreiörtische Konferenz, welche die militärische Organisation des Widerstands an die Hand nahm: im Falle eines Angriffs wollte man sich gegenseitig unterstützen. Um das tun zu können, bildet jeder Kanton ein Scharfschützen-Korps, bietet den Fünftel seiner männlichen Bevölkerung auf, bewaffnet die Mannschaft, teilt den Landsturm in Rotten ein und versieht ihn mit Offizieren. Jeder Kanton stellt einen Vertreter zum Kriegsrat mit Sitz in Schwyz. Für die Besoldungen werden vorerst 40000 Reichsgulden vorgesehen. Die Gewehr-, Pulver- und Bleivorräte sollen inventarisiert werden. Jeder Kanton, der sich später anschliesst, soll seinen Beitrag leisten, wofür dann auch sein Gebiet geschützt wird (24). Die Schiffe auf dem Vierwaldstättersee sind in der Nacht anzuketten. Die Schiffleute sollen nicht mit allen Schiffen zur gleichen Zeit nach Luzern fahren (25). Am gleichen 6. August 1802 erliessen Uri, Schwyz und Unterwalden eine Erklärung an die helvetische Zentralregierung mit der Rechtfertigung ihrer Schritte und einem Verhandlungsangebot. Die mitreissende Wirkung dieser Tätigkeit zeigte sich zunächst einmal im Kanton Glarus, wo die Gemeinden die Abhaltung einer Landsgemeinde beschlossen (26). Der Vollziehungsrat dagegen setzte Truppen in Richtung Luzern in Marsch – wie vier Jahre zuvor, als der französische General Balthasar von Schauenburg den Auftrag erhielt, die sogenannten Nidwaldner Rebellen zu züchtigen, aber diesmal handelte es sich um helvetische Truppen. So marschierten zum Beispiel – der grossen Hitze wegen nachts – am 10. August 1802, 01.00 Uhr, zwei Kompanien Linientruppen von Baden in Richtung Muri und Luzern (27). Tags zuvor hatte der Senat in Bern beschlossen, jede Gemeinde zur Stellung von einem Mann auf hundert Einwohner «zur Vermehrung der helvetischen Truppen» zu verpflichten und zwar auf vier Jahre. Die Gemeinden konnten sich von ihrer Pflicht mit Fr. 100.– pro Mann freikaufen, sie konnten Freiwillige suchen oder die Soldaten aus den 20 – 41jährigen Männern auslosen (28). Unter den obwaltenden Umständen war das mehr eine Absichtserklärung als ein Rechtstext: die Bestimmungen durchzusetzen fehlte die Kraft und die Zeit. Hans Konrad Escher schildert in einem Brief vom 11. August seine Stimmung dem Freund so: «Melde mir auch, wie es bei Euch um die Eine und Untheilbare steht. Wohl schlimm genug! Ich werde wohl gut thun, in Appenzell und Glaris *incognito* zu reisen oder mich für das halten zu lassen, wofür mich unsre grossen Maulpatrioten immer ausgaben. Aber im Ernst nun: man möchte Blut weinen über die Verkehrtheiten, die in unsrem Vaterland in Bezug auf dasselbe vorgehen! Drum lass uns Erquickung suchen bei der unverkehrten Natur.» (29)

Verkehrtheiten lassen sich nun für jene Tage in der Tat zuhauf feststellen, etwa wenn der Vollziehungsrat am 10. August beschloss, seine wenigen Truppen auf die Kantone Luzern, Zug, Glarus und Oberland (ein Kanton, der zwölf Tage zuvor abgeschafft worden war) zu verteilen (30), womit er vollkommene Sicherheit dafür geschaffen hätte, nirgends genügend stark zu sein. Die Zersplitterung der Kräfte lag allerdings für militärische Laien in einem Augenblick nahe, wo es an vielen Orten zugleich zu spuken schien: vom Bad Lostorf über das doch wahrhaft helvetische Aarau bis nach Zürich und von dort über Horgen und Mettmenstetten bis nach Zug, von den Urkantonen ganz zu schweigen (31). Am 12. August beschloss der Vollziehungsrat, das 1. Linienbataillon nach Luzern, das Korps der Jäger zu Pferd nach Zug, einen Artillerietrain von mindestens sechs Feldstücken samt Zubehör und Kanonieren nach Luzern abgehen zu lassen. General Joseph Leonz Andermatt solle sich mit seinem Stab ebenfalls an die Reuss begeben und die «weiteren Unternehmungen ... der bewaffneten Macht» nach noch zu erteilenden Instruktionen des Vollziehungsrates leiten (32). Diese Konzentration der Kräfte in Luzern war möglich geworden, weil das Kriegsdepartement per 13. August mit vier Waadtländer und zwei Berner Milizkompanien als Garnison von Bern rechnen konnte (33). Dass eine Regierung überhaupt eine Garnison in der Hauptstadt braucht, verrät natürlich auch schon einiges.

Die Hauptbausteine der helvetischen Armee von 1802 waren drei professionelle Bataillone, das 1. und das 2. Linienbataillon sowie das 1. Leichte Infanteriebataillon. Dazu kamen die Jäger zu Pferd (das Husarenkorps) und die Artillerie sowie Milizkompanien und, in währendem Kampf, spontan auftretende helvetisch gesinnte Freiwillige beiderlei Geschlechts.

JÄGER ZU PFERD UND ARTILLERIE

Das 1. Linienbataillon Pierre Vonderweids stand am 9. August 1802 als Besatzung in Bern. Am 10. August gingen unter Joseph Tornare zwei seiner Kompanien nach Thun, am 11. eine davon nach Brienz ab. Die Hälfte der Kompanie in Brienz bezog am 12. August in Brienzwiler Quartier und stellte einen Posten von 12 Mann auf den Brünig. Als das 1. Linienbataillon am 13. August nach Luzern abmarschierte, betrug sein Bestand 481 Mann, davon waren jedoch 134 Mann abwesend. 103 davon hatte Tornare in seinen beiden Kompanien zusammengenommen, als diese Einheiten am 19. August nun mit 27 Mann in Meiringen, mit 26 Mann in Brienz und ausserdem in Brienzwiler und auf dem Brünig Präsenz markierten.

Das 2. Linienbataillon Salomon (?) Müllers war am 2. August mit seinem Stab und drei Kompanien in Luzern, mit zwei weiteren Kompanien in Baden (sie sind uns schon auf dem späteren Marsch nach Luzern begegnet) und je einer Kompanie in Bern, Aarburg und im Kanton Linth zu finden. Müller lieferte am 10. August zwei Kompanien als Ordnungstruppen ans Freischiessen nach Zug. Am 19. August gingen die von Bern herangezogenen Grenadierkompanie sowie die 8. Kompanie nach dem Rengg-Pass, wonach die Grenadierkompanie zunächst in Winkel, die 8. Kompanie in Hergiswil stand. Am 21. August wurde eine Kompanie von Zug aus nach Oberwil geschickt.

Das 1. Leichte Infanteriebataillon Louis Clavels bildete zu Beginn des Monats August noch den Kern der Ordnungskräfte im durch den *Bourla-papei*-Aufstand aufgewühlten Waadtland. Am 23. August befanden sich zwei, am 24. vier und am 25. fünf Kompanien des Bataillons in Bern. Zwei blieben in der helvetischen Hauptstadt, Clavel selbst traf am 27. mit zwei anderen Kompanien in Luzern ein, während eine in Schüpfheim Halt machte. Im Tessin stützte sich der Vollziehungsrat auf drei detachierte Kompanien des 1. Leichten Infanteriebatallions von denen eine (Anderwert) mit einem Bestand von 52 Mann am 20. August in Andermatt eintraf und die Bewachung des Urner Lochs übernahm.

Das Husarenkorps wurde, minus einige Kurierreiter und Ordonnanzen, am 13. August von Bern nach Zug geschickt und stand am 18. August in Ebikon mit Detachementen in Dierikon und Root. Zwanzig Jäger zu Pferd unter Leutnant Delisle hatten vom 19. August an ihr Quartier in Bern.

An Artillerie war ein Train von sechs Feldstücken samt Zubehör und Munition mit 60 bis 80 Kanonieren am 14. August von Bern Richtung Luzern abgegangen.

Der einzige Kanton, aus dem der Vollziehungsrat – trotz der *Bourla-papei*-Sache – *massive* Unterstützung durch Miliztruppen erwarten konnte, war Waadt, wo die klare Mehrheit bereit war, für die Unabhängigkeit von Bern notfalls auch mit dem Leben einzustehen. Der 30. Juli sah so die Schützenkompanie Aigle und die Grenadierkompanien Lavaux, Vevey und Aigle unter den Waffen. Allerdings musste man ihnen die Rückkehr auf den 1. Oktober zur Weinlese versprechen. Man sah sich überdies gezwungen, den verdächtigen Kommandanten der Kompanie Lavaux durch den zuverlässigen Ruchonnet auszuwechseln, und zudem appellierte Regierungsstatthalter Polier am 5. August an den Vollziehungsrat, doch ja nicht Waadtländer gegen Waadtländer einzusetzen. So trafen am 9. August die Kompanien Lavaux und Vevey in Bern ein, wo das Kriegsdepartement gleichentags die Entsendung der zweiten zwei Kompanien und die Mobilisierung von zusätzlichen sechs befahl. Die Schützen- und die Grenadierkompanie Aigle waren am 13. August in Bern, die Schützen (Morier) marschierten am 15. August nach Luzern ab, die Grenadiere (Burnat) am 17. August nach Thun. In Lausanne standen am 18. August weitere fünf Kompanien unter Bataillonschef F. Bourgeois zur Verfügung, bereits in Bern war die Grenadierkompanie Cossonay eingetroffen während die Schützen von Aigle ihr Marschziel Luzern erreicht hatten, von wo aus sie am 19. August auf die Rengg geführt wurden. Das Marschbataillon Bourgeois erreichte Bern am 21. August in guter Ordnung mit einem Gesamtbestand von 312 Mann, sodass in der Hauptstadt nun acht Waadtländer Milizkompanien standen. Drei davon marschierten am 23. August mit Bestimmung Luzern bis nach Langnau. Am 24. August folgten ihnen zwei weitere Kompanien, darunter eine von Nyon unter ihrem Kommandanten Birde. Drei Kompanien blieben in Bern zurück. Am 25. August ging die Kompanie Burnat von Thun in Richtung Brünig ab; gleichentags trafen zwei Kompanien in Luzern, eine in Entlebuch ein, am 27. August in Luzern gefolgt von zwei weiteren, sodass General Andermatt nun sechs Waadtländer Milizkompanien unmittelbar zur Hand hatte. Der Staatssekretär für das Kriegswesen hatte am 26. August ausserdem Befehl erteilt, das auf Pikett gestellte 1. Waadtländer Bataillon zu mobilisieren.

Der Kanton Waadt zählte damals rund 35300 Aktivbürger, d.h. stimmberechtigte Männer, der Kanton Bern (ohne Oberland) rund 39300 (Aargau 14600, Zürich 44900). Man hätte also von Bern mehr Miliztruppen erwarten sollen, als von der Waadt. Allein, dazu kam es keineswegs. Zwar standen am 12. August zwei Berner Milizkompanien in der Hauptstadt, wohl ermächtigte der Vollziehungsrat am 22. August das Kriegsdepartement, noch je eine Kompanie in den Distrikten Zollikofen und Büren auszuheben, aber das waren zumeist aus Parteigängern der Helvetik zusammengesetzte Freiwilligeneinheiten, nicht wie die Waadtländer Milizen ein Spiegel des Volkes. Die Kompanie Frieden wurde am 25. August nach Thun gesandt, am 28. die Freiwilligenkompanie Büren (104 Mann) in den Aargau. Die Freiwilligenkompanie Steffisburg (100 Mann) marschierte am 28. August von Thun nach Bern.

Die Grenadierkompanie Entlebuch, das Gros des luzernischen Efforts für die Helvetik, stand am 25. August in Littau.

Die Zürcher und Aargauer werden uns später begegnen. Von den vier Freiburger (Miliz-) Grenadierkompanien (Freiburg, Broye, Moléson, Lacs) marschierten trotz Widerständen im Sensebezirk und in der Stadt anfangs September zunächst drei. Nicolas de Gady, der gegen das Aufgebot agitierte, wurde vorübergehend eingesperrt.

An personellen Entscheiden ist die Ernennung von Generalstabschef Jayet am 4. August und jene des Stadtkommandanten von Bern Ignaz von Flüe am 14. August zu erwähnen.

MANIFEST DER URKANTONE VOM 14. AUGUST

Die ganzen militärischen Massnahmen bewegten sich in einem enormen Spannungsfeld zwischen hochfliegenden Plänen (so wurde ein Stoss von Waadtländer Truppen durch das Wallis, über die Furka und durch die Schöllenen bei gleichzeitiger amphibischer Landung Andermatts in Flüelen erwogen) und prekärer Wirklichkeit. Die beiden am 24. August von Bern abmarschierenden Waadtländer Kompanien hatten zunächst gemeutert – unter Berufung auf den rückständigen Sold und die Unvollständigkeit ihrer Bestände. Von Husaren und zwei Kanonen samt Mannschaft mit brennenden Lunten umrahmt, vermochte sie Ignaz von Flüe schliesslich doch zum Marsch zu bewegen.

Nun, am 14. August 1802 hatten die Urkantone ein Manifest «an das sämtliche biedere Schweizervolk» erlassen (34). Sie erinnern darin an die alte Zeit: «Zufrieden und genügsam beneideten wir niemanden um grössern Glanz und Reichthum; friedlich und jedermann unschädlich freuten wir uns des Glückes unserer Bundesbrüder als unseres eigenen, und ungestört genossen wir des sanften Hirtenlebens als ein freies Volk.» Der Einmarsch der Franzosen schuf einen Zwang, der das gute alte Recht nicht aufzuheben vermochte.

«Der erste Lichtstrahl der Freiheit glänzte endlich nach so langem Kampfe und vielen Leiden aus dem 11. Artikel des Friedenstractats von Lüneville, welcher dem schweizerischen Volke Unabhängigkeit, Recht und Befugnis zugesteht, sich eine Verfassung nach Belieben zu geben.» Dies wurde durch «damals noch bestehende Verhältnisse» zunächst verunmöglicht. Die Wahl Redings zum Landammann habe dann bessere Aussichten eröffnet. «Allein das Ereignis vom 17. April warf uns abermals in den Sturm hinaus ...». Die Urkantone haben die Verfassung vom 25. Mai 1802 verworfen, sie haben aber dadurch nicht etwa die Abstimmung selbst anerkannt sondern sich ihre «nie aufgegebenen Freiheit und Rechte» vorbehalten. Was sie tun ist keine Revolution, denn das wäre eine Empörung gegen eine rechtmässig angenommene Staatsverfassung oder eine rechtmässig bestehende und als solche anerkannte Obrigkeit. Beides liegt nicht vor. Die Urkantone wollen nur «die so lange umsonst ersehnte Ruhe im süssen Genuss unserer Freiheit». Diese sind sie aber bereit, zu verteidigen: «Brüder! frei leben oder sterben.»

Das Echo auf das Manifest der Urkantone und ihre entsprechenden Zuschriften an die Kantone Zürich, Luzern, Zug und Glarus war zunächst verhalten. Immerhin zeigte Zürich den Eingang des Schreibens an. Frankreich und Oesterreich, als die beiden Mächte, welche sich den Lunéviller Artikel 11 gegenseitig garantierten, wurden ebenfalls notifiziert. In Wien residierte, wenn auch nunmehr als Privatmann, der frühere helvetische Gesandte Bernhard Gottlieb Isaak von Diesbach, ein Bonaparte verhasster Föderalist, der am 1. Oktober 1802 dann von der Tagsatzung wieder als Gesandter akkreditiert werden sollte.

Staatssekretär Kuhn war über die Vorgänge, die sich in der Tiefe abspielten und die den Sturz des von ihm vertretenen Systems zum Ziele hatten, gut im Bilde (35). Seine Spitzel meldeten ihm just in jenen Tagen, dass Thormann und Ludwig Aufdermaur vom Brünig her nach Brienz und Bern gereist seien, dass am Freischiessen in Zug – wohin zwei Kompanien des 2.

Linienbataillons als Ordnungshüter geschickt worden waren – «Auf das Wohl aller freien Landsleute und auf das Verderben der Städter» getrunken, dass Pfarrer Johann Jakob Schweizer von Embrach in Schwyz und Unterwalden gewesen und nach seiner Rückkehr die dortigen Verhältnisse gerühmt habe, was übrigens einige Anhänger der Helvetik dadurch quittierten, dass sie sein Haus stürmten und ausplünderten, Dinge, die damals von Anhängern beider Seiten so oder ähnlich immer wieder verübt wurden. Kuhn (und mit ihm die Regierung) erfuhr von Redings Aeusserung zu Pfarrer Schweizer, wenn man auch das Unternehmen der Ländler noch einmal vereitle, werde man doch «den Geist des Volkes ... nicht unterdrücken können, und früher oder später werde er die gleichen Früchte tragen.»

Die helvetische Regierung konnte das nicht gleich sehen, sie hielt vielmehr am 14. August 1802 in Bern einen sogenannten Ausserordentlichen Staatsrat ab, an dem neben Vollziehungsrat und Staatssekretären noch Franz Bernhard Meyer von Luzern und Joseph Leonz Andermatt teilnahmen. Das Ergebnis waren eine Instruktion für den Regierungskommissär Xaver Keller und eine Weisung für General Andermatt. Keller wurde unter anderem bedeutet: «... die zur rechten Zeit anbefohlene Wegräumung eines einzigen Menschen kann oft der Notwendigkeit überheben, das Leben von Hunderten zu wagen.» (36) Das konnte nur heissen, dass die damals regierenden Männer auch vor dem politischen Mord nicht zurückgeschreckt wären. Der Vollziehungsrat (so nennt sich der Ausserordentliche Staatsrat in der Instruktion auch wieder) gab aber wenige Zeilen später zu, «dass es für eine schleunige Dämpfung des Aufruhrs durch Gewalt allein vielleicht zu spät» sei, und spricht dementsprechend wieder vom natürlichen «Trieb des Vaterherzens gegen verirrte Kinder», von der Vermeidung des Blutvergiessens und aller «Greuel des Krieges». Deshalb erhielt Keller die Weisung, eine Gegenerklärung zur Erklärung der Urkantone vom 6. August abzugeben, in der abenteuerlicher– aber auch konsequenterweise eine Lösung gemäss der «von der grossen Mehrheit der Nation angenommenen Verfassung» ins Auge gefasst wurde (37). Die Kellersche Gegenerklärung war für den Fall des sofortigen Einmarsches der Truppen General Andermatts in den Urkantonen als Manifest, für den Fall des späteren Einmarsches als Vorbereitung des Terrains gedacht (38). Entscheidend war Kellers Instruktion also nicht, entscheidend war die Weisung für den General.

Andermatt wurde mitgeteilt, «unglücklicherweise» habe der Vollziehungsrat beim Ausbruch der Unruhen in der Urschweiz «über keine hinreichende Anzahl der besoldeten Truppen» verfügt, «dass den Uebelgesinnten mit Gewalt hätte können Einhalt gethan werden» (39). Nun sind das 1. Linienbataillon, 80 Mann Kanoniere mit Geschütz und Munition, 70 Mann Jäger zur Verstärkung des in Luzern zusammengezogenen 2. Linienbataillons unterwegs. «... zugleich sind auch nun zehn Compagnien Miliz im Canton Leman und einige in andern Cantonen disponibel, theils um die Ruhe zu erhalten, wo sie sonst etwa gefährdet würde, theils um die besoldeten Truppen zu unterstützen, zu welchen auch noch bald das erste Bataillon leichter Infanterie wird können ganz gezählt werden, von welchem übrigens die drei in dem Canton Tessin detachirten Compagnien bereits in die Berechnung der Repressionsmittel gegen die insurgirten Cantone können aufgenommen werden. – Der VR. hat Ihnen bereits den

Befehl zugehen lassen, sich mit Ihrem Generalstab nach Lucern zu verfügen, und stellt Ihnen nun durch das Kriegsdepartement diejenigen Instructionen und Verhaltungsbefehle zu, welche das Resultat der heute in Ihrer Gegenwart abgehaltenen Sitzung des Staatsraths sind.» (40)

Die Regierung, liest man weiter, würde Andermatt ohne weiteres den Befehl erteilen, unverzüglich in diese Kantone und vorzüglich nach Schwyz einzumarschieren, müsse sich aber, angesichts ihrer sehr beschränkten bewaffneten Macht auf folgende Hauptpunkte beschränken:

1. Der Vollziehungsrat will den Bürgerkrieg vermeiden, wenn aber die Aufrührer zu einem solchen rüsten und ihre Macht wächst, ist ein kleiner Bürgerkrieg einem grösseren vorzuziehen.

2. Die erste Pflicht Andermatts besteht in der Sorge für die Sicherheit der ihm anvertrauten Truppen nach militärischen Grundsätzen. «Lucern und Zug scheinen dem VR diejenigen Punkte zu sein, de(nen) Sie Ihr vorzügliches Augenmerk zu widmen haben. Indessen sind Sie vielleicht im Falle, theils um Ihre Truppen militärisch zu verlegen, theils um die nöthige Kunde von dem Zustande der Insurgirten zu erhalten, Besitz von Land oder Gemeinden zu nehmen welche zu diesen Cantonen gehören.»

3. Der General wird Befehl erteilen, die Feindseligkeiten nicht zu eröffnen, aber bewaffneten Widerstand zu bezwingen. «... der geringste Sieg würde den Muth der Rebellen erhöhen».

4. Wenn Andermatt zur Ueberzeugung kommt, ein schneller Einmarsch könne ohne bedeutenden Widerstand erfolgen und die Urschweiz könne anschliessend behauptet werden, soll er zufahren.

5. «Zeigt es sich aber dass starker Widerstand bereits organisirt sei; glauben Sie dass das Unternehmen von einem etwas zweifelhaften Erfolge sein (könnte) und dass es den Aufwand von einer beträchtlichen Anzahl Menschen erfordern könnte, so werden Sie alle Ihre Beobachtung(en) und Ihre Vorschläge dem VR ungesäumt einsenden und dessen endlichen Befehl abwarten.»

6. Andermatt wird die Gründe für und gegen den «Einmarsch besonders nach Schwyz» erwägen und der Regierung seinen Operationsplan vorlegen.

7. Der General darf einige hundert Freiwillige in den Sold der Republik aufnehmen.

8. Andermatt wird ein Hauptaugenmerk auf die Entwicklungen in Glarus und Appenzell und auf mögliche Verstärkung von dort für die Urschweizer richten.

9. «Kurz, B. General, Ihr Zweck soll sein, den Aufruhr der drei Cantone wo möglich ohne Bürgerkrieg und so bald als möglich zu beenden, dem Insurrectionsgeist Einhalt zu thun und der Verfassung Gehorsam zu verschaffen. Es liegt in den Gesinnungen des VR. und gewiss auch in den Ihrigen, dass wo möglich auch kein Tropfen Bürgerblut fliesse; nur dann erst, wenn die Empörung anderst nicht zu dämpfen sein wird, muss das kleinere Uebel dem grösseren vorgezogen werden.»

10. Andermatt wird mit aller Schonung gegen «irregeführte Brüder» verfahren.

11. Der General wird sich mit Regierungsstatthalter Keller verständigen. (41)

Dass ein General eine derart in sich widersprüchliche Weisung überhaupt hat entgegennehmen können, verrät wohl, dass Andermatt angesichts seiner militärischen Schwäche ganz froh war, der Regierung die Verantwortung für den Operationsplan zu überlassen. Die Regierung selbst bereitete offensichtlich mehr zukünftige Erklärungen für jeden Fall vor, als dass sie an eine Bereinigung der Lage in ihrem Sinn ging, wohl getragen vom Bewusstsein, sich aus eigener Kraft nicht retten zu können. Als Sammelsurium von Argumenten für das Wohlverhalten der Regierung, dem Ersten Konsul vorgelegt, war die Weisung an Andermatt vielleicht tauglich, als Auftrag an einen General jedoch nicht.

Die Mobilisierung der Miliz war die letzte Karte der helvetischen Regierung: sagte sie über ihren Rückhalt im Lande die Wahrheit, musste sie stechen, sonst konnte es nur noch heissen: *rien ne va plus!* Das Ringen um die Miliz wird denn auch in den Papieren aus der Mitte des Monats August deutlich. Am 14. August zum Beispiel schrieb der aargauische Regierungsstatthalter Johann Heinrich Rothpletz nach Bern, in Brugg versuche der ehemalige dortige Schultheiss Jakob Frey, die Einrichtung der Miliz zu verhindern (42). Aus Zürich schrieben am 15. August Milizinspektor Heinrich Heidegger und Regierungsstatthalter Johann Konrad Ulrich, bisher seien bloss 108 freiwillige Scharfschützen und Infanteristen zu vermelden. Der grösste Teil sei weder bewaffnet noch uniformiert. Von den Gemeinden Hombrechtikon, Stäfa, Männedorf und Küsnacht dürfe man erwarten, dass sie das Mangelnde beschaffen würden. Als Hauptmotiv der Abneigung gegen die Rekrutierung werde das Ausbleiben des Soldes angegeben. Ohne Geld seien die weiteren Schritte problematisch (43). Eine halbe Woche danach konnte Ulrich melden, im Bezirk Meilen sei eine Jägerkompanie von gut 60 Mann auf die Beine gekommen unter Hauptmann Ernst von Zollikon und Leutnant Zuppinger von Männedorf. Diese Jäger seien zum Garnisonsdienst bereit, nicht aber zum Einsatz gegen die kleinen Kantone (44). Am 19. August erhielt Ulrich den Auftrag, aus jedem Distrikt des Kantons eine Milizkompanie des Auszugs (Eliten) zu organisieren, drei davon in die (als Hort alteidgenössischen Denkens verdächtige) Stadt Zürich zu ziehen, einige zur Grenzbewachung gegen Glarus und Schwyz bereitzuhalten und alle aus dem Zeughaus in Zürich zu bewaffnen (45).

MOBILISIERUNG DER FRAUEN IN SACHSELN

Diese Zurüstungen blieben natürlich der Urschweiz nicht verborgen, die in der Mehrheit des Schweizervolkes jenseits ihrer Kantonsgrenzen einen natürlichen Verbündeten hatte. Und so bereitete sich die Schweiz trotz des von vornherein aussichtslosen, propagandistisch aber wertvollen Beschlusses der Urkantone vom 15. August, die Vermittlung Raymond Verninacs anzurufen, auf den Bürgerkrieg vor. Der Bürgerkrieg war unvermeidlich, wenn es nicht gelang, die Putschisten des 17. April ihrerseits durch einen Staatsstreich zu entfernen, was Gottlieb Thormann am 16. August vorschwebte, als er ein entsprechendes Projekt redigierte (46). Am Ende sollte das Land Bürgerkrieg *und* Staatsstreich haben. Die helvetische Regierung war über die Pläne der Verfechter von Föderalismus und Selbstbestimmungsrecht gut im Bild, weil auch sie viele treue Korrespondeten im Lande hatte (47). Daneben lief natürlich die amtliche Berichterstattung, wie die Meldung Ulrichs vom 17. August, in Schwyz werde der Landsturm organisiert, was ihn veranlasste, die Unterstatthalter der Distrikte Horgen, Meilen und Mettmenstetten mit der Aufstellung ausserordentlicher Polizeiwachen, der Besetzung der Uebergänge in die kleinen Kantone, der Aufstellung von Wachtschiffen und dem Anhalten verdächtiger Leute zu beauftragen (48). Diese und ähnliche Massnahmen von Vertretern der Regierung verrieten Festigkeit, allein sie waren wenig glaubwürdig. Georg Escher schrieb am 18. August nicht umsonst von Zürich aus an Thormann, für Festigkeit brauche es Kraft und Zutrauen. «Wovon sie weder das eine noch das andere besitzen.» (49) Kraft und Zutrauen waren hingegen ganz bei der Mehrheit des Volkes. In Zürich wurde die Flugschrift der kleinen Kantone vom 14. August herumgeboten, ja die dortige Munizipalität, die Gemeindekammer und die Verwaltungskommissarien forderten am 19. August die helvetische Regierung offen heraus, indem sie an Landammann und Räte in Schwyz eine Empfangsbestätigung für deren Zuschrift vom 9. samt der Versicherung fortdauernder freundschaftlicher und nachbarlicher Gesinnungen abgehen liessen (50). Der Kirchenrat von Sachseln unterstellte alle waffenfähigen Knaben unter 16 und alle Männer über 60 Jahren Peter Ignaz von Flüe und rief die Frauen zur Mithilfe auf. Selbentags besetzte General Andermatts Schützenkompanie Aigle unter Hauptmann Morier die Rengg…

Der Pass zwischen Hergiswil und Alpnach bot damals den nächsten Landweg von Luzern nach Unterwalden. Andermatt handelte weisungsgemäss, provozierte aber natürlich durch die Dislozierung von Truppen nach Unterwalden – wie auch durch das wiederholte Einreiten helvetischer Husaren in Küssnacht – die Urkantone. Zunächst zogen sich allerdings die Obwaldner Wachen rasch zurück, während weiter hinten (für Andermatt) ominöse Bewegungen abliefen: ein Schwyzer Korps (zwei Kompanien) rückte nach Stans, ein nidwaldisches nach Sarnen und in Stansstad zog eine Wache von 300 Mann auf (51).

Die Besetzung der Rengg durch Andermatt hatte keine Eindämmung der allgemeinen Unruhe zur Folge, in Gegenteil: am 20. August 1802 wurde in Glarus Landsgemeinde gehalten, Fridolin Zwicki zum Landammann, dazu ein 31 köpfiger Landrat gewählt und der Beschluss gefasst, die dreiörtische Konferenz zu beschicken (52). Ein weiterer Kanton hatte die Brücken zur Regierung in Bern abgebrochen und gab der Agitation einen neuen, kräftigen Impuls, der sich bis in die Waadt und in den Aargau bemerkbar macht (53), in welchen beiden Kantonen die Mehrheitsverhältnisse allerdings nicht so klar waren wie anderswo und wo es geschlossene Gruppen entschiedener Befürworter der Helvetik oder doch Gegner einer bernischen Restauration gab wie die Stadtgemeinde Aarau. Kommt dazu, dass der Helvetik treu ergebene tüchtige Regierungsstatthalter wie Johann Heinrich Rothpletz diese besonderen Umstände zum Durchgreifen benutzen konnten. Das waren Aufhellungen für die Regierung, die Grosswetterlage aber liess nach wie vor Sturm erwarten.

Die schwarzen Wolken zogen sich zunächst über Zürich zusammen. Hier hatte der Mobilmachungsbefehl Verwirrung und Angst gestiftet: Regierungsstatthalter Ulrich musste in Bern in aller Form anfragen, ob nun die 15 (Verwaltungs-) Distrikte oder die 8 Militärquartiere gemeint seien. Im Zeughaus seien nicht über 45 Stutzer und 700 brauchbare Gewehre und ausserdem habe er, Ulrich, ja bereits die Verteidigungsanstalten an der Grenze gegen die Urschweiz getroffen und Arrondissement-Kommandant Burkhard von Horgen zum verantwortlichen Chef bestimmt (54). Ulrich übernahm in jenen Tagen auch wichtige Teile der Militärverwaltung, was natürlich Milizinspektor Heidegger verstimmte. So machte Ulrich mit Hauptmann Ernst ab, die Scharfschützenkompanie aus Meilen aus anderen Distrikten auf 60 Mann zu ergänzen, während Heidegger nach Bern schrieb, es hätten sich 5 Offiziere und 45 Gemeine gemeldet, wovon aber nur 43 aus Meilen stammten und nur 11 bisher als Schützen gedient hätten (55).

Auf der anderen Seite des politischen *Rubico* wollte man in Zürich auf jeden Fall verhindern, dass eine Garnison von helvetisch gesinnten Landzürchern in die Stadt gelegt werde, wogegen Hans Jakob Lavater 548 Unterschriften sammelte, darunter jene des Diakons zu St. Peter, Johann Georg Schulthess, welcher «mit Vorbehalt der Exemption, welche das Gesetz den Geistlichen vom Militärdienst zusichert» unterschrieb, weil die Petition zugleich das Angebot enthielt, den Wachtdienst in der Stadt selbst zu besorgen (56). Musste schon die anlaufende Protestaktion gegen eine Landgarnison die helvetischen Behörden auf die Tätigkeit der Vorläufer der *Gesellschaft zur Waage* aufmerksam machen, so galt das noch viel mehr von der Pulveraffaire. In der Nacht vom 20. auf den 21. August wurde hinter der Kaserne ein Pulvermagazin gewaltsam erbrochen. 1037 Pfund Pulver wurden auf ein im Schanzengraben bereitliegendes Schiff gebracht und von dort in den Kanton Schwyz (57).

Wohl mochte die Meldung Milizinspektor Heideggers vom 22. August, er werde zuerst alle Grenadierkompanien 1, je eine aus den acht Militärquartieren, und danach auch die Grenadierkompanien 2 abgehen lassen (58) den Eindruck ruhiger Routine machen, aus dem Bericht des Regierungsstatthalters Ulrich vom gleichen Tag tönt es anders: die herrschende Stimmung in Zürich sei nicht für eine Intervention in der Urschweiz, man wünsche sich im Gegenteil «mehr Rücksicht auf reine Volkssouveränität» in der eigenen Verfassung. Wenn das Volk Polizeimassregeln selbst vollziehen müsse, seien diese eitel (59). Auch Ulrich musste erkennen, dass das Milizsystem eine Unterdrückung des Volkes unmöglich macht. Bezeichnenderweise wünschte er von der Regierung einen Platzkommandanten aus den Linientruppen (60). Diese Bitte sollte Ulrich nur vorübergehend erfüllt werden, denn Regierung und Generalstab hatten im Verhältnis zu ihrer selbstgestellten Aufgabe viel zu wenig Mittel.

Am 22. August 1802 entstanden in Bern im Polizeidepartement der Regierung eine Art von Lageberichten, die sich durch ganz erstaunliche Präzision auszeichnen (61). In Bern bestehe seit 1798 das *Comité anglais,* zu dem die bekannten Mitglieder «des *Theeleistes,* und an deren Spitze die ehemaligen ersten Regierungsglieder» gehörten und das sicher seit dem 17. April auch die Advokaten Ludwig Bay und Gottlieb Emanuel Gruber zu seinen Mitgliedern zähle. Grubers Haus sei ein beliebter Treffpunkt. Für das Oberland übernehme alt Landammann Johann Rudolf Frisching die Arbeit des Komitees, das bei Stämpfli für die kleinen Kantone drucke, aber, um Redundanz zu schaffen, einen Mann damit beauftragt habe, eine Druckerpresse aufzutreiben, welche man im Keller eines Landgutes in der Umgebung aufstellen wolle. General Niklaus Franz Bachmann in Zürich sei «eines der ersten Werkzeuge der Conspirirten», sammle ehemalige Emigranten-Offiziere um sich und werbe durch diese Unteroffziere und Soldaten. Er hintertreibe die Anwerbung von Freiwilligen und die Mobilisierung von Milizkompanien durch die helvetische Regierung. Die Verbindung von Bern zu den inneren Orten werde durch den Marbacher Pfarrer Schaufelbühl vermittelt, an den man von Bern aus die Briefe gelangen lasse. Schaufelbühls Siegrist bringe sie dann über Glashütte und Sattel nach Obwalden.

Nicht alles, was man weiss, kann man ändern. Jedenfalls nützten der helvetischen Regierung ihre Kenntnisse wenig, da ihr Gegner soviel stärker im Volke verwurzelt war als sie selbst, dass es auf kleine taktische Vorteile nicht mehr ankam. Der Kampf war für die Männer des 17. April ganz einfach nicht zu gewinnen, allein mit dieser Erkenntnis wagten sie sich am 22. August noch nicht heraus, vielleicht sahen sie gar selber die Dinge noch nicht klar.

Dort, wo der Einfluss der helvetischen Regierung am schwächsten, jener Oesterreichs, also einer der beiden Garantiemächte des Lunéviller Artikels 11, am stärksten war, in Graubünden, war der Stein ins Rollen geraten und war «einstweilen nicht aufzuhalten» (62). Die alten Behörden einschliesslich der Landsgemeinden konstituierten sich – mindestens in Breil/Brigels wohl auch von der Knabenschaft getrieben – trotz beschwörender Worte von Regierungsstatthalter Gaudenz Planta in jenen Hochgerichten, in denen die Verfassung verworfen worden war (63). Damit liess sich um den 27. August herum bereits von Ansätzen zu einer territorialen Verbindung der neu konstituierten Schweizer Kantone Uri, Schwyz, Unterwalden, Glarus und Graubünden mit Oesterreich sprechen, was nicht zuletzt die Stimmung der demokratischen und für das Selbstbestimmungsrecht eintretenden Partei heben musste.

Die Lage war im Grossteil der Schweiz zum Zerreissen angespannt. Auch die treusten Diener der helvetischen Regierung wie etwa Rothpletz mussten einmal an sich selber denken; eine von Generalstabschef Jayet nach Sursee befohlene Kompanie aus Aarau zum Beispiel empfahl Rothpletz mit Brief vom 23. August 1802 dur ch eine Berner Kompanie zu ersetzen

(64). In Aarau selbst wird tags darauf in der Munizipalität ein Schreiben des Bürger Unterstatthalters verlesen, nach dem die Wirte «Nachtzedel», Gästelisten, einreichen müssen und zwar wegen der Ausbreitung falscher Gerüchte und dem Herumreisen von Landstreichern ... (65). Durch diese regulären wie auch durch ausserordentliche Nachrichtenquellen erfuhr die Regierung von den Kontakten des Badener alt Senators Baldinger mit Reding oder auch dass im Thuner *Kreuz* während der Wochenmärkte ein förmlicher Club der in jenen Gegenden wohnenden Berner (gemeint ist Bernburger) gehalten werde, durch welchen die Emissäre ins Oberland instruiert würden (66). Am 25. August 1802 wurde Friedrich Winteler von Mollis verhaftet, der im (ehemaligen) Kanton Baden die gedruckten Verhandlungen der Glarner Landsgemeinde verbreitete (67).

Mittlerweile hatte die helvetische Regierung Zürich wieder provisorisch unter ihre Kontrolle bekommen. Am 24. August 1802 hatte Operator Jakob Balber vom Regierungsstatthalter die schriftliche Bestätigung verlangt, dass bis am 25. August, 12.00 Uhr keine Landzürcher Truppen einrücken würden, was ihm Ulrich gewährte, um den für den Abend vorgesehenen Abtransport von Artillerie und Munitionswagen nicht zu gefährden (68). Am 25. August liess sich Ulrich in einem Brief an die Regierung vernehmen, die Unannehmlichkeiten könnten noch ungleich ernsthafter werden, wenn die Regierung darauf bestehe, eine Landgarnison in die Stadt zu legen. Wenn man schon keine Linientruppen habe, solle man wenigstens Milizkompanien aus anderen Kantonen wie etwa der Waadt, die zürcherischen aber auswärts einsetzen «wiewohl ich von der andern Seite für die diesfällige Bereitwilligkeit ... auswärts zu marschieren, nicht durchaus bürgen will» (69). Die Munizipalität Zürich schrieb dem Vollziehungsrat, Zürich wolle seine eigene Garnison stellen (70).

Da entstand um 08.00 Uhr eine neue Lage: Bataillonschef Pierre Vonderweid rückte an der Spitze des 1. Linienbataillons in Zürich ein, ernannte den Solothurner Hauptmann Franz Grimm zum Platzkommandanten, liess Wachen vor Zeughäusern und Pulvermagazinen aufziehen und führte 2 Zwölfpfünder-Haubitzen samt zugehörigen Caissons mit Granaten und 8'000 Flintenpatronen weg (71).

Gegen Abend schickte Grimm einen Korporal mit acht Mann auf die von Bürgern besetzte Hauptwache, von wo sie allerdings Vonderweid angesichts der Volksmenge wieder zurückbefahl. Die Retirade unter Gelächter wäre um ein Haar zu einem tumultuarischen Zusammenstoss von Bügern und Liniensoldaten geworden. Immerhin hatte Ulrich etwas Luft gewonnen. Er schrieb um 22.00 Uhr an General Andermatt: «Ein guter Geist scheint Ihnen den Gedanken eingegeben zu haben, Ihre Truppen nach Zürich zu schicken. Sie hätten zu keiner besseren Stunde kommen können.» (72)

Ulrich schrieb am 26. August nochmals nach Bern, der Vollziehungsrat solle keine Landmiliz als Garnison nach Zürich legen, der Aufstand gegen die helvetische Regierung wäre die Folge (73). Diese Befürchtung war ohne Zweifel berechtigt, was die Affaire Wädenschweiler am selben Tag zeigte. Hauptmann Wädenschweiler hatte am See eine freiwillige Scharfschützenkompanie von 56 Mann auf die Beine gestellt. Acht Mann davon kamen am 26. August infolge ihres Marschzettels nach Zürich, wo aber Operator Balber mit einigen bewaffneten Bürgern nur zwei Mann den Eintritt erlaubte. Die Wachtposten der Limmatstadt wurden zu gleichen Teilen von den Linientruppen und den Bürgern bezogen (74).

Das Fass war voller Pulver, das Pulver selbst trocken. Es brauchte nur noch einen einzigen Funken. Um den Verdacht, diesen Funken hineinwerfen zu wollen, von sich abzuwenden, schrieb die dreiörtische Tagsatzung am 27. August an den französischen Gesandten Verninac, sie habe General Andermatt mitgeteilt, wenn er ihre Grenzen nicht respektiere und nicht bereit sei, alle feindlichen Streifereien einzustellen, könne sie das Volk, das mit Andermatts Soldaten handgemein werden wolle, nicht länger abhalten. Der Zeitpunkt des Schreibens entspricht der erhöhten Bereitschaft: in Obwalden standen 400 Mann aus dem eigenen Kanton unter den Waffen: zwei Kompanien am Brünig, zwei in Alpnach, dazu zwei Kompanien Schwyzer. Am 25. August war die erste Urner Kompanie nach Unterwalden eingerückt, am 27. folgte die zweite in einer Stärke von 63 Mann. In Unterwalden standen nun je zwei Kompanien aus Uri und Schwyz (75). Bernhard Friedrich Kuhn hielt es als Staatssekretär der Justiz und Polizei unter solchen Umständen nicht mehr aus: er trat am 27. August zurück (76), während Gruber zu Frisching nach Rümligen reiste (77), Rothpletz von Aarau aus bei der Regierung anregte, doch eine Kompanie in den (ehemaligen) Kanton Baden zu legen (78) und sogar aus dem treuen Kanton Waadt von Unruhen mit Epizentrum in Cossonay berichtet wurde, um die Truppen am Abmarsch zu hindern (79).

Mit 800 bis 1000 Mann Infanterie und etwas Artillerie, so wurde noch am 28. August aus St. Gallen geschrieben, wäre der Kanton Säntis in Ordnung zu bringen, da die Anarchisten Mangel an Munition litten. Ein solch repressiver Kraftakt lag nach dem Erfolg in Zürich nahe; der Senat beschloss denn auch selbentags, den Vollziehungsrat zu beauftragen, in den östlichen Kantonen «wenn es die Nothwendigkeit erheischt, die Gewalt der Waffen anzuwenden.» (80) Der Vollziehungsrat rasselte entsprechend mit dem Säbel der Repression: die wegen Unruhen im Siggenthal Verhafteten Frey und Huber, so wurde nach Aarau geschrieben, seien vor das kompetente Gericht zu strenger Verantwortung zu ziehen, dasselbe, so erfuhr Ulrich, solle mit den Bürgern Lavater und Balber geschehen. Am Befehl, drei Milizkompanien nach Zürich zu legen, habe der Vollziehungsrat nichts zu ändern. Allein, das klang schon recht hohl. In seinem Postskript teilte der Vollziehungsrat Ulrich nämlich mit, er habe soeben erfahren, dass Andermatt über die sechs Kompanien Vonderweid verfügt habe, sodass es der Klugheit des Regierungsstatthalters überlassen bleibe, nach den Umständen zu handeln (81). Miliztruppen eigneten sich nun einmal nicht zur Unterdrückung des Willens der Mehrheit, weil die Mehrheit des Volkes automatisch auch die Mehrheit der Armee war. Die zur Verfügung stehenden Linientruppen wären vom Kanton Säntis *allein* bereits zur Hälfte absorbiert worden. Die schweizerische Wirklichkeit hatte die helvetische Rhetorik eingeholt, die Regierung war de facto schon nicht mehr Regierung, sie war nur noch Partei, als das Gefecht an der Rengg den Bürgerkrieg des Jahres 1802 eröffnete.

III. Schnurre, schnurre – n – um und um!

Joseph Leonz Andermatt hatte am 14. August 1802 vom Vollziehungsrat den Auftrag erhalten, sich nach Luzern zu verfügen, diese Stadt und Zug zu decken, bei günstiger Gelegenheit in die kleinen Kantone einzumarschieren, ansonsten aber Bericht und Antrag nach Bern zu senden (1). General Andermatt war nicht General Bonaparte; er wird froh gewesen sein, einen so bequemen Auftrag erhalten zu haben. Am 19. August, Abmarsch um 03.00 Uhr, begab er sich immerhin mit drei Kompanien, den Schützen von Aigle, der Grenadierkompanie und einer Füsilierkompanie des 2. Linienbataillons, über die Unterwaldner Grenze nach Hergiswil und weiter auf die Rengg (2), wo noch die alte Letzi als Zeichen des Unterwaldner Wehrwillens stand und an die sich unauslöschlich die Erinnerung an den Abzug Graf Ottos von Strassberg im Morgartenkrieg von 1315 knüpfte (3). Was Andermatt und sein am 4. August ernannter Generalstabschef Jayet mit der Besetzung der Rengg bezweckten, wird bei der Lektüre eines Angriffsplanes aus der Feder des helvetischen Senators Ignaz von Flüe klar: die Masse der Truppen wird in Luzern konzentriert, die Aufmerksamkeit des Urkantone durch häufige Demonstrationen auf der Front Brünig – Entlebuch – Rengg und bei Küssnacht abgelenkt, ihre Spannkraft durch den Zwang zu häufigen Mobilmachungen abgenützt, ihre Kräfte verzettelt. Danach erfolgt der Hauptstoss von Luzern über die Rengg nach Sarnen während zwei weitere Kolonnen von Schangnau bzw. von Brienz nach Giswil bzw. nach Lungern und Kaiserstuhl marschieren. Ziehen sich die Insurgenten auf Kerns zurück, werden sie in der folgenden Nacht dorthin verfolgt, worauf der Stoss durch den Kernwald auf Stans bei gleichzeitiger Landung in Buochs folgt (4). Die Rengg war das Tor, durch das die Hauptmacht nach Unterwalden gelangen sollte, deshalb eroberte sie Andermatt am 19. August, ohne dass es zu Blutvergiessen gekommen wäre. Generalstabschef Jayet rapportierte, der bezeichnete Übergang sei im Sturmlauf genommen worden und in Zukunft uneinnehmbar: «Ce poste essentiel sera à l'avenir inexpugnable.» (5) Was man soeben getan hatte, sollte es also in Zukunft nicht mehr geben können, vermutlich weil die eigene Qualität jener des Gegners als überlegen eingeschätzt wurde. Das Kriegsdepartement war mit Jayets Bericht unzufrieden. Der verantwortliche Staatssekretär Johann Jakob Schmid verlangte am 20. August die Uhrzeit der Eroberung zu erfahren und wollte wissen, ob Schüsse gewechselt worden seien und ob die Insurgenten als erste gefeuert hätten (6). Kriegführung und Propaganda waren, wie immer in Bürgerkriegssitutationen, parallele und einander stark beeinflussende Tätigkeiten, wobei die Ängstlichkeit der helvetischen Behörden ihre Unsicherheit und den Mangel an der zum Siegen stets nötigen Rücksichtslosigkeit erkennen lässt. Damit fehlte die Voraussetzung, durch den Eindruck eines, wenn auch kleinen Erfolgs dem eigenen Ansehen entscheidend aufzuhelfen. Wie die Behörden, zögerte auch General Andermatt: um Unterwalden niederzuwerfen, müsse er Zug und Luzern entblössen, ohne sicher zu sein, dass sich nicht in seiner Abwesenheit die Schwyzer dort festsetzen würden. Selbst wenn er in Unterwalden nach Wunsch zum Ziele käme, müsste er dort eine Garnison zurücklassen, um sicher zu sein, dass die in die Berge entkommenen Anführer nicht wieder von vorne anfangen würden. So schrieb er am 20. August von Luzern (7). Tags darauf bestätigte Jayet, dass auf der Rengg kein Schuss gefallen sei und nun die Schützen von Aigle auf dem Pass und je eine Kompanie in Hergiswil und in Winkel stehe. Die Schaluppe *Unité* habe in Brunnen keine Batterien festgestellt und von Zug sei eine Kompanie nach Oberwil gegen Arth detachiert worden. Ohne Verstärkungen oder ohne ausdrücklichen Befehl wolle der General aber nicht vorgehen (8). Es setzte an den Gestaden des Vierwaldstättersees damals eine eigentliche *Drôle de guerre* ein. Am 22. August meldete Jayet, man habe erfahren, dass die Insurgenten die Feindseligkeiten nicht beginnen wollten, deshalb sei allen Posten der Befehl erteilt worden, nicht anzugreifen. Die Grenadierkompanie aus dem Entlebuch und jene aus Aarau erhielten gleichzeitig Ordre, nach Luzern zu marschieren, während der Artilleriekondukteur Howard beauftragt wurde, in Zürich zwei fünfzöllige Haubitzen mit Caissons, 81'000 Infanteriepatronen und 53 Säbel abzuholen. Die Schaluppe *Unité* war in Reparatur, aber man werde an dem folgenden Tag über eine kleine Schaluppe verfügen. Auf der Rengg seien die 48 Schützen durch 20 Mann von der Kompanie in Hergiswil abgelöst worden (9). Mittlerweile bemühte sich wie erinnerlich der Vollziehungsrat, Andermatt Verstärkung zukommen zu lassen. Er beschloss am 22. August, das Kriegsdepartement zu ermächtigen, drei Milizkompanien aus dem Kanton Waadt durch das Entlebuch nach Luzern zu schicken und mindestens den grösseren Teil der erwarteten fünf Kompanien des Bataillons Clavel in Aussicht zu stellen. Die in Thun stehende waadtländische Grenadierkompanie könne man notfalls auf den Brünig senden, um die dort unter Hauptmann Joseph Tornare stehenden zwei Kompanien des 1. Linienbataillons zu verstärken. Ferner erhält das Kriegsdepartement die Befugnis, in den Distrikten Zollikofen und Büren des Kantons Bern je eine neue Kompanie auszuheben (10). Der rührige Schmid setzte gleichentags ein Schreiben an Andermatt auf, in dem er ihm die Verstärkungen ankündigte (11). Am 23. August brach in Wald bei der Rengg Feuer aus. Die Obwaldner begehrten vom helvetischen Hauptmann Morier einen Truppenabzug, um das Feuer zu löschen, was aber schliesslich von den Hergiswilern besorgt wurde (12). Am 24. meldete Jayet nach Bern, die beiden Schaluppen seien beinahe bereit, hingegen habe Statthalter Rothpletz mitgeteilt, er könne die begehrte Kompanie nicht senden, und schliesslich sollten sechs Kompanien vom 1. Linienbataillon in der kommenden Nacht nach Zürich marschieren (13), wo die Entnahme von Kriegsgerät aus dem Zeughaus auf vehemente Opposition gestossen war. Selbentags beorderte der Vollziehungsrat die in Thun liegende Grenadierkompanie Aigle auf den Brünig und ersetzte sie durch je eine Milizkompanie aus den Distrikten Zollikofen und Steffisburg. Mittlerweile waren bereits vier Kompanien Clavel in Bern eingetroffen, was den Vollziehungsrat veranlasste, drei Kompanien Clavel und zwei Waadtländer Milizkompanien zum Marsch nach Luzern freizugeben, jedoch zwei Kompanien Clavel, das erwartete Waadtländer Detachement Jäger zu Pferd, drei Waadtländer Milizkompanien und die autorisierten Milizen des Kantons Bern zur Sicherheit von Stadt und Regierung an der Aare festzuhalten (14). Diese Vorsorge war nur allzu begreiflich, stiessen doch die helvetischen Behörden wenigstens diesseits der Waadtländer Grenzen allenthalben auf Widerstand: Baar verweigerte die für den Marsch nach Zürich verlangten Fuhrwerke und wurde dafür mit einer sogenannten Exekution durch 150 Grenadiere heimgesucht. Am 25. August meldete Jayet aus Luzern, 400 Unterwaldner führten angeblich im Schilde, nachts den Pilatus zu umgehen, um die Rengg zu nehmen. Deshalb habe General Andermatt die Grenadierkompanie des 2. Linienbataillons zur Verstärkung dorthin geschickt. Zwei Waadtländer Grenadierkompanien seien mittlerweile in Luzern angelangt, die dritte solle im Entlebuch bleiben und die Entlebucher Kompanie nach ihrer Komplettierung von Littau nach Zug gehen (15). Die in Meggen stationierten helvetischen Husaren ritten mittlerweile wiederholt nach Küssnacht, was den Gedanken an die Provokation eines Zwischenfalls umso naheliegender erscheinen lässt, als Andermatt militärisch immer mehr zu Kräften kam, während das Wehrpotential der Urkantone stets dasselbe blieb, sich also das Kräfteverhältnis laufend zugunsten der helvetischen Armee verschob – wenn und solange der Aufstand auf die Urkantone beschränkt blieb. Um das zu erreichen, war allerdings Andermatt auch wieder zur Verzettelung seiner Kräfte gezwungen, gelang es ihm nicht, durch einen klaren, wenn auch kleinen Sieg die moralische Aszendenz zu gewinnen. Die Verzettelung der Kräfte und insbesondere die Entsendung von sechs kostbaren Kompanien nach Zürich liess auf der Stirn Schmids Sorgenfalten erscheinen. Dies jedenfalls legt sein Brief an Andermatt vom 26. August, 21.00 Uhr nahe. Rat wusste er bei der herrschenden Stimmung aber auch nicht: dem aufgrund von Unruhen in Baden eine Kompanie oder wenigstens 50 Mann guter Truppen verlangenden Regierungsstatthalter Johann Heinrich Rothpletz gibt der Chef des Kriegsdepartements am 28. August den Bescheid, er sehe aus dem «Zaudern» Andermatts ja selbst, dass der General «nicht hinlänglich glaubt mit Truppen versehen zu sein. Hier in Bern habe ich wohl eine Garnison; aber Sie kennen das Pflaster so gut als ich, um zu wissen, dass ich ihrer sehr bedarf.» (16)

Wer nicht nach der moralischen Aszendenz greift, überlässt sie dem Gegner. Die Rengg war beidseits Unterwaldner Gebiet, ein Angriff auf diesen Posten von daher leicht zu rechtfertigen. Sie war zudem von grosser Bedeutung, wenn Obwalden vor einer Invasion sichergestellt werden und dadurch auch die lokale Opposition gegen den Aufstand zum Schweigen gebracht werden sollte. Die im jährlichen Schlachtenjahrzeit Obwaldens jeweils aufgefrischte Erinnerung an den Morgartenkrieg, an die Grosstaten der Vorfahren, mag dazu gekommen sein, um für die Urkantone die Rengg zum geeigneten Ziel eines Angriffs zu machen.

Das Schlachtenjahrzeit wurde in Lungern jeweils am 22. Juni, in Alpnach am 9. Juli und in den übrigen Obwaldner Gemeinden zwischen diesen Terminen gefeiert. Im Text wurde unter anderem der Morgartenkrieg und der Einfall Strassbergs mit 6'000 Mann über den Brünig erzählt. Dann heisst es: «Aber die unseren hand ihnen zu Albnacht vürgewartet und sy über die Ränck us gejagt und ihren vil ze thod erschlagen; ...» Der erste Obwaldner in der langen Liste der Gefallenen in allen Kriegen ist Heini Steinibach, der an der Rengg umkam.

Da der Nidwaldner Kriegsrat sich ausserstande erklärt hatte, aus eigener Kraft den Kanton zu behaupten, sandte Schwyz am 18. August 1802 zwei Kompanien Freischützen dahin ab und gab diese zum Einsatz auch in Obwalden frei (17). Der Schwyzer Kommandant Inderbitzin wurde in Stans «mit ... biederer Schweizerfreude, unter Thränen und Jauchzen» empfangen. Am 19. August entschloss er sich auf Ob- und Nidwaldner Drängen, bis Sarnen zu marschieren, verlangte aber für das weitere Vorgehen Instruktionen von Schwyz (18). Wären die helvetischen Truppen nach der Einnahme der Rengg weiter vorgegangen, hätten sie vermutlich den Obwaldner Hauptort noch vor den Schwyzern erreicht, allein, das ist Geschichte im Konjunktiv. Während sich Schwyz so aktiv zeigte, hielt sich Uri merkwürdig zurück. Die Freiwilligen hätten sich zerstreut «und wieder auf die Alpen zurückbegeben» schreibt am selben 19. August 1802 der Landesausschuss aus Altdorf, sodass die Urner sich blutenden Herzens zur Hilfe für Unterwalden ausserstande sähen (19). Den Effekt einer Einnahme Sarnens auf so gestimmte Gemüter abzuschätzen, ist nicht schwer, aber müssig, da die helvetischen Truppen auf der Rengg stehen blieben. Der Nidwaldner Kriegsrat rapportierte am 20. August nach Schwyz, auf der Rengg hätten 150 Mann helvetischer Truppen den «Lärmfeuer-Posten allda abgeschnitten». Um die «innere Ruhe und Ordnung» in Obwalden herzustellen, die Rengg dem Feind wieder zu entreissen und die Hochwacht zu entsetzen, habe der Nidwaldner Kriegsrat die Schwyzer und noch eine Nidwaldner Kompanie nach Obwalden beordert (20). Es steht also fest, dass die helvetische Besetzung der Rengg als Provokation wirkte, was ja General Andermatt auch spürte, wie seine Erwartung eines Gegenangriffs zeigt. Ob die Haltung der helvetischen Truppen an Ort und Stelle dieser Lage entsprach, ist allerdings eine ganz andere Frage. Am 19. und 20. August hatten die Helvetischen freilich nichts zu fürchten. Inderbitzin traf mit den Schwyzern erst am 20. August, 23.00 Uhr in Sarnen ein «nicht ... wegen Gefahr des feindlichen Angriffes von aussen, sondern nur um Ruhe, Ordnung und Eintracht von innen herzustellen». Am 21. August meldete er nach Schwyz, die Rengg sei «unsererseits von uns besetzt» (21). Uri, wo am 20. die helvetische Kompanie Anderwert in Urseren einmarschiert war, lavierte am 22. August immer noch; am 24. beschloss dann allerdings die Landesversammlung Hilfe für Unterwalden in Form einer Kompanie Freiwilliger, die am selben Abend nach Seelisberg gehen und tags darauf die Kantonsgrenze überschreiten sollte. Gleichzeitig wurde eine 2. Kompanie mobilgemacht (22). Selbst das besonders aktive Schwyz legte noch am 25. August in seinen militärischen Dispositionen eine merkwürdige Zurückhaltung an den Tag und sprach in einem Brief an Nidwalden davon, die Wachtposten sollten sich verteidigen, «denn das wird niemand als einen Anfang von Feindseligkeiten ansehen können, wenn man nur seine eigenen Grenzen gegen einen feindlichen Angriff oder Einfall vertheidiget, und blos in dieser Absicht werden Wachen an die Grenzen gestellt.» (23). Kommt hier einerseits die pietätvolle Scheu vor der Eröffnung eines Bürgerkrieges zum Ausdruck, so scheint doch andererseits auch die propagandistische Motivation durch. Da bot sich die klar auf Unterwaldner Boden liegende Rengg als Objekt an, das angegriffen werden, dessen Einnahme die moralische Wirkung eines Sieges entfalten konnte, ohne dass diese Aktion als etwas anderes denn als Selbstverteidigung erscheinen musste. Die Nidwaldner sahen es jedenfalls so, als sie am selben 25. August den Schwyzern schrieben, es sei «der sehnlichste Wunsch» ihrer in Obwalden liegenden Kompanie «den Posten Rengg wieder an sich zu reissen», doch wolle man die Befehle aus Schwyz erwarten (24). Gleichentags wurde die Annäherung der helvetischen Schaluppe an Alpnachstad und das Vorrücken der helvetischen Truppen von der Rengg gegen Alpnach nach Schwyz gemeldet, verbunden mit der Bitte, Gersau solle beide Nas-Posten besetzen, da die Nidwaldner ihre Truppen in Stansstad, auf dem Lopper und an der Rengg einsetzen müssten (25).

Schwyz entschloss sich offenbar noch am 25. August zum Angriff auf die Rengg. Der Vorstoss helvetischer Truppen nach Alpnach am 26. und die gleichzeitige Landung einer helvetischen «Canonier-Barque», wie sich der Obwaldner Kriegsrat ausdrückte, samt den Plünderungen dieser Soldateska, riefen geradezu nach einer Reaktion der Urkantone, auch wenn ein geraubter «Kübel mit Anken» vor Stansstad vom helvetischen Boot aus mit Entschuldigungen den Unterwaldnern zurückgegeben wurde. Die helvetischen Truppen zogen sich zwar wieder zurück, bevor die zwei sofort losgeschickten Obwaldner Kompanien an Ort und Stelle eintrafen, aber man hatte nun in Sarnen einfach genug. Der Obwaldner Kriegsrat und Inderbitzin wurden rätig, «den vom Feind besetzten Posten auf der Rengg ... wieder» zu «besetzen» (26). Solchen Absichten entsprechend wurden nun die verfügbaren Kräfte nach Stansstad, auf den Lopper und an die Rengg instradiert. Allzu grosse Zahlen darf man sich freilich nicht darunter vorstellen: die Nidwaldner waren am 27. August froh, dass 12 Scharfschützen von Gersau ihren Posten Grosse Nas übernehmen konnten (27). Ganz offensichtlich zur Vorbereitung der propagandistischen Auswertung des bevorstehenden Angriffs forderten die Abgeordneten der Urkantone General Andermatt am 27. August von Schwyz aus auf «zu verordnen, dass sich Ihre bewaffnete(n) Schiffe und Soldaten von unsern Grenzen entfernt halten, damit der Weg der Güte nicht ... vereitelt werde» (28), was einen Rückzug der helvetischen Truppen über Hergiswil hinaus bedeutet hätte und von Andermatt ganz einfach nicht zu erwarten war. Der Nidwaldner Kriegsrat münzte nach dem Gefecht, am 29. August, diese propagandistischen Schrötlinge denn auch aus und erklärte in einem Brief an Andermatt, der Angriff sei nötig gewesen, weil Andermatt «eine lange Strecke des Obwaldnerbodens besetzt», sich gegen Alpnach Streifereien und Plünderungen erlaubt und trotz entsprechender Aufforderung weder diese unterlassen noch den Posten geräumt habe (29). Der Operationsplan gegen die Rengg stammte im wesentlichen von Inderbitzin, der darüber und über den Verlauf des Angriffs am 8. September folgenden Bericht an Landammann Reding aufsetzte:

«De(n) Plan entwarfen wir auf folgende Art. Obwalden gabe 240 Mann, die in 2 Colonnen abgetheilt wurden; die erste Colonne bestehet aus 80 Mann de(r) besten Scharfschützen, die Herr Hauptmann Enz unter sein Commando übernahme, welcher über Tellenfaad (?) durch Kretzen-Alp den Feind in die Flanke angreifen soll(t)e. Die 2. Colonne vom Stad her, von 160 Mann, commandirte Oberstlieutenant Peter von Stans, welcher gegen dem Rengg-Käppelein den Feind gegen die Front anzufallen beordert wurde. Von Unterwalden wurden 260 Mann genommen; Aide-Major Horlacher wurde mit 60 Mann durch den Adler über den Gra(t) auf die Rengg-Flue, dem Feind in die einte Flanken zu fallen, beordert. Von Stansstad aus über den See war Oberst Schneiter von Stans bestimmt, gegen dem Haldiwald mit den Schiffern zu kreuzen und im Falle, wenn auf der Rengg Feinseligkeiten vorgehen sollten, dort zu landen und dem Feind in (den) Rücken zu fallen, um ihnen den Rückzug auf Lucern abzuschneiden. – Diese verschiedene Colonnen erhielten von mir den Befehl, den 21. (28?) Augst auf den(en) ihnen angewiesenen Pösten bei Anbruch des Tages sich einzufinden, wovon mir 2 Colonnen ausblieben und erst nach 2 Stunden auf ihren bestimmten Posten eintrafen, sodass die Colonne von Oberstlieut. Peter 11/2 Stund sich in einem Wald zurückhalten musste, (und) endlich ich kein anderes Mittel fande, als die Colonne von Oberstl. Peter durch

Nössgen (Pöschen?) und Gestrüppe auf denselben Posten zu führen, wo Hauptmann Enz hätte den Angriff machen sollen, doch aber 60 Mann von bemeldter Colonne zurückgelassen und selbe, wo sonsten die ganze Colonne hätte anrücken sollen, dem Feind in die Front zu fallen beordert. Die erste von diesen Colonnen überstieg(en) glücklich und unbemerkt die Genösse(?); doch sobald uns der Feind erblickte, schossen sie Lärmenschüsse und fieng das Feuer von beiden Seiten an; (es) dauerte ungefähr 3/4 Stund, und da sich der Feind zurückzoge, nahmen wir den Posten jauchzend ein, allwo wir einige Grenadier-Mützen, Gewehre, Habersäcke und Kleidungsstücke eroberten. – Eine gute 1/2 Stund darnach kame Enz mit seinen 80 Scharfschützen, dem ich einen Verweis (wegen) seiner Zögerung gabe, er aber mir antwortete, er seie von den Bauern irrgeführt worden, welche Vorgebung aber laut Aussag seiner eigenen Soldaten falsch gewesen, über dass er noch schuldig war, dass die auf den Schiffe(r)n sich befindliche Colonne, welche in der Beglaubigung war(en), dass nichts vorfallen werden, sich zurückzog(en), dessgleichen auch Major Horlacher mit seinen 60 Mann, welche über den Adler kamen. Aus diesen Gründen glaub(t)e ich berechtigt zu sein, bemeldten Enz einem hochweisen Kriegsrath zur Verantwortung zu übergeben, welcher ihn alsogleich einstecken liess, um über ihn den Process zu machen. Der Verlurst des Feindes belofe sich, laut Aussag der Hergiswyler, auf 20 Tote und 4 Gefangne; der Verlurst der unsrigen 1 Todter und 2 Blessirte.» (30)

Die Verluste der helvetischen Truppen an Toten waren mit Sicherheit geringer, als die Hergiswiler annahmen. Die amtlichen Zahlen, die der Staatssekretär für das Kriegswesen am 31. August dem Vollziehungsrat vortrug, lauten einmal auf 8 Tote und Vermisste, einmal auf 9 Tote und 26 Verwundete (31), wobei allerdings unter den Toten der Kommandant des Postens, Hauptmann Morier figurierte. Morier hatte am 28. August, 02.00 Uhr Tagwache blasen lassen, sich jedoch um 06.00 Uhr unter Zurücklassung vorgeschobener Wachen und eines Postens auf dem Pass mit seinen Leuten «sous les barques» zurückgezogen und bei Beginn des Schiessens erst nach einer gewissen Anlaufzeit reagiert. Generalstabschef Jayet glaubte, wenn Morier nicht gefallen wäre, hätte die Kompanie bis zum letzten Mann gekämpft. Man müsse sich vorwerfen, dass man eine den Posten beherrschende Höhe nicht besetzt, dass man nicht wachsamer gewesen, dass man nicht auf allen Annäherungswegen aufgeklärt habe. Die Dauer der Gefechts, von 06.00 Uhr bis etwa 06.45 Uhr, habe nicht für die Verstärkung des angegriffenen Postens gereicht (32).

Die Wirkung des Sieges an der Rengg war ungeheuer: alle Schweizer, die auf die günstige Gelegenheit warteten, um sich gegen die helvetische Regierung zu erheben, sahen diese Gelegenheit jetzt als gekommen, während die Moral der helvetischen Behörden und Truppen einen schweren Schlag erhielt. Der Erste Konsul hatte sie im Exklusivbesitz der Staatsgewalt gelassen und nun hatten sich drei der kleinsten Kantone erhoben und den ostentativ besetzten, geländemässig äusserst starken Posten Rengg im ersten Anlauf in einer Dreiviertelstunde erobert. Die geringe Zahl der helvetischen Verluste konnte zudem für jeden militärisch einigermassen geschulten Beobachter nur einen Schluss zulassen: die helvetischen Truppen waren demotiviert. Und an militärisch geschulten Beobachtern fehlte es den eidgenössisch

Gesinnten bei der grossen Zahl von Veteranen aus Fremden Diensten wahrlich nicht. So wurde durch die entschlossene Tat Inderbitzins die landesweite Zuversicht für den Aufstand wenn nicht geschaffen, so doch massgeblich gekräftigt. Noch aber war es ein weiter Weg, bis die siegreiche eidgenössische Armee einen guten Monat später an die Tore von Lausanne klopfte und nur durch den Machtspruch Bonapartes daran gehindert wurde, das begonnene Erneuerungswerk zu vollenden. Noch weiter war der Weg nach Waterloo, der hier an der Rengg begann: dadurch, dass sie Bonaparte beim Wort nahmen und dementsprechend den Lunéviller Artikel 11 für sich beanspruchten, zwangen die Schweizer den Ersten Konsul, der nicht daran dachte, Wort zu halten, offen und klar und mutwillig die prekäre Friedensordnung von Lunéville und Amiens als zweckdienliche Fiktion zu entlarven, die er bei der kleinsten Inkonvenienz aufzugeben bereit war. Sobald das England sah, war es mit einer Aussöhnung mit Bonaparte vorbei, war der Weg nach Trafalgar und, auf der Suche nach dem Sieg über die Seemacht durch deren Ausschluss vom Land, der Weg nach Madrid und nach Moskau, nach Elba und schliesslich nach Waterloo vorgezeichnet. Er war vorgezeichnet, weil Bonapartes Willkür mit der Weiterexistenz der dominierenden Seemacht England nicht nur unvereinbar, sondern nun auch ein- für allemal als unvereinbar entlarvt war. Kaum werden die Männer Inderbitzins auf ihrem beschwerlichen Marsch und beim Angriff solche Perspektiven vor sich gesehen haben. Für sie handelte es sich vorerst nur darum, den helvetischen Truppen das Eingangstor nach Unterwalden zuzuschlagen. Sie taten dies ebenso wirkungs- wie geräuschvoll. Heinrich Egger von Kerns bezahlte mit seinem Leben dafür, sodass er im Obwaldner Schlachtenjahrzeit bis 1847 den Schluss machte, wie Heini Steinibach den Anfang. Joseph Anton Zimmermann von Bürgen erlag seinen Verletzungen. Es wurden ausserdem noch ein Obwaldner und zwei Nidwaldner verletzt.

General Andermatt und der Regierungskommissär erliessen noch am 28. August von Luzern aus eine Proklamation an die Urkantone, in der innert 24 Stunden eine Unterwerfung unter die helvetische Regierung verlangt wurde, was eine für einen angegriffenen General mindestens merkwürdige Verhaltensweise war, welche die Kanzlei Schwyz mit dem Hinweis auf die bereits zum Gegenstand einer Reklamation gewordenen helvetischen «Streifereien, Plünderungen und Gelderpressungen» abschmetterte. Inderbitzin ersuchte gleichzeitig von Sarnen aus, namens der Obwaldner Kriegskommission, um Pulver und Blei. Man solle doch den mutigen Arnold nicht in der Mitte der Feinde «stecken» lassen (33).

In Zürich wirkte die Rengg elektrisierend. Der Staatssekretär für das Kriegswesen hatte sich schon vor der Rengg, am 26. August, darüber gewundert, warum Andermatt sechs Kompanien nach Zürich in Garnison gelegt habe (34). Vonderweid war bekanntlich tags zuvor, am 25. August, 08.00 Uhr auf Befehl Andermatts in die Limmatstadt eingerückt – zur unangenehmen Überraschung der Bürgerschaft, aber zur Freude des helvetisch gesinnten Regierungsstatthalters Ulrich (35). Militärisch war diese Massnahme des Generals, wie Schmid richtig spürte, unsinnig, machte sie ihn doch *überall* zu schwach, etwas Entscheidendes zu tun. Vielleicht wollte Andermatt auch, in begreiflicher Scheu vor dem Bürgerkrieg und auch im Hinblick auf die Ungewissheit des Ausgangs und sein persönliches Schicksal, in jenen

Tagen letztlich gar nichts Entscheidendes tun. Das Eintreffen der Truppen Vonderweids wirkte in Zürich als Katalysator der Unzufriedenheit, die nur durch den Grundsatz des *gemeinsamen* Wacheschiebens von Linientruppen und Bürgermiliz notdürftig unter Kontrolle gebracht werden konnte. Ulrich bat am 26. August den Vollziehungsrat, die sechs Kompanien Vonderweids oder doch zwei bis drei davon, in Zürich zu belassen (36). Die Rengg kam dazwischen und noch am 28. August rief Andermatt Vonderweid von Zürich zurück. Der dazu von den Anhängern des Artikels 11 bestimmte Oberstleutnant Johann Jakob Meyer übernahm dementsprechend am 29. August 1802 um 02.00 Uhr, das Kommando über die Stadt. Er verhinderte, dass mehr als die von der helvetischen Regierung selbst angeschafften 600 Gewehre abtransportiert wurden, und liess alle Wachtposten besetzen. Meyer konnte das als Präsident der im August (formell allerdings erst am 5. September) gegründeten *Gesellschaft des beschlossenen Café auf der Waag* leicht tun, da deren Mitgliedschaft von 104 Anhängern von Artikel 11 zu sieben Achteln aus 20 bis 40jährigen bestand (37). Militärisch und realpolitisch betrachtet, hatte sich Andermatt durch die Schlappe an der Rengg dazu bewegen lassen, eine Festung zu räumen, deren Besetzung zwar eine Zersplitterung der Kräfte gewesen war, deren Aufgabe aber ein klares Eingeständnis darstellte, dass der Gegner im Besitz der Initiative war, eine Sache, die immer bedenklich und in einem Bürgrkrieg vollends fatal ist. Was er in der Nacht nach der Rengg kopflos aus der Hand gab, sollte er keine vierzehn Tage später trotz Anstrengung seiner ganzen Kraft nicht mehr zurückholen können. Die unmittelbare Folge des Abzugs war, dass Regierungsstatthalter Ulrich am 29. August von unsäglichen Schwierigkeiten schreibt, mit denen die von der helvetischen Regierung befohlenen Aushebung von zwei Milizkompanien pro Quartier verbunden sein werde. Die Stimmung werde sich nicht bessern, bevor die Autorität der Regierung wieder befestigt sei (38). Diese Probleme sah Ulrich allerdings für seinen Nachfolger voraus, denn er selbst warf den Handschuh und schrieb dem Vollziehungsrat: «Das Regieren wird immer schwieriger, und ich bitte Sie auch heute wieder, Bürger Vollziehungsräte, übertragen Sie schleunig meine Stelle geschickteren Händen. Jeder Tag Aufschub ist Verlust für die Sache der Regierung. Ich beharre unerschütterlich auf meiner Entlassung.» (39)

Der Vollziehungsrat sah die Lösung für Zürich in der Entsendung von Johannes Herzog von Effingen an die Limmat: «Der Regierungsstatthalter des Cantons Zürich scheint schüchtern und mutlos zu werden. Nothwendig muss also ein Mann von Muth und Festigkeit nach Zürich gesendet werden, um ihn zu unterstützen und zu leiten.» (40). Suchten die Männer der Helvetik in Zürich durch den Auftritt des entschlossenen Herzog Remedur zu schaffen, so glaubten sie zugleich auch, die militärische Lage dadurch in den Griff zu bekommen, dass sie ihren General gängelten. Wie sonst lässt sich die am selben 29. August abgegangene Weisung an Andermatt verstehen, seine Truppen, die einzigen, welche die Regierung besitze, nicht waghalsig aufs Spiel zu setzen und seinen Operationsplan einzusenden (41). Gleichzeitig geht an Regierungsstatthalter Keller in Luzern ein Missiv ab, in welchem der Vollziehungsrat seine «Besorgnis» mitteilt, «dass durch Gewalt allein der Aufstand schwerlich gedämpft werden könne.» (42) Der Vollziehungsrat wusste, dass er nur eine Minderheit des Volkes vertrat. Der Staatssekretär für das Kriegswesen dagegen legte mehr Entschlossenheit an den Tag, vielleicht, weil er die Lage weniger gut überblickte. Er ermahnte Andermatt, im Falle eines Abzuges aus Zürich nicht Waffen und Munition in die Hände der Insurgenten gelangen zu lassen, rief den Kommandanten am Brünig Tornare zur Wachsamkeit auf, kündigte ihm eine Scharfschützenkompanie Miliz und eine Anzahl «Zürcher Schützen» an und munterte ihn durch die Mitteilung auf, Unterstatthalter Anneler in Thun habe einen Vorrat scharfer Patronen (43). Mittlerweile teilte der Vollziehungsrat dem französischen Gesandten Verninac unter Bedauern den Ausbruch von Feindseligkeiten in den Urkantonen mit. Eine Waadtländer Schützenkompanie und einige Grenadiere (des 2. Linienbataillons) hätten die Rengg besetzt und seien dort am 28. August durch überlegene Kräfte der Aufständischen angegriffenen und nach dem Verlust eines Hauptmannes und von 35 Mann dazu gezwungen worden, den Posten aufzugeben (44). Von Frankreich erwartete auch Xaver Keller die Rettung. Am 29. August warf er in Luzern Worte aufs Papier, aus denen die ganze Orientierungs- und Haltlosigkeit der von den Franzosen eingesetzten und nun im Stich gelassenen helvetischen Behörden hervorgeht: «Ohne eine Erklärung von Seiten Frankreichs, dass man im Begehrungsfall der schweizerischen Regierung thätige Hülfe leisten und sie mit Truppen unterstützen werde, können die unruhigen Cantone nicht zum Gehorsam gebracht werden, ...» (45)

Die Kantone wollten eben nicht einer durch Putsch etablierten und durch Abstimmungsbetrug zementierten Regierung gehorchen, sondern ihr Schicksal in die eigene Hand nehmen – gemäss Artikel 11. Andermatt liess gleichentags Stansstad vom See aus beschiessen (46). Von der Konferenz der Orte in Schwyz erhielten er und Regierungsstatthalter Keller die Anfrage, ob sie Deputierte ungehindert nach Bern passieren lassen und in einen Waffenstillstand samt gegenseitigem Truppenrückzug einwilligen könnten: «Wir erwarten, Ihre Gesinnungen innert 24 Stunden zu vernehmen; geschieht aber dieses nicht, so werden wir fortfahren dasjenige zu veranstalten, was uns die Pflicht der Vertheidigung unserer Rechte und Freiheit zu tun befiehlt, welche Gesinnung auch bereits alle ehemaligen demokratischen Cantone mit uns theilen, und in welchem Fall dann Sie und diejenigen Regierungsglieder, die den ersten Schritt zum Bürgerkrieg veranlasset haben, alle Folgen und Verantwortlichkeiten auf sich laden mögen.» (47)

Die Agitation der Anhänger von Artikel 11 wurde durch die Rengg in einem nie dagewesenen Mass angefacht. Am 30. August 1802 sah sich sogar der Regierungsstatthalter des allerhelvetischsten aller Kantone, der Waadt, veranlasst, die Gerüchte als falsch und übertrieben zu bezeichnen, gemäss denen der Aufstand der Urkantone die tapferen Waadtländer Soldaten zerstören werde. Agitatoren durchzogen das ganze Land und besonders die Gegend von Yverdon (48). Regierungsstatthalter Ulrich in Zürich litt es vollends nicht mehr im Amt. Er erneuerte sein Entlassungsgesuch und dachte daran, die Geschäfte dem Unterstatthalter zu übergeben, wenn es nicht bewilligt werde (49). Seine Maxime sei «Nachgeben». Die Stadt werde von den Bürgern bewacht, und es sei im Moment, am 30. August 1802, nicht ratsam, urplötzlich Linientruppen vor der Stadt auftauchen zu lassen, von den besonders unerwünschten Miliztruppen aus der Zürcher Landschaft ganz zu schweigen. Er frage sich zudem, ob man nicht mit der Aushebung eines Mannes auf 100 Aktivbürger im Moment zuwarten solle (50).

Der Vollziehungsrat musste sich aber nicht nur mit völlig demotivierten Beamten, sondern auch mit den dringenden Finanzfragen herumschlagen: monatlich Fr. 213347.80 verlangte das Kriegsdepartement, mehr als die Hälfte für Unterhalt und Besoldung der Linientruppen. Das Finanzdepartement erhielt nun den Auftrag mitzuteilen, ob es diese Gelder und allenfalls zusätzliche Mittel liefern könne und wie diese zu beschaffen seien (52). An Gewehren und Munition litten die helvetischen Truppen vorderhand keinen Mangel: am 30. August zeigte Generalstabschef Jayet den Eingang von 600 Flinten aus Zürich und ausserdem von 4 Stutzern und 50000 Patronen an (53). General Andermatt verlangte gleichentags klare Befehle, damit er wisse, ob er sich zu schlagen oder aber neue Weisungen abzuwarten habe. Von den Aufständischen wisse er, dass sie ihren Plan, in zwei Kolonnen auf Bern zu marschieren, nicht aufgegeben hätten, er zweifle aber, dass sie sich im Moment an seine Ausführung machten (54). Den Schwyzern wurde vom General und von Keller mitgeteilt, die Abgesandten nach Bern könnten mit Pässen rechnen (55).

Während also, vom Beschuss von Stansstad abgesehen, der 30. August in der Urschweiz ruhig verlief, so kam es nach dem Vorbild von Glarus vom 20. August nun auch in beiden Appenzell zum offenen Aufstand, das heisst zur Abhaltung von Landsgemeinden. Dabei ging es nicht um reaktionäre Wiederherstellung alter Zustände, die Appenzeller Landsgemeinde lehnte vielmehr jede Bevogtung im Schweizerland ausdrücklich ab. Sie setzte sich aber auch über die Abmahnung des helvetischen Senators Mittelholzer selbstbewusst hinweg, berief sich auf Artikel 11 von Lunéville und beschloss einhellig «die alte Verfassung», das heisst die Wiedereinführung der Landsgemeindedemokratie (56). In Trogen fasste man sinngemäss die selben Beschlüsse wie in Appenzell. Johann Rudolf Steinmüller berichtete dem Freund aus Gais:

«Heute ist in Trogen und Appenzell die lange gewünschte Landsgemeinde äusserst friedlich abgehalten worden, wo Herr Senator Jakob Zellweger das Steuerruder freudigst übernahm und alles Gute hofft. Ungefähr der vierte Theil des Volks in Appenzell-Ausserrhoden erschien nicht an der Landsgemeinde, weil es lieber bei St. Gallen geblieben wäre und Exekutionstruppen fürchtet. Morgens werden in allen Kirchen Hauptleute und Räth, d.h. 12 Vorgesetzte gewählt, und Mittwochs oder Donnerstags versammelt sich schon der an der Landsgemeinde mit unumschränkten Vollmachten versehene Kriegsrath! Die Verfügungen dieser Behörde werden dem entnervten Webervolke am wenigsten behagen. – Das Rheinthal erklärt man frei wie anno 1798, und in wenigen Tagen wird auch da eine Landsgemeinde ertrotzt sein. – Ich schweige zu allem, rede überall zum Frieden, wo ich kann, fürchte Vieles von der Zukunft, wünsche das Beste.» (57)

Die Bewegung in beiden Appenzell erfasste auch das Rheintal, das Fürstenland und «den katholischen Teil» des Toggenburgs, wie Mittelholzer am 31. August von St. Gallen aus dem Vollziehungsrat berichtete (58).

Drei Tage nach dem Gefecht an der Rengg war in der Ostschweiz vielerorts die helvetische Republik zur Fiktion geworden, die Stadt Zürich in den Händen der Bürgerschaft, der Rest der Schweiz in Gärung. Der demokratische Block Uri, Schwyz, Unterwalden und Glarus stand solider da als je zuvor. Die lokalen helvetischen Behörden versuchten sich dagegen mit Aufforderungen zu wehren wie «die Entwicklung des Schicksals unsers Vaterlandes abzuwarten» (Ulrich, Zürich) oder gegen den Verkauf von Pulver durch Arbeiter an der Simplonstrasse einzuschreiten, welches via Goms in die kleinen Kantone gelange (Müller-Friedberg, Wallis) (59). Dem Vollziehungsrat muss es in seiner Hauptstadt Bern unheimlich geworden sein, als er am 31. August von der Munizipalität das Ansuchen «um die Genehmigung der Organisation der hiesigen burgerlichen Sicherheitswache» erhielt, mit der Begründung, «kein Publikum in der Schweiz» habe «durch Anarchie mehr zu verlieren als das von Bern» (60). Das innerhalb von neun Tagen nun zum zweitenmal gestellte Gesuch konnte nur einen Ursprung und nur ein Ziel haben. Was, wenn die Revolution siegen, Bonaparte seine Kreaturen im Stiche lassen sollte? Diese Frage musste die Mitglieder des Vollziehungsrates beschäftigen. Sie wird es ihm erleichtert haben, dem General am 31. August Weisung zu geben: «...bis auf weitere Befehle soll von Seite der helvetischen Truppen alle Feindseligkeit oder was dazu Anlass geben könnte sorgfältig vermieden ... werden.» (61) Der Vollziehungsrat einerseits und die Conferenz in Schwyz andererseits verlegten sich nun aufs Verhandeln. Der helvetische Landammann Dolder und, bezeichnenderweise, der französische Gesandte Verninac wurden von der Conferenz in Schwyz um Waffenstillstand und Sicherheit für die Gesandten ersucht (62). Die demokratischen Kantone hatten für ihre Spezialanliegen gute Voraussetzungen geschaffen, aber der an der Rengg ins Rollen geratene Stein liess sich nun nicht mehr aufhalten. Das bernische *eine Umgestaltung des Vaterlandes bezweckende Komitee* glaubte Ende August, der Zeitpunkt sei günstig, die Regierung durch Demonstration zur Abdankung zu bewegen. Einige ehemalige Milizoffiziere sandte man in den Aargau und ins Oberland «um den erwachenden Geist zu beleben und später als Leiter der Volksmassen zu dienen.» (63). Die erste Revolution, jene der Urkantone, hatte eine landesweite Bewegung und darüber hinaus eine zweite Revolution, die bernisch-aargauische ausgelöst. Die von Andermatt zur Unzeit besetzte und zur Unzeit geräumte Stadt Zürich sollte den helvetischen General so lange aufhalten, dass dem Aufstand der Berner und Aargauer Zeit genug blieb, auf Bern zu marschieren und die helvetische Regierung aus ihrer Hauptstadt zu vertreiben. Doch diese Ereignisse gehören nicht mehr dem August an, sie fallen vielmehr in den heissen September 1802.

Mit welchen moralischen und materiellen Kräften konnte die helvetische Regierung bei Monatsbeginn rechnen? Da war zunächst die Waadt, die, als einziger Kanton ihre militärischen Verpflichtungen gemäss dem Willen des Vollziehungsrates erfüllte. Noch brannte ferner mehr oder weniger stark das helvetische Feuer in gewissen der alten Ordnung definitiv entfremdeten Teilen des Landes, bei den Stäfnern etwa mit ihrer Erinnerung an die Willkür der alten Republik Zürich, in der ersten helvetischen Hauptstadt Aarau oder in den von der Erberinnerung an den Bauernkrieg und die Unterdrückung ihrer Vorfahren durch das Ancien Régime geprägten Landschaften Entlebuch und Emmental und im 1798 neu in die Reihe der Kantone getretenen Thurgau. Das alles machte aber ohne jeden Zweifel keine Mehrheit aus – dies hatte die Verfassungsabstimmung deutlich gezeigt. Von jenem Teil der Bevölkerung, der sich politisch wenigstens an der Urne zu exponieren bereit war, stand die Mehrheit vielmehr im Lager der föderalistischen, demokratischen und aristokratischen, in jedem Fall aber für die Unabhängigkeit von Frankreich und für das Selbstbestimmungsrecht des Landes gemäss Artikel 11 des Friedens von Lunéville eintretenden Schweizer. Die Opportunisten hielten sich, wie stets, klug zurück, bis klar erkennbar wurde, wer den Streit für sich entscheiden würde: die Minderheit, die aber im Besitz der Staatsgewalt war und in dem der französischen Unterstützung zu sein glaubte, oder die Mehrheit, deren Angehörige den Kopf aufs Spiel setzen mussten, wenn sie den Staat verändern wollten. Der Zwang zur konspirativen Methode, wie er sich durch die Umstände von selbst ergab, führte zum für Bürgerkriegssituationen typischen Zwielicht. Wer wem trauen durfte, war höchst unklar, wie die vielen Spitzelberichte in den Akten der helvetischen Regierung zeigen. Umgekehrt war diese selbst auch von Verrat umgeben. So schrieb am 10. August 1802 Thormann an Reding über den helvetischen Generalstabschef: «Jayet ist gut – er wird sich zu allem verstehen, was ein Mann von Ehre tun kann. Er hat seine Stelle auf unser Ansuchen angenommen.» (64) Ob nun allerdings die reichlich bizarre Führung der helvetischen Streitkräfte tatsächlich auf etwas anderes als eine diffuse Mischung von Unbeholfenheit und Mangel an Zuversicht zurückgeht, bleibe dahingestellt, gegen das Thormann-Wort steht die von Jayet wenigstens nicht verhinderte kommende Beschiessung der Stadt Zürich.

Dass Staatssekretär Schmid mit dem Generalstabschef zufrieden gewesen sei, lässt sich hingegen schon für den 30. August mit Bestimmtheit verneinen. An General Andermatt ging vielmehr der bestimmte Befehl ab, Jayet aufzutragen, das Aequivalent einer Lagekarte und einen Etat über die Truppenstärke einzusenden und zwar einen unterschriebenen! In der Folge sind dann die Bestände auch tatsächlich ans Kriegsdepartement gemeldet worden: am 3. September standen im Grossraum Luzern total 2028 Mann, in Bern, Solothurn, Aarau, Baden, Thun und am Brünig waren theoretisch weitere 1764 Mann zur Verfügung, in der Praxis infolge Doppelzählungen jedoch kaum über 3500 Mann (65).

Ein Blick auf die damalige Aufstellung der helvetischen Armee ist instruktiv:

Tabelle 1: Feldarmee im Grossraum Luzern – Thun – Gotthard (Etat vom 3.9.)

	Offiziere	Unteroffiziere und Soldaten	Abwesende	Pferde
Artilleriekorps (Luzern) (10 Kanonen)	7	116	-	35
1. Linienbataillon (Luzern)	22	340	246	2
2. Linienbataillon (Luzern)	31	410	53	4

1. Leichtes Infanteriebataillon (Winkel)	10	198	–	2
Fünf Kompanien Waadtländer Grenadiere (Luzern)	14	343	15	–
Eine Kompanie Entlebucher Grenadiere (Zug)	3	80	–	–
Eine Kompanie Schützen von Aigle (Luzern)	3	91	9	–
Husarenkorps (Meggen)	6	83	–	97

Zwei Kompanien des 1. Linienbataillons (Brünig) (s. 2. Garnisonen!) Eine Kompanie des 1. Linienbataillons (Zug)	Bestände in den Abwesenden des 1. Linienbataillons enthalten
Drei Kompanien des 1. Leichten Infanteriebataillons (Ursern und Alpensüdseite) Eine Waadtländer Grenadierkompanie (Thun) (s. 2. Garnisonen unter Brünig!)	Bestände in dieser Aufstellung nicht enthalten

Ausser den genannten drei Kompanien in Zug und auf dem Brünig setzten sich die Abwesenden aus Kranken (110 Mann), Beurlaubten (10 Mann) und Detachierten zusammen.

Tabelle 2: Garnisonen (undatierter Etat)

	Kompanien	Mann
Jäger zu Pferd (Bern)	–	18
Artillerie (Bern)	–	38
Leichte Infanterie (Bern)	3	160
Zürcher Schützen (Bern)	1	56
Waadtländer Eliten (Bern)	5	321
Waadtländer Eliten (Brünig)	1	82
Berner Eliten (Bern)	2	194
Berner Eliten (Baden)	1	103
Berner Eliten (Thun)	1	93
Freiburger Eliten (Bern)	2	160
Freiburger Eliten (Solothurn)	1	120
Aargauer Eliten (Aarau)	2	195
1. Linienbataillon (Teile) (Brünig)	2	127
Simmentaler Schützen (Thun)	1	97

Das ergab folgende Garnisonen:

Tabelle 3: Stärke der Garnisonen in Kompanien und in Mann

	Kompanien	Mann
Bern	13	947
Solothurn	1	120
Aarau	2	195
Baden	1	103
Brünig	3	209
Thun	2	190
Total	22	1764

Damit stand also der Vollziehungsrat da, und damit und mit den nicht völlig entmutigten Teilen des Staatsapparates sollte er nicht nur mit den Urkantonen und mit der sehr voreilig geräumten Stadt Zürich, sondern mit der sich immer deutlicher abzeichnenden bernisch-aargauischen Revolution fertig werden. Schmid erstattete dem Vollziehungsrat am 31. August einen Lagebericht:

Am 12. habe der Vollziehungsrat die ersten militärischen Massnahmen gegen die Urkantone beschlossen. Das Kriegsdepartement habe die notwendigen zusätzlichen Truppen vor allem in den aufgebotenen Waadtländer Grenadierkompanien und in den demselben Kanton entstammenden sechs Kompanien von Clavel (also im 1. Leichten Infanteriebataillon) gesehen. «Ausser der Bereitwilligkeit die sich in dem Canton Bern zeigte, die Regierung durch freiwillige Eliten zu unterstützen, wollte es aus verschiedenen Gründen in andern Cantonen nicht gelingen, eine Anzahl solcher Compagnien zu bilden, ...» Von den 10 Milizkompanien des Kantons Waadt seien erst vier in Bern, der Rest noch unterwegs oder gar in Lausanne gewesen, als General Andermatt mit sieben Kompanien vom 1. Linienbataillon, mit 80 Kanonieren und ungefähr 80 Jägern nach Luzern aufgebrochen sei. Dort habe er das schwache 2. Linienbataillon und die «Canonierschiffe» vorgefunden. Dies war eine Flotille, welche die helvetische Regierung – aufgrund der amphibischen Erfahrungen General Balthasar von Schauenburgs im Feldzug gegen Nidwalden am 9. September 1798 – auf dem Vierwaldstättersee unterhielt. Flaggschiff und *pièce de résistence* war die Kanonen-Schaluppe *L'Unité,* rund 15 Meter lang und 4 Meter breit, mit zwei Zwölfpfünderkanonen bewaffnet und mit einer Besatzung von 23 Mann an Bord versehen. *La Légère* mit 21 Mann Besatzung war die zweite Kanonen-Schaluppe (66); dazu muss man sich eine ganze Reihe weiterer kleiner Boote denken. Schmid, der die hier ergänzten Flottendetails nicht erwähnte, fuhr in seinem Rapport mit den im Berner Oberland stehenden zwei Kompanien des 1. Linienbataillons fort und erwähnte die drei Kompanien jenseits des Gotthard, von denen eine mit der Besetzung von Ursern betraut sei. Aus der Waadt hätten dann fünf Kompanien von Clavel abgesendet werden können, was zusammen mit zwei Berner Milizkompanien eine Vermehrung des helvetischen Heeres um sieben Kompanien ergeben habe. Der General habe nach und nach drei von den in Bern angekommenen Kompanien von Clavel und sechs Waadtländer Kompanien erhalten, eine weitere Waadtländer Kompanie sei nach Thun befohlen worden um die zwei gegen den Brünig gerückten Kompanien des 1. Linienbataillons zu verstärken. Hätte der General keine Truppen nach Zürich geschickt, hätten ihm also zu Gebote gestanden:

Tabelle 4:
Truppen unter der unmittelbaren Verfügung General Andermatts

1. Das 1. Linienbataillon
2. Das 2. Linienbataillon
3. Drei Kompanien von Clavel und eine vierte auf dem Gotthard
4. 80 Artilleristen
5. 80 Jäger zu Pferde
6. Sieben Waadtländer Elitekompanien

Schmid betonte, er habe die Rapporte Andermatts, aus denen sich ergebe, dass sich der General immer zu schwach, insbesondere an den offensichtlich für besonders zuverlässig geltenden Waadtländer geglaubt, stets dem Vollziehungsrat eingesandt.

«So viel scheint übrigens mir gewiss, dass es unmöglich bei diesem Zaudern länger gehen kann, und dass der VR. entweder mit allen den abgefallenen Cantonen eine Art von Capitulation abschliessen oder aber seinem General den Befehl ertheilen sollte, einen Einmarsch in diese Cantone zu combiniren und sich auf einen bewaffneten Widerstand dahin gefasst zu machen, dass er denselben zerstreue. Der Zustand der Republik scheint mir mit jedem Tage Aufschub gefährlicher zu werden; der Muth der Übelgesinnten wächst mit jedem Augenblick, und der ruhige und Ordnung liebende Bürger sieht sich bald überall in Gefahr, von den Rotten der Empörer überfallen und misshandelt zu werden. Die Vorfälle in Zürich, die Gerüchte welche hier im Umlaufe sind, zeigen wie sehr der Geist der Empörung und der Verachtung des obrigkeitlichen Ansehens mit jedem Tage zunimmt, und ich gestehe es aufrichtig, dass ich nicht einsehe, wie die Regierung es länger auf sich nehmen kann, zuzusehen, ohne einen entscheidenden Schlag zu wagen; ein ehrenvoller Untergang scheint mir dem wahrscheinlichen Hinsterben unendlich vorzuziehen zu sein.» (67)

Es ist trotz des hier weggelassenen etwas optimistischeren Schlusses bezeichnend, dass selbst ein so entschiedener Mann der Helvetik wie Schmid an jenem 31. August nur noch die Alternative vom Untergang und Hinsterben sah, nicht etwa einen Sieg. Eine solche, nicht geheim zu haltende Stimmung unter leitenden Beamten der Regierung musste den Anhängern von Artikel 11 Auftrieb verleihen. Ihre Erhebung in den Kantonen Bern und Aargau, also in deutschsprachigen altbernischen Gebieten und im seit 1712 unter zürcherisch-bernischer Dominanz gestandenen, durch die neue Verfassung gegen seinen Willen zum Aargau geschlagenen Baden, war von langer Hand fertig vorbereitet und wurde von oberländischem und aargauischem Enthusiasmus getragen. Am 18. Oktober 1801 gründeten 11 Männer auf dem Gut Thierachern bei Thun, wo der Besitzer, Oberst Rudolf Karl Steiger Gastrecht gewährte, die *Grosse Schweizerische Verbrüderung*. Ihre Oberen hatten die drei Pflichten, alle Kosten (etwa für Drucksachen) selbst zu übernehmen, ohne Bewilligung der Verbrüderung kein helvetisches Amt anzunehmen und das Dasein der Verbrüderung und ihre Verhandlungen zu verschweigen. Die einfachen Mitglieder waren gehalten, sich mit Gewehren, Pulver und Blei zu versehen, streng zu schweigen, alle Vorgänge sorgfältig zu beobachten, alle wichtigen Vorfälle zu berichten und Bekannte und Freunde für die Sache zu gewinnen. Das Komitee, also der Vorstand der Verbrüderung, zog Mitglieder eines anderen für die Wiedererlangung der altbernischen Kapitalien in England und Deutschland gebildeten Berner Komitees an sich und bildete ein Zentralkomitee von 36 Mitgliedern, das einen Ausschuss mit der Geschäftsführung betraute und Rudolf von Erlach zum Anführer der Konföderierten ernannte. Diese Ernennung wurde durch die Ausstattung Emanuel von Wattenwyls mit der Vollmacht fragwürdig, das Ziel der Verbrüderung durch die Mitwirkung Landammann Dolders zu erreichen.

Dem Aufstand stand also ein Putschplan wenn nicht gegenüber, so doch zur Seite, und es wird nicht allzu abwegig sein, hierbei an Lezay-Marnésia zu denken. Als dieser Mitte Juni Paris verliess, waren Stapfer und Müller-Friedberg nicht frei von Besorgnis, er könnte den Anarchisten oder den Oligarchen in die Hände fallen (68), das heisst von den demokratischen und aristokratischen Anhängern des Artikels 11 allzu sehr beeinflusst werden. Thormann glaubte in Bern, in den Instruktionen Lezays sei die Frage enthalten, ob es möglich, angängig oder notwendig sei, die früher (das heisst vor 1798) Regierenden wieder einzusetzen, ja der Berner behauptete sogar, dies in den Instruktionen Lezays selbst gelesen zu haben (69). Stapfers Misstrauen lässt sich auch bei der Rückkehr Lezays Anfang Juli gut fassen (70). Dieses Misstrauen entsprach dem Mann und der Zeit. Lezays Kontakte zu den Schweizer Aristokraten passen fugenlos in Markows düsteres Bild. Die Wahl Wattenwyls durch die Verbrüderung und der Kontakt zu Dolder, Ereignisse die bei der obwaltenden gesellschaftlichen Porosität mindestens gerüchteweise den streng helvetisch Gesinnten zu Ohren kommen mussten, werden ihren Anteil an der Verbreitung der Niedergeschlagenheit gehabt haben. Sie hatten, wenn Markow Recht hatte, durchaus im Sinn des Ersten Konsuls, auch einen lähmenden Einfluss auf die Verbrüderung selbst. Deren militärischer Chef Rudolf von Erlach, Hudibras genannt, hatte von Schinznach Bad aus den Unwillen der Volksmehrheit über die helvetische Regierung im ehemaligen Kanton Baden und in den ehemaligen Ämtern Königsfelden, Kasteln und Wildenstein in eine revolutionäre militärische Organisation umgeschaffen und musste nun am 25. August den unmittelbar vor dem Ausbruch stehenden Aufstand abbrechen, was ihm nur dank der tätigen Hilfe Max Hünerwadels, Franz Strauss' und anderer Vertrauter überhaupt gelang (71). Der Abbruch des Aufstandes vom 25. August traf viele der Verbrüderten hart, weil sie sich bereits zu weit vorgewagt hatten, als dass ihr Tun dem aufmerksamen Regierungsstatthalter Rothpletz länger hätte verborgen bleiben können. Am 28. August waren zwei an Unruhen im Siggenthal beteiligte Männer namens Frey und Huber in Polizeigewahrsam. Zwei helvetisch gesinnte Mandacher erzählten Rothpletz, in ihrem Dorf habe ein gewisser Georg Vogt die Milizsoldaten aufgewiegelt, sich nicht zu stellen, da man sie gegen die kleinen Kantone einsetzen werde. Während der ganzen Nacht des 25. August habe in Mandach grosse Unruhe geherrscht und man habe angenommen, Vogt werde von Leuggern her kommen und in Villigen zu Frey stossen und mit diesem zusammen gegen Brugg marschieren. Nach den Ermittlungen Rothpletz' waren die Wirtshäuser offenbar die natürlichen Begegnungsstätten der Verbündeten. In jenem von Schinznach Dorf hätten einmal «Färber Frey von Brugg mit Strauss von Mandach, einem Solothurner und dem alt Agent Dübelbeiss» bis Mitternacht von einem kommenden Streifzug gesprochen. Der verhaftete Frey habe in Gebenstorf im Wirtshaus den Bauern gesagt, sie seien «Donners-Narren», wenn sie noch Abgaben bezahlten. Ein Hemmann von Lenzburg sei angezeigt, nach einem – ebenfalls in der Nacht vom 25. getanen – Sprung aus dem oberen Fenster des Wirtshauses *Müsegg* (unterhalb von Ennetbaden) aber auf freiem Fuss ... Auf die Flucht begab sich auch der Wirt, Xaver Klaus. Ein Siggenthaler Agent schliesslich habe in Döttingen, Klingnau und Koblenz für Anschluss an die Verbrüderung geworben. In derselben Nacht habe in den Häusern der katholischen Einwohner der paritätischen Gemeinden des Distrikts Zurzach Licht gebrannt, was beweise, dass sie vom Projekt gewusst hätten.

Rothpletz reagierte nebst den Verhaftungen mit dem Transport von Munition von Zofingen auf die Festung Aarburg (30. August) und mit der Anweisung an die Gemeinden, Polizei- und Sicherheitswachen aufzustellen (1. September), was ohne Zweifel eine in seinem Sinne zweckmässige Massnahme gewesen wäre, wenn die Bevölkerungsmehrheit für die Regierung gewesen oder doch an deren unvermeidlichen Triumph geglaubt hätte. Dass aber weder das eine noch das andere der Fall war, macht Rothpletz' fast schon verzweifelte Rhetorik sichtbar:

«Mit den Empfindungen des tiefsten Schmerzens und des gerechtesten Unwillens zugleich erfüllt, muss ich euch kundthun, dass die öffentliche Sicherheit in Gefahr stund, verletzt zu werden. In dem District Baden entspann sich ein Complott, das sich über einen Theil des Districts Brugg verbreitete, von Gemeind zu Gemeinde sich ausdehnen und so anwachsen sollte, bis es im Stand wäre, gegen die Regierung zu ziehen und sie, wie die Elenden in ihrer rasenden Tollheit glaubten, in ihrem Sitze aufzuheben. Unterdessen war Misshandlung der Beamten, Raub, Mord und Plünderung das Losungswort. Der wachsamen Polizei gelang es aber, die geheimen Absichten der Empörer und ihre Schlupfwinkel auszukundschaften; einige dieser Bösewichter wurden verhaftet, gerade in dem Augenblick als sie sich sicher glaubten und ihre Schandtaten vollführen wollten; andere haben sich geflüchtet; keiner aber so wenig als ihre Mitschuldigen werden der gerechten Strafe entgehen. Die Regierung wird die Sache mit Ernst untersuchen lassen; sie ist es ihrer Würde, ihrer eigenen Ehre, sie ist es der grossen Mehrzahl der ruhigen und redlichen Bürger im Lande schuldig. Bedenket, Bürger, wie unendlich weit Unordnung und innerer Aufstand führen; wie unabsehbar ihre unglücklichen Folgen sind, und dass sie allemal wieder auf dasjenige Volk zurückfallen, das thöricht genug ist sich verführen zu lassen; bedenket dieses alles, und noch weit mehr als mir der

Raum dieses Blattes euch zu sagen gestattet, was aber tief in der Brust jedes rechtlichen Mannes eingeschrieben steht. Sehet auf die inhaftierten oder geflüchteten Verführer: was waren sie vor der Revolution, und was sind sie jetzt? Bieten ihre Personen irgend eine Garantie nur für die gemeinste bürgerliche Handlung dar? Waren sie nicht vielmehr bekannte Lumpe(n), mehr oder weniger bezeichnete Betrieger, und was sind sie nun anders als von eben der Regierung aus Gnade und Barmherzigkeit wieder im Vaterlande aufgenommen, gegen welche sie, zum Dank, ihre Mordlust richten; sie sind also, wenn es möglich ist, noch schlechter als sie vorher waren. Und doch gelang es d(ies)en elenden Menschen, sich einen Anhang zu verschaffen. Pfui der Schande, sie ist gross, die Anhänger dieser Buben mögen nun gleichen Gelichters oder blos Irrgeführte sein.» (72)

Das Zentralkomitee der Verbrüderung glaubte nun keine andere Wahl zu haben, als den 2. September als neuen Aufstandstermin festzusetzen. Bei Monatsbeginn stand also die aargauisch-bernische Revolution unmittelbar vor der Tür. Mehr als 40 Beamte der helvetischen Regierung boten, ihrer Überzeugung treu, Staatssekretär Schmid ihren militärischen Einsatz an (73). Aus Meiringen regte selbentags Kantonsrichter Ulrich Willi beim helvetischen Bern an, auch Jochpass und Susten zu besetzen, während der Distriktstatthalter von Interlaken von Bernern (gemeint sind Burger) berichtete, welche im Oberland Unterschriften für den Rückzug der gegen die kleinen Kantone aufgestellten Truppen sammelten (74). Der helvetische Kommandant am Brünig Tornare schrieb am 1. September, 15.00 Uhr, frühmorgens um 01.00 Uhr und um 03.00 Uhr habe es obwaldische Versuche gegeben, helvetische Wachtposten aufzuheben, dies habe man mit Feuer verhindert. Er, Tornare, habe die Kompanie von Thun nach Brienz befohlen (75). Mit Schwierigkeiten anderer Art musste Hauptmann Em. Kocher von der Freiwilligenkompanie des Distrikts Büren gleichentags in Baden kämpfen. Kocher war am 31. August mit seiner Mannschaft in Baden eingetroffen. Badener Bürger hätten, schrieb er an Schmid, seine Mannschaft verhetzt, was ihn dazu veranlasst habe, sie zu sammeln. Die Aufforderung des Hauptmanns, ihn vor der Front zu erschiessen und dann nach Hause zurückzukehren, habe eine gute Wirkung gezeitigt (76). Einen so entschlossenen Mann wie Kocher hatte die helvetische Regierung in Ulrich in Zürich nicht. Dieser eröffnete den Monat vielmehr mit einem Schreiben an Andermatt, der General solle ihm doch, um der öffentlichen Ruhe im Kanton willen, das Eintreffen einer Garnison wenigstens einige Tage vorher anzeigen (77). Dieser Wunsch erhält eine zusätzliche Dimension, sobald man zur Interpretation den gleichentags geschriebenen Brief Eschers (von Berg) an Thormann heranzieht. Darin heisst es nämlich, die vereinigte Bürgerschaft der Stadt Zürich werde mit Hilfe einiger tausend Getreuer von der Landschaft ihre Konstituierung durchsetzen und den zur Besetzung der Limmatstadt anrückenden Truppen mit Güte oder Gewalt den Rückweg weisen.

«Der Canton Baden wartet auf das Signal zum Losbrechen, und in den nächsten Tagen wird solches gemeinschaftlich mit uns geschehen. Es will mir als durchaus nöthig scheinen, dass eure Officiers nach dem u(ntern) Aargau abreisen, damit sie die Bewegung, die dorten auf das Beispiel von uns und Baden folgen wird, leiten.» (78)

Während sich in weitem Bogen vom Berner Oberland über das aargauische Wasserschloss bis nach Zürich der Aufstand vorbereitete, schickten sich die Urkantone zum Rückzug auf sich selbst an. Ganz defensiv schreibt Reding von Schwyz aus seinem Amtskollegen Landammann Fridolin Zwicki nach Glarus, sie hätten Abgesandte zum französischen Minister und zu Landammann Dolder geschickt, um Sicherheit für ihre Gesandtschaft, Waffenstillstand und Aufhebung des Wirtschaftsboykotts zu erlangen: «Inzwischen halten wir uns auf jeden unvermutheten Angriff oder Überfall gefasst und wünschten sehnlichst, dass ein Gleiches von den neu constituirten ehemaligen demokratischen Cantonen ebenfalls geschehen möchte, damit man, wenn einer dieser Cantone feindselig überzogen werden sollte, durch gemeinschaftlichen Beistand und Unterstützung die gleichen Rechte und Freiheiten auf das äusserste zu vertheidigen im Stande wäre.» (79)

Mit anderen Worten versuchten die Anhänger der Artikels 11 in den Landsgemeindekantonen, als unbestreitbare Demokraten ihrer Überzeugung nach im Besitze der besseren politischen Legitimation als die vermeintlichen und die wirklichen Aristokraten, zu einem Separatfrieden mit der helvetischen Regierung zu gelangen. Gleichzeitig strebte eine betont aristokratische Richtung innerhalb der Verbrüderung einen Putsch an, wohl nicht zuletzt um dadurch das Entstehen einer Dankesschuld der wiederhergestellten Obrigkeit gegenüber dem aufständischen Aargauer, Oberländer, Seeländer Volk, ja gegenüber dem Volk allgemein zu verhindern.

Rudolf von Erlach hatte sein Hauptquartier im Bad Schinznach. Der Besitzer des Bades, Gottlieb Rohr, war überzeugt, die Helvetische Republik habe durch die Erhebung von Getränkesteuer und den Zwang, ein Wirtschaftspatent zu lösen, sein verfassungsmässiges, durch alte Verträge mit der Republik Bern erworbenes Privateigentum angetastet (80).

Wie das Beispiel Rohrs deutlich macht, war der Abstimmungsbetrug von 1802 nur eine der Ursachen für die tiefe Unbeliebtheit der helvetischen Regierung und des durch sie verkörperten Systems. Andere, die genannt werden müssen, sind die Identifikation der Helvetik mit Sittenverderbnis durch einen Teil der reformierten, mit Antiklerikalismus durch einen Teil der katholischen Öffentlichkeit. Der Vollziehungsrat hätte gewiss kein schlechteres Datum für die Auflösung des Trappistenklosters von Valsainte finden können, als den von ihm gewählten 3. August 1802. Neben geistliche traten auch sehr weltliche Gravamina, wie jene Rohrs, aber von allgemeinerem Interesse: die Helvetische Republik war für ihre Angehörigen teuer, teurer als die Alte Eidgenossenschaft. Der Hasler Weissenfluh ist in seiner treuherzigen Unmittelbarkeit besonders klar:

«... es waren die meisten von dänen helfetischen Reppresentanten äben nicht fast zur Sparsamkeit geneigt. Denn die Wahlen fielen gresstendeils auf Adfocaten und bangrottirte Kaufleith, ...» «... die Folckes-Representanten haben liederlich gehauset und den gemeinen Nutz nicht fast in acht genomen; denn sey hatten damit genug zu thun, ihnen (sich) grosse Lenung zu bestimmen und schene Kleider zu tragen.» «Die Regierung in Bern verschwendete die

Zeit unnutzlich und vergeblich; nichts des minder schriben sey eine Brandschatzung nach der andern aus.»

«Die helvetische Regierung solle aufheren. Ein jeder dieser Herren solle mit seinem wohlverdienten helfetischen Ehrennahmen und zusammengeschnapten und den bedrengten Bauren weggehaschten Gelde, welches sey noch nicht bey Nr. 13 mit den schenen Nimpfen werend der Zeit, als seye für das beträngt Vatterland hätten Sorge tragen sollen, verschwendet: heimkeren und daselbst still und ruhwig seyn, wenn ihr abgenutztes und von freywilliger Kriegssteur, Kadaster-, Agenten- und Munizipallbrandschatzungen abgeschliffenes, kurzes und krummes Gewissen ihnen diesers erlaube, ihre Pfeifen im Friden ruchen, mit Vermelden, dass man sey in Regierungsgescheften so liecht nicht meer bruchen werden; denn man sey gesonnen, zu der kinftigen Regierung so viel miglich brafe Mäner zu bruchen und die nidertrechtigen Agenten und Munizipaler und kostbaren Gemeindskamervorsteher verabscheiden. Denn wenn diese sauberen Herren noch lenger die blutige Geisel in Henden gehabt hätten, dann wirde des Beyspil jenes blinden Manns bey ihnen auch anwendbar gewesen sein: Es wahr einmal ein blinder Mann, welcher ein so scharpf Gedechtnuss hatte, dass er, wenn er eine Sache betasten konte, wusste und sagen konte, ob es weiss oder schwartz sey. Da haben ihn etliche bese Buben versucht und haben ihm etliche junge Welfe in die Hende gegäben und begert, dass er ihnen sage, was dieses vor Thier seien; seye gluben, dass es junge Hunde seien. Als der Blind die Welfe nochmal genau betastet, da hat er gesagt: das kan ich eich sagen, dass es Hunde nicht sind; was es aber für Thier sind, weiss ich nicht; aber das weiss ich gewiss, wenn diese lang leben, dass sey grimig und fresig werden. – Wenn also die helfetischen Herren lenger regiert hätten, dann weren selbeg noch grimiger und freseger worden.»

Nachdem die helvetische Regierung zu Beginn in unrealistischem Enthusiasmus die Hoffnung auf die Abschaffung des Zehnten geweckt hatte, forderte sie diesen schliesslich wieder ein und zwar mit immer gewalttätigeren Methoden. So bedrohte der Vorgänger des Vollziehungsrates, der Kleine Rat, am 17. Juni 1802 die säumigen Zehntenpflichtigen im Aargau mit «militärischer Execution», unter der Bedingung des Milizsystems der Mehrheit des Volkes gegenüber eine ebenso lächerliche wie gefährliche Geste, damals allerdings noch durch die Präsenz französischer Bajonette glaubwürdig gemacht.

Zurück nach Schinznach Bad. Erlach wurde von den Friedensschalmeien, die aus der Urschweiz sein Ohr erreichten, unangenehm berührt. Noch in seinen Erinnerungen scheint die Wut durch, die er empfunden haben muss: «Diesen tollen, unnützen und schadenbringenden Schritt hatten unsere in erwähnten Kantonen befindliche, getreue Verbrüderte, aus allen Kräften zu hindern gesucht. Allein was vermag die sanfte, freundschaftliche Stimme der Vernunft, mitten im Sturme wilder Leidenschaften. Niemand horchte auf ihre Worte oder auf ihre Gründe. Alle Ohren waren betäubt, alle Herzen waren verschlossen. Doch bald darauf, aber zu spät, erkannten die meisten von ihren Mitbürgern, wie weislich sie ihnen gerathen, lenkten beschämt wieder ein, und zeichneten sich hernach unter den Fahnen der schweizerischen Vereinigung als wahre Brüder aus.

Dieses unerwartete Betragen veranlasste das Bernerische Central-Comite, alle Offiziere, die theils im Oberland, theils in, dem obern und untern Aargau stationiert waren, eiligst abzurufen, und zugleich auch unsern dritten auf den 2. Herbstmonat angesetzten allgemeinen Aufstand zu unterdrücken. Die erste von diesen Maasregeln wurde von jedermann als eine sehr unkluge Handlung angesehen, und hatte für uns – wie man es leider besser unten nur allzudeutlich einsehen wird – eine Menge nachtheiliger Folgen. Die zweite, obwohl den Umständen besser angemessen, wurde dennoch von dem Volk übel ausgelegt, und mit sichtbarem Widerwillen angenommen. Ja alles, was Erlach seinerseits von den Bewohnern der Kantone Baden und Aargau erhalten konnte, war die Versicherung, dass sie noch einige Tage still und ruhig bleiben wollen, in der Hoffnung, das Central-Comite werde nicht lange mehr zögern, die Schweiz nach dem Wunsch und Willen des Volks von ihren Gesetzgebern und Machthabern zu befreien. Falls aber dies nicht geschehe, so werden sie keine fernern Befehle mehr von ihm annehmen, sondern gemeinschaftlich mit den benachbarten Kantonen handeln, und eigenmächtig das Ziel ihrer Wünsche zu erreichen suchen. Mit dieser Antwort reiste von Erlach von Schinznach, wo er sich mehrere Wochen aufgehalten hatte, ab, und eilte zurück nach Bern.» (81)

Der Ausbruch des Volkszorns konnte nur mit Mühe etwas verschoben werden, zu mehr reichte die Autorität Erlachs nicht, weil die Aargauer in ihm wie in den übrigen Berner Patriziern wohl willkommene Anführer sahen, aber nur solange sie dorthin geführt wurden, wo sie hinwollten: zu einem mit massiver Reduktion des Steuerdruckes verbundenen Sturz der Helvetik, zu einer insbesondere lokalen (aber letztlich umfassenden) direkten Demokratie ohne Berufspolitiker, die den Steuerzahler Geld kosteten und zur Verwirklichung der in Lunéville vertraglich festgeschriebenen Unabhängigkeit der Schweiz. Die Männer der Helvetik waren nicht imstande, diese Stimmungslage zu erkennen und richtig zu deuten. Sie erwarteten Dank (als ob es so etwas in der Politik jemals gegeben hätte) und konnten den Widerstand des Volkes nur als Folge der Agitation ihrer Feinde betrachten, als ob sie nicht selbst im Vollbesitz der Staatsgewalt viel bessere Propagandamittel in der Hand gehabt hätten. Zschokke schreibt knapp «vom dunkeln Arm einer weitläufigen Verschwörung» welche die kraftlose Regierung umfangen habe (82). Rengger macht sich die Sache nicht ganz so einfach, kommt aber ebenfalls nicht mit ihr zurande:

«Alles was vormals in dem bequemen und mühelosen Genusse ausschliesslicher Vorrechte gelebt hatte, und jene seligen Tage des Nichtsthuns zurückwünschte, vom gebornen Regenten an bis zum Handels-Monopolisten ward mit in den Bund gezogen oder drängte sich, besonders da bey zunehmendem Erfolge immer weniger zu wagen war, von selbst als Hülfstruppen zu, um einst auch seinen Theil an der Beute zu haben.»

Da würde sich dann gleich die Frage stellen, worauf denn der Erfolg zurückzuführen sei, und da ist Rengger auch schon mit dem Hinweis auf das englische Gold zur Hand:

«Die erste und bedeutendste Anwerbung geschah durch Geld, das theils aus den Corporations-Fonds der Hauptstädte, theils aus Particular-Beyträgen und höchst wahrscheinlich auch aus auswärtigen Quellen*) reichlich genug floss und so wenig gespart wurde, dass blossen Milizen, so kurze Zeit man ihrer auch zu bedürfen glaubte, ein Handgeld von drey Louis'ors geboten wurde; sogar in den kleinen Cantonen, wo doch das Volk noch am meisten aus eigenem Antriebe zu handeln schien, hatte man schon einige Monate vor dem Ausbruche einen zahlreichen Haufen von Lazzaronis zum blossen Lärmschreyen in Sold genommen, so wie es überhaupt notorisch ist, dass die Hauptmasse der insurgirten Macht aus der eigenthumslosesten und daher verkäuflichsten Classe bestand. Nach einer Revolution, wo so vieles eine neue Gestalt gewinnt, muss es nothwendig eine Menge rauher Ecken und Kanten absetzen, die sich nur mit der Zeit abrunden und dann erst ein freyes Spiel zulassen. Diese wusste die Gegenparthen sorgfältig zu benutzen, indem sie dem einen die Abschaffung von verhassten Abgaben, die doch, was den Staat betrifft, nicht den zehnten Theil der ehemaligen betragen hatten, dem andern Nachlass von Zehnten und Bodenzinsen, kurz jedem die Aufhebung dessen verhiess, was in der neuen Ordnung nicht ganz nach seinem Sinne seyn mochte. Auch der mächtige Hebel des Fanatismus ward nicht ohne Erfolg angesetzt; die Geistlichkeit beider Religionen, theils durch die ungerechte Schmälerung ihrer Einkünfte gekränkt, theils als natürlicher Bundesgenosse aller derer, welche für die Aufrechthaltung oder Wiederherstellung einer hergebrachten Autorität arbeiten, bot ihren ganzen Einfluss auf, um der Gegenrevolution Anhänger zu gewinnen. Was man hin und wieder von auswärtiger Billigung und Unterstützung dem Volke zu Ohren kommen liess, blieb ebenfalls nicht ohne Wirkung und war durch das Wiederaufstehen der Bachmann'schen und Roverea'schen Corps deutlich genug versinnlicht. Nachdem man durch diese Mittel einen Insurrections-Haufen zusammengebracht hatte, dessen erste Unternehmungen auch glücklich waren, mussten Drohungen und terroristische Massregeln, wie sich die helvetische Regierung selbst in den Zeiten ihrer revolutionären Tendenz keine ähnliche erlaubt hatte, das übrige thun; sie waren allein vermögend, die nöthige Macht zusammenzutreiben und wenigstens momentan auf den Füssen zu erhalten.» (83)

Keine Frage: wenn Männer wie Zschokke und Rengger solche Zerrbilder in ihren Köpfen herumtragen, steckt ihre Partei tief in Schwierigkeiten. Unerwünschte Nachrichten waren am 2. September 1802 allerdings in grosser Zahl auf ihrem Weg ins helvetische Bern. Aus Zürich meldete Inspektor Heidegger über den Gang des Aufgebots in den acht Militärquartieren, die Auflösung schreite täglich fort (84). Regierungsstatthalter Ulrich doppelte nach und meldete, die Anarchie werde nächstens den Zivil- und Militärbehörden die Ausführung ihrer Aufträge verunmöglichen (85). Zum Retter der helvetischen Sache an der Limmat ausersehen, überzeugte Herzog von Effingen den Vollziehungsrat, es brauche ihn im Aargau und er könne deshalb nicht nach Zürich reisen (86). Wenn auch wahr, so doch kaum die ganze Wahrheit, ist man versucht zu denken. Um das Mass voll zu machen, meldete Generalstabschef Jayet Regierungsstatthalter Ulrich, der General werde nur im Falle militärischer Notwendigkeit Truppen nach Zürich entsenden und diese stets vorankündigen (87). Regie-

«*) Es verdient bemerkt zu werden, dass Hawkesbury in der Parlaments-Sitzung vom 23. Wintermonat nur so viel versicherte, dass Ministrerium habe den Schweizern keinerley Aufmunterung gegeben, seitdem ihr Widerstand gegen die helvetische Regierung ausgebrochen sey.»

rungsstatthalter Rothpletz meldete aus Aarau, in Baden sei am 1. September eine grosse Konferenz bei Exsenator Baldinger abgehalten worden, an der Exsenator Reding, Dr. Dorer, Procurator Keller und von Zürich die Herren Scheuchzer, Escher von Berg, Wirz teilgenommen hätten. Es sei um den Anschluss des Kantons Baden an Zürich und um 6000 Mann Zürcher Truppen gegangen.

«Der B. Scheuchzer nimmt sich der Geschäfte nicht mehr *con amore* an; er begnügt sich, seine Berichte fleissig einzusenden und das an ihn Kommende ebenso fleissig zu versenden, und darmit Punktum. Er schrieb von Ruhe und friedlicher Stimmung, während ich aus anderer Quelle ganz entgegengesetzte Nachrichten hatte, die leider nur zu richtig eingetroffen sind. Es ist so weit gekommen dass wer dem Statthalter etwas Vertrauliches zu melden hat, seine Briefe der Post in Baden nicht ruhig anvertrauen darf, und wer es mit der Regierung hält, dort bald seines Lebens nicht mehr sicher ist.»

Das Kriegsdepartement wolle noch eine Kompanie nach Baden instradieren. Weitere Tagessorgen Rothpletz' waren am 2. September die Pläne der «Contra-Revolutionärs», sich in Aarau, auf der Festung Aarburg und aus dem Zeughaus von Bern Artillerie zu beschaffen (88). Kommandant Tornare meldete vom Brünig, am 1.9., bei Einbruch der Dunkelheit, seien in Brienz im Fischerschen Haus ein Mülinen, ein Gatschet, ein Wattenwyl, ein Thormann eingetroffen. Alle zusammen hätten sie sich sodann nach Meiringen verfügt (89). Tornare war mehr oder weniger im Bild. Niklaus Friedrich von Mülinen, Sohn eines der beiden Schultheissen der Republik Bern, die bis zum 3. März 1798 geamtet hatten, wohnte seit dem März 1799 auf seinem Gut Hofstetten am Ausfluss der Aare aus dem Thunersee. Mülinen war am 22. Juli 1802 vom Berner Komitee für die Sache von Artikel 11 kooptiert worden und hatte sich gegen einen bewaffneten Aufstand, jedoch für einen Putsch eingesetzt. Nach dem 28. August bestimmte er zusammen mit Emanuel von Wattenwyl, den wie üblich auf mehr als einer Hochzeit zur gleichen Zeit tanzenden Landammann Dolder, die Feindseligkeiten gegen die Waldstätter einzustellen, verfügte sich jedoch, nachdem der 2. September als Termin für den Aufstand festgesetzt worden war, zusammen mit Oberst von Wattenwyl von Oberhofen, dessen beiden Söhnen, den Gebrüdern Gatschet und dem Hauptmann Niklaus Jenner von Hofstetten nach Interlaken. Dort traf die Gruppe einen Unterwaldner Boten, der Nachricht vom diplomatischen Rückzug der Urkantone auf sich selbst brachte. Mülinen brach nun aber die Reise nicht etwa ab, sondern veränderte einfach ihren agitatorischen Gehalt: die Oberländer sollten bei der helvetischen Regierung gegen den Einsatz von Truppen gegen die Urkantone vorstellig werden. Die acht Berner sahen sich im Oberland vier helvetischen Kompanien gegenüber: einer bernischen in Thun und einer waadtländischen und zwei Linienkompanien in Unterseen, Brienz und auf dem Brünig. Dass sie trotz solcher Kräfteverhältnisse und trotz der Selbstisolation der Urkantone mit der Arbeit für Artikel 11 fortfahren *wollten,* zeigt ihre Entschlossenheit, dass sie fortfahren *konnten,* zeigt die Stimmung des Landes. Mülinen und die Gebrüder Gatschet arbeiteten am 31. August in Unterseen und Interlaken, die Wattenwyl in Grindelwald. Am 1. September traf man sich in Interlaken, von wo aus die Gesellschaft den Brienzer See hinauf nach Tracht fuhr, im Wirthause einige Proklamationen an die Oberländer zurückliess, nach Meiringen weiterreiste, wo sie um 21.00 Uhr eintraf. Am nächsten Morgen, 2. September 1802, bestellte Mülinen Statthalter Arnold Brügger, Kantonsrichter Willi und die Munizipalität, also die Vertreter der helvetischen Behörden, zu sich in den *Wilden Mann,* das nachmals durch Sir Arthur Conan Doyle in *The Final Problem* des Sherlock Holmes verewigte Gasthaus. Mülinen sprach von der Notwendigkeit, den Krieg gegen die Urkantone einzustellen, was Willi und Brügger Tornare hinterbrachten. Das blosse Auftreten Mülinens und seiner Leute brachte innerhalb weniger Stunden Hunderte von bewaffneten Haslern auf die Beine, die sich zum Teil in Meiringen zusammenfanden, zum Teil auf dem Kirchet lagerten, um die inneren Täler gegen ein Eindringen der helvetischen Truppen zu schützen und gegebenenfalls die äusseren zu unterstützen.

Aus der Urschweiz selber kamen an diesem 2. September Meldungen wie, der «berüchtigte Hauptmann Marti von Bürglen» habe sich mit 100 Freiwilligen den Urner Freiwilligen in Unterwalden unter Treibwirt Huser angeschlossen oder die Klosterfrauen im Muotathal hätten Landammann Reding eine von den Russen oder den Franzosen (im Jahre 1799) dort zurückgelassene Kanone verehrt ... (90). Aus Einsiedeln war für die helvetische Regierung von Karl Steinauer zu erfahren, in den vergangenen drei Tagen seien 120 bewaffnete Einsiedler nach Schwyz ab-, drei Piquets Glarner dorthin durchmarschiert. Pulver und Blei stammten aus Graubünden und dem Toggenburg, vor circa drei Tagen sei eine Lieferung Gewehre von Zürich in Bäch angelandet worden (91).

Eine Freiburger Kompanie traf gleichentags in Bern ein, aber Schmid konnte dem stückchenweisen Ausbau seiner Machtmittel nicht mehr zusehen und forderte den Vollziehungsrat zur Ausschöpfung des militärischen Potentials weiterer Kantone (und nicht nur der Waadt) auf «so lange derselbe die Hoffnung und den Willen nicht aufgegeben hat, die Republik durch die eigenen Kräfte der Nation zu retten, ...» (93) Im Kanton Bern sei es möglich aus dem Kreis der vermöglichen Hausväter und ordnungsliebenden Männer innert kurzer Zeit 800 Mann Milizen zusammenzubringen und sie durch die Gemeinden bewaffnen und auf einen Monat besolden zu lassen. Der Vollziehungsrat beantragte dies gleichentags dem Senat und forderte das Parlament ferner auf, die zur Zeit unter den Waffen stehenden 2823 Mann Miliz im Felde zu behalten, ja (durch den Vollziehungsrat) wenn es die Umstände erforderten ihre Zahl auf 5000 Mann zu vermehren. Die vorhandenen Truppen stammten zu mehr als zur Hälfte aus der Waadt, welche zwei Bataillone zu insgesamt 1652 Mann gestellt hatte. Die vier Kompanien Berns zählten am 2. September 390 Mann, die vier Freiburgs 400, die zwei des Aargaus 200, jene Luzerns 100, die Schützen von Zürich 56 und die Mannschaft der Kanonenboote 25 Mann (94). Das Milizsystem lässt die Ordre de bataille in Zeiten innerer Krisen zum Spiegel des Volkswillens werden; danach hatte die Helvetik nur noch in der Waadt eine Mehrheit hinter sich. Als überzeugter Diener seiner Sache unterliess Schmid jedoch auch in dieser schwierigen Lage nichts, um die Regierung militärisch zu stärken: So liess er den Vollziehungsrat am selben Tag die Aufstellung eines *Corps freiwilliger Mannschaft aus dem Stadtbezirk Bern* beschliessen, das persönlichen, unbezahlten Dienst «auf erstes Erfordern der Regierung» leisten, das heisst als eine Art letzter Reserve dienen sollte. Für dieses Corps hatten sich bereits am 26.

August 70 Freiwillige gemeldet (95). Wurde in der Hauptstadt im Kriegsdepartement auch emsig gearbeitet, an der Front lag die Moral darnieder. Dafür hatte die Bereitschaft der Regierung gesorgt, mit Abgesandten der Urkantone zu verhandeln und bis zu deren Rückkehr – bei Gegenrecht – einen Waffenstillstand zu bewilligen (96).

Dieser treue Anhänger der Helvetik, Regierungskommissär Keller, der sonst keine Ulrichschen Neigungen zeigte, forderte am 2. September vom Vollziehungsrat seine Entlassung und schrieb, ohne dass er es wissen konnte, von den Ereignissen bereits überholt:

«... es ist dringend, dass die Regierung einen Entschluss fasse, ob sie die kleinen Cantone als Insurgenten behandeln und sie zur Unterwerfung unter die angenommene Verfassung zwingen, oder ob sie dieselben als unabhängige Cantone betrachten, und mit ihnen in Unterhandlung treten will.» (97)

Eine Art Kriegsrat unter General Andermatt, gebildet von allen «chefs de corps», ordnete Pierre Vonderweid zur Regierung ab, um Instruktionen einzuholen, welche die Truppen nützlich machen und die Regierung retten könnten. Dies teilte Andermatt von Luzern aus um 20.00 Uhr dem Kriegsdepartement mit (98).

Der helvetische Senat hatte mittlerweile die erste Voraussetzung für jede Art Erfolg, den Glauben an sich selbst, aufgegeben und, in seiner Mehrheit wohl kaum in die Finessen eingeweiht, seinen vorgesehenen Platz im französischen Plan eingenommen. Wie klar dieser gewesen ist und ob die zu seiner Verwirklichung eingesetzten Männer, Lezay-Marnésia, Verninac und andere, den Erwartungen Bonapartes in allen Teilen genügten, bleibe dahingestellt. Dass der Plan existierte, wird durch Markows Äusserung in höchstem Mass wahrscheinlich gemacht. Wie immer dem auch sei, am 2. September 1802 lud ein schweizerisches Parlament einen ausländischen Staat in aller Form ein, sich in die inneren Angelegenheiten der Schweiz zu mischen. Der Senatsbeschluss lautet:

«1. Der Vollziehungsrath ist eingeladen, sich ungesäumt an die fränkische Regierung zu wenden und um derselben gütliche Einwirkung und Vermittlung in Betreff derjenigen Anstände zu ersuchen, welche in einigen Cantonen über die Einführung der von der grossen Mehrheit des helvetischen Volks angenommenen und unterm 2. Heumonat letzthin bekanntgemachten Staatsverfassung sich erhoben haben.
2. Die unter dem General Andermatt stehenden helvetischen Truppen werden sich bis auf anderweitige Befehle nur vertheidigungsweise betragen.

Bern den 2. Herbstmonat 1802.

Der Landammann, Präsident des Senats:
Sign. Dolder
Sign. D'Eglise, Sekretär
Sign. Stokar, Sekretär.» (99)

Der Beschluss wirkte selbst auf den nimmermüden Schmid niederschmetternd. Er riet dem Vollziehungsrat noch am selben Tag, alle Milizen zu entlassen und «die Pflicht, die Ausbrüche zwischen den Parteien zu verhüten», die nach dem Waffenstillstand und dem Ersuchen um französische Vermittlung allein noch bleibe, den besoldeten Truppen, also dem Berufsmilitär, zu übertragen (100).

Ganz anders empfand man am 2. September in Schwyz. Dort gingen die Gedanken nun klar und entschieden über den Kreis der Urkantone hinaus und wandten sich dem Problem zu, Stadt und Land, vorerst im Kanton Zürich, auszusöhnen, weil ohne den Ausgleich des Herrschaftswillens der Stadt und des Freiheitswillens des Landes keine erfolgsversprechende Teilnahme am Kampf gegen die Helvetik denkbar war. Landammann und Rat liessen ihren Gefühlen in einem Brief an die Munizipalität von Richterswil freien Lauf:

«Liebe Freunde und Nachbarn! Euer edles freundnachbarliches Benehmen gegen die benachbarte(n) Höfe sowohl als gegen den Canton Schwyz überhaupt hat uns mit innigster Freude erfüllt. Das Vaterland nähert sich mit gleichen Schritten seiner Rettung, wie Schweizer sich als Brüder nähern und jener schweizerische Biedersinn, der unser Vaterland ehmals so ehrwürdig und glücklich machte, wieder auflebt, um Leidenschaften zu verdrängen, die das Band altschweizerischer Bruderliebe zerrissen und noch jetzt mit ohnmächtiger Kraftanstrengung arbeiten, die Wiedervereinigung von Brüdern zu vereiteln. Euer edles brüderliches Benehmen verdient also unsern feierlichsten Dank, den wir euch anmit öffentlich bezeugen; verdient den Beifall aller rechtschaffenen Vaterlandsfreunde und die Nachahmung jedes vaterländisch gesinnten Schweizers. Die Schlange welche vor kurzem noch so viel Gift über unsere Absichten auszuspeien bemüht war, wagt (sich) nicht mehr zu zischen; unser Benehmen ist noch sichrere Gewährleistung als unsere feierlichsten Erklärungen, dass wir niemandes Ruhe zu stören, niemands Glück zu hindern, in niemandes rechtliche Angelegenheiten uns zu mischen gedenken; nur gegen den Feind unsrer Freiheit und Rechte ist unser Arm bewaffnet; dem Freund und Nachbar steht unsere Hand zum brüderlich-schweizerischen Händedruck bereit. – Indessen, ihr lieben biedern Freunde, seid ihr doch der Gegenstand unsers Kummers, so lange ihr unter euch selbst nicht vereiniget, euere Verhältnisse zwischen Stadt und Land nicht ausgeglichen sind. Wir können euere Freundschaft nicht besser als durch die bestgemeinte Bitte erwidern, dass ihr doch zu dieser so erwünschten Vereinigung redliche Hand bietet. Edle theure Freunde und Nachbarn! Wir beschwören euch um des Vaterlandes willen, dass ihr mit uns liebet, tretet zusammen, fordert edelgesinnte Männer auf, an diesem entscheidend wohlthätigen Werk thätig mitzuwirken; verachtet jedes Vorurtheil, jedes Privatinteresse grossmüthig, wenn es um ein Opfer zu thun ist, das ihr der Vereinigung von Stadt und Land euers Cantons bringen sollt; denn jedes dergleichen Opfer ist ein Opfer fürs Vaterland, das nur durch brüderliche Annäherung sich vereinigen, nur durch Vereinigung wieder glücklich durch Ruhe und Ordnung werden kann. Nehmet diese unsere brüderliche Erinnerung als den besten Beweis unsrer aufrichtigen Freundschaft und nachbarlichen Ergebenheit an, theilet diese Gesinnungen auch andern Gemeinden und Individuen mit, welche das Vaterland und dessen Glück so aufrichtig mit uns wünschen wie ihr, und versichert sie in unserm Namen, dass wir nicht nur gegen niemanden aus ihnen feindschaftliche Gesinnungen oder Absicht(en) hegen, sondern dass wir im Gegentheil aller unsrer lieben Freunde und Nachbaren Glück und Wohlstand aufrichtigst wünschen, und ihnen mit aufrichtiger Achtung und altschweizerscher Treue und Bruderliebe ergeben sind.» (101)

Wie sehr unterscheidet sich dieser Stil vom pessimistischen der Helvetik! Die beiden Parteien trugen am 2. September Sieg und Niederlage bereits in ihrem Herzen. In der Folge geschah, was geschehen musste.

Der Vollziehungsrat vernahm am 3. September 1802 aus dem Munde Vonderweids folgende Wünsche der Armee:

«1) Dass der Vollziehungsrath keine Verpflichtung eingehe, wodurch der Muth und die Kriegslust der Truppen gelähmt würden; 2) dass derselbe vielmehr ohne allen Aufschub durch Aufstellung von zwei oder drei Eliten-Bataillons, welche als Reservecorps dienen und d(en) stehenden Truppen den Rücken decken sollten, diese ja bald in Stand setze, einen Angriff auf Schwyz und Unterwalden unternehmen zu können; 3) dass auf alle Fälle und wenn ein Waffenstillstand dennoch zu Stande kommen sollte, die Sicherheit der Truppen, die Stellung derselben und die Behauptung der besetzten Posten nicht durch blindes Zutrauen in die Treue der Aufrührer compromittirt werde.» (102)

Allein, der Vollziehungsrat war auch am 3.9. nicht in der geistigen Verfassung, die es braucht, um rasch zu entschiedenen Massregeln zu kommen. Militärisch blieb er seinem alten Tröpfchensystem treu und beschloss, die aus den Distrikten Payerne und Avenches rekrutierte, erst am Vortag in Bern eingetroffene Kompanie, zur Bewachung der dortigen Vorräte nach Solothurn zu senden (103). Wäre es darum gegangen, das eigene Heer unter Wahrung der Apparencen so schwach zu halten wie möglich, keine Massnahme hätte besser ausgedacht werden können. Diese Zersplitterung der Kräfte erscheint umso auffälliger, als es mit dem Nachschub an Truppen ganz schlecht stand. Der Berner Regierungsstatthalter wollte am 3. September 1802 den Auftrag, 800 Mann Miliz auf die Beine zu bringen, nicht übernehmen können und aus Zürich verlautete, die drei gegen die Grenzen der Urschweiz in Marsch zu setzenden Milizkompanien kämen nicht zustande (106). Der Vollziehungsrat warf in einem Schreiben an Regierungskommissär Keller, der zum Bleiben gebracht werden sollte, die Schuld für das Scheitern der militärischen Operationen auf General Andermatt:

«Unterdessen war die Regierung unaufhörlich auf die Mittel bedacht wodurch die militärische Macht verstärkt werden könnte. In allen Cantonen wurde für die stehenden Bataillons geworben. Das Gesetz v. 9. Augstmonat gab sogar einige Hoffnung, dass sich die Zahl derselben vergrössern könnte. Milizen-Aufgebote wurden in mehrern Cantonen anbefohlen. Allein die Vollziehung der einten dieser Massregeln konnte nur langsam vor sich gehen, und der andern stunden solche Hindernisse in den meisten Orten (wie z.B. in dem Canton Zürich) im Wege, dass das Resultat weit unter den Bedürfnissen zurückblieb. Alles was man mit aller Anstrengung bewirken konnte, war die Absendung 1) des ersten Bataillons Linien-Infanterie vom Hauptorte, wo an dessen Stelle Milizen einrückten; 2) des grössten Theils der Artillerie und Cavallerie, und 3) dreier Compagnien von Linientruppen und einiger andern von Milizen nach Lucern, wohin sich der G. Andermatt mit dem Stab ebenfalls begab. Diese Macht, an sich selbst gering, war doch für die Regierung und für das Vaterland alles. Dem VR. lag die Pflicht ob, darüber zu wachen dass die Existenz derselben nicht auf übelberechnete und zweifelhafte Unternehmungen hin gewagt werde, weil dann im Fall eines Verlustes alles zugleich hätte können verloren gehen. Zu diesem Zwecke wurde der General durch die Instruction v. 14. August, welche Ihnen mitgeteilt worden ist, angewiesen, alle seine Kriegsoperationen ja wohl zu berechnen, um bei denselben die Wahrscheinlichkeit eines glücklichen Ausgangs wo möglich für sich zu haben. Uebrigens wurden ihm keineswegs die Hände gebunden; vielmehr räumt obbemeldte Instruction bestimmt dem General die Vollmacht ein, alles zu thun was er in den gegenwärtigen Umständen als ausführbar und dem Zweck seiner Sendung für zuträglich erachten würde. Der Erfolg bewies dass der General von der Nothwendigkeit eines behutsamen und klugen Verfahrens inniger noch (als) der VR. durchdrungen war. Alle seine Briefe enthielten die Aeusserung dass er mit den unter seinen Befehlen stehenden Truppen nichts unternehmen könne, und dass schleunige Absendung von Verstärkungen das einzige Mittel sei, die Truppen aus ihrer bisherigen Unthätigkeit zu ziehen. Da übrigens aus der Correspondenz des Generalstabs mit dem Kriegsdepartement durchaus keine befriedigende Aufschlüsse über die Bestimmung eines zweckmässigen Operationsplans... herausgezogen werden konnten, so hat der VR. nicht nur keine Veranlassung gehabt, sondern war nicht einmal im Stande, dem General bestimmtere Weisungen zukommen zu lassen.» (107)

Andermatt seinerseits unterbreitete, zusammen mit Regierungskommissär Keller, dem Vollziehungsrat den Vorschlag, in Luzern oder Sursee mit den Urkantonen zu verhandeln. Bei Verhandlungen in Bern sei zu befürchten, die immer noch «den wichtigen Bergpass der Rengg» besetzthaltenden Insurgenten würden, früher als der helvetische General von einem Abbruch der Verhandlungen in Bern informiert, die helvetische Armee überraschen (108). Aufklärung und Alarmorganisation scheinen hier Andermatt fremd gewesen zu sein. Da sie es aber ohne Zweifel nicht waren, kann es sich bei diesem Schreiben nur um einen typischen Rückversicherungsbrief für den Fall einer neuen Schlappe handeln. Mit einer solchen Moral kann man keinen Feldzug gewinnen.

Die helvetische Haltung am Brünig war an jenem 3. September 1802 von ähnlichen Rückversicherungstendenzen und Unklarheiten gekennzeichnet. Joseph Tornare meldete grosse Erfolge der von vier Bernern (gemeint ist Burgern) eingefädelten Intrigen im Haslital. Die Milizorganisation (für den Aufstand) sei in Arbeit. Diesen Morgen habe er, Tornare, den Waadtländer Grenadierleutnant Vittoz mit zehn Grenadieren nach Meiringen geschickt, um die Intriganten zu verhaften. Drei- bis vierhundert Bauern seien jedoch bereit gewesen, die Verhaftung zu verhindern. Die Berner hätten angegeben, einen Auftrag zu haben, diesen aber nur Tornare selbst mitteilen zu wollen, worauf der Kommandant vom Brünig nach Meiringen abgestiegen sei. Bei seiner Ankunft habe ihm eine Ordonnanz mitgeteilt, der Posten von Hohfluh habe drei bewaffnete Bauern angetroffen, welche die vier Berner gegen einen Verhaftungsversuch verteidigen wollten. Diese Bauern hätten das Feuer auf den helvetischen Posten eröffnet, einer sei mitsamt den Waffen verhaftet und auf den Brünig geführt worden, die andern beiden aber entkommen. Der Festgenommene habe in Richtung Lungern fliehen wollen, und sei dabei am Oberschenkel verletzt worden. Auf Begehren der Bauern und der vier Herren von Bern habe er, Tornare, Gewehr und Mann freigegeben. Diese Massnahme habe sich angesichts des Einflusses dieser Leute auf den Distrikt aufgedrängt, da sonst die Gefahr bestanden hätte, den Brünig zu verlieren. Tornare betrachtete sich als zu schwach, die klar gegen die Regierung gerichtete Agitation zu verhindern oder auch nur zu bremsen. Er habe die Berner aufgefordert, diese Gegenden («ces contrées») tags darauf zu verlassen, was sie auch versprochen hätten, aber nicht, ohne ihre Ziele erreicht zu haben. Die zu ihrer Verteidigung herbeigeeilten Bauern hätten sich auf Aufforderung der Berner zerstreut.

Der Bericht Tornares ist nicht zuletzt seines Mangels an Präzision wegen interessant. Unterstatthalter Brügger vermochte nämlich (allerdings erst zwei Tage später, am 5. September) nach Bern nicht nur eine korrektere Zahl der Berner, 6 (also halbwegs zwischen Tornare und der Wahrheit), zu melden, sondern auch die Namen: «alt Hauptmann von Müllenen, die Gebrüder Gatschet, von Wattenwyl Vater und Sohn und (ein) gewisser von Jenner» seien am 1. September spätabends angekommen und im *Wilden Mann,* abgestiegen. Brügger blieb, um besser mitzubekommen, was vorging, bis um 23.00 Uhr ebenfalls dort und begab sich am Morgen darauf gleich wieder in den *Wilden Mann.* Gegen Mittag trafen nach und nach 20 oder 25 Männer ein und von Mülinen stellte Brügger. Sie seien, sagte der Berner, nicht gekommen, um Unruhe zu stiften, sondern um den allgemeinen Bürgerkrieg zu verhindern. Dazu brauche es aber eine Petition an die Regierung, Rüttimann, Füssli, Rengger, Schmid abzulösen und die Truppen von den Urkantonen zurückzuziehen, zumal aus den Kantonen Zürich und Aargau kein Mann gegen die Urkantone ziehen werde. Brügger solle diese Petition als erster unterschreiben. Der Unterstatthalter weigerte sich, begab sich in ein anderes Zimmer des *Wilden Mannes,* und erinnerte dort die beiden herbeigerufenen Würdenträger, den Präsidenten der Munizipalität und den Gerichtspräsidenten, an ihre Pflicht. Auch nachdem sich Brügger nach Hause begeben hatte, dauerte die Volksversammlung im *Wilden Mann* an. Der «zusammengerufene Pöbel» sei von den «6 sich Vaterlandsretter nennenden Herren» mit Essen und Trinken versehen worden und ans Projektemachen gegangen. «Excesse aber sind von letzterem nicht vorgegangen, als dass dem Cantonsrichter Willi ein Fenster eingeschlagen ward.» Diese «Bachanalien dauerten in einem fort bis Freitag (3.d.) in die späte Nacht».

Allein, auch Tornare und Brügger zusammen ergeben noch nicht das ganze Bild: es fehlt darin Johann Brunner, der ehemalige Leutnant der Grenadierkompanie Mülinen, der nun eine Wache für seinen alten Chef organisierte, es fehlt die Rekognoszierung Rudolf Gatschets und Niklaus Jenners auf dem Hasliberg, es fehlt der Hinweis, dass der helvetische Posten von Hohfluh (am sogenannten inneren Brünig von Meiringen nach Lungern) von den Haslern ohne Blutvergiessen auf den Pass vertrieben, es fehlt der Waffenstillstand, gemäss welchem Tornare freie Lebensmittelzufuhr erhielt, aber seine Gefangenen freiliess und auf die Besetzung von Meiringen vorderhand verzichtete. Mülinen und seine Leute konnten am 4. September wohl abreisen: sie hatten Eingaben der Landschaften Hasli und Grindelwald gegen den Kampf gegen die Urkantone in der Tasche, also ihr Ziel erreicht. Mülinen übergab diese Petitionen Landammann Dolder persönlich (109).

Unter solchen Umständen liess sich natürlich in der Landschaft Hasli keine helvetische Schützenkompanie bilden. Einmal mehr zeigte sich, dass das Milizsystem den Einsatz der Armee gegen den Willen der Bevölkerungsmehrheit verunmöglichte. Tornare wies die in Thun zu seiner Verstärkung stehende Kompanie Frieden nach Brienz und verlangte vom Kriegsdepartement Feuersteine und Geld für den Branntwein (110). Der Vollziehungsrat in Bern ermächtigte das Kriegsdepartement, den Brünig aufzugeben und bis nach Brienz zurückzugehen, sofern Obwalden zustimme, sich auch seinerseits defensiv zu verhalten. Schmid auferlegte Tornare die Pflicht eines alle 12 oder 24 Stunden abzulösenden Postens am Brünig und gab ihm die Weisung, in der Defensive zu bleiben (111). Der Ton des Tages war in der ganzen Schweiz auf Verhandlungen und ominöse Vorbereitungen gestimmt. In Glarus fertigte Landschreiber Johann Balthasar Leuzinger das Kreditiv für Landammann Fridolin Zwicki und Landrat Leonhard Freuler an die Konferenz nach Schwyz aus, in Aarau beschloss die Munizipalität, am 5. September ein Verzeichnis der «sämtlichen ledigen Mannschaft vom angetretenen 21ten bis zum zurückgelegten 41ten Jahr aufnehmen» zu lassen, befehlsgemäss den Angehörigen der Kompanie Herosé die Anzeige zu machen, dass sie am 4. September nach Aarburg abzumarschieren hätten und dem Gemeinschreiber den Auftrag zu erteilen, einstweilen die Einquartierung zu besorgen. Aus Wangen berichtete der Distriktstatthalter, Thunstetten sei ein Herd der Unruhe. Im Subiger Wald seien Zusammenkünfte gehalten worden. Heute, also am 3. September 1802, um 02.00 Uhr seien circa 100 sogenannte Schwarzbuben aus dem Distrikt Dornach gegen Solothurn gezogen, hätten beim Neuhüsli Halt gemacht, und jemanden nach Solothurn geschickt, von wo ihnen aber bedeutet worden sei, nach Hause zu gehen (112). In Wirklichkeit zogen die rund 60 Schwarzbuben vom Neuhüsli über den Passwang und weiter bis nach Flumenthal, wo sie erfuhren, dass der Aufstandtermin des 2. Septembers hatte verschoben werden müssen.

Regierungsstatthalter Roll meldete am 4. September 1802 an den Vollziehungsrat die Aufstellung der jungen Mannschaft aus mehreren Dörfern des Distriktes Dornach beim Neuhüsli in Beinwil und beanspruchte für sich, sie durch Emissäre zu «friedlicher Rückkehr» beredet zu haben. Der Freiheitsbaum in Solothurn sei allerdings umgehauen worden. Roll betonte, für ein strengeres Verfahren als freundliche Ermahnungen fehlten ihm die Mittel (113). Selbentags meldete aus Aarau der Regierungsstatthalter, Erlach und Neser seien vorgestern von Schinznach Bad abgereist, dieser wohl nach Thunstetten. Erlach sei wahrscheinlich in den Badener Aufruhr verwickelt (114). Der immer rührige Rothpletz hatte mittlerweile auf der Feste Aarburg für die helvetische Sache bessere Verhältnisse geschaffen: heute, so schrieb er nach Bern, sei die Hälfte der auf Pikett stehenden 3. Kompanie des

1. Quartiers dahin abmarschiert, sodass die der Sympathien für die Verbrüderung verdächtigte alte Besatzung verabschiedet werden könne (115). Inspektor Heidegger war kein Rothpletz und die Bedingungen in Zürich der helvetischen Sache ungleich weniger günstig als die aarauischen. Heidegger sandte vielmehr am 4. September dem Kriegsdepartement einen Bericht über tumultuarische Aufläufe und Beamtenbeschimpfungen im 8. Quartier, insbesondere in Schönenberg und Richterswil. Da es keine Mittel gebe, diese Taten zu ahnden, ersuche er um Vollmacht, Versammlungen und Musterungen zu unterlassen «um nicht Beamte aller Schmach und Thätlichkeiten blosszustellen und vielleicht einen Zunder zu legen, welcher leicht in ein Feuer auflodern könnte.» (116) Aus der alten Landschaft St. Gallen und aus dem Rheintal kam ähnliche Kunde nach Bern (117) während Appenzell beider Rhoden unter Berufung auf das in Lunéville verbriefte Recht der Schweiz «dass das darin wohnende Volk sich eine beliebige Constitution geben könne» dem französischen Minister Verninac die Wiederherstellung seiner alten demokratischen Ordnung anzeigte. In der Erklärung wurde unter anderem die «erhabene Denkart des ersten grossen Consuls der französischen Republik» beschworen (118), womit natürlich auch die Sorge, eine übermächtige französische Intervention könne das wiedergewonnene alte Glück gleich wieder zerstören, ihren Ausdruck fand. In der gleichzeitigen Proklamation an den Vollziehungsrat macht sich der ganze Verdruss mit der so ganz und gar nicht zur Schweiz passenden helvetischen Ordnung Luft:

«Bürger Regierungsräte! Wenn je ein Volk in dem helvetischen Staat berechtigt war, seine von seinen Vorältern ererbte Verfassung wieder einzuführen, so ist es dasjenige des Appenzellerlandes, welches von je Zeiten her berühmt war, an seinen alten Sitten und Gebräuchen, sogar an seiner vaterländischen Heimat auf eine ausgezeichnete Art zu hangen; es müssen die Beförderer der schweizerischen Staatsumwälzung diese Wahrheit eingesehen und gefunden haben, dass weniger Gewalt der Waffen und Drohungen – welcher Art sei seien – dieses Volk aus seiner Verfassung herausbringe, als dass, um zum Zweck zu gelangen, nothwendig seie, zu den allerundwiderstehlichsten, aber auch zugleich zu den verabscheuungswürdigsten Mitteln zu schreiten, gegenseitiges Misstrauen, Zweitracht, Neid mit allen den daraus entspringenden Folgen voranzuschicken, um das alte ehrwürdige Gebäude wahrer Freiheit und Gleichheit, das nur auf Zutrauen und Einigeit gegründet war, zu zertrümmern. Leider ist es diesen Revolutions-Männern gelungen, durch falsche Vorspiegelungen, durch den niederträchtigsten Missbrauch der Leichtgläubigkeit des Volks manchem glauben zu machen, er seie nicht im Genuss wahrer Freiheit und Gleichheit und deren beglückenden Folge, dass manch redlicher Mann sich lieber einer Verfassung unterzog, die er für unser Land (als) keineswegs passend (er)kannte, nur damit er wieder Ruhe, Ordnung und Sicherheit des Eigenthums eintreten sehe, und viele seufzten im Stillen und sahen alle die schrecklichen Folgen dieser Art Staatsumwälzung vor, mussten sich aber übermächtigem Gewalt unterziehen. Bereits sind wir nun schon im 6ten Jahre beständiger Revolution und fordauerndem Wechsel von Regierungen und Verfassungen: viel Elend und Jammer, viele willkürliche Unterdrückungen, manch ausgestandenes Leiden haben verblendete Augen sehend gemacht und verirrte Herzen auf bessere Wege gebracht, in Niemandem aber den Wunsch nach der alten Ordnung der Dinge erstickt, in vielen aber auf den höchsten Punkt gebracht. Der Friedensvertrag zwischen den hohen

Mächten Oestreich und Frankreich, welche(r) verflossenes Jahr in Lüneville unterzeichnet wurde, gab uns wieder einige Hoffnung zur Rückkehr unserer beglückenden alten Verfassung, und nun, da ganz Helvetien von fremden Truppen befreit ist, da ganz Deutschland diesem Friedensvertrag zufolge neu eingetheilt wird, ohne jedoch seine alte Gestalt zu verlieren, da in der Schweiz unsere ältere(n) demokratischen Brüder uns mit dem gesegneten Beispiel vorangegangen, sollten wir Appenzeller allein freiwillig wollen unsere alten Vorrechte und Freiheiten aufgeben? sollten wir freiwillig wollen, anstatt ein eigener Canton zu sein, blos unmächtige Theile eines andern Cantons ausmachen? sollten wir freiwillig wollen Verzicht thun auf das Recht, unsere Obrigkeit selbsten zu wählen und die Grenzen ihrer Macht nach Befinden der Umstände(n) zu beschränken oder auszudehnen? sollten wir freiwillig wollen ein Heer von Beamteten besolden, da in unserer Mitte vaterlandsliebende Männer sich nach alten Gebräuchen mit kleinen Entschädnissen begnügen und nicht für den Sold, wohl aber für das Vaterland arbeiten? sollten wir freiwillig wollen kostbare Gerechtigkeit suchen, wo sich uns eine wohlfeile darbietet; sollten wir freiwillig wollen unter fremder Administration sein, die wegen Mangel an Zutrauen nur langsame Execution hat, wenn (während!) wir einer selbstgewählten Obrigkeit gerne Gehorsam leisten? Sollten wir auf alle diese Vortheile freiwillig Verzicht thun, da wir unter dem Zwang übermässiger Gewalt immer gegen alles protestirt haben was unsern Rechten zu nahe getreten, und die letzte Verfassung von der grossen Mehrheit unsers Volks freiwillig und mit vollkommener Ueberzeugung verworfen wurde? – Nein, nach Allem was wir in den Zeiten des Zwanges gethan würden wir vor den Augen der ganzen Welt, vor Freunden und Feinden als unwürdige Söhne unserer tapfern Väter erscheinen, wenn nicht auch wir in unsere alten Gränzen, in unsere alte Verfassung zurücktreten würden; auch Ihre Verachtung, Bürger Regierungsräthe, würden wir verdienen, und Sie würden uns als inconsequente Menschen behandeln, wenn wir diesen unsern Bedürfnissen so angemessenen Schritt nicht gethan hätten. – In voller Ueberzeugung dass die Ehre und das Wohl des Appenzellerlands erfordere, Landsgemeinden zu halten, (so) wurden auf den 30ten Augstmonat eine zu Appenzell und eine zu Trogen abgehalten. Die Einigkeit die da herrschte, das anständige und brüderliche Betragen eines jeden Landsmanns gegen seine Mitlandleute und Nachbaren, die Schlüsse die darbei genommen, (welche beiliegend folgen,) die Einmüthigkeit mit welcher sie beschlossen wurden, sind dem Appenzellerland und der ganzen Welt genugsame Bürgen, dass die Zweitracht und das Misstrauen verschwunden und das gesamte Volk entschlossen ist, seine neuerdingen angenommene(n) Rechte und Freiheiten im Fall der Noth mit Gewalt zu behaupten, übrigens aber mit allen Theilen der Schweiz gesinnt ist, auf eine(m) brüderlichen friedlichen bundesmässigen Fuss zu leben und an jede Centralregierung sich anzuschliessen, bei welcher ihm seine heilige Religion, Freiheiten und Gerechtigkeiten gesichert sind. – Wir empfehlen Sie, Bürger Regierungsräthe, nebst uns dem mächtigen Schutz Gottes. Gegeben in unserem gemeinschaftlichen Namen, mit des Stands Appenzell der innern und aussern Rhooden gewöhnlichen grössern Secret-Insiegeln verschlossen. In Trogen den 4. Herbstmonat 1802. – Landammann und Rath des Stands Appenzell der innern und äussern Rhoden.» (119)

Mit dem «sogenannten Canton Säntis» wollte Appenzell natürlich nichts mehr zu tun haben (120). Die Stärkung der demokratischen Sache kam niemandem gelegener als den Schwyzern, welche am 4. September gratulierten und die Appenzeller zur «freundbrüderlichen Unterredung» einluden (121).

Der Vollziehungsrat war politisch bankrott. Nach Luzern schrieb er an Keller und Andermatt, es komme nur Bern als Konferenzort für die Unterhandlungen mit den kleinen Kantonen in Frage, da die Regierung die französische Vermittlung angerufen habe und der Vertreter Frankreichs hier seine «Warnungen und Ratschläge» den Deputierten gleich selbst eröffnen könne. Für die Sicherheit vor einem Überfall müsse General Andermatt selber sorgen, Zeit und Stunde des Ablaufs des Waffenstillstandes «mit den Anführern der Bewaffneten» in den kleinen Kantonen ausmachen (122). Die Weisungen Staatssekretär Schmids an General Andermatt waren in sich widersprüchlich: der unglückliche Waffenstillstand schade der Sache unendlich, die Insurgenten könnten sich an Männern und Munition stärken, während die Ressourcen der Regierung erschöpft seien und weder durch Gewalt noch durch Kredit neue geschaffen werden könnten. Er habe mit Vonderweid zusammen das Dispositiv der Truppen während des Waffenstillstandes überlegt, vor allem auch in Hinblick auf die Unruhe in den Kantonen Oberland (!), Solothurn, Aargau und Zürich. Der Vollziehungsrat finde die Linie von Zürich bis zum Brünig zu ausgedehnt und begehre eine bessere Konzentration der Kräfte. Darüber werde sich Andermatt mit allen seinen Chefs von Truppenkörpern unterhalten, um danach den Plan zwecks Erteilung der Ausführungsbefehle einzusenden. Seiner Bestandesübersicht solle Andermatt eine Kompanie Waadtländer Grenadiere am Brünig (90 Mann), drei Kompanien Waadtländer Grenadiere, zwei Kompanien des 1. Leichten Infanteriebataillons (120), eine Kompanie Zürcher Schützen (53 Mann), zwei Kompanien Berner Eliten (180 Mann) und zwei Kompanien Freiburger Grenadiere (160 Mann) in Bern, eine Kompanie Berner Eliten und eine Kompanie Oberländer Schützen in Thun (je 90 Mann), eine Kompanie Freiburger Grenadiere (120 Mann) in Solothurn, eine Kompanie Berner Eliten in Baden (90 Mann) und zwei Kompanien Aargauer Eliten in Aarau (160 Mann) hinzufügen. Für den folgenden Tag, also für den 5. September, erwarte er noch eine Kompanie Clavel (1. Leichtes Infanteriebataillon) und zwei Kompanien Lemaner Eliten in Bern. Die Oberländer Schützen könnten allerdings nicht im Oberland, die Zürcher Schützen nicht in Bern verwendet werden, wobei die Zürcher nirgendwo sonst dienen wollten... Der Dienst am Brünig sei für 200 Mann zu anstrengend, weshalb man den Rückzug bis Brienzwiler gestattet habe (123). Einerseits sollte also Andermatt eine grössere Konzentration der Kräfte bewerkstelligen, anderseits blieb Schmid bei zizerlweisem Anwenden seiner eigenen Mittel, die so schwach waren, dass nur ihr geballter Einsatz zwecks Erlangung eines klaren Sieges an einem kritischen Punkt die Stimmung soweit hätte umschlagen lassen können, dass wenigstens nennenswerte Verstärkung aus anderen Kantonen denn Waadt und Freiburg erhältlich gewesen wäre. Zwar zielte die wohl bereits zwischen Vonderweid und Schmid abgesprochene Zürcher Operation in diese Richtung, mehr aber auch nicht, es fehlte dazu an der nötigen Risikobereitschaft, weil wohl selbst entschlossene Kämpfer für die Helvetik die Rettung nicht mehr in eigener Kraft und eigenem Scharfsinn sondern nur noch im Ersten Konsul sahen und in dessen französischen Bajonetten.

Die Lage spitzte sich mittlerweile allenthalben zu, so in Solothurn. Am 4. September war, um 21.00 Uhr, die Nachricht umgegangen, dass noch in derselben Nacht von Bern aus eine Kompanie Soldaten eintreffen werde, worauf sich einige Bürger bei der Hauptwache einfanden. Regierungsstatthalter Roll konnte sie mit dem Versprechen beruhigen, die Kompanie werde in die Kaserne, und nicht etwa in Privathäuser, verlegt. Da goss ein Nachbar des Zeughauses Oel ins Feuer mit der Mitteilung, dort befänden sich Männer versteckt, denen man nichts Gutes zutrauen könne. Entgegen seinem Regierungsstatthalter Roll gegebenen Wort hatte der Zeughausinspektor B. Zeltner in der Tat vier oder fünf Mann als Wache in den ehrwürdigen Bau gelegt, welche nun von Roll im Namen der Regierung zum Abzug aufgefordert wurden. Die Menge hatte dem Regierungsstatthalter Ruhe und Ordnung angelobt; dieser musste sich das Gelübde aber durch eine Visitation der Zeughausräume und durch Übernahme der Schlüssel «bis auf bessere Zeit» verdienen. Die eingetroffene Kompanie versah am 5. September vor Zeughaus und Magazinen ruhig den Wachtdienst (124). Die Solothurner *Drôle de révolution* fand in Uri und Ursern ihre Entsprechung: unter Hinweis auf den Waffenstillstand protestierten Landesvorsteher und Landrat von Uri beim Kommandanten der Kompanie in Andermatt gegen dessen Patrouillen bis Göschenen «wodurch sichtbar unsere Territorialrechte verletzt worden sind» und doppelten bei den Urserer Behörden nach (125). Weder Solothurn noch Uri würden den Funken ins Pulverfass werfen, soviel war am 5. September, am Tag, an dem die helvetische Fahne auf dem Rathaus von Sitten zum letztenmal eingeholt wurde, klar. Ob es überhaupt noch zur Explosion kommen würde, war mindestens für einige Teilnehmer der Schwyzer Konferenz durchaus offen. Nicht nur weigerten sich Uri, Schwyz und Unterwalden zunächst, Glarus in die Verhandlungen mit der Zentralregierung einzuschliessen, ein Ausdruck von *Sacro egoismo,* sie arbeiteten an Instruktionen für ihre Unterhändler, die klar auf eine Art Separatfrieden mit der Helvetischen Republik hinzielten: nur freiwillige Werbung für die durch die Zentralregierung zu unterhaltenden stehenden Truppen, zur gemeinsamen Verteidigung des Vaterlandes kantonale Kontingente nach einem Bevölkerungsproporz, keine militärische Besetzung der Kantone, die selber für Ruhe und Sicherheit sorgen – das waren so Hauptpunkte (126) mit denen sich eine Regierung aus differenziert denkenden Mitgliedern wohl hätte abfinden können. Die Kompanie Frieden wurde mittlerweile vom Kriegsdepartement in Thun zurückbehalten, denn wenn Thun nicht besetzt sei, stehe Tornare am Brünig zwischen zwei Feuern. Die Oberländer Schützen wurden von Thun in den Kanton Luzern geschickt und in der alten Oberländer Metropole durch zwei schwache Waadtländer Milizkompanien, zusammen 79 Mann, ersetzt (127). Während sich dies auf seiner Operationslinie nach Bern zutrug, schloss Joseph Tornare mit dem Obwaldner Kommandanten Michael von Flüe einen Waffenstillstand. Beide Seiten sollten nur noch einen Beobachtungsposten von fünfzehn Mann auf dem Brünig belassen, die übrigen Trupen aber tags darauf, am 6. September, 06.00 Uhr, zurückzuziehen. Tornare nahm die Waadtländer Grenadierkompanie nach Meiringen, die zwei Linienkompanien nach Brienzwiler, Hofstetten und Brienz (128).

Der 6. September 1802 war durch die Erhebung der Sache der Verbrüderung aus dem Zwischentief gekennzeichnet, in das sie durch den Abbruch des vorbereiteten Aufstandes im letzten Moment geraten war. Hier die unnachahmliche Schilderung Hudibras' selbst von seinen Bemühungen beim Zentralkomitee, den Sturz der helvetischen Regierung durch Waffengewalt nun endlich an die Hand zu nehmen:

«Zu diesem Ende begab sich den 6. Herbstmonat von Erlach, gleich nach seiner Ankunft in Bern, zu verschiedenen Gliedern des Central-Comite, erstattete einen genauen Bericht von allem dem, was er während seines Aufenthaltes in Schinznach beobachtet und vernommen hatte, zeigte ihnen die Nothwendigkeit, dem allgemeinen Wunsche des Volkes Genüge zu leisten, und insonderheit seinem Willen eine kluge Leitung zu geben, erinnerte sie an den wichtigen Grundsatz des schweizerischen Tacitus, dass Zögerung, das Schwerdt gegen eine tyrannische Regierung zu ziehen, wenn es die Umstände zulassen, eine feige Hingebung seiner selbst, und eine offenbare Verrätherei an dem Vaterlande sey, und folgerte dann aus diesen und andern von ihm angebrachten Gründen, dass sowohl ihre Pflicht als das Interesse fordere, endlich unsere gut angelegten Angriffsminen allesammt springen zu lassen. Diese, von Seite des Herrn von Erlach wohlangewandte, fortdauernde Thätigkeit, vereint mit verschiedenen wichtigen Ereignissen, bewirkten, wie eine Feuerleitung, die endliche Entzündung des angelegten Brandes.» (129)

Während dies in Bern unter den Augen des Vollziehungsrates vor sich ging, freilich ohne dass er es gesehen hätte, verlagerte sich der Brennpunkt der Ereignisse nach Zürich. Dort ergänzte sich, formell freilich erst am 7. September, in offener Herausforderung der helvetischen Regierung, die Munizipalität mit sechs neuen Mitgliedern, nämlich den ehemaligen Magistraten Johann Kaspar Hirzel, Hans Reinhard und David Wyss sowie mit drei Offizieren, Oberstleutnant Johann Jakob Meyer, Major Konrad Zimmermann und Quartierhauptmann Kaspar Huber (130). Diese Massnahme war der letzte denkbare Schritt vor dem offenen Aufstand. Der Vollziehungsrat hatte am 6. September Friedrich May von Bern zum Regierungskommissär im Kanton Zürich ernannt und mit allen Befugnissen eines Regierungsstatthalters und darüber hinaus praktisch unumschränkten Vollmachten ausgestattet:

«3. Der B. May ist bevollmächtiget, alle diejenigen Beschlüsse zu fassen und die Verfügungen zu treffen, welcher er nach den Umständen zur Erhaltung der öffentlichen Ruhe und der guten Ordnung für nöthig erachten wird.
4. Alle Behörden und Beamten des Cantons sind angewiesen, seinen Befehlen Folge zu leisten, und alle wohlgesinnten Bürger sind eingeladen, ihn mit ihrem Zutrauen und auf seine Aufforderung werkthätig zu unterstützen.» (131)

Was sich der Vollziehungsrat von May versprach, drückte er so aus:

«Die vielfältigen Beweise von reiner Vaterlandsliebe, festem Sinn, Thätigkeit und Klugheit, welche Sie bei Ihrer Sendung in den Canton Leman abgelegt haben, bewegen den VR., Ihnen durch einen andern, nicht minder wichtigen Auftrag die Besorgung der öffentlichen Angelegenheiten in dem Canton Zürich anzuvertrauen. Die Spannung der Gemüther unter den Bürgern der Stadt, welche unausgesetzt nach Wiedererhaltung ihrer ehemaligen Vorrechte trachten; die Bemühungen einiger Übelgesinnten, um in mehreren der alten Ordnung der Dinge zugethan gebliebenen Gegenden einen Aufstand gegen die jetzige zu bewirken, einerseits; anderseits aber der entschiedene Hang des beträchtlichern Theils des Landes zur ausschweifenden Volksfreiheit und unumschränkten Volkswahlen, haben überall so viel Gährungsstoff ausgestreuet und solche Pläne und Entwürfe an den Tag gebracht, welche, obgleich von ganz entgegengesetzter Beschaffenheit und unvereinbar unter sich, dennoch alle gleichmässig gegen die verfassungsmässige Regierung gerichtet sind, dass der VR. sich nicht länger der Nothwendigkeit entziehen konnte, in Rücksicht der Behandlungsart dieses Cantons zu kräftigeren Verfügungen zu schreiten. – Sein Entschluss darüber wurde noch durch einige besondere Umstände näher bestimmt. B. Ulrich, bisheriger RStatthalter, dessen moralischer Charakter und reine vaterländische Gesinnungen ihm die Achtung seiner Mitbürger mit Recht erworben hatten, dessen Muth aber der Last vervielfältigter und nur zu oft sehr unangenehmer Geschäfte nicht mehr gewachsen zu sein schien, legte seine Stelle in die Hände des VR. nieder. Ein Versuch zu Wiederbesetzung derselben durch den B. Escher, Cantonscommissär, gelang nicht, und der VR., in der Ueberzeugung dass ein Bürger schwerlich weder in der Stadt Zürich noch auf dem Lande zu finden wäre, der als Statthalter auftretend einigermassen den Forderungen der Umstände Genüge leisten könnte, fühlte sich nicht geneigt, mehrere solche abschlägige Antworten einzuholen. Es blieb ihm nur noch übrig, entweder aus einem andern Canton einen RStatthalter nach Zürich abzusenden oder einstweilen die Statthalterstelle unbesetzt zu lassen und die Gewalt und Verrichtungen derselben einem ausserordentlichen Vollziehungsbeamten zu übertragen. Nach reifer Erdaurung der Vortheile und Nachtheile welche eine jede Partei darbietet, glaubte sich der VR. für die letztere entschliessen zu sollen, in der Hoffnung, die Sendung eines ausserordentlichen Stellvertreters der Regierung werde einerseits, indem sie von dem festen Ernste derselben, das Ansehen der Verfassung und die öffentliche Ruhe zu erhalten, zeuget, die Erreichung ihrer Absichten befördern und die Verrichtung ihres Bevollmächtigten erleichtern, und anderseits werde dadurch den Anstiftern der Missvergnügten ein Vorwand zu neuen Umtrieben abgeschnitten, den sie in der Anstellung eines bleibenden ordentlichen RStatthalters aus einem andern Canton vermuthlich suchen würden. – Sie werden demnach eingeladen, sich in der Eigenschaft eines RCommissärs nach Zürich zu begeben, obgleich Sie sich der Nothwendigkeit nicht leicht werden entziehen können, auch die gewöhnlichen Geschäfte eines RStatthalters zu besorgen. Die Kanzlei des B. Ulrich, die Unterstatthalter in den Districten, die Agenten in den Gemeinden werden unter Ihren Befehlen stehen; mit der Verwaltungskammer und mit den Gerichten kommen Sie eben in diejenigen Verhältnisse welche durch die Gesetze zwischen diesen Behörden und dem RStatthalter selbst festgesetzt sind. – Erhaltung der Ruhe, Sicherstellung der Bürger, Behauptung des Ansehens welches einer verfassungsmässigen Regierung zukömmt, dies ist der Hauptzweck Ihrer Sendung, der Ihnen beständig vor den Augen schweben soll. Oft aber wird ein Uebel das Vermittlung und Klugheit leicht hätten heben können durch unzeitigen Gebrauch gewaltthätiger Mittel unheilbar. Sie werden zu denselben nur im äussersten Fall Ihre Zuflucht nehmen. – Die Correspondenz des B. Ulrich in den letzten Zeiten seiner Geschäftsführung enthielt viele schwankende Äusserungen und die seltsamsten Widersprüche. Sie war nicht dazu geeignet, bei dem VR. eine deutliche Vorstellung der Lage der Dinge zu erzeugen. Vielleicht hatte B.

Ulrich nicht den rechten Punkt zur wahren Einsicht gewählt; vielleicht getraute er sich nicht, das Eingesehene zu entdecken. Indem Sie unabhängiger sind, werden Sie auch tiefer eindringen und freier (be)urtheilen können. Zwei wichtige Umstände aber sind dem VR. als sehr bedenklich vorgekommen. Der einte ist die Weigerung der Stadt Zürich, eine Besatzung in ihre Mauern aufzunehmen; der andere die Widerspenstigkeit des Landvolkes gegen die von dem Kriegsdepartement zur Aufbietung einiger Mannschaft ergangenen Befehle. Es ist höchst nothwendig, B. R.Commissär, dass Sie sich sogleich nach Ihrer Ankunft mit der Untersuchung der bei dem ersten Anlass entstandenen Unordnungen beschäftigen und einem fernern Ausbruch derselben im voraus zu steuern trachten. Nicht weniger dringend ist es dass der gänzlichen Desorganisation des Militärwesens ein Ende gemacht werde, damit unter diesem Vorwand Erschlaffung und Feigheit nicht länger dem Vaterland die Dienste des Bürgers ungestraft entziehen dürfen. – Dies sind die Punkte welche der VR. Ihrer Wachsamkeit hauptsächlich empfiehlt. Sonst erlaubt ihm sein unbegrenztes Zutrauen, welches so rühmlich durch Ihre vorige Sendung gerechtfertigt worden ist, nicht, Ihnen bestimmte Weisungen zu geben. Handeln Sie ... nach den Umständen und nach Ihren besten Einsichten, und die Regierung wird allezeit vollkommen beruhiget sein. Sollten diese Umstände die Gegenwart einiger Truppen in dem Ihnen nun anvertrauten Canton erfordern, so benachrichtigen Sie den VR. zur Zeit davon, damit er Ihnen solche nachsenden könne. Empfangen Sie die Versicherung unserer freundschaftlichen Gewogenheit.» (132)

Die militärischen Dispositionen des Vollziehungsrates waren am 6. September kaum klüger als zuvor. Der Staatssekretär für das Kriegswesen wurde ermächtigt, zwei Waadtländer und zwei Freiburger Kompanien ins Oberland zu schicken, angewiesen, einige der aus dem Waadtland erwarteten Kompanien nach Solothurn zu verlegen, die Simmentaler Schützenkompanie Hiltbrand ins Entlebuch zu entsenden und in Schüpfheim zur Verfügung General Andermatts zu halten, die 53 Mann Zürcher Scharfschützen nach Aarau zu schicken und dem dortigen Regierungsstatthalter zu unterstellen (133). Im Hinblick auf den bevorstehenden Wochen- und Monatsmarkt in Bern vom 7. September wurde beim Zeughaus ein Pikett, ein zweites im Quartier No. 102 unterhalten. Ein Wachtmeister, ein Korporal und zwanzig Füsiliere waren so während 24 Stunden einsatzbereit. Die Garnison wurde in die Kaserne befohlen, welche ohne Erlaubnis des Pikett-Kommandanten nicht verlassen werden durfte (134). Nach Solothurn ging am 6. September von der Regierung die Weisung, die Zeughausschlüssel wieder dem Inspektor auszuhändigen, an den Staatssekretär für die Justiz und die Polizei der Auftrag, die aufrührerischen Bewegungen im Distrikt Oberhasli zu untersuchen (135). Aus Andermatt schliesslich kam auf Regierungsseite eine Meldung von Bezirksstatthalter Meyer, am vergangenen Freitag sei eine Patrouille von vier Mann bis gegen Göschenen vorgerückt, der beteiligte Korporal aber dann auch mit Arrest belegt worden. In Ursern seien kaum zehn Bürger für den Anschluss an Uri, aber er zweifle, ob die Regierung die Widerspenstigen ohne französische Hilfe noch bezähmen könne (136). Dieser Mangel an Selbstvertrauen aber war eine entscheidende Schwäche der Anhänger der Helvetik. In Schwyz hatte man sich mittlerweile auf eine offene und eine geheime Instruktion für die Botschaft nach Bern geeinigt. Glarus und Appenzell blieben ausgeschlossen, wurden aber durch einen allerdings nur für die Haltung von Schwyz verbindlichen Landratsbeschluss geschützt, dass die Deputierten nach Hause kehren sollten, wenn die helvetische Regierung Feindseligkeiten gegen die nach dem Beispiel der Urkantone bereits konstituierten oder noch zu konstituierenden demokratischen Kantone eröffne. Ausserdem sollten Oberstwachmeister Emanuel Jauch von Uri, Landstatthalter Meinrad Suter und alt Landammann Ludwig Weber von Schwyz, Landammann Simon von Flüe von Ob- und Landstatthalter Xaver Würsch von Nidwalden bei General Andermatt, allenfalls bei der «Regierung von Bern» folgende Punkte erhältlich machen:

«1) Gänzliche Aufhebung der Sperre sowohl in Kaufmanns-Transit-Gütern als allen andern Waaren, Früchten etc. 2) Dass alle Briefe sicher an ihre Bestimmung ohne fernere Rückhaltung oder Eröffnung derselben gelangen. 3) Dass den(en) vorgeladenen Angeklagten und allen übrigen arrestirten Individuen, welche sich aussert unsere Cantone geflüchtet, der Arrest abgenommen werde, damit sie sich vor ihrer rechtmässigen Obrigkeit zur Verantwortung stellen können. 4) Dass keine feindliche Patrouillen mehr unser Territorium sowohl zu Wasser als auf dem Lande betreten, auch die Garnison zu Urseren unser Gebiet verlassen solle. 5) Dass gegenseitig die Truppen eine Stund weit von den Grenzen zurückgezogen werden, damit nicht etwa durch Missverständnis oder vielmehr durch Erbitterung der Truppen ohngeacht diesem Waffenstillstand die Feindseligkeiten wieder eröffnet werden. 6) Muss jeder Theil vor deren Wiedereröffnung pflichtig sein, es dem andern dreimal 24 Stunden vorher oder auf eine bestimmte Zeit aufzukünden.»

Aus der geheimen Instruktion geht insbesondere das abgrundtiefe Misstrauen der Regierung gegenüber und auch die betont moderate Haltung Uris hervor:

«(1.) Zur geheimen Instruction bei dem fränkischen Minister wird den(en) Gesandten vorzüglich anempfohlen mit allem Ernst darauf anzudringen, dass uns für dasjenige welches allenfalls unterhandelt werden möchte, eine Garantie und sichere Gewährleistung möchte verschaffet werden. Da man aber selbe von dem gegenwärtigen Regierungs-Personale, wie die ganze Schweiz mit uns überzeugt ist, nicht erwarten kann, so müsste vor allem aus hierinfalls eine Abänderung getroffen werden, welche am leichtesten durch den bevollmächtigten fränkischen Minister bewerkstelligt werden könnte. – (2.) Im Fall der lobl. Stand Uri auch noch über die mitgegebenen Instructionen Propositionen von Seite des Ministers oder der Regierung anhören (?) würde, so werden sich unsere Deputirte(n) hierin nicht von Uri trennen sondern die Vorschläge von der Regierung schriftlich abfordern und mit sich nach Hause zur Einsicht bringen.» (137)

In Zürich musste sich die Zukunft der Helvetischen Republik entscheiden: würde sich Regierungskommissär May durchsetzen oder die durch Schwergewichte ergänzte, faktisch zur Regierung gewordene Munizipalität den Sieg davontragen? Der Vollziehungsrat gewann am 7. September durch seinen Waffenstillstand mit den Urkantonen militärische Handlungsfreiheit.

In den Verhandlungen über einen Waffenstillstand mit General Andermatt beharrten die Deputierten von Schwyz auf dem Einschluss der übrigen demokratischen Kantone, also zunächst Glarus' und Appenzells, während Uri und Unterwalden bereit waren, diese preiszugeben, weil sonst «eine gütliche Negotiation erschweret, die Vermittlung des fränkischen Ministers ohnmöglich gemacht, und dadurch der gänzliche Endzweck der Sendung vereitelt würde.» (138) Seinem Namen und seiner historischen Mission getreu hielt Schwyz auch diesmal die Eidgenossen zusammen. Ganz und gar nicht im ängstlichen Stil von zwei der drei in Luzern verhandelnden Stände schickten Landammann und Rat gleichentags einen Brief an Landammann Zellweger in Trogen mit der Mitteilung, man sehe der Ankunft eines Appenzeller Deputierten «mit Sehnsucht entgegen» (139) Um 19.00 Uhr wurde in Luzern der Waffenstillstand unterzeichnet. Er lautet:

«A. Waffenstillstand welcher zwischen Endsunterzeichneten HH. Deputirten von Uri, Schwyz und Unterwalden und dem die helvet. Truppen en Chef commandirenden General ist geschlossen worden.

1) Alle Feindseligkeiten sollen aufgehoben sein und bleiben bis zu dem im 6. Artikel bestimmten Termin.
2) Der Transit von Kaufmannsgütern soll frei und ungehindert statthaben. Der übrige Handel und Verkehr während der ganzen Dauer des Waffenstillstands soll auf altem freundschaftlichem Fuss hergestellt sein und das bestimmte Quantum Frucht verabfolget werden.
3) Der freie und sichere Pass der Couriers und gewöhnlichen Fussboten wird (sich) gegenseitig zugesichert und das Geheimnis und die Sicherheit der Post ganz hergestellt.
4) Die Truppen nehmen die Stellung so ihnen dienlich sein mag, können aber keine neue vorwärts nehmen; auch sollen die Patrouillen das Territorium des andern Theils (weder) zu Wasser noch zu Lande betreten.
5) Die Prisonniers sollen sogleich ausgelöst sein.
6) Die Feindseligkeiten können nicht eher wieder ihren Anfang nehmen, als nach dreimal 24 Stunden, von der Zeit der förmlich geschehenen Anzeige an gerechnet.
7) Dieser Waffenstillstand hat Bezug auf die drei Cantone Uri, Schwyz und Unterwalden.

B. Observations.

1) Da aber die Deputirten dieser 3 Cantone beauftraget sind, alle demokratische(n) Stände die sich bereits constituirt haben oder sich noch constituiren werden und die Artikel dieses Waffenstillstands eingehen wollten, mit in demselben einzuschliessen, der commandirende General der helvet. Truppen hingegen zu dieser Ausdehnung sich nicht begwältiget fand, so behalten sich obbemeldte Deputirte vor, diesen Punkt mit der helvetischen Regierung selbst zu berichtigen.
2) Die im 4. Artikel erwähnte Stellung der gegenseitigen Posten wird durch einen von jedem Theil abzuordnenden Offizier des nähern bestimmt werden.

Im Hauptquartier zu Lucern, den 7. Septembre 1802.

Im Namen des Canton(s) Uri: Jauch, Obristwachtmr.
Von Schwyz: Ludwig Weber, alt Landammann; Meinrad Suter, Statth.

Unterwalden:	Ob dem Wald: Von Flüe, Landammann;
Nid dem Wald:	Würsch, Landstatthalter.
Im Namen der Regierung:	Der General: An-der-Matt» (140)

Formell blieben die Kantone Glarus und Appenzell also weiterhin im Regen stehen, faktisch hatten sie den Einschluss aber erreicht, denn ein Bruch des Waffenstillstandes durch die Urkantone im Fall eines helvetischen Angriffs auf die anderen beiden Landsgemeindeorte blieb denkbar, und soviel konnte Andermatt eine Aktion gegen jene Kantone, wenn er sie überhaupt je erwogen hat, niemals wert sein. Militärisch war damit das gesamte Potential der Urkantone der Verbrüderung vorerst entzogen, ihr erstes, zweites und drittes Aufgebot, ihre Posten auf dem Sattel, in Seewen, Brunnen, auf der Rengg, in Stansstad, Buochs und Lungern (141), ihre auf allen Schlachtfeldern Europas kriegserfahrene Mannschaft. Die Tinte des Waffenstillstands war noch nicht trocken, da organisierte Andermatt bereits die Garnisonen von Luzern, Zug und Zürich, samt einer mobilen Kolonne, mit der er auftauchen wollte, wo es ihn brauche und wenn es in Bern wäre (142). Was in der Urschweiz nicht gelungen war, die Unterwerfung unter die herrschenden Männer zu erzwingen, sollte nun also an der Limmat versucht werden. Warum auch nicht? Unlängst hatte Andermatt ja schon einmal eine Garnison in die Zwinglistadt gelegt. Allein, jetzt herrschte im Unterschied zu damals vollends helvetische Götterdämmerung, denn selbstverständlich hatte die Regierung durch den Waffenstillstand mit den Urkantonen vor allem anderen ihre Blösse offengelegt, ihre Schwäche gezeigt. In Rheineck erzählte man sich, sechs grosse Pulverfässer seien über den Rhein gekommen und nach Trogen spediert worden, und in Rapperswil war man überzeugt, die Zuversicht, dass die französischen Truppen nicht zurückkehren werden, begünstige den Widerstand gegen die neue Verfassung (143). Der Senat mochte wohl daran gehen, Beschwerden zu behandeln und Vorschriften für die Liquidation der Zehnten und Grundzinsen aufzustellen (144), er kam zu spät, wenn sogar ein Rothpletz nicht mehr selber durchzugreifen wagte sondern nur noch Anträge und Truppenbegehren nach Bern schickte:

«Eben wird mir, aber nicht von B. Scheuchzer, das gedruckte Blatt der Municipalität von Baden an ihre Cantonsbürger, vom 7. d. datirt und an alle Gemeinden gerichtet, zugestellt, welches mit der mündlichen Weisung ausgetheilt wird, auf 100 Activbürger einen Wahlmann zu ernennen und dann auf erstes Signal sich in Baden zu constituiren, um einen Landrath zu wählen. Zürich soll aber zuerst anfangen. B. Scheuchzer scheint hierbei ganz passiv zu sein; sogar sagt man mir, sein Sohn, alt Landschreiber und Ex-Statthalter, seie bei den badischen Conferenzen zugegen. – Ich schlage vor: 1) Truppen in aller Eile in diese Gegend abzugeben; wer es mit der Regierung gut meint, wird immer mehr beschimpft; man behauptet mir, es müssen wenigstens drei Compagnien sein, ohne die bereits dort liegende, welche alle Augenblicke auseinanderzugehen droht. 2) Die Municipalität zu suspendiren und ihr Betragen durch einen eignen Commissär untersuchen zu lassen. 3) Den Procurator Keller zu arretiren, der diese Zedel ausgegeben haben soll. 4) Den Districtstatthalter Weissenbach in Bremgarten abzurufen.» (145)

Der Waffenstillstand mit den Urkantonen sollte nach dem Willen Staatssekretär Schmids kraftvoll benutzt werden, um den Vollzug der Gesetze, das heisst des Willens des Vollziehungsrates, in den Kantonen Zürich, Zug und Luzern zu sichern. Es sei richtig, dass Andermatt die übrigen demokratischen Kantone nicht aufgenommen habe, diese gedenke man eben zu unterwerfen (146). Andermatt erhielt am selben 8. September sogar den ausdrücklichen Befehl, 200 Mann Linientruppen in den Kanton Zürich zu schicken und dort zur Verfügung des Regierungskommissärs zu halten (147).

Der Befehl war unnötig. Andermatt hatte bereits gehandelt. Bataillonschef Müller war mit vier Kompanien seines 2. Linienbataillons, drei Kompanien Waadtländer Grenadiere und 36 Schützen von Aigle und einer Sechspfünderkanone nach Zug marschiert, hatte dort zwei Kompanien und 12 Schützen zurückgelassen und war vor Zürich gegangen (148). Andermatt selbst gedachte, am 9. September spätabends mit der mobilen Kolonne vor der Stadt zu erscheinen und am 10. im Verlaufe des Morgens, notfalls unter Anwendung von Gewalt, einzumarschieren (149). Die Zürcher liessen sich nicht überraschen: sie hatten in der Person Daniel Schweizers einen Kundschafter in Luzern, der mit der Nachricht vom Anmarsch helvetischer Truppen über den Albis persönlich in seine Stadt ritt (150). Ein beim Scheideweg am Bleicherweg aufgestellter Avisposten sorgte für rechtzeitiges Aufziehen der Fallbrücke beim Wollishofer Steg. So langte Müller vor der verschlossenen Sihlporte an. Der Zürcher Wachtmeister sagte ihm, er solle einen Augenblick warten. Hauptmann Gilli aus Luzern, der mit einer Briefschaft Einlass begehrte, musste sich ebenfalls gedulden. Etwas später liess ein Zürcher Bürger Gilli ein, dem von Unterstatthalter Hofmeister klargemacht wurde, Müllers verstohlener Anmarsch habe Misstrauen erregt. Deshalb nehme man seine Truppen nur unter der Bedingung fortdauernder Besetzung von Wällen und Toren durch die Bürger in die Stadt auf. Nur bei guter Aufführung der Truppe garantiere man, dass ihr in der Stadt nichts zustosse. Müller lehnte diese Bedingungen ab, biwakierte links der Sihl vor der Porte und behauptete, von der Munizipalität nur einen Transportwagen beansprucht zu haben. Müller versicherte Andermatt in seinem Rapport, hätte er den Befehl gehabt, mit Gewalt einzudringen, hätte er das auch getan, allein, weder hätte er den Erfolg zu garantieren noch für die Folgen geradezustehen vermocht (151). Müllers Zug vor Zürich war ganz geprägt vom Andermatt-Stil: ein bisschen etwas tun, aber nie genug. Dadurch verschaffte der helvetische General den Zürchern zusätzlich Zeit, um ihre militärischen Vorbereitungen zu vervollkommnen. Eine Kommission unter alt-Ratsherr Felix Escher erhielt Vollmacht, für die militärische Sicherheit der Stadt zu sorgen und der faktisch bereits amtierende Johann Jakob Meyer, der Grossvater des Dichters Conrad Ferdinand Meyer, wurde zum Kommandanten der Stadtbürgerwacht oder kurz Stadtkommandanten in aller Form neu ernannt (152). Die Verhältnisse waren aber auch an der Sihlporte noch immer von der üblichen Mässigung geprägt, die Schweizer damals in der Regel gegeneinander beobachteten: als es zu regnen begann, war Müller froh, die angebotenen Scheunen und auch die anfänglich ausgeschlagene Verpflegung von der Munizipalität anzunehmen (153). Die Zürcher Munizipalität hatte sich offenbar durch den Waffenstillstand der Regierung mit den Urkantonen inspirieren lassen: jedenfalls ordnete sie jetzt ihrerseits zwei Deputierte an den Vollziehungsrat ab, welcher zum Abzug der Truppen gebracht werden sollte. Für Ruhe und Sicherheit sorge die Bürgerschaft selbst (154). Sorge machten der Munizipalität «unruhige Terroristen», also wohl Anhänger der helvetischen Regierung, welche auf dem Lande Milizaufgebote betrieben. Entsprechend suchte Johann Jakob Meyer auch die Anhänger des Lunéviller Artikels 11 auf der Landschaft zu mobilisieren – so schrieb er noch am 8. September einen Brief an Leutnant Hürlimann in Rüti; gewiss werde auch Hürlimann «die Herstellung der Freiheit des Vaterlandes zu bewirken trachten» (155). Die Präsenz helvetischer Truppen *vor* und die starke Haltung der Munzipalität *in* der Stadt, liessen Anhänger und Gegner der Regierung auf der Zürcher Landschaft zu zwei gegnerischen bewaffneten Lagern werden, zwischen denen es, da sie nicht klar getrennte Gebiete bewohnten, zu Zusammenstössen fast kommen musste.

Meilenweit entfernt von einer Solidarität etwa mit Zürich, ja selbst von einem Zusammenstehen mit den Glarner Nachbarn, erklärte in Schwyz der Urner Vertreter an der dreiörtischen Konferenz, er sei geneigt «seinem resp. Landrath anzurathen, dass man das in dem 7. Art. der Præliminarien Verlangte so weit als immer möglich betreiben sollte, jedoch, wenn solches durchaus nicht erhältlich wäre, so möchte man sich desswegen nicht einem Krieg preisgeben für Cantone welche uns noch keine gegenseitige Hülfe zugesichert hätten. Der Gesandte glaubt und ist überzeugt, wenn er hierinfalls auch etwas anderes anrahten wollte, (dass) solches nicht angenommen werden würde. – Hingegen beharret der Gesandte von Schwyz durchaus bei dem von seinem Landrath gemachten Beisatz, und zwar in der Überzeugung dass es die Ehre und Sicherheit der drei Cantone selbst erfordert, dass der abzuschliessende Waffenstillstand nicht zum Nachteil der übrigen, bereits constituirten oder sich noch constituirenden demokratischen Cantone ausfalle, weil ohne diesen bestimmten Vorbehalt unsere Gegner einen oder den andern dieser Cantone mit Gewalt überziehen, die Kette der demokratischen Cantone brechen und uns in die unangenehme und gefährliche Lage versetzen würden, dass diese benachbarten Cantone uns hierüber die gerechtesten Vorwürfe zu machen hätten, und wir, anstatt auf ihre Freundschaft und Hülfe zu zählen, wiederum mit Feinden umgeben sein würden. Dieser letztern Aeusserung stimmt auch der Gesandte von Unterwalden Namens von Ob und Nid dem Wald durchaus bei.» (156)

Schwyz hatte durch seine Haltung Unterwalden umgestimmt, auf Uri aber lastete immer noch das Problem des von helvetischen Truppen besetzten Ursern. Insgesamt war aber die Stimmung in den Urkantonen recht gehoben: einer der Gefangenen von der Rengg her namens Frey von Solothurn, hatte beim Schwyzer Landrat erfolgreich um Aufnahme ins Schwyzer Militär petitioniert und der, allerdings wegen seiner persönlichen Neigung zu einer Schwyzerin nicht ganz repräsentative, Berner Karl Ludwig Stettler berichtet in seinen Erinnerungen, Ähnliches vorgehabt zu haben (157).

In der helvetischen Hochburg Aarau fand am 8. September eine Aktivbürgerversammlung statt. Von 100 Aktivbürgern wäre ein lediger Mann auszuheben gewesen. Die ledige Mannschaft, 103 an der Zahl, war aber für die Bezahlung des Militärpflichtersatzes durch die Munizipalität, welche sich weigerte, auf dieses Ansinnen einzugehen, worauf die ledige Mannschaft die Einberufung einer Aktivbürgerversammlung begehrte. Diese beschloss, die ledige

Mannschaft solle die Dienstpflichtigen auslosen oder den Militärpflichtersatz im Betrag von £ 500 aus der eigenen Tasche begleichen (158). Nicht einmal in der Stadt Rothpletz' war echter Dienstwille zu verspüren.

Etwas aareaufwärts, in Solothurn, war nicht der Dienstwille das zentrale Problem, sondern der Mangel an Vertrauen. Weil ihn der Zeughausintendant enttäuscht hatte und da er nur so die Menge glaubte beruhigen zu können, hatte Regierungsstatthalter Roll die Schlüssel an sich genommen. Er gab sie dem Intendanten nicht mehr zurück. Nun kam die Reihe des Misstrauens an den Intendanten und an den Mann hinter dem Intendanten, Staatssekretär Schmid, welcher dem Vollziehungsrat mit einer Eingabe vom 8. September erklärte, Zeltner habe nur seine Aufträge ausgeführt, wenn er den Zeughausabwart Krutter, seine beiden Söhne und den gewöhnlichen Zeughausarbeiter zur Innenwache des Arsenals kommandiert habe. Jetzt werde das Zeughaus von helvetischen Truppen bewacht, die Gemüter hätten sich beruhigt, folglich beantrage er dem Vollziehungsrat zu befehlen, die Schlüssel wieder an Bürger Zeltner auszuhändigen (159).

Erst recht gross war das Misstrauen in der helvetischen Hauptstadt Bern. Der Regierungsstatthalter hatte der Munizipalität der Stadt, welche sich der Sache der Feuerwehr mit auffälliger Hingabe widmete, geschrieben, wer im Brandfall bewaffnet erscheine, werde durch das Militär zerstreut oder zur Verantwortung gezogen. Entrüstet schrieb die Berner Munizipalität am 8. September zurück:

«Wenn die Municipalität Anstalten getroffen, bei allfälligem Feuerausbruch grösseres Unglück zu verhüten und auf die öffentliche Ruhe und Sicherheit bedacht zu sein, so hat sie einzig dasjenige gethan, was ihr nach dem Municipalitätsgesetz vom 15. Hornung 1799 und in Befolgung der noch in Kraft bestehenden Feuerordnung für die Stadt Bern als theure Pflicht obliegt. Sie hat zu diesem Ende eine Feuerwache organisirt, die zu Erreichung obigen Zweckes anwendbar gemacht werden sollte, und glaubte daher nicht die specielle Einwilligung der Regierung erhalten zu müssen. Am allerwenigsten aber verdient die Municipalität den so harten Vorwurf, als wenn sie sich dabei hinterlistiger Absichten hätte bedienen wollen, alldieweil wir mit allen obern Behörden darüber correspondirt und ihnen von dem ganzen Vorhaben Bekanntschaft gegeben worden.» (160)

Wie sehr die helvetischen Behörden der Bevölkerung misstrauten, erhellt aus der Bildung eines helvetischen stadtbernischen Freikorps (161).

Nicht einmal die Waadt war mehr ruhig. Durch die in Bürgerkriegssituationen immer besonders zahlreichen Denunzianten und Spione war Regierungsstatthalter Monod am 8. September über die Umtriebe Georges Pillichodys und Ferdinand Rovéréas im Bilde, ohne allerdings präzise Einzelheiten zu haben: der Ausbruch solle in 14 Tagen stattfinden und der Hauptplan gehe dahin, nach Bern zu marschieren (162). Das waren so die Tagesmeldungen und -ereignisse, vor deren Hintergrund der Senatsbeschluss zu sehen ist, das Aufgebot von 2800 Mann «Eliten und Miliz» beizubehalten und es eventuell bis auf 5000 Mann zu vermehren (163).

Ludwig Meyer von Knonau betrachtete die Schliessung der Sihlporte vor dem anrückenden helvetischen Militär als Wendepunkt in den Beziehungen zwischen seiner Vaterstadt und der helvetischen Regierung. Zuvor habe es «eine grosse Zahl zürcherischer Bürger» gegeben, die bei aller Unzufriedenheit mit der herrschenden Ordnung an keiner Waffenerhebung teilgenommen hätten. Die Sihlporte schloss sich und «nun war der Würfel gefallen. Die entschlossenen Anführer der Bewegung, vertrauend auf die Schwäche der helvetischen Regierung, hatten die Folgen dieser Widersetzlichkeit wohl berechnet. Sie konnten voraussehen, dass dadurch eine Katastrophe müsse herbeigeführt und die Bewohner der Stadt zu Schritten veranlasst werden, die keine Rückkehr erlaubten.» (164)

So sah es Meyer von Knonau. Staatssekretär Schmid war dagegen überzeugt, dass der Waffenstillstand mit den Urkantonen nur einen Sinn haben könne, wenn die Regierung die gewonnene Zeit benutze, um in den anderen ehemals demokratischen Kantonen (und mit Sicherheit auch in Zürich) «die Ruhe herzustellen und die verfolgten Bürger zu unterstützen» (165), wie er dem Vollziehungsrat schrieb.

Während sich die Abgeordneten der Zürcher Munizipalität Wyss und Schinz nach Bern zum Vollziehungsrat aufmachten, setzte sich Andermatts mobile Kolonne von Luzern in Richtung Zürich in Marsch. An der Limmat kamen «Kanoniere der ehemaligen Miliz, auch andere Liebhaber, namentlich eine Anzahl stämmiger Handwerker, im Ganzen beiläufig 150 Mann» vor dem Zeughaus zusammen, um als Geschützmannschaften zu dienen (166). Johann Jakob Meyer ernannte einen Artilleriechef für die grosse, einen andern für die kleine Stadt (Zürich rechts und Zürich links der Limmat) und bezeichnete die Kommandanten der einzelnen Stücke, liess diese selbst aber, um unnötiges Aufsehen zu vermeiden, noch im Zeughaus stehen. Als im Verlaufe des Abends jenes 9. Septembers 1802 die sichere Nachricht eintraf, Andermatt ziehe heran, liefen Boten durch alle Strassen, zogen die Hausglocken und forderten jeden Bürger vom 18. bis zum 45. Altersjahr, dem «Ehre und Wohlfahrt der Vaterstadt am Herzen liege» auf, sich bewaffnet beim Kornhaus einzufinden, wo um 21.00 Uhr 500–600 Mann versammelt waren. Auf der Grundlage der 10 Kompanien der Bürgerwache wurden nun Einheiten gebildet und auf den Wällen der kleinen Stadt (Zürich links der Limmat) Kanonen aufgefahren (167). Um 23.00 Uhr war er dann da, General Andermatt. Mit Müllers Abteilung vereinigt bezog die mobile Kolonne der helvetischen Armee ein Freilager auf dem rechten Ufer der Sihl, ferner auf und hinter den Anhöhen bei der Brandschenke und dem Bürgli (168). Der Zürcher Stadtkommandant gibt in seinen Erinnerungen die Ordre de bataille seines Gegenübers wie folgt:

Tabelle 5:
Ordre de bataille Andermatts vor Zürich aus Zürcher Sicht (169)

«General Andermatt (von Baar).

Chef des Stabes:	Oberstlieutenant Jayet
Chef der Artillerie:	Oberstlieutenant Prebois Waadtländer.
Chef der Husaren:	Oberslieutenant Dolder von Meilen.

Aide-de-Camp des Generals: Hauptmann Utinger v. Zug.
Adjoint beim Stabe: Hauptmann Guiger von Prangins
(der nachmalige eidgenössische General).
7 Compagnien des 1sten Linienbataillons, Oberst Vonderweid.
3 Compagnien des 2ten Linienbataillons, Oberst Müller
3 Compagnien des 1sten leichten Bataillons (Clavel).
2 Compagnien Waadtländer Grenadiere.
1/2 Compagnie Waadtländer Scharfschützen.
2 Compagnien Husaren.
1 Compagnie Artillerie.

Die Stärke der Compagnien war zwischen 50 und 70 Mann. Im Ganzen zählte das Corps ungefähr: 900 Mann Infanterie.
80 Mann Artillerie.
80 Mann Husaren.

Zusammen etwas über 1000 Mann. An Geschütz führte es mit sich 3 Haubitzen (2 24pfünder und 1 12pfünder). 5 Kanonen (muthmasslich 1 6pfder u. 4 4pfder.)»

Mittlerweile hatte sich in Bern Staatssekretär Schmid zu radikalen Massregeln entschlossen. Er erteilte dem General um 19.00 Uhr folgende Instruktion:

«Votre résolution d'entrer à Zurich par gré ou par force a mon entière approbation; je vous l'ordonne même! Il es trop important pour le salut de la patrie qu'un acte de rébellion de cette espèce soit comprimé dans sa naissance. Etant une fois entré, vous établirez un régime militaire, en suspendant tous les fonctionnaires civils et ceux du militaire dont la conduite n'a pas été celle que leur devoir exigeait. Vous ferez cesser le service des subsistances pour le compte du Gouvernement et ordonnerez que les fournitures se fassent pour le compte de la commune, et si votre caisse militaire avait besoin de quelques fonds, vous contraindrez la régie de vous en verser une somme suffisante. Un de vos premiers soins doit être d'organiser une force suffisante tirée de la milice du Canton, que vous jetterez dans la ville, pour y faire le service en commun avec vos troupes et pour en rendre disponible une partie. – Si la malveillance et la trahison ont réussi à pervertir l'opinion publique dans une partie du peuple du Canton de Zurich, vous y trouverez par contre aussi des hommes dévoués à la cause de la liberté et à la constitution. Ralliez ces gens-là autour de vous; appelez à leur patriotisme et à leur dévouement, et vous y trouverez un appui formidable contre les autorités rebelles. Rappelez-vous, Général, que le Gouvernement a mis entre vos mains les moyens de ramener à l'ordre et à l'obéissance les habitants d'une ville qui ne voient d'autres amis (?) que dans la domination de leurs semblables et dans des prétentions aussi absurdes que criminelles. Je vous abandonne au reste tous les moyens d'exécution que vous jugerez convenables à prendre, et vous ferai parvenir demain les ordres ultérieurs du Gouvernement. S.R.» (170)

Solche Befehle zu erteilen hiess nun allerdings, nach dem Vorbild der Heerführer des Ersten Konsuls in Feindesland zu verfahren. Es war die unheimlich konsequente Fortführung der in Putsch und Abstimmungsbetrug sichtbar werdenden Politik, das Volk auch gegen seinen Willen zu dem zu zwingen, was die Machthaber der Stunde als richtig erkannt zu haben glaubten. Noch vor Mitternacht erschienen vor dem Löwenbollwerk oder Hund ein helvetischer Trompeter und Vonderweid, der für Andermatt Einlass begehrte. Auf die Frage, ob es denn in Zürich keine Munizipalität gebe, erhielt er von Meyer die Antwort, es sei «etwas von der Art da, aber die Herren schlafen jetzt alle.» Vonderweid wandte sich ab und Meyer ging aufs Gesellschaftshaus zum *Rüden,* dem Versammlungslokal der Munizipalität «wo grosse Bestürzung auf vielen Gesichtern zu lesen war» (171). Am 10. September, 03.00 Uhr, also acht Stunden nach dem Erlass der Instruktion Staatssekretär Schmids in Bern, erschien Vonderweid erneut vor den Wällen Zürichs und verlangte, dass geöffnet werde. Meyer erwiderte, er habe dazu noch keinen Befehl, worauf Vonderweid drohte, wenn die Tore in einer halben Stunde nicht offenstünden, werde man sie einschiessen, nur um vom Zürcher Stadtkommandanten die schlagende, vom Jubel der dabeistehenden Mannschaft begleitete, Replik zu erhalten: «Der Erst', der Ander'!». Und so gingen zwischen 03.30, 04.00 oder 04.30 und 06.00 Uhr am 10. September 1802 aus drei Haubitzen und zwei Feldgeschützen rund 200 Schuss auf die Stadt nieder, von denen rund die Hälfte Dächer, Fenster und Gebälk beschädigte, aber weder Brände zur Folge hatten noch jemanden ernsthaft verletzten.

Die Schützenkompanie des Bataillons Clavel und die Waadtländer Schützen näherten sich über den Bleicherweg und die Bürklische Wiese dem Schanzengraben beim Schiffschopf. Eine auf dem Neumarkt stehende Kompanie meist älterer Bürger wurde herbeibefohlen und feuerte auf die Angreifer, ohne viel zu treffen.

«Besser zielte ein Jäger, auf dessen Schuss man einen feindlichen Plänkler von einem Baume herabfallen sah. Dies war der eine von den zwei Blessirten, welche dieser Angriff den helvetischen Truppen kostete. Sie wurden nach Luzern gebracht.»

Der eine Verwundete war Schütze von Aigle, der andere gehörte zum 1. Leichten Infanteriebataillon (Clavel). Das Zürcher Konterbatteriefeuer von den Wällen war nicht wirksamer als der helvetische Beschuss der Stadt. Angesichts drohender Munitionsknappheit gruben die Verteidiger die Kugeln aus, die 1799 beim französischen Angriff auf die russisch besetzte Stadt hier niedergegangen waren. Eine unangenehm nahe Begegnung mit einer Kanonenkugel hatte Meyer von Knonau:

«Ich kehrte nach Hause, und als ich in den Hohlweg, der über dem Hause zur Krone aus der Hauptstrasse gerade aufwärts führt, etwa zwanzig Schritte weit gegangen war, hörte ich wieder einen Kanonenschuss. Ich blickte rückwärts und sah eine glühende Kugel neben dem hohen Thurmdache des Kronenthores erscheinen und senkrecht gerade gegen mich heranfliegen. An Ausweichen war nicht zu denken; Alles war Sache einiger Secunden. Ich blieb ste-

Abbildung 9
Das Gelände, das General Balthasar von Schauenburg mit seinen Franzosen 1798 angetroffen hatte (und das dieser Karte zugrunde liegt), war 1802 noch weitgehend unverändert (Text ab Seite 158)

Abbildung 10
Johann Jakob Meyer, der Grossvater des Dichters C. F. Meyer, organisierte die Verteidigung der Limmatstadt (Text ab Seite 96)

Abbildung 11
Am 10. und am 13. September beschoss Andermatt das belagerte Zürich, um ein Nachgeben zu erzwingen. Er erreichte – wie unsere Medaille zeigt – eine Versteifung des Zürcher Widerstands und hatte zudem durch seine Überquerung des Sees und den Marsch auf den Zürichberg den eigenen Weg nach Bern länger und schwieriger gemacht (Text ab Seite 105) (Leu Numismatik AG, In Gassen 20, 8001 Zürich)

Abbildung 12
Mehr aus romantischer Erinnerung an die Zürcherinnen, die 1292 durch ihr gerüstetes Erscheinen auf dem Lindenhof die Stadt retteten, denn von militärischer Notwendigkeit diktiert, plazierte Meyer auch etwas Artillerie auf dem alten Kastellhügel im Herzen der Limmatmetropole *(Text ab Seite 96)*

hen. Die Kugel fuhr ungefähr zwölf Fuss hoch etwas links seitwärts über mich hin und drang in den Wall, wo jetzt die Mauer des Gartens der Künstlergesellschaft steht.»

Die Zürcher Munizipalität hatte von Andermatt freies Geleit für eine Abordnung verlangt und erhalten. Hirzel und Reinhard gingen daraufhin ins Wirtshaus zum *Sternen* in die Enge, wo ihnen der helvetische General offerierte, entweder ihn bis abends 18.00 Uhr in die Stadt einzulassen oder ihm ein Tor einzuräumen und dagegen einen Waffenstillstand von 24 Stunden zu erhalten, während er Antwort von Bern abwarten wollte (172).

Die erste Beschiessung von Zürich, die eine Beschleunigung der Abläufe brachte, stand am 9. September noch in den Sternen. So liefen die Tendenzen durcheinander: Ursern verlangte den Abzug der helvetischen Truppen, weil es nicht wieder Kriegsschauplatz werden wollte, was beim Zug von redemokratisierten Bündnern durch das Tal zu befürchten gewesen wäre. Uri war dafür, die anderen demokratischen Kantone in den Waffenstillstand einzuschliessen, hatte aber Bedenken, deswegen zum Schwert zu greifen (173). Kommandant Tornare schrieb (am selben 9. September) um 18.00 Uhr aus Brienz, die Oberhasler Rebellen hätten am 5. Kugeln gegossen und Patronen gefertigt, seit dem 6. dann Posten gegen ihn ausgestellt. Die in der Nacht des 7. Septembers erwartete Verstärkung von Grindelwald sei den Haslern allerdings nicht zugekommen, der Führer unverrichteter Dinge zurückgekehrt. Tornare beklagte sich, statt 500 Feuersteinen nur 367 und statt 9000 Patronen nur 7900 erhalten zu haben (174). Es spukte im Oberland. Bürgerschaft und Landleute in und um Thun gingen an diesem 9. September 1802 bis um 04.00 Uhr nicht zu Bett, weil das Gerücht umging, die Oberländer würden durch Thun nach Bern marschieren (175). Die Munizipalität von Solothurn, die sich beim Senat gegen die Einquartierung einer Freiburger Kompanie beschwert hatte, wurde vom Vollziehungsrat mit der Bemerkung abgewiesen, er sei für diese Sache zuständig und auch «gesonnen, die dorthin geschickten Truppen einstweilen da zu belassen» (176).

Seit dem Waffenstillstand mit den Urkantonen, in verstärktem Mass seit dem Auftauchen Müllers vor den Wällen und nun vollends nach der wirkungslosen und doch, in ihrer Gesinnung, brutalen Beschiessung der Stadt durch Andermatt, stand Zürich im Zentrum des Geschehens. In der Stadt hatte die antihelvetische Stimmung nun endgültig Oberwasser erhalten. Meyer von Knonau schreibt:

«Einen Beweis, wie sehr ein politisches Ereignis die Menschen elektrisirt, erfuhr ich, als es kaum heller Tag war. Ich sah auf dem Platze bei der Linde vor unserer Wohnung eine Anzahl Kanoniere sich versammeln, und vor ihnen meinen Freund Salomon Wyss in voller Uniform, der sie anredete und ihnen sagte, was sie nun zu thun haben würden. Noch am Tage vorher hatte er mir die Ueberzeugung geäussert, er halte die Bewegung für etwas sehr Missliches; allein später erzählte er mir, er sei, als die Beschiessung begonnen habe, auf das Versammlungszimmer der Verwaltungskammer (das Finanzzimmer), deren Mitglied er war, hingeeilt um da zu erwarten, was diese Stellung von ihm fordern würde, und bald habe ihn das Beispiel Anderer, noch mehr das Peinliche einer vereinzelten Stellung vermocht, dem Antriebe nachzugeben und sich für die neue Sache zu erklären. Bald erfuhr ich nun, Usteri und mehrere Freunde oder Beamte des helvetischen Systems hätten sich entfernt, Andere, z.B. der Kantonsrichter Matthias Landolt, seien durch Bewaffnete aus ihren Wohnungen abgeholt, auf die Sammelplätze und auf die Wälle geführt worden. Ich entschloss mich, Alles zu erwarten, und besuchte am hellen Tage die Wohnung meiner Schwiegereltern.» (177)

Der 10. September war auch der Tag, an welchem Unterstatthalter Hofmeister der Zürcher Munizipalität den Rücktritt von seinem unmöglich gewordenen Amt mitteilte, gleichzeitig jedoch seiner Überzeugung Ausdruck verlieh «dass die Stadt Zürich, so lange eine gesetzliche Centralregierung in unserer Republik existiert, nicht berechtigt ist, sich den Dispositionen dieser Regierung in Bezug auf Verlegung der Linientruppen zu widersetzen.» (178)
Die alles entscheidende Frage, die Hofmeister nicht stellte, war, wie gesetzlich eine auf Putsch und Abstimmungsbetrug und ausländisches Diktat gegründete Regierung sein konnte. Die Munizipalität nahm von Hofmeisters Sistierung seiner «Funktionen als Regierungsstatthalter» mit Bedauern und Dank für die geleisteten Dienste Kenntnis (179). Der 10. September 1802 wurde in und um Zürich von beiden Seiten dazu genützt, sich politisch und militärisch richtig zu positionieren. So erklärte die Munizipalität der Stadtgemeinde, an der Proklamation vom 5. Februar 1798, also an Rechtsgleichheit und Freiheit festhalten zu wollen (180): für das Selbstbestimmungsrecht der Schweiz und um ihre föderalistische Struktur sollte gekämpft werden, nicht für die Wiederherstellung veralteter politischer Strukturen. Etwas anderes war ja auch gar nicht denkbar, wollte die tonangebende Mehrheit in der Stadt den nötigen Rückhalt auf dem Land erlangen. Unterstützung konnte die Stadt vornehmlich aus der unmittelbaren Umgebung und aus den Bezirken Bülach, Regensberg und Andelfingen erwarten (181). Die moralische Wirkung der Verstärkungen vom Land kann gar nicht hoch genug veranschlagt werden, wie Johann Jakob Meyers Schilderung zeigt:

«Grossen Jubel aber verursachte die Ankunft von Zuzügern ab der Landschaft. Die ersten waren einige Wipkinger, geführt von (dem nachmaligen Oberstlieutenant) Franz Hausheer, einige Rüschliker, welche Kläger über den See nach der Stadt brachte, und einige Hottinger nebst andern, welche vereinzelt eintrafen, sodann Contingente von Oberstrass, Unterstrass (11 Mann) und Oberengstringen (10 Mann). Am stattlichsten war der Einzug eines geordneten Corps zu Ross und zu Fuss, geführt von Geilinger von Bülach und Krauer von Regensberg, die Dragoner voran mit blasenden Trompeten und fliegender Zürcherstandarte in der alten dunkelblauen Montur mit rothen Auffschlägen und gelbem Lederzeug. Diesen folgten Infanterie und Jäger unter den Hauptleuten Schulthess von Glattfelden, Weidmann von Niederweningen und Bopp von Otelfingen. Einen andern geordneten Trupp führte Hauptmann Bleuler genannt Royal, ein bewährter Kriegsmann, aus der Gegend von Uster herbei, mit dem Bericht, dass Hauptmann Manz mit weiterm Aufbieten von Volk beschäftigt sei.

Besonders erfreute den Stadtcommandanten die Ankunft seines Freundes Major Ziegler, welcher von einem einzigen ihm nach seinem damaligen Wohnort Teuffen entgegengeschickten Ordonnanzreiter begleitet durch die Niederdorfporte einritt. Fortan theilten sich die beiden

Freunde in das Commando. Nebenbei übernahm Ziegler die militairische Organisation der Besatzung, welche derselben noch sehr bedürftig war. Es wurde unverzüglich zur Bildung eines Freicorps geschritten, welches auf den bedrohtesten Punkten der Festungsswerke und nötigenfalls auch zu Unternehmungen ausserhalb derselben verwendet werden sollte. Beim ersten Aufruf traten 60 junge Männer in dasselbe ein, Studierende, junge Kaufleute der angesehendsten Familien, junge Handwerker, auch einige gediente Unterofficiere und Soldaten. Ihr Hauptmann war der nachmalige Major Heinrich Meyer in Stadelhofen, die übrigen ‹Führer› (so nannten sich die Officiere) waren die spätern Oberstlieutenants Salomon Arter, Rudolf Römer und Heinrich Füssli, der nachmalige Oberst eines Schweizerregiments in französischen Diensten Salomon Bleuler, und der später als Hauptmann in französischen Diensten gestorbene Melchior Nüscheler, welche beinahe alle sich im Kriege als tüchtige Officiere bewährt hatten. In den folgenden Tagen wuchs dieses Corps leichter Infanterie auf 125 Mann an. Neben den Namen der Stadtbürger, welche die Mehrzahl der Mannschaft bildeten, finden sich dabei auch diejenigen einiger Winterthurer, worunter der spätere Stadtpräsident und Oberstlieutenant Anton Künzli, dann mehrere aus den der Stadt nächstgelegenen Gemeinden und selbst eines schwäbischen Bäckergesellen. Die Uniform war grün mit schwarz; auf dem dreieckigen Hute prangte über einer hellblauen Kokarde ein grüner Rosshaarbusch. Ferner hatte sich ein besonderes Jäger (Scharfschützen)-Corps gebildet unter Major Hans Jakob Orell vom Schanzenhof, Hauptmann Caspar Freudweiler und Lieutenant Georg Cramer. Die freiwilligen Reiter, ebenfalls grün mit dreieckigen Hüten, commandirten Capitain Franz Schweizer und Lieutenant Rudolf Bodmer. Chef der Artillerie war der spätere Cantonaloberst Heinrich Hirzel und dessen ‹Aide-Officier›, der thätige und entschlossene Salomon Wyss, welcher in einer Weise, die sich von selbst gab, mit Meyer und Ziegler den Vertheidigungsrath des Platzes bildete.» (182)

Auch innerhalb der Munizipalität durchaus bestehende Tendenzen, Andermatt nachzugeben, konnten angesichts des vor allem die jüngere Generation ergreifenden Enthusiasmus nicht aufkommen, zumal die militärischen Chefs in der Stadt mittlerweile über mehr Einfluss geboten, als die zivilen Behörden (183).

Andermatt war durch die Beschiessung der minderen Stadt, Zürichs links der Limmat, nicht ans Ziel gelangt. Er hatte zuwenig Kräfte, um die ganze Stadt einzuschliessen, aber er konnte noch den Versuch machen, die mehrere Stadt, Zürich rechts der Limmat, aufzuknacken, was einerseits den Vorteil der Überhöhung der Verteidiger durch den Zürichberg andererseits jenen der Verbindung zum der Helvetik freundlich gesinnten Zürcher Oberland bot. Kommandant Wuhrmann von Wiesendangen beispielsweise hatte bereits am 8. September an alle Exerziermeister die Weisung erlassen, sich nicht dem prostädtischen Korps Wipf anzuschliessen. Am 9. September kam es im Raum Wald zum lokalen Bürgerkrieg, über den die helvetisch gesinnte Munizipalität im Rückblick so berichtete:

«Der berüchtigste Mann, Messerschmied Krauer, mit seinen nächsten Vertrauten, den Kindlimannen, Vater und Söhne, bei der *Krone* zu Wald, hatten ihre Anhänger schon vorbereitet, und am Morgen vor Tagsanbruch, den 9. Sept., waren der B. Richter Egli, *Ochsenwirth* und Gerichtsschreiber Hotz in Wald durch bewaffnete Mannschaft in ihren Häusern verwacht, indessen alle Zugänge zum Dorf und auch die Kirche besetzt, die Strassen aber durch eine Patrouille unter Anführung eines der Kindlimannen durchstreift worden. Dessen ungeachtet erfuhren die braven Einwohner in den Nebenorten Laupen und Güntisperg den verräthrischen Ausbruch, vereinigten sich unter Anführung von Heinrich Kunz ab G. (dessen Namen verdient auch vor der Regierung bemerkt zu werden) und stürzten wie ein Waldstrom in das Dorf, worauf die Scene sich bald verändert(e), indeme ein Theil der Wächter geflohen, andere sich in ihren Zufluchtsort, das Wirthshaus zur *Kronen,* retirirten und nun selbst verwacht wurden. Die bedrohten Beamten wurden gleichsam im Triumph abgeholt. Die Municipalität versammelte sich unter ihrem Präsident, dem B. Reymann, und traf muthvoll alle Vorkehrungen gegen neue Anfälle; einige von den bewaffneten Rebellen wurden festgesetzt, wo aber der Messerschmied und des Kronenwirths Söhne sich schon geflüchtet hatten. Bisdahin wusste man eigentlich noch nicht, wie weitgreifend oder woher der Anschlag gekommen, bis des Kronenwirths Knecht ab der Strasse eingebracht und hier beiliegender Brief von Obrist Meyer von Zürich bei ihm gefunden worden. Man erstaunte über diese Entdeckung, woraus klar geworden dass ein würklicher Aufstand, von Zürich aus geleitet, im Werk sei. Noch mehr Aufschluss gab ein zweiter, auch hier beigelegter Brief, der soeben (darauf) aufgefangen worden, der uns aber in die Besorgnis setzte, als möchte in dem benachbarten Utzn(ach)er Land schon bereits Volk gegen uns in Bewegung sein, daher man Abgeordnete in die benachbarten Gemeinden Goldingen, Eschenbach etc. abgeschickt, indessen nichts versäumte, uns immer mehr in bewaffnete Bereitschaft zu setzen. – Wir benachrichtigten den Districtstatthalter Weber in Dürnten mit dieser Geschichte, von woher wir vern(a)hmen, dass die Insurrection auch im District Grüningen ausgebrochen und bereits schon Grüningen und Rüti von den Insurgenten besetzt sei(en), dass man aber auch Anstalt treffe, solche wiederum zu vertreiben. – Indessen man den Präsident Schoch von Bäretschweil her erwartet(e), erhielten wir Nachricht dass der abtrünnige Advokat Weber, genannt der Lang, von Hadlikon, im Dorf Hinweil bewaffnete Mannschaft aufgeboten und vorhabe, den Präs. Schoch auf dem Weg nach Wald aufzuheben; Schoch hatte aber zu viel Muth und Leute bei sich, als dass so etwas gegen ihn d(u)rfte unternommen werden, traf mit seinen Leuten im Dorf Wald ein, worauf man sich sogleich vereinigte, die erste organisirte Comp. Grenadiers, welche gut bewaffnet und mit Munition versehen war, auf Hinweil abzuschicken; eine zweite Comp. wurde sogleich organisirt, um die Arrestanten von Wald auf Bäretschweil abzuführen und sich dann an die erste in Hinweil anzuschliessen. Da uns indessen von B.D.Statthalter Pfenninger von Stäfa die Aufforderung im Namen der Regierung zugekommen, uns mit den helvetischen Troupen zu vereinigen, (so) waren die zurückgebliebenen Beamten und Municipalitäten, in Vereinigung mit dem DStatthalter Zuppinger, beschäftigt noch mehrere Truppen aufzustellen, indessen das von Grüningen her durch eine Ordonanz an uns gelangte Ansuchen um Unterstützung uns bestimmte, unseren Weg über Grüningen zu nehmen, weilen der bekannte Insurgentenchef Manz von Uster her im Anzug war, Grüningen wiederum wegzunehmen, das bereits auch durch die rastlose Thätigkeit des dortigen Statthalter(s) Weber von seinen braven Leuten besetzt und die Aufrührer mit ihren Waffen darin gefangen waren. Alles ging so gut von statten, dass aus der Gemeind Wald bereits über 400 Mann freiwillige Eliten und Re-

serven ausmarschirten, aus dem ganzen District acht Comp… ‚indessen in Wald immer noch eine starke Compagnie und in Bärteschweil ebenso viel (Leute) Garnisonsdienste geleistet, um die Gefangen zu verwachen, das Dorf Hinweil und die Böswilligen in der Gemeind Fischenthal im Zaun zu halten und überhaupt den Rücken zu sichern. Schoch, Präs., Ringger, DRichter, und Hotz (G(e)richt(s)schreiber, begleiteten überall die Truppen. Der B. Fenner von Bäretschweil, welcher schon A. 99 bei dem Treffen zu Dettingen den Uebergang der Kaiserlichen über die Aar als Lieutenant muthvoll verhinderen geholfen, leistete auch diesmal als Comendant brave Dienste. Aus den Untersuchungen und vielen Verhören, welche unterdessen mit den Theilhaberen des nächtlichen Ueberfalls, unter dem Vorsitz der BB. Richter Egli, Moser etc., vorgenommen worden, ergab sich dass aus der Gemeinde Wald, nämlich aus der Wacht Riet (wo viele Winterthurer Lehen sind) und die immer bekannten Anhänger im Dorf in der Sache einverstanden (gewesen) sind, auch bei ihren nächtlichen Zusammenkönften die Vertrautisten aus den Gemeinden Fischenthal und Hinweil zugezogen, alles durch den Messerschmied und die Kindlimannen geleitet (worden) und diese die Hauptpersonen bei der Sache sind, welche die anderen auf den Plan vorbereitet haben, dieselben in der Nacht auffordern lassen, Gewehr(e) und scharfe Patronen, auch Brannt(en)wein unter sie ausgetheilt, Befehle gegeben, auch einigen im Vertrauen eröffnet haben, dass man den Gerichtsschreiber Hotz und Richter Egli, auch noch andere gefangen nehmen, und dass diesmal die Regierung in Bern gestürzt werden müsse. Diese Verhöre, so kostspielig solche wegen den vielen Mühen, den beständig unterhaltenen Wachen und dem Unterhalt sein mussten, dorften nicht unterlassen werden, weil man einestheils glaubte, die Verpflichtung auf sich zu haben, den Urhebern nachzuspüren, die Übelgesinnten von ferneren Unternehmungen abzuschrecken und auch durch strenge Nachforschungen und beständige Bereitschaft die Ussländer, bei denen der Messerschmied gute Aufnahme gefunden, im Zaum zu halten…
Unsere Troupen, bereits schon von Obrist Dolder befehligt, waren in Vereinigung mit anderen bis an (den) Lägerberg und bis an (den) Rhein vorgerückt; an Bereitwilligkeit und an Muth hat es denselben nicht gefehlt, dem Vaterland und der Regierung die wichtigsten Dienste zu leisten. Die unglückliche Convention mit Zürich machte unserm Feldzug ein Ende.» (184)

In der Stadt befürchtete man am 10. September eine Seequerung Andermatts. Es kam daher nicht überraschend, dass am späten Abend Landleute vom Bleicherweg den Wachen auf den Wällen zuriefen, die Helvekler hätten sich seeaufwärts verzogen.

«Bald darauf erschien ein sonst wackerer Officier bei dem Commandirenden und meldete in einiger Hast, der Feind werde über den See fahren und gedenke den Zürichberg zu besetzen. <Dann drehen wir uns um,> war Zieglers kurze Antwort, von einem Blicke begleitet, welcher den Meldenden wieder ins Gleichgewicht setzte. In der Absicht, jene Überfahrt dem Feinde zu erschweren, führte Ziegler unverzüglich eine Abtheilung des Freicorps mit einer Kanone auf das Zürichhorn im Seefeld. Aber obschon es Vollmondszeit war, liess sich nichts entdecken. Man hörte nur das Getrampel der Pferde beim Betreten der Fahrzeuge, und anderes vom Einschiffungsplatze herrührendes Geräusch und kehrte unverrichteter Dingen nach der Stadt zurück.» (185)

Übersetzt wurde allerdings an diesem Tag noch nicht, galt es doch den Untergang des Mondes und die Dunkelheit der zweiten Hälfte der Nacht nach der Geisterstunde abzuwarten. So ging der 10. September am Zürichsee zu Ende. Die übrige Schweiz war gleichentags ebenfalls nicht ganz ruhig geblieben. Der Präses und die Landesdeputierten Gemeiner Drei Bünde schrieben nach Schwyz, von ihrem freien Volk sei die alte Verfassung angenommen worden. Alle (früheren) Verträge und Bündnisse sollten gelten (186). Griff Graubünden auf die alte demokratische und föderale Ordnung zurück, so konstituierte sich das Rheintal neu nach dem Muster der Landsgemeindedemokratien. Die sogenannten Ausschüsse erliessen am 10. September in Altstätten folgende Proklamation an «das biedere Volk des obern und untern Rheinthals»:

«Schätzbare Freunde! – Wir haben nun 4 Jahre in einem provisorischen Stand leben müssen; eine Constitution nach der andern wurde uns aufgebürdet; letztre wurde am meisten durch Stillschweigen zur Majorität gebracht, nach dem wahren Volkswillen aber zur Verwerfung. Und was versprach uns d(e)nn diese Consitution? Zum voraus benahm sie uns das Recht, zu unserer Cantonsverfassung die Mitglieder selbst erwählen zu können, und dann ferner sieht man die fortdauernde Drückung von Abgaben aller Art, unter denen wir nach und nach ganz erliegen mussten, wie (durch) die Erfahrung seit 4 Jahren uns zur Genüge bekannt (ist).

Was ist also denn zu thun, theuerste Rheinthaler! wollen wir ferner unter dem Joch einer so kostspieligen und drückenden Verfassung verbleiben, uns ganz derselben aufopfern und gleichsam als Sclaven behandeln lassen? Nein, das wollen wir nicht; denn der Friedensschluss der hohen Mächte zu Lüneville erklärt die Schweiz als unabhängig, und (es) solle ihro überlassen sein, sich eine passende und dem Volk angemessene Verfassung zu formiren. Vermög diesem Friedensschluss haben also die Urcantone Uri, Schweiz und Unterwalden, dann Glarus und Appenzell, sich selbsten eine ihres Landes angemessene wohlgeprüfte Verfassung gegeben und sind wieder in ihre alte, von ihren Vorvätern durch Blut errungene Freiheit, als Nachkömmlinge Wilhelm Tells, eingetreten.

Und nun – was wollen wir jetzt thun? Wir wurden im Jahr 1798 von allen demokratischen Ständen aus der landvögtlichen Regierung als Verbündete zu ihren Mitgenossen und Mitbrüder(n) auf(-) und angenommen und an den neulich abgehaltenen Landsgemeinden unter freiem Himmel (als solche) wieder bestätiget. Sollte also nicht, da wir die gleichen Rechte wie die Urcantone haben, der gleiche Muth und Entschlossenheit unsere Schritte begleiten? Auch wir wollen uns der Freiheit werth zeigen und um unserer Erhaltung wegen uns eine passende Landesverfassung mit euerer allgemeinen Zustimmung geben. Nichts solle uns von dem Genuss der uns geschenkten Freiheit mehr trennen, sondern wir wollen selbige als ein edles Kleinod beibehalten und bewürken, dass wir der Nachkommenschaft das so köstliche Erbtheil hinterlassen können.

Jedoch seie der Gedanke fern von uns, dass wir hierdurch uns von der Schweiz trennen wollen, sondern wir rufen vielmehr die Freundschaft aller Cantone(n) an, sowie wir auf die Gerechtigkeit und den Beifall aller zählen; auch wie die übrigen Verbündeten schliessen wir uns an eine Centralregierung an; nur erwarten wir die uns vorbemerkte Freiheit geniessen zu können.

Rheinthalische Brüder! schlaget also Hand in Hand, um diese edle Freiheit zu geniessen, und würket dass ihr Ordnung und Ruhe beibehalte(t); s(eid) bescheiden, vergesset alles Vergangene, liebet euere Mitbrüder, bezähmet die Rachsucht und alle andern Leidenschaften, suchet das Gute und strebet ihm nach; sei(d) fest auf euer(m) Muth und l(a)sst euch nicht unbegründet abschrecken, so werdet ihr d(a)nn b(a)ldigst zu der verlornen Freiheit wieder gelangen.

Der Gott des Friedens gebe uns seine Würkung und Gedeihen darzu, leite die Gemüther zum Guten und auf die Bahn des Rechts, sodass wir alle vereint mit einander edle Freiheit zu seiner Ehre geniessen mögen. – Die Ausschüsse daselbst.» (187)

Im helvetischen Bern zeigte man sich am 10. September siegessicher. Das Kriegsdepartement entwarf in einer Lagebeurteilung an den Vollziehungsrat folgendes Bild der Lage vor Zürich:

«Die Reserve besteht aus circa 13 Compagnien Infanterie, 6 Stücken Artillerie und der erforderlichen Bedienung, samt 2 Comp. Cavallerie, sodass heute Morgen der General mit circa 21 bis 22 Comp. Truppen vor Zürich stehen wird, und man müsste zu den unter seinen Commando stehenden Truppen nur gar kein Zutrauen haben, wenn man nicht erwartete dass dieselben die Municipalität von Z. zum Gehorsam zurückbringen werden. Nach der in der Depesche des Generals enthaltenen Anzeige dass er schon gestern in der Nacht mit seinen Truppen in Zürich eintreffen und sich den Eingang mit Güte oder Gewalt verschaffen werde, hätte demselben von hier aus kein Gegenbefehl ertheilt werden können. – Der B. Landammann, dem ich alsobald von dieser Begebenheit und dem (berührten) Vorhaben Kenntnis ertheilte, genehmigte auch meinen Antrag, dem General auf der Stelle dahin zu antworten, dass die Zeit zu kurz sei, ihm nähere Befehle zugehen zu lassen, dass man aber seine Disposition genehmige und ihm das Weitere auf fernern Bericht melden werde. – Bei näherer Erdauerung der Sache glaubte das Dept. dem General noch vorläufig folgende Dispositionen anbefehlen zu müssen, welche theils auf die Sicherheit der Truppen und theils auf die Erhaltung der Ordnung unter denselben Bezug haben. 1) Dass der General einstweilen alle Civil-Autoritäten suspendieren und die Stadt Zürich militärisch regieren solle; 2) dass er trachte, seine Garnison durch einige Compagnien Miliz zu verstärken, um auf jeden Fall über einen Theil seiner Truppen disponieren zu können, und 3) denselben zu bevollmächtigen, den Dienst der Lebensmittel auf Kosten der Gemeinde zu veranstalten und im Falle er je Mangel an Fonds zur Bezahlung der Truppen hätte, sich einen Vorschuss von der Gemeindskammer bezahlen zu lassen. – Das Dept. hofft, der VR. werde seine Verfügungen, welche blos die Sicherheit der Truppen und die Bestrafung der aufführischen Autoritäten bezwecken, genehmigen und dasselbe autorisiren, dem General die weitern Befehle in diesem Sinne zugehen zu lassen. – Noch muss ich auch anzeigen dass auf eine Bemerkung des B. Landammanns dem B. May gestern Abend noch Anzeige von diesen Vorfallenheiten gemacht und ihm eine Staffete nach Thun, wo derselbe bei seinem Vater die Nacht zubrachte, gesandt worden, mit der Einladung, sich ohne Verzug an seine Bestimmung zu verfügen.» (188)

Schmids Grund zur Hoffnung war dem eine Umgestaltung des Vaterlandes bezweckenden Komitee Anlass zur Vorsicht. Es entsandte selbentags Rudolf von Effinger in die Landschaft Hasli, um zu verhindern, dass der Aufstand zu früh ausbreche (189).

Die Nacht vom 10. auf den 11. September 1802 war an mehr als einem Ort voller Leben: um 03.00 Uhr wurde der ins Oberland entsandte Rudolf von Effinger von einem helvetisch gesinnten Offizier des Steffisburger Landsturms angehalten, vermochte sich aber loszuschwatzen und liess sich den Thunersee hinaufrudern. Als er auf dem See seinem Schwager von Mülinen und dem älteren Herrn Gatschet begegnete, welche ihn in Sachen Hasli beruhigten, sah er seine Sendung als hinfällig an und kehrte um (190). Der Geist von Schwyz hatte sich auch im inneren Oberland bereits durchgesetzt. Aus Ursern schrieb die Munizipalität von Andermatt am 11. dem Urner Landrat, die helvetische Kompanie sei in der Richtung auf Lugano abmarschiert (191) und der Landschreiber der March Schorno schrieb im Namen seines Landammanns Bruhin an Landamman und Rat in Schwyz, in Lachen glaube man nicht, der Niederwerfung Zürichs zusehen zu sollen, sondern wolle vielmals die «Unterhandlungen lieber abbrechen und Freunde unterstützen» (192). Nach den Kundschafterberichten, welche die helvetischen Behörden am selben Tag in Luzern in Händen hielten, standen an direkt einsetzbaren Truppen in Arth etwa 60 Mann; 12 Mann hielten Wache. Bei Seewen arbeiteten 24 Mann an einer Schanze und in Brunnen lagen um die 80 Mann an Bewaffneten. Im Schwyzer Zeughaus waren 4 Kanonen in Ausrüstung, im Hauptort selbst belief sich die bewaffnete Macht auf 200 Mann. Dazu waren selbstverständlich die jederzeit aufbietbaren Miliztruppen zu rechnen, deren Mobilmachung durch einen Probe-Landsturm am vergangenen Sonntag getestet worden war (193). Diese Nachrichten der helvetischen Behörden mögen in etwa den Tatsachen entsprochen haben. Die Konferenz von Uri, Schwyz und Unterwalden in Schwyz wies ihrerseits am 11. September 1802 ihre Deputierten in Bern an, auf den Einschluss der übrigen demokratischen Kantone in den Waffenstillstand und «auf die Abänderung des Regierungspersonale» hinzuarbeiten, weil die Beschiessung von Zürich lehre, dass man mit einer Regierung, welche «die Aussöhnung und Vereinigung der Gemüther mit Feuer und Schwert zu hintertreiben sucht» in diesem Moment nicht verhandeln könne (194). Konsequenterweise beschloss selbentags die Konferenz von Uri, Schwyz, Unterwalden, Glarus und Appenzell in Schwyz gegenseitige Hilfe der fünf Kantone und einen gemeinsamen Kriegsrat. Zellweger schlug vor, den Vollziehungsrat bis auf Dolder abzudanken und an einem von Frankreich weniger beeinflussten Ort als Bern eine konstituierende Versammlung aus allen Kantonen durchzuführen und eine neue Zentralregierung zu bilden (195). Dass Zürich Andermatt die Stirne geboten und dass sich die helvetische Staatsgewalt durch die Beschiessung des alten eidgenössischen Vororts von ihrer unakzeptablen Seite gezeigt hatte, lag der neuen Zugriffigkeit am Fuss der Mythen zugrunde. Die ideologische Prämisse des Aufstandes – er sollte rein demokratisch sein – blieb vorderhand noch unangetastet. Der Auftrag an die Gesandten, auf die Veränderung der personellen Zusammensetzung der Regierung hinzuwirken, musste als Aufforderung zum Sturz des Vollziehungsrates wirken und war wohl auch so gemeint. Hier mag der in den Kreisen der Verbrüderung umgehende Plan eines Putsches anstatt eines Bürgerkrieges seine Rolle gespielt haben. Der Zuversicht im föderalistischen Schwyz entsprach die Niedergeschlagenheit im helvetischen Luzern. Der Regierungsstatthalter schrieb am 11. September an das Kriegsdepartement, die Unterwaldner Wachtfeuer hätten in der letzten Nacht die Besorgnis verstärkt, von dort her überfallen zu werden. Die Garnison von 350 Mann sei die ganze Nacht über in Bereitschaft gewesen, freiwillige Bürger hätten sich angeschlossen. Auch in der kommenden Nacht werde man biwakieren. Gestern (also am 10. September) sei die Auflösung einer gesetzwidrigen Versammlung unter alt Regierungsstatthalter Genhard geglückt (196). Albrecht Friedrich May, den man ja eher vor oder in Zürich vermuten würde, schrieb um 19.00 Uhr von Luzern aus dem Vollziehungsrat, er wisse von Zürich nur, dass die Stadt beim Abgehen des letzten Reisenden noch belagert worden sei und dass man die Verwundeten hierher (nach Luzern) gebracht habe. May teilte seinen vorgesetzten Behörden mit, er werde in Luzern bleiben, bis die helvetischen Truppen in Zürich eingerückt seien oder er selbst neue Kompetenzen in Händen halte (197). Es zog May ganz eindeutig nicht nach Zürich: in dieser Feststellung ist schon viel von der allgemeinen Lagebeurteilung, wie man sie auf helvetischer Seite anstellen musste, enthalten.

Der Boden im Grossraum der Limmatstadt wurde heiss. Empört fragte der durchaus nicht mit dem «Betragen der hiesigen Bürgerschaft» einiggehende Unterstatthalter Hofmeister beim Vollziehungsrat an, ob sich wohl Andermatts Verfahren rechtfertigen lasse «nicht diejenigen die sich gegen ihn bewaffnet hatten anzugreifen, sondern unsre unschuldigen Häuser in Brand zu setzen, gegen Weiber und Kinder seine Feindseligkeiten zu eröffnen und sich dadurch in der vaterländischen Geschichte eben nicht als General sondern als lâscher Mordbrenner auszuzeichnen!» (198)

Nach dem Monduntergang hatten die helvetischen Truppen in den frühesten Morgenstunden des 11. Septembers mit dem Übersetzen von Wollishofen und Thalwil begonnen, um 15.00 Uhr war dic Aktion in Küsnacht beendet (199). Ludwig Meyer von Knonau beobachtete sie:

«Aus den Fenstern unseres Hauses sah man die Andermatt'schen Truppen über den See schiffen und durch Hottingen und Fluntern nach dem Zürichberg ziehen.» (200)

Der Marsch des Gros führte von Küsnacht über Itschnach, Waltikon, Ebmatingen, Binz, Pfaffhausen, rechts an Witikon vorbei auf der Katzenschwanzstrasse und über den Adlisberg auf den Zürichberg (201). Um 23.00 Uhr hatte Andermatt sein Marschziel – durch zwecks Täuschung angezündete Lagerfeuer auf dem Zürichberg verspätet – erreicht. Militärisch verursachte diese beschwerliche Bewegung Andermatts um die Stadt herum den Zürchern keine Schwierigkeiten: sie drehten sich eben einfach um! Kanonen und Protzen rasselten durch die Gassen und über die Brücke von der minderen in die mehrere Stadt, auf deren Wällen sie ihre neue Aufstellung fanden.

«Ein paar Stücke, welche schon an der ersten Bombardementsnacht durch den Einfluss der *vox populi,* vielleicht in Erinnerung an den alten Zürichkrieg, auf den Lindenhof gebracht worden waren, blieben daselbst aufgestellt, da man dem Wunsche der Kanoniere auch mit dem rückhaltigen Gedanken Rechnung tragen konnte, dieses Geschütz gegen die innere Seite der eigenen Wälle, falls sie der Feind ersteigen sollte, zu verwenden.»

In den Estrichen der Stadt wurden aus naheliegenden Gründen volle Wassersäcke, -töpfe, -krüge aufgestellt (202). Das Werben um Unterstützung vom Land fand am 11. September seine Fortsetzung. General Steiner ging zwecks Rekrutierung eines Hilfskorps nach Regensberg ab. Ihm sollte sich die von den Gerichtsherren Escher von Berg und Meiss von Teuffen sowie Major Wipf von Marthalen gesammelte Mannschaft anschliessen. Major Brändli von Meilen und andere brachten vom rechten Seeufer nicht weniger als acht Kompanien in die Stadt. Die von Anhängern der Helvetik aus dem Distrikt Mettmenstetten überfallenen Dörfer Uitikon und Albisrieden wurden mit Hilfe der Stadt von ihren ungebetenen Gästen befreit. Acht davon wurden als Gefangene in die Stadt geführt (203). Eine blaue Kokarde (das Weiss der Zürcherfarben war als Zeichen der Gleichheit von Stadt und Land weggelassen), ein grüner Zweig auf dem Hut, in der alten Zürcheruniform oder, wie die Wehntaler, in ihrer Landestracht mit den Schlotterhosen, so erschienen die Zuzüger vom Land der Stadtbevölkerung (204). Speis und Trank wurden ihnen von der Stadt verabreicht. Darüber hinaus erhielten sie täglich einen Bock (vier alte Batzen). An Geld war kein Mangel: einige reiche Häuser wie die Firma *Caspar Schulthess & Co.* liehen Geld ohne Zins und selbstverständlich auch ohne jegliche Sicherheit im Interesse der Sache (205). Auf ein paar Stunden übernahm General Bachmann, der von Konstanz herbeieilte, das Kommando der Stadt Zürich; bei der Abreise des Glarners fiel es wieder an Meyer zurück (206). Die Sache hatte aber doch eine über das Tagesgeschehen hinausweisende Bedeutung: es ging bei der ganzen Geschichte nicht um Zürich, es ging um die Eidgenossenschaft. Dies zeigt auch etwa die Anwesenheit des bernischen Gesandten Beat Ferdinand Ludwig Jenner an der Limmat (207) oder der Brief, mit dem am selben Tag alt Seckelmeister Kaspar Hirzel der dreiörtischen Konferenz in Schwyz ihre Zuschrift vom 8. September verdankte (208).

Über Regierungsstatthalter Rothpletz in Aarau war in der Zwischenzeit so etwas wie eine Götterdämmerungsstimmung gekommen. Er schrieb am 11. September an das Kriegsdepartement:

«Die Lage dieser Gegenden wird mit jedem Augenblick kritischer und für das Ganze um so gefährlicher, als ihr von oben herab nicht die gehörige Aufmerksamkeit geschenkt zu sein scheint. Schenken Sie, Bürger Staatssecretär, diesem in Eile niedergeschriebenen Bericht, ich bitte Sie darum, jene Aufmerksamkeit; ertheilen Sie mir bald der Regierung oder Ihre eigene(n) Weisungen; sie sollen der Massstab meines fernern Verhaltens sein, unterdessen ich, zweifeln Sie nicht daran, als Mann und als (seine) Pflicht kennender Beamte(r) meine Schuldigkeit thun werde. – Nach dem bestimmten Auftrag den Sie mir ertheilten, alle von mir abhangenden Massregeln zur Beibehaltung der Ruhe vorzukehren, konnte ich die in Arburg auf der Feste liegende 1/2 Comp. meiner Eliten, die ich frisch aufgeboten hatte, nicht abdanken, und zwar um so weniger als die Nothberichte die ich von Baden erhielt, die Absendung der 56 Zürcher Jäger und einer Comp. Eliten erforderten, denen ich sowie zur Erfüllung meiner weitern Aufträge, einen eigenen Commissär mitgab, indem ich total von den Beamtungen in Baden verlassen bin. Muthlosigkeit oder andere Einflüsterung zwingen sogar den dortigen gutgesinnten U(nter)statthalter, meine Anordnungen zu durchkreuzen. Man sandte den S(charf-) Schützen Gegenbefehl; ich hoffe aber, sie werden dem spätern Rufe des ihnen bekannt gemachten Commissärs Folge geleistet haben. Die Eliten wurden in Mellingen aufgehalten; jetzt sind sie aber in Baden, wo sie 4 Stunden auf der Strasse stehen mussten, ehe sie einquartiert wurden. Unterwegs fingen sie die Briefe auf, die ich heute dem Justiz- und Polizeidepartement einsende sowie dem General. Aus denselben erhellt der Plan, mit dem G. Andermatt zu tergiversiren und unterdessen seinen Rücken zu beunruhigen. Zu diesem Ende ist Baden ein Hauptpunkt, daher also höchst wahrscheinlich die Versuche, meine Truppen abzuhalten, und daher ebenso wahrscheinlich die mündlichen, mit Drohungen begleiteten Vorstellungen, die mir diesen Augenblick von einer Deputatschaft von Baden gemacht werden, um mich zu vermögen, diese Truppen zurückzuziehen, gegen das Versprechen der Chefs, dass alles ruhig bleiben müsse. Wirklich haben diese Chefs, Senator Reding, Untervogt Baldinger etc., die Leute so bearbeitet, dass die Insurrection im ganzen Canton Baden jeden Augenblick ausbrechen kann. Die Deputatschaft habe ich abgewiesen, bin auf der Bes(e)tzung von Baden bestanden und habe nur allfällige Propositionen an mich schriftlich verlangt, um mit diesen Herren Zeit zu gewinnen und Ihre Befehle einzuholen. Ich kann mir nicht ausreden, dass man mich irrführen wollte, um Baden nach dem Truppenabruf mit Bauren zu besetzen, und dann wäre der Rücken der Armee in der Tat blossgegeben worden. Aber...was vermögen 150 Mann gegen einen allgemeinen Baurenauflauf? Noch ist freilich die Compagnie (von) Büren da; aber diese will alle Augenblicke davonlaufen. Unser Schicksal hängt von dem Benehmen der Regierung gegen Zürich ab; ist das System immer nachgiebend und immer nachgiebend, so wird die Ruhe im Badischen und dann auch im Aargau nicht länger aufrecht erhalten werden können. Um die Gesinnungen der Regierung zu erfahren, sende ich Ihnen den B. Frey, einer der biedersten Männer. Sodann erwarte ich von Ihnen den bestimmten Bescheid, a) ob Sie nach Baden schleunige Hülfe senden können; in nicht entsprechendem Fall können die wenigen Eliten dort nicht aufgeopfert werden ; ob Sie nicht gutfinden, mir die Vollmacht zu ertheilen, mehr Truppen aufzubieten. Verzeihen Sie das Unzusammenhängende dieses Schreibens. Gruss und Achtung.» (209)

Wie zahlreiche andere Dokumente aus der Zeit des Aufstandes von 1802 zeigt das Rothpletzsche Schreiben die Unmöglichkeit, die Schweiz gegen den Willen der Volksmehrheit zu regieren: «was vermögen 150 Mann gegen einen allgemeinen Baurenauflauf»? Ähnlich muss auch der eminent friedliebende Regierungsstatthalter Roll in Solothurn empfunden haben: er schrieb dem Vollziehungsrat, seit dem 5. September sei in Solothurn nichts vorgefallen, was auf eine gewaltsame Ruhestörung hinweise. Er habe die Vorfälle aufgeklärt und es empfehle sich, der Sache keine Rechtsfolgen zu geben (210).

ERLACHS LAGEBEURTEILUNG UND OPERATIONSPLAN

Nirgendwo wirkte die Nachricht von der Beschiessung Zürichs stärker als in Bern. Dort trat am 11. September, um 18.30 Uhr, das engere Zentralkomitee zusammen, das aus folgenden Personen bestand:
«Oberst und alt Landvogt Tscharner, von St. Johannsen. Tscharner, Professor Juris. Thormann, gewesener Staats-Sekretär. Gruber, gewesener Präsident der Munizipalität von Bern.» (211)

Ausser den Mitgliedern und einigen Gästen waren Gesandte aus Zürich, Freiburg und Solothurn sowie General von Erlach zugegen. Die Zürcher verlasen einen Brief über die Bombardierung ihrer Vaterstadt und bestimmten dadurch den weiteren Gang der Verhandlungen. Erlach schreibt:

«Diese höchst ungerechte und barbarische Handlung musste die Gemüther aller Anwesenden mit Schmerz und Ingrimm erfüllen. Viele äusserten sogleich hierüber auf eine lebhafte Weise ihren Abscheu und Zorn. Auch Erlach konnte nicht kalt bleiben. Er nahm das Wort, verwünschte die ruchlosen Urheber dieses in der Schweizergeschichte bis dahin unbekannten Beispiels von Tyrannei, wiederholte dann, was er schon einige Tage vorher verschiedenen Gliedern dieser Versammlung, in Betref unserer gemeinschaftlichen Angelegenheiten, einzeln gesagt hatte, und schloss damit, dass man von nun an nicht mehr überlegen, noch abwägen, sondern entschlossen, thätig und muthvoll handeln müsse. wenn man dem Zutrauen des Volks entsprechen, unsern nothleidenden Brüdern helfen, und die Schweiz nach aufhabender heiliger Pflicht ihr ehevoriges Glück wieder verschaffen wolle. Seine angebrachten Gründe wurden so eindringend und entscheidend gefunden, dass niemand etwas dagegen einzuwenden wusste. Alle Meinungen vereinigten sich mit der seinigen, und er wurde hierauf einmüthig zum Anführer und unumschränkten Gewalthaber dieser wichtigen Unternehmung ernennt.

Mit Freuden nahm Erlach diese gefahrvolle Stelle an; nur bat er sich die Gunst aus, ihm zehn Offiziere, davon fünf Artillerie-Offiziere, in's untere Aargau nachzusenden. Diese äusserst geringe Forderung wurde ihm ohne Bedenken bewilligt, und noch vor Thorschluss sandte er zwei Eilboten dahin, und in den Kanton Baden ab, um dort den Anfang unsers allgemeinen Aufstands zu machen. – Seine Hauptabsichten giengen dahin:

Erstens. Zürich mit so vieler Mannschaft, als er den Umständen nach werde entbehren können, unverweilt zu unterstützen.

Zweitens. Die helvetische, von dem General Andermatt befehligte, Armee wo möglich in den Kanton Zürich einzuschliessen.

Drittens. Sich von Bern zu bemächtigen, die helvetische Regierung zu stürzen, und die alte Ordnung der Dinge wieder herzustellen.

Diesen dreifachen Endzweck aber hoffte er durch folgende Mittel zu erreichen;

a. Er nahm sich vor, den Kanton Baden von allen helvetischen Truppen zu räumen, und sich von dieser Stadt, von dem Fahr bei Wettingen, von dem bei der Stilli, von der Stadt Brugg, von den Brücken bei Windisch, Mellingen und Bremgarten Meister zu machen. Sodann die Kantone Zug und Schwyz von dem Erfolge dieses Unternehmens zu benachrichtigen und sie zu ersuchen, dem General Andermatt (der Zürich vergebens belagerte und wirklich schon Mangel an Munition litt) den Rückzug über den Albis zu erschweren oder streitig zu machen, und ihn so auf die eine oder andere Weise zu hindern, der helvetischen Regierung die nöthige Hülfe zu bringen;

b. Sich durch die Einnahme von Brugg, Aarau und Aarburg, die uns mangelnde Munition, Gewehr und Kanonen zu verschaffen, und, Falls Andermatt, wider alle Erwartung, dennoch durch oberwähnte Pässe dringen sollte, ihn sowohl durch die Besetzung von Aarburg, als der umliegenden Gegenden und die Abwerfung der Wiggern-Brücke in seinem Laufe zu hindern und aufzuhalten.

c. Und Falls er Aarburg nicht zur Übergabe zwingen könnte, sich der Städt Olten und Solothurn zu bemächtigen, um von dort aus freien Zugang in das untere Aargau zu haben; aus dem Zeughaus von Solothurn sich mit Waffen und Munition zu versehen, und im Fall eines nachtheiligen Gefechts sich in diesen festen Ort zu werfen, und die Hülfte unserer Verbündeten da zu erwarten.

d. Durch rastlose, Tag und Nacht fortdauernde Thätigkeit und zweckmässige Proklamationen, unsere Gegner zu überraschen, zu lähmen, zu schrecken, und auf eine solche Weise die nachdrückliche Gegenwehr von ihrer Seite zu vereiteln.

e. Dann endlich wollte er Bern mit einer beträchtlichen Anzahl Truppen von allen Seiten einschliessen, starke Batterien auf dem Altenberg, in der Schosshalden und andern dazu dienlichen Orten anlegen und so richten lassen, dass von da aus die Kasernen, das Zeughaus, die vornehmsten Strassen und Plätze könnten bestrichen werden, und dass dadurch den helvetischen Truppen unmöglich gemacht würde, ohne grossen Verlust sich zu sammeln oder sich gegenseitig Hülfe zu leisten.

Indessen sollte das Central-Comite in Bern alles mögliche anwenden, die Gunst und Wohlgewogenheit des französischen Ministers Verninac zu gewinnen, und ihm auf eine unserem Endzweck günstige Weise eröffnen, dass das schweizerische Volk, müde der vielfältig erlittenen Misshandlungen, deren sich die helvetischen Machthaber schuldig gemacht, nunmehr mit Ausnahmen einiger, theils irrgeführten, theils schlechtdenkenden Ortschaften fest entschlossen seye, diese ihm auf immer verhassten Herrscher zu stürzen, an ihre Stelle aber jene alte Obrigkeit, unter deren Vorsorge es so viele Jahrhunderte unter die glücklichsten Völker gehört habe, wieder einzusetzen, und ihr, als einer freiwillig anerkannten Regierung, in allen Fällen Gehorsam, Treue und pflichtmässige Hülfe zu leisten.» (212)

Die Worte des biederen Soldaten sind überaus aufschlussreich, nicht nur in militärischer Hinsicht, sondern auch in politischer: er wollte die Wiederherstellung der Aristokratie, aber auf der Grundlage der freiwilligen Anerkennnung durch das Volk, also auf demokratischer.

In diesem wunderlichen aber ehrlichen Kopf purzelten die alten Ideen und die neuen durcheinander, ohne dass es ihn gestört oder gar gelähmt hätte, im Gegenteil! Das Signal für den aargauischen Aufstand war gegeben, der Zerfall der Helvetischen Republik in ein weiteres Stadium eingetreten. Dass alle ihre Anhänger das damals begriffen hätten, lässt sich allerdings kaum behaupten. Der Vollziehungsrat missbilligte die Massnahmen Andermatts ausdrücklich nicht (213), womit er die Verantwortung für die Bombardierung der Stadt Zürich endgültig übernahm. So ganz sicher war er sich allerdings dann auch wieder nicht: Andermatt wurden zwar je zwei Kisten der angeforderten Artilleriemunition unter einer genügend bewaffneten Eskorte samt dem Befehl zugeschickt, die Stadt notfalls zu forcieren (214), das heisst zu stürmen. Auf der anderen Seite erhielt Andermatt gleichentags die Mitteilung, dass nach der Ankunft des Generalkommissärs May dieser die Zivilgewalt besitze und dass der Vollziehungsrat wünsche «dass die allfällig nöthigen militärischen Massregeln auch mit ihm beraten werden». (215)

Als der Tag zur Neige ging, stand ein helvetischer General, Andermatt, auf dem Zürichberg mit dem Auftrag, die Stadt zu nehmen und ein bernischer, von Erlach, war im Besitz des Befehls, den Aargau zu insurgieren. Der bisher auf die Urkantone und Zürich begrenzte Bürgerkrieg drohte, sich auf das ganze Land auszubreiten. Am Ergebnis konnte kein Zweifel sein, weil an den Mehrheitsverhältnissen kein Zweifel sein konnte.

Die helvetische Hauptstadt Bern war in den ersten Stunden des Bettags von 1802, des 12. Septembers, Zeugin eines Energieschubs der Regierung. Um 02.00 Uhr schrieb das Kriegsdepartement General Andermatt, der Geist des Aufruhrs verbreite sich immer mehr, solange Zürich nicht in der Gewalt der Regierung sei (216). Es muss ja in der Tat offen bleiben, ob nach einem Fall der Limmatstadt der Aufstand im ehemaligen Kanton Baden auch ausgebrochen wäre, allein, darauf näher einzugehen hiesse Geschichte im Konjunktiv treiben. Kehren wir zum Indikativ zurück. Um 03.00 Uhr erschien im Berner *Falken,* wo die Zürcher Deputierten ihr Quartier hatten, Unterstatthalter Ryhiner mit einigen Offizieren. Ryhiner nahm die Zürcher *de facto* gefangen, das heisst, er übergab sie einem Begleitoffizier mit dem Befehl, so bald als möglich abzureisen und bis dahin mit niemandem mehr zu sprechen. Bei Einbruch der Dunkelheit sollten die Zürcher dann in Suhr sein, wo sie, von einer Schildwache bewacht, vom 12. auf den 13. September übernachteten (217). Die Zürcher Deputierten hatten vor Ryhiners Auftritt nicht nur mit dem Berner Zentralkomitee, sondern auch mit den Deputierten der Dreiörtischen Konferenz und wohl auch mit jenen von Freiburg und Solothurn Kontakt. Die Vertreter der Urkantone zeigten sich spröde. Am 12. September schrieben die Schwyzer Deputierten an Landammann Reding, die Zürcher, Berner, Freiburger und Solothurner seien Vertreter von Städten, die sich mit ihrem Landvolk noch nicht vollständig über die Kantonalorganisation geeinigt hätten. Mit andern Worten: die Schwyzer konstatierten ein Demokratiedefizit. Im Brief an Reding ist ferner zu lesen, es sei leichter, ans Ziel zu gelangen, wenn man nur für die drei

Urkantone sorge, und schliesslich «weiss man aus sicheren Quellen, dass Frankreich absolut eine Central-Regierung will und vielleicht die jetzige Verfassung unterstützen wird.» (218)

Wer sagen würde, die Schwyzer Deputierten in Bern hätten am Bettag 1802 eine Art von Reservat für die Urschweiz in einer im übrigen zentralistisch organisierten helvetischen Republik von Frankreichs Gnaden angestrebt, käme der Wahrheit wohl recht nahe. Der Vollziehungsrat nahm an seiner Sitzung im Beisein der Staatssekretäre zur Kenntnis, dass in Graubünden die Gegenrevolution völlig zustande gekommen sei, dass sich im Rheintal die Landsgemeinde nicht mehr verhindern lasse, dass sich die Lage im Kanton Zürich mit jeder Stunde verschlimmere.

Die Zürcher Anführer hätten 800 Mann aus den Distrikten Andelfingen, Winterthur und Bülach an sich zu ziehen vermocht. Im ehemaligen Kanton Baden sei jeden Augenblick ein Aufstand zu befürchten, der Regierungsstatthalter des Kantons Aargau ersuche um schleunige und beträchtliche Hilfe, und selbst in den Kantonen Freiburg und Waadt seien die Verhältnisse alles eher als gefestigt (219). In dieser helvetischen Götterdämmerung stellten sich die Machthaber nicht etwa die Frage, ob sie angesichts ihrer mangelnden demokratischen Legitimation und ihrer daraus fliessenden mangelnden Akzeptanz den nachdrängenden Kräften Platz machen sollten, um weiteres Blutvergiessen zu verhindern. Sie griffen vielmehr nach zwei Strohhalmen: den zurückgerufenen helvetischen Truppen in französischen Diensten und einer klar dem bonapartistischen Modell nachempfundenen Idee eines Diktators. Renggers *Tagebuch über die Insurrection* – beginnt mit folgendem lakonischen Eintrag:

«12. Herbstmonat, Sonntag. – Es kam die Nachricht von Paris, dass die Auxiliar-Brigaden Befehl zum Einrücken in die Schweiz erhalten hätten, hingegen die Mediation abgeschlagen würde. Zugleich erfuhr man den fortdauernden Widerstand von Zürich. Im Vollziehungs-Rath ward von Jenner der Vorschlag zu einer Dictatur gemacht.» (220)

Um 19.00 Uhr fertigte das helvetische Kriegsdepartement in Bern einen Brief an General Andermatt aus. Staatssekretär Schmid gestand darin, er beginne zu zweifeln, ob es nötig sei, Zürich zu besetzen. Man hätte Zürich vielleicht im ersten Schreck behändigen können, um es regelrecht zu belagern sei Andermatt hingegen zu schwach. Die nachgeschickte Munition werde daran auch nichts ändern. Helvetische Militärkreise kritisierten Andermatt, weil er die Stadt bombardiert habe, anstatt eines der Tore zu forcieren. Schmid hoffe, May sei eingetroffen (er war in Wirklichkeit damals noch in Luzern); May und Andermatt sollten ihre Schritte miteinander absprechen. Man erzähle sich in Bern, 200 bis 400 Bauern seien zur Verstärkung der Stadt in diese eingerückt «aber werden denn die Patrioten nichts tun, um Ihre Truppen zu unterstützen?» (221)

Alt Regierungsstatthalter Johann Konrad Ulrich appellierte vom Balgrist aus an General Andermatt, gegenüber der Stadt Zürich Menschlichkeit und Mässigung an den Tag zu legen. Er, Ulrich, glaube nicht, dass Andermatt Zürich mit Methoden unterwerfen wolle, die man barbarisch nennen werde. Andermatt betonte in seiner kurzen Antwort, er habe schon alle Mittel der Mässigung und der Versöhnung ausgeschöpft und er werde Ulrichs Ratschläge dort, wo nicht seine Pflichterfüllung auf dem Spiel stehe, gerne berücksichtigen (222).

Am Bettag, um 12.00 Uhr plante Andermatt, wie aus einem Brief an den Kriegsminister hervorgeht, in der kommenden Nacht – wenn es ihm auch widerstrebe – einige rotglühende Kugeln in die Stadt zu werfen, nicht um diese zu verbrennen wohl aber, um sie dazu zu zwingen, ihre Tore zu öffnen (223). Die auf beiden Seiten stehenden Freiwilligen heizten die Stimmung kräftig an. In der Stadt war Unzufriedenheit aufgekommen, weil man am 11. September aufgrund einer realistischen Beurteilung des Kräfteverhältnisses nur einen Aufklärungs- und Täuschungszug unternommen, jedoch nicht versucht hatte, den Zürichberg zu behaupten. Am Bettag nun kam es fast zu einem wilden Ausfall:

«Einige alte Kriegsgurgeln hatten ihren Branntwein mit Schiesspulver vermischt als ein Courage verleihendes Mittel vorgetrunken, und mit lautem Jubel zog die Bande unter Trommelschlag nach der Kronenporte.»

Dieser mehr an die Böcke des Alten Zürichkrieges oder an den Saubannerzug erinnernde Ausfall wurde allerdings vom Stadtkommandanten unterdrückt (224). Im Lager Andermatt kamen ähnliche, wenn auch in die umgekehrte Richtung zielende Ideen auf. Zwar hatte der helvetische General einerseits ein organisiertes von einem Kommandanten Schulthess geführten Korps aus Stäfa aufnehmen können, das aus den beiden Kompanien Hürlimann und Bodmer bestand, auf der anderen Seite liefen ihm auch eher auf Plünderung denn auf Kampf ausgehende wilde Freiwillige zu, zum Teil ihrer Bewaffnung wegen so genannte Prügelknaben.

Wie diese helvetisch gesinnten Männer und auch Frauen empfunden haben mögen schimmert noch aus Jakob Stutz' 1855 veröffentlichter Autobiographie durch:

«Es sei in allweg traurig, hub Vetter Jakob an, dass man in dieser Welt so gottlos geplagt sein müsse. Hätte man in der Revolution den Schatz bekommen, der im Grossmünster sei vergraben gewesen, so hätten es alle Leute gut, so wie er auch. Aber die Alten seien, verzeih ihm's Gott, dunders Fürchtegreeten gewesen, und dumme Kühschwänz. Sein Aetti selig, so wie Andere, sei eben auch wieder mit dem leeren Sack heim gekommen, während die Mutter, auf das viele Geld hin, das der Aetti bringen werde, schon mehr als vier Pfund Anken verküchelt gehabt habe. Er vergesse es aber in seinem Leben nicht, mit welch verdriesslichem Gesicht der Aetti zur Thüre herein gekommen sei und den leeren Sack mit einem Fluch in den Winkel geworfen habe und wie dann ein Brüellen und Lästern über die verdammten «Züriherren» entstanden sei.»(225)

Das entspricht durchaus dem Ton der in ihrer Haltung von der Stadt geprägten Volkslieder:

«Hört wie die Patrioten
Mit ihren Helden-Rotten

Sich holten, gleich den tapferen Haasen,
Vor Zürich lange – lange Nasen.

Sie kamen fast in Schaaren
Geritten und gefahren.
Und stiegen dann beym Zürich-Schlössli
Voll froher Hoffnung ab dem Rössli.

Hier halfens ihren Vetteren,
Den tapferen Helvekleren
Zu machen Batterien und Schanzen
Die Züricher damit zu kuranzen.

Sie dachten mit Granaten
D'Stadt Zürich zu verbraten;
Und wollten zugleich mit Kartätschen
Die Züricher alle ganz zerquätschen.

Wie thut hierbey den Lumpen
Das Herz im Leibe gumpen:
Dass man auf allen schwarzen Tischen
Die Schulden könne ganz durchwischen.

Und dass mit Zürichs Weiberen,
Sie könnten ihren Leiberen
Noch pflegen, herrlich und auf's Beste,
In einem weichen, warmen Neste.» (226)

Die Stimmung in der Stadt ging allerdings ebenso hoch wie die bei den im Lied verspotteten Prügelknaben. So erinnerte sich ein Veteran später an den Bettag 1802 im Chorherrengebäude, dem Quartier des Freikorps: «Wir sassen noch vor dem Bezug unserer Strohlager bei einem Gläschen Wein brüderlich beisammen, als Herr Hartmann Füssli, nachher Bataillons-Commandant in kaiserlich-französischen Diensten, mit einem grossen Stück roth, gelb und grünem Tuche zu unser aller Jubel in's Zimmer trat. Er hatte nämlich das Tuch der am Rathhause ausgesteckten helvetischen Fahne herabgerissen und es uns überbracht. Jeder riss einen Fetzen davon, den man in das Gewehr lud, um ihn den Helvetiern gelegentlich wieder zuzusenden.»

«Wir hatten von allen Arten Leute im Freicorps, Junker und Herren, Landleute und Fremde, u.a. auch lustige Schneidergesellen und sogar einen fidelen Juden.»

Die Kanonen Andermatts standen beim Schlössli auf dem Zürichberg in Batterie, die Haubitzen zum Teil in einer Kiesgrube oberhalb Flunterns, zum Teil westlich des Dorfes beim sogenannten Schmelzberg (227). Die Vorbereitungen, um in der Nacht die Kugeln zur Rotglut zu bringen, blieben nicht geheim, und doch trat am 12. September vorübergehend so etwas wie eine *drôle de guerre* ein. Um die loyale Gemeinde Hottingen, wo Andermatt requirieren wollte, zu entlasten, belieferte das städtische Kommissariat die helvetischen Truppen. Ins Munizipalitätsprotokoll wurde eingetragen:«Speisung des Feindes!» (228)

Auf der Zürcher Landschaft spielte sich mindestens streckenweise ein Bürgerkrieg ab. In diesem tat sich auch der durch Gottfried Keller später unsterblich gemachte ehemalige Landvogt von Greifensee, Salomon Landolt, hervor. Landolt hatte sich am 9. September vor Zürich in seinem Rebgut in einen Hinterhalt gelegt und, als Einzelkämpfer, auf den Anführer der helvetischen Husaren angelegt. Er drückte jedoch nicht ab, weil er sich sagte: «Was nützt es dem Ganzen, wenn auch ein einzelner fällt? Und ich, sollt' ich, wie ein Buschklepper, einen Gegner voreilig erlegen, vielleicht dadurch der guten Sache schaden?»

Dieser Rationalisierung liegt der von einer grossen Mehrheit der Schweizer beider Parteien damals an den Tag gelegte Geist der Mässigung zugrunde. So drohte Meilen General Andermatt, die Stadt zu unterstützen, wenn er nicht mit ihrer Beschiessung aufhöre ... Ohne diesen Geist der Mässigung wäre der Bürgerkrieg von 1802 zweifellos viel blutiger geworden, und je blutiger die Bürgerkriege, desto schwieriger das erneute Zusammenleben *nach* dem Bürgerkrieg. Sei dem wie ihm wolle, Landolt begab sich am 10. September nach Rorbas, um Freiwillige für die Stadt zu werben. Am 12. September schloss er sich dem kleinen Korps General Johann Jakob Steiners an:

«Erst am 12. hatten die auf verschiedene Punkte ausgesandten Offiziere ein kleines Korps zusammen gebracht, an dessen Spitze sich der General Steiner stellte, und mit demselben eine Diversion gegen die Stadt machen wollte. Landolt gesellte sich zu ihm, und als beide sich, die Truppen erwartend, mit einigen Offizieren aber wenig Soldaten, in Rümlang befanden und eben eine Patrouille ausschicken wollten, um die in Kloten eingerückten helvetischen Truppen beobachten zu lassen, fielen ein paar Schüsse. Der Feind patrouillierte von seiner Seite und schon hatten einige seiner Jäger sich der Brücke bemeistert. Landolt raffte ein paar Mann zusammen und eilte mit diesen zu Fuss, seine Pistolen unter dem Arme und ohne zu bemerken, dass seine Begleiter bald zurückblieben, auf einem Seitenwege gegen die Mühle hinab. Da stand hinter einer Hecke dicht vor ihm ein feindlicher Jäger, schlug auf ihn an, doch sein Gewehr versagte. Landolt will seine Pistole gegen ihn losdrücken, aber auch diese versagt; der Jäger schüttet frisches Pulver auf die Pfanne, Landolt ebenso; beider Gewehre versagen neuerdings in diesem sonderbaren Zweikampf. Endlich aber packt der einundsechzigjährige Landolt rüstig den jungen Kerl beim Kragen, entwaffnet und bringt denselben als Gefangenen ein. Die feindliche Patrouille hatte sich indessen wieder zurückgezogen.» (229)

Im benachbarten ehemaligen Kanton Baden schliesslich kam es noch am Bettag selbst zum Ausbruch der Revolution, dem konsequenten Abschluss eines fünftägigen Crescendos. Am

7. September war von der Badener Munizipalität folgender Aufruf an die Gemeinden des ehemaligen Kantons ausgegangen:

«Baden, den 7. Herbst. 1802.

Liebe Freunde!
Die gegenwärtigen Zeitumstände geben uns Gelegenheit, unsern Eifer für das Wohl unseres Kantons zu verdoppeln. – Nur bedauern wir, dass an einigen Orten rasches Betragen uns in Sorgen setzt, dass unsere Hoffnungen vereitelt werden könnten. – Wir bitten Euch also dringend, friedlich und ruhig die Zukunft zu erwarten: denn durch mannhaftes und friedfertiges Betragen gelangt man viel eher zu dem gewünschten Ziel, als wenn man durch unüberlegten Eifer und allzu rasche Schritte zu Werke geht. – Eröffnet uns vertraulich Eure Wünsche, und wenn sie, wie wir nicht zweifeln, in der Billigkeit gegründet sind, werden wir uns brüderlich mit Euch zu vereinigen trachten. – Wir erwarten Eure gefällige Antwort.
Gruss und Freundschaft!

Die Munizipalität.» (230)

Noch deutlicher wurde das faktisch eine provisorische Kantonsregierung vorstellende Sendschreiben vom Vorabend des Bettags:

«Die von der Stadtgemeinde Baden niedergesetzte ausserordentliche Kommission an die sämtlichen Gemeinden des bisherigen Kantons Baden.

Liebe Bürger!
Da die Bürger der hiesigen Stadtgemeinde haben wahrnehmen müssen, dass mehrere Gemeinden auf dem Lande, vermutlich durch das Beispiel der Bewohner anderer Kantone verleitet, laut den Wunsch äusserten, einige Veränderungen in ihrem politischen Schicksal und hauptsächlich die Selbständigkeit des Kantons wieder zu erhalten, und da zugleich verschiedene Gerüchte das Besorgnis erregten, dass die Art, wie man hie und da die Befriedigung dieser Wünsche zu bewirken sucht, von dem vorgesetzten Ziel ableiten und zu bedenklichen Folgen führen könnten, so haben die Bürger der hiesigen Stadtgemeinde, die nie aufgehört haben, den Wunsch nach der Wiedererlangung der Selbständigkeit des hiesigen Kantons mit euch zu teilen, sich gestern in der wohlgemeinten und reinen Absicht versammelt, um sich über die Mittel zu beraten, wie dieser gemeinsame Zweck ohne Störung der öffentlichen Ruhe und ohne gewaltsame Schritte erreicht werden möchte.

Zu diesem Zwecke haben sie eine Kommission von fünf Bürgern aus ihrer Mitte erwählt und derselben die Leitung dieses wichtigen Schrittes zutrauensvoll überlassen. Diese Kommission ist es nun, die ihre Verhandlungen damit anfangen zu müssen glaubt, dass sie euch, ihre lieben Mitbürger, mit brüderlichem Zutrauen ersucht, ihr eure Gesinnungen und Wünsche durch Abgeordnete unverweilt mitteilen zu lassen, damit sie sich mit ihnen über die zweckmässigen Mittel im Wege derjenigen Klugheit und Mässigung besprechen könne, welche die schwierige Lage, in der sich unser geliebtes Vaterland befindet, so dringend erfordert.

Geben, den 11. Herbstmonat 1802
Im Namen der Kommission der Stadtgemeinde Baden,

Das Sekretariat.» (231)

Zur Kommission gehörten:
«Altuntervogt Baldinger, Doktor Sebastian Dorer, Zölestin Wetzel, Prokurator Keller, Rochus Fidel Diebold, und Anton Falk als Suppleant.» (232)

In dieser Lage traf am Bettag um 21.00 Uhr der neue Hauptmann der Kompanie von Büren in Baden ein: Johann Emanuel Roschi. Dieser wollte im Siggenthal nach dem Rechten sehen und fand dort die helvetischen Truppen bis zu Hauptmann Wassmer und Leutnant Vorwerk hinauf im Stroh, die Wachen zum Teil ebenfalls schlafend (233). Das war gegen Mitternacht. Während die helvetischen Krieger in Siggenthal den Schlaf des Gerechten schliefen, rissen die Anhänger des Lunéviller Artikels II im ehemaligen Kanton Baden das Gesetz des Handelns an sich. Erlach schreibt in seiner Denkschrift über den Anfang der Badener Revolution:

«Hier hatte Rudolf Bildy von Rein den Abend zuvor in Döttingen die erste Mannschaft gesammelt, und zog von da zum Kreuz, gegenüber der Stilli. An diesem Ort schwuren er und zwölf andere Männer, die sich mit ihm vereiniget hatten, nach dem Beispiel jener Helden im Grütli, einander nicht zu verlassen, und für das Vaterland zu siegen oder zu sterben. Nach dieser feierlichen Handlung rückten sie vorwärts, und wurden kurz hernach von 75 Mann aus dem Dorfe Würenlingen verstärkt. Mit dieser Mannschaft begab sich Bildy nach Mitternacht in's Siegenthal, wo sogleich all ächt schweizerisch Gesinnten herbei eilten und sich an ihn anschlossen. So vermehrte ein jeder Schritt von diesem anfänglich geringen Heldencorps beständig seine Kräfte.» (234)

Wie bei den Zuzügern Andermatts mögen auch einige Unfreiwillige dabeigewesen sein (235), war es doch zu allen Zeiten nur die Sache einer ganz kleinen Minderheit, in Bürgerkriegszeiten gegen den Strom der lokal oder regional herrschenden Richtung zu schwimmen. Einige würden wohl Erlach gesagt haben, sie marschierten freiwillig, Rothpletz dagegen, sie seien gezwungen worden und in Wirklichkeit auf grösstmögliche politische Autonomie ausgegangen sein.

Die Mehrheit der Aufständischen marschierte freiwillig: von sich aus, für eine als gerecht betrachtete Sache. Die erste Bewegung ging von Döttingen aus und fand ohne Einwirkung General von Erlachs statt, der erst eintraf, als Baden (am 13. September) schon kapituliert hatte.

Regierungsstatthalter Keller stand am 13. September 1802 in Luzern auf einem je länger desto stärker isolierten Aussenposten. Dem Kriegsdepartement musste er schreiben, dass ihm Hauptmann Hiltbrand, der Kommandant der Simmentaler Schützen mitgeteilt habe, ausser drei Offizieren sei die ganze Kompanie desertiert und auf dem Heimweg durch das Entlebuch. Die Entlebucher hätten wohl wenig Lust, die Ausreisser zu fangen und die Garnison Luzern könne für diesen Zweck keine Leute zur Verfügung stellen (236). Von Andermatt schrieb selbentags Unterstatthalter Meyer an Keller, wenn von Frankreich keine Hilfe komme, so zweifle er am Fortbestand der Republik (237) deren Existenz offenbar in diesem Kopf zu etwas absolut Positivem geworden war, das auch mit fremden Bajonetten gegen die Mehrheit der Schweizer durchgesetzt werden sollte.

Diese Mehrheit fand ihren klarsten Ausdruck in Schwyz. Zwar mussten Landammann und Rat sich um einige Tausend Gulden Barschaft schon intensiv bemühen (238), gleichzeitig aber legten sie eine Energie an den Tag, die solche vergleichsweise kleinen Geldsorgen vergessen lässt. Die Schwyzer Behörden beschlossen nämlich an jenem 13. September, ihre Deputierten von Bern nach Hause zurückzurufen, weil ihre geheime Instruktion, auf Abänderung des Regierungspersonals hinzuwirken, den Helvetiern in die Hände gefallen war (239). Eine für die Erarbeitung einer eidgenössischen Wehrverfassung tätige Kommission von Uri, Schwyz, Unterwalden, Glarus und Appenzell schloss etwa zur gleichen Zeit ihre Arbeit ab:

«Die niedergesetzte Commission, nachdem sie in Überlegung gezogen und einmüthig gefunden, dass der alte eidgenössische Vertheidigungsplan in allen Hinsichten der heutzutägigen Krieges-Art, welche grosse Schnelligkeit in Berathungen und der Execution erfordert, hinderlich seie, indem durch selbes jeder Canton beinahe für sich sorgen muss und von den übrigen nur gering oder in selbst drohender Gefahr gar keine Hilfe zu gewärtigen hat, und mithin von kleinen feindlichen Truppen-Corps jeder Canton einzeln kann geschlagen werden, so hat die Commission geglaubt, auf eine den dermaligen Zeiten angemessenere und (für) die Sicherheit der löbl. 5 Ständen zuträglichere Vertheidigungsart denken zu müssen; sie nimmt hiemit die Freiheit einem löbl. Congress vorzuschlagen:

(1.) Dass jeder Canton eine seiner männlichen Volksanzahl bewaffneter Mannschaft zur allgemeinen Vertheidigung bestimme, und hat hiezu den 5. Theil der männlichen Bevölkerung eines jeden Cantons angenommen, wie folget:

Uri gibt den 5. Mann	440	
Schwyz	1500	
Unterwalden	1100	
Glarus	1000	
Appenzell I.R.	500	
Appenzell V.R.	1800	
Total	6340	Mann

Bündten könnte zu 15000 Mann gerechnet (werden), sodass es, wenn es an unserm Bunde Antheil nehmen wollte, liefern müsste 3000.

(2.) Diese 6340 Mann müssen in diesen Cantonen bewaffnet und dergestalt organisirt (werden), dass sie theilweise oder ganz innert 24 Stunden zum Abmarsch bereit wären. Diese Truppen werden von (eigenen) Landsleuten angeführt und können niemal unter das Commando eines Offiziers eines andern Cantons kommen, als mit Einwilligung *der* Mitglieder beim gemeinsamen Kriegsrath, von de(r)en Canton die Truppen sind.

(3.) Die Cantone sind beauftragt, dem Kriegsrath eine Liste von gedienten Offiziers einzuhändigen, um die Stabsoffiziers daraus zu nehmen. Jedes Bataillon soll wenigstens 400 Mann stark sein, um die Zahl der Bataillons-Commandanten zu vermindern.

(4.) Zur Mobilmachung und Disponirung dieser Mannschaft wird ein gemeinschaftlicher Kriegsrath von einem Mitglied aus jedem Canton ernannt; der soll sich so bald möglich (in) Schweiz versammeln und so lang versammelt bleiben, bis die Streitigkeiten der benannten 5 löbl. Ständen und der helvet. Central-Regierung gänzlich applanirt sind, oder, wenn die Feindseligkeiten (wieder) eröffnet werden, so begibt er sich ins Hauptquartier.

Die hauptsächliche Beschäftigung dieses Kriegsraths sollen sein:

1) Den Etat der Truppen jedes dieser 5 Cantone wohl zu kennen und sicher zu wissen, ob jeder Canton sein ihm angewiesenes Contingent ordentlich liefern kann.
2) Die Bewegungen des Feindes wohl zu beobachten und alle Massregeln dergestalt zu treffen, dass er allerorten wo er sich zeigen möchte in gehöriger Form empfangen und abgewiesen werde.
3) Wird ihm ein Capital von fl. 40000 Reichs-Valuta, der Rthlr. à fl. 2 2/3, übergeben, und das wie folget: Ein Viertel gleich beim Zusammentritt; Ein Viertel wird in jedem Canton parat gehalten, auf das erste Begehren abgeliefert zu werden; beim Abliefern des 2. Viertels wird das dritte, beim Abliefern des 3. das 4. und letzte Viertel bei den Obrigkeiten parat gehalten.

Uri gibt dahin	fl. 2,775.56 kr.
Schwyz gibt dahin	fl. 9,463.43 kr
Unterwalden gibt dahin	fl. 6,939.59 kr.
Glarus gibt dahin	fl. 6,309.19 kr.
Appenzell I.R. gibt dahin	fl. 3,154.34 kr.
Appenzell V.R. gibt dahin	fl. 11,356.29 kr.
Totale	fl. 40,000.– kr.

4.) Jeder Canton, der seine Pflichten nicht erfüllt, verpflichtet sich gegenseitig, seinen Anteil an den fl. 40,000 gegen die andren Cantone verfallen zu haben, wenn er sich nicht auf eine rechtmässige Art legitimiren kann, dass er unschuldiger Weise in die Unmöglichkeit versetzt worden, seiner Schuldigkeit ein Genügen leisten zu können.
5.) Aus dem obbemeldten Capital der fl. 40,000 besoldet er die auf seine Befehle im Feld stehende(n) Truppen nach weiter unten bestimmtem Fuss. – Er besorgt die Anschaffung einiger vorräthige(r) Waffen, um Soldaten die die ihrigen verlieren könnten damit wieder zu armiren. Er besorgt die Einrichtung von Munitions-Depots über dasjenige was jeder Canton auf den Mann zu liefern verpflichtet ist, und wird angehalten, Patronen von zweierlei Calibre zu errichten, etwas weniger als 2 und 2 Loth (?). – Sollten die Feindseligkeiten ausbrechen, so soll der Kriegsrath Mitglieder auf diejenigen Punkte senden, wo die Gefahr ist. – Der Kriegsrath ist in Correspondenz mit Landammann und Rath eines

jeden Cantons, auch mit dem in Schwyz versammelten Congress, welch' beiden Theilen er alle wichtige(n) Ereignisse mitzutheilen verpflichtet ist. Da diese zu gemeinsamer Vertheidigung bestimmte Mannschaft von einem Canton zum andern gebraucht werden kann, so wird von der Commission einhellig angesehen, dass die Besoldung derselben auf gleichförmigen Fuss gesetzt und gemeinschaftlich aus den fl. 40,000 bezahlt werden (soll), welche von den löbl. Cantonen nach Proportion der zu liefernden Mannschaft zusammengeschossen werden. – Es sollen jedoch keine Truppen (keinen) Sold beziehen als vom Tage (an), wo sie auf Befehl des gemeinsamen Kriegsraths mobil gemacht worden sein werden.

(5.) Die Commission hat einstimmig in Vorschlagung der Besoldungen auf die zerstörten Finanzumstände aller dieser 5 Cantone Rücksicht genommen und schlägt Ihnen dessnahen folgende Bezahlungen vor:

Feldpater und Feldscherer jeder	fl. 1.— kr.
Hauptmann, des Tages	fl. 1.30 kr.
Ober-Lieut.	fl. 1.— kr.
Unter-Lieut.	fl. 1.— kr.
Wachtmeister	fl. —.33 kr.
Corporal	fl. —.28 kr.
Tambours und Pfeifer	fl. —.24 kr.
Dem gemeinen Mann	fl. —.15 kr.

Zudem soll vo(m) Wachtmeister abwärts alles frei von Kost und Logis sein; die Ober-Offiziers aber sollen nur quartierfrei sein.

(6.) Jeder Canton soll verpflichtet sein, den Mann mit brauchbaren Ober- und so viel möglich auch mit Seitengewehr wohl versehen in das Feld (zu) liefern und auf jeden 50 scharfe Patronen mit(zu)geben; wenn aber im Feld mehr Munition erfo(r)dert würde, wird selbe wie obsteht von dem Kriegsrath angeschaf(f)t.

(7.) Die Aufgebot(e) in die Canton(e) sollen von Seiten des Kriegsraths wo möglich zu gleichen Theilen geschehen, das heisst ein Viertel, ein Drittel, die Hälfte vom ganzen Contingent, damit nicht ein Canton eines oder mehrern andern (?) belästiget werde.

(8.) Da von den 5 Cantonen die wenigsten mit Kanonen versehen (sind), so sollen diejenigen die deren oder anderes taugliches schweres Geschütz besitzen selbiges der Verfügung des gemeinsamen Kriegsraths gegen Empfangschein überlassen; jedoch soll jeder Canton angehalten sein, so bald möglich sich wieder mit Artillerie zu versehen. N.B. Da die zwei Kanonen von Schw(y)z von der Gmeind Muotathal als Particular-Eigenthum nur gegen Caution abgegeben worden, so können solche auch nicht wohl anders als auf gleiche Weise an andre Cantone überlassen werden.

(9.) Jeder Canton soll gehalten sein, einen Waffenschmied mit dem gehörigen Werkzeug mit seinen Truppen zu senden und für Charpien und Bandage zu sorgen.

(10.) Der weitere Detail der Einrichtung des gemeinsamen Vertheidigungscorps wird dem Kriegsrath übertragen, sowie die Besorgung von Waffenschmied(en) und Chirurgen.

(11.) Es soll jeder Canton der bei dem Congress in Schwyz aufgenommen (ist) auf gleiche(m) Fuss an der Vertheidigung Antheil zu nehmen verpflichtet sein, sein Territorium hingegen in die zu vertheidigende(n) Grenzen einbegriffen werden.

(12.) Von Seiten des Congresses wird General Bachmann eingeladen, das Commando zu übernehmen, und ihm überlassen, sich einen Stab zu wählen, und bei der Besoldung desselben gerathen werden (?).

(13.) Sollte ein Mitglied vom Kriegsrath abgehen, so soll (es) durch einen Offizier (dieses) vom gleichen Canton ersetzt werden, bis von der Cantonsbehörde ein anderes ernennt und eingetroffen sein wird.

Also von der Conferenz den Landräthen vorzulegen beschlossen: Schwyz, den 13. Sept. 1802.» (240)

Auf politischer Ebene teilten die «in einer Conferenz versammelten Deputirten der demokratischen Cantone Uri, Schwyz, Unterwalden, Glarus, Appenzell Inner- und Ausser-Roden an den bevollmächtigen Central-Ausschuss des alten Cantons Zug» ihre Freude über die Konstituierung der Zuger mit. Zug habe sich einer Regierung entzogen «die sowohl durch die Art ihrer Entstehung als auch durch die seitherige Handlungsweise sich jeder Anhänglichkeit unwürdig macht.» Bevor Zug aber endgültig aufgenommen werden könne, müsse sich der Kanton vom Einfluss der helvetischen Zentralgewalt und der Präsenz des in der Stadt befindlichen Militärs befreien (241). Den Zugern wurde auch zu bedenken gegeben, es könnte für sie vorteilhaft sein, sich einstweilen «an die Stadt und gutgesinnten Gemeinden von Zürich» anzuschliessen (242).

In der Zwinglistadt hatten Granaten und glühende Kugeln und ein feierliches Sturmläuten den 13. September eröffnet. Ludwig Meyer von Knonau schloss ein zweites Mal nahe Bekanntschaft mit den Geschossen Andermatts:

«Bei dem zweiten Schuss fiel eine Haubitzgranate durch das Dach unseres Hauses und zersprang auf dem Dachboden, wodurch sie etwa fünfzig Ziegel herunterwarf; zum Glück hatte sie einen unbedeutenden Querbalken angetroffen, den sie zerschlug und durch den sie abgehalten wurde, in das Haus hinunter durchzudringen. Ehe ich mich sicher überzeugen konnte, ob es brenne oder nicht, trug ich meine Frau, die, von einer Niederkunft hart mitgenommen, nicht zu gehen vermögend war, nach einer Stelle des kleinen Nebenhauses, wo sie für einmal unter einer steinernen Wendeltreppe so viel wie möglich sicher war. Als ich durch das Innere des Erdgeschosses zurückkehrte, schlug die fünfte Kugel, die in starkem Bogen gefallen war, wenige Fuss über der Erde an die äussere Mauer des Hauses.» (243)

Hans Konrad Escher schrieb während des Beschusses seinem Freund:

«Statt mit dir in den Alpen die schöne Natur zu bewundern und die Weisheit der Schöpfung zu studiren, sitz ich hier und höre um mich her Haubizgranaten zerplatzen und sehe, dass die helvetischen Kanonen feurige Kuglen, Pechkränze u. dgl. über meine Vaterstadt hinregnen! Dieses scheussliche Spektakel gab uns General Andermatt vor 3 Tagen vor Tagesanbruch während 2 Stunden, weil die Stadt einige Compagnien helvetischer Truppen nicht unbedingt aufnehmen wollte. Diese Barbarei empörte die Bürgerschaft so sehr, dass sie von keiner Capitulation nichts hören wollte. Heute von Mitternacht an bis gegen 9 Uhr Morgens ward dieses Feuerwerk gegen Zürich wieder forgesetzt, und wir stehen in Erwartung, heute Nacht den dritten Aufzug dieser barbarischen Scene zu erleben. Alles, Männer, Weiber, Kinder und Dienste sind im ganzen so gut gestimmt, dass während dem stärksten Bombardement die grösste Ordnung und Ruhe herrschte, so dass auch bis jetzt noch jeder wirkliche Feuerausbruch verhindert wurde. Eine Menge unsrer Häuser sind durchlöchert, und doch ist bis jetzt noch niemand als Hr. Diakon (Johann Georg) Schulthess gefährlich verwundet worden.» (244)

Über Schulthess schrieb ein anderer Briefpartner Steinmüllers:

«Ein grosser Verlust, 8 Kinder Vater, der Jugendfreund und Führer zu Gott und Christo, der wahre Evangeliums-Verkünder...» (245)

Der Diakon war auf der St. Peterhofstatt von einer Haubitzgranate getroffen worden. Auf das Spital allein fielen 28 Granaten und 4 glühende Kugeln, insgesamt wurden 260 Kugeln (mindestens 21 davon rotglühend) und 40 Granaten geschossen, wovon insgesamt 170 Geschosse einschlugen und mehr als dreissig Brände verursachten, die alle rasch gelöscht werden konnten. In der Stadt wurden später insgesamt 184 Haubitzgranaten und 154 Kanonenkugeln eingesammelt. Am stärksten beschädigt wurden: «das Chorherrengebäude, das Haus zum Schwänli, zum Schäfli, zum Schneeberg, zum steinernen Kindli im Neumarkt, das Zunfthaus zur Schmiden, das Haus zur Oeltrotte auf der grossen Hofstatt, die Kronenporte, die Gebäude des Spitals». Es gelang den 24 oder 26 Zürcher Kanonen, die auf dem Lindenhof und auf den Wällen in Aktion traten, nicht, die helvetische Artillerie zum Schweigen zu bringen. Von 06.00 Uhr wurde das helvetische Feuer schwächer (circa vier Schüsse pro Stunde) dauerte aber den ganzen Tag hindurch an und steigerte sich gegen Abend, offenbar als Vorbereitung zu einem Sturm, noch einmal. (246).

«Von allen Kirchthürmen erschallte das Geläute der Glocken, was in und ausser der Stadt grossen Eindruck machte. Viele alte Leute beteten für die Stadt, wie es damals überhaupt bei

Feuersbrünsten in mancher Haushaltung Sitte war zu beten. Eine Nachbargemeinde, welche sich in diesen Unruhen neutral erklärt hatte, sprach doch die Bereitwilligkeit aus, wenigstens mit ihrer Feuerspritze Hülfe zu leisten. Hin und wieder befanden sich Gruppen von Zuschauern jeden Alters und Geschlechts, wie z.B. auf einer Anhöhe bei Hottingen, wo verschiedene Äusserungen fielen und einige, welche sich verlauten liessen: <Wills Gott wird doch diese Granate zünden>, nicht ohne eine tüchtige Tracht Schläge den Fleck räumen mussten. Die nämliche Versammlung blickte mit einiger Scheu auf ein Individuum, welches einen weissen Uniformrock trug. Das sei der Spion hiess es, er selbst habe es gesagt und man habe gesehen, wie er die Schanzen spioniert habe, wie hoch sie seien und wie tief der Graben.

Die Vertheidigungsmassnahmen des Stadtcommandos waren in der Art getroffen, dass die Thore gehörig besetzt, auf den Wällen hingegen nebst dem Geschütz nur einzelne Beobachtungsposten aufgestellt waren und dieselben fleissig abpatroullirt wurden. Die Hauptstärke der Besatzung war in der grossen Stadt auf den Plätzen vor den Eingängen aufgestellt, welche vom Hirschen- und Seilergraben in die innere Stadt führen, deren alte Ringmauer und Thorgewölbe zum Theil noch erhalten waren. Je ein paar Compagnien standen bei der Limmatburg oder dem Niederdörflerthor, auf dem Predigerkirchhof, beim Kronenthor, beim Junkern- oder Lindenthor und beim Oberdorfthor. Jedem dieser Posten war ein gedienter älterer Offizier, die meisten aus ehmals französischen Diensten, vorgestellt. Diese Reserven, welchen auch einige Kanonen beigegeben waren, konnten mit Leichtigkeit nach den bedrohten Stellen des Walles gebracht werden, und im äussersten Nothfall dem über den Wall gedrungenen Feind, der dabei nothwendiger Weise in einige Unordnung kommen musste, in Masse zum Handgemeng entgegen gehen. Die kleine Stadt blieb nicht vernachlässigt. Auf dem Neumarktplatz beim Zeughause stand eine Art alter Garde, deren Anführer sich Wirz, *Commandant le corps de réserve,* unterzeichnete. Die Löschanstalten waren musterhaft geordnet. Neben den ältern oder sonst nicht mit dem Gewehr vertrauten Leuten fanden Dienstboten, Gesellen, Tagelöhner hier ihre Verwendung. Diese theilten den Eifer des Militairs und waren besonders über die glühenden Kugeln erbost. <Man konnte zwei Tausen Wasser über einen solchen Fluch schütten, so blieb er doch noch heiss>, so erzählte ein ehrlicher Tagelöhner, welcher die Hand ein wenig zu früh nach dem Fang ausgestreckt hatte. Die grössern Schuljungen, welche noch nicht zum Freicorps taugten, wurden von der Strasse weggeschickt ins Zeughaus zum «Patronenmachercorps», bei welchem namentlich die Waisenknaben gute Dienste leisteten. Verschiedene zweckmässige Massregeln trafen Einzelne aus sich selbst. So erhielt man aus dem Esslingerschen Lusthäuschen, gegenüber der hohen Promenade, von wo der Feind durch ein Teleskop beobachtet wurde, regelmässige Meldungen über dessen Anordnungen.

Einiges wurde auch versäumt oder vergessen, oder aus Mangel an Zeit und Leuten unterlassen. So blieb z.B. die ganze Reihe der hölzernen Marktbuden auf dem Seilergraben unberührt stehen.

Gegen sechs Uhr des Morgens nahm die Beschiessung ab. Granaten wurden keine mehr geworfen. Das Kanonenfeuer hingegen wurde von der helvetischen Artillerie bis Abends 4 Uhr,

jedoch bloss mit etwa vier Schüssen auf die Stunde, ziemlich erfolglos unterhalten. Man bemerkte aus der Stadt, dass die zürcherischen Kugeln ausgegraben wurden und schloss daraus, dass die Munition den Helvetiern auszugehen beginne, was auch der Umstand zu bestätigen schien, dass sogar einige Steine nach der Stadt geschossen wurden. Schon bei der ersten (?) Beschiessung soll ein solcher durch das Dach des Hauses zum Schneeberg gefahren und auf dem Dachboden niedergefallen sein.
Am frühesten Morgen dieses Tages sah man auf den Hochwachen des Badergebietes Feuerzeichen auflodern. Im Laufe des Tages lief die Nachricht ein, dass im Siggenthal der Sturm ergangen sei und das Volk dem General Steiner nach Regensberg zuziehe. Von Unterengstringen, Oetweil und Weiningen rückten Zuzüger in die Stadt ein und wurden in die Compagnien der Landleute eingetheilt, welche eine Gesammtstärke von mehr als 800 Mann erreichten.» (247)

General Andermatt glaubte um 09.00 Uhr (wie sich aus einem zu diesem Zeitpunkt ausgefertigten Brief ergibt) noch daran, bald in der Stadt zu sein (248). In dieser Überzeugung wurde der helvetische Oberbefehlshaber nicht zuletzt durch den Zustrom von Freiwilligen von der Landschaft her unterstützt. Er glaubte um 09.00 Uhr, an jenem selben 13. September mit 800 neueintretenden Männern und später mit einer grossen Zahl weiterer Freiwilliger rechnen zu können. Die Stadt dagegen habe 400 bis 500 Mann Verstärkung erhalten. Gestern, also am 12. September, habe er ein hundertköpfiges Detachement Gilli nach Horgen, Thalwil und Mettmenstetten geschickt, was den Republikanern dort gestatten werde, (ihren Gegnern) Gesetze vorzuschreiben. Die Truppen von Stäfa, Wald und Grüningen hätten ihre stadtfreundlichen Mitbürger verhaftet und ein Korps Manz (Nänikon) von 200 Freiwilligen für die Stadt zerstreut (249). Mittlerweile war der Regierungskommissär für den Kanton Zürich, Albrecht Friedrich May, endlich auf dem Albiskamm angelangt, von dem aus er nur zu deutlich die Schüsse erkannte, die sich Belagerte und Belagerer zusandten. May setzte von Thalwil nach Küsnacht über, begab sich zum Schlössli und setzte dem Beschuss ein Ende, indem er mit der Zürcher Munizipalität einen Waffenstillstand bis zum 14. September, 06.00 Uhr schloss (250). Damit war der Traum von Sturm und Plünderung der Stadt Zürich in den Köpfen von Andermatts Zuzügern ausgeträumt, wie ihnen die Spottlieder der Städter bald genug zu verstehen gaben. Am berühmtesten ist *Schnurre, schnurre-n-um und um* (251) geworden:

«1. Schnurre, schnurre-n-um und um,
Rädli, trüll di umme.
Euseri Sach gaht schüli chrumm,
D'Leue tüend scho brumme.

2. Chume grad iez us der Stadt
Hei mit Wib und Chinde,
Ha mit General Andermatt
Züri welle plündre.

3. Wunder für ganz Chelleland
Hämmer welle hole,
Gold und Silber, Diamant,
Alli Säck ganz volle.

4. Doch vergebis vor der Stadt
Sim-mer alli gsesse,
Wil die Chleechue Andermatt
D'Chugle hät vergesse.

5. Mini Säck die träg i hei
leer vun alle Schätze,
Langi Nase, müedi Bei
Und die alte Fetze.

6. Schnurre, schnurre-n-um und um,
Rädli, trüll di umme,
's ist mer grad iez nümme drum,
Züri z'biribumme.» (252)

Der Mangel an Kugeln war der wichtigste Grund für den Erfolg des Zürcher Widerstandes am 13. September. Mindestens lässt sich ein Zusammenbruch der Moral in der Stadt bei stärkerem Beschuss denken, wenngleich natürlich derartige Überlegungen stets spekulativ bleiben werden. Kam es vor Zürich zu einem Patt, so entwickelte sich die Sache der Anhänger des Lunéviller Artikels 11 im Unterland zur gleichen Zeit kraftvoll. Geben wir ein letztes Mal dem Biographen Salomon Landolts das Wort:

«In der folgenden Nacht bombardierte Andermatt die Stadt zum zweitenmal. Der Donner des Geschützes, das Geläute der Sturmglocken regte vollends das ganze Land auf, dessen Einwohner, von widersprechenden Leidenschaften entbrannt, sich gegeneinander rüsteten.

Steiner hatte endlich aus Regensberg Verstärkung erhalten und nunmehr etwa 4000 Mann beisammen. Mit diesen rückte er gegen Zürich. Von Watt aus ward eine Patrouille gegen Regensdorf ausgeschickt, um die helvetischen Truppen, die durch übelgesinnte Landleute ebenfalls verstärkt worden, zu rekognoszieren. Es war 10 Uhr abends und dunkel. Landolt, durch Zufall in einen weissen Mantel gehüllt, wie die helvetischen Husaren solche trugen, wollte seinem Neffen, der jene Patrouille anführte, auf dem Wege, wo er ihn erwartete, entgegenreiten, um denselben noch auf eine andere Seite zu beordern. Nicht lange, so befindet er sich mitten unter feindlichen Truppen. Aber schnell besonnen und sich der Farbe seines Mantels erinnernd, erwiderte er auf ihr *Wer da,* als wäre er einder der Ihrigen, es sei dort unten im Gehölze nicht richtig; sie sollten hier auf ihrer Hut sein, indes er selbst nachsehn wolle. Damit gab er dem Pferde die Sporen und entging noch zu guter Zeit, bevor er in der Dämmerung erkannt wurde, der Gefangennehmung durch seine Geistesgegenwart.» (253)

Weniger gut erging es den zürcherischen Offizieren Heinrich Schaufelberger und Heinrich Rahn, die von den helvetischen Truppen im Raum Kloten schwer verwundet gefangengenommen wurden (254). Der ehemalige Kanton Baden hingegen ging am 13. September 1802 der Helvetischen Republik ganz und gar verloren. Gleich nach Mitternacht befreite im Siggenthal Rudolf Bildy aus einer Scheune eine Gruppe von den helvetischen Truppen gefangehaltener Burschen.

«Nun schritt er weiters und wurde kurz darauf durch einen anderen Haufen, den ein badenscher Wundarzt, Xaver Keller, gesammelt hatte, noch mehr verstärkt.

Indessen hatten die helvetischen Truppen, deren Anzahl ihm unbekannt war, auch ihrer Seits Verstärkung erhalten, und wollten sein Vorrücken hemmen. Es kam zu einem Gefechte, in welchem die Helvetier geschlagen, und von beiden Seiten einige Soldaten theils verwundet, teils getödet wurden. Keller, der diesen kleinen Sieg errungen hatte, führte nun seine Krieger gegen die Stadt Baden. Die darin befindliche helvetische Besatzung, geschreckt durch die Menge ihrer Gegner und den Unfall ihrer Kameraden, verlangte zu kapitulieren.» (255)

Dieses Begehren muss ziemlich tumultuarisch geäussert worden sein. Die zu Geiseln gewordenen Zürcher Deputierten nach Bern trafen auf die wilde Szene in Baden. Ihr helvetischer Begleitoffizier wollte sie als Vermittler für eine Kapitulation einsetzen, was sie jedoch ablehnten, worauf der durch die Umstände wenig erbaute Mann einfach das Weite suchte und die Deputierten den Weg nach Zürich wieder als freie Menschen unter die Füsse nehmen konnten (256). Zur Kapitulation kam es dann doch:

«Freundschaftliche Ausgleichung – der unglücklichen Missverständnisse welche zwischen dem Bürger Regierungs-Commissär Hagenauer zu Baden und den Bewohnern der Landschaft Baden wegen einigen von dem Commissär getroffenen militärischen Massregeln entstanden sind.

1tens. Dass bis die freundschaftliche Ausgleichung zu Stande gekommen, von keinem Theile einige Feindseligkeiten vorgenommen werden, und auch kein Schuss geschehen solle.

2tens. Dass die sämtlichen helvetischen Truppen sich in Zeit von 3 Stunden über Mellingen, von Unterzeichnung dieser Ausgleichung an, von dem Badergebiet zurückziehen.

3tens. Verpflichten sich die Bewohner der Landschaft Baden, nicht mehr als 200 Mann als Sicherheitswache in d(ie) Stadt Baden zu verlegen, welche einzig und allein zu Erhaltung der Ruhe und Ordnung dienen und zugleich auch die Dienst(e) bei den Gefangenen thun; dass aber die Thore von den Landsleuten und den Einwohnern von Baden gemeinschaftlich besetzt werden sollen.

4tens. Sicherheit der Personen und des Eigentums für jeden Bewohner der Landschaft Baden, ohne Rücksicht der politischen Meinung.

5tens. Die Militär-Gefangenen sollen gegenseitig ausgewechselt und die Blessirten an dem Orte wo sie sich gegenwärtig befinden menschenfreundlich so lang besorgt werden, bis sie im Stande sind ihrem Corps zu folgen, (und) alsdann ihnen Sicherheit verschafft werden solle.

6tens. Die Unterschriebenen verpflichten sich alles anzuwenden was in ihren Kräften steht, die allgemeine Ruhe und Ordnung im Canton zu erhalten.

7tens. Gegenwärtige Ausgleichung wurde in Gegenwart des Hauptmanns Roschi, Commandant einer Compagnie helvetischer Truppen, zu Ennertbaden getroffen den 13. Herbstmonat 1802.

Signé: von Franz Xavier Keller;
Wassmer, Hauptmann der 1ten Quartier-Compagnie;
Hag(en)auer, Commissär des Regierungsstatthalters des Cantons Argau;
Frey, Lieutenant;
Johannes Meyer; — Xaver Müller.
Dieses Überkommnis bescheint J.L.Baldinger, Vorsitzender der ausserordentlichen Commission der Stadtgemeinde Baden.
Keller, Municipalitätspräsident in Baden.» (257)

Die Bilanz des Gefechts von Siggenthal und der folgenden Schiessereien über die Limmat, an der sich neu auch Ehrendinger beteiligten, betrug vier Verletzte, einer davon vom aufständischen Landvolk. Zur Krise des Gefechts war es gekommen, als ein helvetischer Offizier auf den Gedanken verfiel, den «Lärm-Mörsel», den Alarm-Mörser (vielleicht waren es auch zwei) also, losbrennen zu lassen, denn nun strömte das bewaffnete Landvolk aus den umliegenden Gemeinden herbei (258) und da nun einmal die Mehrheit der Bewohner gegen die Weiterexistenz der Helvetischen Republik war und im Milizsystem die Mehrheit auch militärisch immer stärker ist, blieb den helvetischen Truppen gar nichts anderes übrig, als die Kapitulation von Ennetbaden abzuschliessen.

«Ohne Geld, ohne Kreditbriefe, ohne Lebensmittel, ohne Gewehre, ohne Munition und schweres Geschütz» (259) aber im Glauben an eine gerechte Sache und an seine Verbündeten stand nun, am 13. September 1802, 15.00 Uhr, General Rudolf von Erlach da und fand die Befreiung Badens, die er sich vorgenommen hatte, als vollendete Tatsache vor.

«So war bis Abends um 3 Uhr der Kanton Baden von allen unseren Feinden geräumt. Nun befahl von Erlach, dass man unverzüglich sich des Fahrs bei Windisch bemeistern, und die hölzerne Brücke von Baden, sobald seine nach Zürich bestimmten Truppen dieselbe würden passiert haben, abbrechen solle. Diese letztere Vorsorge empfahl er noch insbesonders dem

J.L. Baldinger, gewesenen helvetischen Senator und Vorsitzender der ausserordentlichen Commission der Stadtgemeinde, und als dieser ihm auf sein Ehrenwort versprochen hatte, diesen Auftrag getreulich zu erfüllen, so reiste er gegen 8 Uhr nach Königsfelden ab. Zu diesen Gefilden fand Erlach die von den dortigen Gegenden aufgestandene Mannschaft bei Wachtfeuern gelagert. Seine Ankunft erregte in ihren Herzen die grösste Freude, und er konnte sich der Thränen kaum enthalten, als sie ihn, wie Kinder einen lange sehnlich erwarteten Vater, umarmten und küssten.» (260)

Es muss ihn merkwürdig berührt haben, über die von Masséna geschlagene Brücke auf Windischer Boden zu gelangen, auf Berner Boden, wie Erlach ohne Zweifel empfand. Der helvetische Kanton Aargau hatte auch im Bewusstsein seiner Bewohner keineswegs jene allgemeine Zuneigung erweckt, die dem eidgenössischen Stand dieses Namens später zuteil wurde. Zwar fehlte es selbst unter den vormals Berntreuen nicht an Bürgern, die sich nach dem Übergang von 1798 nur noch als Aargauer fühlten, doch dass sie ausser zum Beispiel in der ersten helvetischen Hauptstadt Aarau oder auch etwa im Prophetenstädtchen Brugg eine Mehrheit ausgemacht hätten, wäre eine gewagte Behauptung. Da verwahrt doch das Staatsarchiv Bern bis heute im Nachlass von Rudolf Ludwig de Goumoëns Aargauer Petitionen aus dem Sommer 1801. Da wollten nicht weniger als 2993 (von insgesamt rund 14'500 Aktivbürgern) trotz der Anwesenheit der französischen Bajonette und obwohl die Anhänger der Helvetik noch im Besitz der Staatsgewalt waren, ihre Gemeinden mit dem Kanton Bern vereinigen und bezeugten das unterschriftlich. Die Verteilung der Unterschriften ist interessant: so steuerte z.B. Windisch, das mit dem Fall der Hofmeisterei Königsfelden seine Stellung als Verwaltungszentrum verloren und seiner alten Rivalin, der Stadt Brugg, nachgeordnet worden war, 80 Unterschriften bei, Brugg dagegen nur 46. Je über 110 Unterschriften weisen die Stadt Zofingen (132), die Stadt Lenzburg (135) und die Gemeinden Beinwil (212), Kölliken (137), Reitnau (142), Gränichen (182), Schinznach (166), Menziken (175) und Schöftland (116) auf. Und selbst als nach dem Aufstand von 1802 Bonapartes Intervention die Helvetische Republik wieder hatte erstehen lassen, deputierten zum Beispiel Vertreter von 19 Gemeinden des Bezirks Brugg Gottlieb Heinrich Hünerwadel unterschriftlich mit dem ausdrücklichen Auftrag nach Paris «hauptsächlich ... auf die Wiedervereinigung mit dem Mutter Canton Bern als dem innigsten Wunsch des gesamten oder wenigstens des weit grössten Theils der Bewohner des Ärgaus zu dringen. Beschehen den 15ten Christmonat 1802.» (261)

Die probernische Stimmung, die 1801 und 1802 im Aargau noch weitherum herrschte, hat kaum etwas mit einer aristokratischen Tendenz in der Politik zu tun, sie ist eher Ausdruck eines in fast 400 Jahren gewachsenen Berner Patriotismus und Quittung einer Verwaltung, die mindestens für die Bedürfnisse der Dörfer deutlich besser war, als ihr allgemeiner Ruf heute, am Vorabend des 21. Jahrhunderts. Wie immer das auch gewesen sei: General Rudolf von Erlach konnte am 13. September 1802 auf eine breite probernische Stimmung zählen. Dazu kam das gemeinsame niederländische Diensterlebnis vieler Berner und Aargauer. So war der Windischer Pfarrer 1802 seit 22 Jahren der gebürtige Berner Beat Ludwig Ernst, vorher seit

1763 Gardeprediger in Holland (262). Der holländische Diest war aber auch in der Gemeinde gängig gewesen (263), sodass ohne weiteres von einer kameradschaflichen Verbundenheit der Alt-Holländer auszugehen ist, in die wohl auch die nicht ortsansässigen Veteranen einbezogen wurden, zu denen beispielsweise der bereits genannte Rudolf Ludwig de Goumoëns zu zählen ist. Und wie in Windisch so auch in anderen Aargauer Dörfern.

Unter solchen Umständen erstaunt es nicht, dass Erlach auch in Brugg erst nach getaner Arbeit anlangte. Wie die Eroberung der Stadt durch das Landvolk vor sich ging hat Emanuel Fröhlich in seinen Memoiren unübertrefflich beschrieben:

«Hier rotteten sich die Bauern auf beiden Aare-Ufern zusammen. Pfarrer Füchslin von Umiken und sein Bruder, der Operator, feuerten sie auf dem jenseitigen Ufer an. Brugg schloss die Thore. Die Bauern verlangten den Durchpass, und schickten deswegen Abgeordnete nach Brugg, die mit der auf dem Rathaus versammelten Municipalität kapitulierten. In Folge dieser Capitulation wurden die Thore geöffnet, und der Haufe zog ein. An der Spitze derer vom rechten Ufer ein Rauber von Windisch, Provisor genannt, an der des linken ein Sägisser von Remigen, der hier in der Stadtarbeit als Zimmermann gearbeitet hatte. Beide Haufen setzten sich in der Stadt fest, besetzten das Zeughaus, nahmen Waffen daraus, was sie wollten und forderten den Bürgern unter Drohungen die Waffen ab. Jener Provisor Rauber begab sich mit andern auf das Rathaus und erklärte der Municipalität in Französischer Sprache: <Messieurs, la ville est prise, elle est à nous.> Die Bauern quartierten sich ein, 2, 4, 6 und mehr Mann in einem Hause. (Ein grosser Theil zog den folgenden Tag nach Aarau. Einzelne, durch die Drohung erschreckt, man zünde ihre Häuser an, wenn sie nicht mitkommen, zum Mitzug bewogen, schlichen wieder heim.) Am Tage des Einzugs verlas der damalige Schulmeister Siegrist ab dem Bözberg, nachher Bezirks- und Friedens-Richter, unter Trommelschlag auf allen gewöhnlichen Plätzen eine von General von Erlach unterzeichnete Proclamation, derzufolge alle in Folge der <unseligen> Revolution aufgestellten Behörden als aufgelöst erklärt und die vorigen wieder eingesetzt wurden. Schultheiss Frei trat demnach wieder als Schultheiss auf und amtete gewissermassen allein, denn mehrere Glieder des alten Raths trugen Bedenken ihre Stellen wieder einzunehmen. Doch war er klug genug, die ihm übertragene Gewalt nicht zu missbrauchen, und überhaupt fanden weniger Excesse statt, als man besorgt hatte.» (264)

Die praktische Durchführung der Konterrevolution nahm allerdings noch einige Tage in Anspruch und erst vom 17. September an amtete der Rat wieder unbestritten (265). Erlach traf in Brugg einige wichtige militärische Massregeln:

«Nach diesem rührenden Auftritt zog Erlach in die Stadt Brugg, welche schon obgedachter Mannschaft ihre Thore geöffnet, und 4 Kanonen, nebst einiger Munition, übergeben hatte. Hier liess er sogleich ihre Anführer zu sich berufen, und ertheilte ihnen den Befehl, alle Schiffe von der Limmat, Aar und Reuss nach der Stilli abzuführen, liess 100 Mann daselbst bei der Fahr zurück, welche nebst den Einwohnern des Orts, dasselbe im Fall der Noth verteidigen sollten, legte 170 Mann nach Brugg, und verordnete 150 Mann, nebst zwei Kanonen, zur Bedeckung der Brücke bei Windisch, mit dem Befehl, selbige abzudecken, sobald man etwas von einem Anmarsch des Generals Andermatt vernehmen würde, liess die Patrioten entfernen, verstiess die helvetischen Beamten und setzte die alten Magistraten wieder an ihre ehemaligen Stellen. Nach diesen verschiedenen Anstalten und Verordnungen beauftragte er den Franz Straus von Lenzburg mit den noch übrigen Truppen sich links dem Ufer der Aare hinauf nach Aarau zu begeben, auf seinem Marsch alle Gutgesinnten dortiger Gegenden an sich zu ziehen, um 10 Uhr sich unfehlbar auf eine von den daselbst befindlichen Anhöhen in der Entfernung einer Stunde von bemeldter Stadt zu setzen, von da aus genau auf alle Bewegungen derjenigen Bataillone, die auf der entgegengesetzten Seite der Aare handeln würden, Acht zu geben, sich pünktlich darnach zu richten, und so gemeinschaftlich mit ihnen die Einnahme von Aarau zu bewirken.» (266)

Erlach vertraute der Stimmung im ehemals bernischen Teil des Kantons Aargau so sehr, dass er, noch vor dem Fall der Kantonshauptstadt, Major Joseph Kirchmeyer mit 900 Mann (Aargauer aus dem ehemals bernischen Kantonsteil und Freiämter) als Verstärkung zu den Zürcher Anhängern des Lunéviller Artikels 11 unter General Steiner schickte (267): die Föderalisten konnten sich eine solche Aufsplitterung ihrer Kräfte nur leisten, weil sie das Volk in seiner Mehrheit hinter sich wussten. Und wenn auch, mindestens im Falle von Windisch, später in den Augen der ganz aargauisch gesinnten Nachwelt als wohl kompromittierend empfundene Seiten aus einem Protokollbuch herausgeschnitten wurden, so lässt sich doch an der herrschenden Stimmung des 13. Septembers auf der Aargauer Landschaft nicht zweifeln. Von Schinznach (-Dorf) jedenfalls machte sich eine Mannschaft in der Stärke einer halben Kompanie gegen Aarau auf. Das Protokoll des Gemeinderates sagt:

«1802 Sept.: Jacob Deubelbeiss von Gemeinde Kassen für Reisgelder an unsere freiwillige Mannschaft nach Aarau 45 Mann à 20 bz gibt 60 Gulden.»

Die Schinznacher kämpften danach bis zum Schluss auf föderalistischer Seite: erst am 17. Oktober waren sie, mit Ausnahme des verunglückten Jakob Müri, wieder zuhause (268). Dass nicht überall derselbe Enthusiasmus herrschte, ist allerdings auch zu verzeichnen, wie Paul Erismann für Küttigen dargetan hat:

«Dass unsere Landleute doch nicht überall mit Begeisterung dem Rufe der Berner Aristokraten gefolgt waren, beweist das Beispiel Küttigens. Dort hatte am frühen Morgen des 13. September Simeon Simmen von Schinznach, der eifrigsten Insurgenten einer den Munizipalitätspräsidenten Bircher mit dem Rufe geweckt: <Auf, auf, es ist um das Vaterland zu tun!> Da der Sendbote der Insurrektion keine gehörig beglaubigten Befehle des Generals von Erlach vorzuweisen vermochte, wies ihn Bircher ab. Simmen bestand jedoch darauf, dass Küttigen mobilisiere. Die unverzüglich einberufene Gemeindeversammlung beschloss hierauf einmütig, <sich in nichts einzulassen> und nur der Gewalt zu weichen. Bald darnach erschienen weitere Apostel des Aufruhrs und stiessen Drohungen aus: <Wenn die Küttiger nicht das Gewehr ergreifen und marschieren, wird das Dorf mit Exekution belegt!> Zum zweiten Male wurden die Bürger zusammengerufen. <Nach gemachtem Vortrag>, sagte Bircher später in einer gerichtlichen Untersuchung aus, <fasste die Gemeinde Furcht, und nach langen Beratungen wurde beschlossen, dass einige ledige Mannschaft ziehen müsse, um die drohende Gefahr abzuwenden. Denn sonderheitlich da die Weinlese vor der Türe war, so waren sie besorgt, wenn die Völker ins Dorf kommen, so möchten sie sehr beschädiget werden. Dabei wurde aber der ledigen Mannschaft, so gehen sollte, unter der Hand verdeutet, dass sie sich wieder zurückziehen sollten, wenn die Truppe gegen Aarau rücke, welches auch befolget worden.> — Zwei Tage darauf zog dann das Gros der Küttiger, durch Drohungen geängstigt, doch noch nach Aarau. Im Gewühl, das damals die Gassen der besetzten Stadt erfüllte, gelang es, deren 25 zum Marsch auf Bern zu verpflichten; die andern — etwa hundert an der Zahl — waren froh, wieder heimkehren zu dürfen. Am 16. September belegte Hudibras Küttigen mit Einquartierung. Da wandte sich der Unwille der Jurabauern gegen die eigene Munizipalität. Sie bedrohten nun ihrerseits den Präsidenten, der es für gut fand, seiner Sicherheit wegen als Dragoner nach Aarau zu ziehen. Erst als die <Bernischen Truppen> aus Küttigen verschwunden waren, durfte sich Bircher wieder zu Hause zeigen. Daraufhin wurde er nochmals zum Einrücken gezwungen.» (269)

Dazu wäre allerdings zu bemerken, dass Bircher vielleicht auch nicht völlig frei von der Tendenz gewesen sein mag, den durch Bonapartes Machtspruch wieder eingesetzten helvetischen Instanzen zu sagen, was diese gerne hörten und ihn in den Augen der gegenwärtig Mächtigen entlasten musste.

In der helvetischsten der Städte selbst herrschte am 13. September eine gedrückte Stimmung. Der Bürger Milizinspektor des Kantons Aargau, Hunziker, trat, wie das Protokoll der Aarauer Munizipalität sagt, «wegen verschiedener Äusserungen hiesiger Bürger» vom «Posten eines hiesigen Kommandanten» zurück und liess sich «ungeacht unserem Anhalten» nicht zur Beibehaltung seiner Stelle bewegen (270). Der Feind war dafür wohl zu nah, das Vertrauen in den Kampfwillen der Bürger zu schwach. Zum «Platzmajor» ernannte die Munizipalität Samuel Fisch (271). Rund 400 Aarauer standen während der Nacht unter den Waffen (272). Regierungsstatthalter Rothpletz stand in der Naherwartung der Konterrevolution, ja er fürchtete um sein eigenes Leben. Das Kriegs- und das Justizdepartement liess er wissen:

«Baden ist nach einem tapfern Widerstand von den Bauren besetzt worden. Sie haben über 30 Todte und viele Blessirte, die Unsrigen leider auch 1 Todte(n) und 3 Blessirte. Ich bedaure diesen wichtigen Pass. Auch Brugg sei besetzt, wo aber nichts weiter(s) als die Archive und, wie es heisst, die Munition genommen wurde. Aarau erwartet stündlich einen Überfall und wird sich nicht halten können, wenn der Schwall gross ist; zwar zweifle ich noch, ob die Bauren nicht (eher) gegen Zürich ziehen. Hülfe könnte uns noch retten. Leben Sie wohl; vielleicht schreibe ich Ihnen nicht mehr.» «Die Unruhen haben in den Badenschen Districten losgebrochen; die daselbst befindlichen Truppen haben zwar den ersten Anfall zurückgewiesen; sie müssen nun aber schleunigst zurückgezogen werden, da ich sie von hier (aus) nicht unterstützen kann. Unterdessen verbreitet sich der Sturm; nach den eben eingelaufenen Nachrichten wird Brugg überrumpelt, und die Masse des Volks zieht sich aufwärts. Man will die Waffen und nach Bern. So stehen die Sachen; ich habe treulich ausgehalten und bin vielleicht ein Opfer meiner Pflicht, aber mit dem heitersten Gefühl das dieses Bewusstsein einflösst. Ich kann Ihnen keinen umständlichen Rapport machen. Die Sicherheit hiesigen Platzes erheischt alle meine Zeit. Machen Sie der Regierung die Anzeige von dieser Lage der Sachen. Wenn ich kann, so folgt ein fernerer Rapport.» (273)

In Bern war die helvetische Regierung etwas weniger forsch gestimmt als auch schon. Der Senat setzte eine Dreierkommission (Saussure, Wieland, Müller-Friedberg) ein, welche über die Lage der Republik berichten solle. An General Andermatt ging der strikte Befehl des Vollziehungsrates ab, auf den Einsatz von glühenden Kugeln zu verzichten. Staatssekretär Schmid dagegen zeigte sich als der alte Kämpfer für die helvetische Sache. Er glaube nicht, schrieb er dem General, dass die Stadt Zürich sich auf blosse durch Artilleriebeschuss unterschriebene Aufforderung hin ergeben werde. Schmid empfahl vielmehr einen Überfall wohl etwa in der Art einer Escalade (an ein Brescheschiessen mit anschliessendem regulärem Sturm dachte er, der die artilleristische Schwäche der Andermattschen Armee kannte, gewiss nicht). «Vielleicht verlieren Sie dabei Leute. Allein, das Heil des Vaterlandes, das Geschick, ja der Bestand der Republik hängen von einer derartigen Massnahme ab und da lässt sich das Opfer einiger Tapferer der Armee schon darbringen. Man versichert mir, dass es recht leicht ist, einen dieser (schwachen) Punkte zu finden. Die Befestigungen sollen an mehreren Stellen nur 15 Fuss hoch sein und der seeseitige Eingang sehr schwach und die kleine Pforte schlecht bewacht. Mir scheint immer noch, sie sollten eher einen Handstreich ins Auge fassen, als sich den Anschein zu geben, Zürich belagern zu wollen.» (274)

Renggers Tagebuch gibt die Innenansicht der zerfallenden Helvetik:

«13. Herbstmonat. — Dem Senate wurde die Lage der Republik dargestellt und derselbe über die, vorzüglich gegen Zürich, zu ergreifende Parthey befragt. Saussüre machte hier die Motion zu einer Dictatur und gab zu verstehen, dass die Massregel den Beyfall des französischen Ministers haben würde. Man ernannte denselben mit Wieland und Müller zu einer Commission, da Verninac wirklich die Aufstellung einer Dictators in der Person des B. Dolder insinuirte; auch waren die Committirten übereingekommen, in diesem Sinne zu rapportiren, jedoch so, dass die zu ertheilende Vollmacht vorzüglich die gütliche Beylegung der innern Zwistigkeiten zum Zwecke haben sollte. Des Abends versammelten sich einige Senatoren von der republikanischen Partey nebst Schmied und Tribolet bey Von der Flüe; Tribolet schlug eine Veränderung im Regierungs-Personale vor, wobey man Jemand von der aristokratischen Partey in den Regierungs-Rath nehmen würde; man gieng auseinander ohne etwas auszumachen. In der Nacht empfing Tribolet einen Bericht vom Regierungsstatthalter des Cantons Aargau, worin derselbe vom Ausbruche der Insurrection im Canton Baden und dem Heranrücken der Insurgirten Kenntniss gab. Er bediente sich dessen und des widrigen Eindrucks, den die Sage von Dolders Bestimmung zur Dictatur auf die republikanische Partey, namentlich auf die Offiziere der Garnison gemacht hatte, um mit Hülfe Von der Flüe's einige der letzteren nebst verschiedenen bedeutenden Individuen von der aristokratischen Partey spät in der Nacht bey sich zu vereinigen und eine Übereinkunft zu Stande zu bringen, zu Folge der Wattenwyl von Landshut, Monod und Roll oder Suter von Schwyz zu Vollziehungs-Räthen gewählt werden sollten, wogegen sich die Führer der aristokratischen Partey anheischig machten, die beginnende Insurrection sogleich zu hemmen.» (275)

Noch war der Kampf nicht entschieden, noch gab es zahlreiche Verantwortungsträger, die für alle Fälle nach beiden Seiten hin gut Wetter zu machen trachteten. Der Sankt Galler Regierungsstatthalter Gschwend teilte am 14. September 1802 dem Justizdepartement nach Bern mit, er habe kein Mittel, um «den überhandnehmenden Landsgemeindegeist durch Kraftäusserungen zu hintertreiben». Er habe mit den führenden Männern der ehemals fürstlichen Landschaft den Zusammentritt des kurz vor der Revolution bestehenden Landrates vereinbart. Dies glaube er zulassen zu müssen, denn sonst würden Personen «zu Stellen befördert, die das Land in den Zustand des Krieges gegen die Regierung» versetzen würden (276). Graubünden dagegen hatte seine Brücken zur helvetischen Regierung abgebrochen, den Regierungsstatthalter Gaudenz Planta mit Zimmerarrest belegt, ja unter Bewachung gestellt und sein Bureau versiegelt. Nun befürchtete man aber in Chur noch am 14. September, die Regierung, deren Truppen in Wirklichkeit ohnmächtig auf dem Zürichberg standen und die sich einem Stoss aus dem Unteraargau auf Aarau ausgesetzt sah, diese Regierung könnte Truppen nach Graubünden werfen (277). Näher am Gegner, in Glarus, erliess der Landrat am selben 14. September ein Manifest, in welchem er seine Entschlossenheit bekräftigt, die eigene demokratische Verfassung zu verteidigen und jene «bestmöglichst zu unterstützen» «so sich gleich uns constituirt haben, constituiren werden oder in Güte zu verbrüdern Vorhabens sind». Darunter sind die demokratischen Kantone sowie jene zu verstehen, in welchen die Gegensätze zwischen der ehemals herrschenden Stadt und dem ehemals untertänigen Land «durch eine gütliche Ausgleichung» behoben worden sind. Ziel sei, dass alle sich «als Freund und vereinigte gleich frei und unabhängig erklärte Schweizerbrüder ansehen können» (278). Das lange so zurückhaltende Uri nahm am 14. September offiziell das neue «Defensionale», und damit seine Hilfsverpflichtungen, an (279). Aber nicht die Entwicklungen in der Ostschweiz oder um den Vierwaldstättersee waren am 14. September entscheidend. An diesem Tag hing alles davon ab, wie sich Zürich bzw. das helvetische Heer vor seinen Toren halten würde.

In der Stadt herrschte eine gespannte Stimmung. Um Mitternacht, in den letzten Minuten des 13. oder in den ersten des 14. Septembers, wollte eine Ordonnanz zum Stadtkommandanten, fand diesen aber nicht in seinem gewohnten Zimmer. «Das auf dem Tische stehende Licht war weit hinabgebrannt.»

Bald danach lief in der Stadt das Gerücht um, die helvetischen Truppen rüsteten sich auf der Platte zum Sturm und man wisse nicht, wo der Stadtkommandant hingekommen sei. Dieser besprach sich in einem Nebenzimmer mit Ziegler und schwang sich, durch den Lärm einmal aufgeschreckt, in den Sattel, um die Wachtposten und die ganze Stadt persönlich zu beruhigen (280).

Im helvetischen Hauptquartier auf dem Zürichberg trafen am 14. September, um 06.00 Uhr, Hans Kaspar Hirzel und Hans Reinhard als Vertreter der Munizipalität Zürich ein. Sie besprachen sich mit May bis um 09.00 Uhr, worauf May Andermatt und dessen Kommandanten beizog und bis gegen Mittag weiterverhandelte. May entliess Hirzel und Reinhard mit der Aufforderung, auf 16.00 Uhr Ausgeschossene «mit Vollmacht abzuschliessen» zu entsenden. May gab sich in seinem Bericht an den Vollziehungsrat überzeugt, es liege in dessen «Gesinnungen, ... dem Bürgerkrieg ein Ende zu machen, wenn es auf eine ehrenvolle Art ... geschehen kann und dadurch die gesetzliche Ordnung wieder hergestellt wird.» (281) Es hält schwer sich des Eindrucks zu erwehren, Mays erste Priorität sei das Verhindern weiteren Blutvergiessens gewesen. Der Waadtländer Grenadier, der ihm durch das offene Fenster ins Konferenzzimmer zurief «Gestattet uns eine 24 stündige Plünderung und die Stadt soll euer sein» strengte seine Stimme jedenfalls vergeblich an (282). In der Stadt stieg die Nervosität auf den höchsten Grad. Der Stadtkommandant wurde mehrmals auf offener Strasse angehalten und darauf hingewiesen, dass er mit seinem Kopf dafür hafte, dass die Stadt nicht übergeben werde (283). Die Truppen in der Stadt setzten durch, dass sie über den Inhalt der mit May zu schliessenden Vereinbarung angehört wurden. Dabei wurden Forderungen laut, bis hin zu jener, die Banditen (gemeint war die helvetische Armee) sollten den Kanton Zürich innert 60 Stunden räumen und versprechen, ihn nie mehr zu betreten (284). Unter solchen Umständen war es sinnvoll, dass sich der Stadtkommandant mit den Unterhändlern zu May begab. Ins Schlössli von Hirzel und Reinhard zu den Verhandlungen gerufen schilderte Meyer May die Lage in der Stadt; daraus ergab sich von selbst dass man keine helvetischen Truppen durchziehen lassen durfte, wollte man nicht Ströme von Blut fliessen lassen. Meyer wurde entlassen, worauf er im unteren Zimmer des Schlösslis mit den kriegsgefangenen Offizieren Schaufelberger, Rahn und anderen auf die Gesundheit aller braver Militairs und aller braver Schweizer anstiess. Noch einmal zu May gerufen, erklärte er, ein Durchmarsch helvetischer Truppen durch Zürich sei ausgeschlossen. «Die ganze Bevölkerung, Junge und Alte, Männer und Weiber, würde auf sie losstürzen.» So wurde es 22.00 Uhr und die Zürcher gingen in die Stadt, um dort zu übernachten (285). Die Ankündigung, auch die Frauen würden sich gegen einen helvetischen Durchmarsch zur Wehr setzen, war keineswegs eine leere Drohung: helvetisch gesinnte Zürcher Oberländerinnen und föderalistisch empfindende Aargauerinnen sind für das Jahr 1802 im Felde bezeugt (286).

Der alt Regierungsstatthalter des Kantons Baden Johann Jakob Scheuchzer hielt es am 14. September noch für nötig, dem Vollziehungsrat zu schreiben, es habe «die dringende Nothwendigkeit» Baden dazu gezwungen, der Gewalt nachzugeben, nachdem das Militär «ohne den Schuss abzuwarten schon mehrentheils darvon geloffen» sei (287). Schreiben dieser Art zeigen, dass am 14. September eine Partei der unsicher Abwartenden existierte, die entschlossen war, es mit dem Sieger dereinst nicht unnötig verdorben zu haben. Mittlerweile griffen die entschiedenen Föderalisten erfolgreich nach der helvetischen Hauptstadt der ersten Stunde.

Aarau war in der Tat bereits um 06.00 Uhr eine zum Pflücken reife Frucht. Regierungsstatthalter Rothpletz schrieb dem Vollziehungsrat:

«Eine Colonne Bauren unter Anführung Erlachs zieht von Brugg her, das sie besetzt hat; eine andere aus den Gegenden des Hallwyler Sees, von Goumoens geführt, vereinigt sich mit ihr und wird diesen Morgen vermuthlich Aarau besetzen; eine dritte soll noch läng(s) dem linken Aarufer obwärts marschiren und alles auf Bern zuströmen. In Brugg sollen, wie ich höre, keine Excesse verübt worden sein; B. Herzog von Effingen seie bewacht. Von Defe(n)sion ist keine Rede, weil man durchaus grösseres Unglück vermeiden will und nirgends unterstützt ist. Ich habe es meiner Pflicht angemessen geglaubt, diesen Bericht noch zu erstatten. Meine Lage können Sie sich denken. Gruss und Achtung.» (288)

In Lenzburg waren bereits um 03.00 Uhr die Stadtbehörden und der Unterstatthalter zusammengetreten und beschlossen, den heranziehenden Truppen Erlachs durch die Wirte alles Gewünschte verabfolgen zu lassen. Ein tags zuvor gewählter vierköpfiger Sicherheitsausschuss wurde für permanent erklärt. Alt Regierungsstatthalter Gottlieb Hünerwadel stand an der Spitze des städtischen Empfangskomitees für den um 05.00 Uhr eintreffenden Erlach (289). Erlach der jetzt (wie bereits erwähnt) Major Joseph Kirchmeyer mit 900 Mann zu General Steiner auf die Zürcher Landschaft schickte, kannte keine Bestandessorgen. Er wusste die solide Mehrheit hinter sich und konnte deshalb das Milizsystem voll ausschöpfen. Von Lenzburg aus befahl er:

«Ich ends unterschriebener befehle im Namen von Schultheiss und Räthe(n) der Stadt Bern den nachfolgenden gegenwärtig (so)genannten Municipalitäten, bei ihrer Eidespflicht, dass alle diejenigen Auszüger sich unverzüglich bewaffnen, mit gehörigen Patronen und übriger Armatur und soviel möglich Montur; die Mannschaften zusammengekommen seyend sich wo möglich unter Anführung eines Unter-Officiers sich zusammenziehen. Die Auszüger von Hunzenschwil, Schafisheim, Seon, Niederhallweil, Bonischweil, Allenschweil, Schwaderhof, Birrweil, Reinach, Menziken, Leimbach, Gonteschweil, Kulm, Teufenthal, Gränichen sich unverzüglich in Suhr, nebst allen sich dort befindlichen Tamburen und Kanoniers sowohl als Dragoner, [sich] einfinden sollen. — PS. Die Trüllmeister jeder Gemeinde sollen sich bei ihren Mannschaften befinden.» (290)

In Lenzburg setzte Erlach Gottlieb Hünerwadel als Stadtkommandanten ein und beauftragte ihn, «alle Truppen, die nachfolgen und sich in der Stadt oder den nahe dabei liegenden Ortschaften versammeln würden, nach Baden, Mellingen und Bremgarten zu verlegen». Dort sollten sie die Brücken abdecken.

Erlach zog daraufhin nach Suhr, wo er zu seiner Verwunderung feststellte, dass mit einer neuen Vollmacht und völlig unabhängig von ihm Ludwig May von Schöftland bereits vor die Stadt Aarau gerückt war und diese zur Kapitulation aufgefordert hatte. Sinnvollerweise liess Erlach May gewähren (291). Damit ging nach Baden und Brugg die dritte Stadt ohne Zutun des bernischen Generals in die Hände der aargauischen Anhänger des Lunéviller Artikels 11 über, was einmal mehr deutlich erkennen lässt, dass nicht eine Restauration des Ancien Régime in Baden und im Aargau auf dem Programm der Aufständischen stand, sondern eine politische Neuordnung unter Zuhilfenahme noch tauglicher Elemente der vorrevolutionären Verfassung und unter Korrektur der helvetischen Kantonsgrenzen. Soweit und solange dies den politischen Bedürfnissen der ländlichen Teile des Kantons Aargau in ihrem Kampf gegen den Steuer- und Verwaltungsdruck und die Übermacht der Städte und insbesondere Aaraus entsprach, war die Sache der altgesinnten Berner Patrizier auch die Sache der Aargauer Anhänger des Artikels 11.

Am 14. September 1802, 16.30 Uhr, kapitulierte Aarau. Wir lassen den Text der Kapitulation (292) und Erlachs Schilderung der darauf folgenden Ereignisse sprechen:

«Ludwig May, Anführer des beorderten Truppenkorps, im Namen des zu Wiederherstellung der schweizerischen Eidgenossenschaft zu Bern niedergesetzten Comites, mit der nöthigen Vollmacht versehen, fordert die Stadt Aarau auf, unter folgenden Bedingungen ihre Thore zu öffnen.

1) «Alle wegen politischer Meinungen eingezogene Personen werden ledig und frei gelassen.»
Antwort: Der Regierungsstatthalter des Kantons Aargau mit einem Comite von Bürgern der Gemeinde, mit dem Präsidenten der Verwaltungskammer und dem Obereinnehmer, antwortet dem B. May, Commandant eines Truppencorps vor Aarau, um Feindseligkeiten zu verhüten, auf folgende Art:
Niemand ist aus dieser Ursache eingezogen worden. — *Zugegeben!*

2) «Man verspricht Sicherheit der Personen und des Eigenthums; niemand soll politischer Meinungen wegen, oder weil er irgend ein Amt bekleidet hat, beunruhigt werden.»
Antwort: Der zweite Artikel über Sicherheit der Personen und des Eigenthums in vollem Verstand wird angenommen.

3) «Alle Staatskassen werden dem zu dieser Absicht ernannten Commissär übergeben. Alle Behörden werden provisorisch ihre Verrichtungen fortsetzen, und zwar unter persönlicher Verantwortlichkeit.»
Antwort: Der Regierungsstatthalter kann auf keine Weise in die Auslieferung der Staatskassen einwilligen, weil weder er noch die eingesetzten Autoritäten des Kantons das Recht haben, ohne höhere Bevollmächtigung darüber zu verfügen; aber man wird es nicht hindern können, dass man sich derselben bemächtige, und in diesem Fall setzt man sein Zutrauen auf die Redlichkeit des Commandanten, oder, was rücksichtlich des Eigenthums von den Beamten besonders wird dafür erklärt werden, auf die Commissiairs. Alle Behörden werden ihre Verrichtungen provisorisch fortsetzen, aber weder der Regierungsstatthalter noch sein Unterstatthalter werden Befehle annehmen, die den bisher von der Regierung erhaltenen widersprechen. — *Zugegeben.*

4.) «Der Regierungsstatthalter wird dem Commandanten von der Festung Aarburg befehlen lassen, diesen Platz mit dem sich etwa darin befindenden Mund- und Kriegsvorrath zu übergeben.»
Antwort: Der Regierungsstatthalter kann dieses nicht thun, ohne sich der Verrätherei schuldig zu machen; übrigens kann er in dieser Sache keinen Befehl geben.

5.) «Alle Kanonen und Waffen, mit Ausnahme der Privatjagdflinten und Degen, werden auf dem Rathhaus abgegeben.»

Antwort: Man kann in keinem Falle hindern, dass man über die dem Staat gehörigen Waffen, Munition und Kanonen verfüge; was aber die Munition und Waffen betrifft, die Eigenthum der Bürger sind, so ist man entschlossen, sie zu vertheidigen. Man hat indess nicht Ursache, hierüber in Furcht zu seyn, da nach dem 2ten Artikel Sicherheit gewährt wird.

Abgeschlossen mit Vorbehalt dieser Einschränkung.

6) «Die Munizipalität wird Garnison annehmen, und die Stadt wird die schleunigsten Maassregeln ergreifen, gegen Bons oder baares Geld die Truppen mit Brod und Fleischrationen zu versehen.»

Antwort; Die Gemeinde wird keine Garnison annehmen, aber alle Truppen werden freien Durchpass haben, ohne dass man die Waffen gegen die Parthei des B. May ergreife; hierfür giebt man die heiligste Versicherung, indem man bereit ist, es mit einem Eid zu bekräftigen. *Man kommt wegen der Redaktion der Übergabe unter der Bedingung überein, dass man die erste Nacht 300, die folgenden Tage 200 Mann einkasernirt; die Offiziere werden in Bürgershäusern einquartirt.*

7.) «Wenn gegen Erwartung die Übergabe abgeschlagen wird, so kann man nicht für die unausweichlichen Folgen eines Überfalls gut stehen.»

Anfrage des Statthalters: Die Anführer der Elite verlangen, ihre Truppen frei abziehen zu lassen, worüber ich nichts verordnen kann.

Beschlossen: «Dass sie es versuchen können auszuziehen, oder die Waffen abzugeben.»

So gemacht, beschlossen und doppelt ausgefertigt.

Aarau den 14. Herbstmonat 1802, Abends 41/2 Uhr. Unterzeichnet: *Ludwig May,* von Schöftland, Commandant. Regierungsstatthalter *Rothpletz.*

Nachdem alles auf diesen Fuss gesetzt war, liess sich die Besatzung zu Sinn kommen, anstatt das Gewehr zu strecken, gegen uns auszurücken. Da ereignete sich ein ganz ausserordentlicher Auftritt. Mehrere tausend Personen, Männer und Weiber, marschirten in ihrer Sonntagstracht, mit Stöcken versehen, auf unsern beiden Flügeln gegen den Feind. Man schickte Anfangs einige Offiziere nach ihnen, und bald darauf Dragoner aus, um sie von ihrem Vorhaben abzuhalten. Allein weder das Zureden von den erstern, noch das Drohen der letztern vermochte ihren Gang zu hemmen. Sie rückten in einer Linie mit den Truppen immer vorwärts. Dieses seltsame Schauspiel, vereint mit der Nachricht, dass noch eine andere Colonne, kommandirt von Franz Strauss, die Erlach von dem Dorfe Schinznach aus, jenseits der Aare, hatte anrücken lassen, ganz nahe sey, brachte die helvetischen Truppen in Bestürzung. Sie erboten sich, ihre Waffen abzugeben und friedlich abzuziehen, wenn man nur die Güte haben wollte, ihnen diejenigen zu lassen, die ihnen eigenthümlich zugehörten. (Diess war hauptsächlich der Fall bei den Jägern). Die Antwort war; sie sollen vorerst das Gewehr strecken, dann werde man alle Waffen, die ihr Eigenthum seyen, absöndern, einschliessen, und ihnen nach Verfluss eines Monats, wenn sie nicht wider uns dienen würden, zurückgeben. Sie schienen mit dieser Antwort zufrieden zu seyn, und kehrten in die Stadt zurück. Aber anstatt das Gewehr zu strecken, machten sie sich durch das Solothurner-Tor heraus auf und davon. Diese Untreue half ihnen nicht viel. Die meisten wurden in der Nacht von den Bauern entwaffnet und zerstreut.

Indess waren unsere Truppen in die Stadt eingezogen, und ein Theil davon sollte in die benachbarten Dorfschaften einquartirt werden. Dies erregte Unzufriedenheit. Sie beklagten sich mit Recht, dass man die undankbaren Bewohner dieser Stadt so ausserordentlich, und Sie, die allzeit bereit seyen, alles für das Wohl des Vaterlandes aufzuopfern, so wenig begünstige. Da eilte der Regierungs-Statthalter zu General von Erlach, und bat ihn, dass er laut Capitulation Ruhe und Sicherheit verschaffen möchte. Erlach erwiederte; ja, ich werde es thun, aber kaum dazu gelangen können, wenn der Artikel von der Einquartierung nicht abgeändert wird. Der Regierungs-Statthalter fühlte das Gewicht der nebenbei angebrachten Gründe, und gab nach. Die sämmtliche Mannschaft wurde, ohne Ausnahme, in die Stadt einquartirt, und sogleich war alles still und ruhig.

Wir fanden in Aarau 5 Kanonen und einige Kriegsbedürfnisse, aber sehr wenig Flinten. Dieser Mangel, dem Commandant May zum Theil hätte steuern können, wenn er das ihm von dem General von Erlach in Brugg gegebene Beispiel befolgt, und nicht allzugütig gegen die Bürger von Aarau gewesen wäre, verursachte, dass viele wackere Männer, die sich ohne Gewehr befanden, unbewaffnet blieben, und desswegen wieder nach Hause geschickt werden mussten. Diese und andere durch nachherige ähnliche Fehler verursachte Verminderung von streitbaren Männern hätte für uns ohne das Glück, das Erlach an alle Orte begleitete, sehr nachtheilig seyn können.

Am nemlichen Tage, Abends um 9 Uhr, erhielt G. von Erlach durch Kaplan Suter von Schwyz, der ehemals in kaiserlichen Diensten gestanden, und dem er in Suhr den Auftrag gegeben hatte, auf den Grenzen nachzusehen, ob seine anbefohlenen Sicherheitsanstalten ausgeführt worden oder nicht, den wichtigen Bericht, dass weder die Brücken von Baden und Mellingen, noch dic von Bremgarten abgetragen seyen. — Diesem Übel zu steuern, wurde sogleich May ersucht, sich frühe Morgens mit seinen Leuten in diese Städte zu begeben, um durch sie unverzüglich verrichten zu lassen, was bis dahin durch blosse Befehle nicht zu Stande kam. Allein May antwortete, er müsse zuerst seine Mannschaft organisiren und in Compagnie-Rödel einschreiben lassen. Erlach erwiederte ihm, dass jetzt die Abtragung erwähnter Brücken, und durch diese das Aufhalten der Andermattischen Armee, die nur 81/2 Stunden von uns entfernt wäre, ungleich nothwendiger und dringender sey; ja, dass sie uns leicht durch Eilmarsch überfallen könnte. May beharrte dennoch auf seinem Vorsatz, und der erstere musste, um sich nicht mit ihm zu entzweien, nachgeben.

In dieser gefahrvollen Lage suchte Erlach unverweilt 1. Die Übergabe von Aarburg zu bewirken. 2. Sich der Stadt Olten zu bemeistern, und 3. Einen Landsturm im Kanton Baden zu veranstalten.»

Für den relativ gesitteten Verlauf des Feldzuges war nicht nur die von Erlach, May und anderen Chefs durchgesetzte Disziplin verantwortlich, sondern auch die versöhnliche, unprovokative Haltung zahlreicher Anhänger der Helvetik. So entging der helvetisch gesinnte Kirchberger Pfarrer Jakob Nüsperli grösserem Schaden, weil Nanny Nüsperli den wild gestikulierenden, zum Zweck eines Besuches hochgestiegenen Föderalisten geistesgegenwärtig Wein, Brot und Käse als Znüni aufstellte.

Während Aarau kapitulierte, glaubte Kommandant Tornare, der Helvetik die Landschaft Hasli erhalten zu können. Tornares Unterführer Dufay schrieb seinem Chef von Meiringen aus am 14. September nach Brienz, er stelle seit gestern Umtriebe mit dem Ziel fest, die (helvetischen) Truppen zu entwaffnen und zu vertreiben. Für Gewehre würden bis zu Fr. 16.– bezahlt. Der Unterstatthalter glaube, für die öffentliche Ruhe im Oberhasli brauche er noch einmal 300 Mann. Gelte es, den Brünig wieder zu besetzen, werde man, nach Ansicht des Unterstatthalters von hinten wie von vorn, von den Unterwaldnern wie von den Haslern, angegriffen werden. Tornare entschloss sich mit voller Mannschaft im Hasli einzurücken, die Berner (das heisst Burger), welche dort das Volk verhetzt hatten, zu bestrafen und einige der Schuldigsten einzuziehen und als Geiseln zu behalten (293).

Ganz anders war die Stimmung der Schützenkompanie Simmental. Hauptmann, Leutnant und Fourier trafen am 14. bei General Andermatt auf dem Zürichberg ein (294) und überbrachten die Nachricht, dass die Kompanie samt den beiden Sekondeleutnants am 13. in Dietwil umgekehrt sei und nach Hause marschierte. Am 14. September, 19.00 Uhr, traf diese Kompanie nun in Thun ein, begehrte Quartier und erzählte (wohl durch einen der Sekondeleutnants), man habe ihnen gesagt, wenn sie weiter vorrückten, würden ihnen die Bauern in den Rücken fallen, weshalb die Soldaten beschlossen hätten, umzukehren und im Oberland zu dienen. Der in Thun befehligende Hauptmann Frieden verlegte sie auf die Wirtshäuser und schickte dem Kriegsdepartement entsprechenden Bericht (295).

Die Vorbereitung des Aufstands gegen die Helvetik beruhte im Berner Oberland auf dem Ansehen der ortsansässigen Burger, auf alten Beziehungen aus den Fremden Diensten (oder von 1798 her) und auf der antihelvetischen Haltung eines Grossteils der Geistlichen. Für den Sigriswiler Pfarrer und Dichter Gottlieb Jakob Kuhn standen in diesem Ringen Altgläubige gegen Helvekler («spottweise nannte man sie Höllenfötzler») (296). Kuhn schilderte seinen Einsatz für die Mobilisierung der Sigriswiler so:

«Als nun im Septemb. 1802 die Gegenrevolution losbrach, ward ich von dem in Oberhofen versammelten Comite, dessen Seele der nachherige Herr Schultheiss von Mülinen war, bald benachrichtigt, ich weckte einige vertraute Bauern zur Theilnahme, durch diese wurden andere nachgezogen; mit einem kleinen Trup stieg ich am Nachmittag den Berg herab, andere folgten, die ganze Nacht dauerte der Zug, und am Ende hatte meine Gemeine wohl an 50 Mann unter den Waffen. So ward ich manchem Gliede der nachmaligen Regierung bekannt. Als nun spähter auch die Oberländer von Brienz und Hasle den See herab kamen, die alten

Bernermärsche geschlagen wurden und die alten Fahnen hoch von den Segelbäumen flatterten, da schlug mein Herz hoch auf, mir war ich müsste selbst den Schiessprügel ergreifen; ich gieng heim, setzte mich im Garten in meinen Lieblingswinkel, und dichtete ein Volkslied: Der Mutz: das so vielen Beifall fand.» (297)

Bei der späteren Organisation des Frutiger Bataillons, der Unterdrückung des Widerstands der helvetischen Behörden und der vorsorglichen Besetzung der Gemmi – wo der helvetische Kriegsminister 1799 hatte eine Festung errichten wollen – wirkte der Frutiger Pfarrer Jäggi massgeblich mit; Jäggi war sich nicht zu gut, anlässlich der Musterung den fehlenden Schreiber zu vertreten (298).

Was für die Berner Regierung in den ersten Märztagen 1798, das Emmental gewesen war, wurde nun, im September 1802, das Oberland für den helvetischen Vollziehungsrat: eine Region, in der das Gespenst des Umsturzes umging. Und wie 1798 die beiden letzten Regierungen der Republik Bern – die alte, provisorisch erklärte unter Schultheiss von Steiger und die neue, demokratische, provisorische Regierung unter Präsident von Frisching – den Halt in der Auflösung nicht mehr fanden, so erging es nun *mutatis mutandis* den obersten helvetischen Behörden. Es kam zum Staatsstreich. Am 14. September 1802, um 05.00 Uhr, traten einige Ausgeschossene der nächtlichen Versammlung von Offizieren der helvetischen Garnison und Föderalisten (Renggers Tagebuch spricht von Aristokraten) vor Landammann Johann Rudolf Dolder und erwirkten von diesem seine sofortige Demission, worauf der Mann, der tags zuvor zum Diktator hatte ausgerufen werden sollen, unter militärischer Bedeckung als Gefangener nach Schloss Jegenstorf gebracht wurde (299). Statthalter Vinzenz Rüttimann berief daraufhin den Senat ein, dem Staatssekretär Tribolet die Doldersche Demission vorlegte. Der Senat entschied nun, den Bürgerkrieg abzubrechen. Die Staatssekretäre erhielten Weisung, sofort die Einstellung der Feindseligkeiten zu befehlen (300). Die Lage auf dem offenen Land war mittlerweile derart, dass einige Berner Föderalisten ohne sich lächerlich zu machen anboten, die offiziellen helvetischen Regierungskuriere zu begleiten, um ihnen sicheren Durchpass zu verschaffen (301). Die Haltung der Garnison von Bern, von der ja mehrere Offiziere in den Putsch verwickelt waren, schwankte, weshalb ihr Staatssekretär Johann Jakob Schmid unter Androhung des Kriegsgerichts befahl, nur die Befehle des (zur Zeit noch aus den beiden Statthaltern bestehenden) Vollziehungsrates auszuführen. Diese Befehle würden, dem Dienstweg entsprechend, entweder direkt vom Kriegsdepartement, also von Schmid selber, oder dann vom Kommandanten Ignaz von Flüe ausgehen (302). Im Senat boten im Verlaufe der Diskussion auch die beiden Statthalter (Rüttimann und Hans Heinrich Füssli) ihren Rücktritt an, welcher jedoch nach dem Willen des Parlaments erst angenommen werden sollte, wenn eine Delegation von Dolder erfahren habe, dass dieser freiwillig zurückgetreten sei. Alt-Landammann Dolder erklärte, freiwillig zurückgetreten zu sein, jedoch nur aus dem Vollziehungsrat, nicht aus dem Senat (303). Die Koalition aus helvetischen Militärs (Schmid und von Flüe sollen dabeigewesen sein (304)), und Föderalisten hatte offensichtlich nicht die nötige innere Kraft, um über die Irritation des Gesandten Verninac hinweg neue Tatsachen zu schaffen und dem Bürgerkrieg Einhalt zu gebieten. Stattdessen wurden im Felde und in Schwyz neue Tatsachen geschaffen.

AUFKÜNDIGUNG DES WAFFENSTILLSTANDS

Nach Schwyz ordneten bezeichnenderweise am 15. September 1802 *Präses und Deputierte Gemeiner Drei Bünde* Gesandte ab, um «zu conferieren, abzuhandeln und zu beschliessen, was zu Vertheidigung unseres Vaterlandes, zu Beschützung dessen wahre(r) Freiheit, zur Sicherheit, Ruhe und Wohlstand desselben gedeihlich und erspriesslich sein möchte.» (305) Gegen die klar eidgenössische Strömung, wie sie hier zum Ausdruck kommt, konnte die Energie einiger helvetischer Militärs wie des Kommandanten Joseph Tornare nichts ausrichten. Tornare meldete am 15. September, 07.00 Uhr von Brienz aus, er marschiere jetzt nach Meiringen und erbitte einige Kisten Patronen. Fast gleichzeitig ging vom Kriegsdepartement in Bern der Befehl an ihn ab, sich nach Thun zurückzuziehen. In Brienz solle er eine Kompanie belassen, die er aber, wenn er Hinweise darauf habe, dass sie sich nicht zu behaupten vermöge, ebenfalls nach Thun zurückziehen solle (306). Die strategische Initiative, die nach dem Waffenstillstand der Regierung mit den Urkantonen zunächst bei der Helvetik lag, seit dem Abwehrerfolg Zürichs und dem Aufstand in Baden und im Aargau aber eher bei den Föderalisten, fiel diesen jetzt definitiv zu. Dies ist einmal mehr auf den tonangebenden Kanton Schwyz zurückzuführen. Am 15. September, 12.00 Uhr, beschloss die Dreiörtische Konferenz, General Joseph Leonz Andermatt die Aufkündigung des Waffenstillstandes auf den 18. September 1802, 12.00 Uhr mitzuteilen (307). Diesen entscheidenden Schritt begründete Schwyz in einem Schreiben an Uri und beide Unterwalden mit der Gefahr, die eine Einnahme Zürichs durch die helvetischen Truppen heraufbeschwören könnte. Ausserdem müssten bei Fortdauer des Waffenstillstandes Glarus und Appenzell ihre in der March stehenden 400 Mann und die noch dorthin marschierenden 800 Mann zurückrufen. Man habe deshalb zwei Deputierte an die Stadt Zürich geschickt, die, falls sich die Stadt für fähig erkläre, sich noch dreimal 24 Stunden zu halten, Andermatt die Aufkündigung des Waffenstillstandes überbringen und General Niklaus Franz Bachmann zur Übernahme des eidgenössischen Oberbefehls bewegen sollten (308). Das hiess nun in der Tat, die Brücken abbrechen, und es erstaunt denn auch nicht, dass vom selben Tag der Entwurf einer Einladung zu einer Tagsatzung nach Schwyz stammt. Rechtmässig, so erklärt darin die fünförtische Konferenz, könne nur eine Zentralregierung sein «deren Mitglieder unmittelbar aus den Cantonen gewählt sind». Eingeladen worden wären von den Kantonen Uri, Schwyz, Unterwalden, Glarus und Appenzell, Zürich, Bern, Luzern, Zug, Freiburg, Solothurn, Schaffhausen, Basel, Bünden, Lauis (Lugano), Bellenz (Bellinzona), Thurgau, St. Gallen und Baden (309). Auffällig ist das Fehlen der offenbar als endgültig verloren betrachteten alten Zugewandten Mülhausen, Wallis, Neuenburg, Genf und Bistum Basel, sowie des Veltlins einerseits, der Waadt und des Aargaus andererseits. Es muss schwierig gewesen sein, zwischen dem vorherrschenden Unwillen Bonapartes über eine allfällige Wiederherstellung der Berner Herrschaft in der Waadt und dem Mangel an bernischer Bereitschaft für weniger, als für die Grenzen von 1798 zu den Waffen zu greifen, den richtigen Weg zu finden. Der Aargau als selbständiger Kanton schliesslich entsprach einem tiefgefühlten Bedürfnis der nicht mehr zu Bern wollenden Stadt Aarau in ihrer Mehrheit, und dem französischen Willen, eine Art östlichen Garantiekanton für die Waadt zu schaffen. Gewiss, eine strikte Auslegung des Lunéviller Artikels 11 dispensierte vom aussenpolitischen Teil dieser Überlegungen und der innenpolitische musste angesichts der probernischen Stimmung auf der Aargauer Landschaft problematisch erscheinen und doch stellt sich die Frage nach der realpolitischen Qualität der Lagebeurteilung des 15. Septembers.

Die beiden nach Zürich Abgeordneten trugen folgende Instruktionen auf sich:
«1) Wenn die Vorsteher der Stadt Zürich den zwei Abgeordneten die schriftliche Zusicherung geben können, dass sie ihre Stadt bis auf den 18. dies Mittags um 12 Uhr vertheidigen und behaupten wollen, so sollen die Herren Deputirte(n) bevollmächtigt sein, auf der Stelle die Waffenstillstandsaufkündigung an G. Andermatt abgehen zu lassen und der Stadt die Versicherung zu geben, dass auf bemeldte Stund die 5 Cantone die Feindseligkeiten gegen die helv. Truppen anheben werden. 2) Werden die HH. Gesandten beauftraget, vereint mit den[en] Vorstehern der Stadt den Truppen von Appenzell zu Handen H. Landammann Schmid von Urnäschen für Inn- und Ausserroden durch Eilboten den Standpunkt zu bestimmen, den sie auf gemeldte Stund und Tag zu beziehen haben. 3) Soll ein Offizier der Stadt Zürich den Etat aller Truppen welche die Stadt zu ihrem Gebot hat sowie auch die Stärke und Stellung der feindlichen Truppen dem Commandant der Glarner Truppen, Herr Obrist-Lieutenant Hauser, schleunigst überbringen. 4) Werden sich die HH. Ehrengesandte(n) alle Mühe geben, etwas Kriegs-Munition und wo möglich einige Canonen für unsere Truppen zu erhalten.» (310)

Die militärischen Aspekte wurden nunmehr stärker gewichtet als die politischen, die Zürcher Kampfkraft zählte, nicht der innenpolitische Konsens des Kantons. Das ist natürlich: in einem Krieg handelt es sich zunächst einmal darum zu gewinnen. Dass Probleme insbesondere um die Frage der politischen Gleichberechtigung der ehemals nicht das Stadtbürgerrecht geniessenden Zürcher auf diese Weise nicht gelöst, sondern für die Zukunft aufgespart wurden, versteht sich. Morgens um 09.00 Uhr am 15. September 1802 unterzeichnete Regierungskommissär May auf dem Zürichberg die von der Munizipalität um 08.00 Uhr genehmigte und anschliessend übersandte Kapitulation folgenden Wortlauts:

«Da durch verschiedene Umstände zwischen dem helvetischen Militär und den Einwohnern der Stadt Zürich Feindseligkeiten vorgefallen sind, so hat der Bürger Regierungscommissär May kraft seiner Vollmachten die Vermittlung derselben übernommen und infolge dessen mit den Ausschüssen der Stadt-Municipalität folgende Übereinkunft getroffen.

1. Der RCommissär May überlässt mit Zutrauen der Bürgerschaft von Zürich die Bewachung der Stadt, will keine Garnison in dieselbe legen und sich selbst dahin, als in den Hauptort des Cantons, verfügen und nur einige Ordonnanzen mit sich nehmen.

2. Alles Vorgegangene ist in völlige Vergessenheit gestellt, und (es) werden sowohl alle Einwohner der Stadt Zürich als alle helvetischen Bürger welche daran Antheil genommen haben aller Verantwortung entlassen, mithin auch alle diejenigen, welche von beiden Seiten gefangen genommen oder durch Militär- oder Civilbehörden angehalten worden sind, wenn ihnen nichts weiters zur Last fällt, freigelassen werden.

3. Von Unterschreibung der gegenwärtigen Convention an sollen schleunige Anstalten getroffen werden, um alle feindseligen Anordnungen aufzuheben.
   Zürich, den 15. September 1802, Morgens um 8 Uhr.» (311)

Damit stand der Sieg der Stadt Zürich völlig fest, denn eine helvetische Garnison hatte ihr aufgezwungen werden sollen, und sie hatte sich ihr Recht, davon verschont zu bleiben, erkämpft. General Andermatt schrieb denn auch dem Kriegsdepartement, er hätte die Aufnahme einer Garnison durch die Stadt zur *conditio sine qua non* einer Übereinkunft gemacht (312), was allerdings etwas hohl tönt, denn für Verträge braucht es immer wenigstens zwei Partner und Zürich hätte wohl Andermatts Zunge ebenso widerstanden wie seinen Kanonen. Der helvetische General liess ausserdem zwei in Mettmenstetten stationierte Kompanien des 2. Linienbataillons nach Luzern abgehen, einer Stadt, die durch innere und äussere Feinde bedroht werde. In Luzern hatten auch die ursprünglich für die Belagerung Zürichs vorgesehenen Waadtländer Grenadierkompanie und ein Munitionstransport zu bleiben (313). In der Stadt Zürich herrschte Hochstimmung, wie folgende Passagen in einem Brief der Munizipalität an Landammann Reding bezeugten:

«Der schimpfliche Abzug von unsern Mauren, den sich nun der mordbrenn(er)ische General gefallen lassen muss, ist eine Demüthigung, die ihm und seinen Committenten alle Kraft und Ansehen rauben muss.» (314)

«Die noch in etwas gehemmte Lage Ihrer drey Urcantone wird sich nun auch bald in einer ganz freien Stellung finden, und dann möge der Himmel unser allseitiges Bestreben zur endlichen Beruhigung der Schweiz mit seinem Segen krönen.» (315)

May sandte um 09.30 Uhr eine unterschriebene Kopie der Übereinkunft in die Stadt und bat um eine Eskorte. Dem Vollziehungsrat schrieb er um 11.00 Uhr, er habe alle seine Schritte in Übereinstimmung mit dem General, dem Generalstabschef und dem Chef der Artillerie getan, weshalb er nicht zweifle, dass man sie billigen werde. Ein Teil der helvetischen Truppen werde nach Winterthur und St. Gallen gehen, die übrigen durch die Stadt und weiter entweder auf Luzern oder in den Aargau marschieren (316). Als May dies zu Papier brachte, traf Hans Reinhard von Zürich her beim Wirtshaus von Fluntern ein (317), worauf May in Begleitung des Generalstabschefs, einem (318) oder zwei (319) weiteren Offizieren und acht Husaren (320) zu Reinhard stiess und mit diesem durch die Kronenporte in Zürich einzog. Hinter dem Regierungskommissär und seiner Eskorte wurde die Fallbrücke gleich wieder hochgezogen:

«Als nun May gegen Mittag an Reinhards Seite, welcher ihm vor die Stadt entgegengefahren war, im Begleite von Jayet und noch einem Officier mit 8 Husaren, so wie eines zürcherischen Reitertrupps durch die Kronenporte einzog, wo hinter ihm sofort die Fallbrücke wieder aufgezogen wurde, fand er hier das Freicorps zwar ihm die militairischen Ehrenbezeugungen erweisend, aber wie die ganze Besatzung unter zürcherischer Fahne aufgestellt und die hellblaue Kokarde zur Schau tragend. Von der Besatzung war Alles, was nur irgend auf den Wachen entbehrlich schien und einigermassen militairisch aussah, in einen zusammenhängenden doppelten Spalier von der Kronenporte bis zum Rathhause aufgestellt. Da fehlten weder die grünen Chevauxlegers, noch die blauen Dragoner, noch das Jägercorps, noch Kanonen mit brennender Lunte, kurz das Ganze hatte ein ächt kriegerisches Gepräge. Auf dem Rathhause stieg der Commissair ab, seine 8 helvetischen Husaren ritten rascher davon als sie gekommen waren, die sich ihnen niederlassende Fallbrücke gieng wieder in die Höhe und der, welcher jetzt eigentlich in Zürich regieren sollte, befand sich so ziemlich in der Lage eines Kriegsgefangenen.» (321)

May gab, der Kapitulation entsprechend, den Befehl, die Operationen des helvetischen Husarenobersten Johannes Dolder gegen das Freikorps General Johann Jakob Steiners einzustellen. Steiner hatte die von General Rudolf von Erlach unter Major Joseph Kirchmeyer geschickte Verstärkung auch tatsächlich erhalten. Ob es sich nun um 900 oder um 400 Mann (322) gehandelt hat, steht allerdings dahin. Steiner hatte schon in der Nacht vom 13. auf den 14. September den Hönggerberg besetzen wollen, liess es aber, bedroht von Dolders von Niederhasli aus operierenden Husaren bleiben. Nun liess Steiner seine Leute auseinandergehen (323). Der Bürgerkrieg im Zürcher Unterland flaute so in dem Augenblick ab, in dem der gesamtschweizerische Bürgerkrieg eine neue Intensität gewann. Von einer Befriedung der Gemüter kann allerdings auch für Zürich keine Rede sein:

«Um nun wenigstens sagen zu können, sie seien in Zürich eingezogen, wussten sich gegen den Abend dieses Tages etliche (helvetische Offiziere), indem sie sich auf die Convention beriefen, bei einer der Porten den Eintritt zu verschaffen. Sie begaben sich nach dem Gasthof zum *Schwert,* traten ans offene Fenster und blickten mit spöttischem Lächeln auf das Bürgermilitär hinab. Das machte Aufsehen, zumal man unter den Spöttern den verhassten Grimm erkannte. Es entstand ein Zusammenlauf, welcher von ernsten Folgen sein konnte, wenn nicht der Stadtcommandant und andere geachtete Leute sich ins Mittel gelegt hätten, welche auch jene Offiziere veranlassten, die Stadt sogleich zu verlassen. Vielleicht war die über diesen Vorfall entstandene Aufregung die Veranlassung zu einem Gerüchte, welches sich gegen 10 Uhr Abends verbreitete, die Helvekler seien beim Hottingerpörtchen durch den Wolfbach (welcher damals in einem hölzernen Canal über den Festungsgraben in die Stadt geleitet war) in die Stadt eingedrungen. Von den Wällen waren einige Schüsse gefallen, vielleicht solcher, welche mit dem Gewehr nicht umzugehen wussten, hatte sich doch am Tage zuvor ein Zuzüger von Höngg aus Unachtsamkeit mit seinem eigenen Gewehre erschossen. Kurz der Lärm war so allgemein, dass Alles zum Gewehr griff und auf die angewiesenen Posten eilte.» (324)

Im Aargau brachte General Rudolf von Erlach etwas mehr Ordnung in seine nach dem Zeugnis helvetisch gesinnter Munizipaler «allerorten gute Mannszucht» haltenden (325) Scharen. In den frühen Morgenstunden des 15. Septembers kehrten beispielsweise alle unbewaffneten Auszüger aus der Gegend von Reinach nach Hause zurück, da Erlach nur bewaffnete seinen Feldzug mitmachen lassen wollte (326).

FRANZ AERNI BEHAUPTET DIE FESTUNG AARBURG

Von Aarau aus schickte Rudolf von Erlach am 15. September Major Franz Strauss zum Kommandanten der Festung Aarburg, Franz Aerni. Aerni verfügte über die Hälfte der 3. Kompanie des 1. Quartiers Aargauer Auszüger unter Leutnant Dürr von Aarau und über die Eskorte eines Munitionstransportes nach Zürich, eine Kompanie Waadtländer unter Hauptmann Favre. Aerni blieb als überzeugter Anhänger der Helvetik und als Kommandant der stärksten Festung der Schweiz standhaft: «Ich bin verpflichtet, meine Stelle und was danach mir anvertraut worden ist zu behaupten, bis ich von der Regierung andere Befehle erhalten werde.» (327) Erlach war darüber unglücklich, ohne die Dinge ändern zu können:

«Die Folgen davon waren, dass 1stens eine Zufuhr von Munition, die von Bern aus der Andermattischen Armee zugesandt wurde und von unsern Leuten sollte aufgefangen werden, sich in die Festung warf; dass von Erlach 2tens die ihm höchstnöthigen Kanonen, Flinten und Patronen nicht bekommen konnte; dass endlich 3tens der General Andermatt in der Folge daselbst nicht konnte aufgehalten werden. Hätte Commandant May, nachdem der Statthalter Rothpletz ihm die Übergabe von erwähnter Festung verweigert hatte, sogleich erklärt, dass, wenn er nicht binnen einer halben Stunde diese Bedingung erfülle, und sich dafür in Person, nebst 5 andern Bürgern von Aarau, als Geisseln und Bürgen stelle, er der Stadt Aarau keine Kapitulation gewähren, sondern selbige gewaltsam einnehmen und alle Häuser der Partikularen werde plündern lassen, so würde unsere Sache ganz gewiss eine günstige Wendung genommen haben.» (328)

Was der General hier bedauert ist die Bremsung der Gewalt durch den schweizerischen Gemeinschaftssinn. Die Teilnehmer vergassen kaum je, dass sie gegen Leute Krieg führten, mit denen sie in Zukunft wieder als Bürger zusammenleben mussten, und so blieb der Krieg insgesamt erstaunlich unblutig, viel unblutiger als etwa 90 Jahre vorher der Zweite Villmergerkrieg mit seinen durch die konfessionelle Dimension zusätzlich verschärften Gegensätzen.

Aarburg war für Erlach nicht mehr als ein Ärgernis. In seinem Schwung konnte ihn die kleine Mannschaft Franz Aernis nicht hemmen. Erlach erliess vielmehr folgende Proklamation:

«Was vielen unglaublich schien, ist bereits erfolgt. – die Fesseln sind zerbrochen, die viele Biedermänner band. – Der Zeitpunkt ist da, wo jedem die Maske vom Gesicht fallen muss, wo jeder ohne Scheu, laut und offen seine Meinung äussern darf. Selbst der schwache, aus besondern oft sehr verwickelten Gründen gebundene Mann, trittet mit frohem Lächeln aus seinem neutralen Winkel hervor, und freut sich und darf öffentlich sich freuen der laut gewordenen Meinung, – der allgemeinen so lange gehemmten Stimme des Volks.
Ich Unterschriebener, im Namen des Comite zu Bern zur Herstellung der alten schweizerischen Eidgenossenschaft, der ich die Ehre habe, die Truppen anzuführen, welche den alten theuren Eid, so sie ihrer ehemaligen Obrigkeit geschworen, niemalen als aufgehoben ansahen, welche alle neuern Gelübde, so sie leisten mussten, in dem wahren Licht einer durch Gewalt und Zeitumstände angezwungenden Freiheit betrachten, ich fordere alle Einwohner des Landes auf, ungescheut ihre Meinung zu äussern, und sich unter meine Fahne und

Abbildung 13
Anstatt Zürich aus der föderalistischen Front herauszubrechen, hatte Andermatts erfolglose Beschiessung der Stadt diese vollends gegen die Helvetik aufgebracht, also weitere Kräfte zum Sturz von Dolders System mobilisiert (Text ab Seite 142)

Abbildung 14
Eine der Folgen von Andermatts Marsch auf Zürich war das militärische Vakuum im Unter- und im Oberaargau. Hier brach denn auch alsbald ein neuer Aufstand los. Schloss Thunstetten war das Oberaargauer Zentrum der Föderalisten (Text ab Seite 127)

Abbildung 15
Schloss Wittigkofen vor den Toren von Bern war das wichtigste, aber keineswegs das einzige Zentrum des bernischen Widerstands gegen die Helvetik (Text ab Seite 158)

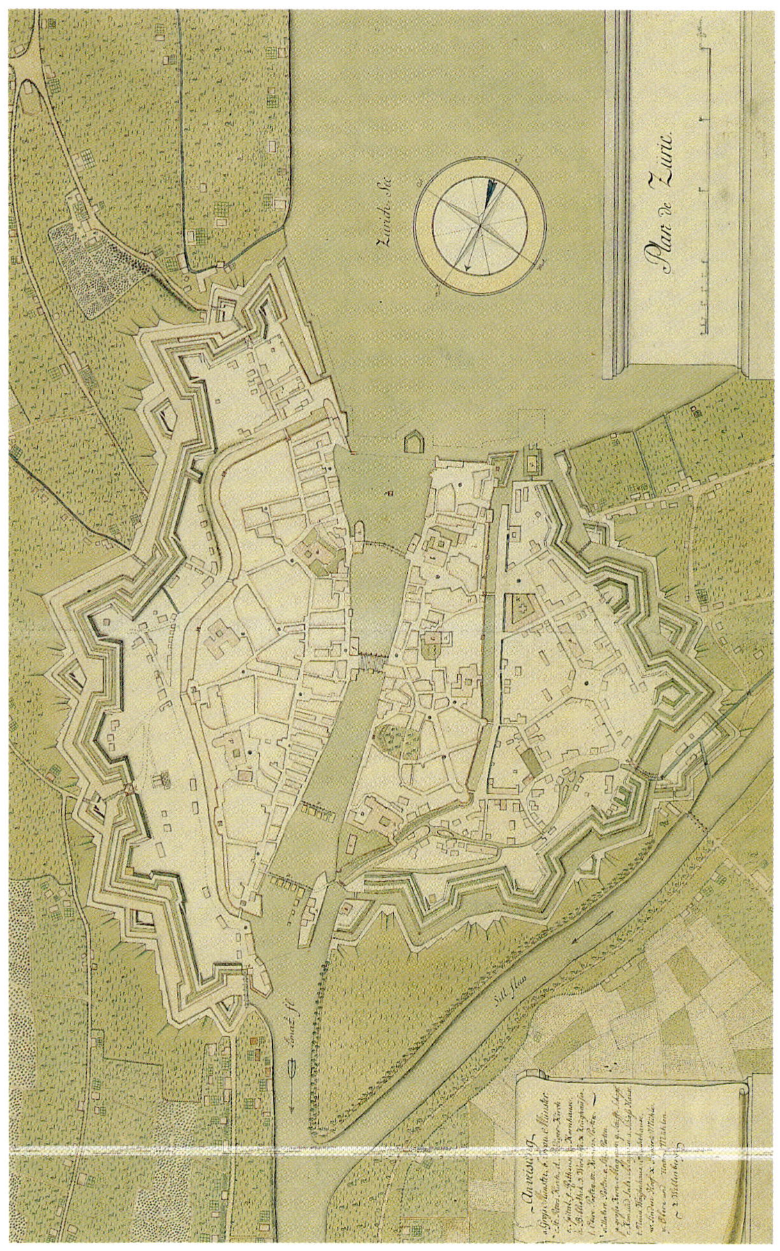

Abbildung 16
Nachdem er von den demokratischen Urschweizern an der Rengg am 28. August 1802 eine Schlappe eingesteckt und danach mit diesen Gegnern einen Waffenstillstand abgeschlossen hatte, zog Andermatt vor das stark befestigte, föderalistisch gesinnte Zürich (Text ab Seite 91)

Abbildung 17
In letzter Konsequenz trägt, soll ein Aufstand Erfolg haben, immer in einem kritischen Augenblick ein entschlossener Chef seine Haut zu Markte: Rudolf Effinger raffte rund 200 Aargauer, Solothurner und Berner und etwas Artillerie zusammen, zog vor Bern und zwang die Helvetische Republik in die Knie (Text ab Seite 159)

DIE STADT BERN
IHREM EDLEN BVRGER
SIGM. RVDOLF VON WERDT
DER HIER
FVR IHRE BEFREIVNG STREITEND
DEN TOD FAND
DEN XVIII SEPT. MDCCCII.
ER LEBTE XXI IAHR.

Abbildung 18 und 19
Das Denkmal und die Schäden an der Fassade erinnern noch heute an den Kampf um Bern (Text ab Seite 167)

Stácklichrieg
1802
Stácklichrieg
1802

Abbildung 20
Effingers Leutnant Sigmund Rudolf von Werdt bezahlte seinen Einsatz mit dem Leben (Text ab Seite 167)

meinen Schutz zu begeben. Niemand werde ich zwingen, Niemand soll gezwungen werden. Nur Freiwillige nehme ich mit Freuden auf, das angefangene Werk mit Gottes allmächtigem Beistand zu vollenden; denn nur durch seine Hülfe kann zu Stand kommen, was durch seine Zulassung vielleicht noch vorher mannigfaltigen Umtrieben unterworfen gewesen wäre.

Wir hoffen und dürfen hoffen, dass der Augenblick gekommen sey, wo die wahrhaft gute Sache siegen wird, mit so viel Glanz und Auszeichnung als sie vorher Schmach und Schande erdulden musste.

Aber, liebe Einwohner aller bedrückt gewesenen Gegenden! wenn unsere Sache ihren glücklichen Fortgang gehen soll, so muss nicht nur Eintracht, sondern grosse Ordnung und Mässigkeit unsern fernern Marsch bezeichnen. So wie ersteres durch die Menge der sich stündlich zudrängenden Volksmasse hinlänglich unsern Feinden bewiesen ist, so mögen auch jederzeit, wie bis dahin, letztere allen Lästerzungen den Mund stopfen.

Was von mir abhangen kann und wird, so gebe ich die Versicherung, dass ich die strengste Disciplin zu halten wissen werde, und dass Niemand feindselig behandelt werden wird, welcher nicht die Ursache daran in seinem Gewissen gänzlich zu finden im Stande seyn könnte.

Auch Euch allen, irregeführten und noch irrenden Brüdern! seye anmit die Hand des Friedens geboten. Von nun an seye alles Vergangene der Vergessenheit übergeben. Brüderlich reichen wir Euch die Hand.

Der Zeiten dicker Vorhang ist zerrissen, und Ihr sehet nun, dass wir weder mit Lumpen noch Buben gemeine Sache machten. Das Gefühl glücklich durchlebter Jahre der Vorzeit wird auch in Euch wieder erwachen, und Ihr werdet von Euern Irrthümern zurückkommen; Ihr werdet, wenn Ihr wollet, mit uns glücklich und zufrieden leben können.

Wohlan nun! frisch mit uns Jeder, der Lust hat, im festen Vertrauen, die neue Regierung werde die Ordnung wieder einführen, welche wir während der verlebten Revolutions-Jahre so oft, so innigst beweinten, und uns nach selbiger zurücksehnten.

Der Zeitpunkt wird in unserer Geschichte Epoche machen, wo der 11te Artikel des Lüneviller-Friedens so spät nach dessen Unterzeichnung in so kräftige Erfüllung gekommen ist, jener uns beglückende Artikel, welchen viele so fälschlich auszulegen suchten, und damit nur ihre Unwissenheit an Tag legten, oder die hohen Stifter des Friedens sogar mit schändlichen Absichten zu beflecken sich anmassen durften.

Wir, wir wollen vielmehr diesen Stiftern, nebst Gott, das Ende unserer Leiden mit den gerührtesten Empfindungen verdanken.

Gegeben im General-Quartier in Aarau den 15. Herbstmonat 1802.

Rudolf von Erlach,
General der Bernerischen Truppen.» (329)

Durch Aernis klare Haltung wurde Erlach auf die Operationslinie Aarau–Olten–Solothurn verwiesen. Der General machte aus der Not eine Tugend, indem er die Operationslinie Olten–Langenthal–Herzogenbuchsee–Kirchberg als Täuschungslinie verwendete. Oberst Johann Jakob Wagner liess von eigens dazu ausgesandten Fourieren in Herzogenbuchsee und St. Niklaus

Nachtquartier für 12000 Mann, in Kirchberg für eine Vorhut von 600 Mann bestellen, was natürlich Nachrichten und Gerüchte in gewünschter Art mit erhoffter Wirkung auslöste (330).

In Aarau schloss um 11.00 Uhr der unentwegte Johann Heinrich Rothpletz seinen Bericht an den Vollziehungsrat ab, den ihm Ludwig von May an den Empfänger gelangen zu lassen versprach. Bereits ist eine gewisse Verklärung der Ereignisse des Vortages unverkennbar, wenn man etwa an die Notiz vom 14.9., 06.00 Uhr denkt, von Defension sei «keine Rede». Es bleibt trotzdem wahr, dass sich kein Anhänger der Helvetik weniger Vorwürfe machen musste, als der unentwegte, einer verlorenen Sache treu ergebene Rothpletz:

«Ich hatte alle meine disponiblen Truppen nach Baden geworfen, theils um den Rücken des damals an der Sihlbrücke befindlichen Generals Andermatt zu decken, theils um gegen die im Si(g)genthal sich zeigenden Bewegungen zu imponiren. Wie aber der G. Andermatt sich auf den Zürich[er]berg hinüberzog, so erfolgte der Ausbruch. Die in Baden befindlichen Truppen wurden angegriffen, hielten sich zuerst, mussten sich aber zurückziehen, was sie noch glücklich ausführten. Montag Abends den 13. d. wurde Brugg eingenommen. Gestern Morgen(s) früh zogen sich dann die Truppen (wie sie sich nennen) des Comités in Bern längs der Aar hinauf, unterdessen einige Compagnien unter dem Commando des H. Ludwig May von Schöftland in Suhr sich bildeten, welche letztern dann zuerst gegen Arau vorrückten. In Arau lag der kleine Rest der Compagnie von Büren, (dazu) 56 Scharfschützen aus dem Canton Zürich und die Trümmer zweier Elitencompagnien, wovon der grösste Theil desertirt war; auch trat die Bürgerschaft unter die Waffen zur entschlossenen Gegenwehr. Der Commandant May überreichte mir die in der angeschlossenen Capitulation enthaltene *Aufforderung;* ich berieth mich nun mit der Gemeinde und den Cantonsbehörden darüber, worauf ich die ebenfalls eingerückte Antwort ertheilte. Zuletzt dann kam Abends um halb fünf Uhr die mitkommende Capitulation zu Stande, worauf die Truppen einrückten. — Bürger Vollziehungsräthe! Ich war auf der einen Seite entschlossen, so lange als immer möglich die Sache der Regierung, auch mit Gewalt der Waffen, zu vertheidigen und bereit, mich ganz für dieselbe aufzuopfern. Auf der andern Seite sahe ich, auch bei dem Gelingen des ersten Widerstandes, mich aller Unterstützung beraubt und musste mit Grund besorgen dass ich ohne Nutzen die Stadt Arau bei wiederholten Angriffen ganz ausgesetzt hätte. Annebens, so sehr der Rest der Comp. von Büren mit ihrem vortrefflichen Hauptmann, ein Theil der Zürcher Scharfschützen und der jüngere Theil der Bürgerschaft zu Arau zum Kampfe entschlossen war, so hatte doch bei manchem Hausvater die Lage der Dinge und wesentlich die bekannte Humanität und Redlichkeit des Commandanten May die Lust zum Widerstande geschwächt. — Mit der Einnahme der Stadt Arau ist nun der ganze Canton Argau in die Hände der Truppen des Comités von Bern gefallen; ich kann folglich nicht mehr die Regierung vertreten die mir meine Stelle anvertraute und lege dieselbe anmit in den Schoss des VR. nieder. Nur die wenigen laufenden Geschäfte werde ich noch besorgen.» (331)

In Aarau standen zu diesem Zeitpunkt um die 600 Mann, jedenfalls lieferte die Munizipalität für diese Anzahl gegen Bons Rationen an Käse, Wein und Brot; tags zuvor hatte sie auch Fleisch abgegeben (332).

Nach Einbruch der Dunkelheit verrieten Alarmfeuer aus dem von Oensingen aareabwärts gelegenen Teil des Kantons Solothurn den Aufbruch der Bevölkerung zum Sturz der Helvetik, während im Raum Herzogenbuchsee und Thunstetten wohl mit Erlachs Täuschungsoperation zusammenhängende Flintenschüsse fielen (333).

In Bern gab sich das Departement des Innern Rechenschaft von der Unzulänglichkeit der eingehenden Nachrichten und befahl dem Regierungsstatthalter in Solothurn und dem Unterstatthalter in Langenthal, Späher auszusenden, um die Kolonne «des Insurgentencorps» im Raume Olten zu beobachten. Um den Meldefluss zu beschleunigen, sollten die beiden Boten Relaisstationen einrichten wie in Kirchberg bereits geschehen (334). Die in Bern erscheinenden *Gemeinnützigen Helvetischen Nachrichten* wussten am 15. September erst von der Einnahme von Lenzburg und Brugg «von den Landleuten» und deren Marsch gegen Aarau zu berichten. Der Senat wählte in dieser Lage einen neuen Vollziehungsrat, der nach einem waadtländisch-föderalistischen Ausgleich gegenüber den Bestrebungen nach einer bernischen Intergralrestauration aussieht:

«Botschaft: Der Senat an den Vollziehungsrath.
Bürger Vollziehungsräthe! Auf die eingegebenen Entlassungen der Mitglieder des Vollziehungsraths hat der Senat verfassungsmässig durch geheime und absolute Stimmenmehrheit aus seiner Mitte zu diesen Stellen ern(a)nnt:

Zum Landammann Bürger Senator von Wattenwyl, von Bern;
Zum ersten Land(s)statthalter B. Senator Monod, von Morsee;
Zum zweiten Land(s)statthalter B. Senator d'Eglise, von Freiburg.

Indem der Senat Ihnen, Bürger Vollziehungsräthe, hievon Nachricht gibt, ladet er Sie ein, den genannten Bürgern Landammann und Statthaltern ihre Ernennungen sogleich anzuzeigen und sie einzuladen, sich in der Mitte des Senats einzufinden, damit derselbe morgen[n] über ihre Constituirung als Vollziehungsrath das Weitere verfügen könne.» (335)

Die bereits hinter der seltsamen Reise Landammann Dolders nach Jegenstorf in Umrissen sichtbar werdende Koalition von radikalen Anhängern der Helvetik und ausgesprochenen Föderalisten, über welch seltsames Bündnis auch die *Zürcher Zeitung* vom 21. September 1802 rückblickend berichtet, war ausgesprochen zerbrechlich. Landammann Wattenwyl und Föderalismus gegen Erhaltung der Waadt und sofortiges Ende des bewaffneten Aufstandes: so ähnlich mag das gemeinsame Programm ausgesehen haben. Staatssekretär Schmid wirkt desillusioniert, wenn er am 15. September General Andermatt schreibt, die Berner seien entgegen ihrer Zusicherung offenbar nicht in der Lage, den Aufstand abzustellen und das Misstrauen habe sich aller Gemüter bemächtigt und man glaube vielleicht zurecht, dass alles nur ein Spiel gewesen sei, um die republikanische Partei zu täuschen (336). Das Auseinanderbrechen der kurzlebigen Koalition wurde durch das Wiederauftauchen von alt Landammann Dolder am Abend des 15. September in Bern (337) unterstrichen. Der bisherige Regierungsstatthalter und nunmehrige Vollziehungsrat Monod schrieb gleichentags von Lausanne an Staatssekretär Tribolet, man sollte vielleicht die Post in Bern überwachen (338), da auf dem Postwege viel föderalistische Propaganda ins Waadtland gelangt war. Es zeigt nicht nur die, von Rothpletz abgesehen, einmalige Energie Monods als Regierungsstatthalter, dass viele dieser Schriften von den helvetischen Behörden behändigt werden konnten, es zeigt auch, wie wenig in der Waadt im Unterschied zum Aargau 1802 eine bernische Restauration mehrheitsfähig war. 1813 war dann das Thema für die Mehrheit in *beiden* Kantonen abschliessend erledigt, hatten sich die neuen Strukturen verfestigt.

Mit jedem Tag wurde in diesem September 1802 ein höheres Mass an Einsatz für die eidgenössische Sache erkennbar. Landammann und Rat von Glarus wollten am 16. September, dass der Stadt Zürich und dem «gutgesinnten grossen Theil des Zürcher Landvolks» ans Herz gelegt werde «dass sie auf keinerlei Art mehr, weder mit der Regierung in Bern noch mit ihrem Militaire einzeln» kontrahieren (339). Landammann und Rat von Schwyz forderten in einem Brief den Kommandanten des 1. Bataillons in Bäch, Werner Hettlinger, auf, vor einem allfälligen Marsch auf Zürich eine Proklamation zu erlassen mit der Versicherung, dass die Schwyzer Personen und Eigentum respektieren und als «wahre Schweizerbrüder blos für die Befreiung der Stadt Zürich und für Aufstellung der Ruhe, Rechte(n) und Freiheiten dieses Cantons sich bemühen werden, ...» (340). Einen solchen Stoss nach Zürich betrachtete die dortige Munizipalität allerdings am 16. September für nicht mehr notwendig, wie sie Reding wissen liess:

«Aus beiliegender Convention mit dem Regierungscommissaire May, der[en] der General Andermatt in Rücksicht der Lage seiner Truppen seine Zustimmung gab, werden Sie inzwischen entnehmen, dass unsere Noth auf eine ehrenvolle Art von uns abgewendet worden, und dass die uns zugesicherte thätliche Hülfe nun nicht mehr nothwendig ist. Wir beeilen uns daher, Ihnen von diesem frohen Ausgang Kenntnis zu geben, damit mit weiterem Vorrücken derselben innegehalten werde. – Übrigens sehen wir dieses wichtige Ereignis als ein Anzeichen der glücklichen Wiedergeburt unseres Vaterlandes an, welche uns und unseren Nachkommen die Unabhängigkeit und den Wohlstand unserer Voreltern zurückführen werde. Und ebenso freuen wir uns, solches als einen Anfang zu betrachten, mit Ihnen in neue Vereinigung zu treten, und behalten uns daher vor, sobald bei uns auch wieder einige Einrichtungen getroffen sind, in mündliche Conferenz mit Ihnen zu treten. — Schliesslich bitten wir Gott, dass seine Vorsehung uns weiter schütze und Sie, die das erste Beispiel gaben, wie Schweizer sich benehmen sollen, mit uns im Segen erhalte.» (341)

Vor den Toren einer durch die Kapitulation mit Regierungskommissär May gesicherten Stadt litt es nun General Andermatt nicht länger: er marschierte um 15.00 Uhr über Ober- und Unterstrass, Wipkingen und Höngg in Richtung Baden ab (342). Es klingt unglaublich, bei diesem Oberbefehlshaber aber keineswegs unmöglich, dass er den Besitzer eines Landgutes zwischen Wipkingen und Höngg fragte, ob es zwischen Zürich und Baden wirklich keine Brücke gebe ... (343).

In die Stadt kamen, unter gehöriger Bedeckung, die Führer des prohelvetischen, von Andermatt nun im Stich gelassenen Zürcher Landsturms. Johann Kaspar Pfenninger, Jakob Wuhrmann und Johann Felix Schoch erhielten von Regierungskommissär May im Haus zum Rechberg offenbar den Bescheid, sie sollten nach Hause gehen, was generell unter Geschrei und Schiessen, im Falle der Stäfner aber wohlgeordnet, geschah (344).

Im Aargau machte den Verbrüderten das Regieren kaum irgendwo Sorgen, da überall Mehrheiten oder doch starke Minderheiten das Heft im Sinne von Artikel 11 in die Hand nehmen konnten. Baden war wieder als eigener Kanton anzusprechen. Am schwierigsten stellten sich die Verhältnisse im klar helvetisch gesinnten Aarau dar, wo auch eine zur Behauptung der Stadt ausreichende einheimische Minderheit föderalistischer Ausrichtung fehlte. Ludwig May von Schöftland wandte eine Kombination von Kulanz und Festigkeit an, um die erste helvetische Hauptstadt in seiner Hand zu behalten. Am 16. September liess er der Aarauer Munizipalität mitteilen, es werde wohl nur eine Kompanie unter Ludwig von Goumoëns in der Stadt einquartiert, diese solle dann aber auch mit Rationen an Brot und Fleisch und mit einem Schoppen Wein pro Mann versorgt werden. Unwillkürlich denkt man an das Volkslied über Napoleons Russlandfeldzug, in dem der Kaiser seinen Soldaten das Traumziel St. Petersburg mit folgenden Worten schildert:

«Dort gibt's Brot und Fleisch genug
Und ein lustig Leben!
Eine Flasch Champagnerwein
Und ein Schnaps daneben! Lähäm!»

Ausserdem verlangte May einen Kasernier, der die Kasernen in Ordnung halten solle, und gab die – nun ganz ins Kapitel «Festigkeit» einschlagende – «Versicherung, im Fall die Bürgschaft etwas tentieren würde, der Landsturm organisiert und auf Aarau losbrechen würde.»

Die Munizipalität konzedierte Lieferungen und Kasernier und versicherte, die Kapitulation einhalten zu wollen (345). Mittlerweile erliessen in Olten der Präsident des Distriktsgerichtes Urs Büttiker, der junge Veteran des Regiments Rovéréa Leutnant Rudolf von Werdt und zwei andere (Franz Vogelsang, Neff) folgenden Aufruf an die Solothurner:

«Beste Freunde! Diesen Augenblick hat's sich ereignet dass die samtliche Ortschaften sich unter die Waffen begeben, um Religion und Vatterland zu retten und unter die Waffen zu tretten. Der Herr Major Gluz, ehemaliger Landvogt zu Falkenstein, hat das Comando über samtliche Solothurner. Wir hoffen daher dass ihr Euch diesen Abend hier versamlen werdet, um nach der Hauptstatt zu marschieren.» – «NB. Die Leute werden wenigstens für 1 Tag Lebens Mittel mitnehmen und so viel möglich sich bewaffnen.» (346)

Ganz glatt verlief der durch die Zuzüger aus den berührten Gegenden dauernd verstärkte föderalistische Stoss auf Bern jedoch nicht. Erlach sah sich zwischen zwei Feuern, musste er doch im Osten stets mit dem Auftauchen Andermatts rechnen. Erlach beschreibt *seinen* 16. September wie folgt:

«Den 16ten Morgens sandte Erlach Hässig und Strauss nach Baden, mit dem Auftrag, unverzüglich in diesem Kanton den Landsturm aufzurufen, um durch dessen Hülfe auf die eine oder andere Weise dem General Andermatt den Übergang über die Limmat und Reuss unmöglich zu machen. Allein im Augenblicke, da sie diesen Auftrag erfüllen wollten, wurden sie benachrichtiget, dass die helvetische Armee auf das eilfertigste anrücke, und mussten folglich unverrichteter Sache wieder abziehen.
Indessen war von Erlach mit einer Abtheilung Dragoner, kommandirt von Lieutenant Siegrist, einem verständigen, wackern Offizier, und mit zwei Kanonen in Olten eingerückt. Hier fand er den Rudolf von Werdt von Toffen, nebst 36 Jägern, die er gesammelt hatte, ernannte den Präsidenten des dasigen Bezirkgerichts, Urs Büttiker, zum Commandanten dieser Stadt, liess die Sturmglocke anziehen, und zog mit einer beinahe unbegreiflichen Schnelligkeit eine Menge gutgesinnter Männer an sich. Nach diesen Vorkehrungen liess er eine beträchtliche Besatzung in Olten zurück, damit uns der Zugang in's untere Aargau immer offen bleibe, und befahl weder Lebensmittel noch Munition nach Aarburg abgehen zu lassen.
Hierauf rückte er bei einbrechender Nacht weiter im Kanton Solothurn vor, liess in den Dörfern, so wie er es mit einigen von unsern Verbrüderten daselbst verabredet hatte, Sturm läuten, setzte seine Reise langsam fort und machte auf dem halben Wege Halt, um die Mannschaft, die von allen Seiten herbeiströmte und sich an die seinige anschloss, regelmässig abzutheilen.» (347)

Zwischen zwei Feuer geriet aber nicht nur Erlach sondern auch die helvetische Regierung, schrieb ihr doch ihr Kommandant in Thun Frieden, heute, 16.9.1802, 05.00 Uhr, habe Hauptmann Bähler von Wimmis (mit rund 100 Mann) Thun überfallen. Bähler drang durch das Scherzligentor ein und jagte Frieden mit seiner Milizkompanie in die Flucht. Als aber Jakob Ast, einer von Bählers Leuten, erschossen wurde, wichen auch die Sieger – allerdings unter wilden Drohungen – wieder aus der Stadt, die vorerst leer blieb. Frieden schrieb nach Bern, er werde sich nach Steffisburg zurückziehen, wenn nicht Verstärkung eintreffe. Im *post scriptum* teilt Frieden mit, er habe die halbe Kompanie durch Ausreisser verloren (348): das Simmentaler Beispiel wirkte offenbar ansteckend. Das helvetische Kriegsdepartement entsandte auf diese Meldung hin gegen Abend Bataillonschef Louis La Harpe mit 150 Mann zum Entsatz der fünf Kompanien im Oberland (349). Wandte Staatssekretär Johann Jakob Schmid richtigerweise seine Aufmerksamkeit der Operationsrichtung Thun – Bern zu, so liess er sich von der Hauptbedrohung aus Richtung Aarau – Olten – Solothurn – Bern völlig ablenken durch Erlachs geschickte Täuschungsoperation. Genau wie vom Berner General geplant, orientierte Schmid den Vollziehungsrat, dass in Langenthal 200 bis 250 Bauern unter Sigmund Emanuel Hartmann (von Thunstetten) die Freiheitsbäume umgehauen und in den Dörfern beidseits der Strasse nach Herzogenbuchsee die (prohelvetischen) Bauern entwaffnet hatten, um der *grande colonne,* die aus dem Aargau herausmarschiere den Weg zu ebnen (350).

Mittlerweile wurde wieder klarer, wer das eigentlich zur Zeit war, die helvetische Regierung: Emanuel von Wattenwyl machte «verschiedene Umstände» geltend, um die Landammannstelle auszuschlagen, Jean-François d'Eglise verzichtete ebenfalls. Der Senat beschloss deshalb, die Annahme der Rücktritte von Dolder, Rüttimann und Füssli zurückzunehmen und diese einzuladen «ihre Verrichtungen sogleich wieder anzutreten». Henri Monod wurde eingeladen, weiterhin als Regierungsstatthalter des Kanton Waadt zu amten (351). Noch vor dieser Neubestellung des Vollziehungsrates meldeten sich die Deputierten von Uri, Schwyz und Unterwalden beim Präsidenten des Senats ab (352).

Dass der ganze Putsch-, Demissions-, Verzichts- und Wiedereinsetzungsspuk vor dem Hintergrund des ängstlichen Schielens nach Frankreich und insbesondere auf den Vertreter des Ersten Konsuls in Bern Raymond Verninac zu sehen ist, versteht sich. Staatssekretär Abraham Gottlieb von Jenner schrieb dem Gesandten Philipp Albert Stapfer nach Paris, die Idee des Diktators habe ursprünglich Gefallen gefunden, weil man sich Rechenschaft von der möglichen Verzögerung einer französischen Mediation gegeben habe. Wattenwyl habe der Senat zum Landammann gewählt, weil Verninac nicht geneigt gewesen sei, klare Richtlinien zu geben (353).

Personell war die helvetische Regierung am Abend des 16. Septembers mehr oder weniger wieder die alte; Bernhard Friedrich Kuhn übernahm vom zurücktretenden Tribolet erneut das Amt des Staatssekretärs für Justiz und Polizei (354). Der Kommandant der helvetischen Stadtgarnison Berns von Flüe trat zurück und wurde durch Gaudard ersetzt (355). Noch einmal rafften sich die entschiedenen Anhänger der Helvetik zu kraftvollen Entschlüssen auf, nur um von der vorsichtigen Mehrheit minorisiert zu werden. Albrecht Rengger schreibt in seinem Tagebuch:

«In der Abendsitzung des Vollziehungs-Raths trug ich auf die Verhaftung und Wegführung der bekannten Insurrections-Chefs so wie auf die Behändigung der an die Gemeindkammer überlassenen 500'000 Franken englischer Fonds an; beide Anträge wurden verworfen.» (356)

Die bekannten Insurrektionschefs, die Rengger im Visier hatte, blieben natürlich nicht untätig. Johann Ludwig Wurstemberger wurde von seinem Nachbarn Franz Thormann auf dessen Gut auf dem Muristalden gerufen, weil sich dort Emanuel von Wattenwyl (von Landshut), Johann Rudolf Wurstemberger von Burgdorf und Albrecht Rudolf Steiger (von Bipp) versammelt hatten. Der Muristalden war jedoch den helvetischen Machtmitteln etwas gar nahe gelegen und so verschoben die Mitglieder dieses Komitees den Sitz auf das Gut Wittigkofen. Dort erreichte die Männer gegen Einbruch der Nacht der Bericht, helvetische Truppen marschierten zum unteren Tor aus. Es handelte sich um ins Oberland entsandte Verstärkung, die der Thunstrasse folgte und Wittigkofen unbehelligt liess. Wattenwyl, der den militärischen Befehl führte, richtete eine Hauptwache im Muristaldengut ein, bestehend aus einem Unteroffizier und 6 Mann, «getreue Anhänger unserer Parthey, meistens Bediente der

Güterbesitzer untenaus». Ausserdem wurde ein Späher zum Tor geschickt, durch das die helvetischen Streitkräfte aus der Stadt brechen mussten und einige Adjutanten des Hauptquartiers ernannt, die vor allem als Verbindungsoffiziere fungierten. (357). Einer davon, Johann Ludwig Wurstemberger, begleitete Johann Rudolf Wurstemberger (von Burgdorf) auf das Gut Brunnadern, das Sigmund Rudolf Mutach gehörte. Dort kam Wurstemberger von Burgdorf mit dem helvetischen Staatssekretär Jenner zusammen, dem er «Himmel und Hölle» vor Augen führte, um ihn und durch ihn die helvetische Regierung zur Abdankung zu bewegen (358). Die Option Staatsstreich oder friedliche Machtübergabe wurde also weiter verfolgt, daneben aber führte das Wittigkofer Komitee nun den Berner Aufstand militärisch. Es galt, sich Berns vor dem Eintreffen General Andermatts zu bemächtigen, und so wurde Rudolf von Effinger (von Wildegg) beauftragt, in Solothurn zu erwirken, dass die Aargauer Kolonne nicht nach Hause sondern gegen Bern aufbreche.

Auf der Aarinsel bei Thun besammelte um 18.00 Uhr Niklaus Friedrich von Mülinen diejenigen Chefs der Anhänger von Artikel 11 «denen ihr Wirkungskreis im Oberland angewiesen war», nämlich Viktor von Wattenwil von Oberhofen, von Wattenwyl von Montbeney, Friedrich Ludwig und Niklaus Samuel Rudolf Gatschet, Oberst Tscharner von Lohn, den Wimmiser alt Kastellan Steiger, Niklaus Jenner und Kirchberger von Wyl. Diese beschlossen, Mülinen als Feldkriegsrat in Hofstetten zu lassen, Major Ludwig Gatschet zum Oberbefehlshaber einzusetzen, Steiger mit der Gegend von Thun, von Wattenwyl mit Frutigen, Aeschi und Spiez, Tscharner mit dem Simmental und Saanen, die übrigen mit den innern oberländischen Tälern zu betrauen. In der Morgenfrühe des 17. Septembers verlegte Mülinen, der vom Anmarsch La Harpes Wind bekommen hatte, sein Hauptquartier nach Oberhofen – eine notwendige und doch im Endergebnis überflüssige Massnahme, weil La Harpe nicht nach Thun gelangte, sondern nach dem Fall von Solothurn zurückgerufen wurde (359).

In aller Stille schickte Zürich etwa zur selben Zeit Major Kaspar Ott mit zwei Kanonen samt Bedienungsmannschaft, 20 Reitern und 1000 Louisdors nach Schwyz (360). Diese Bewegung war nur für Menschen sinnvoll, die den Ausbruch der Feindseligkeiten in der Urschweiz erwarteten und die Föderalisten zu stärken gedachten. Dies war angesichts der Kündigung des Waffenstillstandes durch Uri, Schwyz und Unterwalden nur allzu notwendig. Die drei Kantone riefen ihrerseits am 17. September von Schwyz aus beide Appenzell auf, bis zum Abend des 18. «ohnfehlbar» vier Ausser- und zwei Innerrhoder Kompanien nach Uznach zu senden, das Defensional ebenfalls zu genehmigen und ein Mitglied in den Kriegsrat abzuordnen (361). Die Konferenz in Schwyz nahm einen Zug gegen «alle Feinde der Ruhe und Sicherheit der Schweiz» in Aussicht und bereinigte die Defensionalfrage in dem Sinne, dass das Fremdwort auf Antrag von Schwyz durch «Vertheidigungsanstalt» ersetzt wurde und die Gemeinde Muotathal die Zusicherung erhielt, dass ihr ihre Kanonen im Falle eines Verlusts nach billiger Schatzung ersetzt werden sollten (362). Aus Hergiswil berichtete eine Gewährsperson Regierungsstatthalter Keller nach Luzern, trotz Ansätzen der Hergiswiler, der Truppenaushebung zu entgehen, finde unter den «härtesten Drohungen» jetzt die Einrottung, das heisst die Organisation, der einheimischen Mannschaft statt (363). In Luzern setzte am 17. um 21.00 Uhr Regierungsstatthalter Franz Xaver Keller eine Notiz an den Vollziehungsrat auf, wonach er informiert worden sei, dass morgen, 18. eine Kolonne aus der Urschweiz über Rapperswil nach Zürich, eine zweite nach Zug oder Luzern und eine dritte über den Brünig nach Bern stossen werde (364).

Im Aargau kam es am 17. September beinahe zum Bürgerkrieg im Bürgerkrieg. Viel fehlte nicht: in den frühesten Morgenstunden wurde in Hunzenschwil ein aus Aarau kommendes Piquet zum Ziel eines Feuerüberfalls, da die Hunzenschwiler sich – irrtümlich – als von feindlichen Patrioten mit Mord und Brand bedroht betrachteten. Ein Toter und ein Verwundeter waren die Opfer dieses Missverständnisses (365). Damit zusammenhängen mag die nüchterne Feststellung im Protokoll der Aarauer Munizipalität, dass Regierungsstatthalter Rothpletz die Stellung von Geiseln nur dadurch habe abwenden können, dass er sich persönlich für die militärische Neutralität der gesamten Aarauer Einwohnerschaft verfügt habe. Die Munizipalität beschloss:

«Jeder Bürger ist bey seiner Pflicht aufgefordert, sich samt seinem Weib und Kindern und womöglich seinem Gesind, heute und so lang es der Drang der Umstände erfordert, ruhig und still in seinem Haus zu verhalten und nach Inhalt der Kapitulation zu verfahren...» (366)

Die Sorgen der föderalistischen Kommandanten im Aargau, allen voran Ludwig Mays, werden verständlicher, wenn man weiss, dass General Andermatt ungehindert in Baden über die Limmat und in Mellingen – das sich trotz Befehl der Kantonsbehörden in Baden, die Brücken zu sperren, für neutral erklärte – über die Reuss gelangt war, dann allerdings angesichts des aufgebotenen vieltausendköpfigen Aargauer Landsturms in Lenzburg eine Konvention mit May schloss, kraft welcher er durchziehen durfte, als Gegenleistung aber die Berner Truppen im Aargau in Ruhe zu lassen hatte (367).

General Andermatt hatte einen grossen Erfolg erzielt, er konnte ungehindert durch den Aargau ziehen und Bern vor der Einschliessung durch die Föderalisten erreichen oder doch danach entsetzen. In einem Brief an Regierungskommissär May in Zürich kommt die Absicht des Vollziehungsrates, die Armee so einzusetzen, klar zum Ausdruck:

«Sie werden vernommen haben, dass es den Insurgenten im Canton Argau geglückt ist, sich der Städte zu bemeistern. Nun ziehen sie in verschiedenen Colonnen gegen Bern, und der Hauptort ist bedroht von ihnen angegriffen zu werden. Der VR. erwartet, der General werde auf die Nachricht von diesen Bewegungen seinen Entschluss, sich mit einem Theil seiner Truppen nach den östlichen Gegenden und nach Lucern zu wenden, geändert haben und nun trachten, den Insurgenten mit vereinter Macht in den Rücken zu fallen, um sich den Weg (nach) der Hauptstadt zu öffnen und die Regierung in ihrem Sitz, wo sie sich zu behaupten gesinnet ist, schützen.» (368)

Energisch wäre das Adjektiv, um die Massnahmen der helvetischen Regierung am 17. September zu kennzeichnen. Wohl trat Bernhard Friedrich Kuhn als frisch ernannter Polizeiminister gleich wieder zurück, weil er zur Überzeugung gelangt sei, die Regierung werde «nie» «mit Energie» handeln (369), diese verhängte aber ihrerseits über Bern das moralische Äquivalent des Kriegsrechts:

«Der Vollziehungsrath, nach Ansicht des Senatsdecrets vom 16. Herbstmonat, zufolge dem der Vollziehungsrath bevollmächtiget wird, alle zu(r) Beibehaltung der öffentlichen Ruhe an dem Hauptort der Republik erforderlichen Massregeln zu treffen;
Nach Anhörung des Staatssecretärs für das Departement des Kriegswesens,
beschliesst:

1. Die örtliche Polizei in der Gemeinde Bern soll einstweilen von der Militärbehörde ausgeübt werden.
2. Die Verrichtungen der Municipalität bleiben unterdessen gänzlich eingestellt.
3. Der Staatssecretär für das Kriegsdepartement ist mit der Vollziehung dieses Beschlusses beauftragt.» (370)

Die «Vollziehung» erfolgte mit der naheliegenden Gründlichkeit: so befahl Gaudard, alle Leitern einzusammeln und zu den Wachlokalen zu schaffen, einen Dreierposten ins Inselspital zu legen und sich den Schlüssel zum Tor, das in den Garten (und von diesem auf Schleichwegen aus der Stadt) führte, aushändigen zu lassen... (371).

Der in Aarberg stehende Hauptmann Herrenschwand erhielt den Befehl zum sofortigen Rückmarsch mit seinen zwei Kompanien, aus dem Oberland erwartete Gaudard deren sechs (372). Ins Grauholz wurde ein Piquet mit dem Auftrag gelegt, gegen Jegenstorf und – Erlachs Täuschung wirkte immer noch nach – gegen Hindelbank aufzuklären (373). Neben Energie lassen sich aber auch Nervosität und Angst vor Verantwortung feststellen. Der am Untertor befehlende Hauptmann Hegi wurde zum Landammann gerufen; Hegi verliess seinen Posten erst, nachdem er sich mit einem Briefchen an den Kriegsminister gegen allfällige Folgen seiner Absenz abgesichert und gleichzeitig betont hatte, er und seine Soldaten seien für die Republik zu siegen oder zu sterben bereit (374). In den *Gemeinnützigen Helvetischen Nachrichten* vom 18. September wird die Stimmung des 17. mit folgenden Worten beschrieben:

«Die Stadt bekam des Abends um 5 Uhr vollkommen das Ansehen, wie im Märzen 1798, und was das traurigste dabey, ist die Aussicht, gegen Brüder streiten zu müssen. Um 6 Uhr wurden die Thore geschlossen; nach 7 Uhr durfte sich niemand mehr auf der Strasse sehen lassen; die Schauspiele wurden abgesagt; alle Posten wurden doppelt besetzt, die ministeriellen Bureaus und das Rathhaus mit Waffen versehen und in demselben durch die ganze Nacht gewacht, die allerschärfsten Consignen ausgetheilt, und der Senat und V. Rath war in beständiger Sitzung bis in die Nacht hinein wo man zum Glück vernahm, dass die Sache in Thun nicht von so grosser Bedeutung war, aber nach heutigen Berichten mehreres erwarten oder befürchten lässt. Die Nacht gieng ohngeachtet des scharfen Patrouillirens ruhig zu.»

Der Senat glaubte offenbar wieder an einen möglichen Erfolg der helvetischen Waffen, denn er unterstrich, der Vollziehungsrat müsse sein Einverständnis einholen, wenn es um Dinge wie den Einmarsch fremder Truppen gehe (375). Ganz ernst war es dem Parlament damit wenigstens gegen Abend allerdings nicht mehr, wie Albrecht Renggers Tagebuchnotiz zeigt:

«Die Morgensitzung des Senats – ward grösstentheils mit der Discussion über die den 5ten beschlossene ausserordentliche Gesandtschaft nach Paris, die aus Müller-Friedberg und Sprecher bestehen sollte, zugebracht; die Absendung unterblieb nun und statt ihrer verlangte der Vollziehungs-Rath von der französischen Regierung, kraft des Bündnisses, die Vollmacht, im Fall der Noth die Commandanten der angränzenden Militär-Divisionen für Truppen zu requiriren, mit der Äusserung, dass die Publicität dieser Massregel zur Dämpfung der Unruhen hinreichen würde.
Im Laufe des Tages kam die Nachricht vom Übergange Solothurns.
Des Abends spät ward noch der Senat versammelt. Saussüre trug darauf an, den Regierungs-Sitz nach Lausanne zu verlegen und noch in der Nacht abzureisen, nur um die moralische Person der Regierung zu retten. Einige Mitglieder wurden an den französischen Gesandten abgeordnet, um seine Meynung zu vernehmen; er rieth gleichfalls zur Flucht und wiederholte die schon gegebene Versicherung, dass er die Regierung begleiten werde. Einmüthig war nun die Stimmung des Senats diese Parthey zu ergreifen; nur Schmied und ich widersprachen. Um die Abschliessung zu verhindern, trug ich zuletzt auf die Ernennung einer Commission an, die vereint mit dem Vollziehungs-Rathe bevollmächtigt seyn sollte, die erforderlichen Sicherheits-Massregeln zu ergreifen und nöthigenfalls die Abreise der Regierung anzuordnen. Der Antrag ward angenommen und Müller-Friedberg, Wieland und Pidou ernannt. Des Morgens um 2 Uhr gieng man auseinander.» (376)

Was immer sie noch besass, die helvetische Regierung, die Initiative besass sie ganz entschieden nicht mehr. Regierungsstatthalter Ludwig von Roll traf den bei der Mehrheit der Beamten der Helvetik herrschenden Ton, als er am 17. September dem Vollziehungsrat berichtete, «die Sache» sei «mit schicklichem Anstande vorübergegangen» (377), die Sache, das war die kampflose Einnahme Solothurns durch die föderalistischen Truppen! Behörden und Bürger forderte er auf, es zu «keiner Art eines polizeiwidrigen Unfugs» kommen zu lassen (378).

Auf der föderalistischen Seite herrschte zur gleichen Zeit fieberhafte Tätigkeit, die allerdings durch einen für Aufständische naheliegenden Mangel an Klarheit in den Kommandoverhältnissen in ihrer Wirkung stark beeinträchtigt wurde. Auch zeigten sich bei Erlach Anzeichen von Irritation und Schwäche in einem den guten Verlauf des Krieges gegen die Helvetik gefährdenden Ausmass. Der General schrieb in seinen Erinnerungen:

«Endlich langten wir den 17. Herbstmonat, Morgens gegen 7 Uhr, mit mehrern 1000 Mann, während eine andere Colonne vor dem Bernerthor erschien, vor Solothurn an. Diese bestand, ungerechnet die Menge von jungen Landleuten, die mit Gabeln und Sensen bewaffnet, sich

an dieselben angeschlossen hatten, aus den Bataillonen Tscharner von Aubonne, Diesbach von Liebegg, und Sutermeister von Zofingen. Ihr Commandant war von Wagner, gewesener Oberstlieutenant des Regiments von Wattenwyl. Dieser tapfere Offizier war von Konstanz aus zur Hülfe seines Vaterlandes herbeigeeilt, und hatte uns schon in Aarau begrüsst.
Nun liess Erlach die Stadt auffordern, sich binnen einer Stunde Zeit zu ergeben. Das Mittel, welches er angerathen, um sie von der helvetischen Besatzung zu befreien, hatte die erwünschte Wirkung gethan. Die Munizipalität übergab die Stadt, entblösst von allen feindlichen Truppen. Die sämmtlichen Mitglieder der alten Regierung kamen vor das Thor und überhäuften uns mit Dank und Segen.
Nach diesem für uns sehr rührenden Auftritte begann der Einzug in die Stadt. Wir rückten durch die Reihen einer unzählbaren Menge Volks, das seine Freude und seine Erkenntlichkeit theils mit Worten, theils mit Geberden zu erkennen gab, in Solothurn ein. Ein jeder von unsern Schritten erhöhte den allgemeinen Jubel. Ewiger Dank! ertönte von allen Seiten und aus aller Mund und Herz uns wie Engelgesang entgegen. Jeder altschweizerische Trommelschlag erweckte in allen vaterlandsliebenden Herzen Rückerinnerungen jenes paradiesischen Glücks, welches seit mehr denn vier Jahren in einem mit Dornen bewachsenen Grabe lag, und erzeugte die Hoffnung, dass es in Kurzem wieder aufwachsen, blühen, und seine Früchte sowohl uns, als unsern Kindern auf's neue werde reifen lassen.
Wir fanden in dieser Stadt 96 Kanonen von verschiedenem Kaliber, unter welchen 10 Haubizen und Mörser, und es fehlte ihnen nichts als die Munitionskisten auf den Stuck-Laveten; ungefähr 1200 Gewehre, 68 000 Flintenpatronen, 6500 Centner Pulver und Vorrath von Blei ec. ec., kurz, was wir brauchten, um unser Vorhaben auszuführen.
Erlach sandte sogleich einen beträchtlichen Vorrath von Gewehrpatronen an den Commandanten May nach Aarau, liess 6 Fahnen, an denen wir Mangel hatten, ausrüsten, und besetzte nach dem Wunsche der vornehmsten Magistraten alle wichtigen Civil- und Militärstellen. Fast alle junge Herren aus dieser Stadt traten unter seine Fahne, und zeichneten sich nachwärts auf das rühmlichste aus. Auch fanden sich einige Bernersche Offiziere und unter diesen Kirchberger von der Lorraine, Hauptmann von Luternau, von Grafenried, von Anet und Daniel Neser ein. Von dem erstern vernahmen wir, dass er vom Central-Comite in Bern *Vollmacht bekommen hätte,* in allem nach Wohlgefallen zu handeln. Obwohl eine so freigebige Ausspendung von Vollmachten an andere den General Erlach, der anfänglich sich ganz allein mit Gefahr, sein Leben vielleicht durch Henkers Hand zu verlieren, der guten Sache annahm, und auch den von ihm entworfenen Plan bis dahin glücklich ausgeführt hatte, sehr kränken musste, entschloss er sich dennoch willig alles, was Kirchberger begehren würde, insofern es der Ausführung seines Plans nicht gänzlich zuwider laufe, zu thun. Allein dies war nicht die einzige Pille, die ihm die Freude dieses Tages verbittern sollte. Er erhielt noch gegen 4 Uhr vom Commandanten May durch seinen Bruder Gottlieb die niederschlagende Nachricht, dass General Andermatt über Baden und Mellingen in's Aargau eingedrungen sey.
Diesem Übel zu steuern, hätte Commandant May, sobald ihm etwas von dem Anrücken des Feindes kund geworden, alle Mannschaft, die bei der Stilli, in Brugg, bei Windisch und Aarau lag, zusammenziehen, den Landsturm ergehen lassen, und ungesäumt die Anhöhe, nebst dem Schloss von Lenzburg besetzen, oder sich mit der sämmtlichen Mannschaft über

Saffenwyl ziehen, und sich in Zofingen auf die Bergkette von Rotherist und Niederwyl setzen, starke Verhaue, wie auch einen tiefen Graben vom Holze bis zu der nahe herbeifliessenden Aare machen, und auf diese Art sein Vordringen hindern sollen. Allein May benutzte (man weiss nicht, aus welchen Gründen) nur ein einziges von diesen Mitteln; er liess den 17ten, Morgens zwischen 2 und 3 Uhr, Sturm läuten, und in wenig Stunden befanden sich 10000 Mann, von welchen der grösste Theil freilich nur mit Gabeln und Sensen bewaffnet war, versammelt, und bereit den helvetischen General Andermatt anzugreifen.

Dieser unerwartete Auftritt überraschte Andermatt dergestalt, dass er sogleich eine Kapitulation vorschlug. Ihr Inhalt ist summarisch dieser: <Wenn man ihn ungehindert nach Bern marschiren lassen wollte, so verpflichte er sich seinerseits alle Bernerischen Truppen gleichfalls ungehindert hin und her gehen zu lassen.>

Man willigte in dieses Verkommniss ein. Andermatt rückte vor, und so war auf einmal die Absicht des G. von Erlach, *das Eindringen der helvetischen Armee in das untere Aargau zu verhindern,* vereitelt, und ein halb überwundener Feind in eine Hyder verwandelt.

Blos hatte sich sein gerechter Unwille in etwas gelegt, als Em. Rudolf Effinger, mit dem Zunamen Wurmser, in sein Hauptquartier eintrat, und ihn durch einen Brief vom Cetral-Comite in Bern, in welchem man ihn versicherte, dass die Unterhandlungen mit der helvetischen Regierung so viel als beendigt seyen, aufforderte, unverzüglich nach Bern zu marschieren.

Indessen hatte von Luternau dem Neser den Auftrag gegeben, 6 vierpfündner Stücke in brauchbaren Stand zu setzen und mit gehöriger Munition zu versehen. Dieser Auftrag ward aber von ihm so schlecht besorgt, dass, als man eine von diesen Kanonen bei dem Monument auf dem Stalden über zwei Stufen heben wollte, um sie daselbst zu setzen, die eine Achse davon entzwei brach, und übrigens jede nicht mehr als 5 bis 6 Patronen hatte.

Mit welcher Gemüthsstimmung Erlach Solothurn verliess, wird Jedermann fühlen können, der sich in seine Lage hinein zu denken vermag. Nur der Gedanke an die noch immer mögliche Rettung seines Vaterlandes erhob seine gebeugte Seele mit Muth und Vertrauen.

Zur Bedeckung von Solothurn hinterliess er so viele Mannschaft, als es nach den verschiedenen Abweichungen von seinem Plane möglich war, übergab das Commando einem edeldenkenden und muthvollen Offizier, Joseph Brunner, Präsidenten der Munizipalität, und bestellte den Major Karrer zum Stadt-Commandanten.

Als wir in Bäterkinden anlangten, wurde uns von Hartmann, Oberherr von Thunstetten, dessen immerwährende Thätigkeit und unermüdeter Eifer alles weit übertrifft, was man zu seinem Lobe sagen kann, Bericht ertheilt, dass der General Andermatt in Herzogenbuchse angelangt sey. Erlach antwortete ihm auf diese Anzeige, dass er alle Mannschaft, welche er noch sammeln könnte, mit den Truppen des Commandanten May vereinigen und dieser dann, wie er es ihn durch seinen Bruder hatte wissen lassen, dem General Andermatt nachsetzen, ihn scharf beobachten und im Zaume halten solle. Allein May hatte den Landsturm schon entlassen, blieb in Aarau und schickte uns lediglich das Bataillon von Gumoens, Hartmann konnte also, theils aus diesem Grunde, theils weil er von aller Mannschaft entblöst war, diesen Auftrag nicht erfüllen.

Während Erlach diesen Eilboten abfertigte, liess er alle Staabsoffiziere versammeln und erzählte ihnen, was vorgegangen sey. Kirchberger nahm hierauf das Wort und sagte: <Es

sey an der Ankunft des General Andermatt nichts gelegen, man müsse auf Bern losgehen.> Erlach erwiederte, dass wir mit allzuwenig Stuck-Munition versehen seyen, um hoffen zu können, ein solches Wagestück glücklich auszuführen; dass die Mannschaft vom Oberland und aus den Gegenden von Murten erst auf den 19ten sich vor Bern einfinden könnte, dass während wir diese Stadt angriffen, Andermatt indessen durch einen unvermutheten Überfall Solothurn mit Sturm wegnehmen, uns aller darinn befindlichen Hülfsmittel berauben, und so unser Vorhaben, das Vaterland zu retten, unausführbar machen würde. Kirchberger aber beharrte auf seiner Meinung und suchte sie durchzusetzen. Um diesem Streit ein Ende zu machen und sich mit ihm nicht zu entzweien, schlug Erlach vor, einen Kriegsrath zu versammeln und die Sache der Mehrheit der Stimmen zu unterwerfen. Dieser Vorschlag wurde angenommen, und das Resultat davon war, dass die Mehrheit von den anwesenden Offizieren der Meinung unseres Generals beitrat.» (379)

Erlach der Pionier drohte zu Erlach dem Bremser zu werden. Die föderalistische Sache brauchte frische Kräfte.

Das Zentralkomitee samt dem Hauptquartier hatte seinen Sitz nach wie vor auf dem Gut Wittigkofen. Hier war man unzufrieden mit den Oberländer Chefs, die bei Eintreffen eines Verbindungsoffiziers auf Niklaus Friedrich von Mülinens Gut Hofstetten (offenbar am 16.) *in dulci jubilo* bei einer guten Flasche gesessen sein sollen. Erst auf «Nachricht» von Bern her habe sich jemand ins Hasli verfügt, um die Insurrektion zu organisieren. Das skeptische Emmental habe durch Heinrich Friedrich von Stürler von Gümligen nicht insurgiert werden können, weil Johann Jakob Moser von Herzogenbuchsee seine Pläne durchkreuzt habe (380). Das Lagebild, das man auf Wittigkofen am 17. September besass, änderte sich allerdings alle paar Minuten, denn in dieser Kadenz kamen und gingen die Kuriere, Verbindungsoffiziere, Späher und Anhänger von Artikel 11 ohne bestimmtes Amt.

Obwohl die Tore Berns während des grössten Teils des Tages geschlossen waren, gelangten die Kuriere und Verbindungsoffiziere leicht mit einreitenden oder einmarschierenden helvetischen Konvois in die Stadt oder verschafften sich durch Geld oder gute Worte den Übergang über die Aare beim Schwellenmätteli (381). Kein Mass an Vorsicht und Wachsamkeit kann Menschen trennen, die miteinander auf ein grosses Ziel hinarbeiten.

Das Wittigkofer Komitee sandte gegen Abend Abraham Friedrich von Mutach zu Landammann Dolder und forderte ihn und den Vollziehungsrat zum Rücktritt auf. Dolder ging zu Verninac, um dessen Rat einzuholen, und kam mit dem Bescheid zurück:

«Ich kann nicht, Verninac und die Minister widersetzen sich; allein wenn Sie morgens vor die Stadt kommen: so hat dann der Senat über Krieg und Frieden zu entscheiden, und dieser ist, wie sie wissen werden, nichts weniger als kriegerisch gesinnt.» (382)

Um einem immerhin denkbaren helvetischen Handstreich zuvorzukommen, verlegten die Wittigkofer Chefs das Hauptquartier in der Nacht in Karl Albrecht Manuels Gut Melchenbühl. Im Wittigkofengut und im Muristalden blieben aber je zwei Adjunkten, um den Befehls- und Meldefluss zu gewährleisten, auch blieb der föderalistische Posten beim Tor, während ein helvetischer Offizier und zehn Mann im Muriholz biwakierten und ihre Patrouillen durch die Thun- und die Emmentalstrasse schickten. In der Nacht trafen Nachrichten vom Seeländer Aufstand Ludwig Emanuel Fischers (von Reichenbach) ein (383).

Um aber am 18. Erfolg zu haben, mussten genügend Truppen vor Bern stehen, und diese Truppen konnten angesichts des Vormarsches Andermatts nur die Aargauer und Solothurner in Bätterkinden sein. Rudolf von Effinger brach am 17. September um 14.00 Uhr mit einem Zweispänner von seinem Landhaus, der Wegmühle auf und war um 17.00 Uhr in der *Krone* zu Solothurn bei General Rudolf von Erlach (384). Es muss dem Veteranen Effinger merkwürdig vorgekommen sein, vier Jahre nach 1798 wieder mit einem General dieses Namens zusammenarbeiten zu sollen, noch merkwürdiger angesichts der grossen operativen Zurückhaltung des Erlach von 1802. Erlach bezifferte seinen Bestand mit rund 1100 Mann, davon zwei Drittel aus dem Kanton Aargau, ein Drittel aus den Ämtern Wangen, Bipp und Aarwangen. Die Solothurner verschwieg er. Von diesen rund 1100 Mann waren ein Drittel mit Gewehren und mindestens sechs Patronen ausgerüstet. Die Vorhut von 21 Veteranen des Regiments Rovéréa stand unter dem Befehl Rudolf von Werdts (von Toffen), die Artillerie bestand aus zwei Dreipfündern mit je acht Kugelpatronen (385). Versteht es sich angesichts solcher Zahlen auch leichter, dass der General und die Mehrheit seiner Offiziere vor dem nächsten Schritt zögerten, ja sogar die Mannschaft zum Zaudern und noch anderem animierten (386), so war es doch andererseits völlig klar, dass aus den im Falle von Aufständen alles entscheidenden moralischen Gründen nur ein rascher Marsch auf Bern in Frage kommen konnte.

Effinger ritt in der Nacht wieder nach Süden. Um 22.00 Uhr teilte ihm der Besitzer von Schloss Jegenstorf Johann Rudolf von Stürler mit, diesen Abend habe ein helvetisches Piquet das Grauholz bezogen und begonnen, Patrouillen bis nach Jegenstorf auszusenden. Andermatt stehe mit seiner Infanterie bereits in Kirchberg, habe aber seinen Truppen nach den Strapazen der vergangenen drei Tage für den 18. einen Rasttag versprochen. Die achtzig helvetischen Husaren Andermatts unter Johannes Dolder seien auf Bern geritten, aber im Grauholz von der dort postierten helvetischen Infanterie irrtümlich mit Kugeln empfangen worden. In Kenntnis dieser Informationen ritt Effinger von Jegenstorf über Hindelbank, Krauchtal, Bolligen und die Wegmühle nach Wittigkofen, wo er das Komitee vermutete, aber alles still fand. Unterwegs war es ihm nur mit Mühe gelungen, einer helvetischen Patrouille zu entgehen (387).

Um Mitternacht stellte sich die Lage etwa so dar, dass am 18. bei den Föderalisten nur das aargauische Heer des allerdings unwilligen Erlach im Raume Bätterkinden zur Verfügung stand, während die helvetische Armee Andermatts zwar in Kirchberg näher an Bern stand, physisch aber nicht einsatzbereit war. Nur wenn es gelang, die Föderalisten durch die blosse Präsenz zu schrecken, war Bern für die Helvetik noch zu retten. Da dies im Falle von Effinger und Werdt nicht gelang, fiel am 18. September die Hauptstadt und mit der Hauptstadt das System, das sich von diesem Schlage nicht mehr erholen sollte.

Erlachs Pirouetten des 18. Septembers lassen wir wohl am besten diesen selbst beschreiben:

«Am Morgen des 18. Herbstmonat wurde also der Befehl zum Rückmarsch nach Solothurn gegeben, um daselbst 30 Kanonen von grossem Kaliber und 20 kleinere in behörigen Stand stellen zu lassen, und uns mit allen zu unserm Vorhaben nöthigen Kriegsbedürfnissen, wie auch mit Schlossern, Zimmerleuten, Steinhauern u.s.w. zu versehen. Kaum war diese Anstalt getroffen, als Salzkassier Wild mit einem Schreiben von Bern anlangte, worinn befohlen war, dass wir sogleich nach Bern marschiren sollten, und in welchem man uns versicherte, dass wir bei unserer Ankunft die Thore offen finden würden. Dies bekräftigte uns Wild noch mündlich. Auf diese zweifache und bestimmte Versicherung forderte sowohl Pflicht als Vernunft, unsern Marsch, statt nach Solothurn, nach Bern zu wenden.
Der Befehl zum Aufbruch wurde ertheilt, und unsere Vorhut, 400 Mann stark, setzte sich sogleich mit 6 vierpfünder Stücken in Bewegung. Aber kaum hatte ihr Anführer Oberst Wagner das Dorf Jägistorf hinter sich gelassen, vernahm er, dass ein starkes helvetisches Detaschement, kommandirt vom General-Adjudant La Harpe und Oberst Dolder, ebendenselben Morgen in der Frühe das Grauholz neuerdings in Besitz genommen habe. Auf diese Nachricht liess Wagner zwei Haufen Freiwillige, jeder zu 50 Mann, davon der eine sich links, längst den Felsen vom Grauholz, der andere aber sich rechts den Weilhof in das nehmliche Holz begeben sollte, abmarschieren, mit dem Auftrag, dem Feinde in die Seiten zu fallen, sobald er selbst ihn von vornen angreiffen würde. Nach diesen Anstalten machte er eine Weile halt, bis diese von ihm abgesandte Mannschaft ihr angewiesenes Ziel erreichen konnte, rückte dann unverweilt vorwärts und griff den Feind in seiner Fronte an.
Allein blos waren von beiden Seiten einige Schüsse gefallen, so zogen sich die helvetischen Truppen, aus Furcht abgeschnitten zu werden, eilfertig gegen die Papiermühle, und setzten sich auf die jenseitige Anhöhe des Worblenbachs. Hier hätten sich die Helvetier mit Vortheil halten können, aber sie verliessen kurz darauf diese Stellung und kehrten in die Stadt zurück. Wagner folgte dem Feinde auf der Ferse nach, und langte gleich nach ihm vor Berns Mauern an. Allein anstatt die Thore offen zu finden, wie man uns ganz zuverlässig versichert hatte, befanden sich dieselben wohl verschlossen und stark besetzt.
Um dieses Hinderniss zu heben, glaubte Kirchberger, es bedürfe nur einiger Kanonenschüsse, und gab sogleich den Befehl die Stadtthore einzuschiessen und das Rathaus mit Kanonenkugeln zu begrüssen. Dieser Angriff, von dem uns nicht die geringste Anzeige gemacht worden, war auf folgende Weise angeordnet.
Die erste von unsern Kanonen wurde nächst der Joliette auf der linken Anhöhe des Staldens, die zweite bei der Denksäule, die dritte und vierte auf dem Fussweg, die fünfte und

sechste zu unterst, links dem Waaghaus gesetzt. Dieser letztern dienten die 36 Jäger des Lieutenants von Werdt zur Bedeckung. Die übrige Mannschaft wurde in den hohlen Weg zwischen der Strasse nach Thun und Solothurn verlegt.

Inzwischen war auch unsere Haupt-Truppenschaar im Grauholz angelangt. Hier übermachte General von Erlach dem Ammann Witschy in Hindelbank den Befehl, so viele Mannschaft als möglich ungesäumt zu sammeln, sie diesseits der Emme-Brücke, die Kirchberger hatte abdecken lassen, zu stellen, und mit Beihülfe des ihm zugesandten Unteroffiziers, der im Regiment Rowerea auf eine ausgezeichnete Weise gedient, das Vordringen der helvetischen Macht entweder zu verhindern oder wenigstens zu erschweren; ferners einige vertraute Männer zu Pferde allzeit zu halten, um ihn durch diese, sobald der General Andermatt auf die eine oder andere Weise vorzudringen suchen werde, auf das schleunigste in der Gegend vor Bern, oder im Fall seines Einmarsches in diese Stadt, daselbst zu benachrichtigen. Auch beauftragte er ihn durch eben dieses Schreiben, in dem Amt Burgdorf anzubefehlen, dass man alle dortige gutgesinnte, bewaffnete Mannschaft von Stadt und Land ihm unverzüglich auf Bern nachschicke.

Alles dieses wurde durch Ammann Witschy pünktlich befolgt und auf das schleunigste ausgeführt. Allein der Aidemajor D**, dem er diesen schriftlichen Befehl nach Burgdorf zugesandt hatte, fand gut denselben einstweilen für sich zu behalten.

Auf der Höhe von Grauholz, wo wir eben auf Befehl des General von Erlach beschäftiget waren, mehrere Patronen unter die Soldaten austheilen zu lassen, kamen uns verschiedene Glieder der alten Berner-Regierung entgegen, und bewillkommten uns auf eine sehr schmeichelhafte Weise. Ein Gleiches geschah von einer Menge Menschen aus allen Klassen, die an beiden Seiten des Wegs standen und uns durch ihr ununterbrochenes Loben, Danken und Segnen in dem Wahne, dass wir die Thore von Bern offen finden würden, bestärkten.

So marschirten wir bis auf das sogenannte Breitfeld. Hier änderte sich auf einmal die Scene. Seine ganze Fläche war öde und still. Diess setzte Erlach in die äusserste Verwunderung und erregte in ihm nicht geringen Verdacht. Aus Vorsorge stellte er in der Mitte dieses Feldes seine Truppen in Schlachtordnung und marschirte so gegen die Stadt Bern an. Als wir uns bis auf etwa 2000 Schritte dem Stalden genähert hatten, hörten wir zuerst ein Plänkeln. Dann kurz darauf den Donner der Kanonen. Die Ursache haben wir schon oben abgezeigt, nur muss man noch beifügen, dass diese Kanonade kein Wunder, wie der Trommetenschall von Josuas Kriegern, bewirkte. Die Mauern blieben aufrecht stehen und die helvetische Regierung, welche Tags vorher durch den Obersten Dolder die trostreiche Nachricht erhalten hatte, dass Andermatt mit seiner Armee in Herzogenbuchse angelangt sey liess durch die Besatzung unser Feuer lebhaft erwiedern.

Nun mussten wir auf einmal nur zu deutlich einsehen, dass in unserm Central-Comite eine ausserordentliche Veränderung vorgegangen, dass die in Bern handelnden Personen entweder uns getäuscht und von Solothurn weggezogen, um gegenwärtig durch unsere Kräfte besondere geheime Absichten zu erzwecken, oder ganz kurz ihre Rechnung ohne den Wirth gemacht haben. Dessen ungeachtet rückte General von Erlach immer vorwärts, und wollte eben die beidseitigen Anhöhen des Stalden besetzen, als ein *dritter Bevollmächtigter,* Emanuel von Wattenwyl, ihn beorderte, seine Leute in eine Colonne zu stellen und in den Weg des

Stalden zu setzen, damit, wie er hinzufügte, wir desto geschwinder in die Stadt einrücken können; was vorgehe, sey eine blosse Formalität.
Allein da unser General von Erlach nach allen diesen Eingriffen in seinen Plan leicht einsehen konnte, dass unsere gegenwärtige Lage mehr als gefährlich sey, so rückte er blos mit dem Solothurnischen Corps, kommandirt von Glutz, in erwähnten hohlen Weg, stellte das Bataillon Tscharner in das rechts auf dem alten Berg befindliche Hölzchen, und die Bataillone Diesbach von Liebegg und Sutermeister von Zofingen, nebst der Mannschaft, die sich unterwegs an uns angeschlossen hatte, links auf die Höhe von der Schooshalden.
Tscharner hatte Befehl, wohl auf das Aarbergerthor Achtung zu geben, und wenn die Besatzung von dorther einen Ausfall machen und über die Aare, die man fast an allen Orten durchwaten konnte, setzen wollte, die Absicht des Feindes in den dortigen vortheilhaften steilen Anhöhen zu zernichten. Diesbach und Sutermeister waren ihrerseits beordert, von der Höhe der Schooshalden wohl auf die Bewegungen der Besatzung beim untern Thore Achtung zu geben, und bei einem Ausfalle an diesem Orte anfänglich ganz still zu bleiben, nachwärts aber, wenn Erlach den Feind nicht zurücktreiben könnte und derselbe retiriren müsste, demselben vereinigt mit Tscharner in den Rücken zu fallen. Die Vorhut aber sollte nach den Umständen handeln und wegen ihrer Nähe durch das untere Thor einzudringen trachten. R. Bucher, alt Obervogt von Schenkenberg, und Bernhard Morell, Salzbuchhalter, zwei Glieder der alten Regierung, hatten sich in die Reihen unserer Truppen gestellt, und blieben auch bei denselben, bis wir nach geschlossener Capitulation von der Papiermühle nach Jägistorf abmarschirten.
Indess dauerte diese Kanonade noch eine halbe Stunde fort. Dann sahen wir eine weisse Fahne auf der Brücke aufstecken, und das Feuer von beiden Seiten hörte auf. Nun hätte man dem General von Erlach wenigstens anzeigen sollen, dass die helvetische Regierung eine Stunde Zeit gefordert habe, um mit uns zu kapituliren, und dass ihr dieses sey gestattet worden. Aber auch diese, laut allen Kriegsregeln schuldige, Pflicht blieb unerfüllt, und die Sache ward ihm nur durch eine allgemeine Sage kund.
Inzwischen verfloss erwähnter Termin. Es schlug 4, 5 und 6 Uhr, und da niemand von uns den geringsten Bericht erhielt, wie weit man mit den Unterhandlungen gekommen sey, so fieng Erlach an zu argwohnen, dass die helvetische Regierung durch dieses Zaudern dem General Andermatt Zeit zu verschaffen suche, von Kirchberg aus, wo er den nemlichen Morgen angelangt war, uns in den Rücken zu fallen, und beschloss, anstatt in seiner gegenwärtigen misslichen Stellung länger zu bleiben, die von der Papiermühle, welche nur eine halbe Stunde von Bern entfernt ist, zu beziehen. Diess missriethen ihm Einige, weil sie glaubten, eine solche Bewegung könnte mit einer nur seit wenigen Tagen gesammelten Miliz nicht gemacht werden ohne Gefahr, dass die Mannschaft auseinander laufe und nach Hause zurückkehre. Allein Erlach, der die Denkungsart seiner Leute besser kannte als diese Herren, beharrte auf seinem Entschluss. Bevor er aber denselben auszuführen befahl, hielt er eine kleine, aber kraftvolle, den Umständen angemessene Rede, worin er die unter ihm stehende Mannschaft von der Nothwendigkeit seines Vorhabens zu überzeugen suchte, und auch wirklich davon so vollkommen überzeugte, dass sein Entschluss mit allgemeinem Beifall aufgenommen und gutgeheissen wurde. Nun sandte er den Befehl zum Rückmarsch an alle Bataillone, mit Aus-

nahm der Vorhut, die er einstweilen aus verschiedenen Gründen noch stehen liess. Alle langten in bester Ordnung bei der Papiermühle an.
Da diese Maassregel seither von mehreren getadelt worden, wollen wir die Gründe anzeigen, warum Erlach seine missliche Stellung vor Bern verlassen, und die erwähnte bezogen hat. Seine erste Absicht war, unserer Mannschaft, davon viele seit mehr als vierundzwanzig Stunden weder zu essen noch zu trinken bekommen hatten, etwas Brod und Wein geben zu lassen, damit sie bei einem Angriff des Generals Andermatt desto nachdrücklicher kämpfen könnten. Der zweite Grund war, dass er durch die Besetzung der diesseitigen Anhöhen der Papiermühle und des auf der rechten Seite liegenden Hölzchens sich einerseits in eine vortheilhaftere Lage als die am Stalden, wo wir das Feuer der bernerschen Besatzung, wenn Andermatt gegen uns angerückt wäre, im Rücken gehabt hätten, setzen, und anderseits den Vortheil gewinnen wollte, sich im Falle der Noth entweder über Bolligen in's Krauchthal, oder über Stettlen in's Lindenthal zu werfen, und dann von Thorberg aus durch die Wälder von Hindelbank und Jägistorf seinen Rückzug nach Solothurn vollenden zu können, was unmöglich gewesen wäre, wenn wir uns vor Berns Thoren vom Andermattischen Heere hätten überfallen lassen.
Erlach, von der guten Denkungsart seiner Leute sattsam überzeugt, kehrte mit zwei Adjutanten und einer Bedeckung Dragoner von der Papiermühle nach Bern zurück, um auch mit seiner daselbst zurückgelassenen Vorhut das Erforderliche zu verfügen. Allein es ereignete sich kurz nach seiner Ankunft, ungefähr um 71/4 Uhr Abends, ein Vorfall, der ihm beinahe das Leben kostete und ihn abhielt, jene Vorkehrungen zu treffen. Er sah zwei Kanonen nach dem Thore ziehen und fragte, wer dieses befohlen habe und was man damit vornehmen wolle? Man gab ihm zur Antwort, es geschehe auf Befehl des Hauptmanns Neser, um neuerdings auf die Stadt zu feuern. Da Neser im nemlichen Augenblicke selbst daher kam, ersuchte Erlach ihn auf's freundschaftlichste, von diesem Vorhaben abzustehen, weil wir den grössten Teil der Stückpatronen verschossen hätten und die übrigen aufsparen müssten, um, im Fall uns die Besatzung von Bern oder General Andermatt angreifen würde, desto nachdrücklicher widerstehen zu können. Erlach suchte ihm begreiflich zu machen, dass diese unzeitige Kanonande den Anmarsch des Feindes den wir einstweilen von Bern so viel möglich entfernt halten müssten, wider diese unsere Absicht beschleunigen und uns denselben auf den Hals ziehen könnte. Major Tscharner machte ihm eben so freundschaftlich ungefähr die nemlichen Vorstellungen. Neser aber antwortete ihm auf die gröbste Art, wandte sich dann gegen General Erlach, sagte : *er sey ein Landesverräther,* und befahl seinen Leuten mit Mund und Geberde, auf ihn zu feuern. Diese riefen zugleich aus, sie kennen keinen andern General als ihren Hauptmann Neser. Ja einer von ihnen hatte den Hahn schon gespannt, und wollte ganz nahe von hinten auf Erlach losdrücken, als ein Bürger von Bern, Namens Wildpolz, der sich an seiner Seite befand, ihm das Gewehr aus den Händen riss und so den Mord verhinderte. Hauptmann Joseph Glutz von Solothurn und Adjutant Samuel Imhof von Zofingen waren Augenzeugen dieser fast unglaublich scheinenden und wider alle Kriegszucht streitenden Handlung, ich sage unglaublich scheinenden Handlung, weil Erlach gegen Neser auf eine ungemein verbindliche Weise gehandelt hatte. Major Hässig, auf dessen Fuhrwerke Erlach sich befand, bat ihn bei diesem Auftritt unverzüglich abzureisen, um sein Leben zu fristen. Er be-

folgte den Rath, kehrte zu seinem Volke zurück, und bekam ungefähr gegen 9 Uhr bei der Papiermühle den Bericht, dass Bern kapitulirt habe.» (388)

Wie weit sich Erlach von der Präsenz der überanstrengten und deshalb handlungsunfähigen Armee Andermatts irritieren liess, ergibt sich aus der Lektüre seiner Darstellung ohne weiteres. Um Bern zu nehmen, und dadurch der Helvetik den entscheidenden Stoss zu versetzen, bedurfte es anderer Köpfe.

In den ersten Minuten des 18. September 1802 fand Rudolf von Effinger das Zentralkomitee auf dem Gut Melchenbühl und legte seinen Rapport ab. Er erhielt den Auftrag, zusammen mit Albrecht Rudolf von Steiger und Friedrich Emanuel Thormann nach Jegenstorf zurückzureiten, das Kommando über die Vorhut zu übernehmen und nach Bern zu stossen. Wegen der Nähe Andermatts müsse heute oder nie gehandelt werden (389). Während diese militärischen Befehle ausgegeben wurden, begab sich Rudolf von Mutach ins Gut Brunnadern, wo eine weitere geheime Verhandlungsrunde mit dem helvetischen Aussenminister Abraham Gottlieb von Jenner angesagt war. Von Brunnadern kam Mutach mit seinem Adjutanten «gesund und ungekapert» zurück ins Melchenbühl, von wo das Hauptquartier vor Tagesanbruch erneut nach Wittigkofen verlegt wurde (390).

Effinger, Steiger und Thormann ritten mittlerweile über Hindelbank nach Jegenstorf. Unterwegs gelang es ihnen, viele Aargauer die sich von der Armee weggeschlichen hatten, zur Umkehr zu bewegen. In Jegenstorf herrschte Alarmstimmung, da die helvetischen Truppen im Grauholz und in Kirchberg nun doch ungemütlich nah waren. Effinger sammelte etwa 100 Mann und befahl, ihm die übrigen nachzusenden (391).

Vor seinem Angriff auf das Grauholz verfügte Effinger über 223 Mann, von denen allerdings 60 keine Flinten besassen. Rudolf von Werdt von Toffen mit seinen 21 Rovéréanern und sechs bis acht Veteranen aus holländischen oder französischen Diensten bildeten den Kern der kleinen Streitmacht. Auf einen Mann kam ein Paket Patronen, zwei bespannte Dreipfünderkanonen und vier Artilleristen unter Daniel Bernhard Neser von Spiez repräsentierten den langen Arm der höheren Führung (392).

Mit dieser Schar rückte Effinger nun «auf die erste Anhöhe», «da wo recht das Feld anfängt». Das helvetische Infanterie- und Husarenpiquet zog sich ohne Gegenwehr zurück, was sogleich ein furchtbares Geschrei und ein ungestümes Vorwärtsdrängen der Föderalisten zur Folge hatte (393).

Ein helvetischer Husarentrompeter meldete Louis La Harpe, der mit einem Bataillon auf der Grauholzhöhe postiert sei und wünsche, ehe Blut vergossen werde, mit «dem Kommandanten der Bauern zu reden». Effinger übergab das Kommando «Herrn Kirchberger von der Lorraine mit dem bestimmten Befehl, hier auf Ort und Stelle meine Rückkunft zu erwarten, damit man nicht vom Feld aus unsere geringe Anzahl erkennen könne.»

«Ich ritt nun mit dem Trompeter und einem Dragoner, der sich an uns angeschlossen, nach der Höhe und als ich dort angekommen und von Hrn. Laharpe erkannt wurde, sagte er mir: *comment c'est vous Mr. Effinger, qui commandez les troupes contre nous?* Als ich es bejahte, bat er mich abzusteigen und mit ihm und Hrn. Oberst Dolder, der anwesend war, etwas auf die Seite zu gehen, *pour voir, si on ne pouvait pas s'entendre sans effusion de sang.* Die ganze Konversation wurde in französicher Sprache gehalten und lautete ungefähr so: Frage: Was wollen Sie von uns? Antwort: Die helvetische Regierung als dem Lande verhasst durch Gewalt oder Verkommniss von Bern vertreiben. Frage: Nichts minders? und Ihr glaubt, das werde Euch so leicht werden? was mit Euern Bauern wollt Ihr so etwas unternehmen, ohne zu bedenken, dass wir über mehrere tausend Mann reglirter Truppen und über treffliche Milizbataillone disponiren? Antwort: was werdet Ihr aber ausrichten gegen den Aufstand des Volkes in Masse, welches hinter mir herzieht, um eine verhasste Regierung zu stürzen? Ihr werdet verwundert sein, die Menge von Bauern zu sehen, welche noch heute vor Bern erscheinen werden, um Euch zu bekämpfen, wenn die Regierung unklug genug ist, sich zur Wehr zu setzen und sie sich nicht den Umständen fügen will. Während dieser Unterredung hörte man mit wenig Unterbrechung das mit Fleiss unterhaltene Lärmen und Schreien meiner Mannschaft unten im Grauholz, welches nebst meinen absichtlichen Übertreibungen nicht wenig dazu beitrug, Laharpe zu bewegen, einen Offizier nach Bern zur Vorbringung unserer Begehren zu senden. Ich bemerkte ihm jedoch, das ich nur anderthalb Stunden Waffenstillstand anberaume, um die Antwort von Bern zu erwarten, und zweitens müsse ich darauf dringen, dass er sich bis hinter die Worblen zurückziehe, woraufhin die Brücke bei der Papiermühle von beiden Seiten mit je 6 Mann und einem Offizier besetzt werden solle, während die beiderseitige Hauptmacht circa 1000 Schritte zurückbleiben müsse; meine meistens unreglirte Mannschaft würde sich da, wo sie jetzt seie, nicht zurückhalten lassen, wenn ich Solches auch in ihrem Namen einginge. Nach vielen Hin- und Herreden und nachdem auch Hr. Kirchberger, der hinzugekommen, mein Begehren unterstützt hatte, fügte sich endlich Laharpe, wiewohl ungerne, meinem Begehren und zog seine Truppen zurück. In Folge dessen besetzten wir mit dem Gros unseres Corps die Höhe vom Grauholz, und ich avancirte mit den gedienten 30 Mann bis nach Kappelisaker, um dort die Antwort von Bern zu gewärtigen. Hr. von Werdt wurde zu Folge unserer Verkommniss mit 6 Mann nach der Papiermühle beordert. Während meines dortigen Verweilens kam eine Deputation der Munizipalität von Bolligen, an deren Spitze Herr Bondeli von Ittigen war, und offerirte mir und meinen Leuten ihre guten Dienste, falls ich etwas wünschen möchte. Ich bedankte mich für den guten Willen und bemerkte ihr bloss, sie möchte sich diesen Abend auf eine ungeheure Zahl von einzuquartirenden Leuten gefasst machen, welche man nicht in die Weite verlegen könne noch wolle, weil sie als Reserve des Angriffscorps gegen Bern dienen müssen. Gleich darauf kam mir Bericht von Herrn von Werdt, der in die Stadt gesandte Offizier, Oberst Dolder, sei zurück und wünsche mich zu sprechen. Ich begab mich also nach der Papiermühle, wo Hr. Dolder vom Pferde stieg, den Kopf entblösste und auf mich zukam sagend, die Regierung sei geneigt, die Vorschläge, die man machen wolle, anzuhören, und wünsche, dass man einen Stabsoffizier in die Stadt sende. Ich empfehle Ihnen meine Frau und meine Kinder, fügte er bei. (Herr Oberst Dolder war nämlich schon mehr als ein Jahr bei meinem Schwiegervater,

Herrn Alt-Schulheissen von Mülinen, bei dem auch ich wohnte, einquartiert). Da kein höherer Offizier um mich war, auch kein Verzug stattfinden durfte, so entschloss ich mich, diesen ohne erhaltene Instruktion sehr kitzlichen Auftrag selbst zu übernehmen.
Nachdem ich solchen den rückwärtspostirten Herren Kirchberger und Wagner hatte bekannt machen lassen mit dem Verdeuten zu avanciren und meine Rückkehr auf dem Breitfelde zu gewärtigen, ritt ich mit Herrn Dolder, in scharfem Trabe gegen Bern. Unterwegs liess mir Oberst Laharpe, der auf uns zuritt, die Augen verbinden, sehr erbost über meinen Begleiter, dass er dieses nicht schon von Anfang an angeordnet hatte, worin er ganz Recht hatte. Wirklich hatte ich im Vorbeireiten bereits bemerkt, dass die Strassen nach dem Siechenhaus und nach Worblaufen, jede mit circa 50 Mann besetzt waren, das Hauptcorps von circa 300 à 400 Mann aber auf dem Breitfelde lagerte. Nachdem ich über die untere Thorbrücke geritten, wurde mir die Binde von den Augen abgenommen. Ich erblickte eine ungeheure Menge von Menschen an dieser Stelle sowohl als am ganzen Stalden versammelt. Sobald sie mich erkannten und meine schwarz und rothe Kokarde gewahrten, entstand ein wahrer Freudentumult. Die Weiber schrien und weinten zugleich. Durch diese freudetrunkene Menge hinaufreitend, fand ich beim vierröhrigen Brunnen das Bataillon Clavel gelagert. Im Hause von Wattenwyl, jetzt von Grafenried von Villard, Sonnseite oben am Stalden, war die Regierung beim Direktor Dolder versammelt. Dort stieg ich vom Pferd und wurde neben das Conferenzzimmer in den Saal geführt, wo sich der Citoyen Gandolph, französicher Legationssekretär, befand. Nach einer Weile kam Herr Dolder vom Conferenzzimmer her und ersuchte mich, ich möchte mich in sein Esszimmer begeben, denn man besorge ich möchte hören, was bei ihnen vorgehe. Nachdem ich ungefähr eine Viertelstunde dort gewesen, liess man mich ersuchen, wieder in's Salon zu kommen, wo ich den Kriegsminister Schmid, einen Basler, fand, der mich barsch anredete und mich fragte, ob ich derjenige sei, der die unsinnigen Vorschläge der Regierung habe machen lassen. Ich antwortete: ja! Nun so wollen wir, sagte er, die Bauern erwarten, sie sollen nur kommen, und hiemit ist Ihre Mission zu Ende. Obschon mir dieser Bescheid wegen unserer geringen Hülfsmittel nichts weniger als recht war, so verliess ich das Zimmer und eilte mich zu Pferd zu setzen, um so geschwind als möglich wieder bei meinen Truppen einzutreffen. Ich traf dieselben bei den Turbenhütten unfern des Aargauerstaldens an, so dass sie keine zehn Minuten nachher, circa um 1 Uhr, Angesichts der Stadt anlangten und sogleich ihr Feuer begannen.» (395)

Geschossen wurde auf alles was sich bewegte. Der alles andere als helvetisch gesinnte David Müslin, sass in einem nach der Aare offenen Garten eines Stadthauses im sogenannten Morlotläubli.

«Er war noch nicht lange auf der Bank, so erfolgt vom Muristalden her ein Schuss und pfeifend schlägt die Kugel hart neben seinem Kopfe an die Gartenmauer, vor welcher er sass. Die Mahnung, den Garten zu verlassen, ehe eine zweite Kugel nachfolge, war zu deutlich, um nicht sogleich befolgt zu werden. Die plattgedrückte Kugel liess er sich nachher aufheben. Sorgfältig wurde sie auch von ihm aufbewahrt und oft hat der Verfasser dieser Lebensbeschreibung sie als Knabe vom Grossvater sich vorzeigen lassen.» (396)

Wie stets in diesem Krieg hatten die helvetischen Truppen in ihrem Rücken soviele potentielle Gegner wie vor ihrer Front wirkliche: Die Papiermühlestellung hatte von den Föderalisten nicht forciert werden müssen, aufgeklärt war sie jedoch (397). Ein Waadtländer Leutnant wunderte sich beim Marsch an die bedrohte Untertorbrücke über die starke vor dem Zeughaus zurückgelassene Wache helvetischer Grenadiere «aber die Klugheit verlangte, dass die Posten in Innern (der Stadt), vor allem das Zeughaus, sorgfältig bewacht wurden.» (398) Die Metzger (399) oder andere in der Stadt wohnende Berner hätten das helvetische Zeughaus ohne Zweifel rasch wieder in ein bernisches verwandelt.

Nun war ein nachgeschobener Sechspfünder wenige Schritte vor dem Tor in Aktion getreten, zwei weitere auf dem «Spazierweg für Fussgänger, von wo man die Strassen der Stadt der Länge nach beschiessen konnte». Zwei Soldaten und Rudolf von Werdt wurden Opfer ihres Muts. Von Werdt erhielt einen Schuss «der ihm den Mittelfinger der linken Hand zerschmetterte, durch den Nabel in den Leib und auf der rechten Seite des Rückgrates wieder herausdrang». (400)

Effinger bewältigte auch diese Krisensituation:

«Herr Kirchberger übernahm nun das Commando der reglirten 30 Mann und war mir äusserst behülflich in Aufstellung der übrigen Mannschaft. Unterdessen langten die Herren vom Comite beim Vereinigungspunkte der beiden Stalden oberhalb des Klösterleins an und befragten mich, was zu thun sei. Ich antwortete: wir werden aus Mangel an Munition in wenigen Minuten das Feuer einstellen müssen, wenn nicht capitulirt wird. Herr Sigmund Emanuel David von Wattenwyl von Landshut, der designirte Chef des Comite, bemerkte mir, da ich den Angriff ohne Autorisation angefangen, so möchte ich fortfahren, das Nachfolgende zu leiten, wozu ich mich auch verbindlich machte, wohl einsehend, dass er diessmal die Fassung und das kalte Blut nicht besass, welche für den kommenden schwierigen Augenblick nothwendig waren, übrigens mich die andern Mitglieder durch Blicke und Worte dazu aufmunterten. Nicht lange nach dieser Unterredung hörte man zu meiner und allseitiger Satisfaktion auf der Brücke trommeln, so dass beiderseits das Feuer eingestellt wurde. Bald nachher gieng das Thor ausserhalb der Brücke auf, und es erschienen 5 oder 6 Mitglieder der Munizipalität von Bern im Namen der Regierung und begehrten von uns zu wissen, was man eigentlich wolle. Als wir unsere Antwort ihnen schriftlich eingehändigt hatten, kehrten sie zurück, um unsere Proposition zu überbringen. Während dieser Zeit wurde zwar das Thor wieder geschlossen, von beiden Seiten aber Waffenruhe beobachtet. Während sich dieses zutrug, zwischen 2 und 3 Uhr Nachmittags, war das Erlachische Corps auf der Höhe des Staldens angelangt und krönte mit seinen Schaaren während etwa einer Viertelstunde die Höhen vom Altenberg bis gegen die Schosshalde. Nach einer halben Stunde wurde das Thor wieder geöffnet und die nämlichen Deputirten, die Herren Gottlieb Emanuel Gruber, Emanuel Alexander Fischer, David Rudolf Bay u.s.w. traten wieder hinaus und luden vier Herren des Comites ein, sich in die Stadt zu verfügen, um die Capitulation abzuschliessen. Ich liess also den spanischen Reuter, den wir inne hatten, öffnen, um die Herren einzulassen, worauf derselbe, sowie das Thor wieder geschlossen wurden. Nachdem seit gestern Nachmittag in Solothurn, noch mehr aber seit heute früh 6 Uhr in Jegistorf meine ohne fernern Rath in entscheidenden Augenblicken über mich genommenen Vorkehren und Handlungen durch die Leitung der Vorsehung und den Mangel an Muth der helvetischen Regierung mit einem unerwarteten Erfolg, nämlich mit der Bewirkung einer Capitulation, gekrönt worden, so fieng erst jetzt an meine Stellung als Commandant der Vorhut oder der Angriffscolonne äusserst schwierig zu werden. Herr Kirchberger hatte mich beim Erscheinen der Abgeordneten der Munizipalität ersucht, ihm zu erlauben, auf dem von mir seit dem Morgen benutzten Pferde den im Anmarsch auf Bern beglaubten Oberländern entgegenzureiten, um ihnen die frohe Kunde der Übergabe zu bringen und ihren Marsch zu beschleunigen, was mich der Hülfe und der Mitwirkung eines der besten Offiziere beraubte. Das Erlachische Corps, nachdem es sich kaum eine Viertelstunde gezeigt und vernommen hatte, dass man capituliere, zog sich zurück und zerstreute sich, so dass solches mir nicht nur keine Verstärkung zum Thor sandte, sondern auch drei Viertheile meiner Mannschaft verführte, sich ebenfalls zu zerstreuen, was ich aus Mangel an Offizieren nicht verhindern konnte. Ich durfte übrigens meinen Posten beim untern Thor nicht verlassen, weil aus Mangel an genugsamen Schildwachen scharfe Aufsicht nöthig war, um das Sprechen der Einwohner vom Altenberg mit den Helvetikern auf der Brücke zu verhindern. Es lag sehr viel daran, dieses zu vermeiden; denn sonst hätte die Regierung leicht von unserm von Truppen entblössten Zustande Kenntniss erhalten. Zudem waren die Rovereaner seit dem Tode ihres Offiziers schwierig zu leiten, theils auch von Wein zu sehr erhitzt, so dass ich eine halbe Stunde nach dem zweiten Thorschlusse über kaum ein Dutzend Dienstfähige verfügen konnte. Zum Glück erschien in diesem kritischen Augenblicke Herr Karl Viktor May, nachmals Oberamtmann von Büren, der, mit der Post aus der Waadt kommend, die Thore geschlossen fand und sich nun bei Bremgarten auf einem Weidling über die Aare setzen liess, um sich mit uns zu vereinigen. Er war mir von der besten Hülfe, besonders wegen der Rovereaner, mit welchen er früher gedient hatte und über die er sogleich das Commando übernahm. Die Herren Steiger von Bipp und Rudolf Mutach, Mitglieder des Insurrektionscomites, aber nicht in die Stadt berufen, liessen mich wissen, dass sie ihr Quartier auf dem Stalden bei Herrn Thormann genommen haben, in der Absicht, als Anhaltspunkt für die draussen herumirrenden, aus dem Emmenthal oder von Thun kommenden Milizen oder Landstürmer zu dienen und um für den Unterhalt der vor der Stadt postirten Mannschaft zu sorgen. Nach drei peinlich langen Stunden, als es bald zu dunkeln anfieng, öffnete sich das Thor, und Herr Delisle, Husarenoffizier, erschien zu Pferd, meldete mir, die Capitulation sei abgeschlossen, er sei beauftragt, dieselbe dem General Andermatt zu überbringen, ich möchte den spanischen Reuter öffnen lassen, damit er nach Kirchberg reiten könne. Ich bemerkte ihm, ich werde solchen nicht öffnen und ihn nicht herauslassen. Wir hätten, bemerkte ich ihm, keine reglirten Truppen, die wissen, was Kriegsgebrauch sei, vielleicht würde er kaum 100 Schritte vom Thore vom Pferd hinunter geschossen werden, und dieser Fatalität sowohl für mich als für ihn werde ich mich bestimmt nicht aussetzen, hingegen verspreche ich ihm bei meinem Ehrenworte, dass seine schriftlichen Depeschen uneröffnet noch diesen Abend an Andermatt übergeben werden sollen. Delisle drang jedoch darauf, seine Mission, wenn auch Gefahr damit verbunden wäre, selbst auszuführen. Da ich aber bei meinem auf triftige Gründe gestützten Vorsatze standhaft beharrte, so übergab er mir endlich die Depesche zur Beförderung. Herr Eman. Franz Rudolf von Graffenried von Blonay, der wenige Momente vorher mit einem Pferde versehen sich bei uns eingefunden und seine Dienste angeboten hatte, wurde beauftragt, das Paket Briefschaften dem General Andermatt zu überbringen. Auf diese Weise blieb Delisle unser aufgelöster Zustand unbekannt. Herr von Graffenried meldete mir bei seiner Rückkunft, er hätte von Bern bis Kirchberg nicht einen unserer Militärposten angetroffen, auch höchstens ein Halbdutzend Bewaffnete von unsern Leuten theils von der Stadt rückwärts, theils gegen Bern marschirend angetroffen, folglich habe er meinen ihm mitgegebenen Pass nirgends vorzeigen müssen. Kaum 10 Minuten nach diesem Incident öffnete sich das Thor abermals, und Herr Schmiel, Angestellter beim Kriegsministerium, erschien und meldete mir, die abgeschlossene Kapitulation erheische von beiden Seiten Geiseln; man habe von Seite der Regierung meine Person als solche gewünscht, was von den Abgeordneten unseres Comites zugestanden worden; er sei daher beauftragt, mich bis zum Sitze der Regierung zu begleiten. Nachdem ich nun die Herren auf dem Stalden hatte wissen lassen, dass ich mich in die Stadt begebe, und vorher Alles angeordnet hatte, trat ich in's Thor. Als wir über die Brücke giengen, war ich noch Zeuge eines undisciplinirten Aktes der helvetischen Truppen, welche die durch die Regierung zufolge Kapitulation an unsere Mannschaft abzuliefernden Proviantwägen auf der Stelle umkehren und nicht über die Brücke fahren liessen. Bei der Regierung angekommen, wo ich unsere Herren noch vorfand, wurde ich von einigen unserer Gegner ersucht, ich möchte doch angeben, wieviel Mannschaft ich gehabt habe, als ich mit derselben die Stadt angriff; man urtheile ganz verschieden darüber. Die Herren da, welche mit uns die Kapitulation abgeschlossen, könnten keine sichere Auskunft geben; in allen Fällen sei meine Truppe, die Antheil am Gefecht genommen, nicht zahlreich gewesen. Ich bemerkte ihnen, sie würden mir nicht glauben, wenn ich ihnen schon die klare Wahrheit sage. Als man noch mehr in mich drang, sagte ich, wir wären im Grauholz 223 gewesen und von da bis Bern sei mir keine Verstärkung zugekommen, weil Alles so schnell sich entwickelt habe. Gott, wie schwach haben wir uns mit unsern so zahlreichen und gutgesinnten Truppen und unsern Vertheidigungsmitteln benommen! musste einer der anwesenden Regierungsräthe ausrufen. Gleich nachher nahm mich ein Mitglied der Regierung beim Arm, führte mich auf die Seite und ersuchte mich, wenn man auseinander gehen werde, so möchte ich ihm das Geleit bis zu seiner Wohnung geben; er wohne an der Herrengasse. Ich erwiederte ihm: das wird wohl unnöthig sein, Sie haben ja eine zahlreiche Garnison in der Stadt; diese wird Sie besser beschützen als ich in meiner Eigenschaft als Feind und Geisel. Mein Herr, ich weiss wohl, was ich verlange, sagte er; mit Ihnen bin ich sicherer in den Strassen als wenn ich eine Wache von unseren Truppen hätte; thun Sie mir den Gefallen. Ich erwiederte: da er die Sache so ansehe, so wolle ich gern seinem Wunsche entsprechen; bloss möchte ich wissen, mit wem ich die Ehre hätte zu sprechen. Müller-Friedberg — war die Antwort. Nachdem ich nun diesen Herrn nach Hause begleitet, begab ich mich zu meiner Familie und übernachtete, wie früher bemerkt, unter dem gleichen Dache mit Oberst Dolder. Den andern Tag, der ein Sonntag war, hatte die Stadt ein ganz eigenes Aussehen; Jedermann schien miteinander versöhnt. Jeder hatte seine eigenen Geschäfte, denen er ohne Misstrauen gegen die gestrigen Gegner nachgieng. Das helvetische Personal, Militär und Beamte, nahmen Abschied von ihren Bekannten, packten ein u.s.w. Die Einwohner der Stadt, obschon von der ebenso unerwarteten als schnellen Veränderung der Dinge überrascht, waren guten Muthes für die Zukunft, obschon man noch nicht am Ende vom Liede war. Um 11 Uhr verliess der Direktor Dolder mit einer bedeutenden Escorte von Husaren die Stadt, um nach Lausanne zu gelangen; ihm folgte auf dem Fusse mit einem gleichen Geleite der französische Gesandte Verninac nach. Beide Herren wurden von einigen unserer berittenen Patriciern bis nach Weyermannshaus begleitet, um Beleidigungen von Seite unserer Leute zu verhindern.» (401)

So wurde Bern für die föderalistische Sache gewonnen. Wie die Stadt für die helvetische Sache verlorenging, beschreibt Albrecht Renggers Tagebuch:

«18. Herbstmonat. – Gegen 7 Uhr des Morgens kam Oberst Dolder mit einigen Husaren an und berichtete den Anmarsch von Andermatt, der mit seinen Truppen bereits zu Kirchberg müsse eingetroffen seyn. Zwey Tage zuvor hatte er bey Mellingen mit dem dortigen Insurgenten-Corps die Übereinkunft getroffen, dass er ungehindert durchpassiren und die Feindseligkeiten bis zu seiner Ankunft in Bern gegenseitig eingestellt werden sollten. Die unerwartete Erscheinung liess die Hoffnung wieder aufleben, indem man die Solothurner Armee auch in der Capitulation begriffen glaubte und daher keinen Angriff besorgte, bevor das Andermattische Corps sich mit der Stadt-Garnison vereinigt haben würde. In der Morgensitzung des Vollziehungs-Raths übernahm ich einstweilen das Polizey-Departement und war eben mit der Abfassung von Instructionen für einige Commissärs beschäftigt, die in den angränzenden Districten ein Aufgebot veranstalten sollten, als ich zu Dolder in die Senats-Sitzung gerufen ward. Bey meinem Eintritt in das Vorzimmer fand ich Effinger von Wildegg, der als Parlementär von dem Solothurnischen Insurrections-Corps abgeschickt war, am Fenster, wo er die Bewegungen unserer Truppen, und die Vertheidigungs-Anstalten in Augenschein nahm. Er hatte die Eröffnung der Thore und die Übergabe der Stadt für seine Truppen verlangt und Dolder auf die Frage, was er denn sonst für Capitulations-Bedinge bringe, geantwortet, er sey zu keiner Capitulation befugt, der Commandant werde nachkommen. Im Nebenzimmer beratschlagte der Senat auf eine sehr vernehmliche Weise über den Vorschlag, und wiewohl die grosse Mehrheit auf Abweisung schloss, so hörte man doch hin und wieder kleinlaute Stimmen; Viele verlangten sogar ausdrücklich, dass man dem Parlementär zu verstehen geben sollte, man würde in der Folge doch noch capituliren. Die Ängstlichkeit und Verwirrung bey dieser Discussion liess von dem längern Beysammenbleiben des Senats wenig Gutes erwarten; ich drang daher wiederholt auf die Aufhebung der Sitzung, indem der Vollziehungs-Rath mit der ihm zugegebenen Commission hinreichend befugt sey, um im Augenblicke der Gefahr jede Massregel zu treffen. Kaum war der Senat auseinander, so fielen die ersten Kanonenschüsse ohngefähr um 1 Uhr. Jenner hatte sich gleich nach der Erscheinung des Parlementärs mit dem Palladium seines Directorial-Säbels angethan; zu Verninac als an seinen Posten begeben, wie er sagte. Für zwey Pieçen war die Kanonade lebhaft genug; von unserer Seite hatte man ihr nur eine Pieçe entgegengesetzt, die unter dem innern Thore stand; das Gewehrfeuer durch die Mauerlöcher gieng ununterbrochen fort; Auffallend war die Sorglosigkeit des Bernerschen Publikums, das sich häufig unter den Fenstern und in den Arcaden zeigte; man hätte sich bey einem Lustfeuerwerke und nicht in einer belagerten Stadt glauben sollen. Kein Schuss traf in der Nähe des Versammlungsortes vom Vollziehungs-Rath, die mehrsten Kugeln giengen über die Stadt weg. Die im nämlichen Hause bey einem ihrer Mitglieder versammelte Municipalität that Vorstellungen zur Schonung der Stadt, worauf Dolder sie selbst zur Dazwischenkunft aufforderte; sie wendete ein, dass sie durch den gestrigen Beschluss des Vollziehungs-Raths, der die Stadtpolizei der Militär-Behörde übergab, gelähmt sey und der Beschluss ward zurückgenommen. Dolder hatte die Municipalität im hintern Zimmer, welches an dasjenige des Vollziehungs-Raths anstiess, empfangen, wo sie lange genug verweilte, um den Discussionen ruhig zuzuhören. Die Kanonade hatte nicht viel länger wie eine halbe Stunde gedauert, als der französische Minister durch seinen Legationssecretär Gandolphe dem Vollziehungs-Rathe insinuiren liess, den Insurgirten einen vierundzwanzigstündigen Waffenstillstand vorzuschlagen, während dem man denn über das Weitere übereinkommen würde; zugleich bot er sich an, bey der Capitulation gegenwärtig zu seyn. Der Vollziehungs-Rath und die Commission waren einstimmig diesen Rath zu befolgen; sogar hörte man schon vom Abgeben der Stellen zu sprechen. Die Belagerer verlangten die Capitulations-Bedinge zu kennen, worauf ihnen geantwortet wurde, die Regierung sey gesonnen, ihren Sitz von Bern weg zu verlegen und begehre, dass die Feindseligkeiten für so lange eingestellt würden. Bald erschienen die Chefs des Insurgenten-Corps, Wattenwyl von Landshut, Kirchberger von der Lorraine, Effinger von Wildegg nebst andern Officieren. Erst verlangten sie sogleich ein Thor besetzen zu können, stimmten aber auf einige Gegenäusserungen den Thon sogleich herunter und zeigten überhaupt in ihrem Betragen noch grössere Furcht als die Belagerten; wie wussten nämlich dass ihnen Andermatt nahe im Rücken sey. Man hiess sie abtreten, und entwarf in Verninac's Gegenwart und unter seiner Dictatur die Capitulation, die nachher mit den Insurrections-Chefs discutirt ward. Inzwischen erhielt Andermatt den Befehl nicht weiter vorzurücken. Mit Unwillen vernahm das in der Stadt befindliche Militär die Abschliessung einer Capitulation, indem es gerade bey der Einstellung der Feindseligkeiten einen Ausfall zu thun verlangt hatte. So wie man über die Capitulations-Punkte übereingekommen war, trug Verninac darauf an, sie noch einem Kriegsrathe zu unterwerfen und äusserte sich gegen mich selbst sowohl als gegen mehrere Officiere, das es nun den letzteren obliege, die Ehre der Regierung zu retten, womit er vernehmlich genug auf Verwerfung der Capitulation deutete. Von den Truppen der Regierung sind bey der Belagerung nur zwey Mann geblieben.» (402)

Die Kapitulation Berns wurde um 20.00 Uhr im heute noch bestehenden Haus Nr. 40 an der Gerechtigkeitsgasse unterzeichnet. Sie lautet:

«Le commandant de la force armée helvétique à Berne, afin d'éviter une plus grande effusion de sang, et surtout dans l'intention d'épargner la bourgeoisie et la ville, d'une part, et Monsieur Emanuel de Wattenwyl; au nom du conseil de guerre des troupes qui ont attaqué Berne, d'autre part, sont convenus des articles suivants:

1. Il y aura armistice entre les troupes helvétiques à Berne et celles qui ont attaqué cette ville, à dater du moment où la présente convention aura été signée.

2. Vingt-quatre heures après la signature les troupes helvétiques remettront la place.

3. Les chefs des troupes armées contre Berne s'engagent à obtenir des autorités municipales les voitures, chars et chevaux et toutes les facilités nécessaires pour la sortie du Gouvernement, de ses employés, de leurs familles et propriétés de toute espèce, ainsi que pour le transport de vingt bouches à feu, de la poudre et des munitions convenables pour les servir; enfin des propriétés de toute espèce du Gouvernement; les archives, papiers et autres effets qui ne pourraient être transportés seront respectés et demeurent sous la garantie des stipulants; les militaires malades et blessés dans les hôpitaux seront entretenus, soignés et renvoyés à leurs corps.

4. Les chefs des troupes armées contre Berne garantissent au Gouvernement libre passage jusques aux frontières des Cantons de Vaud et de Fribourg.

5. Si quelque membre du Gouvernement ou quelque employé ne pouvait sortir avec le Gouvernement même, il lui sera donné des passeports pour suivre en toute liberté. S'il était dans le cas de laisser sa famille ou ses propriétés, elles seront respectées.

6. Les ministres des puissances étrangères auprès de la République helvétique, leur suite, leur propriété quelconque demeurent sous la garantie du droit des gens. Les chefs des troupes armées contre Berne respecteront leur caractère, et dans tous les temps promettent de leur fournir les facilités de se transporter partout où ils jugeraient convenable.

7. Le général Andermatt, les troupes sous ses ordres et toutes autres troupes helvétiques en détachement sont comprises dans la présente convention et pourront rejoindre avec armes, bagages et train d'artillerie le gouvernement helvétique sortant de Berne, sans être inquiétés; les vivres, fourrages, chevaux et voitures nécessaires leur seront fournis. A cet effet il sera expédié de suite des courriers au Général et aux détachement pour leur donner connaissance de la présente convention. Ces troupes marcheront par le plus court chemin au dehors de la ville, faisant au moins cinq lieues de pays par jour.

8. Les autres colonnes armées contre le Gouvernement sont également comprises dans la présente convention.

9. Jusqu'à ce que la jonction des dits détachements ait été effectuée, les troupes armées contre le gouvernement helvétique n'entreront pas sur le territoire des Cantons de Vaud et de Fribourg, et il ne pourra être commis d'hostilité de part ni d'autre.

10. Pour sûreté de la présente convention il sera donné réciproquement en otage deux officiers de grade égal, jusqu'à entière exécution de tous ses articles.

11. Les aricles douteux seront expliqués au besoin par des commissaires de part et d'autre, en faveur des assiégés.

Ainsi fait et passé à Berne le 18 Septembre 1802, à 8 heures de soir.

Sig. E. de Watteville.
Le commandant en chef des troupes helvétiques, sig. F. Gaudard.» (403)

Was am Morgen noch zur Not als Regierung eines Landes hätte bezeichnet werden können, war nun im Wesentlichen noch die Regierung der Kantone Freiburg und Waadt. Den dortigen Regierungsstatthaltern gingen am Abend des 18. Septembers die Befehle zu, keine Truppen mehr marschieren zu lassen, aber mit der Mobilmachung der Milizen fortzufahren (404). General Andermatt erhielt den Auftrag, unter Umgehung Berns nach Westen zu marschieren und dazu den interessanten Kommentar des Kriegsministers, Verninac habe ihm gesagt, ganz Europa werde jetzt die Absichten und wahnsinnigen Projekte der Oligarchen erkennen (405). Selbstverständlich stand nichts derart bevor, wohl aber der einfache Schluss, dass ohne französische Bajonette die helvetische Regierung in alleinigem Besitz der Staatsgewalt, diese keine zwei Monate zu behaupten, ja sich nicht einmal in ihrer selbstgewählten Hauptstadt zu behaupten vermochte. Als spätabends am 18. September 1802 fünf oder sechs Angehörige des Zentralkomitees auf dem Gut Wittigkofen um einen Tisch herumsassen, bliesen sie Trübsal. In diese Szene herein brachte Johann Ludwig Kirchberger die Nachricht von der Kapitulation Berns (406). Was die einzig vernünftige Auslegung des Artikels 11 in der Schweiz für Folgen haben musste, war nun klar, offen blieb, wie weit Bonaparte eine solche Auslegung zuzulassen gesonnen war.

In Schwyz erschienen am selben Tag ein Manifest der fünf demokratischen Kantone an die helvetische Armee und ein Aufruf an die ehemals aristokratischen Kantone und untergebenen Lande:

«Manifest der fünf verbündeten Cantone zu Handen G. Andermatt's und der vormals aristokratischen Cantone.

A.
Die Deputirten der fünf demokratischen Kantone Uri, Schwytz, Unterwalden, Glarus und Appenzell In- und Ausserroden an den die helvetischen Truppen en Chef commendirenden Herrn General Andermatt.
Herr General! – Die gänzliche gewaltsame Auflösung der gewesenen Central-Regierung in Bern berechtiget uns und jeden biedern Bewohner der Schweiz, keine andere mehr anzuerkennen, die blos durch (eine) Faction entstanden und von einigen wenigen Männern zusammenberufen worden ist. Alle ihre Verbindlichkeiten gegen selbe haben nun ganz aufgehört und da Sie und die unter Ihren Befehlen stehenden Truppen keiner rechtmässigen Regierung mehr angehören, so ist jeder Widerstand, den Sie den demokratischen Truppen und Ständen, sowie jede Feindseligkeit die Sie gegen Particularen, Dörfer, Städte und Landschaften der Schweiz ausüben werden, als persönliche Feindseligkeit anzusehen, und werden Sie und Ihre Offiziers persönlich dafür verantwortlich gemacht, da wir sie nicht mehr als besoldete Trup-

pen einer rechtmässig eingesetzt(en) und anerkannten Regierung anerkennen können. Hingegen werden sowohl Sie, Herr General! als Ihre Herren Offiziers und Gemeine ruhig und ungestört in Ihre Heimat zurückkehren können, wenn Sie bis auf die Zeit, wo eine neue, rechtmässige, von den Cantonen ausgehende Central-Regierung wird gebildet sein, welche dann bei der Bildung eines neuen Militärs hautptsächlich auf Sie, Herr General, und Ihre Herren Offiziers Rücksicht nehmen wird, wenn Sie sich in diesem Zeitpunkt als ruhige, friedliebende Bürger betragen und keiner Vereinigung zwischen Städten und Landen und den löblichen Cantonen mehr thätliche Hindernisse in den Weg legen werden. – Sie sind aufgefordert, Herr General! diese unsere Willensäusserung Ihren Herren Offiziers und sämtlichen Truppen mitzutheilen und in der Zeit von drei Stunden von Empfang des Briefes an uns Ihre Gesinnungen durch Eilboten zukommen zu lassen und sich kategorisch zu erklären, ob Sie als vaterlandsliebende Schweizer dem Bürgerkrieg ein Ende machen oder aber als Feinde des Vaterlandes, als herumirrende Horden von Ruhe, Freiheit (und) Sicherheit [etc.] störenden Menschen angesehen und allerorten als solche behandelt werden wollen.

Im Namen der fünförtischen Conferenz:
Der Präsident, Aloys Reding.

B.
Aufruf der demokratischen Kantone Uri, Schwytz, Unterwalden, Glarus und Appenzell an die Bewohner der ehemals aristokratischen Kantone und untergebenen Lande.
Gebrandmarkt – auf ewig – ist der schweizerische Name durch die abscheulichste der Greuelthaten, mit welcher die so sich nennende helvetische Regierung ihre Laufbahn beschloss. Um sich auf dem angemassten Herrscherthrone zu befestigen, war Bürgerblut ihr Spielzeug, und die friedliche, zum Verein zwischen Stadt und Land so thätig redlich geneigte Cantons-Hauptstadt Zürich sollte das erste Opfer von mordbrenner(i)scher Grausamkeit in jenem Vaterland werden, das ehedem nur durch seine Eintracht glücklich und durch seinen Wohlstand beneidet war.
Erkennet ihr endlich die Absichten dieser Tyrannen, die euch so oft durch Versprechungen von Glückseligkeit betrogen und unter dem Vorwand, die Schweiz zu beglücken, nur das unglückliche Schweizervolk zu beherrschen suchten? Seht ihr, wie ihr durch glänzende Verheissungen zu lange schon von Menschen gespielt worden seid, die sich Vaterland nennen, um das Vaterland zu tyrannisiren, und die im Namen des Schweizervolkes das Schweizervolk und all sein Glück zum Opfer ihrer Leidenschaften zu machen kein Bedenken tragen?
Wir sind entschlossen, das Vaterland zu retten und die Ketten zu brechen, welche ihm diese Tyrannen geschmiedet haben. Wir betreten euere Cantone und Lande nicht als Feinde, sondern als Freunde und Brüder, mit der feierlichen Zusicherung, von dem edeln Vorhaben beseelt zu sein, eine gleiche Theilung von Rechten und Freiheiten zwischen Städten und Landen aufzustellen, zu befestigen und unser ganzes Ansehen dahin zu verwenden, dass solche Vereinigung zwischen Städten und Landen von einer aus allen Cantonen rechtlich aufgestellten Central-Regierung garantirt werden. Wir können aber alles nicht allein bewirken; dessnahen fordern (wir) euch redlich und wohlgesinnte Bewohner der Städte und Landen bei euern vaterländischen Pflichten auf, auch uns euerseits zu unterstützen und brüderlich die

Hand zu reichen, um gemeinschaftlich dem alles zerstörenden Spiel von Factionen ein Ende zu machen.
Wohl und vaterländisch denkende Jünglinge, schliesset euch an, – an euere bewaffnete(n) demokratische(n) Brüder. Rettet, ihr kraftvolle Männer, und reiniget das Vaterland von Ruhe und Ordnung störenden Haufen selbstsüchtiger, tyrannischer Menschen! Und ihr ältere, weisere und erfahrnere Freunde des Vaterlandes! wählet unter euch die Gerechtesten, die Biedersten, die Klügsten aus Landen und Städten, dass diese euere künftigen Verhältnisse auf der Wage der Gerechtigkeit leidenschaftlos abwägen und Jedem zutheilen, was ihm zukömmt.
Überleget, theure Freunde und biedere Schweizer! unsere bestgemeinte(n) und freundnachbarliche(n) Räthe und fasset dann selbst den Schluss, ob wir als Feinde oder aber als euere besten und aufrichtigsten Freunde und Brüder zu euch kommen, um vereiniget mit euch dem gesamten Vaterlande einmal wieder Ruhe zu geben, koste es auch was es wolle. Lange genug seufzete es unter dem Drang seiner Feinde; aber durch Vereinigung mit uns, durch Vereinigung und Versöhnung unter euch werden wir es unter Gottes Beistand und alles vermögenden Segnungen retten und unsern und unsrer Nachkommen Wohlstand aufs neue gründen.

C.
Theuerste Freunde, Brüder und alte biedere Bunds- und Eidgenossen!
Sowie das Beispiel Jahre langer Veränderungen der politischen Systeme in einem der grössten Staaten Europens, die in unserm eigenen Vaterland lange gedaurte und zum Theil noch fortwährende Staats-Umwälzung und ein in unsern Bergern und Thälern lang geführter und verheerender Krieg bei den demokratischen Cantonen die Nothwendigkeit hervorgebracht hat, auf alle politischen Vorrechte Verzicht zu thun und die Landschaften, welche sie ehemals ausschliesslich oder theilweise beherrschten, mit gleichen selbst besitzenden Rechten und Freiheiten an sich anzuschliessen oder aber zu freien selbständigen Staaten zu erheben, so zweifeln wir keineswegs, theuerste Freunde, Brüder und alte biedere Bunds- und Eidgenossen! dass auch ihr die Nothwendigkeit einsehen werdet, auf alle politische Vorrechte und Freiheiten ewig Verzicht zu thun und euern vormals angehörigen Völkern als euern rechtmässigen Mitbrüdern die gleichen politischen Freiheiten und Rechte zu gestatten, deren ihr in euern Staaten fähig seid. Unter diesen nothwendigen Voraussetzung laden wir euch ein, zwei Mitglieder aus eurer Mitte, und zwar eines aus der Hauptstadt und das andere ab dem Land, bis auf den 24ten dieses Monats anhero nach Schwyz zu senden, um hier mit euern demokratischen Brüdern, bei denen durch den gütigen Beistand Gottes und unsere angenommenen politischen Systeme die alte Ruhe und Ordnung wieder eingetreten ist, die Angelegenheiten des gemeinsamen Vaterlandes zu berathen, die Gränzen einer aufzustellenden Central-Regierung festzusetzen und überhaupt die Grundpfeiler zu unserer und unsrer Nachkommen Ruhe und Wohlfahrt zu gründen.
Auch ihr, Länder und Städte! die ihr ehemals unter unsrer und andrer Stände Regierung gestanden: Ihr ehemals selbständige, aber zu ungleichen Rechten verbündete Lande! Ihr seid hiemit alle eingeladen und aufgefordert, mit uns gemeinsame Sache zu machen, mit uns das Glück eurer und unsrer Staaten zu gründen und zu befestigen, euch in ein gemeinsames

Band mit uns zu verbinden und in der ganzen Schweiz keine Regierung mehr anzuerkennen als diejenige, welche ihr selbst festsetzen und die Gränzen ihrer Gewalt bestimmen werdet. Wer von euch, theure Freunde, Brüder und Eidgenossen! auf diesem Fuss sich [mit] uns anschliessen will, der sende zwei Gesandte, auf den obbemeldten 24. Herbst hier einzutreffen, und zähle nicht nur auf leere Freundschaftsworte von uns, sondern auf thätigen Beistand und Hilfe; unser Volk wird ihm beistehen, wenn herrschsüchtige, Ruhe und Ordnung störende, alle Bande der Eintracht zerreissende Horden oder einzelne Menschen euch stören oder in euerm Innern Unruhe, Schrecken und Unordnung verbreiten wollten. Sollten aber noch ganze Gegenden in unserm Vaterlande so unglücklich sein, Misstrauen auf uns zu haben, und zu feigherzig, um sich selbst glücklich machen zu wollen, so können wir diesen nichts anders anerbieten, als unser eifriges Gebet zu Gott, dass er sie, ohne sie noch in grösseres Unglück zu stürzen, sehend mache und ihre Herzen mit wahrer Freiheit und Ordnungsliebe erfülle.

Da es aber nicht billig wäre, liebe Freunde, Bunds- und Eidgenossen! dass die ganze Last der Erhaltung der öffentlichen Ruhe und Ordnung in euern Cantonen sowohl als die Sicherheit der Tagsatzung und die Hemmung jedes schädlichen fremden Einflusses ganz auf uns liege, so laden wir euch ein, in euern Cantonen folgende Zahl wohlbewaffnete Männer aufzustellen, deren Etat die Herren Gesandten mit sich anherbringen, damit sie dem gleichen Commando können anvertraut werden, derer wir unsere eigene Landeskinder anvertrauen. Als:

Zürich	2000	Bünden	2000
Bern	3000	Bellenz	600
Lucern	1200	Lauis	600
Freiburg	800	Thurgau	500
Solothurn	1000	St. Gallen	1200
Schaffhausen	500	Baden	400
Basel	400	Die demokratischen Stände	6000
		20200 Mann in allem	

Unser Begehren werdet ihr um so gerechter finden, als ihr die Notwendigkeit davon selbst einsehen werdet, und sollte der eine oder andere Canton dieses in seinem Innern zu bewirken nicht im Stande sein, so wird er selbst einsehen, dass auf einem Congress, wo alles auf den Grundsätzen gleicher Rechte, gleicher Freiheiten, mithin auch gleicher Beschwerden und Lasten beruhet, die Gegenwart seiner Gesandten unnütz wäre, wenn man die begehrte thätliche Hilfe zu leisten unvermögend sein sollte.

Da durch die Constituirung der beiden Cantone Glarus und Appenzell mehrere nicht unbeträchtliche Gegenden der Cantone Linth und Säntis aufgelöst worden, so werden selbe sämtlich eingeladen, ihre Wünsche und Bedürfnisse durch die Herren Deputirten von Stadt und Land. St. Gallen beim Congress eröffnen zu lassen, und selbe sollen auch in der Truppenzahl von 1200 Mann, die unter dem Titul St. Gallen bestimmt sind, einbegriffen sein.

Den Originalien gleichlautend.

Abbildung 21
Hinter diesen Fenstern gaben die Männer der Helvetik ihre Hauptstadt Bern auf und kapitulierten vor den Föderalisten (Text ab Seite 171)

Abbildung 22
Nach dem Fall von Bern nahmen Urschweizer in Burgdorf die dorthin zurückgezogene helvetische Garnison von Luzern gefangen. An die unversehrte Heimkehr der Auszüger von Unterschächen erinnert diese Votivtafel aus der St. Anna-Kapelle zu Schwanden (Text ab Seite 200)

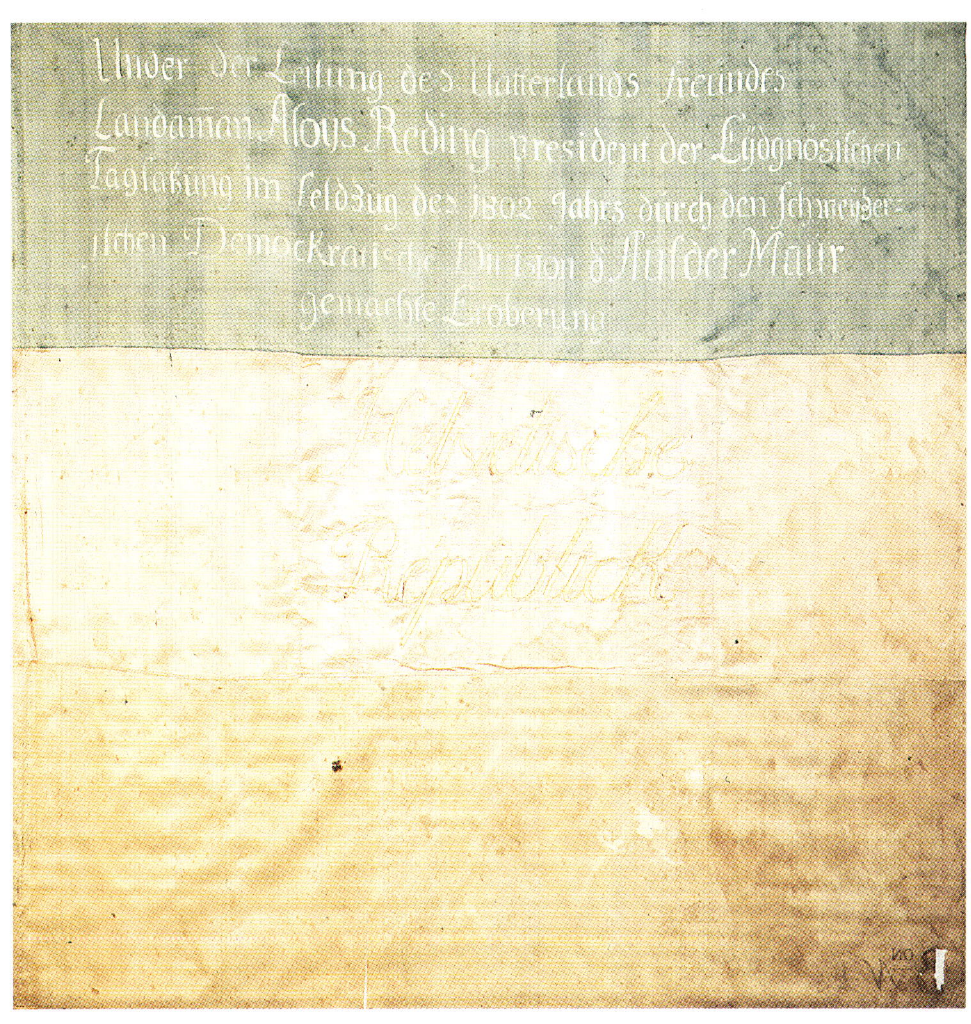

Abbildung 23
Zur Beute der Urschweizer gehörte unter anderem diese helvetische Fahne (Text ab Seite 200)

Abbildung 24 und 25
Nach den Erfolgen von Bern und Burgdorf bemächtigte sich sorglose Zuversicht der immer stärker werdenden Föderalisten *(Text ab Seite 204)*

Schwytz den 18ten Sept. 1802.

Die in der Conferenz versammelten Deputirten der 5 demokratischen Stände.
In deren Namen der Präsident, Aloys Reding.» (407)

Auf die Tagsatzung nach Schwyz wurde auch Verninac eingeladen (408). So datiert vom 18. September 1802 wieder die Schweizerische Eidgenossenschaft, vertreten durch ihre Tagsatzung in Schwyz, welche zwar noch nicht für das ganze Land repräsentativ war, gewiss aber repräsentativer als die flüchtige helvetische Regierung. Zum *Befehlshaber* über die *Observations-Armee* von Uri, Schwyz, Unterwalden, Glarus und Appenzell wurde Landesfähnrich Ludwig Aufdermaur von Schwyz brevetiert. Die abgezogenen Urner und Nidwaldner Truppen rückten selbentags wieder in Obwalden ein. (409)

In den ehemals aristokratischen oder aristo-demokratischen Ständen hatte da und dort einer etwas aus der jüngsten Vergangenheit gelernt. Das Protokoll der Zürcher Munizipalität vom 18. September 1802 enthält den für die Stimmung in der Limmatstadt bezeichnenden, in die Zukunft weisenden Eintrag:

«Salomon Wyss, Mitglied der Verwaltungskammer, und B. Lieutenant Haab von Meilen geben eine an die Municipalität und die Gemeindekammer gerichtete Adresse des grössten Theiles der unter den Waffen stehenden Bürgerschaft ein, worin sie Herbeiführung einer auf gegenseitige gleiche Rechte, zugleich aber auf die bisherige Erfahrung gegründeten Verfassung wünschen und zu diesem Ende begehren, dass eine Commission aus Stadtbürgern, die sich eben so viele Landbürger zuziehen, gewählt werde.» (410)

Im Berner Oberland hatte selbentags Niklaus Friedrich von Mülinen den Kriegseid redigiert, den seine Truppen ablegen sollten:

«Wir schwören zu dem allmächtigen Gott, alle unsere Kräfte anzuwenden, der in unserm Vaterland herrschenden Zerrüttung Einhalt zu thun, und zu dem Ende unsern Offizieren unser völliges Zutrauen zu schenken, allen ihren Befehlen ohne Widerrede zu gehorchen und ohne ihr Vorwissen in keine Unterhandlungen einzutreten, tapfer zu fechten, von unsern Fahnen nicht zu weichen, die strengste Mannszucht zu beobachten, keinen persönlichen Leidenschaften, Rache u.s.w. Gehör zu geben, uns in Allem als rechtschaffene Soldaten und unserer biedern Väter würdig zu bezeigen.»

Am 18. September verfügte Mülinen allerdings erst über rund 100 Mann, was ihn bewog, diese Nacht noch in Oberhofen zu bleiben. Seine Stellung war auch in diesem Dorf noch keine unbestrittene. Die Vereidigung seiner Mannschaft wurde durch «revolutionäre Dorfhäuptlinge», das heisst durch Vertreter der helvetischen Behörden gestört, konnte aber nicht verhindert werden:

«Mülinen antwortete ihnen, sie sollten dieselbe unverzüglich selbst anhören, und wenn dann Jemand von den Bewaffneten zurücktreten wolle, so stehe dies Jedem frei. Hierauf redete er die Mannschaft kräftig an, stellte ihr die seit fünfthalb Jahren erduldeten Unbilden, Leiden und Herabwürdigungen des Vaterlandes nachdrücklich vor, schilderte ihr dessen gegenwärtige traurige Lage, die drückende Schuldenlast, die früherhin unbekannt gewesenen Auflagen; zeigte ihnen, dass jetzt oder nie der Augenblick zur Rückkehr zu bessern Zeiten vorhanden sey; stellte Jedem frei, auszutreten, wenn ihn sein Entschluss gereue, und liess dann, da kein Einziger austrat, den kleinen Haufen, in Gegenwart jener Vorsteher, den oben angeführten Eid zu einer alten, mit dem Bernerwappen gezierten Schützenfahne von Oberhofen abschwören. Bei dem Zeichen zum Abmarsch wagten die Magnaten noch einen Versuch, denselben zu hindern; wurden aber durch ernste Drohungen fortgescheucht. Bald darauf kam einer derselben wieder, jedoch ganz demüthig, und überbrachte eine schöne Fahne des vormaligen Regiments Thun, mit Bitte um Auswechslung der Oberhofner-Schützenfahne gegen dieselbe. Mülinen ahnte den Kunstgriff gleich, die durch den Eid geheiligte Fahne aus den Händen der Mannschaft zu winden, nahm dem listigen Überbringer die Regimentsfahne ab, und liess die Abtheilung mit beiden Fahnen auf Thun marschieren, wo sie dem, aus der Umgegend von Thun zusammengezogenen Bataillon Steiger einverleibt wurde.»

In den ersten Minuten des 19. Septembers 1802 gingen vom Wittigkofer Hauptquartier zu Kurieren gemachte Knechte und Küherburschen mit der Depesche von der Kapitulation Berns an alle föderalistischen Kommandanten (411). Rudolf von Werdt kämpfte zur selben Zeit seinen letzten Kampf, morgens um 04.00 Uhr starb er. Johann Ludwig Wurstenberger musste den Schwestern diese Botschaft überbringen:

«Alles, was ich davon sagen kann und mag, ist, dass ich lieber eine Batterie stürmen, als noch so einen Auftrag erhalten mag. Gott bewahre mich davor in alle Ewigkeit.» (412)

General Andermatt, der sich theoretisch über die Kapitulation hätte hinwegsetzen können, dadurch aber sehr viel und vielleicht sein Leben hätte aufs Spiel setzen müssen, wollte nichts anderes als Kirchberg verlassen: um 01.00 Uhr schrieb er Schmid, es werde immer schwieriger, Lebensmittel zu erhalten, er erwarte mit Ungeduld einen Entscheid. 04.00 Uhr ging eine Aufforderung an Schmid ab, doch die Route des Rückzugs bekannt zu geben, damit er sich danach richten könne, 14.00 Uhr forderte der General dann seinen Kriegsminister ultimativ auf, bis 18.00 Uhr einen Bestimmungsort für die Armee zu nennen, ansonsten er auf der Suche nach Lebensunterhalt selbständig losmarschieren werde (413). In und um Bern herrschte an diesem Tag nicht wenig Verwirrung. Da gab es den helvetischen Bataillonskommandanten, der die ihm anvertrauten Geschütze in der Stadt einfach stehen liess und mit dem ganzen Bataillon Reissaus nahm, bevor ihn nüchterne Leute noch einmal in die Stadt zurückbrachten (414). Da gab es den helvetischen Husaren, der auf dem Brückfeld an den Spaziergänger Karl Ludwig Stettler herantritt und auf die Frage «Werda?» deutlich genug zur Antwort gab «Deserteur!» (415). Da gab es aber auch die über die Kapitulation mörderisch wütend gewordenen beiden helvetischen Soldaten, die den, die rotschwarze Kokarde tragenden,

Franz Ludwig Steiger von Bonmont umbrachten (416) oder den helvetischen Husarenobersten Johannes Dolder, der, vor Wut schäumend, seine Pistolen auf die Erde schmiss und von der Menge mit Schimpfwörtern und Steinen traktiert wurde (417). Willen, sich zu schlagen, hatte die helvetische Regierung insgesamt keinen mehr: der Senat genehmigte die Konvention genannte Kapitulation vom Vortag und bezeugte den helvetischen Truppen die vollkommenste Zufriedenheit (418). Staatssekretär Jenner befahl seinem Bureauchef, die Korrespondenz mit ihm über die französische Botschaft in Lausanne (wohin Verninac ebenfalls verreiste) abzuwickeln (419). Nicht einmal mehr um einen Brief von Bern sicher nach Lausanne gelangen zu lassen, genügte die ununterstützte Autorität eines helvetischen Ministers. Um unnötige Auftritte zu verhindern, verbot die wieder in Aktion getretene Munizipalität vorerst «Freudenbezeugungen, Aushängen von Fahnen, Schiessen oder andere Ausgelassenheiten» (420), nahm also die Polizeigewalt in der Stadt wieder völlig an sich, aus der die Vollziehungsräte, die meisten Senatoren und der französische Gesandte um 12.00 Uhr, Rengger und Schmid um 22.00 Uhr abreisten (421).

Das föderalistische Hauptquartier wurde im Hause Franz Thormanns auf dem Muristalden eingerichtet (422) und konnte immer professioneller arbeiten. Jetzt waren sie da, die Adjutanten und Ordonnanzen, standen sie im Hofe bereit, die gesattelten Pferde, drängten sie sich zum den Befehl führenden Emanuel von Wattenwyl, die von überall hergekommenen jungen Berner (423). Wohl herrschte in Aarau noch immer Ausgangssperre nach 22.00 Uhr (424) aber in Jegenstorf tauchte Hieronymus Seiler aus Aarau mit 700 Aargauer Zuzügern auf (425). In Jegenstorf traf Karl Ludwig Stettler, der vom Brückfeld über Bremgarten, Reichenbach, Worblaufen und die Papiermühle dorthin geritten war, General Rudolf von Erlach im Wirtshaus, mit verbundenem Bein, auf einem Ruhebett. Erlach wollte zuerst die Nachricht von der Kapitulation Berns gar nicht glauben, widerrief aber dann doch seine Rückzugsbefehle. Das Zentralkomitee hatte sich mittlerweile zur Übertragung der Kommandogewalt auf Emanuel von Wattenwyl entschlossen (426). Die Stimmung der Bevölkerung war nun je nach Standpunkt ängstlich oder zugriffig: es gab den helvetisch Gesinnten, der im *Brückfeldwirtshaus* den Altberner um Schutz und Schonung ersuchte und die Antwort erhielt: «Wir seyen nicht gekommen, um an irgend Jemand Rache zu üben, sondern um das Vaterland zu befreyen:...» (427) und es gab auch jene Besitzer von Pferden und Fuhrwerken, die sich entgegen der Kapitulation weigern wollten, Angehörige der helvetischen Regierung oder ihr Gepäck zu führen und fragten: «Müssen wir .. den Schelmen ihren Raub noch fortbringen helffen»? (428). Auch die Seeländer Anton von Graffenrieds von Muri und Ludwig Emanuel Fischers waren ungehalten.

Wie verwandelt man einen Haufen Aufständischer in eine Armee? Diese Frage löste Mülinen, der am 19. sein Oberländer Hauptquartier von Oberhofen ins *Weisse Kreuz* nach Thun verlegte, an diesem und am folgenden Tag:

«Die mit brauchbaren Waffen versehenen wurden landschaftsweise in Bataillone und Compagnien eingetheilt, die unbewaffneten nach gereichten Erfrischungen wieder nach Hause entlassen. So wie ein Corps organisiert und in den Burgerhäusern mit einiger Nahrung erfrischt war, setzte jedes seinen Marsch schleunig nach Bern fort, in welcher Stadt und deren Umgegend diese Truppen schon am 20. Abends Quartiere bezogen. Auch die so gefürchteten Siebenthaler und Frutiger trafen nämlichen Tages in Thun ein, beobachteten aber die musterhafteste Zucht, und erlaubten sich, des beschwornen Eides eingedenk, nicht nur keinerlei Wiedervergeltung einst erlittener Misshandlungen, sondern enthielten sich sogar jeder Anzüglichkeit, jeder Äusserung siegerischen Übermuthes; als Bataillon Tscharner setzten sie, als Bataillon von Wattenwyl die Frutiger und Spiezer, als Bataillon Gatschet die Oberländer ihren Marsch nach Bern fort.»

Nun lagerten die Seeländer auf dem Brückfeld und lagen wenigstens am Rand des Rückzugsstreifens Andermatts, der fast über die Neubrücke kommen musste. Sie befürchteten, in der Nacht überfallen zu werden und waren in Sorge um ihre Häuser und ihre Angehörigen daheim im Seeland, da die Anhänger der Helvetik naheliegenderweise zuhause geblieben waren. Zwei Posten sollten sie wenigstens vor Überraschung sicherstellen: einer auf dem Donnerbühl und ein anderer beim Wachthaus vor dem Oberen Tor (429).

Wie diese Mannschaft, in der wohl mindestens ein ehemaliger helvetischer Soldat, nämlich Johann Häuselmann aus Oberwil bei Büren, diente, vor die Tore Berns kam, schildert Karl Ludwig Stettlers Lied:

«Der Einte nun schickt Boten aus,
Der Andre schnitzt Kokarden,
Der Dritte schreibt, der Vierte sauft,
Und Allesammen warten,
Bis endlich kamen zwanzig Mann,
Da fienge man den Feldzug an,
Nahm Stadt und Festung Erlach.

Zwei schöne Banner schwarz und roth
Fand man hier auf dem Schlosse.
<Jetzt,> jauchzet All's, <hat's nicht mehr Noth,
Wir sind dem Glück im Schoosse.
Patronen haben wir zwar nicht,
An Flinten es auch sehr gebricht,
Allein der Bär wird helfen.>

Die gleiche Nacht im Mondenschein
Ward nach Aarberg marschieret,
Auch dieser Platz wurd' g'nommen ein,
Sich darin einquartieret.
<Ha,> jubelt man, <wer das vermag,

Zwei Städt' zu nehmen in Einem Tag,
Ist schon ein halber Laudon.>

Jetzt drang Fama's Posaunenschall
Blitzschnell durch Seelands Mööser,
Verkünd't die Thaten überall,
Macht' Alles zehnmal grösser.
Drum kamen ganze Schaaren jetzt
Mit ihrem rostigen Geschütz,
Die Heldenbahn zu wandeln.

Das Heer war, als es Mittag schlug,
Schon fast zwei Kompagneien;
Jetzt glaubte man sich stark genug,
Helvetien zu befreien.
Die Posten wurden vorpoussirt
Und die Neubrücke occupirt
Mit zehn Seelandskindern.»

Vor Bern lagen die Frutiger Niklaus Rudolf von Wattenwyls in Muri, die am 19. September von Thurnen abmarschierten drei Kompanien Seftiger Franz Ludwig Wurstenbergers (254 Mann) in Wabern. In Muri wurde der Soldat in den Häusern untergebracht, in Wabern im Biwak (430). Die föderalistische Wache vor dem Untertor blieb selbstverständlich als Ehrenposten den Rovéréanern, die niemanden durchlassen durften, der nicht über die sogenannte Karte, einen Ausweis des Hauptquartiers auf dem Muristalden verfügte (431). (Die Passierscheine für das Obere Tor erteilte die Munizipalität Bern mit Sitz auf dem Rathaus (432).) Das Erscheinungsbild der föderalistischen Truppen war buntgescheckt: die Rovéréaner trugen zum grössten Teil grün-schwarze Röcke und schwarze Filzmützen, einige auch Patronentaschen.

«Die übrigen Truppen, solothurnische und aargauische Bauern, waren in ihrer Landtracht gekleidet, mit Musketen, Knitteln und Morgensternen bewaffnet, und schienen, ihrer Vaterlandsliebe ungeachtet, keine grossen Liebhaber knallender Büchsen und pfeifender Kugeln zu sein.» (433)

Ein ähnliches Bild wird auch der Grossteil der Ober- und der Seeländer geboten haben.

Die Konferenz von Uri, Schwyz, Unterwalden, Glarus und Appenzell erliess am selben 19. September folgende Instruktion an Ludwig Aufdermaur:

«Im vollesten Zutrauen auf Seine militarische(n) Kenntnisse und seine[r] Liebe für unsere biedere(n) Landleute empfiehlt ein wohlweiser Landrath dem Herrn Landsfähnrich, 1) dass den[en] unter seinem Commando stehenden Truppen vom 20. Sept. an ihr(e) von der fünförtischen Conferenz stipulirte Besoldung täglich richtig bezahlt und die Leute alle so gut möglich einquartiert, ihnen aber anempfohlen werde, dass sie ihren alten treuen Bundsbrüdern durch ihr gutes Betragen zeigen sollen, dass das was die Conferenz in ihrer Proclamation an das Schweizervolk versprochen hat, von ihnen pünktlich gehalten werde. 2) Sollte der Herr Landsfähnrich [be]vor seiner Ankunft auf Thun vernehmen, dass die Stadt Bern von den Gutgesinnten besetzt seie, so wird er dennoch seinen Marsch nach dieser Stadt fortsetzen und denjenigen welche an der Regierung sind mündlich oder schriftlich die Ursache seiner Sendung nach Bern anzeigen und sich in allem auf die Proclamation und daneben abgedruckte zwei Schreiben beziehen. 3) Im Fall aber, wider alle Erwartung, diese Stadt noch von helvetischen Truppen besetzt und die Gutgesinnten noch vor selber liegen sollten, so wird der Herr Comm(a)ndant seinen Marsch soviel möglich beschleunigen, um unsern Bundsbrüdern beizuspringen. Wäre es aber Sache, dass diese verdrängt und nicht mehr zu versammeln sein sollten, so wird der Herr Comm(a)ndant sich zuerst wohl von der Stärke des Feinds, auch von der Möglichkeit, sich der Stadt ohne grossen Verlust zu bemächtigen erkundigen, bevor er solche aufzufordern oder zu bestürmen sich entschliessen wird. 4) Sollte der Herr Comm(a)ndant mit stürmender Hand sich der Stadt bemächtigen, so wird er sich vor allem aus des Personals der Regierung bemächtigen und solche auf Disposition der Conferenz über den Brünig nach Schwiz schicken; auch wird er alle Archive und Bureaux unter Sigill des Cantons Schwiz legen und sich aller Fonds bemächtigen die im Schatzamt zu finden wären. 5) Wenn er bemerken sollte, dass die Zusammenberufung einer Tagsatzung nach Schwyz einigen gutgesinnten Städten widrig sein sollte, und sie lieber sich unter dem Schutz einer Centralregierung in Bern consituiren wollten, so wird Herr Comm(a)ndant diesen verdeuten dass, sowie die fünförtische Conferenz jedem Canton seinen vollkommen freien Willen lasse, hierin nach Gutdünken zu handlen, so werden auch die fünf democr. Cantone auf ihrem Plan fest bestehen und keine Centralregierung anerkennen welche nicht rechtmässig von den Cantonen ausgehend bevollmächtiget und begwältiget sein werde. 6) Ist diesen Cantonen zu bemerken, dass es gar nicht in der Absicht liege, den Sitz der Regierung für die Central in Zukunft in Schwyz zu behalten, sondern nur erachtet man es für thunlich, solche so lange vom verderblichen Einfluss Frankreichs und des Parteigeists sicherzustellen, bis die Schweizer-Cantone constituirt sein [werden] und die Gewalt der Central-Regierung bestimmt haben werden. 7) Wird der Geschicklichkeit und Klugheit des Herrn Commandanten überlassen, in Fällen wo er die Entscheidung auf sich zu nehmen Bedenklichkeit findet, durch Eilboten Verhaltungsbefehle einzuholen.» (434)

Am 20. September fanden zwei Einzüge statt: der eine in Lausanne, wo unter 12 Kanonenschüssen die helvetische Regierung einrückte (435), der andere in Bern. Die helvetischen Truppen verliessen ihre Hauptstadt (436). Mittlerweile lagen 3000 oder 4000 Mann Föderalisten vor den Toren der Stadt, die nun um 14.00 Uhr in die alte Zähringerstadt einzogen: Rudolf von Effinger durfte selbstverständlich an der Spitze der Vorhut durch das Untertor einreiten. Karl Ludwig Stettler erlebte wohl nicht als einziger Augenzeuge eine unvergessliche Stunde:

«Als nun das Thorgewölbe vom alten Bernermarsch ertönte, und die schwarz und rothen Fahnen wieder in der befreyten Vaterstatt wehten, da ergriff uns Alle ein unbeschreibliches

Gefühl von Freude und Rührung, so dass uns die Thränen in die Augen traten. Wir zogen mit fliegenden Fahnen und klingendem Spiel die Spithalgass hinunter auf den Plaz, wo unter einer unzählbaren Menge jubelnden Volks die Oberländer und Aargauer bereits aufgestellt waren, und uns lauten fröhlichen Willkomm entgegenrieffen; das war ein herrlicher, herzerhebender Anblik. – Vielleicht die schönste Stunde meines Lebens. Niemand erschien in Uniform. Selbst der General trug nur einen blauen Rok mit Epauletten, nebst einem Militärhut. Alle übrigen waren nur in Bürgerkleidung und runden, mit Eichen- oder Nusslaub geschmükten Hüten.»

Beim Einmarsch in die Stadt wurde folgende Ordnung befolgt:

Tabelle 6: Ordnung der in Bern einmarschierenden Truppen

1. Vorhut, bestehend aus den Rovéréanern und der Zofinger Stadtkompanie Sutermeister.
2. Solothurner Bataillon Glutz.
3. Oberaargauer Bataillon Tscharner.
4. Unteraargauer Bataillon Goumoëns.
5. Seeländer Bataillon Graffenried «als welches bey der Capitulation durch seine Gegenwart vor dem Oberen Thor viel zu der Capitulation beygetragen.»
6. Oberländer Korps, Bataillone Steiger und Wattenwyl.
7. Emmentaler Bataillon Stürler (170 Mann aus Schangnau, Langnau, Vechigen).
8. Seftiger Bataillon Wurstemberger.

Davon zogen die unter den Nummern 1, 2, 3, 4, 6 und 7 genannten Formationen durch das Untere Tor, die Seeländer durch das Aarberger und die Seftiger durch das Obere Tor. Für das Bataillon Goumoëns liegt ein Etat vom gleichen Tag vor: einschliesslich der Zofinger Stadtkompanie Sutermeister betrug der Bestand 505 Mann. Davon gehörten 4 Mann zum Stab, 22 Mann waren Artilleristen, der Rest verteilte sich auf die drei ausschliesslich von Aargauer Offizieren (aus Aarau, Seon, Seengen, Unterentfelden, Lenzburg, Veltheim, Zofingen usw.) geführten Kompanien. (437)

Niemand zweifelte mehr am Ausgang der Sache:

«Nun einmal die Schale geborsten war, fand sich jedermann willig, den Dotter fressen zu helfen,...» (438) Franz Aerni fand sich am 20. September zur Übergabe der Festung Aarburg bereit (439) und selbst in Lausanne legte Regierungsstatthalter Henri Monod das Schwergewicht auf die Gleichberechtigung seines Kantons (und nicht etwa auf die Restauration der Helvetik in der ganzen Eidgenossenschaft):

«Le canton de Vaud ne se laissera donc pas faire la loi. Il veut sa réunion à l'Helvetie, en tant qu'il sera un de ses cantons sur le pied de tous les autres, non avec d'avilissantes distinctions.» (440)

Einen eigenen, gleichberechtigten Kanton wollte am selben 20. September auch Johann Ludwig Baldinger für Baden, ein Wunsch, dem am 25. September die Vertreter von 83 Gemeinden (gegen 5) ihre Unterstützung leihen sollten (441), doch wollte Baldinger gegen Bonaparte, was Monod vom Ersten Konsul erhoffte («Votre conduite calme et loyale vous a attiré l'estime de l'Etranger, elle vous attirera son intérêt;...») und deshalb scheiterte in der folgenden Mediation Baden, während die Waadt Erfolg haben sollte.

Den Chefs der beiden noch von der helvetischen Regierung zurückgerufenen Halbbrigaden schrieb die fünförtische Konferenz von Schwyz aus:

«Herr Chef! es ist uns zu vernehmen gekommen, dass die in (den letzten) Zügen liegende helvet. Regierung, um sich noch so lange als möglich auf ihrem Herrscherthrone, auf den sie sich selbst erhoben hat, zu erhalten, um Frankreichs Unterstützung beworben und zwei in diesem Dienst befindliche[n] helvetische[n] Halbbrigaden zu ihrer Disposition erhalten haben solle. Wir zweifeln aber, ob sich selbe, und besonders Sie, Herr Chef! zur Unterstützung einer Regierung werden gebrauchen lassen, die sich eigenmächtig selbst gewählt und durch ihre Regierungsweise nicht das Zutrauen, sondern vielmehr die Abneigung des grössten Theils des Schweizervolkes zugezogen hat; eine Regierung, deren mehreste Mitglieder sich schon vor 4 Jahren, bei Entstehung unserer Revolution, eingedrungen und all' das Übel das in Gefolge derselben unser Vaterland verwüstete, herbeigezogen haben; eine Regierung endlichen die, anstatt die schon so lange getrennten Gemüther zu vereinigen, Ruhe, Frieden und Eintracht in der Schweiz herzustellen, sich geradezu aller Vereinigung widersetzt und, wie das jüngste Beispiel von Zürich lehrt, mit Feuer und Schwert zu hintertreiben sucht und lieber unser unglückliches Vaterland einem Bürgerkrieg preis(zu)geben als ihre an sich gerissene Herrschergewalt aufzuopfern willens ist.» (442)

Der Kommandant der Berner Truppen im Aargau (Bestand noch 61 Mann) Ludwig May von Schöftland und der bernische Oberbefehlshaber Emanuel von Wattenwyl erliessen selbentags folgende Proklamationen:

«An die Einwohner des Cantons Bern.
Schon lange hatte eine Parthie sogenannter Philosophen, in Denkungsart ähnlich denen die unter dem Namen des Nationalconvents in Frankreich gewüthet haben, durch die gleichen Ränke und Vorspieglungen von Freiheit zum Übergewicht in der Regierung gelangen können, da doch ihre Freiheit und Gleichheit (nur) darin bestehend, dass ihnen und ihrer Partey alles erlaubt ware und alle Stellen zu Theil wurden. Diese Freiheits- und Menschlichkeits-Heuchler haben durch ihre räuberischen Decrete den Spitälern ihr Gut, und hiemit Armen und Kranken ihre Unterstützung, der Kirche ihre Einkünfte und hiemit den Altären der Religion ihre Diener genommen, und wenn sie nicht auch unser Vaterland zum Schauplatz (für) dergleichen Greuel gemacht haben, wie ehmals in Frankreich, so verdanken wir es der Vermittlung und Abwehrung der gegenwärtigen dortigen Regierung. Sie sahen nicht aufs Herz und auf Verstandesfähigkeiten bei der Auswahl ihrer Beamten, sondern nur auf politische

Meinungen und waren mehr darauf bedacht, ihre philosophischen Träumereien und persönliches Interesse, als das Wohl des Vaterlands zu befördern. Sie haben nicht nur die von unsern Vätern hinterlassene(n) Schätze vergeudet, sondern noch viele Millionen Schulden gemacht, sogar die für die vom Krieg verheerten Cantone aufgenommenen Steuren den Bedürftigsten davon entzogen, und noch keiner hat Rechnung ablegen können noch dörfen.
Auch waren sie schon lange von allen rechtschaffenen und wackern Leuten verachtet. Allein ihr unmenschlicher Stolz und (ihre) Härte gegen die in ganz Europa geschätzten und bedauerten, unsere billich höchstwerthen Mitbrüder die Ur-Cantone und gegen die Stadt Zürich hat Jedermann aufgebracht. Überall risse sich ein Canton nach dem andern los und kehrte zu seiner alten Freiheit zurück. Endlich ist es auch mir gelungen, durch die Tapferkeit der mit mir verbundenen Anführer und Freunde, sowie der mit uns gezogenen treuen Truppen, diese Regierung aus ihrem Sitz hinter die Grenzen der Waat zu treiben.
Ich verspreche dass diese wackeren Truppen die beste Mannszucht halten werden, und dass Niemand wegen seinen Meinungen verfolgt werden soll. Hingegen erwarte ich dass Jedermann in allem denselben Vorschub thun und zu Beibehaltung der guten Ordnung aus allen Kräften arbeiten wird.
Im General-Quartier zu Bern, den 20sten Herbstmonat 1802.

Em. von Wattenwyl, Ober-Commandant.» (443)

«Proclamation.
Das angefangene Werk ist nach einem ununterbrochen glücklichen Fortgang bereits so viel als vollendet! Rettung des unglücklichen, seit bald 5 Jahren unter Elend jeder Art schmachtenden, von aussen erniedrigten, im Innern durch unaufhörliche Veränderungen in den Personen und Grundsätzen der Regierung, durch Parteiungen, Umtriebe und persönliche Anfeindungen zerrissenen Vaterlandes, Wiederherstellung eines rechtlichen Zustandes und Einführung einer dauerhaften, der alten, so vielfältig erprobten, sich mehr oder weniger nähernden Ordnung der Dinge, in die sich jeder Rechtschaffene wird fügen können, dem das allgemeine Beste wahrhaft am Herzen liegt; dies war unsre Absicht.
Die Zurückziehung der französischen Truppen aus der Schweiz und die wiederholten Äusserungen ihrer Regierung schien(en) auf den gegenwärtigen als den schicklichen Zeitpunkt zur Ausführung hinzudeuten. Das Beispiel unsrer biedern Miteidgenossen in den kleinen Cantonen munterte uns dazu auf, und der Ausbruch ward durch die den geheimen Urhebern auf ewig zur Schande gereichenden Vorfälle bei Zürich und die dadurch empörten Empfindungen beschleuniget. Mit der innigen Überzeugung der gerechten Sache ward das Werk begonnen, durch die treue Liebe unsrer Mitbrüder zu Stadt und Land unterstützt und der glücklichen Vollendung nahe gebracht.
Ja, liebe Freunde und Brüder! Mit gerührtem Herzen danken wir euch einen Beweis euerer treuen Anhänglichkeit, der unsern schönsten Hoffnungen entspricht, unser festes Vertrauen auf euch rechtfertiget, die wahre Stimmung der grossen Mehrzahl im Volk an den Tag legt, den revolutionären Muth auf immer dämpfen und denjenigen schrecken muss, der, von Eigennutz und Ehrgeiz geblendet, mit der Ruhe seines Vaterlandes sein Spiel trieb und den ersten Zweck des gesellschaftlichen Vereins – die Sicherheit des Eigenthums – mit Füssen trat.

Dank, warmer Dank sei euch, liebe Brüder, noch besonders hier öffentlich gesagt für den strengen Gehorsam, für die unbedingte Folgsamkeit, mit welcher ihr vor wenigen Tagen nicht allein auf den ersten Wink mit fliegender Eile, im entscheidenden Augenblick, mit der ganzen Volksmasse im Landsturm uns beistandet, sondern, nach abgewendeter Gefahr und auf unsere Weisung hin, mit einer Ruhe, Ordnung und Stille in euere Wohnungen zurückkehrtet, die manches disciplinirte Truppencorps beschämen sollen und uns das kostbarste Pfand eueres unbedingten Zutrauens sind.
Ein reissend glücklicher Fortgang war die Wirkung davon. Verdoppelter Muth belebte euere weiterziehenden Brüder; Solothurn ging ohne Schwertstreich über, Bern, obwohl der Sitz der Regierung und mit beträchtlichen Truppen besetzt, that uns kurzen Widerstand, und nur einzelne unsrer Brüder starben da den schönen Tod fürs Vaterland.
Man eilte von beiden Seiten, dem fliessenden Bürgerblut durch eine Übereinkunft Einhalt zu thun; Bern bleibt in unsern Händen; die Regierung zieht sich mit dem Rest der helvetischen Truppen ins Welschland zurück, um von da aus einen endlichen Vertrag zu schliessen. Dies muss in kurzem geschehen; denn, liebe Brüder, während euerer Thätigkeit blieben unsere biederen alten Mit-Eidgenossen der 5 demokratischen Cantone nicht müssig. Unser wackere Reding sicherte uns kaum seine Hülfe zu, und schon eilten in der letzten Nacht die Unterwaldner, Urner und Schwyzer über den Brünig ins Oberland; unsere Brüder von Glarus folgten ihnen auf dem Fusse nach; Appenzell steht heute mit seiner ganzen Macht bei Rapperswyl und nähert sich uns mit starken Schritten, und Zürich, von den ausgestandenen wüthenden Anfällen sich noch kaum erholend, vergilt euch die an ihm bewiesene Treue – wenn schon vorerst nicht mit zusendender Mannschaft – doch durch an die zu Hülfe eilenden Mit-Cantone spendenden Hülfsmittel jeder Art.
Selbst die letzte officielle, unterm 9ten September ertheilte und heute öffentlich verbreitete Antwort der französischen Regierung auf das Ansuchen der helvetischen Regierung um Truppen beweist durch That und Wort, dass der erste Consul nichts als unsern Frieden wünscht und sich durchaus nicht gewaltsam in unsere Angelegenheiten zu mischen gesinnet ist, indem er sich einzig und allein darauf einschränkt, blos zufolge der bestehenden Tractate[n] die Schweizercorps zur Disposition der helvetischen Regierung zu überlassen, ein Entsprechen das jedem beinahe Spott zu sein scheint, der die unbedeutende Anzahl und die zerstreute Entfernung dieser sogenannten 18000 kennt.
So, liebe Brüder, scheint der seit Jahren von uns geschiedene Engel der Bundestreue und Eintracht vom Himmel wieder auf unsre durch Zwiespalt und engherziges Misstrauen geschändete vaterländische Erde herabgestiegen zu sein. O lasset uns ihn mit offenen Armen und Herzen empfangen; lasset uns mit der ganzen Kraft unsers Willens an ihm festhalten; lasset uns, durch lange, traurige, theuer bezahlte Erfahrung belehrt, ihn als unsern Schutzengel betrachten, unter dessen segnendem Einfluss einzig die noch blutenden Wunden Heilung finden und der bald zerstörte Keim unsers öffentlichen und besondern Wohlstandes zuerst zum zarten Pflänzchen aufsprossen, dann allmählich zum beschatteten Baume werden kann, unter dem einst unsere Enkel mit süsser Wehmuth unsrer Leiden gedenken und Hand in Hand den schönen Bund wechselseitiger Treue und Liebe aufs neue beschwören werden.

Diese aus den innigsten Wünschen unsrer Herzen entstehenden Bilder zur Wirklichkeit zu bringen sei unser gemeinschaftliches, unser erstes Bestreben und unser höchstes Ziel. Eintracht und wechselseitiges Zutrauen ist fürwahr der einzige Weg dazu.
Auf diesem, und nur auf diesem dürfen wir hoffen, das bis hieher glücklich durchgeführte Werk auch glücklich zu vollenden, Friede, Ruhe und Ordnung wieder in unsre Mitte zurückzubringen und diese besten Gaben des Himmels in Zukunft gegen innere und äussere Anfälle zu sichern. Zu dem Ende sei es von nun an heilige Pflicht jedem Rechtschaffenen, auch bei aller Verschiedenheit der Ansichten und politischen Meinungen zu Handhabung der öffentlichen Ruhe und Ordnung das Seinige gewissenhaft beizutragen.
Die militärischen und bürgerlichen Autoritäten im Aargau handelten bisher in allem, was sowohl die Besorgung unserer Truppen als die öffentliche Sicherheit und Polizei betrifft und werden noch ferner mit einem Einverständnis handeln, welches ihr wechselseitiges Zutrauen und ihren festen Entschluss beweist, die endliche und wahrscheinlich in kurzem erfolgende Entscheidung der grossen Angelegenheiten unsers gemeinschaftlichen Vaterlandes mit Ruhe zu erwarten.
Wir ermahnen euch daher, liebe Brüder, so ernstlich als dringend, den bürgerlichen Autoritäten, die bis jetzt noch alle bestehen und ihre gewöhnlichen Verrichtungen versehen, in allem was nicht gegen unsere Befehle, Verordnungen und Massregeln streitet, ferners den bisher schuldigen Gehorsam zu leisten.
Wir sichern Jedem, er sei wer und von welcher politischen Meinung er wolle, sobald er sich nur ruhig und still beträgt, volle Sicherheit für seine Person, sein Eigenthum und seine Berufsgeschäfte zu und werden jede Störung derselben zu ahnden wissen. Wir warnen aber auch Jeden dem seine Ehre und sein Kopf lieb ist vor allen Umtrieben, heimlichen Zusammenkünften, Aufwieglungen und Ausstreuung boshafter oder auch nur falscher Gerüchte, wir warnen ihn vor allem demjenigen, es sei in Thaten oder in Worten, wodurch der gute Wille unsrer treuen Landleute irregemacht, ihr so schön bewiesenes Zutrauen zu uns gestört, die militärischen Verfügungen gehemmt oder die öffentliche Ruhe und Ordnung überhaupt gefährdet werden könnte.
Die sträflichen Absichten einiger und die zweideutigen Absichten anderer sind uns nicht unbekannt. Unsere Getreuen wachen. Und wir erklären hiemit dass der erste Beweis von Schuld die Losung zu Massregeln sein wird, deren Schärfe man sich selber zuzumessen hätte, und er dürfte leicht den nunmehr so unzweideutig geäusserten Willen der übergrossen Mehrheit zu einem Ausbruch reizen, welchem Einhalt zu thun zwar in unserm Willen, aber wohl schwerlich in unsrer Macht stehen, und von welchem die Übelgesinnten nebst ihrem Eigenthum die ersten Opfer sein würden. – Übrigens liegt es den sämtlichen Municipalitäten ob, Unglück zu verhüten. Diejenigen davon denen ihre Pflicht am Herzen liegt werden sich durch bestellte Dorfwachen, durch strenge Aufsicht und andere Polizeianstalten vor den schlimmsten Folgen einer Verantwortlichkeit zu sichern wissen die wir anmit öffentlich und feierlich auf jede derselben, und zwar persönlich, legen.
Doch wir hegen das Zutrauen dass bei den Wenigen bei denen der Wille nicht rein ist Klugheit und richtige Berechnung ihres eigenen Vortheils uns der Nothwendigkeit überheben wird, unsre bisherigen gelinden Verfügungen in Strenge zu verwandeln, und werden uns

freuen, nach wenigen mit Ruhe und Geduld durchwarteten Tagen ohne fernere Erschütterungen in den rechtlichen und dauerhaften gesellschaftlichen Zustand mit euch, liebe Brüder und Freunde, und mit unsern alten biederen Miteidgenossen übergehen zu können, den wir uns von der Weisheit, Mässigung und erprobten Vaterlandsliebe der verehrungswürdigen Männer versprechen dürfen, in deren Hände der Allmächtige die Entscheidung unsers Schicksals gelegt hat.
Ihm, dem Allmächtigen, sei von euch und uns allen Dank gesagt für seine Hülfe bis hieher!
Von Ihm dem Allmächtigen lassst uns Segen erflehen zur Vollendung!
Geben im Hauptquartier in Aarau am 20. Herbstmonat 1802.

Im Namen des Kriegs-Comite in Bern –
der Commandant der Bernerischen Truppen im Aargau, L. May von Schöftland.»

Mit dem Fall Berns und dem Marsch Andermatts über Aarberg in den Raum Murten–Payerne war die Helvetik für alle Kantone ausser Waadt, Freiburg und Tessin erledigt. Da mochte der Vollziehungsrat lang den Sitz des Kriegs-, des Innen- und des Polizeidepartementes nach Payerne verlegen (444) und verkünden, er sei «umgeben von muthigen Vertheidigern» (445) – er war eben vor allem in Lausanne. Kein Monat nach der Rengg war das, was nur in einigen Köpfen gespukt hatte, die Wiederherstellung der Eidgenossenschaft, im Grossteil des Landes Wirklichkeit geworden, eine helvetische Restauration aus eigener Kraft nicht mehr ernsthaft zu befürchten. Kein Wunder, wollten am 21. September «viele den Dotter fressen helfen»! Der Landrat von Uri war noch harmlos, wenn er der Zentralmunizipalität Ursern dreimal 24 Stunden einräumte, sich Uri anzuschliessen oder als Feind behandelt zu werden (446). Ganz und gar nicht harmlos war die mehrhundertköpfige antisemitische Meute, die am 21. September von den umliegenden Dörfern aus den Büntel- oder Zwetschgenkrieg gegen die Endinger und Lengnauer Juden entfesselte. Mit Bündeln gestohlener Habe zogen sie wieder ab, nachdem sie auch noch Schutzgelder erpresst und insgesamt für 32'000 Franken, eine für die damalige Zeit sehr grosse Summe, Schaden gestiftet hatten. Die Zerstörung von Beweistiteln mag sich an den *Bourla-papei*-Taten orientiert haben (447). Die Badener Behörden waren hier so machtlos wie zuvor in Mellingen, wo man entgegen klarem Befehl Andermatt durchgelassen hatte.

Der kriminelle Akt von Endingen und Lengnau blieb singulär, wenn auch da und dort noch einzelne Ausschreitungen mit politischer oder persönlicher Motivation stattfanden. Typisch für den 21. September war die Arbeit an der militärischen und politischen Neuordnung, die von der Verordnung über den Wachtdienst der Stadt Basel (448) über die Konstituierung der Landschaft Uznach (449) bis zur Vereinigung von Stadt und Land Luzern (450) gingen. Von Luzern aus teilte bereits um 02.00 Uhr Regierungsstatthalter Keller nach Schwyz mit, alle Truppen hätten den Kanton in Richtung Bern verlassen; er wolle eine Zusicherung, dass er nicht feindselig behandelt werde... (451).

In Bern traten am 21. September 1802 zum erstenmal seit dem 3. März 1798 wieder *Schultheiss, Räth und Burger der Stadt und Republik Bern* unter dem Vorsitz von Schultheiss Albrecht von Mülinen zusammen, erliessen Proklamationen für Stadt und Land und eine besondere für den Aargau, versprachen «unsere Verfassung dahin abändern» zu wollen «dass kein verdienter Mann von der Wählbarkeit zu Civil und Militärstellen ausgeschlossen seie» und entboten. «Unseren lieben und getreuen Angehörigen des Aergäus Unsern dankbaren und geneigten Willen» mit anerkennenden Worten für den siegreichen Aufstand:

«Nicht zweideutige Willensäusserungen, nicht unzuverlässige, unter Drohungen und Bestechungen erschlichene Stimmensammlungen werden hier vorgelegt. Nein, das ganze Volk, das heisst: die gesamte wehrbare Mannschaft des Landes trittet freiwillig ins Gewehr, bittet sich die Offiziers aus, die U. G. H. die Kriegsräthe vormals erwählt hatten, fo(r)dert laut die Standes-Farbe als das einzige Zeichen ihrer Vereinigung und schwört zu den Fahnen des Standes Bern, ihrer alten Obrigkeit, den Eid der unverbrüchlichsten Treue; allgemein äussert es den lautesten Wunsch, unter dieser Anführung das Vaterland zu retten, mit derselben zu siegen und zu sterben.» (452)

Schultheiss, Räth und Burger gingen darüber hinweg, dass sie am 3. März 1792 zugunsten einer provisorischen Regierung abgedankt hatten, wohl weil ihnen jene Abdankung im Rückblick als aufgezwungen und darum ungültig erschien und vielleicht auch, weil die dahinter steckende Demokratisierungsabsicht 1802 einer Mehrheit des alten bernischen Grossen Rates nicht mehr gefiel. Gleichviel! Es wurden nicht nur Proklamationen erlassen, es kam auch zu zwei äusserst wichtigen Ernennungen: Hauptmann (als das erscheint er im Manual) Emanuel von Wattenwyl von Landshut wird zum Oberkommandanten der bernischen Truppen ernannt, und es wird für «die ganze Leitung der Sachen mit vollem Zutrauen» eine zehnköpfige Standeskommission eingesetzt, die selbst noch weitere Personen zu ihren Beratungen zuziehen kann. Mitglieder der Standeskommission waren:

Tabelle 7: Die Mitglieder der Berner Standeskommission

Christoph Friedrich Freudenreich
Johann Jakob Haller
Gabriel Frisching
Niklaus Friedrich von Mülinen
Ferdinand Beat Ludwig Jenner
Emanuel von Graffenried
Beat Jakob Tscharner
Karl Ludwig Tscharner
Ludwig Philibert Sinner
Emanuel Friedrich Fischer. (453).

Die Standeskommission etablierte sich bald als die von jedermann akzeptierte Berner Regierung. Die Urkantone und in weiterem Sinne die Tagsatzung konnten nur über die Anerkennung der Standeskommission zur Verfügung über die bernische Wehrkraft gelangen, diese war also bei unnachgiebigem Beharren auf der Demokratisierung auch Berns nicht zu haben. Gewiss, eine sofortige Anerkennung der Waadt, wie sie Niklaus Friedrich von Mülinen in der Standeskommission befürwortete, wäre zweckmässig gewesen, aber mehrheitsfähig war auch diese in einem durchaus aristokratisch bestimmten und auf Wiederherstellung des alten Staatsgebietes verpflichteten Gremium nicht (454). Immerhin, durch «Oeffnung dieses Burgerrechts auch dem Volk unter gemässigten Wählbarkeitsbedingungen das Recht zur Landesregierung zu gestatten» konnte sich die Standeskommission, wie sie am 23. September nach Schwyz schreiben sollte, vorstellen, aber als souveräner eidgenössischer Ort (455).

Über diese Fragen waren Freude und Trauer in der Stadt nicht vergessen worden, Freude über die Befreiung, Trauer um die Gefallenen. In der Nacht vom 20. auf den 21. September erstrahlte Bern im Lichterglanz, an einem Haus sah man sogar ein transparentes Emblem, die Wappen von Bern und England vereinigt (456).

Um 10.00 Uhr galt es dann, Rudolf von Werdt auf dem Gottesacker hinter dem Zeughaus zur letzten Ruhe zu betten. Seine Kameraden schossen drei Salven ins Grab und der erste Helfer am Münster, David Müslin, derselbe, der beinahe erschossen worden wäre, hielt folgende Standrede:

«Männer des Vaterlandes!
Ihr wisset, wes Todes dieser Jüngling starb. Seines grossen, unvergesslichen Ahnherrn würdig, konnte seine junge feuervolle Seele den Untergang seines Vaterlandes nicht verschmerzen; brütete über Entwürfen, dasselbe von dem unerträglichen Joche der sogenannten Freyheit zu erlösen; und da endlich der Tag erschienen war, wo nicht nur mit Worten, sondern mit Darsetzung des Lebens für Vaterland und wahre Freyheit gekämpfet werden musste, wagte sich der wackere Jüngling, hingerissen von seiner Liebe zur Stadt seiner Väter und von seinem gerechten Zorn gegen ihre Hässer zu nahe an den erbitterten Feind, fiel als Opfer auf dem Altar des Vaterlandes, und blutete sein junges Leben aus, das ganz der Rettung desselben gewiedmet war, und das seit seinem Untergange ihm keinen Werth mehr zu haben schien.
Zwar kannst du hier, edler Jüngling! aus deinem noch offenen Grabe den Dank nicht mehr hören, den wir auch zum Theil durch dich von unsern Bedrückern Geretteten dir nachsenden. Aber wenns dir von dorther, wo du jetzt bist, zu uns hinüber zu schauen erlaubt ist, so möge der im bethränten Auge so sichtbare Dank aller Wohldenkenden dieser Stadt deine Belohnung seyn. Lange wird die Geschichte deinen Namen aufbewahren. Leben wirst du noch neben dem unvergesslichen Namen deines grossen Ahnherrn, den auch, wie dich, Liebe des Vaterlandes tödete; leben wirst du noch denn, wenn der unsrige längst von der Erde vertilget seyn wird. Gefallen bist du zwar, guter Jüngling! Das Land, das dich gebahr, und dem du lebtest, hat deinen Arm, deine Dienste verloren, bist des schönen Todes fürs Vaterland im Augenblick seiner wiedererrungenen Rechte gestorben. Wir beneiden, deinen Verlust beweinend, deinen Ruhm. O wir haben, Dank sey dir und deinen tapfern Waffenbrüdern, wir ha-

ben unser seit fünfthalb Jahren uns geraubtes, durch unrechtmässige Gewalt zertretenes Vaterland; wir haben unsere geliebte, nie vergessene alte Obrigkeit wieder, und wills Gott soll hinfort sie keine Gewalt uns wiederum entreissen.
Von nun an wollen wir alle, wir schwören es einer dem andern hier am offenen Grabe, wir wollen, alles Vergangene vergessend, eine eherne Mauer um sie schliessen. Keine Verschiedenheit der Meynungen, kein Eigennutz, keine Sucht zu herrschen soll uns künftig, Brüder von Brüdern, trennen. Was auch über uns bestimmet seyn mag, wir leben, und wir sterben, wenns seyn muss, wie dieser Jüngling, für Vaterland, Gesetz und Recht.
Höret es, ihr braven Männer vom Lande! die ihr Eltern, Weiber, Kinder, Haus und Hof so frey- und bereitwillig verliesset, um euerm bedrängten Vaterlande, um euerer guten, gewaltthätig entsetzten Obrigkeit zu Hülfe zu eilen, unter deren milden Regierung ihr und euere Väter so glücklich lebten! O nehmet neben dem gerührtesten Danke dieser durch euere Treue und Tapferkeit geretteten Stadt unsere heilige Zusage mit euch, jeder dahin, wohin nun seine Pflicht durch den Mund seiner erfahrnen getreuen Führer ihn ruft, dass wir kein von dem eurigen verschiedenes Interesse, keinen andern Zweck weder kennen noch wollen, als euer Glück. Land und Stadt machen forthin nur *eine* Verbrüderung aus, deren Zweck es sey, jede unrechtmässig sich in unsere inneren Angelegenheiten eindringende Gewalt abzutreiben, dieselben ohne fremde Einmischung selber zu besorgen, und unsere Kinder wiederum des stillen Glückes theilhaftig zu machen, das unsere wackern Väter uns mit ihrem Blute erkaufet, und dessen wir durch Gottes Zulassung nun so lange beraubet gewesen sind.
Und nun, sanft decke dich, guter Jüngling! deine mütterliche Erde zu. Du hast dein Tagwerk redlich vollendet; aber nicht du allein. Du bist das zweyte Opfer, das dein Geschlecht dem Vaterlande bringt. Dein würdiger Oheim fiel am ersten, und du, wills Gott! am letzten Tage; er im Anfange, und du am Ende unsers Unglücks.
Möge es nun an den dir bereits Gefallenen genug seyn, mein Vaterland! Möge für deine neuerrungene Freyheit kein Blut mehr fliessen müssen! Möge Einigkeit, Zutrauen und Gehorsam Stadt und Land zu *einer* Familie vereinen, denn wird auch Segen und Heil dir wiederum blühen, das so lange von dir gewichen war.
Und du, droben im Himmel! schaue wieder mit Gnade hernieder auf dieses Land; kehre dein eine Zeitlang von uns weggewandtes Angesicht wieder zu uns! Sey wiederum unser Schutzgott, wie du es unsern Vätern gewesen bist, und lasse uns durch Sittlichkeit, Treue und Gehorsam deiner Gnade wiederum würdig werden. Amen.»

Sigmund Rudolf von Werdt erhielt ein wohlverdientes Denkmal, das seit 1806 an Ort und Stelle an die Waffentat von 1802 erinnert, obwohl es in den aufgeregten Zeiten der Mitte des letzten Jahrhunderts nicht an Stimmen für seine Beseitigung als Monument, welches an Bürgerkrieg erinnere, fehlte. Als 1852, fünfzig Jahre nach dem Tod des jungen Mannes, ein Kranz vor das Denkmal niedergelegt wurde, war auch dieser Akt der Pietät noch politisch genug, um in einem Parteiblatt kritisiert zu werden. Das entscheidende Faktum aber ist, dass das Monument stehen blieb und heute noch an den Kampf für Föderalismus und Unabhängigkeit erinnert (457).

DER MUTZ

Bern war frei, Andermatt im Raum Payerne–Murten, die eidgenössische Armee im Entstehen, die Tagsatzung nach Schwyz einberufen. Nichts Schweizerisches mehr schien die Regeneration des Landes aus eigener Kraft aufhalten zu können. Der fulminante Sieg des eidgenössischen Generals Niklaus Franz Bachmann bei Faoug am 3. Oktober 1802 sollte dies zeigen. Nichts könnte die Hochstimmung bei jener grossen Schweizer Mehrheit des Septembers und des beginnenden Oktobers 1802, welche sich über die wiedergewonnene Unabhängigkeit zutiefst freute, besser zeigen als Gottlieb Jakob Kuhns *Der Mutz* (458):

«Juheh! Der Mutz ist wieder da!
O lat mi ne doch chüsse!
Dä ist bim Tilder nit my Ma,
Wo drüber si nit freue cha;
Er het es g'hudlets G'wüsse.
Me singt so eim mit Flyss zum Trutz:
Mutz! Mutz! Mutz!

Dy Schuld isch's nit, dass d' vo-n-is bist,
Dem G'walt hest müesse wyche.
We-n-eine no so starche-n-ist,
So zwingt ne z'letzt doch Macht u List,
Dass er muess dänne schlyche.
Lut hei mer g'süfzet, allem z'Trutz:
Mutz! Mutz! Mutz!

Die Lüt wo d's selb Mal hei g'regiert,
Hei di nit welle dole.
Si hei di roth, gäl, grün verschmiert,
U-n-us em Land gar banisiert.
Eh dass di Botz! Ja wolle!
Doch hei mer g'sunge-n-ihne z'Trutz:
Mutz! Mutz! Mutz!

Du bist ne doch geng lube g'si
Uf üsne Berner-Batze.
Je meh je lieber hei si di
I Seckel tha. Das glaube-n-i!
Me singt so falsche Chatze
Mit Spott und Lache jetz zum Trutz:
Mutz! Mutz! Mutz!

Doch ig u mänge Biderma
Hei di syt bald füf Jahre,

Im Herze warm u treulich g'ha,
U g'seit: «vom Mutz wott i nit la,
Geb was ma widerfahre!»
Mir singe-n-allem geng zum Trutz:
Mutz! Mutz! Mutz!

I denke viel u fröhlich dra,
Was mir u Mynesglyche
Der Mutz für Lieb's u Gut's het tha.
Wie guet mer's alli da hei g'ha,
Geb er het müesse wyche.
I singe dem der's laugnet z'Trutz:
Mutz! Mutz! Mutz!

Sy Balg het mängem Wärmi gä,
Viel hei am Talpe g'soge
U hei-n-ihm schlechte Dank drum gä.
Me söt si bi de-n-Ohre nä,
Das säge-n-i ung'loge.
U d'rüber y no singt me z'Trutz:
Mutz! Mutz! Mutz!

Du guete Mutz! Bist wieder da?
Gottlob u Dank vo Herze!
Gell du wott'sch nie me vo-n-is ga?
Mir wei di gern i-n-Ehre ha,
U d's alt Elend verschmerze.
Mir singe Chrütz u Lyde z'Trutz:
Mutz! Mutz! Mutz!

O Mutz! O Mutz! O Bern! O Bern!
Gott segni di mit Freude!
I ha di wie mys Lebe gern.
Du bist mys Herzes Morgestern,
Nüt soll mi vo dir scheide.
I sung dem Tod, we's sy müesst, z'Trutz:
Mutz! Mutz! Mutz!»

Es handelte sich nun noch darum, den Dotter vollends zu vertilgen. Das wurde schwieriger, als zunächst angenommen, weil sich die helvetische Regierung und ihre Armee noch einmal aufzufangen vermochten. Nehmen wir das Beispiel jenes Waadtländer Bataillons Louis La Harpe, das am 19. September Bern in Richtung Freiburg verliess, dort zusammen mit 30

Freiburger Grenadieren der Kompanie Broye, die in Solothurn gedient hatten, die bewaffnete Macht der Helvetik vorstellte, aber von der Verwaltungskammer des Kantons aufgefordert wurde, weiterzuziehen. La Harpe versammelte die Kompaniekommandanten Hignou aus Lausanne, Briod aus Lucens, Berthex aus Aigle, Déveley aus Yverdon, den Adjutanten Cuard aus Lausanne und den stellvertretenden Kommandanten der Kompanie von Orbe. Dieser schilderte die Szene in seinen Erinnerungen: «… ich beobachtete eine auffällige Veränderung in der Stimmung und im Aeusseren unseres Chefs; seine Gestalt war durch Schreckensvorstellungen entstellt und eine vollständige Mutlosigkeit war über ihn gekommen; er reiste am folgenden Morgen, von einem einzigen Diener begleitet, ab und liess das Bataillon unter dem provisorischen Kommando von Herrn Aide-Major Sicard zurück.» Die Kompaniechefs waren allerdings aus anderem Holz geschnitzt und beschlossen, in Freiburg, wo sie in der Nacht durch das 1. Leichte Infanteriebataillon (Clavel) verstärkt wurden, die Befehle des Kriegsministers zu erwarten (459). Auf höherer Ebene geschah Aehnliches. Nach Lausanne geflohen, fühlte sich dort der Staatssekretär für das Kriegswesen nicht ganz am rechten Ort. Renggers Tagebuch sagt unter dem 21. September:

«Schmied nahm sich die nöthigen Vollmachten vom Vollziehungs-Rathe, um die Kriegsoperationen im Hauptquartier selbst oder in dessen Nähe zu leiten und ich erhielt den Auftrag ihn zu begleiten. Von der Flüe und Lanther sollten als Kriegsräthe nachfolgen.» (460)

In Bern galt es, eine Armee auf die Beine zu stellen, denn die improvisierten Verbände der ersten Stunde mussten noch zu einem, zum gemeinsamen Handeln fähigen Ganzen, zusammengeschweisst werden und andere Verbände waren erst in Aufstellung begriffen, wie etwa Karl Mays von Brandis Truppenkörper von Veteranen Rovéréas, Ludwig Kirchbergers Bataillon aus helvetischen Ueberläufern zu Fuss, dessen Bestand bis zum 13. Oktober auf 4 Kompanien bzw. 448 Mann anwachsen sollte und Abraham Wilds übergetretene helvetische Husaren. Das aus den beiden Oberländer Bataillonen *ad hoc* gebildete Korps Wagner erhielt am 21. September den Befehl, ein Bataillon nach Frauenkappelen, das andere aber nach Niederwangen zu verlegen. Die Vorposten wurden samt den einzusetzenden Beständen verbindlich befohlen:

Tabelle 8: Bernische Vorposten des 21. Septembers 1802

Marfeldingen	10 Mann
Allenlüften	25 Mann
Gümmenen	10 Mann
Laupen	20 Mann
Oberwangen	4 Mann
Neuenegg	20 Mann
Thörishaus	10 Mann
Mittelhäusern	10 Mann
unter der Strasse	10 Mann

In Münchenbuchsee standen 13 Mann als Spitalwache, in Bern selbst waren die Wachtposten gleich stark und stärker dotiert als an der Front im Westen:

Tabelle 9: Wachtposten in Bern am 21. September 1802

Rathaus	Bürgerwache (Bestand unbekannt)
Zeughaus	25 Mann
Oberes Tor	30 Mann
Unteres Tor	35 Mann
Aarberger Tor	21 Mann
Aarzieli Tor	13 Mann
Ländi	8 Mann
Piquet auf der Hauptwache	37 Mann

An verfügbaren Truppen besass die Standeskommission am 21. September nebst den nach Frauenkappelen und Niederwangen entsandten Oberländern vielleicht noch etwa 1000 Mann. (461)

An den abgereisten Raymond Verninac schickte die Berner Standeskommission eine Erklärung, wonach *Schultheiss, Räth und Burger* entsprechend dem klar ausgesprochenen Willen des ganzen Landes und besonders der Truppen, die zur Unterstützung der Stadt herbeigeeilt seien, an ihrem üblichen Sitzungsort zusammengetreten seien und eine Zehnerkommission mit der Führung der Geschäfte betraut hätten. Diese habe ihrerseits verschiedene nicht zur Regierung gehörende Persönlichkeiten beigezogen, um über die vorgesehenen Veränderungen in der Kantonsverfassung und mit den anderen Kantonen zusammen über die Einrichtung einer Zentralregierung zu beraten, welche auf dem allgemeinen Willen der Schweiz gegründet und von einer Art sein müsse, dass sie den verschiedenen Mächten konveniere, die mit der Schweiz in einem Verhältnis der Freundschaft und der guten Nachbarschaft stünden (462).

Der, wie üblich, klarblickende Johann Heinrich Rothpletz schrieb am 22. September 1802 von Aarau aus an Staatssekretär Albrecht Rengger in Lausanne: «Mit der Einnahme von Bern fällt ein grosser Theil der Hoffnung(en), der Patrioten. Das Volk sieht die Sache als beendigt an, und der mächtige Beweggrund, sich auf die Seite des Stärkeren zu neigen, wirkt mit grossem Erfolg zu Gunsten der Berner.»

Im Kanton Zürich kam es zu einer grossangelegten, alle Machtmittel des Staates einbeziehenden föderalistischen Repression, die trotz der Vermittlung Meinrad Suters von Schwyz einige Anhänger der Helvetik, Johann Kaspar Pfenninger von Stäfa etwa, ins Gefängnis bringen, andere, zum Beispiel Johann Felix Schoch von Bäretswil oder Hans Kaspar Syz von Knonau, ins Exil treiben sollte. In die Nacht vom 20. auf den 21. September fiel eine abenteuerliche amphibische Expedition zwecks Verhaftung Rudolf Widmers von Herrliberg und Hans Jakob Wunderlis von Meilen. Ein Teilnehmer schrieb später darüber:

«Um 11 Uhr wurde in zwei Abtheilungen ganz leise abmarschirt. Noch immer wussten nur die Chefs der Expedition, Herr R. Römer und, wenn ich nicht irre, Herr Amtmann Escher im Einsiedlerhof, wohin der Marsch gehen werde. An der Schiffländе angekommen, wurden wir in zwei grössere Schiffe eingeschifft und fuhren zum Grendel hinaus. Die tiefste Stille war anbefohlen. Wir fuhren in Mitte des Sees hinauf, Küssnacht und Ehrlibach vorbei, als in unserem Schiffe drei Mal Feuer geschlagen wurde. Am Ufer der Schipf wurde ebenfalls Feuer geschlagen und nun schwenkten die Schiffe auf diese Stelle zu.
Die Abtheilung, bei der ich mich befand, marschirte nun nach Meilen. Mitten im Dorfe wurde Halt gemacht und ein ansehnliches Haus umzingelt. Einige Mann wurden zur Bewachung des Kirchhofes detaschirt, um allfälliges Sturmläuten zu behindern. Ich hatte mit vier Mann die hintere Seite des Hauses, an der sich oben an einer steinernen Treppe eine Thüre befand, zu bewachen. Bei der vordern Thüre wurde angeläutet, und auf die Frage, wer da sei und was man wolle, geantwortet: Graubündtner Soldaten zur Einquartierung, man solle aufmachen. Herr R. Römer führte diese Expedition. So wie die Thüre vorsichtig geöffnet wurde, ward ein Gewehrkolben in die Öffnung geschoben und unter scharfer Androhung Stillschweigen geboten. Man besetzte das Haus und befahl dem Eigenthümer, sich anzuziehen und mitzukommen. Es war der reiche und angesehene Herr Gemeindspräsident, Gerwer Wunderli. Auf meinem Posten bemerkte ich bald Licht in einem hintern Zimmer, und ein Frauenkopf nebst ein paar Mannsgesichtern waren gerade vor uns innerhalb des Hauses. Wir erwarteten das Öffnen der Hinterthüre; allein es kam Niemand. Da man den Leuten im Hause gesagt hatte, das ganze Dorf sei besetzt, so war für sie keine Hoffnung vorhanden, durch die Hinterthüre um Hülfe ausgehen zu können, denn wie hätten sie sich träumen lassen, dass ein Trüpplein von ca. 20 bis 30 Mann den einflussreichsten und angesehensten Bürger und Vorgesetzten mitten aus der volkreichen Gemeinde herausholen und entführen würde. Nach Verlauf von einer starken Viertelstunde kamen unsere Kameraden mit ihren Arrestanten bei uns vorbei, vorher war noch die Wache auf dem Kirchhofe eingezogen worden. – Wir schlossen uns an die kleine Truppe an und kamen ungestört bei unsern Schiffen in der Schipf an. Die andere Expedition hatte einen vergeblichen Versuch gemacht, den damals so bekannten Wiedmer in Herrliberg aufzuheben, und kam von da unverrichteter Dinge zurück, der zu fangende Vogel war ausgeflogen. Wir fuhren nun fröhlich und lustig der Stadt zu. Unser Gefangener sass zwischen zweien von uns in der Mitte des Schiffes, vor ihm über drei andere, gegen ihn gekehrt. Unter letztern befand sich auch der jetzige Herr alt Reg.-Rath und Professor J. J. Hottinger. Herr Wunderli hatte alle Musse, seine Reisegesellschafter, zumal die vor ihm übersitzenden, in's Auge zu fassen, und dass ihm deren Physiognomien noch geraume Zeit im Gedächtnis blieben, davon zeugte der für Herrn Hottinger eben nicht sehr amüsante Umstand, dass, als derselbe im Jahre 1803 als Katechet eine Kinderlehre in Meilen abhalten musste, und nach Beendigung derselben der Stillstand zusammentrat, Herr Wunderli den Herrn Hottinger anredete und ihm bemerkte, er komme ihm bekannt vor und möchte doch wissen, wo er seine Bekanntschaft gemacht habe. Natürlicherweise fand der Herr Katechet es nicht rathsam, dem Herrn Gemeindepräsidenten bei versammeltem Stillstande das Räthsel zu lösen und begnügte sich, demselben zu erwidern, dass auch er ihn früher gesehen zu haben sich erinnere, – dann aber diesen Discurs abzubrechen sich beeilte.» (463)

Nachdem er sich durch einen Abstimmungsbetrug über die Verwerfung seiner Verfassungsvorlage durch das Volk hinweggesetzt hatte, sah sich der Vollziehungsrat an den Gestaden des Genfersees durch die bewaffnete Volksmehrheit aus seiner Hauptstadt Bern geworfen und ohne jede Aussicht auf Wiederherstellung seiner Macht durch schweizerische Mittel. An den Regierungsstatthalter in Luzern schrieb die helvetische Exekutive bezeichnenderweise:

«Um die Unruhen welche in unserem Vaterland ausgebrochen sind zu stillen, ist nun die Dazwischenkunft der fränkischen Regierung unumgänglich nothwendig geworden.» (464)

Nach Lugano ging, über Walliser Boden, die Mitteilung, in wenigen Tagen würden dort 1'800 Mann der 2. helvetischen Auxiliar-Halbbrigade eintreffen, die in den (ehemaligen) Kantonen Lugano und Bellinzona und zwar möglichst nahe an den Urner Grenzen Stellung beziehen sollten (465). Kriegsminister Johann Jakob Schmid war bei der Rückkehr des Waadtländer Regierungsstatthalters Henri Monod von einem Besuch in Morges bereits aus Lausanne abgereist. Monod teilte ihm deshalb gewisse Ueberlegungen schriftlich mit, obwohl sich diese in seinen Augen für die Schriftlichkeit schlecht eigneten. Monod schlug vor, während eines Scheinangriffs auf Neuenegg, Truppen auf dem Wasserweg ans Unterende des Neuenburger Sees zu bringen und (wohl über Aarberg) direkt nach Bern, also in den Rücken der an Sense und Saane stehenden Föderalisten marschieren zu lassen. Er gab allerdings zu, die entscheidenden Distanzen und die Strassen zu wenig zu kennen (466) und in der Tat gleicht dieser Plan dem Ergreifen eines Strohhalms durch einen Ertrinkenden, denn anstatt die Sense oder die Saane einmal, hätte die Aare gleich zweimal forciert werden müssen. Auf jeden Fall aber, fuhr Monod fort, müsse man den Schiffsverkehr auf dem Neuenburger See stark überwachen. Er werde im Waadtland dafür sorgen, dass des Abends alle Boote im Hafen seien und sie bei Tage nur mit Bewilligung auslaufen könnten. Im Kanton Freiburg müsse Schmid dasselbe aber noch veranlassen, da sich Monods Befugnisse natürlich nicht auf die Nachbarschaft erstreckten (467). Schmid musste, mit seinem Reisegefährten Rengger zusammen, noch ganz anderes veranlassen. Renggers Tagebuch vermittelt eine lebhafte Vorstellung von den Zuständen am 22. September:

«22. Herbstmonat reisten wir nach Payerne. In Moudon trafen wir den Generalstab der von Bern ausgezogenen Garnison, in Lücens den Artillerie-Park und auf der ganzen Strasse bis Payerne Officiere und Soldaten wie auf der Flucht an. Schmied machte sie sammt und sonders umkehren. Andermatt war mit dem grösstenTheile seiner Truppen in Payerne angekommen und schien auch mehr Lust zu haben, die Reise nach Lausanne mitzumachen, als wieder vorwärts zu gehen und seine unbewegliche Sorglosigkeit liess wirklich im Zweifel, ob man ihn mit dem Feinde einverstanden glauben oder sie für Altersschwäche und Stumpfsinn halten sollte. Nirgends war ein Plan, einige Anstalten zum Wiedervorrücken oder auch zur blossen Vertheidigung zu sehen. Ohne Zweifel verliess er sich auf den stipulirten Capitulations-Artikel, dass die Feindseligkeiten nicht eher wieder angehen sollten, bis die Regierung alle ihre Truppen würde an sich gezogen haben und bedachte nicht, dass bey dieser Art von Krieg Entschlossenheit und Tätigkeit allein durchhelfen.

Am Abend nach unserer Ankunft erfuhren wir noch, dass in Freyburg die von dem Regierungs-Statthalter versammelten Notablen, vorzüglich aber die Ortsbehörden, unter dem Vorwande, ihren Canton neutral zu erhalten, auf den Abzug der Truppen drangen und die schon in Bern bemerkte Verrücktheit des Commandanten Laharpe liess besorgen, dass er nachgeben würde. Noch in der Nacht ward daher der Chef des Generalstabs Jayet dorthin abgeschickt und nur durch seine Ankunft die Stadt und der Canton für einmal noch der Regierung erhalten, indem Laharpe so eben den Befehl zum Abzug gegeben hatte, den Jayet sogleich widerrief.» (468)

Was in einer solchen Lage ein sofortiger Gewaltmarsch aller verfügbaren föderalistischen Kräfte auf Payerne zur Folge gehabt hätte, lässt sich vorstellen, wenn auch nicht mit letzter Sicherheit wissen. Emanuel von Wattenwyl betrieb aber am 22. September mehr eine Art *drôle de guerre* und kündigte Schmid an, er werde die helvetischen Spitaleffekten nachsenden und dem Personal Pässe erteilen, erwarte aber dagegen vom helvetischen Kriegsminister die Rücksendung der gestellten Pferde, welche die helvetischen Kanonen nach Murten gezogen hätten.

Wagner erhielt zu seinen beiden Oberländer Bataillonen Steiger und Wattenwyl nun noch die Simmentaler Tscharners (Bestand an diesem Tag 437 Mann). Steiger rückte von Frauenkappelen nach Gümmenen vor, Wattenwyl kam nach Laupen zu stehen und Tscharner verschob sich von Kehrsatz und Belp nach Neuenegg. Nördlich an Wagners Korps schloss sich jenes Goumoëns' an, das aus dessen eigenem Bataillon und aus Graffenrieds Seeländern bestand. Graffenried nun überschritt an diesem 22. September in Aarberg die Aare und ging auf Walperswil, Goumoëns' eigenes Bataillon von Bern nach Aarberg. Schloss Goumoëns *nördlich* an Wagner an, so Gatschet *östlich.* Seine Oberländer Scharfschützen marschierten von Münsingen in den Raum Frauenkappelen, Bümpliz, Wangen. Die Artillerie an dieser insgesamt sechs Bataillone umfassenden Westfront bestand aus zwei Stücken zu Aarberg, drei Stücken zu Gümmenen und einem Stück zu Laupen. In der Tiefe des bernischen Raumes kamen weitere Kräfte auf die Beine: so erschien am gleichen 22. September je eine Kompanie des ephemeren Bataillons Rohrbach und Huttwil in Ittigen (Kompanie Kämpfer) und in Bolligen (Kompagnie Lanz). Auf der anderen Seite glaubte die Standeskommission offenbar, bereits *zu* stark zu sein. Das Bataillon Seftigen schickte sie wieder nach Hause (469).

Von *besonderer* Eile in Bern lassen die Quellen vom 22. September nicht viel spüren. Untätig blieb die Standeskommission allerdings auch nicht. Sie wählte Gottlieb Emanuel Gruber, den Präsidenten der Munizipalität von Bern, Samuel Ringier-Seelmatter aus Zofingen und Johannes Fischer aus Brienz in ihre Reihen (470) und anerkannte dadurch den städtischen, aargauischen und oberländischen Beitrag zur Wiederherstellung der jahrhundertealten Aarerepublik; sie konstatierte mit «Bedauern», dass General Rudolf von Erlachs Gesundheit diesem nicht mehr erlaube, das Kommando über die Aargauer Truppen beizubehalten und stattete ihm den «verbindlichsten Dank» ab; sie betraute Kommandant Ludwig May (von Schöftland) mit dem *Obercommando über die aargäuischen Truppen* (471).

Emanuel von Wattenwyl erhielt von der Standeskommission den Auftrag, bei Joseph Leonz Andermatt anzufragen, ob dieser den Waffenstillstand als abgelaufen ansehe oder nicht (472), während die Militärkommission mit der Verhinderung und Bestrafung des von den Truppen in «Schenken, Kellern und andern Orten» angestellten Unfugs betraut wurde (473). Den Berner Truppen wurde auf dem Kirchplatz vom Präsidenten der Standeskommission ihr neuer Oberbefehlshaber Wattenwyl vorgestellt, der seinerseits zur Achtung der immer noch helvetisch uniformierten ehemaligen Gegner in den eigenen Reihen aufrief (474). Die üblichen militärischen Rangstreitigkeiten brachen aus (475) und auch sonst war die junge bernische Armee noch alles andere als konsolidiert. Karl Ludwig Stettler hat eine eindrückliche Schilderung vom Treiben jener Tage hinterlassen:

«Im Zeüghaus herrschte die lebendigste regste Thätigkeit; Nur wenige Überbleibsel des ehemahligen so reichen glänzenden Vorraths an allen Kriegsbedürfnissen waren noch vorhanden. Emsig wurden jetzt Kugeln gegossen, Stuk- und Flintenpatronen verfertiget, Munitionswägen geladen, Kanonen in marschfertigen Stand gesezt. Von den ehemahligen Artillerieoffizieren wurden theils wegen Alter, theils wegen ihrer politischen Gesinnung Viele nicht mehr angestellt. Nur der alte ehrwürdig eifrig vaterländisch gesinnte Major Wagner von Landshut liess sich gefallen, unter dem weit jüngeren Luternau die Verrichtungen eines Oberaufsehers des Zeüghauses anzunehmen. Neben mir wurden zu Hauptleuten ernannt, mein Freünd Rudolf von Erlach, und mein ehemahliger Waffengefärthe in Freyburg, (Theodor) Kopp. Ersterer sollte aus den zu uns übertrettenden Kanonieren eine regulierte sogenannte Bombardier Compagnie – Letzterer aus den Hausleüten aus der Umgebung der Statt eine Miliz Compagnie errichten. Ich wünschte die Meine nur aus Landleüten zusammenzusezen: Allein noch hatten sich bloss einige Unteroffiziers eingefunden. Eine von mir in das Seeland gesantte Aufforderung an diejenigen, welche unter mir Ao. 1799 den helvetischen Feldzug mitgemacht, jezt für eine bessere Sache bey mir Dienst zu nehmen, hatte wenig oder keinen Erfolg. Bey 40 Oberländer meldeten sich, um in meine Compagnie eingeschrieben zu werden, allein unter dem Beding, nur bey ihren Battaillonen verwendet zu werden, was ich nicht annehmen konte. Indessen hatte ich bereits zwey Lieütenants gewählt: Friedrich von Graffenried von Sumiswald (jenen ersten Bewohner, die dann der neüe Tottenhof auf dem Monbijou in seinen Schooss aufnahm), und den jungen Samuel Stettler von Lenzburg, der jedoch schon am folgenden Tag wiederkam, mir vorzustellen, seine alte Grossmutter stehe in grossem Kummer, wenn er ins Feld ziehen sollte. Ich erwiederte ihm: Es stehet geschrieben: Ehre deinen Vater und deine Mutter, auf dass du lange lebest auf Erden. Ziehet also hin, lieber Vetter, und hütet Eüre Grossmama.» (476)

Am 22. September 1802 zeichnete sich in ersten Umrissen so etwas wie eine eidgenössische Armee ab. Ludwig Aufdermaur hatte 1200 bis 1800 Mann in Gewaltmärschen über den Brünig nach Bern geführt. Eines seiner vier Bataillone bestand aus Schwyzern, je eines ferner aus Urnern, Unterwaldnern und Glarnern. (Mit dabei waren die von Zürich geschickten Artilleristen und Reiter.) Sie wirkten auf die Berner als schlecht gekleidet, sie trugen keine Tornister und Patronentaschen, besassen meist nur Jagdgewehre und etwas Pulver in Hörnern und Westentaschen (477), aber sie konnten kämpfen. Besonders willkommen waren sie übrigens in Bern durchaus nicht: Wattenwyl hatte bereits am 18. September Weisung gegeben, Aufdermaur ein bis zwei Tage aufzuhalten oder über das Emmental zu lenken «pour que la confusion ne s'augmente pas» und Mülinen unternahm am 22. einen vergeblichen Versuch, den Schwyzer zu einem Rasttag in Thun zu bewegen. Ludwig Aufdermaur führte am 23. September einen Teil seines Heeres nach Hindelbank, weil er vernommen hatte, dass die aus Luzern abgezogene helvetische Besatzung (9 Kompanien) am 21. nach Zofingen und am 22. September bis nach Herzogenbuchsee gelangt war.

Diese abziehende helvetische Besatzung von Luzern hatte am 17. September folgende Bestände aufgewiesen:

Tabelle 9: Bestände der abziehenden Besatzung von Luzern, 17.9.1802

	Kompanien	Offiziere	Unter-offiziere und Soldaten	Total
Artillerie	1 Detachement	2	35	37
Waadtländer Schützen	1 Detachement	1	37	38
Waadtländer Grenadiere	Nr. 2,3,5	9	240	249
2. Linienbataillon	Nr. 1,2,4,	18	227	245
Entlebucher Grenadiere	eine Kompanie	3	72	75
Verbindungsleute (beritten)			4	4

Die Entlebucher waren wohl nicht mehr dabei, die übrigen stiessen aber mit Ludwig Aufdermaurs Heer zusammen. Von der anschliessenden Affaire von Burgdorf sandte Aufdermaur folgenden Bericht nach Schwyz:

«Ich beeile mich mit ausnehmender Freude, Ihnen von meinen neuesten Nachrichten zu geben. Nachdem ich mit den mir vertrauten Truppen, wie ich zwar schon die Ehre hatte Ihnen mitzuteilen, nach einem etwas rastlosen Marsch, zwar ohne unterwegs auf den Feind zu stossen, Sonntag Morgen(s) zwischen 3 Uhr vor Bern stund, zog ich mit meiner ganzen Colonne, und um die Einwohner, welche noch alle schliefen, nicht unfreundlich aufzuwecken, stillen Schrittes, ohne die Trommel berühren zu lassen, durch eine lange Strecke die Stadt hinauf bis auf den Kasernenplaz wo die Armee sich in Bataille stellte; unter dieser Zeit war es allmälig hell geworden; die Zeit des Aufstehens war da, sodass immer mehr und mehr verwunderte Gesichter an den Fenstern sich zeigten; während alle meine Truppen in schon besagter Position standen und auf Quartier warten mussten, ward ihnen eine Erfrischung gegeben. Die zween folgenden Tage flossen dahin ohne einige militärische Bewegung; der Arbeit war nichts destoweniger genug, und man harrt allseitig so etwas gespannt auf die Folgen meiner hiesigen Ankunft.

(2.) Ich dachte alsobald auf Mittel, ein helvetisches Truppencorps, welches ich absichtlich in Lucern ganz ruhig gelassen, in meine Gewalt zu bringen; die Ausführung der Sache war zwar schwer; sie waren ungefähr 800 Mann, gut bewaffnet, hatten 2 Kanonen, reichen Kriegsvorrath und, wie man mir sagte, grosse Lust sich zu schlagen. Alle diese Gründe waren nicht hinreichend, mich in meinem Vorhaben zu hindern oder blosse Vertheidigungsanstalten zu treffen. Ich machte den Plan sie einzuthun, und da sie sich aber theils wegen den verschiedenen ihnen offen stehenden Wegen und wegen den wenigen Truppen, die ich in diesem Fall hatte vertheilen müssen, fast unausführbar war, entschloss ich mich mit 2 Abtheilungen auf zwei verschiedenen Wegen zu zeigen und mit einer dritten ihnen entgegen zu rücken. Um 2 Uhr Nachmittags liess ich den General(marsch) schlagen und durchzog an der Spitze meiner Colonne die Stadt Bern, um gegen d(ie) helvetischen Truppen die in Hindelbank lagen vorzurücken. Wir begegneten sie, und zwei Offiziers die vorankamen machten mir die Anzeige, dass sie vermittelst einer mit dem General von Wattenwyl gemachten Capitulation gesinnet seien neben Bern vorbei ihren Marsch fortzusetzen. Diesen Offiziers sagte ich, ich befinde mich selbst an der Spitze einer Armee im Canton Bern, und da ich an der mit den Herren von Bern geschlossenen Capitulation keinen Antheil genommen, auch nicht nehmen konnte, weil selbe schon vor meiner Ankunft unterzeichnet war, so verlange ich von ihnen, dass sie sich gefangen geben, um dadurch alles Blutvergiessen ausweichen zu können, worauf die HH. Offiziers erwiderten, dass sie sich ohne die Einwilligung ihrer Soldaten, welche zum Schlagen bereit seien, nicht übergeben dörfen. Ich ermangelte nicht, selben vorzustellen, in welch einer kritischen Lage sie sich wegen meinen Truppen sehen mussten, welche sich wirklich vereinigen, um sie zur Übergabe der Waffen oder zum Schlagen zu [be]zwingen. Die HH. Offiziers, über diese Neuheiten sehr befremdet, aber zugleich überzeugt, dass ihnen nichts anderes bevorstehe als sich gefangen zu geben oder zu Grunde zu gehen, versprachen ihre Truppen (nach) Burgdorf zu führen, wo sie ihnen die Lage der Dinge vorstellen würden, und dann hierüber ihre Antwort zu vernehmen. Die grosse Begierde, die diese HH. Offiziers und auch die Soldaten zum Schlagen zeigten, machten mich einige Augenblicke glauben, dass ich, um sie unter meine[n] Gewalt zu bringen, zu den Waffen greifen müsste, Ursache aus der ich sie immer auf die Distanz von einer Viertelstunde zu verfolgen anfing; als kaum der Vortrab ihrer Mannschaft in Burgdorf durch das Thor einmarschirt (war), bemächtigte(n) sich das Contingent von Uri und die Compagnie Einsiedeln, welche schon hierfür Befehle hatten, der übrigen Stadtthore, um selben den Ausgang zu versperren; ohne aber abzuwarten, bis die helvetischen Truppen gänzlich in die Stadt gezogen, noch fernere Überlegung machen konnten, warf ich mich mit meinen Stabsoffizieren in ihre Mitte, und sobald ich wusste, dass meine (Truppen) alle die angewiesenen Posten besetzt hielten, und ich den Mittelpunkt ihrer Colonne erreichte, redete ich sie also an: Kameraden! bald werden wir nur einer und der gleichen Fahne folgen und keine andere Sache zu verfechten haben, als die unsers theuren Vaterlandes und der wahren Freiheit! Ihr seid hiemit eingeladen, euch mit mir und meinen Truppen, die einzig für das allgemeine Wohl die Waffen tragen, vereinigen zu wollen. Es ist schandvoll, Brüder gegen Brüder im Kampfe zu sehen und dadurch unserm lieben Vaterland das blutige Signal zum Bürgerkrieg zu geben; entfernt, Kameraden, bleibe von euch die traurige Idee eines die Menschheit so sehr entehrenden Schauspiels; ich wünsche und verlange

nichts so sehr, als euer Freund zu sein; wollt ihr die meinigen werden? Auf diese Anfrage erhob sich unter den Lemaner Eliten-Compagnien ein allgemeines hohes Aufrufen: Ja, ja, wir sind Ihre Freunde! Es lebe der General! Es lebe der General! – Ich lasse Sie urtheilen, meine Herren, auf was für einen Grad ich gerührt ward. – Nach einigen Augenblicken nahm ich wieder das Wort und sagte: Gut, meine Kameraden; da ihr meine Freunde sein wollt, so erlaube ich euch, nach euerer Heimat zurückzukehren, mit der Bedingnis, euere Waffen hier niederzulegen und auf euer Ehrenwort zu versprechen, selbe nicht mehr wider mich noch wider die coalisirten Cantone zu gebrauchen. Die Soldaten nahmen keinen Anstand, diesen Antrag anzunehmen und fingen an, ihre Waffen links und rechts niederzulegen. – Dann wendete ich mich zu den helvetischen Liniencompagnien, welchen ich bisanhin noch nichts gesagt hatte, und redete (mit) ihnen auf die gleiche Art, blos mit der Ausnahme, dass sie Kriegsgefangene bleiben; – auch dieses Anerbieten ward gleichmässig angenommen. Als ich d(a)nn meinen Truppen, die noch nicht wussten, was ich unternehmen wollte, und schon bereits unternommen hatte, machte ich ihnen sogleich die Stärke des Feindes an der Zahl ungefähr 800 Mann, und dessen Auflösung bekannt. Die von unsern Truppen bezeugende Freude war ungemein gross, und zwar um so viel mehr, da sie zum Voraus sich einer bei Hause über diesen Vorfall allgemeinen Zufriedenheit versichern konnten.
(3.) Währenddem die helvetischen Truppen ihre Waffen streckten, ward die Anzeige gemacht, die Stadt brenne; ich zweifelte aber keineswegs, dass dies nur ein falscher Lärm und, um meinen Plan zu vereiteln, absichtlich angelegt worden; ich schickte alsogleich die entwaffneten helvetischen Truppen unter Bedeckung ausser die Stadt und begab mich darauf selbst an den Ort der Brunst, wo ich dann fand, dass ein Haus wirklich br(a)nnte, welches aber durch die Herbeieilenden bald erlöscht wurde. Die helvetischen Truppen, immer mehr der billigen und gerechten Gesinnungen sowohl von der Regierung als von Seiter meiner zu überweisen, gestattete ich den[en] HH. Offiziers, Unteroffiziers und Soldaten, mit Einschluss der den HH. Offiziers gehörigen Pferde[n] und Wagen, deren viele waren, alle Bagage zu behalten, wie auch den Unteroffiziers ihre Säbel.
(4.) Die Beute die ich bei diesem Anlass machte, besteht in zwei sehr schönen Kanonen (calibre de quatre), zwei Munitionswagen, ohngefähr 800 Gewehre(n), einige(n) Trommeln, viele(n) Säbel(n), gegen 10 Husaren-Pferde(n) und einigen Montirungsstücken. Ich bin der Gesinnung, meinen lieben Mitlandleuten von Schwyz diese zwei Kanonen zu übersenden, mit der Bitte jedoch, selbe nur zur Vertheidigung im Innern zu gebrauchen, damit selbe als ein Andenken der Affaire von Burgdorf für alle Zukunft unveräusserlich bleiben mögen. Ich empfehle mich eurer Gunst und Wohlgewogenheit.» (478)

Zwei Pulverfässchen nahm der misstrauische Aufdermaur gleich in seine Berner Wohnung im ersten Stock eines Hauses am sogenannten Weibermarkt mit, von wo sie Rudolf von Effinger als Sicherheitsrisiko mit Gewalt entfernen musste (479). Aufdermaur machte sich bei den Bernern durch sein den Treubruch streifendes Verhalten in Burgdorf keine Freunde und ebenso wenig durch die demokratische Propaganda, die er betrieb, und die den altgesinnten, gemässigt oder radikal aristokratischen Bernern in den falschen Hals geriet.

Der in eine Schwyzerin verliebte und daher wohl eher für die Urschweiz eingenommene Karl Ludwig Stettler gibt den Standpunkt der Mehrheit des Patriziats wohl richtig wieder:

«Noch grösser aber war das Misvergnügen in Bern, als man vernahm, derselbe habe auf dem Marsch durch den Kanton einen Aufruf der zu Schwyz versammleten Abgeordneten der democratischen Kantone verbreitet, in welchem nebst Anschliessung an sie auch die Abschaffung aller Vorrechte, und Einführung einer demokratischen Verfassung verlangt wurden. Nicht dafür aber hatten wir Berner die Waffen ergriffen, um statt einer nun allerdings gemässigten representativen Verfassung eine Ländlerdemokratie und Volksregierung einzuführen. Dieser Aufruff machte zwar keinen sehr merkbaren Eindruk auf das Land, erwekte aber bey den Berneren böses Blut, und Mistrauen in die Verbündeten. Die Kleidung dieser Helffer, besonders ihre Fussbedekung war übrigens in so üblem Zustand, dass gleich nach ihrer Ankunft freywillige Steüren an Hemden, Strümpfen und Schuhen für sie in der Statt gesammelt wurden.» (480)

Das Dilemma blieb bestehen: wenn die demokratisch gesinnte Mehrheit der Föderalisten die Berner Wehrkraft wollte, musste sie mit der aristokratischen Haltung der Mehrheit der bernischen Chefs und insbesondere der Führer des Aufstandes leben – um den Preis der ideologischen Schwächung der föderalistischen Sache im Meinungskampf gegen die Anhänger der Helvetik und Bonaparte.

Aber solche Sorgen konnten am 22. (oder auch noch am 23.) September als gering gelten. Es war eine Zeit, in der sich männiglich zur guten, das heisst zur siegenden Sache bekannte. Munizipalität und Gemeindekammer von Basel schrieben der Konferenz in Schwyz:

«Theuerste Freunde, Brüder, alte biedere Bunds- und Eidsgenossen! 1. Schon die Anrede euerer freundeidgenössischen Zuschrift vom 16. Sept., die aber erst heute Morgen unserem vielgeliebten Herrn alt Oberstzunftmeister Merian zugekommen, erinnerte uns an jene glückliche(n) Zeiten, da wir, im eidsgenössischen Bunde vereiniget, des Glückes genossen, das ihr, unsere getreue liebe alte Eid- und Bundsgenossen, vor vielen hundert Jahren mit euerm theuren Blut uns erworben, und unsere Vorväter und wir in ungestörter Ruhe bis zu dem Zeitpunkt der unglücklichen Revolution genossen hatten. Zum zweitenmal tretet ihr, verehrungswürdige Väter und unsere Retter, als Stifter unsers und unsrer Kinder Wohlstandes auf. Das Beispiel euerer Tapferkeit hat viele andere Cantone mit dem Muth beseelt, das Joch der Despotie, unter dem wir seufzten, (abzuwerfen?) und die wunderbar leitende Vorsehung Gottes hat auf das Gebet der rechtschaffenen und gutgesinnten Vaterlandsfreunde euere und ihre Waffen gesegnet. Wenn auch unsere Thatbeweise bei den letzten wichtigen Ereignissen, nach unsern Localverhältnissen, gering waren, so bitten wir, doch keineswegs an den redlichen und aufrichtigen Gesinnungen des grössten Theils unsrer Mitbürger zu Stadt und Land zu zweifeln. 2. Wir können nicht umhin, euch, u.g.l.E., von dem rühmlichen Benehmen wackerer und herzhafter Burger unsrer Stadt Kenntnis zu geben; sie nahmen bereits Montag Abends d. 13. dies, da noch alle helvetischen Regierungsbehörden in voller Würksamkeit waren, das hiesige Zeughaus in Besitz, welches von diesem Zeitpunkt an durch hiesige Burgerwache besetzt wird. Ihre edle vaterländische Absicht war, zu verhindern dass [keine] Kriegsgeräthschaften daraus abgeholt werden können, um euch oder den g.l.E. der Stadt Zürich dadurch Schaden zuzufügen. Sehet dieses, wir bitten euch, als einen Beweis altschweizerischer Treue und bundesgenössischer Gesinnungen an. 3. Zu näherer Beantwortung des wichtigen Inhaltes euerer freundeidgenössische(n) Zuschrift müssen wir euch vorerst die Beschaffenheit unserer vereinigten Behörden eröffnen. Nach dem laut geäusserten Wunsch der hiesigen Burgerschaft sind wir, auf die Versicherung ihres Zutrauens uns verlassend, zusammengetreten, und ist zu unserm Vorsteher ernannt worden der verdienstvolle Herr alt Obristzunftmeister Merian. Der Inhalt der Publication, welche wir die Ehre haben beizulegen bestimmt unsere Verrichtungen. Euerer Einsicht kann nicht entgehen, dass wir in dem ganzen Umfang derselben, da von der wichtigsten Angelegenheit der Stadt und Land(schaft) die Rede ist, [wir] als Stadtbehörde dermalen noch nicht eintreten können; soviel aber können wir zum voraus versichern, dass die Landgemeinden von gleichen altschweizerischen Gesinnungen mit uns beseelt, gerne zu einer Verfassung Hand bieten werden, welche unser künftiges Glück befestigen kann, und in dieser Hinsicht werden wir uns brüderlich an selbige anschliessen. Wir hoffen, unsre Vereinigung werde um so beförderlicher zu Stand kommen, da wir bereits Deputirte auf unsre Landschaft gesandt (haben), um dazu Hand zu bieten und den Wunsch zu äussern, dass sie sobald möglich mit uns zusammentreten möchten. In einer solchen gemeinschaftlichen Zusammenkunft wird alsdann das Fernere gerathen werden. 4. Zu Beförderung der gewünschten militärischen Anstalten ist bereits das schon ehemals errichtete bürgerliche Freicorps neuerdings eingerichtet worden und besorgt die nöthigen Wachtdienste. Wir sind überzeugt dass sowohl aus diesen als andern Corps sich (Leute) in hinreichender Anzahl finden werden, welche mit allen Kräften das Ihrige zu(r) Vertheidigung unsers gemeinwerthen Vaterlandes beitragen werden. Wie wir dann auch anderseits an euerm freundschaftlichen Wohlwollen und fernerm getreustem Aufsehen nicht zweifeln. 5. Von uns ist zu Beförderung euers heilsamen Zweckes bereits zu einem Gesandten einhellig ernennt worden mehrgedachter Herr Obrist(zunft)meister *Merian.* Wohlderselbe wird die Ehre haben, euch unsere(r) wahreidgenössische(n) Gesinnungen und unsere(r) Bereitwilligkeit zu allem, was zum Heil unsers Vaterlandes dienen kann, mitzuwürken nachdrücklichst (zu) versichern. 6. Der allgütige Gott, der bisher über unser Vaterland so gnädig gewacht und euere Bemühung so wunderbar geleitet und gesegnet, walte ferner mit seinem mächtigen Gnadenschutz über euch, allertheuerste Landesväter, alte liebe vertraute Eids- und Bundsgenossen. 7. (PS.) Sollte der Herr Gesandte auf die bestimmte Stunde am 26. nicht pünktlich eintreffen, (so) belieben Sie solches der Kürze der Zeit und der Entlegenheit zuzuschreiben.» (481)

Die Auflösung der Helvetischen Republik trieb in jenen Tagen bizarre Blüten: So hatte Engelberg am 9. September Nidwalden ein Schreiben übergeben, worin es sich als «ein neutrales Ländchen» bezeichnet, das in seinem «neutralen Zustand friedliebend verharren» wolle. Klarer könnte man die Politik des Abwartens, um es am Ende auf keinen Fall mit dem Sieger verdorben zu haben, nicht mehr formulieren. Nidwalden setzte Engelberg aber unter Druck, sodass, nach dem Scheitern eines weiteren Verschleppungsversuchs, am 14. September

Talgemeinde gehalten, die helvetische Verfassung erneut verworfen und Joachim Eugen Müller zum Talammann gewählt wurde. An seiner Selbständigkeit (von Nidwalden) wollte das Tal aber nach wie vor festhalten. Am 23. September nun war diese Haltung aber klar unmöglich geworden und jetzt verlangte Engelberg nur noch eine gewisse Autonomie und im übrigen volle Gleichstellung mit den anderen Nidwaldner Gemeinden. Auch kam es nun zur Einteilung der Wehrpflichtigen in 5 Rotten, das heisst zur Militärorganisation als Voraussetzung für die Beteiligung am Feldzug der Föderalisten. Zum Auszug kam es aber faktisch nicht mehr oder höchstens in ganz geringem Umfang.

Die Munizipalität Zürich schrieb nach Schwyz, sie wolle zunächst eine «gedeihliche Vereinigung mit unsern l. Mitbürgern ab der Landschaft» zustande bringen. Die aus Stadt- und Landbürgern zusammengesetzte Interimsregierung versuche, bis zur Einführung einer neuen Verfassung für Ruhe im Land zu sorgen, aber angesichts der Zusammenkünfte von Rädelsführern der revolutionären Partei zu Stäfa und andernorts wäre man für die (moralische) Unterstützung der Interims-Regierung bei den Landzürchern und für Truppenbewegungen auf Rapperswil und Wollerau dankbar (482). Aehnliche Dissonanzen wie aus dem Kanton Zürich drangen auch aus dem Entlebuch nach Schwyz. Aus Schüpfheim schrieben Bezirksgericht und Munizipalitäten des Landes Entlebuch, von der nun zum Teil zerstörten helvetischen Regierung hielten sie nichts, von der alten Aristokratie aber auch nichts. Sie wollten deshalb neutral bleiben (483). In Schwyz selber, wo sich seit einem Tag nun auch drei Deputierte aus den III Bünden aufhielten, beschloss die Konferenz die Einsetzung einer Kommission unter Landammann Alois Reding, um eine neue Instruktion für Ludwig Aufdermaur aufzusetzen, das Problem, *wie* der Anschluss Berns die Verständigung mit der Landschaft über die politischen Rechte bedinge, zu erörten und schliesslich die Frage zu beraten, ob man die Waadt als Kanton zur Tagsatzung einladen wolle oder nicht (484). Die Stadtgemeinde Luzern schliesslich erhielt die Aufforderung, die Zeichen der Zeit zu erkennen:

«Wir hoffen, Sie werden nun ebenfalls sich von der verfolgten und geflüchteten helv. Regierung ganz losmachen, sich nach unserm Beispiel constituiren, mit Ihren Mitlandleuten vereinigen und zur Mitwirkung zum gemeinsamen Besten durch Aufstellung und Organisirung von Truppencorps thätige Hand bieten, und da unsere militärischen Operationen es erfordern, so werden Sie dem Durchmarsche oder der Verlegung einer Truppen-Abtheilung in Ihrem Canton keine Hindernisse in (den) Weg legen, sondern dieselben vielmehr auf eine freundschaftliche Weise aufnehmen und sich mit ihnen vereinigen, sowie wir die gänzliche Verbindung mit uns, durch Absendung einer Gesandtschaft von Stadt und Land auf unsere Conferenz oder Tagsatzung, zu erzwecken wünschen.» (485)

In der Zeitspanne vom 23. bis zum 25. September schöpfte das helvetische System in den beiden Kantonen, die ihm geblieben waren, wieder etwas Luft, Rengger schreibt in sein Tagebuch:

«23. bis 25. Herbstmonat. – Die drey folgenden Tage wurden mit der Reorganisation der Armee, Einrichtung des Generalstabs und Dispositionen zur Vertheidigung zugebracht, in Erwartung, dass die Ankunft der frischaufgebotenen Lemaner Bataillone in den Stand setzen würde, einen Angriffs-Plan zu befolgen. Man nahm die Linie von Freyburg längs der Saane über die Höhe von Murten bis an den See, bey dessen Ausflusse die Brücke von Sügy als äusserster Punkt besetzt ward. Über die Stellung und Bewegungen des Feindes gebrach es völlig an Nachrichten, obgleich unter Frey von Basel ein eigenes Departement hiezu organisirt ward. Unter den Linien-Truppen nahm die Desertion auf eine schreckende Weise überhand. Auf den Bericht hin, dass sich auf dem Neuenburger See einige Barken von den Insurgirten sehen liessen und eine Landung in der Nähe von Granson vorbereitet würde, schrieb ich an die Neuenburger Regierung für Handhabung der Neutralität und erhielt befriedigende Antwort; wirklich liess sie ihr Gebiet von keinen Bewaffneten betreten, wohl aber inner ihren Wassergränzen und selbst dicht am Ufer Schiffe voll Mannschaft frey durchfahren. Nach dem verabredeten Operations-Plane ward das Hauptquartier den 25ten Abends nach Romont verlegt, wegen der Unschicklichkeit des Platzes aber schon den folgenden Tag wieder zurück nach Payerne versetzt. Den nämlichen Abend reist Schmied nach Moudon zur Kriegscasse, von wo er den andern Morgen mit mir in Romont eintreffen sollte. Anfangs der Nacht passirte ein Parlementär durch Payerne, um im Hauptquartiere den Waffenstillstand aufzukünden.» (486)

Der Freiburger Regierungsstatthalter Georges Badoux hätte das Bataillon Louis La Harpe am liebsten abziehen gesehen, da er nicht zu Unrecht befürchtete, seine Gegenwart werde den Krieg vor die Tore der Zähringerstadt ziehen. Am 23. September musste er aber zur Kenntnis nehmen, dass General Andermatt die durch diese Abreise von Louis La Harpe entstandene Lücke im Kommando durch Generalstabschef Jayet persönlich füllte und diesen beauftragte, sich auf jeden Fall in Freiburg zu behaupten. Der Plan einer von der Verwaltungskammer nach Freiburg einberufenen Notabelnversammlung, den Kanton für neutral zu erklären, musste an dieser Entschlossenheit scheitern (487). Kommandant Pierre Vonderweid war befehlsgemäss mit seinem Bataillon in Murten geblieben, verlangte aber am 23. September nun vom Kriegsminister Instruktionen, wie weit er seine Vorposten ausstellen solle, denn ohne die Absichten der Regierung zu kennen, könne er nichts tun. Er begehrte ausserdem die Einberufung eines Kriegsrates für die Behandlung operativer und anderer militärischer Fragen. Die Berner hätten ihre Vorposten an den Brücken von Gümmenen und Neuenegg, die Deutschfreiburger Bauern seien bereit, auf ein Zeichen hin, ihren Landsturm gegen die Kantonshauptstadt zu entfesseln (488). Kriegsminister Johann Jakob Schmid befahl Vonderweid daraufhin zu sich nach Payerne, von wo aus er um 18.00 Uhr dem Vollziehungsrat von Verwirrung, Gleichgültigkeit und Mutlosigkeit in der Armee schrieb:

«... ich soll Ihnen nicht verhehlen, dass sich die Idee nur zu allgemein verbreitet, wir würden ohne schnelle Hülfe von Seite Frankreichs nichts gegen den Zusammenhang der abgefallenen Cantone und ihre Stärke vermögen; man glaubt dass, ehe die zwei Halbbrigaden in der Schweiz ankommen werden, unser Schicksal, oder vielmehr jenes der Cantone Freiburg und Leman, auch könnte entschieden sein. So viel ist gewiss dass der Canton Leman auch nur um seiner eigenen Sicherheit willen noch grössern Aufwand von Kraft machen sollte, als die drei letzten Bataillons, welche heute in Lausanne zusammen werden gekommen sein...» (489)

Die Armeeaufstellung gestaltete sich zu dieser Zeit wie folgt:

Tabelle 10: Aufstellung der helvetischen Armee am 23. September 1802

Hauptquartier	
Schützen Clavel mit Stab	Payerne
Husarenkorps	
Schützen von Aigle	Trey
Grenadiere von Aubonne	Corcelles
Kompanie Birde	Lucens
Kompanie Clavel Nr. 5	Cugy
Kompanie Clavel Nr. 6	Fétigny
Kompanie Clavel Nr. 2	Grandcour
Kompanie Biethard	Grandcour
1. Linienbataillon	Murten
2. Linienbataillon	Avenches
Artillerie, Kompanien Clavel Nr. 4 und 7	
und Kompanie Josseret	Moudon
Depot des 1. Linienbataillons	Font
Bataillon ex La Harpe	Freiburg

PRO MEMORIA: Bataillon Clavel ist ein anderer Name für 1. Leichtes Infanteriebataillon; 245 Mann des 2. Linienbataillons fielen in Burgdorf Aufdermaur in die Hände.

Um 23.00 Uhr liess Schmid seinen nächsten Bericht abgehen, in dem er insbesondere darlegte, weshalb er den Ritt eines bernischen Parlamentärs nach Lausanne verhindert habe, nachdem gestern – die Militärpolizei sei noch nicht organisiert gewesen – Christoph Friedrich Freudenreich auf dem Wege zu Raymond Verninac habe passieren können. Die restriktivere Praxis sei zur Bekämpfung der Spionage unerlässlich (490). Die ohnehin beschränkte Truppenzahl der helvetischen Armee wurde durch Desertionen laufend verringert und hätte für viel mehr Aufgaben genügen sollen, als sie jemals hätte bewältigen können. So begehrte Milizinspektor Emanuel François Benjamin Muret in Lausanne am 23. September von Kriegsminister Schmid drei Kompanien des Bataillons ex Louis La Harpe in Freiburg, um nach Bulle zu marschieren, die Engnisse im Pays d'Enhaut und insbesondere den wichtigsten Posten der ganzen Waadtländer Grenze in La Tine, also die Saaneschlucht zwischen Rossinière und Montbovon, sowie Rougemont zu besetzen (491). Schmid konnte solchen Gesuchen unmöglich entsprechen. Um Mitternacht schrieb er an den Waadtländer Regierungsstatthalter, er habe angeordnet, dass man zwei Kompanien aushebe, um Rougemont und La Tine zu besetzen, im übrigen solle sich in Vevey und Umgebung die Reserve für Ortswehraufgaben organisieren. Dazu eigneten sich insbesondere die am meisten an der Respektierung von Besitz und Unversehrtheit der Personen interessierten Familienväter ...

Der Kanton Waadt müsse übrigens, über die bereits aufgebotenen Truppen hinaus, noch einmal 4'000 Mann auf die Beine bringen, wenn man offensiv oder auch nur defensiv agieren wolle... (492)

Die Berner Behörden versuchten selbentags, mit den beiden Hauptaufgaben fertig zu werden, die da hiessen Organisation des Heeres und Wiedereingliederung der Republik in die Eidgenossenschaft. Was die Ausgestaltung seiner Verfassung betraf, berief sich Bern auf das uneingeschränkte Selbstbestimmungsrecht und auf die, durch den Aufstand erwiesene, demokratische Legitimation der althergebrachten aristokratischen Ordnung. Alte und neue Ideen purzeln im Schreiben, das die Standeskommission am 23. September an die Konferenz in Schwyz richtete, kunterbunt durcheinander:

«(1) Euch, unsern g. l. a. E., konnte unterm 16. d. unsere gegenwärtige Lage nicht bekannt sein, als Sie uns den wohlgemeinten, für uns aber unanwendbaren Rath gaben, auf ewig auf unsere Stadtrechte Verzicht zu thun und unserm ganzen Land eine demokratische Verfassung zu geben. Sie wussten nicht dass eben zu(r) Aufrechthaltung unserer alten Verfassung und zu(r) Wiederherstellung unserer alten Obrigkeit das ganze Land die Waffen ergriffen, aus den entferntesten Gegenden haufenweise zu diesem Zweck herbeigeeilet und uns täglich und stündlich die feyrlichsten und deutlichsten Versicherungen und Beweise gegeben, dass es nichts so sehnlich wünsche als seine alte Obrigkeit wieder hergestellt zu sehen. Sie wussten nicht, dass sich unterm 21. d. der souveräne Rath, das heisst Schultheiss, Räth und Burger, auf dem Rathaus wieder versammelt, somit sich constituirt und in dieser Versammlung eine Standscommission von 10 Gliedern aus ihrem Mittel niedergesetzt, derselben ihre Vollmacht übertragen und ihr für gegenwärtigen schwierigen Augenblick die Leitung der Geschäfte anvertraut (hat), wie euer Tit. solches aus einem an die lobl. constituirten Stände erlassenen Circulare zu ersehen belieben werden. (2.) Die Regierung unseres Landes gehörte von Alters her ausschliesslich der Burgerschaft der Stadt Bern, und die laute Stimmung des ganzen Landes zu Gunsten der alten Regierung ist eine Probe dass sie ihre daherigen Rechte und Pflichten nicht missbrauchte. Was ist leichter als durch die Öffnung dieses Burgerrechts auch dem Volk unter gemässigten Wählbarkeitsbedingungen das Recht zur Landesregierung zu gestatten und auf diese Weise, ohne unsere alte Verfassung zu verletzen, die Stadt und das Land zu vereinigen? Aber als Ort der schweizerischen Eidgenossenschaft haben wir ein völliges Recht, die Veränderungen die unsere Verfassung nöthig haben mag selbst zu machen, und niemand kann und soll uns solche Ges(e)tze über die innere Verwaltung unseres Landes vorschreiben, die den Rechten oder dem Willen unsers Volkes entgegen sein würde. Was würdet ihr sagen, wenn wir euch auffordern würden, euere althergebrachte Landesverfassung zu verlassen?» (493)

Die gleichzeitige Instruktion für den Gesandten Johann Rudolf Sinner verpflichtete diesen, auf eine möglichst eingeschränkte Zentralgewalt zu wirken, die sich in Bern konstituieren und die gänzliche Auflösung der bestehenden helvetischen Zentralregierung befördern solle (494). Dass eine Mehrheit der Landberner damals vor allem die im Rückblick wohl etwas verklärte, steuerlose und friedliche alte Zeit zurück wollte und diese alte Zeit auch mit den alten politischen Zuständen identifizierte, ist nahezu sicher. Es fehlte aber daneben nicht an der klaren Opposition einer Minderheit, vor der die neuen Behörden in Sorge waren. Gelegentlich schimmert etwas von den gesellschaftlichen Spannungen durch, etwa in folgender Schilderung Johann Ludwig Wurstembergers zum 23. September:

«Abends, als ich mit dem Hauptmann von Graffenried in den leeren Zimmern der kleinen Sozietät beim Kaminfeuer sass, entstand ein Getümmel auf der Gassen. Wir liefen hinunter und fanden, dass es ein Transport gefangener Bauern war, die der Mordbrennerei verdächtig waren, weil vorige Nacht das Gebäude der Landschreiberei in Uzistorf war abgerannt worden. Sie wurden erst auf die Hauptwache und von da in die obere Gefangenschaft gebracht.» (495)

Ludwig May, der am 22. September die Verdächtigen in Utzenstorf (gestützt auf drei Kompanien) verhaftet hatte befand sich zur Zeit, zu der Wurstemberger und Graffenried in Bern Zeugen des Einzugs der Gefangenen wurden, auf Schloss Thunstetten. Er hatte aus Aarau alarmierende Berichte erhalten und fasste deshalb die Notwendigkeit von weiteren Repressionsmassnahmen ins Auge.

«Ich bin heute Abends um 6 Uhr mit der in Bern mir übergebenen Mannschaft angelangt. Zufolge allen eingekommenen Berichten gehen unter den Jacobinern des ganzen Argaus viele Bewegungen vor, und man wird sich genöthiget sehen strenge Massregeln zu gebrauchen um selbige im Zaum halten zu können. Ich war gestimmt eine Companie nach Utzischdorf zu verlegen, allein ich werde sie vermuthlich im unteren Argau zu gebrauchen haben, da es aber höchst nothwendig ist dass Utzischdorf nicht unbesetzt bleibe, so werden Sie von Bern aus das nöthige dahin senden müssen.»

In militärischer Hinsicht steht unter den Verfügungen des Standeskommission vom 23. September die Ernennung von Stabsoffizieren obenaus: Generaladjutanten wurden Rudolf Effinger von Bern und Benedikt Hässig von Aarau, zu Generalstabsobersten Rudolf Steiger, Johann Rudolf Wurstemberger, Johann Anton Herrenschwand und Sigmund Rudolf Mutach (496).

In Zürich löste sich die helvetische kantonale Verwaltungskammer auf; die aus 11 Stadtzürchern, 3 Winterthurern und 8 Landzürchern zusammengesetzte provisorische Regierung amtete nun uneingeschränkt (497). Ihre Mitglieder mussten unter anderem schwören:

«Wir wollen uns mit den andern schweizerischen Ständen verbinden, um die Unabhängigkeit und Neutralität unseres Vaterlandes zu behaupten».

Nach Schwyz entsandte sie Hans Kaspar Hirzel sowie den Wetziker Jakob Walder (498). Die Konferenz selber hielt am 23. September noch unbeirrt am demokratischen Prinzip fest. Den Entlebucher Abgesandten wurde versichert, man werde zur Wiederherstellung der Aristokratie nicht Hand bieten, sondern sich dieser im Gegenteil widersetzen (499). Am gleichen

Tag traf General Niklaus Franz Bachmann in Schwyz ein und nahm Einsitz im Kriegsrat (500).

Der Vollziehungsrat in Lausanne liess am 24. September 1802 einen Brief an den Kriegsminister abgehen, der für die mangelnde Bereitschaft, den Tatsachen ins Auge zu blicken und zugleich für die Offensichtlichkeit des Versuchs, andere mit eigener Verantwortlichkeit zu beladen, seinesgleichen sucht:

«Der VR. hat Ihr Schreiben v. 23. d. M. richtig erhalten. Er sieht mit vielem Bedauern dass die Truppen den Muth sinken lassen. Vermuthlich werden sie heimlich von Übelgesinnten mit falschen Nachrichten geschreckt. Der VR. ladet Sie ein, alles was in Ihren Kräften steht anzuwenden, um diesen gesunkenen Muth der Truppen durch öftere Waffenübungen, durch Besetzung von guten Vertheidigungsposten, bis sie im Stand sein werden, wieder angreifungsweise vorzurücken, wieder zu beleben; auch soll eine Ihrer hauptsächlichsten Sorgen sein, vorteilhafteren Nachrichten Umlauf zu verschaffen. Der VR. erwartet einen Courier von der französischen Regierung und (steht?) in der sicheren Erwartung, dieser Courier werde erwünschte und entscheidende Antwort mitbringen. – Dem Waatlande wäre in dem Augenblick wo die für ihn so wichtige und unentbehrliche Weinlese vor der Thür ist, eine grössere Anstrengung kaum zuzumuthen, und Sie werden über die Lage des Landes in dieser Hinsicht genauere Nachrichten durch den RStatthalter und den GInspector erhalten. Übrigens wird die Regierung nichts versäumen, um Ihnen womöglich noch mehr Verstärkung aus diesem Canton nachzusenden. Unterdessen werden Sie nichts unversucht lassen, um auch den Canton Freiburg zu ähnlichen Aufgeboten zu bewegen, als der Canton Waat geliefert hat.» (501)

Schmid gab dem Vollziehungsrat Kenntnis von der kapitulationswidrigen Entwaffnung der helvetischen Truppen in Burgdorf (503). Seine kleine Armee, so schrieb der Staatssekretär gegen Abend, gewinne nun eine andere Gestalt. Er habe Vonderweid zum Generalstabschef gemacht, Jayet mit dem Kommando im Kanton Freiburg betraut. Das Hauptquartier verlege er nach Romont.

«Aber Kräfte müssen wir uns noch sammeln; dieses müssen wir uns nicht verhehlen; denn mit der kleinen Anzahl Truppen wäre es schon sehr schwer vorwärts zu kommen, aber vielleicht noch schwerer sich zu halten.» (504).

Wer so spricht, wird niemals siegen, weil er die Niederlage bereits im eigenen Herz trägt. Rengger schrieb nach Lausanne, der General sehe vor, seine linke Flanke an den Murten-, die rechte bei Vevey an den Genfersee zu lehnen und Freiburg als Zentrum zu betrachten. Sobald sie sich stark genug glaubten, sollten die in dieser Linie aufmarschierten Korps angreifen (505).

Die in Burgdorf gefangene ehemalige helvetische Garnison von Luzern traf am 24. September in Bern ein (506), ein Teil davon ging nach Hause, ein anderer trat ins Korps der Rovéréaner (507). Im Münster predigte Helfer Müslin zu den Berner Truppen, die anschliessend vereidigt wurden (508). Die von Burgdorf zurückkommenden Männer Aufdermaurs schossen «vom Graben weg nach dem Altenberg zur Scheiben» (509). Die Standeskommission richtete ein Schreiben an Bonaparte, von dem sie via den russischen Gesandten in Paris auch dem Zaren Mitteilung machte. In diesem Brief erzählt sie den Hergang der Ereignisse und verlangt in ziemlich unterwürfigem Ton vom Ersten Konsul die Anerkennung der Ergebnisse des Aufstandes. Er werde von einer väterlichen und auf dem allgemeinen Willen gründenden Regierung viel leichter die Erfüllung der Verträge mit Frankreich erhalten können, als von einer Regierung, die keinen Moment das öffentliche Zutrauen besessen habe. Niklaus Friedrich von Mülinen werde ihm die Berner Sache vortragen, deren Schutz man ihm empfehle. *Ganz* blieb es allerdings auch am 24. September in Bern nicht bei der Diplomatie. Regierungsstatthalter Bay konnte nämlich Wattenwyl melden, es seien nun alle Statthalter von der Ernennung der militärischen Distriktskommandanten unterrichtet. Damit bestand von diesem Tag an wieder eine reguläre Mobilmachungsorganisation, die man nur allzu bald brauchen sollte. Es bestanden folgende Distrikte:

Tabelle 11: Bernische Militärdistrikte am 24. September 1802

1. Bern obenaus und Laupen
2. Bern untenaus
3. Ober- und Unterseftigen
4. Zollikofen
5. Seeland und Büren
6. Burgdorf
7. Langenthal
8. Ober- und Niederemmental
9. Thun und Steffisburg
10. Höchstetten
11. Ober- und Niedersimmental
12. Frutigen und Aeschi
13. Unterseen und Interlaken samt Brienz und Hasli
14. Lenzburg
15. Aarau und Brugg
16. Zofingen

Für den ganzen Aargau bestand noch ein militärisches Oberkommando unter Ludwig May. (510)

Den Vollziehungsrat finden wir am 25. September 1802 selbst in einem Schreiben an den Staatssekretär für das Kriegswesen noch immer vor allem auf Frankreich hoffend: «Dans trois ou quatre jours la décision peut être là; ...» (511) Gleichzeitig unternahmen die Waadtländer Behörden, wohl getragen von einer Mehrheit ihres Volkes, alles, um die helvetische

Armee zu stärken. Am Widerstand gegen die Helvetik fehlte es auch im Waadtland nicht (512), aber er war deutlich schwächer als anderswo. Zu schaffen machten den Behörden auch gewisse Exzesse helvetischer Offiziere, worüber sich zum Beispiel zwei Müller in Salavaux beklagten (513), doch scheint im Ganzen den Umständen entsprechend recht gute Ordnung im Heer geherrscht zu haben. Andermatt verlegte sein Hauptquartier nach Romont, von wo aus er allerdings um 19.00 Uhr dem Staatssekretär für das Kriegswesen schrieb, er gehe nun weiter nach Freiburg (514).

Im grossen bewaffneten Lager, wozu der Raum Bern geworden war, gerieten mit dem 25. September die Dinge wieder in Bewegung. Kommandant der aus zwei Sechspfündern unter Hauptmann Theodor Kopp und zwei Zwölfpfünder-Haubitzen unter Leutnant Friedrich Anneler bestehenden Berner Reserveartillerie war Karl Ludwig Stettler. Dieser erfuhr um 15.00 Uhr vom Kommandanten des Bataillons Oberland, Ludwig Gatschet, die Dispositionen für den Angriff auf Freiburg:

«Der junge Friz Tscharner vom Lohn (jezt – d.h. 1831 bis 1846 – Regierungsrath!) sollte mit den Scharfschüzen von Siebenthal den Weg über Schwarzenburg und Guggisberg nehmen, unterwegs den Landsturm durch das deütsche Freyburggebiet ergehen lassen, alle Mannschaft an sich ziehen; und damit Morgen womöglich schon vor dem Tagesanbruch bey dem Bürglenthor von Freyburg einzutreffen, und sich desselben zu bemächtigen suchen. Mitlerweile sollte dann auch das Hauptcorps, bestehend aus den Bataillonen May (Roverea), Oberland, Siebenthal und Frutigen durch die grosse Strasse anrüken, und sich um gleiche Zeit vor Freyburg einfinden. Ich sollte demnach nachts 11 Uhr mit meiner Batterie in Wangen eintreffen. Nun ritt ich zuruk nach Bümpliz und befahl, um 9 Uhr zum Aufbruch sich bereit zu halten. Da ich noch Verschiedenes in Köniz zu bestellen, anzuordnen, und für den nun längeren Feldzug mitzunehmen wünschte, so begleitete ich die ebenfalls jezt dahin abgehenden Siebenthalerscharfschüzen durch den Könizberg. Schön und feyerlich tönte ihr Kriegsgesang durch das schon dunkle Laubgewölbe des Waldes. Noch erhebender hallte, als wir aus dem Walde kamen, von der Höhe herab der Schall der Waldhörner über das bereits in trüber Dämmerung liegende Thal, und an den jenseits sich erhebenden Gurten herüber. Vom Dorfe herauf antworteten uns die Trommeln der zur Vereinigung mit den übrigen in Bümpliz aufbrechenden Sibenthaler. In meinem Hause fand ich vier Baurenoffiziers um den Tisch sizen, und gesellte mich zu ihnen, um noch etwas zu geniessen. Dann pakte ich einige Wäsche theils in den vorn am Sattel aufgebundenen Überrok, theils in den Habersak meines jungen Bedienten Hans, den ich nun ebenfalls mitnahm. Die Hut und Sorge meines Hauses empfahl ich meiner treüen alten Köchin, Anna Steiger, versah sie mit etwas Geld, und wies sie übrigens für Rath und That an meinen Bruder und Onkel. Nachdem ich dann noch meinen übrigen um mich bekümmerten Leüten Muth zugesprochen, schwang ich mich getrost und wohlgemuth in den Sattel, und verliess so die Heimath, ungewiss ob und wann ich dieselbe wiedersehen würde, nur von meinem zu Fuss nebenher lauffenden Hans begleitet. Bey bereits finsterer Nacht langte ich wieder in Bümpliz an. Nun schloss ich mich mit meinem Zug an die abziehenden Siebenthaler, mit denen ich um 11 Uhr in Wangen eintraff. Hier war alles mit Offiziers und Soldaten angefüllt,

die sich da mit Käs und Brod, Wein und Kaffee zum bevorstehenden Marsche labeten; Alles war sehr frölich und guter Dinge. Mit dem Aufbruch aber verzögerte es sich noch bis gegen Mitternacht.» (515)
Johann Ludwig Wurstemberger, Adjutant im Bataillon Tscharner, blieb der Nachtmarsch nach Freiburg ebenfalls in Erinnerung:

«Gegen halb zehn Uhr Abends wurde denn abmarschiert. In Wangen, 3/4 Stunden von Bümpliz, stiess die Division unter Major Freudenreich zu uns. Wir machten eine halbe Stunde halt, um dem in Wangen stehenden Battaillon Gatschet, Oberhasler, Zeit zu lassen abzumarschieren; dies Battaillon machte nun die Tête der Colonne bis Neuenek, wo die Battaillons Rovéréa und Montbenay standen. An der Höhe jenseits des Dorfes wurde wieder ein Halt gemacht; Rovéréa rükte aus seinem Bivouacq heraus und sezte sich vor Gatschet; auf Gatschet folgten unsere drey Compagnien und diesen Montbenay. Im Dorfe Wunnewyl lernte ich unsre Leute auf einer vorteilhaften Seite kennen. Das Wirtshaus steht am Wege und war erleuchtet, weil ein Corps Freyburger Insurgenten zwischen Wunnewyl und Neuenegk bivouacquierten; dies Wirthshaus war schon voll Oberhasler. Herr Oberst Tscharner commandierte mich, unsre Leute davon abzuhalten; aber da war nur ein einziger des ganzen Corps, der hineinbegehrt hätte. Wir marschierten die ganze Nacht, ich meistens schlafend zwischen des Obersten Pferd und dem des Major Freudenreich, welche mich dirigierten, dass ich nicht schlafend in die Heken rennte; denn reiten wollt' ich selbst nicht, um nicht etwa Absalons Kunststüke nachzumachen. Eine halbe Stunde hieher Freyburg fanden wir ein verlassnes Bivouacq der Helvetier, worauf das Feuer noch brannte. Hier holte uns auch die nach uns von Bern abgereiste Generalität ein: General von Wattenwyl, die Obersten Steiger, Wurstemberger, der General-Adjutant Herr Effinger von Wildegg, die Flügel-Adjutanten Sinner, Steiger und Wild, der Chef der Kriegskanzley und Adjutant Mutach, und ein grosses Gefolge von Ordonnanzen. Sie waren sämtlich zu Pferde und in der Nachtmütze.» (516)

Das tönt alles bereits wieder nach regulärer Armee, doch nicht nur der Freiburger Landsturm lässt den revolutionären Charakter der Ereignisse noch deutlich erkennen, sondern auch etwa folgender Befehl, der Niklaus Fischer, Gerichtsschreiber in Schwarzenburg, zuging:

«Hochgeehrter Herr! Infolge eines Befehls des General(s) von Wattenwyl werdet Ihr die Municipalitäten von Schwarzenburg und Guggisberg versammeln und ihnen beauftragen, Euch eine Nota einzugeben von der Mannschaft so freiwillig mit den Truppen so von Bern nach Freiburg marschiren sollten sich anzuschliessen würden. Diese Mannschaft soll bestehen alleine von wohldenkenden Leuten, die wohl bewehrt seien; andere, so nicht bewaffnet wären, sollen nicht mitgehen. Diese Mannschaft soll auch, wenn sie den Befehl erhalten wird, sich an die Berner Truppen anzuschliessen, sowohl mit Munition als mit Lebensmittlen für etwelche Tage versehen sein.» (517)

Während die Föderalisten ihren Angriff auf Freiburg ins Werk setzten, fragte sich der am Vorabend dort eingetroffene Schmid am 26.September in Moudon, ob er von dort nach Freiburg oder nach Lausanne gehen werde, während Rengger um 09.00 Uhr in Payerne von Freiburg her eine Kanonade hörte. Unterstatthalter Detrey in Payerne meldete Rengger, um 06.00 Uhr habe ein Berner Detachement von angeblich 2000 Mann die Brücke von Sugiez überschritten, sich mit den Insurgenten des Wistenlachs vereint und zwischen 08.00 und 10.00 Uhr in Salavaux Stellung bezogen. Die helvetische Besatzung in Murten habe sich auf die Höhen von Dompierre, von dort aber in die Stadt Payerne zurückgezogen. Der Kriegsminister solle gefälligst einen intelligenten höheren Offizier schicken. Der hiesige Bataillonskommandant sei nämlich ein Ignorant (518). Rengger war nicht der Mann, in einer solchen Lage nichts zu tun. Sein Tagebuch berichtet:

«26. Herbstmonat. – Morgens um 9 Uhr hörte man aus der Gegend von Freyburg eine lebhafte Kanonade, die sich anfangs zu nähern schien, nach einer halben Stunde aber auffallend schwächer ward und sich allmählig entfernte. Bald darauf liefen Berichte ein, dass die Insurgenten das Vully hinaufzögen, dass man die ganze Nacht hindurch daselbst Trommelrühren und Sturmläuten gehört habe, dass die feindlichen Truppen wirklich die Brücke von Salavaux oben am See besetzt hielten und ihre Vorposten eine halbe Stunde von Payerne ständen. Ich verschob meine Abreise, liess die Miliz von Payerne unter's Gewehr treten, die der umliegenden Gegenden aufbieten, ein Detaschement gegen die Brücke von Salavaux zum Recognosciren ausrücken, und Mittags fuhr ich nach Moudon, wo wir erst am folgenden Morgen die Vorfälle des Tages vernahmen, den abgeschlagenen Angriff auf Freyburg, wie sich Müller mit seinem Bataillon, ohne einen Feind gesehen zu haben und lediglich aus Besorgniss von Vully her überflügelt zu werden, auf Avenches und hernach auf Payerne zurückzog – dann durch einige Compagnien die Brücke von Salavaux wieder weggenommen und das Vully gereinigt wurde. Den andern Tag rückten die Truppen auch am rechten Ufer des Sees wieder vor und trieben den Feind über Murten hinaus.» (519)

In Payerne konnte sich die Helvetik offenbar auf eine Mehrheit stützen, daher stand das Milizsystem zur Verfügung.

Im Wistenlach dagegen besassen die Föderalisten ohne jeden Zweifel einen gewissen Rückhalt. Nachdem Kirchberger mit seinen helvetischen Ueberläufern die helvetischen Posten über Salavaux hinaus getrieben hatte, liess er in Môtier die Sturmglocke läuten. Der helvetisch Gesinnte François Grandjean von Bellerive war stolz, dass sich aus seiner Gemeinde niemand dem Zug anschloss, wohl aber aus der Nachbarschaft. Die vielleicht etwa 300 Mann, Berner und Wistenlacher, seien gegen Abend in recht weinseligem Zustand gewesen, als eine von Payerne kommende Waadtländer Kompanie einen Wachtposten überraschte. Der gefallene Föderalist stammte aus Villars-le-Grand. Ein zweiter Wistenlacher, Bernard Grandjean, hatte die bernische Kokarde an seinen Hut gesteckt, wurde deshalb gefangen, versuchte zu fliehen und kam dabei um. Der Waadtländer Hauptmann griff daraufhin die Brücke von Salavaux an, hatte durchschlagenden Erfolg, und brachte 25 Gefangene ein. Während sich dies am 26. September links des Murtensees abspielte, stiessen rechts des Sees am frühen Morgen die bernischen Bataillone Steiger und Goumoëns (zusammen 934 Mann) auf Murten vor. Ein Gefecht bei Lurtigen kostete die helvetischen Truppen einen Toten, einen Verletzten und sieben Gefangene. Vor Murten kam es um 09.00 Uhr zu einem Schusswechsel, worauf sich das 1. Linienbataillon nach Faoug, Avenches, Dompierre, ja Payerne zurückzog. Durch ihr Scheitern im Wistenlach und vor Freiburg mehr als durch helvetischen Druck waren allerdings in der folgenden Nacht die Föderalisten genötigt, den Raum Murten wieder zu räumen.

Vor Freitag spielte sich irgendetwas von der Art einer Belagerung ab. Karl Ludwig Stettler erlebte den Tag so:

«Die Nacht war nicht finster. In allen Dörferen, durch die wir kamen, herrschte stille Ruhe, wie im tiefen Frieden: Erst als wir uns Freyburg näherten, bemerkte man einige erloschene Bivouakfeüer. Jezt begannen allmählich die Sterne zu erbleichen. Der Osten röthete sich. Leichte Morgennebel schlichen zwischen Hügeln über die Gründe. Da kam auf einmal ganz unvermuthet der General von Wattenwyl angeritten. Ihm folgten zerstreüt einer nach dem anderen seine Adjudantenschaar in Nachtmüzen und Cabänen (weiten Überröcken). Bald erschien auch unser Artillerieoberst von Luternau, in Begleit seiner Adjudanten, Rudolf Stürler von Jegistorf, und Rudolf von Graffenried, wie auch der Hauptleüte, Rudolf von Erlach, und Niklaus König, des Mahlers. Nun glaubten wir, friedlich in Freyburg einziehen zu können, und sprachen nur davon, wie wir uns allda die Zeit vertreiben wollten. Ich gedachte der Verlegenheit, in welche mich das allfällige Wiedersehen der holden Ninette von Berlances stürzen würde. – So langten wir gegen 7 Uhr auf der Höhe vor Freyburg an. Kein Kind war zu sehen. Der General berieff seinen Kriegsrath. Dieser beschloss, die Statt zur gütlichen Übergab auffordern zu lassen. Oberst Karl May übernahm den Auftrag. Er fand das Thor offen, die Wache schlaffend: Man erwartete so spät keinen Überfall mehr. Sie erwachte erst, als May den mitgenommenen Trommelschläger die Trommel rühren liess. Er wurde nun mit verbundenen Augen zum Commandanten geführt. Dieser, ein kriegrischer Lemanne, erwiederte, seine Ehre verbiete ihm, die Statt ohne Widerstand zu übergeben. Indessen ward das Geschüz, bestehend aus meiner Batterie, und einigen Vierpfünder Bataillonskanonen, auf einer Anhöhe der Statt gegenüber, aufgefahren. Die Infanterie besezte die Höhen; die Schüzen und Plänkler zerstreüten sich der Sane nach: bereits begann da drunten das Feüren. Mittlerweile war auch Friz Tscharner mit seinen Siebenthalerscharfschüzen vor dem Bürglenthor angelangt, allein, als er kaum noch einige Schritte davon entfernt war, entdekt worden, und konte nun mit seinen Schüzen gegen den hinter den Mauren stehenden Feind wenig mehr ausrichten. Man sendete ihm dann zwar noch eine Kanone zu, die aber durch den weiten fast unfahrbaren Umweg zu späte ankam. Bald fielen nun von da aus einzelne Kanonenschüsse. Ohne mein Wissen hatte Luternau bereits die Haubizen in jene Gegend auf den linken Flügel unserer Stellung beordert. Jezt erhielt ich Befehl, mit den Sechspfündern ebenfalls meine gute Stellung zu verlassen, und mich dahin zu begeben. Ich fand dort den Oberst mit mehreren seiner Offiziere, allein mir schien die Stellung sehr übel gewählt. Wir standen da in geringer Schussweite ganz unter den Kanonen des Bürglenthors, und von denselben beherrscht. Nur eine nahe Scheüre schüzte die Wägen, und zum Theil auch uns. König, als der ältere

Hauptmann, hatte nun das Kommando übernommen: doch befanden sich fast alle Offiziers, von Erlach, von Graffenried, Anneler, der Quartiermeister Wyttenbach, meist auch der Oberst, da. Gegen 9 Uhr kam Befehl mit dem Feüer auf die Statt anzufangen. Doch schoss man nur langsam; man suchte nur zu schreken, nicht zu beschädigen. Von einer in die Statt gefallenen Haubizgranate sah man indess aus einem Dach einen kleinen Rauch aufsteigen, der aber gleich wieder nachliess. Jezt erhoben aber doch die in grosser Zahl sich bey uns eingefundenen Freyburger Klage, und baten um Schonung der Statt, worauf sogleich der Befehl kam, mit dem Haubizfeüer und auch mit den Kanonen gegen die Statt innezuhalten, indeme man nicht dem Beyspiel Andermatts folgen wolle, der durch Beschiessung von Zürich sich den Hass der ganzen Schweiz zugezogen. Wir richteten nun unsere Kanonen gegen das weit höher als wir gelegene Bürglenthor, das unser Feüer indess nicht sehr lebhaft aus einem einzigen – oder höchstens zwey Geschüzen beantwortete. Nach Aussag eines Ausreissers war es uns gelungen, das Eine zu demontieren. Die Kugeln schwirrten über und neben uns weg. Bey einem Sechspfünder fiel ein Kanonier regungslos nieder: Man konte aber keine Beschädigung an ihm entdeken. Entweder der Druk der Luft von einer nahe vorbey sausenden Kanonenkugel, oder der Schrek (das sogenannte Kanonenfieber) hatten die Würkung hervorgebracht. Bald kamen nun aber auch Flintenkugeln aus einem in unserer linken Flanke aus der Tieffe aufragenden, hohen, alten, festen Thurm: Eine derselben fuhr einem unserer Bombardiere mitten durch das Gehirn: Viele prallten an unsre Wägen, oder schlugen die Äste der uns beschattenden Bäume herunter. Jezt wurden die Haubizen und Sechspfünder gegen den Thurm gerichtet, aus dessen Schiesslöchern die dahinter sicher stehenden Schüzen ein ziemlich lebhaftes Musquetenfeüer auf uns unterhielten. Aber an dem festen alten Gemauer prallten unsere Geschosse wie Brodkugeln ab. Doch gieng das Gerücht, eine Kugel seye durch ein Schiessloch gedrungen, und habe dem Schüzen den Kopf weggenommen. Indessen war der Mittag herangerükt. Noch war kein Erfolg unserer Belagerung sichtbar: Kein Parlementär erschien, wohl aber mit ganzer Macht, besonders auf unserer von dem Rest des Heers weit entfernten Batterie, die Erschöpfung, Hunger und Durst. Wir stellten also das Feüer ein, und legten uns, um auszuruhen, an einen vor den Kanonen des Bürglenthors und den Flintenkuglen aus dem Thurm geschüzten Abhang. Quartiermeister Wyttenbach wollte in einem nahen Erdäpfelbläz einige Erdäpfel sammeln: Da schlug eine Kanonenkugel unfern von ihm nieder, und besprizte ihn mit Erde. Erschroken und mit leeren Händen kam er zuruk. Nun santte man uns vom Lager einige Züber Wein und einige Brotte, allein für die Zahl unsrer Leüte eher zum Kosten als zum Sättigen. Ein paar alte magere Käse, die wir im Keller der uns schüzenden Scheüer fanden, waren so hart, dass ihnen die schärfsten Messer und das stärkste Wolfsgebisse kaum etwas anhaben konten. Die Kanonen vom Bürglenthor liessen uns indessen nun auch ruhig, und richteten ihr Feüer gegen unsere Geschüze des rechten Flügels, welche den Morgen hindurch müssig gestanden, und nur von Zeit zu Zeit eine Kugel gegen die Stadt gesendet hatte. Jezt begann da eine wegen der allzugrossen Schussweite sehr unschädliche Kanonade. Aus der Stadt fielen keine Kanonenschüsse. Bey unseren Leüten hatte die Erschöpfung, mit bisheriger Erfolgslosigkeit des Unternehmens, bereits grossen Mismuth und Unzufriedenheit erregt. Da hörten wir auf einmal aus der Ferne von der Bernstrasse her ein gewaltiges Geschrey und Getöse. Es war der mit dem Länderheer anlangende Auf der Maur. Nun hiess es, würde ein gewaltsamer Angriff auf die Statt unternommen werden, und wir erhielten Befehl, denselben durch ein lebhaftes Geschüzfeüer zu unterstüzen. Wir richteten nun unsere Batterie gegen die Statt, und stellten sie so, dass sie durch die Scheüne gegen das Bürglenthor, und durch eine kleine Erhöhung und die Munitionswägen gegen den Thurm geschüzt waren. Alle Geschüze waren geladen und gerichtet; mit Ungedult erwarteten wir von einem Augenblik zum anderen den Befehl, das Feüer anzufangen. Gränzenlos war daher unsere Bestürzung, als statt dem Luternau beynahe ausser Athem vom Generalquartier hergelauffen kam, und uns den Befehl brachte, sogleich aufzupaken, und uns zurukzuziehen. Kaum konten wir unseren Ohren trauen, starr vor Erstaunen, Unwillen und Schrek sahen wir einander sprachlos an. Wir begriffen schlechterdings die Ursache dieses unerwarteten Rükzugs nicht, und sollten denselben doch unseren darüber im höchsten Grad unwilligen und mistrauisch Verrätherey argwohnenen Leüten erklären. Auf der Mauer hatte sich nemlich bey seiner Ankunft zu einem gewaltsamen Angriff auf die Statt entschlossen gezeigt, nachher aber, als er die ihm unbekante örtliche Lage derselben, und die mit einem solchen Angriff verbundenen Schwierigkeiten eingesehen, die Bernischen Anführer gefragt, ob man nicht Bresche schiessen könne? und dann, als diese ihm die gänzliche Unthunlichkeit dieser Forderung vorgestellt, erklärt, in diesem Fall halte er einen solchen Angriff nicht für rathsam, und sogleich auch den Befehl zum Rükzug seiner Schaar gegeben. Daraufhin hatten auch unsere Anführer besonders den Mangel an Lebensmitteln für die zurückbleibende Bernerarmee bey verlängertem Widerstand von Freyburg zum Vorwand genommen, um sich ebenfalls zurukzuziehen. Meines Erachtens war jedoch dieser Grund ein blosser Vorwand, indem man aus den benachbarten gutgesinnten freyburgischen Dörferen wohl hinlängliche Nahrungsmittel für die kurze Zeit hätte verschaffen können, während welcher die Statt besonders gegen einen ernstlichen Angriff noch Gegenwehr geleistet hätte, und die wahre Ursach dieses Rükzugs lage in der Abneigung Wattenwyls gegen jede gewaltsame Unternehmung überhaupt, und gegen den Angriff auf Freyburg insbesonders – wegen persönlicher Eifersucht gegen den ihme an Kriegserfahrung und militärischem Ruff überlegenen Oberst Gatschet. Indessen schien mir dieser Rükzug demjenigen von 1798 so ähnlich, dass mich Entsezen ergriff. Die Unordnung und Verwirrung herrschten damahls nicht einmahl in so hohem Grade, wie jezt. Hier lag ein Trupp Ländler – dort Einer der Unsrigen entkräftet und erschöpft an der Strasse. Jene waren heut morgen von Bern aufgebrochen, und sollten jezt eines Marsches dahin zurukkehren. Von diesen waren Viele seit gestern Mittag nicht ab den Beinen gekommen; Mismuth über die fehlgeschlagene Unternehmung und Hunger mussten noch die üble Stimmung vermehren. Stumm und niedergeschlagen, voll bitteren Unmuths und ebenfalls in hohem Grad das Bedürfnis auch körperlicher Erhohlung fühlend, nicht ohne Besorgniss die Schrekensscenen von 1798 erneüert zu sehen, ritten wir Offiziers neben einander her. Doch zeigte sich keine Spur von Meüterey. Die Achtung und das Zutrauen, womit unsere Leüte jezt ihren Anführeren ins Feld gefolgt waren, schüzte sie vor dem Gifte des Argwohns, auch befanden sich jezt keine boshaften Verräther unter uns. Auf der Mauer mit seinem Gefolge ritt stäts hin und her, die Seinen zu ermunteren. Unter diesen befanden sich mehrere Zürcher Dragoner als Ordonanzen, in deren Einem ich einen Sohn jener Witwe Schwyzer erkante, die mich vor Jahren in Zürich mit so viel Wohlwollen und Freündschaft behandelt hatte. Auch er erinnerte sich meiner noch. Von Wattenwyl und sein Tross kehrten nach Bern zuruk, so auch Luternau mit Stürler und König. So erreichten wir Neüenegg. Dort liess ich das Geschüz an der Höhe ob dem Dorfe aufstellen, hatte aber Mühe, eine Wache zu finden, da Alles, um Ruhe und Labung zu suchen, sich in die Haüser zerstreute.»

Ob diese biedere Schilderung der Ereignisse alle Tiefen des 26. September vor Freiburg auslotet, steht dahin. Die Schilderung Jayets, der auf die Nachricht von seiner Ablösung als Generalstabschef hin den Dienst quittierte, lässt gewisse Zusammenhänge mehr erahnen, als erkennen:

«J'avais eu l'honneur de vous mander le 25e. courant en vous donnant ma demission que je me rendais à Payerne ce jour là, mais je restais à Fribourg par ordre du Général. Le 26 à six heures et demie nous fumes attaqués par les hauteurs du côté de Berne ou l'Ennemi avait établi une batterie de deux canons et un obusier, bientôt après un Parlementaire vient me sommer de rendre la Place, je repondis comme il convenait. Le feu recommence. C'est alors que le Général entra à Fribourg dont je remis par ordre la Commandement au Chef Bourgeois ainsi que les papiers rélatifs. Je prévins particulièrement le Général de l'Etat des Caisses de la ville et de vos dispositions à cet égard. Je me suis replié sur Payerne l'après midi avec la Quartier Général. J'esperais de vous y rencontrer pour vous édifier sur tels points que vous le voudriez de ma conduite *loyale, ...*» (520)

Der Rückschlag der Föderalisten vor Freiburg war unvorhergesehen. Bevor er bekannt wurde, schrieb B. R. F. Fischer, der Sohn des Präsidenten der Standeskommission, an David von Wyss in Zürich:

«Wir glauben hier, es sei Alles vorbei, wenn keine Gallier kommen. Man weiss noch nichts Böses, einiges Gute. Hr. v. Mülinen (von der Standescommission nach Paris gesandt) ist vorgestern abgereist. Hr. Freudenreich (zu Verninac gesandt) ist von Lausanne gestern zurückgekommen, hat Verninac zwar nicht gesehen, aber ist zwei Mal mit vielen verbindlichen Zusagen von Gandolphe besucht worden. Wir erwarten jeden Augenblick offiziellen Bericht von der Einnahme von Freiburg.» (521)

Am Selbstbestimmungsrecht Berns, und das hiess an einer zu modifizierenden, auf der Zustimmung des Volkes beruhenden aristokratischen Verfassung, hielt die Standeskommission auch am 26. September fest, während gleichzeitig in Teilen der Zürcher und Schaffhauser Landschaft «Gleichheit der politischen Rechte nach der Volkszahl» (522) gefordert wurde, also mehr als die für die Städter dort akzeptable Gleichberechtigung der Hauptstadt mit dem Land (womit dieses immer noch untervertreten gewesen wäre).

Solche Fragen waren und blieben allerdings theoretisch, solange die militärische Lage nicht in föderalistischem Sinn bereinigt war. In dieser Hinsicht aber standen die Aussichten am 27. September nicht besonders gut. Der Rückschlag vor Freiburg und bei Salavaux hatte klar gezeigt, dass Truppenentlassungen wie jene des Bataillons Seftigen zu früh erfolgt waren. Nun wurde von Bern den Distriktskommandanten der Befehl erteilt, je 250 Mann «wo möglich bewaffnet» samt 4 Tambouren und 2 Pfeifern nach Bern zu senden, was einen Bestand von 4000 Mann ergeben hätte, wenn nicht verschiedene Friktionen die Zahl wieder verringert hätten. Der Befehl entfaltete aber doch eine bedeutende Wirkung, wie die Zahl der Brot- und Fleischportionen zeigt, welche an die Armee geliefert wurden:

Tabelle 11: Brot- und Fleischportionen der auf Bern basierenden Teile der föderalistischen Armee

26. September	2870 Portionen
27. September	3050 Portionen
28. September	5050 Portionen

Mit zu diesem Anwachsen der Bestände beigetragen haben allerdings auch die mit 10 Louisdors für den Mann belohnten Uebertritte helvetischer Husaren sowie jene 140 unentwegten Freiburger, die sich am 27. September in Neuenegg bei Gatschet meldeten und von denen dieser gleich 40 Mann als Vorposten nach Schmitten schickte. Tags darauf waren aus den 140 Mann 220 geworden.

Vom 27. September 1802 datiert das Diplom Niklaus Franz Bachmanns als Oberbefehlshaber der eidgenössischen Truppen (523). Am selben Tage eröffnete Alois Reding in Schwyz unter freiem Himmel die Tagsatzung. Reding sagte unter anderem:

«Diese Versammlung wird der tödtende Stoss für die helvetischen Machthaber sein. Sie stellt die schweizerische Nation vor und macht feierlichen und rechtlichen Gebrauch von der im Lünevillerfrieden ihr, und nicht ihren tyrannischen Usurpatoren zugestandenen Unabhängigkeit und Vollmacht, sich selbst nach Belieben und Gutachten eine Verfassung zu geben. Europas Mächte, die so lange schon dem Spiel der Faktionen und Leidenschaften der helvetischen Regierung mit Ärger und Unwillen zusahen, werden es mit Vergnügen ansehen, dass das Schweizervolk auf den Trümmern der Gewaltthätigkeit den Grund zur Ruhe, Ordnung und Wohlstand durch eine zweckmässige vaterländische Verfassung gelegt hat.» (524)

In Bern erschien ein Militärcommuniqué, das alle Zeichen seiner Literaturgattung bereits deutlich zeigt:

«In der Nacht vom 25sten auf den 26sten dies wurde samtlich aufgestellte Mannschaft in drey verschienenen Colonnen in Bewegung gesezt. Die erste Colonne nahm ihre Richtung über Kerzers ins Wistenlach, welches sogleich die Waffen ergriff und sich mit diesen Colonnen vereinigte. – Die zweyte Colonne marschierte auf Murten, besetzte diese Stadt und liess, mit der ersten Colonne(n) vereinigt, ihre Vorpösten bis über Wiflisburg hinaus vorrücken. Die dritte Colonne begab sich auf Freyburg und hätte auch diese Stadt, ungeacht der darin befindlichen starken Besatzung, eingenommen und besetzt, wenn man nicht beförchtet hätte, diese Einnahme mit gänzlicher Zerstörung der Stadt erkaufen zu müssen. Die Armee rückt heute vorwärts.» (525)

Am 27. September befand sich das Berner Hauptquartier in Gümmenen, genau im *Bären* zu Gümmenen, von den Terraingewinnen des Vortags war auch auf dem rechten Flügel nicht mehr viel übriggeblieben. Wurstemberger schreibt:

«Während wir Freyburg den 26. canonierten, hatte Herr Oberst Wagner Murten angegriffen und den Feind daraus delogiert. Auf die Nachricht, dass die Unternehmung auf Freyburg gefehlt hätte, verliessen die Bernerschen Obersten Murten wieder und nahmen ihre Stellung beym Murtenholz, Rovéréa aber postierte sich bey Leuenberg. – Schon am 26. hatte Herr Oberst Kirchberger die Helvetier aus dem Mistelach [sic] vertrieben und sich dann bey der Brüke von Salavaux postiert. Allein kaum war die Nacht eingebrochen, so wurde er daselbst überfallen und musste sich mit einem Verlust von 10 bis 12 Mann, grösstenteils Mistelacher, bis zur Brüke von Sugy zurükziehn. Am 27. wollte ein Detaschement vom Battaillon Rovéréa die Zugänge zum Städtchen Murten rekognoscieren, sah sich aber auf einmal auf allen Seiten angegriffen. Die Welschen waren um die linke Flanke unsrer Truppen herumgegangen und griffen nun auf einmal das Battaillon Rovéréa in Front und Flanke zugleich an. Dieses zog sich längst dem See fechtend zurück bis es durchs Battaillon Montbenay unterstüzt wurde, welches nun die Welschen mit der grössten Bravour anfiel und mit Verlust ins Städchen zurükschmiss. Auch das Battaillon Steiger that sein bestes dabey. Der Verlust auf unsrer Seite belief sich auf ohngefähr 12 Mann, worunter 1 blessierter und 1 gefangener Officier.» (528)

So präsentierte sich die Lage einem Föderalisten. Andermatt, der sein Hauptquartier in den Raum Murten verlegt hatte, schrieb etwa zur gleichen Zeit an Schmid, sobald er drei Waadtländer Bataillone (ex La Harpe, Testuz, Grivel) in Payerne gehabt habe, sei er nach Murten und weiter bis Gümmenen marschiert. Er habe sieben Verletzte zu beklagen und zwölf Insurgenten gefangen. Parallel dazu besetzten Vonderweid und Dolder den am Abend des 26. September noch verbleibenden Teil des Wistenlachs bis Môtier und brachten 37 Gefangene ein. In Murten benahmen sich die einquartierten helvetischen Truppen wie sich Sieger eben benehmen. Das Munizipalitätsprotokoll sagt:

«Verstehet sich, dass Forderungen aller Art zum Unterhalt der Truppen gemacht worden; dass auch alles dieser Art, auf Veranstalten der Municipalität, was möglich gewesen, geliefert worden ist. Aber unbegreiflich ist die schnöde, beleidigende Art, womit sowohl Offiziers als Soldaten gefordert haben. Unbegreiflich ihr Betragen gegen Autoritäten und Einwohner; schaudernd ist ihre Aufführung in dieser Nacht; weder Person noch Eigenthum wurden geehrt, und man kann sie mit allem Recht Raub und Schreckens Nacht heissen.»

Das wäre nun der Augenblick für einen grossangelegten helvetischen Gegenangriff gewesen. Warum er unterblieb, schildert Rengger:

«27. bis 30. Herbstmonat brachten Schmied und ich in Moudon zu. Die Bewegungen im nordöstlichen Theile des Lemans, die täglich einen Ausbruch befürchten liessen, waren Ursache, dass die frisch aufgebotenen Bataillone nicht so wie es im Plane lag auf die Linie vorrücken konnten, wodurch die Kriegs-Operationen nicht wenig gelähmt wurden. Zwar passirten verschiedene Corps zur Verstärkung durch, aber in sehr schwacher Anzahl. Überhaupt äusserten sich in diesen Tagen Symtome, die keinen guten Ausgang erwarten liessen; grosse Muthlosigkeit unter den Officiren und ein ängstlich Harren auf Unterstützung von Seite Frankreichs; wer sich immer hinterwärts der Linie ein Geschäft machen konnte, that es und die Strasse war voll von Hin- und Herreisenden. Durch Desertion und die Gefangennehmung des Luzerner Detaschements waren die soldirten Truppen zu einem kleinen Häufchen zusammengeschmolzen und die Miliz äusserte sich laut, dass sie nicht über die Gränze des Cantons gehen würde, was denn auch als Grund des Nicht-Vorrückens auf die bey Freyburg und Murten erhaltenen Vortheile angegeben wurde.» (529)

Am 28. September 1802 bewegte sich das bernische wie das eidgenössische Heer vorwärts über die Saane. Für die Sicherheit der Operationslinie sorgte die Reserveartillerie, die die Brücke von Gümmenen in ihre Hut nahm (530). Auf helvetischer Seite versuchte nun Andermatt aufs Ganze zu gehen und zog Truppen aus Freiburg ab, um im Raum Payerne–Murten stärker zu sein.

Im *Adler* zu Murten erhielt Andermatt von der Munizipalität die Mitteilung, die von ihm verlangten 20'000 Taler nicht zahlen zu können, dafür aber Johann Jakob Herrenschwand, Daniel Chatoney und Friedrich Chaillet als Geiseln zu stellen. Murten litt unter den Plünderungen, welche sich das helvetische Militär schon in der Nacht vorher erlaubt hatte und die nach Schätzung der Munizipalität die Summe von 48'000 Franken erreichten, von den Tags darauf von Johannes Dolder im Wistenlach geforderten 25'000 Franken und weiteren Requisitionen ganz abgesehen (531).

General Niklaus Franz Bachmann passierte am Morgen des 29. Septembers 1802 Bern und traf in Gümmenen Wattenwyl und Aufdermaur. Nach einem Rapport begab sich Bachmann noch einmal nach Bern, Wattenwyl nach Gempenach und Aufdermaur nach Liebistorf (532). Bachmanns Erscheinen liess die etwas gedrückte Stimmung bei den Föderalisten wieder aufleben und die fast stündlich eintreffenden helvetischen Ueberläufer trugen das Ihre dazu bei. Schon am 28. September hatten sich die Waadtländer Bataillonskommandanten dem helvetischen Generalstabschef Vonderweid gegenüber geweigert, die Grenzen des Waadtlandes zu überschreiten. So hatte der in Murten kommandierende Dolder am 29. September keine Aussicht auf Unterstützung, als ihn Kirchberger ultimativ aufforderte, die Stadt zu räumen. Dies geschah denn auch noch vor 10.00 Uhr. Ein zweitägiger Waffenstillstand regelte das Verhältnis der Armeen zueinander… Wurstemberger erlebte den Abend in Salvenach:

«Das Dorf Salvanach lag in unserer linken Flanke; etwa 2000 Schritt in der rechten lag das Schloss und Dörfchen Burg, welches mit dem Battaillon Steiger besezt war. Unser Lagerplatz war die sandigte Höhe, aus Akerland bestehend. In unserem Rüken lag ein Gehölz, an dessen Rand unsre Feuer brannten. Vor unsrer Front liefen in paralleler Richtung mit dem

Saum des Gehölzes zwey Reyhen schöner Nussbäume. Unsre Feldwachen wurden auf den Abhang des Hügels und in die Hekken und Hohlwege in der Ebene vor unsrer Fronte postiert. Das Dorf Salvanach dekte den Eingang eines morastigen Thales, und jenseits desselben lag eine ähnliche Höhe wie unser Lagerplaz, worauf die Compagnie Brugger vom Battaillon Goumoëns postiert ward. Links von diesem Posten lag eine Ebene, worinn die Freyburgischen Dörfer Gross- und Klein-Gurmels, Jäuss und Liebistorf lagen; bey letzterem stand das Auf der Maursche Corps. — Der Feind stand eine Stunde vor unsrem Lager bey Greng.» (533)

Tags darauf ging es im Lager von Salvenach lustig zu:

«Übrigens führten wir auf unserem Bivouacq das herrlichste Leben von der Welt. Im Saum des Gehölzes hatte der Stab der Brigade Wagner ihr Feuer. Um dies herum sassen alle Stabs-Officiers unsers Lagers; die Obersten Wagner, Tscharner, von Goumoëns, die Majore Freudenreich und Seiler, der Adjutant des Obersten Wagner, Mutach von Holligen und andre mehr. Vom frühen Morgen bis in die Nacht wurde geschmausst, und die Schinken und Würste mundeten uns herrlich. Dabey liess Herr von Goumoëns seine Battaillonsmusikanten Tafelmusik machen. Alle Morgen kam General von Wattenwyl ins Lager und blieb dann einige Zeit bey uns. Einst brachte einer seiner Adjutanten einen Pak Briefe, die man einem helvetischen Currier abgenommen hatte; unter denen waren Liebesbriefe eines Musikanten vom welschen Battaillon Bourgeois an sein Täubchen in Petterlingen, worinn derselbe eine Relation von unserm Angriff auf Freyburg giebt, die sehr komisch klang. Er sagt unter anderem: <Et quand nous ne vîmes plus d'ennemis, c'est-à-dire des paysans, nous fîmes une sortie, mais nous ne trouvâmes que des morts et des traces de sang sur la route de Berne.> Wir bewunderten sämtlich den Heldenmuth der tapfern Helvetier, noch mehr aber ihre Fürsichtigkeit.» (534)

General Bachmann bezog am 30. September ein Hauptquartier in Löwenberg (535), das bernische Hauptquartier kam nach Salvenach. Bachmann inspizierte – in seiner grünen Uniform aus englischen Diensten – seine Truppen, lobte sie und sagte ihnen:

«Forthin wänd mer Schwyzer und keine Helvözler mehr syn.» (536)

Mit dem Ausstellen von Vorposten nahmen es die eidgenössischen Kommandanten ziemlich leicht, was sich nur der Passivität der helvetischen wegen nicht rächte. Andermatt hatte Murten, von allen Städten, für unhaltbar erklärt (537) und eine Stellung bei Faoug eingenommen, vom Schloss Greng am rechten Flügel über das Dorf Faoug bis nach Salavaux am äussersten linken Flügel (538).

Ein Aufstand im Norden der Waadt hätte nun diese Stellung unhaltbar gemacht. Am 30. September, 09.00 Uhr, überfiel Louis Georges François Pillichody mit einer Schar von altgesinnten Anhängern insbesondere aus Ste-Croix die Stadt Orbe. Karl May überquerte mit 400 Freiwilligen den Neuenburger See, kehrte aber im Raum Grandson auf die Nachricht von Pillichodys Scheitern hin wieder um. Pillichody wurde durch die mehrheitlich helvetisch denkenden Waadtländer – Miliztruppen aus den Distrikten Cossonay, Yverdon, Echallens, Vevey und Aubonne – unter kräftiger Beteiligung des im Ruhestand lebenden früheren Brigadiers in französischen Diensten Henri François Fornésy wieder aus Orbe geworfen (539), sodass die Stellung bei Faoug beibehalten werden konnte. In der Nacht vom 30. September auf den 1. Oktober hatte Andermatt die in Faoug stehenden Truppen auf die Schifflände von Salavaux zurückgenommen, aber am 1. Oktober um 10.00 Uhr standen sie wieder in Faoug. Andermatt und sein neuer Generalstabschef Pierre Vonderweid hatten in Avenches Quartier bezogen.

Am 2. Oktober schrieb Schmid von Lausanne aus Generalstabschef Vonderweid, die Affaire Pillichody entziehe der Armee wenigstens 400 bis 600 Mann, aber zum Glück habe man über soviele Truppen verfügen können «...car il a fallu peu pour le voir à la tête d'une colonne de paysans qui aurait fait capituler le Gouvernement ici à Lausanne.»

So gesehen kann es nicht zweifelhaft sein, dass Pillichody mit seinen Leuten Bachmann die Aufgabe wesentlich erleichterte, wenn es auch feststeht, dass er im äussersten Fall einfach ein wenig länger hätte warten müssen: so sehr strömten nun föderalistische Truppen nach Bern.

Ein paar Eindrücke von diesem bewaffneten Volk auf dem Marsch nach Westen mögen genügen. Am 28. September, 22.00 Uhr stand je eine Aargauer Kompanie in Herzogenbuchsee, Langenthal und Bleienbach. Ihr Bestand erreichte gesamthaft 300 Mann. Weitere 110 Mann der Kompanie Schatzmann garnisonierten auf Aarburg. Am 29. September setzte die bernische Militärkommission den Sollbestand der Kompanie auf 125 Mann, jenen des Bataillons auf 508 Mann (vier Kompanien und acht Mann Bataillonsstab) fest. Gleichentags konnte sie zur Kenntnis nehmen, dass zwei Kompanien des Distrikts Bern obenaus in Köniz, 100 Mann aus Schwarzenburg in Wabern, 447 Mann aus Uri, Schwyz und Unterwalden in Bern eingetroffen seien. Somit standen *zusätzlich* 797 Mann im Raum Bern bereit. Damit nicht genug: weitere 380 Mann aus den Distrikten Höchstetten und Bern untenaus, von May von Brandis ausgehoben, marschierten nach Frauenkappelen. In Thun traf eine Kompanie Schilt, Brienzer Freiwillige, ein. Am 30. September, 14.00 Uhr, marschierte das entlassene und wieder aufgebotene Bataillon Seftigen, 330 Mann stark, von Bern in Richtung Gümmenen ab, während Tscharner (von Lausanne) mit 300 Aargauern und 250 Burgdorfern erschien. Gleichentags wurden zwei Kompanien Niedersimmental organisiert, die am 1. Oktober von Erlenbach nach Thun abgehen sollten. 126 Mann (lauter Steffisburger) des Distrikts Thun und Steffisburg fanden sich am 30. September in Münsingen ein. 62 Mann aus den Kirchgemeinden Sigriswil und Hilterfingen sollten am 1. Oktober dazu kommen. Die 180 Mann Garnison von Aarau (eine Freiwilligenkompanie Fehlmann aus der Gegend von Seon und Fahrwangen sowie die Solothurner Kompanie Frey) und die 120 Mann in Brugg aus der Umgebung der Stadt mussten allerdings dort belassen werden und die *insgesamt* 125 Mann starken Besatzungen der *Städte* Lenzburg, Zofingen und Aarburg sowie die Zofinger Besatzung der *Festung* Aarburg von 90 Mann ebenfalls, aber trotzdem konnte am 30. September kein Zweifel mehr aufkommen: die Föderalisten vermochten militärisch bedeutend rascher zu Kräften zu kommen als die Anhänger der Helvetik *und* sie hatten das grössere Aufwachsvermögen. Diesmal, am 30. Setpember, erscheint es nicht als Hybris, wenn die bernische Militärkommission auf den 1. Oktober die unbewaffnete Mannschaft wieder entlässt.

Diese *bernische* Massnahme, welcher die zwei Kompanien des Distrikts Burgdorf, die Emmentaler und die Schwarzenburger zum Opfer fielen, wird umso verständlicher, wenn man sich den *eidgenössischen* Zuzug vor Augen hält, der am 1. Oktober die Aarestadt erreichte: das Auxiliarkorps Hauser, bestehend aus 10 Kompanien der Kantone Zürich (25 Artilleristen), Schwyz (3 Kompanien, 279 Mann), Unterwalden (134 Mann), Glarus (4 Kompanien, 400 Mann) und Appenzell (101 Mann) und dem Stab, insgesamt 944 Mann. Hausers Leuten wurden Quartiere in Bümpliz und Wangen angewiesen. Tscharner (von Lausanne) und seine Aargauer dagegen befahl die Militärkommission nach Salvenach, die beiden Kompanien Bern obenaus von Köniz nach Laupen. Die Reihe liesse sich fortsetzen und würde immer nur von neuem demonstrieren, wer 1802 über die Wehrkraft verfügen konnte und wer nicht. Anders gesagt: die Föderalisten stampften jene Armee aus dem Boden, welche die Zentralisten gebraucht hätten, um sich zu behaupten, im Vollbesitz der Staatsgewalt aber nicht zustande gebracht hatten.

Draussen im Felde versicherte Bachmann in einer staatsmännischen Proklamation, er komme als Freund, nicht als Feind in die Waadt, die Föderalisten würden das Recht der Waadt, sich eine Verfassung nach eigenem Gutdünken zu geben, respektieren. Bachmann beteuerte, nur mit dem Ziel, die helvetische Regierung zu bekämpfen, einzumarschieren und sich danach zurückziehen zu wollen.

Seine vielleicht etwa 7'000 (die Helvetier schätzten sie auf 10–12'000) Mann zählende Armee stand am Morgen des 3. Oktobers gemäss Wurstemberger wie folgt:

Tabelle 12: Ordre de bataille der Föderalisten am 3. Oktober 1802 (nach Wurstemberger)

«4 Bat. Eidgenossen	unter General Auf der Maur	
150 M. Commandierte	im Dorfe Salvanach	
2 Comp. Solothurner		
1 Bat. Gatschet	zwischen	
1 Bat. Tscharner	Salvanach	Oberst Wagner
1 Bat. Goumoëns	und Burg	
2 Comp. Tscharner von Lausanne		
1 Bat. Steiger	in Burg	
1 Bat. Glarner		
1 Bat. [Wattenwyl von] Montbenay	in Murten	General Bachmann
1 Bat. Kirchberger	in Galmiz	
1 Bat. Rovéréa [May]		
1 Bat. Grafenried	gegen Vully über	

Den 1. [October] war das Bataillon Rovéréa zu einer Expedition gegen Iferten eingeschifft worden. Da aber des Obersten Pillichody Unternehmung auf Orbe gefehlt hatte, so kehrten sie wieder an das nördliche Ende des Neuenburgersees zurück.» (540)

«Der 3. October war zum Angriffe bestimmt. Die Disposition des Generals Bachmann war so musterhaft, als die Stellung des Feindes fehlerhaft und nachtheilig war. Der linke Flügel des Feindes war an den Murtensee gelehnt. Die Front durch einige mit Schüzen besezte Heken, Büsche und Häuser gedekt. Die rechte Flanke aber stand, wie man sagt, in der Luft und war auch durch kein einziges Hinderniss gedekt. Unsre Angriffsordre lautete also: der rechte Flügel, aus den Bataillons Rovéréa und Grafenried [bestehend], bildet die erste Colonne, greift zu gleicher Zeit die Posten bey Sugy und Fehlbaum an und delogiert die Helvetier aus dem Mistelacherberge. Die 2. und 3. Colonne, die den rechten Flügel des Hauptcorps bilden, bestehnd aus den Bataillons Kirchberger, Montbenay und Huser (Glarner), rükten zu beyden Seiten der Chaussée von Genf auf Greng los, bilden einen falschen Angriff auf die Hauptforce der helvetischen Armee und machen dann einen verstellten Rükzug, um den Feind aus seiner Stellung hervorzuloken und dem linken Flügel Zeit zu geben, ihm die rechte Flanke abzugewinnen. Zum grossen Glüke ward dieser Befehl nicht vollzogen, indem er uns, wegen der Rohheit unsrer Miliz, hätte verderblich werden können, denn General Bachmann kannte die ungestüme Wildheid unserer Miliz noch nicht genug, um sie zu fürchten. Die Bataillons Goumoëns, Tscharner, Gatschet und die zwey Solothurner Compagnien bildeten das Centrum in zwey Colonnen, und zwar folgendermassen: Es wurde aus der Mitte abmarschiert, so dass Gatschet rechts abmarschierte und die Tête hatte, unser Bataillon links, und Goumoëns schloss. Bis Münchenwyler blieben diese 3 Bataillons in einer Colonne; dort sollte Gatschet und die Solothurner links, Tscharner und Goumëns rechts marschieren, um den rechten Flügel des Feindes zu umgehn und zwischen zwey Feuer zu bringen. Der linke Flügel, aus der Brigade Auf der Maur [bestehend], hatte Befehl, anderhalb Stunden vor den übrigen Divisionen seine Stellung zu verlassen, seinen Weg über Grissach und Chandon um die rechte helvetische Flanke herum und den Feind in der Ebne vom Wiflisburg in Empfang zu nehmen, sobald wir ihn würden übern Haufen geworfen haben. Hätte Auf der Maur diesen Befehl pünktlich befolgt, so würde von der helvetischen Armee wenig entkommen seyn. Das Bataillon Steiger und Tscharner von Losanen bildeten eine Reserve; letzteres war nur 2 Compagnien stark.
Den 3. Oktober, morgens um 8 Uhr, standen wir unter Waffen und erwarteten sehnlich den Befehl zum Abmarsch. Allein Auf der Maur, statt um halber 8 abzumarschieren, fieng um diese Zeit an, Messe zu halten, die bis um 9 Uhr dauerte, und bracht dann erst auf. Um zehn Uhr marschierte auch unsre Division, unter des General von Wattenwyl eignem Befehl aus dem Lager ab und nahm ihren Weg über Salvanach, durch die Felder von Münchenwyler, bis in dies Dorf. Dort theilte sie sich und bildete die 4. und 5. Colonne. Als wir in dem Grunde vor Münchenwyler ankamen, hörten wir das Feuer der Colonne jenseits des Sees und zugleich einige Canonenschüsse, die den helvetischen Vorposten bei Meiry vertrieben, um den Ausmarsch der Garnison von Murten zu erleichtern. Wir detaschierten sogleich einige Jäger von der Avantgarde, welche die Reben, die das Thal von Courgevaux bordieren, durchstreifen mussten, schwenkten dann selbst links in eine Wiese und liessen dort das Bataillon auf-

marschieren. Während diesem fieng die Canonade im Greng selbst an, und der rechte Flügel, statt eine *fausse attaque* zu formieren, griff den Feind in allem Ernst an. Da unsre Leute zu wenig geübt waren, *en bataille* avancieren zu können, so musste wieder mit Rotten links ab und in eine Colonne eingeschwenkt werden, welche sodann gerade in das kleine Fichtenwäldchen über Courgevaux eindrang. Der Feind regalierte uns hier mit einer fetten Sauce von Cartätschen, Canonen und Flintenkugeln, welche uns und den rechts neben uns chargierenden Frutigern einige Leute blessierten; eine Compagnie von letztern füllte einen Holweg im Hölzchen. Da unser Bataillon den Holweg einschlug, so stopfte sich's drinn, und der Feind richtete uns reichlich Broken an, bis wir das Ende des Gebüsches erreichten, wo wir dann mit dem Bajonet unter lautschallendem Gebrülle auf die Helvetier losrannten, die aber den Choc nicht erwarteten, sondern Reissaus nahmen und uns einen Haubiz, einen Pulverwagen und 7 Pferde überliessen. Auch unser rechter Flügel hatte den Feind aus seiner Stellung gesprengt, und ein einziger wohlangebrachter Rikoschettschuss des Hauptmanns Kopp jagte den welschen Eliten, die vor dem Dorfe Faoug standen, das Canon[en]fieber so derb in den Leib, dass sie ausrissen und nicht mehr zum Stehn gebracht werden konnten.
Wir passirten einige helvetische Bivouacqs, worauf noch die Feldkessel voll Kartoffelmuus rauchten und Habersäke und Patrontaschen herumkollerten. Unsre Leute avancierten herzhaft, kamer aber bey dem hizigen Verfolgen etwas auseinander, welches uns nun aufhielt. Der Feind warf sich nemlich in die Gehölze bey Clavaleire und versuchte dort unsern Fortschritten Einhalt zu thun. In diesem Augenblike drang die Aufdermaursche Division aus dem Walde auf unsrer Linken; das Glarnerbataillon brach in das vom Feinde besezte Gebüsch hinein, mezzelte nieder, was nicht lief, machte einige wenige Gefangne und schmiss, unterstüzt von Urnern und Schwyzern, die helvetischen Grenadiers aus ihrer Stellung heraus und durch die Weinberge hinunter in die Ebne von Wiflisburg. Wir kamen einige Minuten zu spät. General von Wattenwyl führte uns nun links nach den Höhen über Wiflisburg bis zum Cäsarsthurme an den Ringmauern des alten Aventicum, wo Halt gemacht wurde, um die Truppen zu recolligieren. Ich sah von der Mauer herab die helvetische Armee ihren eiligen Rükzug auf der grossen Chaussée durch Wiflisburg hindurch nach Domdidier nehmen; hinter ihrer Arrièregarde her drangen unsre Dragoner unter Oberst Müller, General-Quartiermeister des Herrn General von Bachmann, ins Städtchen und verhinderten die fliehenden Helvetier an der Plünderung desselben. Unser rechte Flügel, der auch etwas auseinander gekommen war, sammelte sich wieder in der Plaine, und dann gieng's wieder vorwärts, durch und neben Wiflisburg vorbey. Jenseits diesem Orte, links auf der Höhe, kommandirte mich Herr Oberst Wagner, samt 1 Subaltern und 20 Mann zum Patrouillieren. Ich stiess auf die Hasler und einige Eydsgenossen, aber vom Feinde war auf den Höhen nichts zu sehn. Dieser hatte sich hinter Domdidier auf die Hügel an der Landstrasse gesezt und versuchte noch einmal, Widerstand zu thun. Er detaschierte etwa 200 Mann nach den Höhen, um uns aufzuhalten und seine rechte Flanke zu dekken. Diese warfen sich in ein Gehölz an der Freyburger Chaussée und fiengen an, mit den Jägern zu knakkern. Nun wurde Aide-Major Bühler und ich detaschiert, sie mit 2 Compagnien zu umgehn und zu forcieren. Schon hatten wir sie tourniert, als sie sich in einige Bauernhöfe warfen, wo sie nun durch den Hauptmann Gatschet mit den Hasler-Jägern angegriffen und durch das unregelmässige Schiessen verscheucht

wurden, so dass wir nicht eines einzigen habhaft werden konnten. Der Feind verliess auch seine Stellung bey Domdidier und Dompierre und floh nach Petterlingen, überall verfolgt und harceliert von unsern leichten Truppen.
Wir aber auf unserm linken Flügel, marschierten nun, ohne ferner einen Schuss zu thun, längs den Höhen über den Ebnen von Wiflisburg und Petterlingen weg, giengen durch die zwey schönen Dörfer Montagni-la-ville und Montagni-les-Monts, in welchem leztern ein grosses im Jahre 1798 durch die Patrioten verwüstetes und nun in Ruinen liegenden Schloss steht, und nahmen endlich unsre Stellung mit Einbruch der Nacht am Saume eines Gehölzes über dem Dorfe Corcelles, eine kleine Stunde links von Petterlingen. Wir waren das avancierteste Corps unsrer Armee und sahen dicht neben dem Städtchen, welches noch besezt war, die helvetischen Wachtfeuer. Ich rieth deshalb dem Oberst Wagner, eine grosse Menge Feuer vor der Fronte anzuzünden, um dem Feinde ein Blendwerk vorzumachen, welches auch geschah. Allein gegen 8 Uhr wurde Petterlingen durch die Avantgarde des rechten Flügels angegriffen und vom Feinde alsobald übergeben, worauf derselbe in grösster Eile und Unordnung durch die Losanen und Iferten Strassen davon lief und uns unser Nachtlager ruhig benuzen liess.» (541)

Der Sieg der Föderalisten war durchschlagend.

Die drei als amtlich anzusprechenden föderalistischen Berichte über den Sieg bei Pfauen lauten:

«Bericht über die Schlacht bei Murten. – Den 3. October Morgens um halb 11 Uhr wurde der Feind auf sechs Punkten und (mit) ebenso viel Colonnen in seiner Stellung vorwärts Murten, wo er die Anhöhen bei Grain sowie das Dorf Pfauen besetzt hatte, angegriffen. Zugleich marschirte auch eine kleine Abtheilung unsrer Truppen auf der andern Seite des Sees gegen dem Vuilly, um auch von dieser Seite dem Feind nahe zu kommen und selben also in seiner ganzen Stellung anzugreifen, während die Reserve vor Murten sich aufstellte. – Der Feind wurde mit dem den[en] fürs Vaterland und Unabhängigkeit streitenden Schweizern eigenen Muth angegriffen und nach einem hartnäckigen Gefecht gezwungen, seine Stellung mit Hinterlassung einer Haubitze, einer Kanone und einem Pulverwagen zu verlassen. – Da es zu vermuthen ware, dass er in der vorteilhaften Position bei Wiflisburg sich wieder zu stellen trachten würde, so wurden ohne Verzug einige Bataillons beordert, so rasch als möglich gegen diesen Posten vorzurücken; bei deren Ankunft aber war nichts mehr vom Feind zu sehen, da sich selber schon über Domdidier zurückgezogen, um sich bei Dompierre zu stellen und die Fliehenden wenigstens zu einem ordentlichen Rückzug bringen zu können. – Unter einem lebhaften Feuer aus dessen grobe(m) Geschütz wurde der Feind bei Dompierre aufs neue angegriffen. Zwei Seiten-Colonnen wurden beordert, seine beide(n) Flanken zu attaquiren, während man ihn in (der) Front mit zwei Sechspfündern beunruhigte, welches mit so vieler Geschicklichkeit vollzogen wurde, dass sie den Feind überflügelten und ihn dadurch in der grössten Unordnung und Eile zum Weichen brachten. – Obschon durch zehnstündige Märsche und Gefechte ermüdet, rückten einige Abtheilungen der Armee sowohl in der Fronte als (der) linken Flanke muthig und entschlossen, mit klingendem Spiel und fliegenden Fahnen gegen Petterlingen vor. Das feindliche Kanonen-Feuer wurde durch einige unsrer Schüsse erwiedert, und die Siegenden rückten Abends um 8 Uhr in Petterlingen ein, während der Feind sich gegen Lausanne flüchtete. – Die Avantgarde verfolgte ihn den folgenden Tag bis Milden, allwo der Feind noch neun Kanonen und einige Pulverwägen zurückliesse, in grosser Eile sich aber bis Lausanne zurückgezogen hatte. Überhaupt kann ich nicht genug die Entschlossenheit, den Muth und die Bereitwilligkeit loben, welche sämtliche[n] mir untergeordneten Truppen sowohl im Angriff als im Verfolgen des Feindes bewiesen haben, und rechne es mir zur angenehmen Pflicht, sämtlichen Herren Offiziers und Soldaten anmit öffentlich zu danken und solche dem Wohlwollen einer hohen Tagsatzung bestens zu empfehlen – Gez. Bachmann.»

«Bericht (von) der Armee. – Den 3. Weinmonat brach die eidgenössische Armee unter General v. Bachmann in 6 Colonnen auf, um den Feind aus seiner Stellung zu vertreiben. Die 1. Colonne, unter H. Obrist Carl May von Brandis, fing den Angriff um 10 Uhr mit 20 Kanonenschüssen auf die Brücke bei Sugy an, trieb dann den Feind das Wistenlach hinauf den ganzen Tag vor sich her und fasste Abends in der Gegend von Petterlingen Posto; sie bestand aus dem Corps Rovéréa und einem Bataillon v. Graffenried. – Die 2. und 3. Colonne rückte von Murten aus auf der Strasse gegen Pfauen (Faoug) vor und griff da den Feind vor der Fronte an. Erstere, unter (dem) Befehl des H. Obristlieut. Kirchberger von der Lorräne, bestand aus seinem Corps, letztere aus einem Bataillon Frutiger unter Oberst v. Wattenwyl von Montbenay; beide fanden einen hartnäckigen Widerstand, überwanden aber alle Hindernisse und warfen den Feind mit grossem Verlust unaufhaltsam zurück. - Die 4. Colonne, unter General v. Wattenwyl, bestehend aus den Bataillonen Steiger von Wimmis, v. Goumoëns und Tscharner, zog links von der 2. und 3. Colonne und fand in Crain einen harten Widerstand; doch nichts schreckte diese braven Truppen zurück, welche immer rasch vorwärts gingen. Von da an, vereiniget mit der 2. und 3. Colone, verdrängte v. Wattenwyl nunmehr als Vortrab der Armee den Feind um 12 Uhr aus Wiflisburg (und) Domdidier, um 1 Uhr aus Dompierre (und) Corcelles und nach 7 Uhr aus Peterlingen, wo er sein Quartier aufschlug. – Die 5., unter Oberst Gatschet, mit seinem Corps und einem halben Bataillon Solothurner, traf wegen vorgefallenen Hindernissen um einen Augenblick zu spät ein. Hr. Gatschet, dieser äusserst verdiente Offizier, zog mit H. Bataillonscommandant Hedlinger von Schwyz und dessen Zuzügern, dem Feind immer auf der rechten Seite, über alle Höhen hinweg, sodass derselbe sich niemals (fest)setzen konnte, obschon er es verschiedene male und besonders bei Dompierre versuchte. Die Colonne fasste Abends Posto auf der Heerstrasse von Peterlingen auf Freiburg. – Die 6. Colonne, unter G. Aufdermaur, mit den Zuzügern von Schwyz, Unter- und Obwalden, Uri und Glarus, zog links von allen übrigen und war bestimmt, den Feind in der rechten Seite und im Rücken zu fassen; sie führte diesen Auftrag mit äusserster Tapferkeit und aller Einsicht die von ihrem berühmten Führer zu erwarten war, traf aber auch zu spät ein, weil sie einen hartnäckigen Widerstand fand und das Pfauen-Holz mit Sturm wegnehmen musste. Bei Wiflisburg sammelte sie sich wieder, machte von da aus den Nachtrab der Armee und fasste in der Nacht auf der Höhe von Dompierre Posto. Die Truppen unter den Obristen Hauser und Ziegler machten um Murten die Reserve aus. – An Geschütz wurden erobert 7 Kanonen, 2 Haubizen und 12 Munitionswagen. Vorzüglich wurden ausgezeichnet Major Kopp bei der Artillerie, Rudolf Fischer von Reichenbach von den Jägern und Hauptmann Schmid von Glarus. Von Bachmann, v. Wattenwyl und Aufdermaur haben durch ihren Trotz aller Gefahren die Armee oft in Sorgen gesetzt.»

«Die von unserer Tit. Generalität im Lauf der verflossenen Nacht eingegangenen Nachrichten sind für alle ächte(n) Freunde des Vaterlandes so erfreulich, dass wir ihnen das officielle Resultat derselben mitzutheilen uns schuldig glauben. – Seine Excell. Herr General Baron von Bachmann liesse gestern Sonntags den 3ten dies, Morgens um 10 Uhr, den Feind, der bei Grain (Greng) obenher Murten eine gute Stellung hatte, auf allen Punkten angreifen. Herr General Auf der Maur erhielte den gefährlichen Auftrag, mit seiner Colonne über Cressier, Courlevon und Claveleyres, in einer von Natur sehr festen und waldigen Gegend, durchzudringen, um den Feind, der sehr vortheilhaft im Pfauen-Holz postirt war, aus seiner Stellung zu vertreiben. Mit der diesem verdienstvollen Offizier eigenen Klugheit und Unerschrockenheit erfüllte Herr General Auf der Maur diesen Auftrag; seine Truppen, durch das Beispiel ihres Führers beseelt, der allen Gefahren trotzte, griffen mit schweizerischem Heldenmuth an, und alles Widerstands ungeachtet drange diese Colonne durch, und der Feind wurde von diesen Orten geworfen. – Der fliehende Feind wollte sich zu Dompierre wieder stellen, wurde aber auch dort angegriffen, geworfen und mit Verlust von drei Canonen, einem Haubitze und mehreren Wagen gänzlich auseinandergesprengt. – Unter beständigem Vorrücken schlug man sich den ganzen Tag; unsere wacker(n) Truppen, aller Orten siegreich, trieben die Feinde von allen Seiten in grösster Unordnung zurück. Am späten Abend wurde noch die Stadt Peterlingen nach einer starken Canonade eingenommen, und um acht Uhr wurde das General-Quartier dahin verlegt. Der Verlust des Feindes an Todten und Gefangenen hat bis diesen Augenblick noch nicht bestimmt angegeben werden können. – Der Herr segnet unsre Waffen, Er beschützt die treuen Vertheidiger der gerechten Sache.»

Etwas gar diskret gehen die amtlichen Berichte über das Ausbleiben Aufdermaurs hinweg, der es in der Hand gehabt hätte, der helvetischen Armee als einer organisierten Streitmacht an Ort und Stelle ein Ende zu setzen, wenn er ihr, wie vorgesehen, den Rückmarsch abgeschnitten hätte. Nun, in Cressier lag eine St. Urban geweihte, Kapelle, die folgende Inschrift trug:

«Allhier haben sich die Herren Eydgenossen versamlet und ihr Gebett verricht als sie den Herzogen von Burgund vor Murten geschlagen und zu schanden gericht. Deswegen diese alte Capel zu ehren des H. Urbani 1697 neu aufgericht. Gott gebe denjenigen, so in der schlacht umkomen sind, das Leben ewiglich. Das ist geschehen den XXII junii 1476. Renovatum 1767.»

Das war für einen geschichtsbewussten Heerführer eine Versuchung. Aufdermaur erlag ihr voll und ganz; der Schwyzer liess einen Feldaltar errichten und eine Messe lesen. Zur gleichen Zeit las übrigens Pfarrer Joseph Jaccottet aus Assens in der Kathedrale von Lausanne für die katholischen Mitglieder der helvetischen Regierung die erste Messe seit der Waadtländer Reformation im Jahre 1536. Zurück nach Cressier! Aufdermaur verpasste schlichtweg den Kairos, den entscheidenden Augenblick der Schlacht, die zwar auch ohne ihn gewonnen wurde. Wie sehr das Treffen von Pfauen sich an den Urschweizern vorbei abspielte, zeigt eine Votivtafel in der St. Anna-Kapelle zu Schwanden im Unterschächen. Auf ihr findet sich folgender Text:

«Zu wüssen ist, das durch die Vorbit der Hl. Mutter Anna die sämtliche Mannschaft der 7. und 8. Rott von Unterschechen, auf Verlobniss einer Walfahrt und Aufhängung dieser Tafel im 7er 1802 vor Burgdorf und in diesen Gegenden, vor grossen Kriegsgefahren gäntzlich ist erhalten worden.

Gott und der Hl. Anna sey Dank gesagt.»

Die Veteranen erinnerten sich also an Burgdorf und diese Gegenden. Pfauen war ihnen nicht im Gedächtnis haften geblieben.

Nach dem Erfolg bei Faoug kam es in Payerne noch zu einem kurzen Gefecht von etwa 20 Minuten Dauer. Mehr zu leisten war die helvetische Armee nicht mehr in der Lage.

Die helvetischen Truppen, zu deren General gleichentags vom Vollziehungsrat ohne Wissen von der Niederlage Pierre Vonderweid ernannt wurde, dem Henri François Fornésy als Generalstabschef nachrückte, fluteten ungeordnet bis nach Moudon, am Morgen des 4. Oktobers dann bis Chalet-à-Gobet zurück (542). Die nachstossenden Föderalisten fanden in Moudon sogar noch neun Geschütze und einige Munitionswagen (543). Dies war die Beute des Heeres, die Beute des einzelnen Soldaten konnte etwa der Art sein, wie sie Peter Wyss von Isenfluh beschreibt:

«Auf einmal kam eine Kompagnie Husaren auf uns herangesprengt und wollten uns zusammenhauen. Wir hatten aber geladen, und schossen, und mancher von ihnen fiel herunter. Sie konnten unsere Schüsse nicht erwidern, weil sie zum Laden keine Zeit hatten, kamen mit ihren Pferden in Unordnung und flohen wieder davon so schnell sie konnten. Die Todten, welche da lagen, sowie auch die Blessirten, trugen wir in die Häuser, welche damals leer waren, weil ihre Bewohner geflohen waren. Da lag so in einer leeren Stube auch ein todter Offizier; nach Kriegsbrauch griff ich, ob er Geld habe, und fand bei ihm gegen zehn Neuthaler, die ihm ja nichts mehr, wohl aber mir dienen konnten, und behändigte sie nach Kriegsrecht.» (544)

Ein Spiegel des Kriegsverlaufes ist der Bestand an Patienten im helvetischen Militärspital von Münchenbuchsee, das unter Berner Aegide weitergeführt wurde. Am 22. September wurden dort erstmals drei Berner eingeliefert, die zusammen mit dem einzigen zurückgebliebenen Franzosen, den sieben helvetischen Miliz- und den 58 Berufssoldaten übernachteten. Am 1. Oktober waren von einem Gesamtbestand von 64 Patienten bereits 12 Berner, am 2. Oktober 35 (von 102), am 3. Oktober 48 (von 115) und am 4. Oktober 53 (von 120). Von den 120 Patienten des 4. Oktober waren allerdings nur 12 verletzt, 45 hatten Fieber und nicht weniger als 55 wurden als Vénériens geführt.

Die Kapitulation von Freiburg war nach Faoug eine Selbstverständlichkeit (545).

Vor dem Freiburger Berntor tauchten am 5. Oktober, um 09.00 Uhr nach Schätzung der helvetischen Offiziere 300 bis 400 Mann auf. Oberst Wurstemberger forderte die Stadt zur Kapitulation auf, was die Besatzung, welcher in der Nacht zuvor die Proklamation Bonapartes mit der Ankündigung seiner Vermittlung zugegangen war, ablehnte. Da erschien um 15.00 Uhr an der Porte de Payerne Albrecht von Effinger als Generaladjutant Ludwig Aufdermaurs, erklärte, dieser verfüge vor Freiburg über 2'200 Mann, die Regierung habe in Ouchy Boote bestiegen, welche sie nach Genf bringen sollten, Wattenwyl sei heute früh in Lausanne eingezogen, und die Munizipalitäten von Lausanne und Yverdon hätten Deputierte zu General Bachmann nach Moudon geschickt, um ihm anzuzeigen, er werde wohl willkommen sein. Der von Clavel zusammengerufene Offiziersrat wollte von Aufdermaur 24 Stunden Frist, um in Lausanne in Erfahrung zu bringen, ob die Regierung wirklich abgereist sei. Aufdermaur lehnte ab, was der Besatzung um 20.00 Uhr mit einer neuen Frist von zwei Stunden mitgeteilt wurde. Der wieder zusammengerufene Offiziersrat beschloss, mit 400 Mann könne man die Stadt nicht verteidigen. Clavel ging zu Aufdermaur und unterschrieb die Kapitulation, kraft welcher die Waadtländer Milizen nach Hause gehen konnten, die Linientruppen nach Bern in die Gefangenschaft abzumarschieren hatten. Immerhin wurden die üblichen Ehren gewährt: die Offiziere und Unteroffiziere durften ihre Waffen behalten, alle Wehrmänner ihr Gepäck. Aufdermaur schickte Reding folgenden Bericht, datiert vom 5. Oktober, 23.00 Uhr:

«(1.) Noch bis jetzt ist es mir nicht möglich, Wohldenenselben ein Verzeichnis von den Verwundeten meines Truppencorps einzusenden, weil es immer noch zerstreut gewesen, auch noch Leute zurückgeblieben sind. (2.) Nachdem ich von Dompierre nach Payerne gezogen, erhielte ich von dem Obergeneral den Befehl, mit meinen Truppen nach Freiburg abzugehen; auf der Hälfte des Wegs hörte ich eine Kanonande gegen Freiburg zu und vernahm bald darauf, dass bernerische Truppen die Stadt angegriffen. Nachdem ich nun auch gegen Freiburg gekommen, postirte ich mich auf den Anhöhen vor der Porte de Romont und liess die Stadt zur Übergabe auffordern; ich habe aber noch wenige Gewissheit, dass sie sich ergeben werde; denn da ich keinen Befehl zum Angriff habe, so bleibt mir nichts weiters übrig, als Überredung oder Drohung zu gebrauchen. (3.). Sie werden ohne Zweifel auch schon von den verschiedenen Vorstellungen gehört haben, die ein Aide de camp des ersten Consuls Bonaparte gemacht hat, der gestern im Generalquartier in Payerne angekommen ist, sowie vielleicht auch von einer Proclamation des ersten Consuls, davon ich Ihnen ein Exemplar beilege. Es wurde desshalb Kriegsrath gehalten, in welchem ich dahin antrug; dass man sich nicht irremachen lassen, sondern den angefangenen Plan fortsetzen solle; ich fürchte aber sehr, dass dies nicht geschehen, sondern vielleicht in eine Art von Capitulation eingetreten werden könnte. Wenn dies je geschehen sollte, so bitte ich sehr, dass es den betreffenden hohen Ständen gefallen möge, die Truppen der demokratischen Stände[n] zurückzuziehen. Was d(a)nn mich selbst betrifft, so ersuche ich Euer Hochwohlgeboren nicht in Vergessenheit zu setzen, dass meine Gesundheit von allen Beschwerlichkeiten sehr leidet, daher ich um Erlaubnis bitte, mich zurückziehen zu können. In der Folge werde ich Wohldenselben über das was vorgefallen mehrere Details zu ertheilen mir zur Pflicht machen und ersuche indessen Euer Hochwohlgeboren die Versicherung meiner besonderen Hochachtung anzunehmen.» – (4.) (P.S.) «Nun kann ich Euer Hochwohlgeboren die angenehme Nachricht ertheilen, dass die Garnison in Freiburg soeben eine Capitulation eingegangen, deren Bedingnisse in beiliegender Abschrift enthalten sind. Dieses Ereignis ist um so erwünschter, da es ohne Blut zu vergiessen vor sich gegangen ist.»

Noch vorher war im Kanton Tessin die Lage im föderalistischen Sinne bereinigt worden, hatte der helvetische Kommandant in Lugano, Daniel Comte, kapituliert, die Stadt dem Kommandanten der Luganeser Nationalgarde Giacomo Barca übergeben und war via Mendrisio auf italienisches Territorium übergegangen. Mittlerweile hatte der eidgenössische Kriegsrat die Verlangsamung der Operation befohlen:

«Kundgebung des eidgenössischen Kriegsraths über das Vermittlungsanerbieten des Ersten Consuls.

Der Eydsgenössische Kriegs-Rath an die unter den Waffen stehenden Eydsgenössischen Truppen.

Freunde, Brüder! In dem Augenblick da Unsere siegreichen Waffen den allgemeinen Feind Unseres Vaterlandes von Unseren Grenzen zu entfernen im Begriff waren, langte ein Abgesandter des ersten Consuls der mächtigen französischen Nation hier an und übergab der hiesigen Standes-Commission eine an die Bewohner Helvetiens gerichtete Proclamation, von Frankreichs grossem Consul unterzeichnet, worin derselbe als Vermittler in dem bei Uns entstandenen Krieg auftrittet; dieses Schreiben ist seiner Wichtigkeit wegen sogleich an Unseren in Schweiz versammleten Eydsgenössischen Congress versandt worden.

Freunde, Brüder! Da nun in kurzer Zeit von dieser Behörde aus Verhaltungs-Befehle an Uns gelangen werden, so haben Wir Unsern Ober-General beauftraget, die Kriegs-Operationen nicht mehr mit der Ihme aufgetragenen Geschwindigkeit zu vollziehen, bevor Wir neuere Befehle erhalten, um dadurch einen achtungsvollen Beweis Unserer Ergebenheit dem ersten Consul der grossen französischen Nation zu geben.

Wir zweifeln übrigens keineswegs, der Gott Unserer Väter, der bisanhin Unsere Waffen und Unternehmungen so augenscheinlich gesegnet, so manche Stadt und Gegend Unseres gemeinsamen Vaterlands vor Unglück und Gefahr in diesen Zeiten bewahrte, werde ferner mit seinem Schutzgeist ob Uns walten, die Rathschläge Unserer Väter auf dem Eydsgenössischen in Schweiz versammelten Congress so leiten, dass selbiges zu Unsere(m) und Unserer Kinder Beste(m) dienen, Unsern Wohlstand befördern, Unsere Unabhängigkeit sichern und Unsere Freyheit befestigen werde.

Ihr wackere Freunde und Brüder aber, Wir sind es überzeugt, werdet durch euer standhaftes Benehmen, Mannszucht und Ordnungsliebe das angefangene Werk glücklich vollenden helfen, Beweise euerer rechten Vaterlandsliebe geben und so Uns den grossen Zweck erreichen lassen, des Schweizer Namens würdig zu sein.

Bern, den 5. October 1802.

Im Namen des Eydsgenössischen Kriegs-Rath(s),
der Interims(-)Präsident, Ott, von Zürich.
Der Secretär Irminger, von Zürich.»

Von der Verlangsamung der Operation war es nur ein Schritt bis zum Waffenstillstand, der in Montpreveyres – ein Blick auf die Landkarte genügt für die Einschätzung der Lage – am 5. Oktober 1802, 19.30 Uhr geschlossen wurde und folgendermassen lautet:

«Le général de brigade Vonderweid, commandant les troupes du gouvernement helvétique, et le colonel de Herrenschwand, chef de l'état-major des troupes confédérées suisses, sont convenus des points suivants, le dernier se réservant l'approbation du général en chef, Baron de Bachmann.

1. Il y aura armistice entre les troupes confédérées suisses et les troupes helvétiques, et si les hostilités devraient recommencer, on s'avertira de part ou d'autre trois heures d'avance.
2. Le village de Montpreveyres ne sera occupé par aucune des deux armées et servira de limites entre elles sur ce point. On pourra, si on veut, y placer de chacune des deux armées une sauvegarde d'égale force, pour empêcher tout désordre.
3. Les colonnes des troupes confédérées qui sont en marche recevront ordre de faire halte. Comme ces colonnes se trouvent éloignées du centre, et que M. le général en chef Bachmann ne pourra pas être prévenu de cette convention avant neuf du soir, si ces colonnes rencontraient des troupes helvétiques avant qu'elles puissent être prévenues de cet armistice; le colonel d'Herrenschwand s'engage seulement de faire la plus grande diligence pour que les colonnes des troupes confédérées soient averties le plus tôt possible.
4. Si dans cette convention quelques articles étaient oubliés, on s'entendra là-dessus amiablement.

Ainsi fait et arrêté par les soussignés à Montpreveyres le 5 Octobre 1802, à 71/2 du soir.
Sigg. S. Antne d'Herrenschwand, Colonel et chef de l'état-major des troupes bernoises servant à l'armée confédérée suisse.
Vonderweid, Général de brigade, commandant en chef les troupes helvétiques.»

Die Bewohner von Montpreveyres mussten sich beider Armeen erwehren. In der Familientradition der Reybaz erinnerte man sich noch Jahrzehnte später, dass 1802 die ersten bernischen Biwakfeuer auf der Wiese einer Ahnfrau, fünf oder sechs Minuten vor dem Dorfeingang entzündet wurden. Jean-Louis Reybaz erzählte seinem Sohn folgendes Gespräch zwischen seiner Urgrossmutter, einer geborenen Olivier von Arnex, und dem dort begüterten Pillichody:

«Ah lé vo Monchu Pillichody, vo fédé coumein lé tza, vo veri lou cu au fu!» et M. Pillichody de répondre: «Ah! lé té Zabeau!» Elle fit ses plaintes sur les réquisitions qu'on lui imposait et dès lors on la laissa tranquille.»

Dasselbe spielte sich, *mutatis mutandis,* auf der anderen Seite von Montpreveyres ab.

Tags darauf wurde eine Waffenstillstandslinie vereinbart:

«2. La ligne de démarcation pour les troupes confédérées passera depuis Moudon sur la gauche par Thierrens, Praïaux (?), Cronay, Niédon (?), Yvonard; sur la droite de Moudon la ligne prendra par Chavannes, Branles, Sarcens, Lovatens, Dompierre, Villars Brama, Sedaille, Chatonay, Villars-Imboz, Tornil le grand, Fivaz, Manens, Montagny, Noraya, Pontaux, Grolay, Corboz, Pensier et Barbarèche; de ce point la ligne remontera la Sarine jusqu'à Grandfey et passera de là à Ubenwyl, Burglen et Mertelach; elle remontera de là la Gerine (?) ou Ergerbach jusqu'à sa source et suivra ensuite le cime des montagnes de Planfayon jusques à la frontière du territoire de Schwarzenbourg, où elle reprendra sur Bellegarde, suivra la chaîne de la Hochmatt qui descend à Rougemont, et de là continuera en ligne directe aux frontières du Valais.
3. Les troupes helvétiques ne s'avanceront pas plus près que d'une lieue de cette ligne de démarcation.»

Freiburg sollte von eidgenössischen Truppen besetzt werden, wenn Aufdermaur mit der helvetischen Besatzung die Kapitulation abgeschlossen habe, bevor er vom Waffenstillstand vernommen habe. Militärisch war damit der föderalistische Aufstand von 1802 zuende, denn die grosse Mehrheit empfand so, wie es der Kriegsrat am 11. Oktober ausdrückte:

«Welchem von uns, Brüder, Freunde, Eidsgenossen, könnte es einfallen, gegen Frankreichs grosser Menge geübter Heere sich zu messen?»

In würdiger Form verabschiedete sich die Tagsatzung am 15. Oktober vom Schweizervolk:

«Abscheid der Eidgenössichen Tagsazung zu Schwyz.»
Die Deputirten der vereinigten Cantone Zürich, Bern, Lucern, Uri, Schwyz, Unterwalden, Zug, Glarus, Basel, Freyburg, Solothurn, Schaffhausen, Appenzell, der Stadt St. Gallen, gemeiner III Bünden, Thurgau, Baden, Rheinthal, Landschaft St.Gallen werden ihre Vollmacht wiederum in die Hände ihrer Committenten zurücklegen, insofern fremde[r] Waffengewalt oder der Drang ausserordentlicher Umstände sie in ihren Verrichtungen hemmt ....
Es bleibt ihnen daher nichts übrig, als sich bei ihren Committenten geziemend zu verabscheiden, mit dem dringenden Ersuchen, diejenigen Aufträge, welche sie ihren Abgeordneten ertheilt haben, und welche diese nach bestem Gewissen zu erfüllen bemüht gewesen sind, damit zu bekräftigen, dass sie dem von unsern würdigen frommen Altvordern ererbten und uns durch den Lüneviller-Tractat aufs neue zugesicherten Recht, uns selbst zu constituiren, nie entsagen, und dass sie zu dem Ende hin sich zwar de(r) Gewalt fügen, aber auf keine Weise jenem heiligen Erbe künftiger Geschlechter Abbruch thun oder dasjenige je genehm halten, was andere Einwohner der Schweiz, die eigenmächtig eine solche Veräusserung sich anmassen, in diesem Sinn unternehmen und thun würden.

Gott, der alles am Ende zum Besten leitet und die so sich an das Recht halten, nie verlässt, wolle das liebe Vaterland auch diese neue Prüfung glücklich überstehen lassen.

Geben in Schwyz den 15. Weinmonat 1802

Die Deputirten
der gemeineidgenössischen Tagsatzung von

Namen der Stände	
Zürich:	Caspar Hirzel, Joh. Jakob Walder.
Bern:	Joh. Rudolf v. Sinner, von Worb.
Lucern:	Xaver Baltasar.
Uri:	Jost Müller, Altlandammann.
	Emanuel Jauch.
Schwyz:	Alois Reding, Landammann.
	Ludwig Weber, Altlandammann.
	Jos. Mar. Camenzind.
	Jos. Leonard Mettler, des Raths.
Unterwalden:	Ant. Franz Imfeld, Altlandammann.
	Xaver Würsch, Statthalter.
Zug:	Adelreich Strickler. Joh. Baptist Blattmann.
Glarus:	Franz R. Zwicki. Anton Hauser.
Basel:	Andreas Merian.
Freyburg:	Tobie Baumann
Solothurn:	Franz Philipp Glutz. Conrad Munzinger.
Schaffhausen:	Balthas. Pfister. Philipp Ehrmann.
Appenzell Inn(er)roden:	Ant. Mar. Bischofsberger.
Appenzell Ausserroden:	Jacob Zellweger, Sohn. M. Scheuss. J.J. Füchslin.
St. Gallen:	Caspar Steinlin.
Bünden:	Vincenz v. Salis Sils. G. Gengel.
Baden:	Joh. L. Baldinger. Fr. Geissmann.
Thurgau:	Jos. Anderwert. J.J.v. Gonzenbach.
Rheinthal:	Joh. Mich. Eichmüller. Joh. Valentin Rüst.
Landschaft St. Gallen:	Jos. Schaffhauser. Joh. Nepomuk Wirz à Rudenz.»

Das Spiel war für die Helvetik trotzdem aus. Als Konkursverwalter von Bonapartes Gnaden sollten sie noch einmal nach Bern kommen, die Verlierer von 1802, das war dann aber auch alles. Renggers Tagebuch über die Insurrection schliesst:

«Den 3ten Morgens gegen 8 Uhr hatte sich die feindliche Armee, nun von General Bachmann commandirt, auf beyden Seiten des See's in mehreren Colonnen in Bewegung gesetzt und nach einem kurzen Widerstande unsere Truppen von der Höhe bey Faoug zurückgeschlagen; von da an war es eine ununterbrochene Flucht; nur bey Dompierre fasste ein Theil, aber auch nur für kurze Zeit wieder Posten; vergebens suchte man die Flüchtlinge aufzuhal-

ten, um bey Lücens eine neue Stellung zu nehmen. Der Feind konnte nicht so schnell folgen, wie sie sich zurückzogen. Das Hauptquartier blieb über Nacht in Moudon, wo auch die Truppen bivouaquirten; dort erst empfing General Andermatt seine Abberufung. Die Miliz-Bataillone sollen zuerst die Flucht ergriffen und das mehrste zum allgemeinen Allarm beygetragen haben. Des Morgens frühe brach die flüchtige Armee von Moudon auf; zwischen Montpreveyres und Chalet à Gobet sprangen mitten im Zuge einige Cartätschen-Patronen von Selbstentzündung; was nicht zunächst dabey war, hielt es für feindliche Schüsse, man glaubte sich umgangen und aus einigen Pieçen die vorausgiengen ward sogar nach der Gegend hin mitten unter die eigenen Truppen gefeuert; unbegreiflich, dass Niemand dabey umkam und nur ein Mann verwundet ward. Vom Augenblicke dieses Zufalls an war an keine Art von Ordnung beym Rückzuge mehr zu denken; Husaren-Obrist Dolder rief: «rette sich wer da kann» und die übrigen Officiere thaten grösstentheils, was er sagte.
In Lausanne packten Regierende und Regierte ein; am Seeufer stand eine beträchtliche Anzahl Schiffe von Evian und viele Emigrirte hatten schon vom Lande abgestossen. Gegen 8 Uhr kam der Senat zusammen. Kaum war die Sitzung eröffnet und von Doldern die trübselige Lage der Dinge dargestellt, als Monod ins Nebenzimmer trat und die Ankunft eines französischen Generals anzeigte. Einen Augenblick später rannte Verninac herein mit dem halberstickten Ausrufe: «je vous apporte des consolations.» Er kündete nun bestimmt die Ankunft des Aide de Camp Rapp nebst seinen Aufträgen an. Seine eigene Überraschung durch den *Deus ex machina* war gewiss eben so gross als seine Freude unverstellt, denn unterwegens, im Hofe und auf den Treppen des Versammlungshauses hatte er sie Weibeln, Copisten und jedem der ihm in den Weg kam mitgetheilt. Nach einer halben Stunde erschien Rapp selbst in der Versammlung und Verninac las das mitgebrachte Trostschreiben ab, das mit einem von Jenner angestimmten: «es lebe der erste Consul,» beantwortet ward. Der Eindruck, den das Personale der Regierung und sein Benehmen so wie der Zustand ihrer bewaffneten Macht auf den Aide de Camp des ersten Consuls mochte gemacht haben, war von einer Art, dass nicht wohl eine vortheilhafte Berichterstattung von ihm erwartet werden durfte, zumal da sein Begleiter Colbert, der die Feder führte, ohnehin für die Gegenparthey günstiger als für die Regierung gestimmt war. Um 10 Uhr reiste Rapp nach Bern ab und traf die ersten feindlichen Posten — nicht auf der Höhe vor Lausanne, wohin sie der Schrecken schon vorrücken gemacht hatte, sondern in Moudon und das Hauptquartier in Payerne an.
Nachmittags gelangte man endlich dazu, die Truppen wieder einigermassen zu sammeln und liess sie die Höhe vor Lausanne besetzen.
5. Weinmonat kam Perrier mit seiner Halbbrigade an: sie lagerte sich zugleich mit den helvetischen Truppen bey Chalet à Gobet. Die feindlichen Vorposten waren bis Montpreveyres vorgerückt und breiteten sich links gegen Oron aus. Von der Weyd besorgte überflügelt zu werden und sprach schon wieder vom Zurückziehen gegen die Stadt.
6. Weinmonat des Morgens frühe entstand ein neuer Allarm, indem man die Nachricht erhalten hatte, dass sich der rechte Flügel der feindlichen Armee von Cossoney her der Stadt nähere. Verninac und das Regierungs-Personale waren auch wieder zur Flucht bereit. Indessen legte sich der Schrecken, da man nichts von weiterem Vorrücken hörte und der einen oder zwey Tage nachher mit Major Herrenschwand abgeschlossene Waffenstillstand

stellte vollendes die Ruhe wieder her, hinderte aber dennoch die Wegnahme von Freyburg nicht.
Am Ende der Woche kehrte Rapp nach Lausanne zurück. In Payerne war er mit General Bachmann übereingekommen, dass dieser nicht weiter vorrücken, sondern die Entscheidung der Tagsatzung erwarten solle. Die Insurrections-Regierung von Bern nahm die Vermittlung nicht an und schlug sie nicht aus, sandte aber sogleich Deputirte an die Tagsatzung, die einer bestimmten Antwort auswich.
Verninac schien das Einrücken der französischen Truppen lebhaft zu wünschen und es zu betreiben. In Lausanne wartete ein Aide de Camp vom General Ney, um ihm den Befehl dazu zu überbringen.
Auf die Nachricht, dass Bern sich in die Mediation füge, gieng Rapp wieder dahin ab und lud die Regierung ein, ihm zu folgen, was den 17. Weinmonat geschah. Ich reiste gegen Mittag ab, schlief in Vevey und fuhr den zweyten Tag bis nach Freyburg, wo ich die erschütternde Nachricht von dem Tode meines Bruders empfieng und auch sogleich wieder abreiste. Freyburg war bey meiner Durchreise noch in den Händen der Insurgirten.» (546)

Die Franzosen, die nach einigen Pirouetten wieder erschienen, führten auch die geschlagene helvetische Armee noch einmal ins Land. Ihre Aufstellung präsentierte sich am 15. November 1802 wie folgt:

Tabelle 13: Aufstellung der helvetischen Armee am 15. November 1802

		Truppenstärke
Generalstab	Bern	4
Artillerie	Bern	131
Jäger zu Pferd	Bern	118
1. Leichtes Infanteriebataillon	Bern	318
1. Linienbataillon	Bern	522
2. Linienbataillon	Solothurn	294
Total		1387

Am 15. Februar 1803 war der Gesamtbestand auf 1605 Mann gestiegen und das 2. Linienbataillon nach Lausanne verlegt. Unter dem Schutz französischer Bajonette wieder aufgeführt, konnten sich die Helvetier nach den Erfahrungen von 1802 nur unter dem Schutz französischer Bajonette halten und diese Bajonette brauchte der Erste Konsul anderswo, also kam ein Fortbestand der Helvetik nicht mehr in Frage. Die Führer des Aufstandes von 1802 wurden auf der Festung Aarburg inhaftiert, wo eine Bleistiftnotiz besagt:

Tabelle 14: Die gefangenen Föderalisten auf Aarburg

«A° 1802 sassen gefangen in diesem Saal als Geiseln wegen dem Bundeskrieg;

General auf der Mauer	v. Schwyz
Landammann Reding	v. id
Reding	von Baden und
Baldinger	id
Seckelmeister Hirzel	v. Zürich,
Landammann Zellweger	v. Trogen,
Mathys Wirth	v. Chur,
Landammann Würsch	v.
Hartmann Landvogt	v. Thunstetten
Weibel Schneeberger	

von französischen Soldaten aufs strengste bewacht.» (547)

Nicht erwähnt ist Hans Reinhard, der als Vertreter der Stadt Zürich auf die Konsulta nach Paris abreiste. Hans Schneeberger von Ochlenberg und Sigmund Emanuel Hartmann wurden bereits am 19. November, die beiden Badener Karl Reding und Johann Ludwig Baldinger am 20. entlassen. Jakob Matthys traf erst am 22. November ein. Bei seiner Verhaftung sagte Ludwig Aufdermaur zum französischen General Séras: «Moi, je suis un homme libre, mais vous, vous êtes l'esclave d'un tyran.» Der Schwyzer bezahlte seine Offenheit mit vorübergehender Isolationshaft. Dass über die Staatsgefangenen Briefzensur verhängt war und das Besuchsrecht restriktiv gehandhabt wurde, versteht sich. Michel Ney, der im Januar in Aarburg auf der Durchreise war, lud die Gefangenen zu einem Frühstück ein und predigte ihnen Bonapartes neue Weltordnung. Hans Kaspar Hirzel hinterliess eine Aufzeichnung des Gesprächs:

«Der General äusserte sich gegen Herrn Reding unverholen, dass unsere Neutralität nur eine Chimäre sei, seitdem das Gleichgewicht in Europa der französischen Übermacht weichen müsse; und eben daher sei es unklug, sich derselben nicht zu fügen; denn zuletzt sei kein anderes Recht, als das des Stärkeren…»

Am 28. Februar 1803 wurden die letzten Staatsgefangenen auf Aarburg entlassen. Menschen kann man einsperren, Ideen nicht. Karl Ludwig Stettlers *Lied über den Feldzug der Eidgenossen gegen die Helvetier* schliesst, wenn nicht sehr poetisch, so doch tief gefühlt (548):

«Denn ach! nun ging es nicht mehr lang,
So fing man an zu spüren
Die Folgen jenes Rabensangs —
Man musste erst traktiren,
Ziehn' eine Demarkation
Die Kreuz und Quer und alsdann schon
Fryburg und Milden lassen.

Allein hieran war's bald nicht g'nug,
Man muss ganz retiriren

Und alle Truppen ohn' Verzug
Und eilig lizenziren;
Zwar setzt' es manchen Fluch hier ab,
Doch wich man nur der Übermacht
Des fränk'schen Harumbascha.

Bald kamen achtzehn Dutzend her,
Drauf folgten die Regenten,
Die man empfing wie Deserteurs
Ganz ohne Komplimente.
Sie waren noch ganz still und zahm,
Ich glaube, kennten sie die Scham,
Sie hätten sich geschämet.

Die trotzige Helvetierschaar
Wollt' wieder Alles fressen.
Es schien, sie habe ganz und gar
Die Murtenschlacht vergessen;
doch hörten sie nicht gern den Ton,
Und Mancher konnt' etwas davon
An Nas' und Rücken zeigen.

Zu Schwyz wollt' noch die Tagsatzung
sich nicht zum Ziele legen,
Erst sehen, ob der Franken Drohn
Dürf' in Erfüllung gehen;
Drum hielt man noch Luzern besetzt
Und Salis sich auch noch ergötzt
Mit Entlibucherinnen.

Erst als man den Bericht vernahm,
Zu Bern da seien Franken,
Ein Adjutant nach Schwyz selbst kam,
Da thäte man abdanken,
Mit Protest gegen Übermacht
Und Vorbehalt der alten Recht
Des schweizerischen Volkes.

Jetzt, unterstützt von General Ney,
Beginnt d'Helvetik wieder
Und drücket uns mit Plackerei
Und Brandschatzungen nieder.

ERWÜRG DEN BONAPARTE!

Man nimmt dem Volk die Waffen weg,
Die Häupter werden fortgeschleppt
Und auf Aarburg geführet.

So wird es geh'n, so lang die Kerls
Ihr Wesen werden treiben,
Jedoch uns bleibt der Trost, es werd'
Nicht immer also bleiben.
Und kriegen wir dann wieder Luft,
Steht Alles wied'rum auf und ruft:
«Zum Teufel die Carnallien.»

Doch so nahm unser schöne Krieg
Ach! gar ein schnödes Ende;
Drum ist es Zeit, dass auch mein Lied
Zum Schluss sich endlich wende.
Das schliess ich mit dem frommen Wunsch:
Es komm' bald ein Messias — und
Erwürg' den Bonaparte!»

Abbildung 26
General Niklaus Franz Bachmann musste am Ende der wohl geschwächten aber noch einsatzfähigen helvetischen Armee bei Faoug am 3. Oktober 1802 eine Niederlage im offenen Feld bereiten, die den Sieg der Föderalisten im ganzen Land besiegelte (Text ab Seite 221)

Abbildung 27
Bonaparte konnte zwischen der Respektierung des Selbstbestimmungsrechts der Schweiz sowie dem Frieden in Europa einerseits und der Verfügungsgewalt über unser Land um den Preis eines Krieges mit England andererseits wählen. Er stellte Michel Ney an die Spitze einer Invasionsarmee, satellisierte die Schweiz erneut und provozierte jenen Krieg, der ihn in letzter Konsequenz in die Katastrophe von Waterloo führen sollte (Text ab Seite 250)

Abbildung 28
Erzherzog Karl bezeichnete in einem kriegerischen Gutachten an seinen Kaiser den exklusiven französischen Einfluss in der Schweiz als für Österreich gefährlich (Text ab Seite 268)

Abbildung 29
Georg III erklärte am 18. Mai 1803, unter ausdrücklicher Berufung auf die Verletzung des Schweizer Selbstbestimmungsrechts durch Bonaparte, Frankreich den Krieg. (Text ab Seite 273)

IV. Der Mediator

1798 wie 1802 war Frankreich zu Lande die militärische Vormacht des Kontinents. 1798 wie 1802 hatte die Grande Nation mit einem nie überwundenen England zu rechnen. 1798 wie 1802 konnte England allein nur maritim, durch vergleichsweise bescheidene eigene Truppenmassen und durch die Subventionierung von Freunden auf Frankreich einwirken, an einen entscheidenden Sieg aber nur denken, wenn es ihm gelang, eine Festlandkoalition genügender Stärke auf die Beine zu bringen. Frankreich musste dies zu verhindern trachten, mit militärischen, propagandistischen, diplomatischen, wirtschaftlichen, kurz mit allen zu Gebote stehenden Mitteln. Der Erste Konsul als Herr Frankreichs hatte daran 1802 mehr Interesse, als das Direktorium 1798, weil die Seeschlacht von Abukir am 1. August 1798, und das unrühmliche Ende des französischen Ägyptenabenteuers mit den Kapitulationen von Malta am 5. September 1800 und von Alexandria am 30. August 1801 die wahren Dimensionen der englischen Seeherrschaft gezeigt hatten. Darüber hinaus strebte der Erste Konsul nach dem Etablieren seiner Dynastie, und um Dynastien zu etablieren braucht man eine Friedensordnung. Lunéville und Amiens bezeichneten diese *Pax Gallica* nach Bonapartes Willen. Das Mass der Vertragstreue des Ersten Konsuls ergab sich nun in der Praxis aus seiner Einschätzung der Bereitschaft insbesondere Englands, aber auch Oesterreichs und der weiteren Mächte, die Verletzung einzelner Bestimmungen (wie des Lunéviller Artikels 11) ohne Bruch hinzunehmen einerseits und andererseits aus seiner Beurteilung von Chancen und Gefahren eines neuen Waffenganges. Im Falle der Schweiz kam die Frage dazu, wodurch die vom Direktorium 1798 oktroyierte, zentralistische Helvetische Republik zu ersetzen sei, um den neuen, klar monarchischen Gegebenheiten in Frankreich zu entsprechen und dem Ersten Konsul zu erlauben, ohne grossen eigenen militärischen Kräfteaufwand Nutzen aus dem Lande zu ziehen. Ein gewisses Mass schweizerischer Unzufriedenheit war eine Folge der Satellisierung durch Frankreich und deshalb unvermeidlich, das Mass konnte und musste jedoch reduziert werden, um die Schweiz zu einer Quelle militärischer Kraft zu machen. Im Frieden von Lunéville erscheinen in einem Atemzug mit der Helvetischen auch die Batavische, die Cisalpinische und die Ligurische Republik. Die Ligurische sollte 1805 in Frankreich aufgehen, die Cisalpinische wurde zur Italienischen unter Präsident Napoleon Bonaparte, der sich schliesslich im Mai 1805 im Dom von Mailand mit der Krone von Italien ausstattete, die Batavische Republik verwandelte sich 1806 ins Königreich der Niederlande unter Louis Bonaparte, wurde jedoch 1810 ebenfalls ein Teil Frankreichs. Weit davon entfernt, seinen Satelliten das im Lunéviller Artikel 11 zugebilligte Selbstbestimmungsrecht zu lassen, behandelte Bonaparte diese völkerrechtliche Verpflichtung als gelegentlich nützliche Propagandafloskel ohne wirkliche Bedeutung. Dass eine allzu offene, allzu krasse Verletzung des Völkerrechts gefährlich sein konnte, politisch wie propagandistisch, war allerdings auch dem Ersten Konsul klar; deshalb seine Wut über die kraftlose helvetische Regierung, die durch ihren raschen Zusammenbruch dem Vorwand, in der Schweiz zwischen zwei Parteien Ordnung schaffen zu müssen, jede Glaubwürdigkeit raubte und die Frankreich so zwang, den föderalistischen Siegern die Früchte des Erfolges *sichtbar* zu rauben, um ein neues Satellitensystem einzurichten. *Diesen* Ausgang sah der Herrscher an der Seine zunächst keineswegs voraus: die Aeusserungen des russischen Gesandten Markow und die Mission Lezay-Marnésias weisen in eine ganz andere Richtung.

Strategisch mag man sich die Gedanken des Ersten Konsuls etwa so zurechtlegen: Eine dauernde französische Truppenpräsenz in der Schweiz ist nicht erforderlich, sofern sichergestellt werden kann, dass die Schweizer ihr Staatsgebiet solange vor dem Zugriff der Heere von Frankreichs Feinden zu bewahren vermögen und gesonnen sind, bis die Grande Nation ihre Divisionen instradiert hat. Damit nicht etwa der Marsch französischer Truppen über den Simplon oder den Grossen Sankt Bernhard als Vorwand für eine z.B. österreichische Intervention in Helvetien verwendet wird, reisst man das Wallis von der Schweiz ab und erklärt es für unabhängig. Die caesarische Rochade (1) zwischen Gallien (bzw. Frankreich) und Cisalpinien (bzw. Italien) war das entscheidende Ziel Bonapartes: am 26. März 1801 begann der Strassenbau, der 5'000 Mann zur Sommerszeit beschäftigte, 9'750'000.– Franken kostete und am 25. September 1805 abgeschlossen wurde (2). Der verantwortliche Inspektor schrieb an diesem Datum, «dass der Simplon jetzt für Infanterie und Kavallerie, in 10 bis 12 Tagen auch für Artillerie offen ist». Das Feigenblatt der Walliser Unabhängigkeit schliesslich fiel am 3. November 1810 mit Weisungen des zu Kaiser Napoleon I gewordenen Bonaparte an Aussen- und Kriegsminister, den Anschluss an Frankreich vorzubereiten (3). Das formelle Dekret des Kaisers trägt das Datum des 12. November und beginnt bezeichnenderweise mit den pompösen Worten: «Napoleon, Kaiser der Franzosen, König von Italien, Protektor des Rheinbundes, Mediator der Schweizerischen Eidgenossenschaft, erwägend, dass die Simplonstrasse, welche das Kaiserreich mit unserem Königreich Italien verbindet, mehr als 60 Millionen Menschen nützlich ist ...» (4) 1802 war es noch nicht soweit. Am 30. August befahl der Erste Konsul sogar dem Kriegsminister, dem im Wallis kommandierenden General Turreau seinen Unwillen über die Agitation zugunsten eines Anschlusses an Frankreich mitzuteilen, der unmöglich sei (5), ganz offensichtlich weil Ende August 1802 die (1810 natürlich obsolet gewordene) Sorge um die Friedensordnung von Lunéville und Amiens dies nahelegte. Ende August 1802 kam noch als besonderer Hinderungsgrund der Plan einer Annexion des Piemonts hinzu, welche der Erste Konsul just am Monatsende an die Hand nahm (6). Das Piemont und das Wallis *zur gleichen Zeit* wäre wohl England und Oesterreich und vielleicht sogar Russland zuviel zugemutet gewesen.

Das Wallis nicht in aller Form zu annektieren war mit dem tatsächlichen Besitz des Simplons 1802 durchaus vereinbar. Der Schein mochte gewahrt werden, wenn es nur auf den Schein ankam, die Sache selbst preiszugeben kam nicht in Frage. Wie für das Wallis galt dies auch für die Schweiz überhaupt. Der Schein, das war der, wie sich zeigen sollte vorübergehende Abzug der französischen Truppen, die Sache selbst, das war die Herrschaft von Frankreich abhängiger Männer. So mag die Rechnung ausgesehen haben, aufgegangen ist sie nicht, weil die Unabhängigkeitsliebe der Schweizer darin fehlte. Die von keiner Mehrheit getragene helvetische Regierung brauchte eben, wie der Gesandte Stapfer am 23. Juli 1802 in Paris zu Papier brachte, die französischen Truppen «pour la police du pays» (7), also um das Land unter der eigenen Herrschaft zu behalten. Aber damit war es nun infolge der Entschliessungen des Ersten Konsuls vorbei. In Ermangelung einer anderen Anlehnungsmacht benahmen sich die Vertreter der helvetischen Regierung aber weiterhin als französische Agenten: Stapfer schrieb am 4. August 1802 nach Hause, er halte sich gegenüber dem österreichischen Gesandten Johann Philipp von Cobenzl auf Distanz «weil die französische Regierung zur Zeit mit Oesterreich nicht sehr zufrieden scheint» und weil Oesterreich aus Schwäche von keinerlei Nutzen sein könne. «Halten wir uns an Frankreich, unseren natürlichen Verbündeten ...» (8). Am Tage danach erwahrte und proklamierte der französische Senat das Ergebnis der Volksabstimmung, welche Bonaparte zum Konsul auf Lebenszeit mit dem Recht auf die Ernennung des Nachfolgers machte (9) also in Frankreich eine Monarchie mit republikanischem Floskelwerk einführte. Sicher war man sich seiner Sache an der Seine freilich nicht: Talleyrand fragte Stapfer nicht umsonst in jenen Tagen, ob die Mitglieder der helvetischen Regierung einig seien, was der Gesandte natürlicher- aber auch abenteuerlicherweise bejahte (10). Stapfer versuchte bei Talleyrand wenig später, «die sehr ernsthafte Aufmerksamkeit der französischen Regierung auf die Massregeln der kleinen Kantone zu lenken und auf den Drang zur Demokratie, der allgemein auf dem Lande herrsche und gegen den nur schwer ein Damm aufgeschüttet werden könne, wenn die Erstgenannten nur erst ihre alten demokratischen Gepflogenheiten und die Volkswillkür wiederhergestellt hätten.» (11) Der kühle Talleyrand wurde um eine briefliche Intervention des Ersten Konsuls angebettelt. Die französische Diplomatie war aber von Bonaparte in eine ganz andere Richtung instradiert worden: Am 13. August schrieb der Aussenminister an den Gesandten Verninac, dass kein französisches Truppenkorps die Schweiz mehr durchqueren werde (12). Etwa zur gleichen Zeit wollte Stapfer die Franzosen dazu bringen, von Engländern und Russen die Anerkennung der helvetischen Regierung zu erwirken, welche dadurch (innenpolitisch) gekräftigt würde (13). Am 15. August 1802 erklärte Stapfer dem Ersten Konsul, einige Anführer der Urkantone wollten diese unabhängig machen, was Bonaparte als unmöglich und lächerlich bezeichnete (14). Als Bonaparte die Bitte der kleinen Kantone um Unterstützung erhalten hatte, entschloss er sich, darauf nicht einzugehen. Talleyrand schrieb Verninac am 17. August 1802, die kleinen Kantone seien Teil eines Volkes und könnten und dürften sich nicht an ausländische Regierungen wenden. Verninac solle dies den Urhebern der Demarche mitteilen und die Bürger Helvetiens allgemein zur Eintracht anhalten. «Sie werden aber mit Sorgfalt vermeiden, über diesen oder einen ähnlichen Zwischenfall irgendetwas zu schreiben. Wenn die Unruhen, welche in einem Volk Zwietracht säen können, beizeiten gestillt werden, ist man glücklich, keine Spur der eigenen Auffassung über die möglichen Folgen hinterlassen zu haben. Haben sie aber Folgen, ist man noch glücklicher, beweisen zu können, dass man gar keinen Anteil daran genommen hat.» (15) Das sind so Manöver, die der Diplomatie im Laufe der Jahrhunderte ihren Ruf bei den Völkern gegeben haben. Für uns aber wird einmal mehr deutlich, wie richtig Markow die Dinge sah. Der Erste Konsul wollte die Schweiz (und nicht nur die regierende Gruppe) als strategisches Vorfeld bekommen, aber er legte Wert darauf, dabei nicht ertappt zu werden. So erklärte auch Talleyrand Stapfer, die helvetische Regierung müsse halt alle im Interesse der öffentlichen Ordnung gebotenen Repressionsmassnahmen («mesures de répression») ergreifen (16). Scheint hier noch der Wille durch, den Konflikt in der Schweiz zum Ausbruch zu bringen, nimmt in anderen Briefen Stapfers aus jener Zeit bereits die den Streithähnen zu oktroyierende Friedensordnung Gestalt an. Am 24. August 1802 berichtete der helvetische Gesandte über ein Gespräch mit General Mathieu Dumas nach Hause. Dumas habe ihm gezeigt, wie wichtig es für Frankreich sei, im verbündeten Helvetien den eigenen vorherrschenden Einfluss durch Pensionen und die Gelegenheit zum Militärdienst für die ersten Geschlechter sicherzustellen (17). Das war bereits deutlich die Sprache der Monarchie, nicht mehr jene der Republik; was blieb, war das Interesse des übermächtigen Frankreich an der Schweiz. Die strategische Einschätzung des Landes durch den erstklassigen militärischen Denker Bonaparte ist, wenn auch aus einer späteren Epoche so doch in zeitloser Klarheit erhalten: «Die Schweiz ist ein grosses verschanztes Lager, von dem aus man leicht nach Frankreich, Deutschland und Italien gelangen kann. Um ins Tirol zu kommen, muss man unter schwierigeren Umständen debouchieren. Eine Armee, die von der Schweiz aus den Krieg nach Deutschland tragen wollte, wäre schlecht beraten, die eigene Operationslinie durch Rheintal und Vorarlberg, um den Bodensee herum, zu wählen. Sie hätte weniger Hindernisse vor sich und käme in den Genuss von jeder Art von Vorteilen, würde sie den Rhein in Schaffhausen und Stein überqueren, gedeckt vom Bodensee. Sie wäre sogleich an der Donau, in offenem und leichtem Gelände. Der Sankt Gotthard, der ins Tal des Tessin führt, dessen Wasser sich senkrecht in den Po ergiessen, bietet die beste Möglichkeit, nach Italien zu debouchieren; hat man den Pass überquert, steigt man in einem fort ab. Der Splügen bietet nicht dieselben Vorteile: das Tal der oberen Adda, in das er debouchiert, folgt bis zum Comersee den Alpen. Die Armee, die diesen Pass überquert hätte, müsste neue Hindernisse überwinden und wäre noch gezwungen, die Berge des Bergamasker und des Brescianer Landes zu überqueren, um in die italienische Ebene zu gelangen.

In der Schweiz bestehen vier Hauptlinien, um die Grenzen Frankreichs zu decken:

1. Die 70 Meilen lange Rheinlinie, bestehend aus dem Rheintal, dem Bodensee und dem Rhein bis Basel.

2. Die 50 Meilen lange Linie der Linth, die ihren Ursprung im Gotthardmassiv hat und sich in den Zürichsee ergiesst. Diese Linie folgt von dort dem linken Ufer der Limmat und der Aare bis zum Rhein, schliesslich dem linken Rheinufer bis Basel.

3. Die bis Basel 45 Meilen lange Linie der Reuss, welche ebenfalls am Sankt Gotthard entspringt, durch den Vierwaldstättersee fliesst und in der Aare aufgeht, von wo diese Linie der vorhergehenden folgt.

4. Die 65 Meilen lange Linie der Aare, die an der Grimsel entspringt, durch Brienzer- und Thunersee und um und an Bern vorbeifliesst und welche sich gegenüber von Waldshut in den Rhein ergiesst, von wo aus sie dessen Lauf bis Basel folgt.» (18)

Ein grosses verschanztes Lager, von dem aus man leicht nach Frankreich gelangen kann, vier Frankreich deckende Hauptlinien: so etwas gibt ein Mann wie Bonaparte nicht ohne Not auf.

Ebensowenig legt er eine grössere Besatzung hinein als nötig. Wenn die Bewohner selbst für ihn den Besatzungsdienst leisten, ist ein Optimum erreicht. Dazu bedarf es in der Schweiz starker Interessen, welche eine Politik *gegen* Frankreich verhindern und das Land in der Obedienz von Paris erhalten. Solche Interessen sind nur in der gewünschten Stärke zu haben, wenn eine Wiederherstellung jener kleinsten unter den europäischen Mächten, der Republik Bern, verhindert wird, denn nur diese ist von den eidgenössischen Orten für eine eigene Politik stark genug: sie hat im 15. Jahrhundert die Orte in die Burgunderkriege gerissen, im 16. im Alleingang die Waadt erobert und Genf gerettet, im ausgehenden 18. mit dem Gedanken eines Krieges gegen Frankreich gespielt. Der Zusammenbruch Berns am 5. März 1798 war umgekehrt zugleich der Zusammenbruch der Alten Eidgenossenschaft: «La chute de Berne fut le signal de la décadence helvétique.» (19) Bern zu demütigen hatte Bonaparte 1797 schon gedroht, Bern verkörperte für ihn offensichtlich alles, was nach Widerstand gegen Frankreich, nach wirklicher Selbstbestimmung der Schweiz aussehen konnte. Den *Waadtländern* hatte er am 24. Februar 1798 zur Unabhängigkeit gratuliert (20), zur Unabhängigkeit von Bern. Wirksame Gegengewichte gegen Bern waren und blieben Bonaparte eine der Voraussetzungen für ein Frankreichs Wünschen entsprechendes inneres Gleichgewicht der Schweiz.

Der Laufenburger Troendlin erhielt ein vom 29. August 1802 datiertes Schreiben des Ersten Konsuls, der dem Empfänger versicherte, Frankreich habe die Verpflichtung übernommen, sich für alles, was die Fricktaler angehe, zu interessieren (21), was natürlich hiess, die Fricktaler sollten nur – wie etwa die Waadtländer – treu zu Frankreich halten. Die aus Bern in Paris eingehende Post tönte nun immer schriller. Vom 26. August stammt ein Missiv, in dem der Gesandte Verninac Talleyrand wissen lässt, gewisse Oligarchen wären bereit, sich zu unterwerfen, wenn man den Statthaltern Rüttimann und Füssli und den Staatssekretären Rengger, Kuhn und Schmid die Führung der Geschäfte entziehe (22), was zu bewirken die Interpellanten dem Vertreter der Grande Nation ohne weiteres zutrauten. Zwei Tage später berichtete Verninac vom Fortschritt der Revolutionäre insbesondere in Appenzell und Graubünden. Gleichentags schrieb von Paris aus der Gesandte Stapfer nach Hause, der Erste Konsul wolle eine offizielle Note, gemäss welcher die helvetische Regierung, nachdem sie die Evakuation der Schweiz durch die französischen Truppen verlangt habe, nun nicht mehr über genügend Repressionsmittel gegenüber den Uebelwollenden und Rebellen der kleinen Kantone verfüge (23). Stapfer zeigte sich Talleyrand gegenüber erstaunt, der Minister bestand jedoch auf seinem Begehren, was vor dem Hintergrund von Lunéville und Amiens verständlich ist. Am 29. August schrieb Bonaparte dem Zaren noch, er habe alle Truppen aus Helvetien abgezogen (24). An einen erneuten Einmarsch war nur unter Vorhängen eines grösseren Begründungsmäntelchens zu denken: dazu bestellte man in Paris bei der helvetischen Regierung Stoff und erhielt ihn natürlich auch (25).

Am 19. August 1798 (im Jahre VI der Revolution) hatten die helvetischen Vertreter in Paris ein Offensiv- und Defensivbündnis unterzeichnen müssen, nach dessen Ratifikation am 30. November in Luzern eine Konvention über die Überlassung von höchstens 18'000 Mann

Schweizer Freiwilligen an Frankreich geschlossen wurde. Davon wurden zwei Auxiliar-Halbbrigaden unter Berufung auf die alten Verträge der Schweiz mit den Königen von Frankreich zurückgerufen, um Bonaparte nicht dem Vorwurf auszusetzen, er schicke wieder Truppen in die Schweiz (26). Am 2. September 1802 erhielt der französische Gesandte Verninac in Bern die Aufforderung des helvetischen Senats an Frankreich, in der Schweiz zu vermitteln. Dasselbe forderten die kleinen Kantone. In Verninacs Augen war die Vermittlung unerlässlich, um den Frieden in der Schweiz wiederherzustellen und den Abfall des von österreichischen Agenten bearbeiteten Graubünden zu verhindern (27). Am selben Tag brachte Stapfer in Paris Bonaparte den Wunsch nach einer (helvetischen) Auxiliar-Halbbrigade auch noch mündlich vor, da sich die Aushebung der Milizen in die Länge ziehe ... (28).

Spätestens am 5. September 1802 gelangte die offizielle Nachricht von der Rengg nach Paris, wo sie Stapfer umtrieb (29). Bonaparte reagierte, indem er am 8. September die 1. und die 2. helvetische Auxiliar-Halbbrigade in die Schweiz schicken und zur Verfügung der helvetischen Regierung stellen liess (30). Ob er die Lage in der Schweiz am 8. September richtig einschätzte, ist fraglich, verlangte er doch, die helvetische Regierung solle die Zeit nützen, um die Halbbrigaden auf den Sollbestand zu ergänzen; die Ausbeutung der Schweizer Wehrkraft durch Frankreich war seit 1798 ein Daueranliegen des Korsen.

Sorgen machte man sich allerdings in Paris schon: am 6. September warf Talleyrand Stapfer vor, den Abzug der Truppen zur Unzeit verlangt zu haben. Stapfer bemerkte, die helvetische Regierung hätte gerne drei Monate länger gewartet. Talleyrand versetzte darauf «dass eine Verfassung, die sich auf Bajonette stützen müsse, um Bestand zu haben, nichts wert sei» (31), was Stapfer zu einer Generalverunglimpfung der Gegner der helvetischen Regierung veranlasste, die in der Behauptung gipfelte, «die einzige stark ausgeprägte Neigung der Masse tendiere auf die Errichtung eines ausgelassenen und schrecklichen demagogischen Regimes hin, auf die absolute Isolierung und die Verwandlung aller Täler, Städte, Flecken und Dörfer Helvetiens in ebensoviele tumultuarische und unabhängige demokratische Staaten, dass eine solche Auflösung der Schweiz das Grab der Zivilisation und die Schande des Jahrhunderts wäre und im Ergebnis zur Ausstreichung der Schweiz aus dem Verzeichnis der verbündeten und zum System Frankreichs gehörenden Republiken führen müsse.» (32) So sprach ein helvetischer Gesandter damals über die Sehnsucht seines Volkes nach der direkten Demokratie. Man denkt unwillkürlich an Robespierres harte, aber gerechte Charakterisierung einer bestimmten Sorte schweizerischer Franzosenfreunde zurück, bevor sich der grösszügigere Gedanke einstellt, dass auch ein Gesandter einmal eine schlechte Viertelstunde haben darf. Stapfer verlangte französische Unterstützung gegen «die inneren Feinde» (33), was Talleyrand schriftlich haben wollte: «Alle Eure Begehren müssen den ausländischen Mächten gezeigt werden können.» (34) Stapfer erklärte, dazu nicht ermächtigt zu sein, aber im Frieden von Lunéville keinen Hinderungsgrund gegen eine französische Intervention zu sehen. Talleyrand erwiderte, der Erste Konsul mische sich nicht gerne in die Angelegenheiten Anderer ... Stapfer wirkte ausserdem indirekt gegen die Wiederherstellung des Föderalismus in der Schweiz (35). Der helvetische Gesandte zeigte sich, wie seine Regierung, schwach. Die Reaktion einer auf militärischer Macht gründenden Regierung konnte nicht zweifelhaft sein: «Pfui! Welche Unwürdigkeit! ... Eine Regierung die mit einigen Dörfern, die ihr gehorchen müssen, eine Kapitulation abschliesst? Nein ...» Dies war Talleyrands Reaktion. Auf Stapfers Einrede fuhr der französische Aussenminister fort: «Eure Regierung? Von dem Augenblick, in welchem sie Rebellen nachgibt, gibt es keine Regierung mehr.» Kein Wunder suchten die führenden Männer an der Seine just damals nach einer dritten Kraft in der Schweiz, z.B. einem Diktator. Der Name de Langalerie wurde genannt (36).

Am 15. September 1802 beschloss der helvetische Senat eine besondere Gesandtschaft nach Paris unter Karl Müller-Friedberg, um den Ersten Konsul um seine Vermittlung zu ersuchen (37), ein Geschäft, das in Paris Stapfer bereits intensiv betrieb, etwa, wenn er am 14. September Talleyrand auf die Notwendigkeit einer «sehr markanten und sehr loyalen Intervention der französischen Regierung» hinwies. Mit welchen Ausdrücken Stapfer über die Föderalisten und Anhänger des Selbstbestimmungsrechts der Völker damals sprach, lässt sich unschwer denken, wenn im gleichen Brief von der «Barbarei und dem Skandal des Landsgemeinderegimes», «den Missbräuchen und Beschränktheiten der exklusiven Burgerschaften» die Rede ist (38). Dolder und Jenner richteten am 17. September 1802 von Bern aus ein Schreiben an Bonaparte, in welchem sie ihm unter Berufung auf den Vertrag des Jahres VI (39) wie auch darauf, dass die helvetische Verfassung das Werk der Ratschläge Bonapartes sei, um Truppenhilfe ersuchten (40). Das Staatsoberhaupt und der Aussenminister der Schweiz ersuchen, um das eigene Volk zu knebeln, um französische Truppen. Ihr Gesandter Stapfer schreibt zwei Tage später von Paris aus, wie nötig «die Erscheinung eines mächtigen und guten Geistes» (41) d.h. der französischen Bajonette, in der Schweiz sei, welche Gunst er sich am 21. September bei Talleyrand wieder, diesmal unter Hinweis auf die guten Dienste der helvetischen Regierung in Sachen Wallis, erbittet (42). Wie wenn es dessen bedurft hätte, ging vom nach Lausanne geflohenen Dolder just zu jener Zeit ein über Verrat lamentierender Brief an Stapfer ab, der das Begehren nach bewaffneter Intervention Frankreichs wiederholte.

Gleichentags wurde dieses Gesuch von Frankreich in aller Form abgelehnt. Talleyrand schrieb Stapfer: «Die Entsendung französischer Truppen in ein aufgeregtes Land kann nicht stattfinden, ohne diese an den örtlichen Zwistigkeiten teilnehmen zu lassen. Französisches Blut könnte fliessen und der Erste Konsul kann dieses Risiko nur für das eigene und unmittelbare Interesse der Franzosen eingehen.» Allerdings, fährt der Fuchs fort, könnte das Umsichgreifen der Unruhen, der Einbezug des ganzen helvetischen Volkes in diese, der Eindruck des Unglücks Helvetiens den Ersten Konsul auf seinen Entschluss zurückkommen lassen. « ...wenn das Schweizer Volk, vom Unglück aufgeklährt, wie er hofft, genug Vertrauen in ihn hat, um sich nicht den Leidenschaften hinzugeben, die es umtreiben, lässt sich an die Möglichkeit denken, die Schweizer Unruhen doch noch zu stillen.» Mit anderen Worten musste der Bürgerkrieg noch blutiger werden, die Schweiz noch mehr in den Morast geraten, musste der Himmel dunkel sein, um Bonapartes Stern leuchten zu lassen, weil, und das bleibt bei Talleyrand hier völlig unausgesprochen, die ausländischen Mächte, vor allem England, sonst auf den klaren Bruch des Lunéviller Artikels 11 in einer für Frankreich unerwünschten Art reagieren könnten. Der Erste Konsul, führt Talleyrand abenteuerlicherweise fort, habe zur letzten (d.h. zur ertrogenen) helvetischen Verfassung nicht geraten und er habe sie auch nicht gebilligt. «Es scheint heute, dass diese Verfassung für Helvetien unpassend ist, da man sich von allen Seiten nur dagegen erhebt. Würde man sie mit ausländischen Bajonetten durchsetzen, würde man nur deutlich feststellen, dass sie wenig geeignet ist, das Glück Ihrer Mitbürger zu begründen.» (43)

Es lässt sich etwa folgender Stand der Lagebeurteilung in Paris denken: Wir intervenieren in der Schweiz erst in dem Augenblick, in dem dort ein deutlich sichtbares militärisches Patt zwischen den Bürgerkriegsparteien oder eine allgemeine Anarchie eingetreten ist. So kommen wir dem Vorwurf zuvor, wir verletzten den Lunéviller Artikel 11. Die dem helvetischen Vollziehungsrat gewährte Unterstützung in Form der Auxiliar-Halbbrigaden, der Kommunikationen über das Walliser Gebiet (44) und der diplomatischen Exklusivvertretung der Schweiz wird den völligen Zusammenbruch der in diesem Land von uns zurückgelassenen Ordnung lange genug aufhalten, dass wir notfalls immer noch mit dem Argument fechten können, wir seien von der Regierung zuhilfe gerufen worden.

Aus solchen oder ähnlichen behaglichen Gedankengängen schreckte der Fall von Solothurn und Bern den Ersten Konsul auf. Solothurn und Bern hatten 1798 General Schauenburg (und damit Frankreich) zum Herrn der Schweiz gemacht, und nun waren diese Städte in der Hand der Aufständischen, hatte sich die zerschmettert geglaubte Republik Bern wieder konstituiert, zeigte sich die helvetische Regierung als der Lage keineswegs gewachsen. Bonaparte war wütend, weil er nun von diesen Schweizern unerwartet vor die Wahl gestellt wurde, Lunéville zu respektieren *oder* die Schweiz als Satellitenstaat zu erhalten, richtiger gesagt, wieder zum Satellitenstaat zu machen. Vom 23. September 1802 datiert ein Brief des Ersten Konsuls an Talleyrand, dessen Wortlaut sich in den Anmerkungen findet (45). Der Aussenminister erhielt den Auftrag, dem als Vertreter der Berner Standeskommission – allerdings erst am 28. September 1802 – an der Seine eingetroffenen Niklaus Friedrich von Mülinen mitzuteilen, er, Bonaparte, habe die Schweizer Ereignisse genau verfolgt. Die Proklamationen von Solothurn und Bern seien gewaltige Herausforderungen der französischen Ehre. Dies sei nicht das Betragen und der Stil vernünftiger Menschen sondern solcher, welche die Leidenschaften bis zum höchsten Grad ansteigen liessen. Die zweihundert Familien Berns sollten sich nur souverän nennen, Bonaparte schätze das Schweizer Volk zu sehr, um zu glauben, es werde sich noch zum Untertan einiger Familien machen lassen. Frankreich habe in der Schweiz die Rechtsgleichheit garantiert; man könne eine Gegenrevolution versuchen, sie werde aber nie gelingen. Was von Mülinen über den Willen des Volkes sage, sei unvernünftig, eine Handvoll durch (englische) Guineen bewaffnete Menschen sei noch nicht der Wille des Volkes. «... übrigens sind meine Erwägungen nicht nur dem Willen des Schweizer Volkes unterworfen, sondern den Interessen der 40 Millionen Menschen welche ich regiere; ...» Würde man den gegenwärtigen Zustand konsolidieren, hiesse das frohen Herzens und ohne Grund die Macht der Feinde der (Französischen) Republik konsolidieren. Sie hätten die Verblendung so weit getrieben, nicht einmal den Kanton

Waadt unter den von ihnen anerkannten Kantonen zu erwähnen. Der Kern der Individuen mit welchen man «diesen feigen und verächtlichen Senat» über den Haufen geworfen habe, bestehe in kaum aus englischen und österreichischen Diensten ausgetretenen Männern. «... es wäre eine merkwürdige Ungeschicklichkeit meinerseits, ein Land, das wir gegen die verbündeten russischen und österreichischen Heere behauptet haben, an 1000 oder 1500 Soldaten auszuliefern, die zu eben jenen Armeen gehört haben ...» Wenn die Bestimmungen seiner – erst am 30. September erlassenen – Proklamation nicht erfüllt würden, werde er unter General Ney 30'000 Mann in die Schweiz einrücken lassen und dann sei es um das Land geschehen. Er gebe sich Rechenschaft von der Notwendigkeit einer endgültigen Lösung, den gegenwärtigen Senat achte er nicht, hätte er es je getan, sei es damit seit seiner jüngst gezeigten Feigheit vorbei. Er brauche, um die Freigrafschaft zu decken, in der Schweiz eine Frankreich in Freundschaft zugetane, stabile und solide Regierung. Entweder das, oder keine Schweiz.

Der korsische Machtmensch hatte gesprochen. Die Vorspiegelung der Möglichkeit, um eine erneute Besetzung herumzukommen, war noch notwendig, um die ausländischen Mächte (welche selbstverständlich den Inhalt des Briefes bald erfahren mussten) möglichst lange in der Ungewissheit zu lassen. Der Artikel 11 von Lunéville war, was die Schweiz angeht, unwiederbringlich zerrissen: die Schweiz hatte sich den bonapartischen Machtinteressen zu beugen, offen, weil es verdeckt nicht ging. Die Schweiz hatte Bonaparte eine diplomatische Schlappe erster Grössenordnung zugefügt, ihn gezwungen, das Mass seiner Bündnis- und Vertragstreue offenzulegen, Bonaparte spürte die Wunde, daher seine Wut. Allein, was er für oberflächlich halten mochte, ging ungeheuer tief: die überlieferte Staatsklugheit der Angelsachsen lässt sie jedermann im Zweifelsfall als Ehrenmann betrachten; werden sie jedoch so enttäuscht, dass kein Zweifel mehr bestehen kann, wird ihre Feindschaft unauslöschlich. Bonaparte sollte es erfahren, wie nach ihm Adolf Hitler, Leopoldo Galtieri, Saddam Hussein. Doch all das verschleierte im September 1802 noch die Zukunft.

Am 24. des Monats teilte Verninac aus Lausanne Talleyrand seine Lagebeurteilung mit. Die, wie er sie nennt, föderalistische Partei (46), welche an die Legitimität der Zustände von 1798 anknüpfte, schöpfe ihre moralische Kraft aus drei Quellen:

1. Die Idee, die Hände des Ersten Konsuls seien gebunden und Frankreich könne sich nicht in die Schweizer Angelegenheiten einmischen.

2. Die Ausgaben für den Unterhalt der französischen Armeen haben die Partei der Patrioten (47) unbeliebt gemacht und die Erinnerung an die früheren Behörden verklärt.

3. Eine aktive Korrespondenz erhält die Einigkeit und die Einheit des Handelns unter den Föderalisten.

Verninac betrachtete den Ausgang des Ringens als ungewiss, einen blutigen Kampf als wahrscheinlich, eine französische Vermittlung als allein geeignet, die Partei der Patrioten zu unterstützen (48). Die Franzosen sahen in den Schweizer Ereignissen sehr stark die Wirkungen des englischen Goldes (49), eine Vermutung, die mehr über die französische als über die englische Politik aussagt.

Am 28. September 1802 befiehlt Bonaparte dem Kriegsminister, den sich in Nancy befindlichen General Michel Ney in aller Eile nach Genf zu beordern, wo er das Kommando über das Wallis zu übernehmen hat. Die 73. und die 87. Halbbrigade, beide im Wallis, sind ihm unterstellt. Ein auf 600 Mann ergänztes Bataillon der 78. Halbbrigade marschiert von Chambéry nach Genf, wo es Ney untersteht. In Hüningen sind aus dem 5. Militärkreis für Ney sechs Bataillone und sechs Geschütze, in Pontarlier aus dem 6. Militärkreis drei Bataillone und sechs Geschütze bereitzustellen. Aus beiden Militärkreisen steht je ein Jägerregiment zur Verfügung Neys. In Como sind von der Italien-Armee drei Bataillone für Ney bereitzustellen. In Genf warten Verbindungsoffiziere auf Ney, der dort auch seine Instruktionen vorfinden wird. Die Schweizergrenze darf erst auf Neys Befehl überschritten werden (50).

Vor dem Einmarsch versucht es der Erste Konsul noch mit einer Erpressung. Am 30. September erlässt er seine Proklamation an die Bewohner Helvetiens, in der er die lächerlichen Behauptungen aufstellt, wenn man die Helvetier länger sich selbst überlasse, würden sie sich drei Jahre lang gegenseitig umbringen, ohne sich besser als bisher zu verstehen, und die Schweizer Geschichte beweise, dass die Bürgerkriege stets nur durch die effiziente Intervention Frankreichs hätten beendet werden können. Sodann befiehlt er:

«Fünf Tage nach der Mitteilung der vorliegenden Proklamation wird sich der Senat in Bern versammeln. ... Die 1. und die 2. helvetische Halbbrigade machen die Garnison von Bern aus. ...
Der Senat schickt Abgeordnete nach Paris; jeder Kanton kann seinerseits Abgeordnete schicken.
Alle Bürger welche seit drei Jahren Landammänner, Senatoren gewesen sind und die nacheinander Magistraturen in der Zentralregierung besetzt haben, können sich nach Paris begeben, um die Mittel anzugeben, Eintracht und Ruhe wiederherzustellen und die Versöhnung aller Parteien zu erreichen.» (51)

Dieses als Proklamation aufgemachte Diktat ging gleichentags in zwei Exemplaren an Talleyrand, der es dem Aide de camp Jean Rapp übergeben sollte. Der Aussenminister erhielt zudem den Auftrag, den helvetischen Senat dazu zu bringen, das vor «ungefähr zwei Monaten» vorgebrachte Ansuchen um Vermittlung zu publizieren, sein Festhalten daran zu erklären und drei Deputierte nach Paris zu designieren. Rapp solle sich höchstens vier Stunden in Lausanne aufhalten, in Bern jedoch, wo er das zweite Exemplar der Proklamation Bonapartes der Munizipalität zu übergeben habe, müsse er mehrere Tage bleiben. Der Hauptzweck seiner Mission sei, den Chefs die Notwendigkeit klarzumachen, sich der Proklamation des Ersten Konsuls zu unterwerfen («se soumettre») und innert fünf Tagen den helvetischen Senat zu empfangen, ansonsten französische Truppen einmarschieren würden.

Wenn nach Ablauf dieser fünf Tage Rapp erkläre, die Berner seien nicht bereit, den Senat zu empfangen, habe das Verninac an Ney mitzuteilen und gleichzeitig in Bern sagen zu lassen («ohne zu schreiben» (52)), wenn man die Proklamation des Ersten Konsuls anerkenne, müsse man den Senat in Bern empfangen, ansonsten ihn die französischen Truppen mit Gewalt zurückführen würden. Ney solle alles vorkehren, aber für den Einmarsch die ferneren Befehle des Ersten Konsuls abwarten. Rapp solle mitteilen, Bonaparte sei entschlossen, ein Ende zu machen und Helvetien im Einklang mit den Wünschen der Einwohner zu organisieren «aber ohne einer Faktion die Uebermacht zu geben» (53). Die Apparancen sollten gewahrt werden, das war auch alles. In der Substanz dachte Bonaparte nicht daran, das Land, das er als sein betrachtete, fahren zu lassen. Insbesondere wollte er, wie schon 1797, Bern brechen, Bern dessen Munizipalität den zweiten von zwei offiziellen Texten der Proklamation erhalten, Bern, wo Rapp mehrere Tage bleiben, Bern, wo der Senat empfangen werden sollte. Ohne Bern keine englandfreundliche, ohne Bern keine frankreichfeindliche Schweizer Politik. Die aristokratische Haltung der Mehrheit der Burgerschaft kam Bonaparte dabei entgegen, konnte er sich doch auf die Rechtsgleichheit berufen, wenngleich das in dem Augenblick etwas hohl tönen musste, in dem er Frankreich bereits zur Monarchie, in jeder Beziehung ausser im Namen, gemacht hatte.

In Saint-Cloud erliess Bonaparte am 2. Oktober 1802 die Weisungen für Ney an den Kriegsminister. Für den Fall, dass die Insurgenten das Waadtland angreifen sollten, müsse er augenblicklich alle seine Truppen einmarschieren lassen, um es zu verteidigen «aber das ist nur eine Annahme, sie müsste jede Urteilsfähigkeit verloren haben» (54). Auf den ersten Befehl hatte Ney demgemäss die in Villeneuve versammelte 87. und 73. Halbbrigade und die in Genf versammelten Truppen samt den helvetischen Halbbrigaden im Waadtland zu einer Division zu vereinigen und geradewegs auf Bern zu marschieren. Die in Pontarlier versammelten Truppen sollte er vor Bern an sich ziehen und die in Hüningen versammelte Division so rasch als möglich auf Bern marschieren lassen. Zwei Bataillone der 13. Leichten Halbbrigade hatten sich in Aosta einzufinden und über den Grossen Sankt Bernhard zu Ney in Bern zu stossen. Die zwei nach Como befohlenen Bataillone, durch zwei weitere verstärkt, sollten unter einem Brigadekommandanten auf Luzern, vier Bataillone aus dem Veltlin unter analogem Kommando auf Chur rücken. So werde Ney in der Schweiz 25 bis 30 Bataillone haben. In der Zeit vom 12. bis zum 17. Oktober müsse der Einmarsch simultan vor sich gehen können (55).

Lausanne stand am 4. Oktober, 08.00 Uhr unter dem Eindruck der Niederlage der helvetischen Truppen vom Vortag und des Anmarsches der eidgenössischen Armee unter General Bachmann. So erlebte Rapp die Kapitale der Waadt (56), die er alsobald in Richtung auf das Hauptquartier Bachmanns und auf Bern verliess. Bachmann, von dem er einen Waffenstillstand erhielt, sagte ihm angeblich, wäre er 24 Stunden später gekommen, hätte er alles ruhig gefunden, die helvetische Regierung und ihre Soldaten in den Genfersee geworfen und das Land glücklich. Die Standeskommission in Bern habe ihn, Rapp, ihrer besten Absichten versichert, ihn aber an die eidgenössische Tagsatzung verwiesen. Da Rapp keine Instruktion hatte, sich an die Tagsatzung zu wenden, konsultierte er diese über die Berner Standeskommission (57). Dem Ersten Konsul teilte Rapp am 5. Oktober mutig mit, der Senat werde allgemein verachtet. «Was den Schweizern viel Mühe zu bereiten scheint, ist der Artikel Ihrer Proklamation der seine Rückkehr nach Bern befiehlt.» Die Insurgiertenarmee zähle 30'000 Mann erfuhr der Erste Konsul weiter, davon die Hälfte im Felde unter Bachmann, die helvetischen Truppen liessen sich angesichts der täglichen Desertionen nicht beziffern (58).

Das englische Interesse an der Schweiz, wovon Bonaparte mindestens durch den französischen Gesandten in London damals informiert wurde (59) wird das misstrauische Gemüt des Korsen in der Ueberschätzung seiner eigenen Kräfte eher noch zugriffiger als vorsichtiger gestimmt haben, um dem «perfiden Albion» (60) eine Festlandposition zu entreissen, ähnlich wie es Benito Mussolini 1940 beabsichtigte (61), weil beide Diktatoren die gegenseitige Sympathie freier Völker nur als Verschwörung gegen ihre eigene Macht und Stellung begreifen konnten.

Am 12. Oktober 1802 finden wir den Ersten Konsul in Saint-Cloud am Studium der vorrevolutionären Verfassung der Schweiz und ihrer Kantone (62), eine Beschäftigung, welche der schweizerische Aufstand erzwungen hatte, wie sehr sie auch, denken wir an Markows Vaticinium, eingeplant gewesen sein mag. Am 15. Oktober 1802 erhält der Kriegsminister den Befehl, Ney aus dem Wallis, von Genf, von Pontarlier und von Biel aus geradewegs auf Bern, die 13. Halbbrigade von Aosta ins Wallis, zwei Bataillone der 16. Halbbrigade von Freiburg im Breisgau nach Basel, die in Como stehende Halbbrigade über den Splügen und die im Veltlin stehende auf dem kürzesten Weg nach Chur marschieren zu lassen (63). Dazu hatte die Italien-Armee einen Divisionskommandanten und zwei Husarenschwadronen für Graubünden zu stellen, die in Chur unter die Befehlsgewalt Neys kamen. General Joachim Murat hatte in Bellinzona eine Brigade von 2'000 Mann zu versammeln, die auf dem Gotthard eine Vorhut unterhalten, sich der Teufels-Brücke bemächtigen und bis Altdorf aufklären musste, um auf Neys Befehl in Richtung Luzern zu marschieren. Ins Veltlin war eine Reserve von 3'000 Mann zu legen. Ney hatte zu erklären, die kleinen Kantone und der Senat hätten die Vermittlung des Ersten Konsuls angerufen, welcher, berührt von den Uebeln, deren Opfer die Schweizer geworden waren, sich dazu entschlossen habe. Eine Handvoll von Liebhabern des Aufruhrs täuschten einen Teil des Volkes. Diese Verrückten zu zerstreuen und bei rebellischer Verstocktheit auch zu bestrafen, sei er gezwungen, sich in Marsch zu setzen. Der alten Hinterrücks-Mentalität getreu erhielten auch die Untergebenen Neys das Verbot irgendetwas zu drucken. Die Tat musste vollbracht werden, Spuren sollte sie nicht hinterlassen.

Zwei Tage nach dem Befehl zum Einmarsch, am 17. Oktober 1802, befahl Bonaparte, alle Truppenbewegungen einzustellen (64). Tags darauf liess Talleyrand Neys Ernennung zum ausserordentlichen Gesandten abgehen, verbunden mit dem Auftrag, sich nach Bern zu begeben (65). Seine wichtigste Aufgabe, liess der Aussenminister den General wissen, sei, die Schweiz in der Obedienz Frankreichs zu erhalten (66). Talleyrand glaubte die Forderungen

Bonapartes nach Wiederaufnahme des Senats durch Bern und nach Abordnung von Deputierten zum Mediator erfüllt.

In einem Brief an den Zaren versicherte Bonaparte am 19. Oktober dem russischen Herrscher, die Unabhängigkeit und territoriale Integrität der Schweiz bleibe erhalten (67), was, mit dem Stopp an Ney vom 17. zusammen, nur heissen kann, dass der Erste Konsul immer noch glaubte, auf irgendeine Weise den Schein aufrechterhalten zu können, er respektiere den Lunéviller Artikel 11.

Am 19. Oktober 1802 schrieb Ney von Genf aus seinem General Bonaparte, die gegenwärtige Stimmung in der Schweiz gehe nur auf die Nachbarschaft der französischen Truppen zurück. Wolle man die Schweizer Renitenz und die geheimen Manöver Oesterreichs und Englands unterdrücken, brauche man Truppen im Land (68). Dieselbe Meinung vertrat Ney auch fünf Tage später von Moudon aus (69). Seine Meinung von den sogenannten Insurgenten machte sich Ney unter anderem aufgrund der Informationen Verninacs. Bachmann spreche man militärische Talente zu, Aufdermaur sei ein Verwandter Redings, seine Kreatur, vielleicht mutig, aber nicht sehr gewandt, impulsiv und starrköpfig, Wattenwyl sei fähig und neige zu Ausgleich, Herrenschwand sehr reich an Geld und Kenntnissen, Pillichody aufrührerisch, entschlossen, der Oligarchie ganz ergeben, die übrigen Offiziere der Insurgenten seien junge Leute aus Bern, Zürich und Solothurn, darunter Veteranen der Regimenter Bachmann und Rovéréa in englischem Sold. Der am feindlichsten gesinnte von allen sei Reding von Schwyz, der die Truppen der kleinen Kantone kommandiert habe, als Schauenburg sie unterwarf, von dem man glaube, er sei für das Massaker eines französischen Truppendetachements verantwortlich, der sich stets als Feind Frankreichs gezeigt habe, ehrgeizig, eingebildet und von Konsequenz in seinen Entschlüssen sei. Die Oligarchie habe sich seiner bemächtigt, und zur Zeit präsidiere er in Schwyz die Tagsatzung. Reding werde von den Mönchen, unter anderem von den Kapuzinern und insbesondere von Paul Styger unterstützt. An zivilen Chefs erwähnte Verninac unter den Bernern Freudenreich von Thorberg als einen der Köpfe der Oligarchie und starken Anhänger der alten Ordnung der Dinge, (Hudibras) Erlach, dessen Geist etwas verwirrt sei, der den Aargauer Bauernaufstand organisiert habe, dann aber des Kommandos enthoben worden sei, und Gottlieb Thormann, Staatssekretär unter Reding, stolz, Intrigant, extremer Oligarch und Feind Frankreichs (70).

Diese Beurteilungen hatten für Frankreich höchstens politischen Wert, da ein unter den Zeitumständen aussichtsloser militärischer Widerstand ja keineswegs zu befürchten war: dafür rechneten die Männer der Tagsatzung zu schweizerisch-nüchtern. Bonaparte musste allerdings durch den Truppeneinmarsch den Artikel 11 *sichtbar* zerreissen. Erst als er das tat, publizierte die Tagsatzung ihren Abschied vom 15. Oktober und löste sich am 26. Oktober auf. Nicht weniger nüchtern kalkulierte Bonaparte, der die Schweizer Brot, Fleisch und Fourage liefern (71) und Ney schliesslich einmarschieren hiess (72). Am 26. Oktober standen die Franzosen wieder in Schwyz. Den Engländern befahl der Erste Konsul am 4. November 1802 von Rouen aus zu bedeuten, zur Zeit des Friedensschlusses von Amiens habe Frankreich in der Schweiz 10'000 Mann stehen gehabt, sodass sie sich heute nicht auf die damaligen Verhältnisse auf dem Kontinent berufen könnten, um zu reklamieren (73), gerade als ob man ein grosses Volk mit solchen Taschenspielertricks abspeisen könnte.

An Talleyrand schreibt Bonaparte am 11. November von Dieppe aus, Ney solle die Namen der zwanzig erklärtesten Feinde Frankreichs einschicken und diese als Geiseln verhaften lassen (74). Mediator, das war unter den Umständen der Zeit ein anderes Wort für Diktator. Dumm war dieser Diktator allerdings nicht. Er war und blieb entschlossen, die Grösse Berns und dadurch den englischen Einfluss zu brechen, zwei Ziele, die sich durchaus mit der Mehrheitsmeinung in der Eidgenossenschaft vertrugen, wenn sie ihr schon nicht entsprachen. Er war aber auch entschlossen, mit dem unsinnigen Zentralismus aufzuräumen, der aus geographischen, historischen und kulturellen Gründen für die Schweiz unerträglich war, ist und sein wird. Die Föderalisten hatten das ihren Namen ausmachende Ziel auf dem Schlachtfeld und im Kopf des Ersten Konsuls erreicht. Am 10. Dezember 1802 erklärte Bonaparte in Saint-Cloud den Schweizer Deputierten: «Die Natur hat Euren Bundesstaat geschaffen. Kein weiser Mann kann sie besiegen wollen.» (75)

V. Föderalismus und Freiheit

Der Aufstand von 1802 erzwang in der Schweiz den Föderalismus, wollte der Mediator nicht eine gewaltige Garnison im Lande belassen, was in seinen Augen ohne Zweifel unnötiger Aufwand gewesen wäre. England und, weniger wichtig, auch Österreich sollten allerdings in der Schweiz keinen Halt mehr finden können. Um das zu erreichen, musste die kleinste der europäischen Mächte, Bern, auf das schweizerische Mittelmass hinabgedrückt und allgemein durch die stets grosse Eifersucht der übrigen Orte, im speziellen durch Bonapartes Schöpfungen Waadt und Aargau, kontrolliert werden.

Möglich war ein solches Arrangement, weil in der Waadt und im Aargau tüchtige Männer die neuen Kantone mit Leben zu erfüllen und sie durch eine kluge innereidgenössische Politik den altetablierten wie den unumstrittenen neuen Ständen nützlich zu machen verstanden. Die Aargauer, die 1804 der Zürcher Regierung halfen, im sogenannten Bockenkrieg einen Volksaufstand am See und im Knonauer Amt niederzuschlagen, kämpften in Wirklichkeit weniger für die bestehende Ordnung in Zürich als für das Bestehen des Kantons Aargau (1). Es spricht für die durch leidige Erfahrungen gewonnene Reife, dass sich alte Feinde wie Landammann Johann Rudolf Dolder und Ludwig May von Schöftland im ersten Kleinen Rat des Kantons Aargau zusammenfanden – weniger als ein Jahr, nachdem sie die Waffen gegeneinander getragen hatten (2).

Der Kanton sah sich grösseren Schwierigkeiten gegenüber als jeder andere. Er hatte, mit dem Fricktal, ein bisher nicht oder doch noch gar nicht lange zur Schweiz gehörendes Territorium zu integrieren und zugleich zentrifugale Tendenzen in ganz verschiedene Richtungen wie Zug für das Obere Freiamt oder Bern für den ehemals bernischen Grossteil des Kantons zu überwinden. Die Kantonsregierung der Mediation reagierte zum Teil mit polizeistaatlichen Massregeln. Der Sieg bei Pfauen am 3. Oktober 1802 wurde am Jahrestag 1803 da und dort mit Freudenfeuern gefeiert. Für die wohl innerlich mehrheitlich mit den damaligen Verlierern sympathisierende Regierung war dies bereits Ruhestörung, geeignet, die «gehabten Entzweyungen und bürgerlichen Unruhen» wieder zu entfachen. Das Verbot solcher Feuer war die Folge. Der Schlosswächter der Habsburg, Emanuel Hummel, wurde, weil er nicht sofort dagegen eingeschritten war, am 18. November 1803 zu zwei Tagen Haft bei Wasser und Brot auf eigene Kosten verurteilt. Von insgesamt aber kluger Aargauer Politik zeugt die offenkundige Überwindung der ablehnenden Stimmung, vor allem auf dem Land, im ehemals bernischen Kantonsteil bis 1813. Zehn Jahre genügten, das auf Diktat Geschaffene mit einer Lebenskraft zu erfüllen, die sein weiteres Bestehen sicherte, als Bern ein letztes Mal versuchte, die vergangene Grösse wiederherzustellen. Der Einmarsch der alliierten Truppen in die Schweiz am 21. Dezember 1813 und die Proklamation der Republik Bern vom 24. Dezember sollten das 1802 begonnene Werk zu Ende führen helfen. Klar und unmissverständlich berief sich Bern auf 1802: «Schon sind 11 Jahre verflossen, seitdem Unser Vaterland, durch die damals freye Äusserung unsers Willens und unsrer Kraft wieder hergestellt, ...»

wurde. Die Proklamation befahl den Behörden der Waadt und des Aargaus als «abgerissenen Theilen» des Kantons Bern, sich zur Verfügung der Berner Regierung zu halten, und versprach, «eine bedeutende Anzahl Familien sowohl aus dem Argäu und der Waadt, als aus dem gegenwärtigen Berner-Gebiet in das Burger-Recht von Bern» aufzunehmen. Die in Zürich versammelten zehn der dreizehn Alten Orte, Uri, Schwyz, Luzern, Zürich, Glarus, Zug, Freiburg, Basel, Schaffhausen und Appenzell, erklärten dagegen am 29. Dezember 1813 die Mediationsakte zwar ebenfalls für aufgehoben, luden aber nicht nur die alteidgenössischen Stände, sondern «auch diejenigen, welche bereits seit einer langen Reihe von Jahren Bundesglieder gewesen sind», also auch Aargau und Waadt, zur neu zu konstituierenden Eidgenossenschaft ein und verbaten sich «mit den Rechten eines freyen Volkes unverträgliche Unterthanenverhältnisse» (3). Die in Zürich versammelten Orte wollten kein übermächtiges Bern mehr und sie wollten keine übermächtige Aristokratie mehr. Und sie standen mit diesem Willen nicht allein. Was 1802 mit dem Willen der Mehrheit der ehemals bernischen Aargauer bei gleichzeitiger Gründung eines Kantons Baden und eines Kantons Fricktal noch möglich gewesen wäre, war es 1813 nicht mehr, genausowenig wie für die durch La Harpes Einfluss auf den Zaren bernischem Zugriff auf Dauer entzogene, schon 1802 und erst recht 1813 nicht mehr willige Waadt. Den meisten übrigen Kantonen kam die Verkleinerung Berns durchaus nicht ungelegen, am wenigsten dem alten Vorort Zürich, der im 15. Jahrhundert von der jüngeren und kräftigeren Rivalin an der Aare machtmässig überholt, im 16. Jahrhundert durch die bernische Expansion nach Westen weit zurückgelassen worden war. Zürich sah in den neuen Kantonen Verbündete zur Stärkung seiner Stellung in der Eidgenossenschaft. Noch 1848, als sich der Zentralismus der Helvetik und seine föderalistische Antithese von 1802 zur glücklichen bundesstaatlichen Synthese verbanden, als die Wahl der Bundesstadt auf Bern fiel, erinnerte ein im Klageton gehaltener Artikel der *Neuen Zürcher Zeitung* vom 1. Dezember die 1813 bzw. 1814 geretteten und nun ach so undankbaren Kantone an ihre Dankesschuld:

«Denjenigen, welche aus Kantonalkonvenienz sich an Bern anschlossen, überlassen wir, sich in ihrem Gewissen mit der Stimme der Dankbarkeit für die grossen Verdienste, welche sich Zürich um die Eidgenossenschaft erworben hat, abzufinden; ... Die Palme, welche ihm 1814, wo es den Abgrund verschlossen hat, in welchen die Herrschgier der Patrizierkantone die Schweiz stürzen wollte (zuteil ward) und die Palme ... (von 1830) ... sind ... für die dankbare Nachwelt unvergängliche Erinnerungen an das, was Zürich für die Eidgenossenschaft geleistet hat.» (4)

So bestanden 1813 die beiden Voraussetzungen von 1802 für eine Restauration Berns wenigstens im Osten bis an die Reuss, wenn schon nicht im Westen bis an den Genfersee, nicht mehr. Es gab keine probernische Volksmehrheit in den fraglichen Kantonen und es gab keine probernische Ständemehrheit auf der Tagsatzung. Blieb die Möglichkeit des Zwangs, allein dazu fehlte am Ende die eigene Kraft und letztlich auch der eigene Wille, hatte man doch in Bern 1802 aus Überzeugung und nicht nur aus Opportunismus erklärt, das Volk wolle seine alte Regierung zurück. So kam es zur Neukonstituierung der Eidgenossenschaft im Bun-

TLAS SUISSE

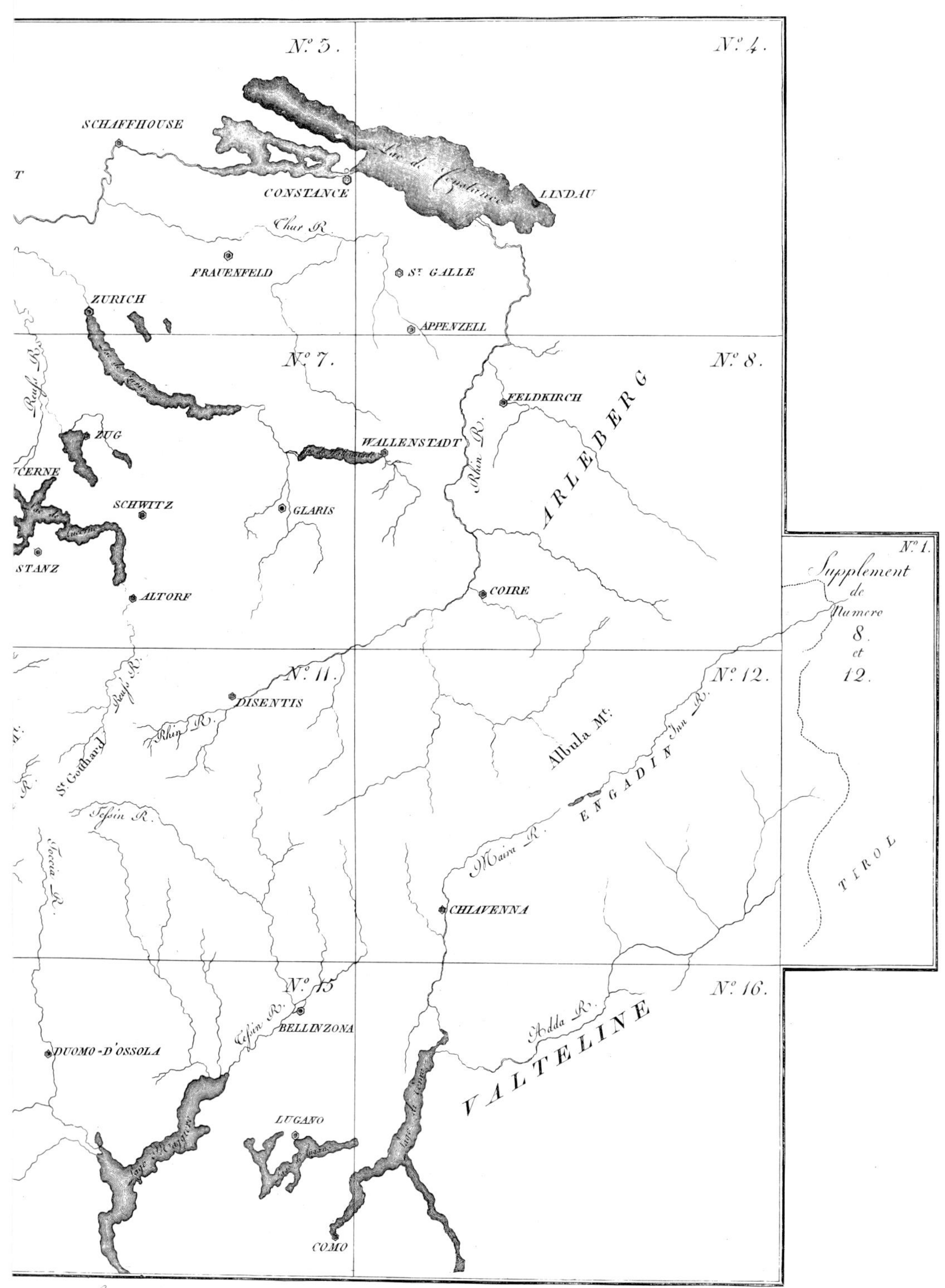

les Années 1786 à 1802. gravée par Guerin Eichler et Scheurmann

desvertrag vom 7. August 1815, in dem sich die Stände von 1803, erweitert um Wallis, Neuenburg und Genf, «zur Behauptung ihrer Freiheit, Unabhängigkeit und Sicherheit gegen alle Angriffe fremder Mächte, und zur Handhabung der Ruhe und Ordnung im Innern» zusammenschlossen und ihr Gebiet gegenseitig gewährleisteten, also im Wesentlichen der – allerdings klug – oktroyierten territorialen Lösung Bonapartes die eidgenössische Legitimation verliehen und die abgerissenen Glieder dem Corpus Helveticum wieder anfügten.

Damit zerstörten die Gründer von 1815 die machtpolitischen Voraussetzungen zu einer eigenen Aussenpolitik auch für den grössten eidgenössischen Stand und schufen den Rahmen, in dem sich die innere Erneuerung des Landes geordnet und nur durch im Vergleich mit dem Ausland geringfügige Erschütterungen – kulminierend im Sonderbundskrieg von 1847 – begleitet, vollziehen konnte. Auf der Basis des Bundesvertrags von 1815 anerkannten die Mächte, Grossbritannien, Frankreich, Russland, Preussen, Österreich und Portugal am 20. November 1815 die schweizerische Neutralität, was unsere Vorfahren aber durch einen Feldzug gegen Napoleon unter dem General von 1802, Bachmann, hatten verdienen müssen und was sie in der Folge durch ein Mindestmass militärischer Bereitschaft in Gültigkeit zu erhalten trachteten.

Der im Militärreglement vom 20. August 1817 kodifizierte, epochale Schritt weg von der nun endgültig überholten allzu lockeren Form der gegenseitigen Hilfe der Kantone hin zu einer einheitlich organisierten und geführten, ja in den Spezialwaffen auch schon ausgebildeten Schweizer Armee kam nicht von ungefähr. Napoleon I hatte zu klar gezeigt, was eine ungenügend bewaffnete Neutralität, ein nicht durch militärische Macht untermauertes Selbstbestimmungsrecht wert ist. Sein Neffe, Louis-Napoléon Bonaparte, seit 1832 Thurgauer und mit Brevet vom 7. Juli 1834 dann Berner Artilleriehauptmann, formulierte es 1833 treffend:

«Das Militärsystem der Schweiz ruht wesentlich auf dem Neutralitätsprinzip. Man kann aber nur auf zwey Arten neutral bleiben, indem man sich entweder bewaffnet, um im Fall eines Angriffes sein Gebiet zu vertheidigen; oder, indem man sein Land wie einen Cadaver ansieht, auf dem jedermann herumtreten kann.» (5)

Bern wurde 1803 vom Stand eigener Grössenordnung auf das Normalmass des grossen Standes zurückgestuft, der Föderalismus wurde wiederhergestellt, eine stabile territoriale Ordnung geschaffen. Das waren die bleibenden Konsequenzen des Aufstands von 1802 in der Schweiz. Daneben popularisierte er weiter den, im Unterschied zum Aristokraten, ideologisch unanfechtbaren, seit jeher volkstümlichen Typus des einfachen, freiheitsliebenden, demokratisch empfindenden, starken, mutigen, alpinen Schweizer Hirten und Hirtenkriegers. Zürich wäre der durch Bünde und lange Tradition beglaubigte Vorort gewesen, allein die Tagsatzung wurde in Schwyz eröffnet und von einem Schwyzer präsidiert. Die demokratische und die historische Legitimation – woher hat schliesslich die Schweiz ihren Namen, wer hat die Eidgenossenschaft gegründet? – zählten mehr als jemals zuvor und gaben den Ton an für das ebenso demokratische wie geschichtsbewusste 19. Jahrhundert.

1802 übernimmt der wirkliche helvetische Altlandammann Alois Reding das Präsidium der Tagsatzung, 1804 lässt Friedrich Schiller in seinem *Wilhelm Tell* Stauffacher auf dem Rütli die Diskussion um den Vorsitz mit den Worten beenden:

«Steht nicht Herr Reding hier, der Altlandammann? Was suchen wir noch einen Würdigeren?» (6)

Quellenmässig ist kein Reding als Schwyzer Landammann vor dem 15. Jahrhundert verbürgt, und weder das Weisse Buch von Sarnen aus dem 15. noch Johannes von Müller aus dem 18. Jahrhundert lassen einen Reding auf der denkwürdigen Wiese über dem Urnersee auftreten (7). Aber so weit muss man auch gar nicht suchen: die Ereignisse des Jahres 1802 genügen hier zur Erklärung vollauf. Das Selbstbestimmungsrecht der Völker, für das sich die Schweizer 1802 in Massen erhoben, fand nie eine gültigere Rechtfertigung als im vollendeten Schauspiel des grössten Dichters deutscher Zunge.

Friedrich Schiller, der «die Unglücksfälle der Schweiz» sehr wohl verfolgte, begann 1802 mit der Arbeit an seinem *Wilhelm Tell.* Keine zwei Wochen nach der Rengg, am 9. September 1802, schrieb er Gottfried Körner:

«Ich muss mich meiner langen Pause wegen diessmal recht vor Dir schämen, aber da ich Dich auf der Reise wusste so ergriff meine natürliche Faulheit diese Entschuldigung, um sich das Schreiben zu ersparen. Auch hast Du nichts dabei verloren, denn dieser Sommer giebt mir leider wenig Stoff dazu. Wiewohl, ich bin nicht unthätig gewesen, und arbeite jetzt mit ziemlichem Ernst an einer Tragödie, deren *Sujet* Du aus meiner Erzählung kennst. Es sind die feindlichen Brüder oder, wie ich es taufen werde, die *Braut von Messina....* Ich muss auf jeden Fall am Ende des Jahrs damit zu Stande seyn, weil es Ende Januars zu Geburtstag unser Herzogin aufgeführt zu werden bestimmt ist. Alsdann geht es hurtig an den *Warbek,* wozu der Plan jetzt auch viel weiter gerückt ist, und unmittelbar nach diesem an den *Wilhelm Tell,* denn diess ist das Stück, von dem ich Dir einmal schrieb, dass es mich lebhaft anziehe. Du hast vielleicht schon im vorigen Jahre davon reden hören, dass ich einen *Wilhelm Tell* bearbeite, denn selbst vor meiner Dresdener Reise wurde desshalb aus Berlin und Hamburg bei mir angefragt. Es war mir niemals in den Sinn gekommen. – Weil aber die Nachfrage nach diesem Stück immer wiederholt wurde, so wurde ich aufmerksam darauf und fing an *Tschudis* Schweitzerische Geschichte zu studieren. Nun gieng mir ein Licht auf, denn dieser Schriftsteller hat einen so treuherzigen herodotischen ja fast homerischen Geist, dass er einen poetisch zu stimmen im Stand ist. – Ob nun gleich der *Tell* einer dramatischen Behandlung nichts weniger als günstig scheint, da die Handlung dem Ort und der Zeit nach ganz zerstreut auseinander liegt, da sie grossentheils eine Staatsaction ist und (das Mährchen mit dem Hut u. Apfel ausgenommen) der Darstellung widerstrebt, so habe ich doch biss jetzt soviel poetische Operation damit vorgenommen, dass sie aus dem historischen heraus u. ins poetische eingetreten ist. Übrigens brauche ich Dir nicht zu sagen, dass es eine verteufelte Aufgabe ist; denn wenn ich auch von allen Erwartungen, die das

Publicum u. das Zeitalter gerade zu diesem Stoff mitbringt, wie billig abstrahire, so bleibt mir doch eine sehr hohe poetische Forderung zu erfüllen, weil hier ein ganzes, local-bedingtes, Volk, ein ganzes und entferntes Zeitalter, und, was die Hauptsache ist, ein ganz örtliches ja beinah individuelles und einziges Phänomen, mit dem Charakter der höchsten Nothwendigkeit und Wahrheit soll zur Anschauung gebracht werden. Indess stehen schon die Säulen des Gebäudes fest und ich hoffe einen soliden Bau zu Stande zu bringen.» (8)

Er wollte nicht zur Zeit schreiben, tat es aber doch. Wenn auch getreu den Quellen, dem Weissen Buch von Sarnen, Aegidius Tschudi und Johannes von Müller, Schiller den Aufstand der Urkantone *gegen Österreich* dramatisiert, so wird doch mehr als nur ein Leser oder Zuhörer im Erscheinungsjahr 1804 nicht an König Albrecht sondern an Konsul Bonaparte bzw. an den am 18. Mai ausgerufenen, am 2. Dezember 1804 gekrönten Kaiser Napoleon I, gedacht haben, wenn er auf Stauffachers Worte stiess:

«Wir wagten es, ein schwaches Volk der Hirten,
In Kampf zu gehen mit dem Herrn der Welt?
Der gute Schein nur ist's, worauf sie warten,
Um loszulassen auf dies arme Land
Die wilden Horden ihrer Kriegesmacht,
Darin zu schalten mit des Siegers Rechten
Und unterm Schein gerechter Züchtigung
Die alten Freiheitsbriefe zu vertilgen.»
(1. Aufzug, 2. Szene)

Und wie liesse sich die Reaktion der Tagsatzung, die der übermächtigen Gewalt wich, besser erklären als mit Tells Gedanken:

«Die schnellen Herrscher sinds, die kurz regieren.
– Wenn sich der Föhn erhebt aus seinen Schlünden,
Löscht man die Feuer aus, die Schiffe suchen
Eilends den Hafen und der mächt'ge Geist
Geht ohne Schaden, spurlos, über die Erde.»
(1. Aufzug, 3. Szene)

Vollends an 1802 erinnern Walter Fürsts Worte über Landammann Reding auf dem Rütli:

«*Walter Fürst.*
Er sei der Ammann und des Tages Haupt!
Wer dazu stimmt, erhebe seine Hände.
(Alle heben die rechte Hand auf.)
Reding (tritt in die Mitte)
Ich kann die Hand nicht auf die Bücher legen,

So schwör ich droben bei den ew'gen Sternen,
Dass ich mich nimmer will vom Recht entfernen.»
(2. Aufzug, 2. Szene)

Die Sterne sind ewig und ewig die Rechte der Unterdrückten. Stauffacher sagt in derselben Szene:

«Wenn der Gedrückte nirgends Recht kann finden,
Wenn unerträglich wird die Last – greift er
Hinauf getrosten Mutes in den Himmel
Und holt herunter seine ew'gen Rechte,
Die droben hangen unveräusserlich
Und unzerbrechlich, wie die Sterne selbst –
Der alte Urstand der Natur kehrt wieder,
Wo Mensch dem Menschen gegenübersteht –
Zum letzten Mittel, wenn kein andres mehr
Verfangen will, ist ihm das Schwert gegeben –
Der Güter höchstes dürfen wir verteid'gen
Gegen Gewalt – Wir stehn vor unser Land,
Wir stehn vor unsre Weiber, unsre Kinder!» (9)

Die Hirten der Alpen standen damals in höchstem Ansehen, der Einsatz der Hirtenhemden durch Reding (so etwas wird es ja gewesen sein) zeigt, wie man sich dessen in der Urschweiz wohl bewusst war und wie man dieses Bild sorgsam pflegte. Durch den Aufstand von 1802 nun erhielt das Ideal des einfachen, freiheitsliebenden, grossen Volkes im Hochgebirge neuen Glanz. Die Pflege des Hirtenbrauchtums wurde so auch zur Demonstration nationaler Unabhängigkeit, am überzeugendsten in Unspunnen 1805–1808. Das *Lied für alli brave Schwytzer, am 17. August 1805 ze singe* drückt in seinen sechs Strophen den neuen Geist des in leidvoller Zeit wieder gelernten Zusammenstehens und jene Zuversicht aus, die das Trauma von 1798 überwunden hat:

«1. Singe weymer, fröhlich singe,
Dass mer by enandre sy;
Wei's enandre lustig bringe,
Mutz isch us! schenk wieder y.
Hüt gilt's froh sy, hüt gilt's lache,
's'isch der Tag si lustig z'mache,
All's in Ehre — merket wohl!
Wie ne brafe Schwytzer soll.

2. Zu de alte Schwytzer Spiele
Sy mer hüt ei's z'säme cho,

Schwinge, nah der Schybe ziele,
D's Alphorn blase chäu mer no;
Mir hey Mark i üse Chnoche,
Chäu uf üsi Stärki poche;
Doch en brafe Schwitzerma
Wendet's nie zum Böse a.

3. Bym Steistosse u bym Schwinge
Wird er gärn zum starche Ma,
Dass er d'Find mög'use dringe
Wenn sy wey fürynen gah.
Frey lebt er, frey wott er sterbe,
D'Freiheit lat er nit verderbe,
Sys ganz Herz, sy Arm, sy Hand
Ghört dem lieben Vatterland.

4. Aber Stärki i de Chnoche
Macht alley ke Schwytzerma.
s'isch uf selbig's nit viel z'poche,
Es cha mängisch g'spässig ga.
Das hey mir vor bal acht Jahre
Meyni öppe gnue erfahre.
O! we Gott nit helfe will,
Isch d'Chraft numme Chinderspiel.

5. Was hilf's über Find ga fluche,
U doch z'lebe wie ne Schranz?
Weyt ihr alti Schwytzer sueche?
Werdet's selber — werdet's ganz.
Ach am Herz un a de Sitte
Da het d'Schwytz am meist glitte,
U soll's wieder besser ga,
Müesse mir vo vor a fa.

6. Drumm wey mir by üse alte
Schwytzermann i d'Schuel ga,
Gott u Möntsch i Ehre halte,
U was recht isch gäng lieb ha;
Alli z'säme stah für eine,
All's gut mit enandre meyne,
Der durus u der düry
Alli brafi Schwytzer sy.»

UNSPUNNENMEDAILLE FÜR ALOIS REDING

In die Schule bei den Hirten der Alpen zu gehen mit ihrer Ehrlichkeit, ihrer Schlichtheit, ihrer Kraft, ihrer Treue: das war eine grosse, zukunftweisende, für die Eidgenossenschaft auf zwei Jahrhunderte identitätsstiftende Idee. Woher diese kam, wurde bei der Verteilung der Medaillen sichtbar: diese gingen selbstverständlich zunächst an die Wettkampfsieger. Eines der acht verbleibenden Stücke erhielt aber die Dichterin Emelie von Berlepsch:

«Der Zeiten Strom verheerend wühlt,
Und von des Lebens Ufern spühlt
Er manche Tugend, manches Glück –
Lässt Trümmer uns zurück!

Chor.
    Doch in den Tönen
    Edler Vergangenheit,
    Lebt noch der Zauber
    Uralter Zeit.

Es schwebt um uns der Väter Geist,
Der bessre Zukunft uns verheisst,
Wenn gut wir bleiben, fromm und frey,
Dem Bruderbunde treu.

Chor.
    Heilige Schatten
    Hehrer Vergangenheit,
    Leitet die Söhne
    Neuerer Zeit!»

Frau Merian-Kuder von Basel hatte die Bandschleifen für die Siegermedaillen vorbereitet und wurde deshalb ebenfalls mit einer solchen bedacht. Fünf fremde Gäste, ein Prinz, zwei Fürsten, ein Graf und ein Baron erhielten je eine Medaille als Andenken. So blieb eine übrig und diese wurde dem Helden von 1802 überreicht, «Alt-Landammann Aloys von Reding». Nahm man 1805 noch den Namenstag des Berner Stadtgründers Berchtold von Zähringen zum Anlass des Festes, hatte Sigmund Wagner drei Jahre später bereits den Mut, in die – durch die Mediation des Ersten Konsuls abgedeckte, aber für jedermann verständliche – Nähe des Aufstandes von 1802 zu gehen, gab er doch seinem öffentlichen Bericht den Titel:

«DAS HIRTENFEST ZU UNSPUNNEN,

oder
die Feyer des fünften

Jubileums
der Schweizerischen Freiheit;
auf Berchtoldstag, den 17. Aug. 1808.»

Erleichterung über die Rettung des Landes aus grosser Not und wohl auch die von Schillers Tell selbst angeratene kluge Vorsicht waren die herrschenden Gefühle. Die Eröffnungsrede des Oberamtmanns liess keinen Zweifel aufkommen:

«Eine kurze Schilderung der herrlichen und erinnerungsreichen Gegend, in deren Mitte die Versammlung sich befande, machte den Eingang, dann zeigte der Redner den Anlass und Zweck an, warum Schweizer und Ausländer so zahlreich und festlich auf den heutigen Tag sich hier vereiniget haben; die Feyer des Andenkens Berchtolds des 5ten von Zäringen, Gründers der Stadt Bern und Vereiniger dieser Stadt mit dem Oberland, sey der engere, Feyer des fünften Jubeljahrs, der schweizerischen Freyheit, der allgemeinere Zweck des heutigen Bruderfestes. Einfalt und Unschuld der Sitten, Gottesfurcht, Gerechtigkeitsliebe und Treue seyen die Tugenden gewesen, welche die schweizerische Freyheit gestiftet hatten. Eintracht habe dieselbe und das Glück der Schweizer lange erhalten. Zwietracht und fremde Sitten hätten zwar zu verschiedenen malen gedrohet, dieselben zu untergraben und zu stürtzen; aber vergebens; Eintracht habe immer wieder obgesiegt! Noch unlängst habe ein gewaltiger Sturm den alten ehrwürdigen Baum der schweizerischen Eidgenossenschaft, unter dessen Schatten bereits zwanzig Generationen Ruhe und Friede gefunden, heftig erschüttert; mancher Ast habe dadurch gelitten, manche Wurzel seye entblösst worden, der Baum habe hie und da gestutzt und von neuem zugeschnitten werden müssen; jetzt seyen zwar die Äste wieder grün, die Wurzeln wieder bedeckt und saftvoll; aber ein zweyter Sturm und eine neue Stutzung würden der alten väterlichen Eiche todbringend seyn; nur Ruhe könne dieselbe erhalten. Alle Zwietracht, rufte nun der edle Redner lauter aus; alle Zwietracht, liebe Schweizer! erlösche darum vom heutigen Bruderfest an, in unsrem Busen! Nur Bruderliebe sey von heute an die einzige Empfindung eines Schweizers gegen den andern!

Städter liebet den Landmann als euren Ernährer! Landleute liebet den Städter und den Regenten als eure Beschützer!

Bewohner dieser Paradiesischen Hirtenwelt gebt euren Brüdern das Beyspiel und die Lehre, dass nur Unschuld und Einfalt der Sitten Völker beglücken und Staaten erhalten!

Einflussvolle Männer aller Theile des gemeinsamen Vaterlands, trägt reinen, geläuterten, schweizerischen, Gemeinsinn in eure verschiednen Cantone, in eure Volksversammlungen in eure Rathsstuben von diesem Feste zurück.»

Eine Rechnung Bonapartes von 1803 war also aufgegangen. Wenn er den Schweizern den Föderalismus gab, den sie in ihrer Mehrheit wollten, konnte er auf ein ruhiges Nachbarland rechnen, wenigstens solange seine eigene Machtstellung auf dem Kontinent nicht gefährdet war.

DER AUFSTAND VON 1802 ALS WENDEPUNKT IM ANGLO-FRANZÖSISCHEN VERHÄLTNIS

Wie wichtig der Aufstand von 1802 auch für die Schweizer Geschichte und die deutsche Literatur wurde, seine grösste historische Bedeutung ist die des entscheidenden Wendepunktes im englisch-französischen Verhältnis. Bis zum Einmarsch der Franzosen und der Wiedereinsetzung der helvetischen Regierung in Bern auf Befehl Bonapartes hatte dieser die Möglichkeit, das englische Volksempfinden mit seiner Herrschaft auszusöhnen, die Friedensordnung von Lunéville und Amiens zum Erfolg zu machen. Sein krasser Wortbruch, sein den Frieden zerreissender unprovozierter Überfall eines Nachbarvolkes, das seit Jahrhunderten von der Welt nichts anderes mehr wollte, als in Ruhe gelassen zu werden, liessen nur den Schluss zu, dass es mit diesem Menschen keinen wirklichen Frieden geben konnte, dass auf die Dauer entweder er regieren oder England als unabhängiger Staat überleben konnte, aber nicht beides. Es war, wie es das naive, aber tiefsinnige Volkslied wenig später ausdrücken sollte:

«Hochmut wird von Gott gestraft, darum steht geschrieben: Kaiser der Napoleon, der muss unterliegen! Lähäm!»

Bonapartes Hochmut hatten auch andere schon strafen wollen und waren in der Folge militärisch niedergeworfen worden. Aber mit England liess sich das nicht tun, weil seit Sir Horatio Nelsons Sieg bei Abukir am 1. August 1798 der Traum, England zu zerschmettern (10) ausgeträumt war. Dass bei Abukir eines der französischen Schiffe den Namen *Guillaume Tell* trug, ist mehr Zeugnis für die revolutionäre Vereinnahmung der Schweizer Gründungsüberlieferung als für französischen Respekt vor der ja wenig vorher unterworfenen und beraubten Eidgenossenschaft. Ja, deren Geld hatte unter anderem für die wahnsinnige Expedition nach Ägypten, das Frankreich genausowenig zuleide getan hatte wie die Schweiz, aufkommen müssen. Hätte Bonaparte 1802 gesehen, dass sich England mit Gewalt nicht niederwerfen liess, weil er weder eine ausreichende Flotte besass, noch sich eine verschaffen konnte, noch durch einen Wirtschaftsboykott die Herrin der Meere in die Knie zu zwingen vermochte, hätte er das alles 1802 gesehen, die Provokation Englands durch den erneuten Einmarsch in die Schweiz wäre unterblieben. Dass er es, im Stolz auf den Sieg von Marengo, auf die vermeintlichen Siegfrieden von Lunéville und Amiens, nicht sah, war sein Verhängnis.

Im Land der *Times* verfolgte das Publikum das Geschehen in der Schweiz aufmerksam. Am 6. September 1802 erfuhren die Leser von einem *Moniteur*-Artikel, der feststelle, nur wenn er gegen seine eigene Regierung rebelliere, könne ein Teil des Schweizer Volkes an den Ersten Konsul gelangen... Am 7. September erschien die Meldung, General Andermatt habe seine Operationen gegen die kleinen Kantone mit der Besitzergreifung der Rengg, des Eingangs nach Unterwalden eröffnet. Der 8. September brachte den Lesern des Blattes die Nachricht von einer Verschwörung in Bern mit dem Ziel, die neue Regierung zu stürzen. Die für Andermatt bestimmten Verstärkungen seien deshalb zurückgehalten worden. Am 10. September 1802 erschien die Nachricht vom Gefecht an der Rengg, angeblich aus Briefen vom 27. August (also vom Vortag des Geschehens) geschöpft: «... die Aufständischen haben die Feindseligkeiten eröffnet. Sie haben die Position der Rengg einer Kompanie Waadtländer

Schützen entrissen. Ihr Hauptmann und etwa dreissig Mann kamen im Gefecht um ... es scheint, die Besatzung des Postens habe sich überraschen lassen und die Insurgenten seien dadurch leicht in seinen Besitz gelangt, dass sie sich auf einer unbewachten beherrschenden Höhe aufstellten.» (11) Wer die *Times* am Mittwoch 22. September aufschlug, erfuhr vom Waffenstillstand der kleinen Kantone mit der helvetischen Regierung, was vom Blatte als Zeichen der französischen Schwäche in Helvetien gedeutet wurde. In der Donnerstagausgabe stand schon volltönend vom Geist der Unabhängigkeit zu lesen, der in Helvetien zum Leben erwacht sei und der sich in «diesem alten Land der Freiheit» in allen Richtungen ausbreite (12). Am 24. September nimmt die «Revolution in Helvetien täglich bestimmtere Formen» an. Die gallo-helvetische Regierung verfüge nur über 2'800 Mann und über kein Geld, mehr auszuheben. Zürich habe seine Tore gegen die Regierungstruppen geschlossen. Andermatt habe die Stadt mit 160 Granaten und einigen Vier- und Sechspfünder Kugeln beschossen, aber, da er nur 2'000 Mann gehabt, in einen Waffenstillstand eingewilligt. Frankreich könne nur entweder die alte föderalistische Ordnung konzedieren oder Besatzungstruppen im Lande unterhalten, um die neue Verfassung durchzusetzen. Lady Bessborough schrieb in einem Privatbrief gleichentags an Lord Granville Leveson Gower: «...wäre ich eine auf ihr Land stolze Irin gewesen, hätte ich möglicherweise einen Kampf für die Unabhängigkeit für ruhmreicher gehalten als die Unterwerfung. So würde ich auch als Schweizerin empfinden.» (13)

Die Meldungen vom Sturz Dolders und seiner Entführung nach Jegenstorf erschienen am 28. September in den Spalten des Blattes, welches diese Ereignisse auf die Absicht zurückführt, eine Diktatur zu verhindern. «Die Kantone Aargau und Baden sind in vollem Aufstand. Die Bauern haben sich massenhaft erhoben und Brugg und Lenzburg eingenommen.» «Abwechselnd ausgehungert, massakriert und unterdrückt, sind die vornehmen Nachkommen Wilhelm Tells nie an der Rückeroberung ihrer Freiheit verzweifelt. Wer nicht für sie empfindet muss einen schlechten Kopf und ein niedriges Herz haben.» (14)

Alois Reding wird am 29. September gar Gegenstand einer panegyrischen Darstellung, die ihn ohne weiteres mit dem Spartanerkönig Leonidas vergleicht und die im Satz gipfelt: «Was die Anstrengungen der gallo-helvetischen Regierung angeht, so erscheint es vollkommen klar, dass sie der Energie der freien und unabhängigen Kantone bald weichen muss, wenn ihr nicht französische Truppen zu Hilfe kommen. Wie verschieden ist der Geist eines Mannes, der für den gewöhnlichen Sold streitet und jener eines Kämpfers für die Freiheiten seines Landes.» (15)

Der Leitartikel des 30. September 1802 hätte in Paris die Alarmglocke klingeln lassen müssen: «In der Zwischenzeit erfahren wir mit Unwillen aber ohne dadurch überrascht zu werden, dass die französische Regierung dem Senat in Bern mitgeteilt hat, sie schicke zwei Halbbrigaden direkt in die Schweiz. Es lässt sich füglich fragen, ob das nicht eine Verletzung des Friedens von Amiens ist. Würde England, würde Russland oder irgendeine andere Macht versuchen, die Regierung in Konstantinopel nach den eigenen Wünschen umzugestalten, würden dann die andern Potentaten Europas dieser ausserordentlichen Anmassung gegenüber stillsitzen? Sicher nicht! Und worin unterscheidet sich davon die Einmischung Frankreichs in die Verfassungsfragen der Schweiz? In nichts, ausser, dass es einem freien Volk eine Regierung aufzwingen will, während das andere nur der Ersatz einer nicht mehr der Verschlimmerung fähigen Willkürherrschaft wäre.» (16) Am 1. Oktober 1802 meldete die *Times* die zweite Beschiessung Zürichs durch Andermatt. Andermatt habe in Kirchberg erfahren, das Hauptquartier der auf 10'000 Mann bezifferten Insurgenten sei in Solothurn, das Oberland sei in Aufstand und General Steiner mit 1'500 Aargauern und Zürchern auf den Höhen von Höngg. Bonaparte wurde am 2. Oktober als ein Mann charakterisiert, dem die Freiheit nie tiefer als in den Mund eingedrungen sei, während sie die kleinen Kantone der Schweiz im Herzen trügen (17).

Die Kapitulation der helvetischen Regierung in Bern, die Verlegung ihres Sitzes nach Lausanne und der Aufmarsch von 12'000 Mann französischer Truppen zur Wiederherstellung der Ruhe in der Schweiz werden am 4. Oktober gemeldet. «Die Armee, kommandiert von den Herren Wattenwyl, Erlach und Effinger, setzte sich aus Bauern aus dem Aargau, Solothurn, Oberland, Petit-lac, Nidau und Aarberg zusammen. Dolders Truppen schossen von den Wällen, die Bauern warfen einige Kanonenkugeln in die Stadt, die nur das Rathaus beschädigten. Herr Effinger wurde mit verbundenen Augen zu Unterhandlungen eingelassen. Es kam zu keiner Übereinkunft, sodass der Angriff erneuert wurde. Nach einem scharfen und kräftig unterhaltenen Kampf an einem der Tore schlugen die Usurpatoren die Kapitulation vor. Ob sie in Lausanne gnädig empfangen wurden, steht dahin.» (18) Am 6. Oktober 1802 wiederholte die *Times,* wenn keine französischen Brigaden auftauchten, sei der friedliche Übergang zur althergebrachten Ordnung sicher. «Kann es etwas Schrecklicheres geben, als das zu verhindern? Nach den armen Negern von Santo Domingo, hat Frankreich die fürchterlichste Abrechnung mit den Bewohnern der Schweiz offen, die vor so kurzer Zeit die glücklichsten, freiesten und tugendhaftesten von allen Staaten Europas gewesen sind.» (19) In derselben Ausgabe des Blattes wird auch der in aller Ordnung erfolgte Einzug der helvetischen Regierung in Lausanne erwähnt. Tags darauf, am Donnerstag, 7. Oktober 1802, erinnerte der Leitartikel an die cisalpinisch-italienische Consulta in Lyon: «Aus den Pariser Blättern des 2., die wir gestern erhielten, haben wir die interessantesten Nachrichten vernommen, seit wir von der berühmten Consulta von Lyon gehört haben. Wir wären gar nicht überrascht, wenn das Ergebnis von General Bonapartes «gesegneter Vermittlung» für die Schweizer Kantone, die, sagt er, vom Himmel geleitet ist, ähnlich herauskäme wie jenes, auf das wir angespielt haben. Wir sehen, dass die Behörden jenes unglücklichen Landes aufgeboten werden, eine Abordnung nach Paris zu entsenden, um sich von Seiner Konsularischen Majestät Gesetze vorschreiben zu lassen und vielleicht die feierliche Farce zu wiederholen, welche die entwürdigten Abgeordneten der Cisalpiner spielten.» (20) Die *Times* trieb nun aber nicht etwa zum Krieg, im Gegenteil: «Wir empfehlen ganz sicher nicht Waffengewalt oder Feindschaft, aber wir empfehlen ganz sicher jene moralische Kraft, die in der öffentlichen Meinung zum Ausdruck kommt. Entsprechend diesem Grundsatz obliegt es den anderen Nationen Europas, Frankreich dazu zu bringen, jene Regeln andern gegenüber anzuwenden, die andere ihm gegenüber beobachten sollten. Es darf nicht anders als mittels dieser moralischen

Kraft in die Schweizer Angelegenheiten eingreifen.» (21) In derselben Ausgabe (7.10.) erhielt die englische Öffentlichkeit folgende eingehendere Schilderung der Einnahme Berns, datiert vom 22. September: «Es marschierten 1'000 Mann von Solothurn nach Bern. Die Vorhut dieses Korps bestand aus 240 Mann unter Herrn Effinger-Mülinen. Auf seinem Marsch traf er auf Herrn La Harpe, der mit 300 Mann aufklärte. La Harpe richtete sich sofort zur Verteidigung ein, bot aber gleichzeitig einen zweistündigen Waffenstillstand an. Herr May stimmte unter der Bedingung zu, dass La Harpe sich nach Bern zurückziehen solle und zwar ohne eine Wache auf den Anhöhen zu lassen. Nach der Überquerung der Worblen sammelte Herr Effinger seine Kräfte auf dem Breitfeld. Er verfügte über 800 Mann und machte sich an den Angriff auf die Vorposten von Bern, um danach zusammen mit den Flüchtlingen in die Stadt einzudringen. Allein, es gab gar keine Vorposten. Auf der Höhe angekommen, entschloss er sich, selbst in die Stadt zu gehen und den Landammann unter Einräumung von einer halben Stunde Bedenkzeit zur Kapitulation aufzufordern. Diese wurde abgelehnt.

Um 15.00 Uhr begann der Angriff. Herr Effinger wählte die 240 Bestbewaffneten aus und liess sie unter den Herren Wagner, Kirchberger, Delohe und von Werdt vorrücken. Herr von Luternau positionierte drei Kanonen auf einer die Stadt beherrschenden Höhe. Herr Wagner führte die Schützen den Weg, der zur Esplanade führt, und die Herren Kirchberger und von Werdt, mit vier freiwilligen Bernern, hatten die Kühnheit eine kleine Kanone trotz furchtbarsten Feuers gegenüber der Brücke aufzustellen. Sie brauchten ihre ganze Munition auf, ohne die Balken der Zugbrücke zerstören zu können, die sie mit ihren kleinen Kugeln vergeblich beschossen. Herr von Werdt wurde verwundet; er starb im Verlauf der Nacht. Sie zogen die Kanone zurück. In diesem Augenblick erschien ein Parlamentär aus der Stadt mit Vorschlägen für eine Kapitulation.» (22)

Der 8. Oktober brachte Andermatts Erfolgsmeldung, dass er die Aufständischen bis Gümmenen zurückgeschlagen habe, und gleichzeitig die Nachricht von einem Heerlager von 12'000 französischen Soldaten in Versoix, die «zu einem frühen Zeitpunkt in die Schweiz einrücken werden» (23). «Ihr vornehmes Betragen wird, so hoffen wir, mächtigere Nationen lehren, dass Gewalt allein kein Land versklaven kann, das frei sein will.» Mit diesem Lob bedachte die *Times* die Schweizer am 9. Oktober, während sie aus Paris französische Opposition gegen Bonapartes Proklamation meldete, die den einen schrecklich, den andern absurd erschien. Lord Auckland, sah an jenem Tag bereits keine Hoffnung mehr. Er schrieb Lord Rosslyn: «... die armen Schweizer müssen sich dem Diktat des kleinen grossen Mannes, <der sich wie ein Koloss über dieser engen Welt auftürmt> beugen.» Wir wollen die Berichterstattung der *Times,* deren Dichte das englische Engagement zeigt, mit einem Zitat aus der Ausgabe vom 11. Oktober 1802 abschliessen und zusammenfassend aufzeigen, wie Bonaparte durch sein Verhalten der Schweiz gegenüber die Grundlage für eine Friedensordnung mit sich selbst als Partner zerstörte: das Vertrauen. «Die Schweizer waren gewiss überzuversichtlich zu glauben, Bonaparte werde ihnen eigene Gesetze und eine eigene Verfassung erlauben. Solange jener General lebt, kann kein Staat in Europa hoffen etwas anderes als Kanonengesetz zu erhalten.» (25)

WORDSWORTH UND 1802

William Wordsworth hat später kaum zufällig in seinen Gedichtband zwischen zwei «September, 1802» datierte Stücke den warmen, einem Schweizer Herzen teuren *Gedanken eines Briten über die Unterwerfung der Schweiz* gerückt (26):

«Thought of a Briton on the
Subjugation of Switzerland

Two Voices are there; one is of the Sea,
One of the Mountains; each a mighty Voice:
In both from age to age Thou didst rejoice,
They were thy chosen Music, Liberty!
There came a Tyrant, and with holy glee
Thou fought'st against Him; but hast vainly striven;
Thou from thy Alpine Holds at length art driven,
Where not a torrent murmurs heard by thee.
Of one deep bliss thine ear hath been bereft:
Then cleave, O cleave to that which still is left!
For, high-soul'd Maid, what sorrow would it be
That mountain Floods should thunder as before,
And Ocean bellow from his rocky shore,
And neither awful Voice be heard by thee!»

Der bevollmächtigte Minister der Französischen Republik in London, Louis Guillaume Otto, schrieb am 11. Oktober an Talleyrand, die durch die Intervention in der Schweiz ausgelöste antifranzösische Stimmung habe «alle politischen Kommentatoren mit einer Heftigkeit ohne Beispiel gegen uns entfesselt». Robert Banks Jenkinson Lord Hawkesbury habe ihm eine nicht unterschriebene, als mündliche Mitteilung zu betrachtende amtliche Note übergeben, an die alarmierende Schaffung der Italienischen Republik, an die Annexion des Piemonts am 11. September 1802 (in Turin war die Nachricht am 21. September eingetroffen) und an die in Deutschland gezeigte Intransigenz erinnert. Er, Otto, habe – allerdings umsonst – erwidert, es sei falsch, dass die Schweizer einig seien, und Frankreich habe nur «diesen blutigen Kampf verhindern und keinen Herd des Bürgerkrieges in der Nachbarschaft lassen wollen». In der vom 10. Oktober datierten britischen Note wird, unter expliziter Berufung auf den Frieden von Lunéville, das Recht der Schweizer Kantone festgehalten, ihre inneren Angelegenheiten ohne fremde Einmischung zu ordnen (27). Wohl zwei, drei Tage früher oder später setzte in Wien Erzherzog Karl folgende Lagebeurteilung für seinen, aus Anlass eines Streits um Passau gegen Bonaparte besonders aufgebrachten, Kaiser auf:

«Eure Majestät!
Ich glaubte eine meiner theuersten Pflichten zu vernachlässigen, wenn ich nicht Eure Majestät, während es vielleicht noch Zeit ist, auf die wichtigen Beziehungen des nahe bevorstehenden Schicksals der Schweiz in Absicht auf unsere militärische Sicherheit aufmerksam machte.

Fast anderhalb Jahre nach dem Lunéviller Frieden zog endlich Frankreich seine Truppen aus der Schweiz zurück. Keine Begebenheit konnte für uns erwünschter als diese sein, und es war Alles daran gelegen, dass die Schweiz wieder zu einiger Consistenz und Ordnung gelangte, so dass sie zur Barrière zwischen uns und Frankreich dienen könne, auch nicht blos in den Händen von Anhängern der Franzosen liege.
Dies schien seit dem letzverflossenen August zu erfolgen. Die kleinen Cantone fingen an, die ihnen aufgedrungene französische Verfassung abzuwerfen und die alte herzustellen; Graubünden und alle östlichen Cantone folgten nach – es kam zu einem kurzen inneren Krieg, in welchem die gute und österreichisch gesinnte Partei bald die Oberhand erhielt. Die Truppen der helvetischen Regierung wurden erst aus Unterwalden, dann von Zürich, aus dem Aargau und sammt der Regierung aus Bern vertrieben und sogar in das Pays de Vaud fast an die äusserste Grenze der Schweiz verfolgt, überall wurde die alte Verfassung hergestellt.
Frankreich schien anfänglich stillzuschweigen, die verdrängte helvetische Regierung rufte aber einseitig die französische Mediation an; man schien sie vorerst auch abzulehnen, allein sobald die Sachen zu Ende gingen, so kommt durch einen französischen Adjutanten ein Decret des ersten Consuls an, welches in gebieterischem Tone befiehlt, dass in fünf Tagen alle aufgestellten alten Obrigkeiten abgeschafft, die Revolutionsbehörden wieder an ihren Platz treten, alle bewaffneten Corps der ersteren auseinandergehen und endlich eine Consulta von Schweiz nach Paris gesandt werden sollte, um sich mit dem ersten Consul über die Mittel, Ruhe und Ordnung herzustellen, zu verabreden; das Resultat davon ist leicht vorauszusehen.
Die jetzt in Lausanne befindliche helvetische Regierung hat dieses Decret sogleich mit Dank angenommen, die eidgenössische Conferenz in Schweiz aber abgeschlagen und scheint entschlossen, (eher) Alles zu wagen, als sich diesem die ganze Schweiz vernichtenden Befehl zu unterwerfen.
Inzwischen sammeln sich bereits eine Menge französischer Truppen bei Hüningen, in Franche-Comté, Burgund, bei Genf und in der Lombardei, deren Bestimmung gar nicht verhehlet wird, dass sie in die Schweiz marschiren sollen. Die verbündeten Schweizer mögen nun einen Widerstand wagen oder nicht, so ist es wohl kein Zweifel, dass die Franzosen wieder einmal in die Schweiz einrücken werden. Im Falle des geringsten Widerstandes, der schwerlich ausbleiben dürfte und vielleicht gern gesehen wird, wird man selbe als ein erobertes Land betrachten und die französische Regierung darin den erwünschten Vorwand zu ihrem seit Langem durchscheinenden Project finden, die ganze Schweiz in Frankreich einzuverleiben, oder doch wie Cisalpinien der uneingeschränktesten Beherrschung des ersten Consuls zu unterwerfen.
Nicht zu bedenken, dass dieses Benehmen im höchsten Grade friedenswidrig ist und den ausdrücklichen Gehalt des Lunéviller Tractats auf die willkürlichste Art verletzt, so finde ich mich als Kriegsminister verpflichtet, Euerer Majestät vorzustellen, dass dieses neue Ereigniss die unseligsten Folgen für die Sicherheit unserer Monarchie haben muss, dass es in dieser Rücksicht für uns wichtiger ist als noch keines, was bisher vorgefallen, entscheidender als selbst die Einverleibung von Piemont und die Unterwerfung von Cisalpinien.

INTERESSE ÖSTERREICHS AN DER SCHWEIZER UNABHÄNGIGKEIT

Die Schweiz als im Centro und gleichsam auf dem Gipfel von Europa und mit den unbezwinglichsten inneren Positionen versehen, sichert einem mächtigen Besitzer die Herrschaft von Italien und Deutschland. und Euerer Majestät Erbstaaten sind beim ersten Schlag am Rande des Abgrundes, der Feind nicht nur an unserer Grenze, sondern im Innern unserer Länder, ehe wir nur eine Armee zu versammeln im Stande sind.

Schwaben ist einem doppelten Einfall offen, die Franzosen grenzen dann dicht an das nun mit ihnen eng verbundene Bayern; Tyrol kann auf drei Seiten, von Bayern, von Graubünden und von Italien her angegriffen werden. Wie ist es möglich, auf solche Art selbst mit der stärksten Armee zu widerstehen? es bliebe uns nichts Anderes übrig, als uns dem Joch Frankreichs zu unterwerfen. Zudem, so abhängig auch die Schweiz in ihrer neuen Gestalt von Frankreich war, so dass sie fast als eine französische Provinz angesehen werden konnte, so ist doch zwischen dieser Abhängigkeit und der Einverleibung oder gänzlichen Unterwerfung ein grosser und mächtiger Unterschied.

Wenn Frankreich in der Schweiz in Allem und Jedem mit Schnelligkeit befehlen kann; wenn es sich nicht mehr auf die Wege der Unterhandlung beschränken muss, die immer Langsamkeit und Widerstand nach sich ziehen, beständig ein beträchtliches stehendes Heer im Lande unterhalten kann; wenn es die zahllosen festen Positionen noch durch Kunst verbessert, Festungen, Forts, Brückenköpfe u.s.w. anlegt, die Conscription einführt etc.: so wird keine menschliche Macht mehr im Stande sein, den Franzosen auf irgend einer Seite zu widerstehen, und Alles sich unter französische Befehle schmiegen müssen. Der Widerwille der Einwohner dürfte zwar, wie es scheint, diese Vortheile noch etwas schwächen; allein es ist leicht vorherzusehen, dass, sobald einmal die Unterwerfung geschehen ist, die französische Regierung alles Mögliche anwenden wird, um selbe zu gewinnen, mit anscheinenden Begünstigungen zu überhäufen und das Vergangene vergessen zu machen. Man wird die Angesehenen des Landes, die man bisher verdrängte und die sonst für Österreich gut gesinnt waren, in Stellen und Ämter setzen, weil sie allein das Zutrauen der Einwohner besitzen, und ihnen Alles zugeben, was nur mit der französischen Oberherrschaft bestehen kann. Man wird die vielen geschickten Officiers, vielleicht selbst diejenigen, welche gegen Frankreich gestritten haben, in französische Kriegsdienste aufnehmen und hervorziehen, den Handelsstand durch Erleichterungen gegen Frankreich und Italien begünstigen, den ganzen Transitohandel zwischen Deutschland und Italien aus Tyrol in die Schweiz ziehen, den Landmann aber, der keine Stütze mehr haben wird, unterdrücken und zum Recruten nehmen, sein Vieh und seine Pferde in Requisition für die Armee setzen. Welch' ungeheurer Zuwachs an Macht dadurch entstehe, wenn Frankreich nebst der vollkommenen Beherrschung der Schweiz noch eine kriegslustige und kraftvolle Nation von zwei Millionen Menschen erwirbt, ist leicht zu ermessen.

Manches Andere von dem ökonomischen Nachtheil, welchen dieses Alles für Euerer Majestät Staaten und besonders für Tyrol haben wird, wäre freilich noch beizufügen. Allein jene militärischen Betrachtungen liegen eigens in meiner Sphäre und bewegen mich, die Folgen davon Euerer Majestät unterthänigst vorzulegen und bei Euerer Majestät darauf zu dringen, dass Höchstdieselben Dero Ministern den Befehl zugehen lassen möchten, auf den Wegen der Diplomatie alles Mögliche anzuwenden, um diesem letzten Übel, welches den Ruin der Monarchie nach sich ziehen kann, zuvorzukommen.» (28)

Nun, das zum Teil manifeste, zum Teil wohl erahnte österreichische und das englische Interesse an der Schweiz musste dem auch im Frieden primär in militärischen Kräfteverhältnissen denkenden Bonaparte nur eine Bestätigung der Notwendigkeit sein, sich der Schweiz definitiv zu versichern, Lunéville und Amiens hin oder her. Der Besitz der Schweiz erschien ihm auch einen Krieg wert, einen Krieg, der – da England ihm nach solchen Erfahrungen nie mehr vertrauen konnte (29) – mit seinem Ruin oder jenem der stolzen Briten enden musste.

Bonaparte wurde in seiner Intransigenz weiter bestätigt, als er spätestens im Dezember 1802 von weniger öffentlichen englischen Demarchen erfuhr. Am 10. Oktober hatte nämlich Francis Moore von Lord Hawkesbury den Auftrag erhalten, den Schweizern für den Fall eines Widerstandes gegen die Franzosen Hilfe in Aussicht zu stellen (30). Francis Moores Entsendung war nicht etwa eine Eigeninitiative des britischen Kabinetts. Der englische Botschafter in Paris, Merry, hatte vielmehr am 3. Oktober nach London gemeldet, die Schweizer Verbündeten hätten nach dem Fall von Bern einen Vertrauensmann nach Paris geschickt, um den Ersten Konsul zur Respektierung des Selbstbestimmungsrechts zu bringen. Dieser Vertreter – gemeint ist wohl Niklaus Friedrich von Mülinen, welcher für die Berner Standeskommission vom 28. September bis zum 7. Oktober an der Seine weilte – habe Bonaparte mitgeteilt, dass sein Eingreifen in die Angelegenheiten der Schweiz weder von der Mehrheit noch von den Gutdenkenden unter den Einwohnern des Landes gewünscht werde. Am 2. Oktober habe er sich an die diplomatischen Vertreter Österreichs, Spaniens, Russlands und Preussens und auch an Merry gewandt, welchem er schliesslich eine Bitte um Waffen, Munition, Nachschubgütern und Geld übergeben habe. Aus dieser Demarche ging einerseits die Intervention bei Otto andererseits die Entsendung Moores hervor. Moore erhielt den Auftrag, sich umgehend an die Grenzen der Schweiz zu verfügen und sich zum tatsächlichen Sitz der Regierung auf Schweizer Boden zu begeben. Dem Hauptverantwortlichen dort sollte er eine Kopie von Hawkesburys Note an Otto übergeben. Moore sollte den Schweizern mitteilen, König Georg III hoffe, er könne den Ersten Konsul dazu bewegen, den Versuch einzustellen, die Schweizer zum Verzicht auf ihr bewährtes und fast allgemein zurückersehntes Regierungssystem zu bringen. Sollte entgegen den Wünschen des Königs Frankreich auf seinen in der Proklamation des Ersten Konsuls angekündigten Zwangsmassregeln bestehen, hatte Francis Moore den Auftrag, sich über die Pläne und Auffassungen des Volkes und der Elite ins Bild zu setzen und herauszubringen, welche Verteidigungsmittel das Land besitze und wie erfolgsversprechend der Widerstand (gegen Frankreich) wäre. Moore durfte die Schweizer nicht gegen ihren Willen und ihre eigene Abwägung der Erfolgsaussichten zum Widerstand ermuntern. Waren die Schweizer aber zum Kampf entschlossen, hatte er die Erlaubnis, ihnen finanzielle Unterstützung bis zu £ 200'000 in Aussicht zu stellen und ihnen bei der Beschaffung von Waffen, Munition und Verpflegung zur Hand zu gehen.
Moore wurde ausserdem ans Herz gelegt, Stärke und Lage der in der Nähe der Schweiz befindlichen österreichischen Truppen zu melden. Sollten sich die Schweizer vor Moores Eintreffen im Lande bereits unterworfen haben, hatte er in der Nähe der Grenze Wohnsitz zu nehmen und die weiteren Befehle des Königs abzuwarten. Francis Moore traf – einen Tag nach der Selbstauflösung der Tagsatzung – am 27. Oktober in Konstanz ein und erfuhr am

Abend des 31. durch den wieder ins Exil getriebenen Niklaus Franz Bachmann von der Unterwerfung der Tagsatzung unter das französische Diktat. Sogleich schickte Moore den ihn begleitenden *King's Messenger* namens Shaw auf den Weg nach London, wo sich Hawkesbury am 25. November zur Abberufung entschloss.

Auch während der Mission Moores machte man sich in England keine Illusionen. Charles, erster Marquis Cornwallis, schrieb am 27. Oktober 1802 in einem Brief an Generalleutnant Ross: «Wenn die Emanzipation der Schweiz das Ziel ist, so kann es nur durch eine furchteinflössende Koalition auf dem Kontinent, nicht aber durch unsere Flotte oder die Eroberung einiger französischer Inseln in Westindien erreicht werden.» Eine solche Koalition war nur denkbar, wenn sich Österreich entschloss, über Passau zum Schwert zu greifen (31). In den Kulissen- oder vielmehr Schloss-, Bad- und Landsitzgesprächen mit dem Ziel, William Pitt zur Rückkehr ins Amt des Premierministers zu bewegen, wurde zwischen ihm und James Harris, erstem Earl von Malmesbury, die Frage erwogen, ob es nicht klüger sei, Pitt nehme erst nach der voraussichtlich wenig ehrenvollen Erledigung der Schweizer Angelegenheit, frei von Verantwortung dafür, die Führungsposition wieder ein.

Das waren Gedanken der zweiten Novemberhälfte. Für den ganzen Monat lässt sich sagen, dass Krieg in der Luft lag. Lord Auckland, persönlich zwar anderer Meinung, schrieb am 5., Bonapartes herausfordernde Sprache gegenüber England und Österreich, seine Drohungen gegenüber Portugal, seine Einmischung in die Angelegenheiten der Schweiz habe die Minister befürchten lassen, ein Bruch werde unvermeidlich, weshalb sie die Räumung Maltas, des Kaps der Guten Hoffnung, Demeraras (heute ein Teil von Guyana) und so weiter suspendiert hätten. Tatsächlich suspendierten die Minister Georgs III die Räumung der gemäss dem Frieden von Amiens an Frankreich und Holland zurückzugebenden Überseegebiete, weil sie bereit waren, es über der Schweizer Frage zum Krieg kommen zu lassen, allerdings, wir haben es den Instruktionen Moores entnommen, nur im Falle die Schweizer entschlossen waren, sich gegen die Franzosen kraftvoll zur Wehr zu setzen.

An Marquess Wellesley, den Generalgouverneur von Indien und Bruder des nachmaligen Herzogs von Wellington ging jedoch am 14. November 1802 bereits ein amtlicher Widerruf ab. Der private Begleitbrief Lord Hobarts erklärte ihm die Gründe für das Auf und Ab: Als England bei der französischen Regierung für die Schweiz interveniert habe, sei die Überzeugung gewesen, die Schweizer hätten Mittel gefunden, sich dem entsetzlichen Unterwerfungsversuch Bonapartes zu widersetzen, zumal der Kaiser damals stark dazu geneigt habe, Passau *manu militari* zu behaupten. «In einer solchen Lage der Dinge wurde es für nicht unwahrscheinlich erachtet, dass die Intervention dieses Landes die Pläne des Ersten Konsuls für den Kontinent wirksam in Griff bekommen könnte und man entschloss sich, den Versuch sogar auf die Gefahr einer Wiederaufnahme der Feindseligkeiten hin zu machen; ...» Jetzt aber habe sich die Schweiz unterworfen, der Kaiser sich in die Verhältnisse geschickt. William Pitt selber liess Premierminister Henry Addington wissen, er zweifle, ob es klug sei, über der Schweizer Frage mit Frankreich zu brechen, und war am 15. November überzeugt, dass «keine Hoffnung mehr auf Widerstand in der Schweiz» bestehe. Malmesbury sprach am 21. November mit Pitt und stellte diesem die Vorteile vor, welche eine Amtsübernahme nach der, wahrscheinlich leider kurzen, Pause biete, welche auf die Bereinigung der (diplomatischen) Intervention in Sachen Schweiz folgen werde. Diese Bereinigung werde entweder eine Konzession oder ein Rückzieher – «Pitt sagte <ein Rückzug>» – sein. Während hier parlamentarische Politik gemacht wurde, zog, am 18. November 1802, Lord Sheffield die Bilanz des Friedens von Amiens und schrieb an Lord Auckland: «Es scheint mir jetzt etwas schwach gewesen zu sein, ihm (Bonaparte) zu vertrauen und anzunehmen, er werde es als in seinem Interesse liegend erachten, Frieden zu halten und er könne, wenn er nicht Deutschland und so weiter zum Kriegsschauplatz habe, nicht eine so grosse Flotte und eine entsprechende Armee mit den Mitteln Frankreichs unterhalten. Das Gegenteil ist bewiesen und, dass nichts die Ausführung seiner boshaften Vorhaben verhindern kann. ... Krieg ist ein verzeifeltes Heilmittel, aber ich fürchte, der Friede, dieser Friede von Amiens werde sich als tödliche Linderung erweisen. Ich bin erstaunt, dass Bonaparte politisch so unklug gewesen sein soll, so bald zu zeigen, was er ist. Hätte er uns ein oder zwei Jahre geschmeichelt, wäre unsere Täuschung vollkommen gewesen und wir hätten keine Aussicht auf wirksamen Widerstand gehabt.» (32)

Lord Sheffields Verdikt entsprach durchaus der Mehrheitsmeinung des neugewählten Parlaments. Dieses war am 16. November zusammengetreten. Bereits die Voten für die Nomination des Sprechers des Unterhauses erwähnten die «crisis» und sprachen vom Schicksal des Vereinigten Königreichs und Europas, das in der Waagschale liege. König Georg III sprach in seiner Thronrede am 23. November von der Interdependenz der Entwicklungen in andern Staaten und in seinem Reich. Wesentliche Veränderungen in den Verhältnissen anderer Staaten untereinander und in ihrer Stärke könnten ihm nicht gleichgültig sein. Es sei nötig, das für die Erhaltung des Friedens Bestmögliche zugunsten der Sicherheit zu tun. Lord Arden betonte die Grenzen, die eine durchdachte Politik der Konzessionsbereitschaft setzen müsse, Viscount Nelson sprach von «ruhelosem und ungerechtem Ehrgeiz bei denen, mit welchen wir ehrliche Freundschaft halten wollten», der Marquis von Abercorn sprach vom ausserordentlichen Machtzuwachs des ehrgeizigen Feindes. Der Earl von Carlisle gab seiner Freude über den Gesinnungswandel des Ministeriums Addington Ausdruck, das allerdings der Annexion des Piemonts und der französischen Expedition nach Westindien untätig zugesehen habe. Lord Grenville, nachmals Premierminister, sprach vom masslosen, die Freiheiten der Menschheit gefährdenden Ehrgeiz der französischen Regierung. Das Ministerium habe allerdings der Ausdehnung des französischen Macht- und Einflussbereichs tatenlos zugesehen und sei vollkommen unfähig, eine grosse Nation in schwierigen und gefährlichen Zeiten zu regieren. «In unserer Verrücktheit für einen hohlen Frieden haben wir Befehle ausgesandt, all unsere Eroberungen dem Feind zu übergeben.» «Frankreich hat seine systematischen Eroberungen und Vergrösserungen fortgesetzt und dieses System haben wir jetzt vor unserer Haustür. Ist jemand so verrückt, sich auch nur einen Augenblick einzubilden, dass Frankreich Grossbritannien gegenüber mehr Gunst beweisen werde als gegenüber dem Piemont, der Schweiz etc.» «Eure einzige Hoffnung ist eine starke Verteidigung. ... die Energie und der

Geist Grossbritanniens können die Staaten des Kontinents zu einem ruhmreichen Ringen fortreissen, zu einem Ringen für ihre Freiheit und Unabhängigkeit.» Das war der Ton des Oberhauses. Die Unterhausdebatte über die Thronrede eröffnete der Abgeordnete Trench. Er erklärte, es wäre «extremely absurd» die Übergriffe der französischen Regierung auf die Unabhängigkeit anderer Nationen nicht als beunruhigend zu betrachten, es gelte aber die Art und Weise einer britischen Intervention und das Mass ihrer Abstimmung mit anderen Mächten sehr sorgfältig zu erwägen. Der Abgeordnete Cartwright sah in der Bereitschaft für alle Fälle die beste Gewähr für einen dauerhaften Frieden. Ein Gerücht spreche von einer Protestnote die Schweiz betreffend. So sehr er auch «die Leiden jenes tapferen Volkes beklage» könne er eine solche Intervention doch nicht billigen. Es habe sich dabei entweder um eine unnötige Provokation zum Krieg gehandelt oder zu einem kleinmütigen Rückzieher geführt. Sir John Wrottesley zeigte sich überzeugt, dass die jüngsten Begebenheiten auch den Ungläubigsten klar gemacht hätten, dass die französische Regierung nicht so friedlich eingestellt sei, wie man vor nicht allzu langer Zeit zuversichtlich behauptet habe. «In einer kurzen Zeitspanne hat man jene Regierung dem (Heiligen Römischen) Kaiser arrogant diktieren, ihrem schon übergrossen Gebiet Parma hinzufügen und kühn eingreifen gesehen, um die tapferen Schweizer daran zu hindern, sich in Freiheit zu konstituieren, ein Akt, der zu den schrecklichsten der neueren Geschichte gehört. Man hat in der Tat behauptet, das Ministerium sei gegen dieses Vorgehen vorstellig geworden.» Wenn das so sei, möge die Regierung den Text der entsprechenden Note auf den Tisch des Hauses legen. Er hoffe, sie sei so ausgefallen, dass die Nation darauf stolz sein könne, obwohl sie die gewünschte Wirkung verfehlt habe, sei doch die Schweiz jetzt von mehr als 40'000 französischen Soldaten überrannt worden und ihre besten Patrioten teilten im Kerker das Los Toussaints. Der Abgeordnete Pytches hatte dagegen nicht die leiseste Ahnung von einer französischen Feindschaft gegen Grossbritannien. Der Bewunderer der französischen Revolution und langjährige Oppositionsführer Charles James Fox ging nicht soweit. Er betonte aber die Schwierigkeit, in einem neuen Krieg bessere Ergebnisse zu erzielen als die im Frieden geräumten überseeischen Besitzungen wieder zu behändigen. Ob man nach den desaströsen Erfahrungen des letzten Krieges das Ringen wiederaufnehmen wolle ohne andere Unterstützung als die einiger Fürsten. «Die Macht Frankreichs ist unzweifelhaft zu gross; aber sie ist seit dem Frieden nicht in einem Mass gewachsen, das einen Bruch rechtfertigen würde.» Die Schwäche seiner Argumentation versuchte Fox durch Schweigen zu verdecken: «Was die Taten der französischen Regierung betrifft, die eine feindselige Einstellung gegenüber den Interessen dieses Landes an den Tag legen sollen, sage ich im Moment nichts. Sie sind nicht Gegenstand dieser Debatte ...» George Canning, der spätere Premierminister, sprach für militärische Massnahmen. Er lasse den Frieden gelten, aber der Friede habe nicht alle Fragen erledigt. So habe die Thronrede keine der notorischen Begebenheiten auf dem Kontinent, die in der Öffentlichkeit so viel Aufmerksamkeit erweckt hätten, erwähnt. «Es gab zum Beispiel keinen Menschen, der nicht mit dem Schweizer Volk in seinem Leiden sympathisierte und sich über den Geist und die Freiheitsliebe, die es an den Tag legte, freute. Das musste für Engländer so sein, die nicht wussten, wie bald sie aufgerufen würden, die selben Tugenden zu zeigen.» Es sei aber zu hoffen, das Ministerium habe jenes unglückliche Land nicht zum Widerstand aufgestachelt; und wenn, was öffentlich herumgeboten werde, der Wahrheit entspreche, habe es noch keinen weniger weisen Protest gegeben als diesen. Es sei evident, dass die Gefühle aller Stände den Schweizern zukämen, aber eine weise Regierung dürfe sich nicht von solchen Gefühlen beeinflussen oder leiten lassen. «... wenn unser Protest vorschnell kam, richtete er Schaden an, anstatt zu nützen.» Österreich sei für eine konzertierte Aktion nicht bereit, die Schweizer schon unterworfen gewesen. Man müsse für eine Bereitschaft sorgen, besonderen Krisen wie jenen der Schweiz und Maltas, aber darüber hinaus *allen* möglichen Gefahren zu begegnen. Der Unterhändler von Amiens und nachmalige Premierminister, Robert Banks Jenkinson Lord Hawkesbury, sprach für die Erhaltung des Friedens, sagte, es wäre erfreulich, weiteren Übergriffen Frankreichs den Riegel schieben zu können, betonte aber die Notwendigkeit einer vernünftigen Erfolgsprognose. Die Regierung habe die Schweiz nicht zum Widerstand aufgestachelt, noch habe sie diesen Widerstand, einmal begonnen, ermutigt. Hawkesbury schloss mit den Worten: «Unsere Politik war, was sie auch in Zukunft sein wird, unberechtigten Forderungen fremder Mächte zu widerstehen und den Frieden so lange zu bewahren wie das im Einklang mit dieser Politik möglich ist.» Nach Hawkesbury sprach William Windham: «Wir haben im Frieden die Gründe für den Krieg herausgebracht.» «Am prahlerischen Titel des Friedensstifters ist etwas so lächerlich, dass es Verachtung erweckt. ...Wenn der Erste Konsul 40'000 Mann in die Schweiz entsendet, sagt er *dem* «Regelung ihrer Angelegenheiten.» Als er Ägypten überfiel und dadurch einen Vertrag mit der Pforte brach, nannte er es Bestrafung rebellischer Paschas. Wer gegen seine Massnahmen ist, wird Friedensstörer genannt, seine Soldaten und Anhänger jedoch sind lauter Vertreter der Ordnung. Die Römer hatten einen Sprachgebrauch von dieser Art – «Ubi solitudinem faciunt pacem appellant.» («Wo sie eine Einöde hinterlassen, nennen sie es Frieden.») «Ich denke, wir sollten wohl erwägen, in welcher Lage wir sein werden, wenn der Krieg über uns kommt, und kommen wird er und zwar eher als ich zu sagen wünsche.» «Sir, wenn das Haus die Gefahr nicht sieht wie ich, wenn nicht Anstrengungen und Opfer gemacht werden wie wir sie nie zuvor gesehen haben, wenn wir nicht all diese niedrigen und unwürdigen Gedanken aufgeben, geht das Land unweigerlich seinem Verderben entgegen.» Henry Addington, der amtierende Premierminister, gab seinem Frieden von Amiens eine ganz utilitaristische Deutung. Es sei nicht unklug gewesen, die eigenen Kräfte zu schonen, da man keine Hoffnung mehr gehabt habe, Frankreichs Macht zu verringern. So schrecklich ein Krieg aber auch sei, werde er, vor die Alternative gestellt, die Ehre zu opfern oder Krieg zu führen, niemals zögern. Robert Stewart Earl Castlereagh, der nachmalige Premierminister und 1815 Mitunterzeichner der Anerkennung der Schweizer Neutralität durch die Mächte, räumte nachteilige Entwicklungen auf dem Kontinent ein, bemerkte aber, es könne nicht am Vereinigten Königreich liegen, einen Angriff für Dinge zu unternehmen, die es am wenigsten angingen. Samuel Whitbread bemerkte, Piemont und die Schweiz seien beim Friedensschluss in französischem Besitz gewesen. Deshalb könne man nicht mit piemontesischen oder schweizerischen Argumenten einen Bruch rechtfertigen.

Die Dankadresse für die Thronrede wurde am 24. November beraten. Der grosse Kämpfer für die Sklavenbefreiung, William Wilberforce, empfahl angesichts der Unzuverlässigkeit der kontinentalen Verbündeten, die Macht Frankreichs sich selbst zu überlassen. So werde sie zerfallen, angegriffen dagegen nur noch kräftiger werden. Der Abgeordnete Elliot unterstrich die Gefahren der Stunde. Die Intervention der Regierung in der Schweizer Angelegenheit sei ihm nach wie vor unklar. Dass sie aber dazu berechtigt war, stehe ausser Zweifel: «Die Annalen der Tyrannei verzeichnen, so glaube ich, keine flagrantere und unprovoziertere Aggression gegen die Rechte und Freiheiten eines mutigen, unschuldigen und misshandelten Volkes als es das Benehmen Frankreichs gegenüber den Schweizern sichtbar macht.» Allein, man hätte *früher* vorstellig werden müssen, unterstützt von sichtbaren eigenen Rüstungen und entsprechenden Arrangements auf dem Kontinent. Viele jener Abgeordneten, die für den Frieden gestimmt hätten, hätten in diesem ein Experiment gesehen und nicht erwartet, das Ministerium werde so tun, als sei dieses Experiment bereits geglückt. Europa werde offenbar vom Ersten Konsul als schöner Besitz betrachtet über den man verfügen könne. Es gebe Leute, die sagten: «Wir haben einen Überschuss von fast 4 Millionen.» Er sage: «Die Franzosen haben 400'000 Bajonette.» Auf seine Mitteilung, dass ein bewaffneter Räuber vor der Türe stehe, gäben sie zur Antwort: «Aber wir sind sehr reich.» Der gesunde Menschenverstand lasse einem darauf nur noch die Duplik: «Umso besser für den Räuber.» Es gelte nun ohne Verzug zu rüsten und durch feste, würdige, kräftige Vorstellungen in Frankreich den Versuch zu unternehmen, den Krieg doch noch zu vermeiden. Charles James Fox beklagte das Schicksal, das die Schweizer befallen habe, so schrecklich wie die beiden Teilungen Polens. Allein, die Schweiz sei zur Zeit der Friedensschlüsse von Lunéville und Amiens in den Händen der Franzosen gewesen und das französische Benehmen in der Schweiz könne deshalb nicht eine Aggression gegen Grossbritannien genannt werden. Er empfehle nicht gerade die hergebrachte Politik, sondern Wachsamkeit. Nach einem weiteren Votum Windhams konnte Premierminister Addington erklären, der Regierung gehe es darum, eine Linie der Mässigung zwischen beiden Extremen zu halten.

Die Dankadresse passierte ohne Schwierigkeiten, aber zur Ruhe kam die für den Fortbestand der Regierung gefährliche aussenpolitische Diskussion nicht mehr. Als der Voranschlag für einen Flottenbestand von 50'000 Seeleuten pro 1803 am 2. Dezember 1802 zur Debatte kam, sagte Thomas Grenville unter anderem: «Ich kann mich nicht enthalten kurz über die Schweiz zu sprechen. Mir ist gesagt worden, während der Unruhen in der Schweiz habe ein hochgestellter Gentleman in Konstanz residiert und sei fleissig mit den Häuptern des schweizerischen Aufstandes zusammengekommen. Wenn diese Anekdote richtig ist, stimmt sie nicht mit der Versicherung des Ministeriums überein, es habe die Ehre des Landes nicht verpflichtet.» In derselben Debatte sekundierte Canning in der Schweizer Angelegenheit ganz am Schluss seines Votums. Er denke, das Haus habe Anrecht auf einige Erklärungen in Sachen Schweiz. Was er wissen wolle sei, ob die Ehre des Landes verpflichtet worden sei. Was die Erhöhung des Flottenbudgets betreffe, sei er angesichts der Umstände herzlich einverstanden. Der letzte Redner der Debatte, Dr. Laurence bezeichnete die Zahl von 50'000 Seeleuten gar als völlig ungenügend.

Sechs Tage später, bei der Beratung des Armeebudgets am 8. Dezember, sagte der *Secretary at War,* er beantrage höhere Bestände und grössere Ausgaben als jemals zuvor im Frieden. Es gehe darum, den Frieden solange aufrechtzuerhalten, als dies mit der Ehre vereinbar sei, irritierende Äusserungen zu vermeiden, aber jeder feindlichen Aggression zu begegnen. «... keine Nation hat das Recht, zu erwarten, sie werde nicht belästigt, es sei denn sie besitze Verteidigungsmittel, welche es für jede Rivalin gefährlich machen, ihre Ehre zu verletzen oder ihre Rechte zu schmälern.» In der Debatte, die im Wesentlichen zugunsten der Regierung verlief, verurteilte Earl Temple die Geschäftsführung der Minister und vor allem ihr Betragen gegenüber der Schweiz. Der Abgeordnete Ryder war überzeugt, das Land könne *ohne* das erhöhte Armeebudget seiner Grösse «a long adieu» sagen: «Nachdem wir die Unterjochung der Schweizer und die fortschreitende Vergrösserung Frankreichs gesehen haben, sollten wir stillsitzen und ihm erlauben, den Rest Europas zu vertilgen, zufrieden mit dem Entgegenkommen, uns zum letzten Bissen zu machen, nach dem es schnappt?» Der Dichter Richard Sheridan sah in der Schweizer Angelegenheit den Beleg für die zunehmende Bosheit der französischen Regierung: «Sir, wenn ich die willentliche Verachtung der Unabhängigkeit einer Nation sehe; wenn ich eine perfide Missachtung der Vertragstreue sehe; wenn ich eine Macht ihre Unterstützung abziehen sehe, nur um zurückzukommen und ein Land von Freien desto sicherer in ihrer Falle zu fangen, ja, dann, sage ich, hat es einen Wechsel gegeben, und sogar einen grossen Wechsel und eine solche Macht zu beobachten ist unser Recht ... Ich für meine Person sehe in der Behandlung der Schweiz keinen Kriegsgrund. Ich sage also: erhaltet den Frieden, wenn Ihr könnt, aber ich füge hinzu, Widerstand, prompter, entschlossener, entschiedener Widerstand auf die erste Aggression, seien die Folgen was sie wollen.» Das gegenwärtige Ministerium zu stürzen, sehe er keinen Grund. Canning, der nach Sheridan das Wort ergriff, appellierte an den Realismus des Parlaments: «Betrachten wir die Welt wie sie ist, nicht wie wir glauben, sie sollte sein! Versuchen wir nicht vor unseren eigenen Augen zu verstecken, in den Augen jener zu verkleinern, die auf unsere Beratungen als Orientierungshilfe blicken, welch wirkliche, unmittelbare und schreckliche Gefahr uns bedroht, erwachsen aus der übergross gewordenen Macht, dem unverschämten Geist und, mehr noch, dem unversöhnlichen Hass unserer natürlichen Rivalen und Feinde! Vergnügen wir uns nicht mit der eitlen Vorstellung, unsere Grösse und unser Glück als Nation liessen sich voneinander scheiden. Nichts dergleichen! Diese Wahl steht uns nicht zu Gebote. Wir finden, wie mein ehrenwerter Freund (Mr. Sheridan) treffend beobachtet hat, keine Zukunft in der Kleinheit. Wir müssen uns als das behaupten, was wir sind, oder aufhören eine politische Existenz zu haben, die sich zu bewahren lohnt.» Dem Ministerium warf Canning vor, die Ehre des Landes durch seine übereilte, zur Unzeit vorgetragene, nicht genügend durchdachte und schlecht unterstützte Intervention zugunsten der Schweiz in die Waagschale geworfen, dadurch aber nur das Unglück der Schweizer beschleunigt und verstärkt zu haben. Fox verteidigte den Protest der Regierung in Sachen Schweiz und unterstrich, Proteste könnten angewandt werden, wenn man einen Krieg für unzweckmässig halte. Das Benehmen Frankreichs der Schweiz gegenüber berühre die Gefühle aller stark und niemanden stärker als ihn selbst, aber einen Angriff auf das Vereinigte Königreich stelle es nicht dar. «Sind 20'000 zusätzliche Mann auf unsere Kosten ein Heilmittel für den französischen Angriff auf die Schweiz?» Einige Friedensjahre würden dem Vereinigten Königreich erlauben, den Krieg mit mehr Mitteln wiederaufzunehmen, die Ressourcen Frankreichs aber nicht im selben Umfang wachsen lassen. Premierminister Addington unterstrich, dass die Erwerbungen Frankreichs in den österreichischen Niederlanden, sein Einfluss in Holland, Spanien, Italien, der Schweiz und in Wahrheit auf dem ganzen Kontinent, die Notwendigkeit einer stärkeren Rüstung genügend unterstrichen. Und in dieser Frage folgte ihm das Parlament (33).

An der Seine war mittlerweile klar geworden, dass Bonaparte gar nicht daran dachte, englischen Forderungen in Bezug auf die Schweiz nachzugeben, im Gegenteil. Am 4. November 1802 ging ein Brief des Ersten Konsuls an Talleyrand, der zuhanden der Engländer vor allem feststellte, das der Friede von Amiens nicht von der Schweiz spreche und England deshalb kein Recht zu diesbezüglichen Begehren habe, und dass er nicht dulden werde, dass England sich in Schweizerdinge mische, weil sonst nur ein neues Jersey entstehen würde, wo man gegen Frankreich intrigiere (34). Dass der sichtbare Wortbruch zwar Lunéville betraf, aber das Vertrauen in Amiens mit zerstören musste, vermochte der korsische Machtmensch nicht zu sehen oder er betrachtete dies als einen durch militärische Gewalt reparierbaren Schaden. Die ganze Vorstellung von Vertragstreue war ihm fremd, sobald er sich in der Rolle des Stärkeren glaubte. In seiner Ansprache an die Schweizer in Saint-Cloud am 11. Dezember 1802 verwendete Bonaparte ähnliche Ausdrücke, wurde aber noch klarer: «Ich kann nicht dulden, dass die Schweiz ein zweites Guernsey in der Nachbarschaft des Elsass werde. ... Ihr habt gesehen ... dass ein Emissär Londons in Konstanz Euren letzten Aufstand verursacht hat. Es ist nötig, dass, was Frankreich angeht, die Schweiz wie alle Nachbarländer Frankreichs französisch sei ...» (35)

Bonapartes Politik der vollendeten Tatsachen in der Schweiz, seine als Vermittlung getarnte Neuunterwerfung des Landes *manu militari,* war nicht der einzige, aber sie war ein wesentlicher Grund für die Wiederaufnahme des Krieges durch England. Bonapartes arroganter Auftritt vor den Schweizern fand Eingang in einen Brief, den die damals in Paris weilende Lady Bessborough an Lord Granville richtete: «In einer stündigen Ansprache sagte er ihnen zunächst, sie könnten sich mit Ruhm bedecken (nämlich ein Departement Frankreichs werden; das rät er ihnen aber nicht an, er erwähnt es nur). Er rät ihnen, eine Bundesrepublik mit einem Ausländer als Chef einzurichten; ... fügt aber hinzu, er habe schon zu viel zu tun und könne die Aufgabe nicht übernehmen.» Solcher und ähnlicher Unsinn hatte natürlich auf Menschen keine Wirkung, die sich im Unterschied zu den Schweizern von 1802 ausser Reichweite des Ersten Konsuls wussten. Allerdings wurde durch die Einsicht in die Satellisierung der Schweiz und das Fehlen jeder inneren Vertragstreue bei Bonaparte Englands strategische Lage nicht besser. Canning war am 2. Februar 1803 tief pessimistisch und schrieb: «Ich sehe ... keine Hoffnung: Holland wird der Schweiz folgen, Malta dem Kap. Und die nächste Parlamentssession (wenn wir als unabhängiges Land so lange überleben) wird mit derselben Erwartung eines besseren Systems beginnen und mit der gleichen Enttäuschung enden.» Sieben Tage nachdem Canning diese schwarzen Worte zu Papier gebracht hatte, unterstrich Lord Hawkesbury in einer Instruktion für Lord Charles Whitworth in Paris, es sei klar, dass der Friede von Amiens *rebus sic stantibus* («with reference to the then existing state of things») geschlossen worden sei, und zu diesen damals existierenden Dingen habe auch die

Lunéviller Garantie der schweizerischen und der holländischen Unabhängigkeit gehört. Seine Majestät könne entsprechend den seither vorgenommenen Annexionen Kompensationen verlangen. Dahinter stand der britische Wille, insbesondere Malta zu behalten. Weil man Bonaparte nicht mehr trauen konnte, krallte London sich an der strategisch gelegenen Insel fest und weil man sich festkrallte, verschlechterten sich die Beziehungen mit Frankreich in einem fort. Am 20. April 1803 berichtete Whitworth über eine Verhandlungsrunde mit Joseph Bonaparte nach Hause. Whitworth erklärte dem Bruder des Ersten Konsuls, bei der Einräumung Maltas an England für eine bestimmte Anzahl Jahre und bei gleichzeitiger Räumung von Holland und der Schweiz und Kompensationen für den König von Sardinien, komme die britische Anerkennung der neuen, von Bonaparte eingerichteten, italienischen Staaten in Frage. Hawkesbury gab Whitworth am 23. April zur Antwort, Georg III könne nur bei einer Einräumung von Malta für wenigstens zehn Jahre (nach welcher Zeit die Insel den Einwohnern übergeben werden solle), bei Abtretung Lampedusas durch das Königreich Sizilien, bei rascher Räumung Hollands und Bestimmungen zugunsten des Königs von Sardinien und der Schweiz einen Ausgleich mit Frankreich beschliessen. Dies sagte Whitworth am 26. April, 16.00 Uhr, zu Talleyrand, der erwiderte, der Einräumung Maltas an England stimme der Erste Konsul nicht zu. Whitworth kündigt Talleyrand seine Abreise an und doppelt am 29. April mit der Bemerkung nach, sogar Krieg sei dem Schwebezustand in dem England, ja ganz Europa gehalten werde, vorzuziehen. Hawkesbury schrieb am 7. Mai seinem Mann in Paris, Georg III halte angesichts der ungenügenden französischen Antwort an seinem Ultimatum fest und wenn nicht auf dieser Grundlage ein Abkommen ausgehandelt werden könne, dürfe Whitworth auf keinen Fall länger als 36 Stunden nach dem Empfang dieser Instruktion mehr in Paris bleiben. Am 9. Mai, 12.00 Uhr hatte der Kurier Sylvester dieses Schreiben in die Hände Whitworths gelegt. Dieser fertigte eine Note an Talleyrand und eine Kopie des Ultimatums an, welches lautete:

«PROJEKT.

I. Die französische Regierung verpflichtet sich, der Abtretung der Insel Lampedusa an Seine Majestät (Georg III) durch den König von Sizilien keinen Widerstand entgegenzusetzen.

II. Entsprechend dem gegenwärtigen Zustand von Lampedusa bleibt Seine Majestät solange im Besitz der Insel Malta, bis die nötigen Vorkehrungen getroffen sind, um Lampedusa zum Flottenstützpunkt zu machen. Danach wird die Insel Malta den Einwohnern überlassen und als unabhängiger Staat anerkannt.

III. Die Gebiete der Batavischen Republik werden durch die französischen Truppen innert Monatsfrist nach dem Abschluss einer Konvention geräumt, die von den Grundsätzen dieses Projekts ausgeht.

IV. Der König von Etrurien und die Italienische sowie die Ligurische Republik werden von Seiner Majestät anerkannt.

V. Die Schweiz wird von den französischen Truppen geräumt.

VI. Der König von Sardinien erhält in Italien eine passende territoriale Abfindung.

GEHEIMARTIKEL

Vor dem Ablauf von zehn Jahren wird die französische Regierung von Seiner Majestät die Räumung Maltas nicht verlangen.

Die Artikel IV., V. und VI. können gesamthaft weggelassen oder ausnahmslos eingefügt werden.»

Unwillkürlich denkt bei diesem Geheimartikel der schweizerische Leser an den Geheimartikel VI von Campoformio, in welchem am 17. Oktober 1797 die österreichischen Unterhändler General Bonaparte die antizipierend so genannte «République helvétique» preisgaben. England war also 1803 wie Österreich 1797 bereit, die Schweiz preiszugeben. Allein, was die geschwächte Habsburgermonarchie 1797 wirklich tat, bot das stolze Inselreich 1803 nur scheinbar an, denn Bonaparte musste jedes Interesse an der Anerkennung seiner italienischen Schöpfungen haben, umso mehr als diese starke maritime Interessen hatten und deshalb ökonomisch auf den Frieden mit der ersten Seemacht angewiesen waren. Festzustellen bleibt jedoch, dass auch das englische Kabinett bereit war, die Schweiz unter bestimmten Umständen zu opfern. Talleyrand spielte nun mit dem englischen Diplomaten ein Versteckspiel, um Zeit zu gewinnen. Als er sich zu einer Besprechung mit Whitworth herbeiliess, fragte er diesen, ob er bereit sei, eine Konvention auf der Grundlage seines Projektes abzuschliessen, aber mit einer Kompensation für Frankreich bei dauerndem Besitz Maltas durch England. Davon wollte der Brite nichts wissen, da eine solche Verhandlung auf Austausch und nicht, wie nötig, auf die Gewährung von Satisfaktion und Sicherheit für Georg III aus sei. Talleyrand, über die von ihm ins Spiel gebrachte Kompensation befragt, konnte oder wollte sich nicht äussern, versprach aber die Mitteilung für die kommenden Stunden. Die Mitteilung unterblieb, Withworth erhielt am 12. Mai 1803, 17.00 Uhr nach zweistündigem Verlangen die erforderlichen Pässe und reiste ab. König Georg III erliess am 18. Mai 1803 die Kriegserklärung. Wie in einem parlamentarischen Staat mit Pressefreiheit nicht anders zu erwarten, ging der Souverän detailliert auf seine Gründe für den Bruch mit Frankreich ein. Die Art, wie der Erste Konsul die Schweiz behandelte, gehörte wesentlich dazu: Die Franzosen «sind in einer Friedenszeit ins Gebiet der Schweizer Nation eingefallen, haben ihre Unabhängigkeit verletzt und dies entgegen dem Vertrag von Lunéville, in welchem ihre Unabhängigkeit und ihr Recht, ihre Regierungsform selbst festzulegen, stipuliert worden war. Sie haben Piemont, Parma, Piacenza zu Frankreich geschlagen … Im vergangenen Monat Oktober haben die ernsten Bitten der Schweizer Nation Seine Majestät bewogen, bei der französischen Regierung vorstellig zu werden, um die (der Schweiz) drohenden Übel von diesem Land abzuwenden. Die massvollsten Ausdrücke werden verwendet und abgeklärt, welches unter den damals obwaltenden Umständen, die wirkliche Lage und die Wünsche der Schweizer Kantone und die Gefühle der andern Kabinette Europas seien.» Bedauerlicherweise sei bei den betroffenen Mächten keine Neigung festzustellen gewesen, den wiederholten französischen Vertragsbrüchen und Gewalttätigkeiten entgegenzutreten. Der Friede von Amiens könne nicht, wie die Franzosen seit etwa jener Zeit behaupteten, isoliert betrachtet werden, er sei vielmehr wie üblich *rebus sic stantibus* geschlossen worden. Georg III «hat keine Absichten, sich in die inneren Angelegenheiten irgendeines anderen Staates zu mischen, keine Eroberungs- und Vergrösserungspläne. Er wird allein vom Sinn für die Ehre seiner Krone und die Interessen seines Volkes geleitet und vom Bestreben, den weiteren Fortschritt eines Systems zu hemmen, das sich, wenn ihm kein Widerstand entgegengesetzt wird, als für jeden Teil der zivilisierten Welt tödlich erweisen kann.» (36)

England ergriff 1803 unter anderem wegen Bonapartes Besetzung der Schweiz gegen Frankreich zum Schwert. Wieder in die Scheide kam die einmal gezückte Waffe, als Napoleon 1815 nach seinem zweiten und endgültigen Sturz der Insel Sankt Helena entgegensegelte und die Eidgenossenschaft das 1802 begonnene Werk aus eigener Kraft im Bundesvertrag von 1815 zum Abschluss brachte, die entbehrten abgerissenen Teile des Corpus Helveticum, das Wallis, Neuenburg und Genf als Kantone aufnahm, die durch Helvetik und Mediation verkleinerten Kantone Bern und Uri mit den neuen Ständen Aargau, Tessin und Waadt endgültig aussöhnte. Um den Preis eines Durchmarsches alliierter Truppen mit einer letzten massiven Gefährdung der eidgenössischen Eintracht 1813 und mit einer Teilnahme am Krieg gegen Frankreich 1815 hatte die Schweiz die Anerkennung ihrer Neutralität durch die Mächte erworben.

Was war nicht alles bis dahin geschehen? Der Kampf um die Seeherrschaft, entschieden am 21. Oktober 1805 vor Kap Trafalgar, der Versuch Napoleons, England durch einen kommerziellen Boykott, die Kontinentalsperre, zu ruinieren, die Kriege, die er zu diesem Zweck führen musste und die seine Heere zuletzt in den spanischen Sierras und in den russischen Einöden ihre Grenzen finden liessen, der Aufstand der nur durch Gewalt unterdrückten Völker bzw. im Falle der Schweizer von 1813, die fehlende Lust, dem Räuber des Wallis und dem Mann, der die Blüte der ihrem Vaterland abgezwungenen Schweizer Soldaten an der Beresina hatte zugrunde gehen lassen, den Rücken zu decken. Der letzte Grund dieser ganzen ungeheuren Ereigniskette ist die jedermann *ad oculos* demonstrierte Unmöglichkeit, Bonaparte zu vertrauen, sein zynischer Bruch des Friedens von Lunéville gegenüber der Schweiz. Wer tut, was er will, wenn er nur stark genug zu sein glaubt, weckt am Ende in seinen Opfern den Willen, ihn ein für allemal auszuschalten, weil es zu gefährlich wäre, ihn auf die Dauer zu dulden. Dieser Wille wird ihn oder seine Schöpfungen und Geschöpfe am Ende überwinden, denn es ist nichts als der uralte, ewige, unüberwindliche, göttliche Wille zur Freiheit.

Anmerkungen I

1 Alain Berlincourt und andere, Der Weg ins Grauholz, Zürich: Gesellschaft für Militärhistorische Studienreisen, 1992, 4. Man vergleiche diese Broschüre auch für den ganzen Abschnitt.

2 David Müslin, Communions- und Fest-Predigten, Zweyter Theil, Zweyte Auflage, Bern: Haller, 1816, 440, 441
Herrmann, Aufstieg, 708, 709
«Le présent traité de paix sera déclaré commun aux Républiques Batave, Cisalpine, Helvétique et Ligurienne. Les parties contractantes se garantissent mutuellement l'indépendance desdites Républiques, et la faculté aux peuples qui les habitent d'adopter telle forme de gouvernement qu'ils jugeront convenable.»

3 Mahan, Sea Power, 38-40
«The eleventh article of the treaty guaranteed the independence of the Dutch, Swiss, Cisalpine and Ligurian republics. In its influence upon the future course of events this was the most important of all the stipulations. It gave to the political status of the Continent a definition, upon which Great Britain reckoned in her own treaty with France a few months later; and its virtual violation by Bonaparte became ultimately both the reason and the excuse for her refusal to fulfil the engagements about Malta, which led to the renewal of the war and so finally to the downfall of Napoleon.»
Diese Auffassung hat sich gehalten, wie z.B. Christopher D. Halls Präsentation der Dinge zeigt: «The British declaration of war on 18 May 1803 was a response to the creeping expansionism of France, yet the ministers concerned were the same as those who had eagerly grasped the Peace of Amiens the previous year. They had concluded in the interim that peace with Bonaparte was too dangerous in the light of French power in northern Italy, Switzerland and the Low Countries, ...»
(Hall, Strategy, 102)

4 Napoléon Ier, tome VII, 23, 24
«Paris, 24 pluviose an IX (13 février 1801).
Il faudrait, Citoyen Ministre, s'empresser d'entamer une négociation avec l'Helvétie, par laquelle elle nous céderait tout le Valais jusqu'à Brigg, et le Simplon jusqu'au Novarais, afin que cette route fût toujours libre pour la République. Nous céderions à l'Helvétie les pays que nous a donnés l'Empereur par le traité de Lunéville.
Bonaparte.»

5 Napoléon Ier, tome VII, 40, 41
«Paris, 2 ventôse an IX (21 février 1801).
Article 1er. — Il sera établi sur le Simplon et le mont Cenis un hospice pareil à celui qui existe sur le grand Saint-Bernard; ces hospices seront servis par des religieux du même ordre que ceux du grand Saint-Bernard. Il ne pourra y avoir moins de quinze personnes dans chaque hospice, et les religieux seront soumis à la mème discipline et tenus à observer les mêmes devoirs envers les voyageurs que ceux de grand Saint-Bernard.

Art. 2. — Les hospices du grand Saint-Bernard, du Simplon et du mont Cenis ne formeront qu'une seule maison, sous les ordres du même supérieur.
Art. 3. — Chacun des Gouvernements piémontais et cisalpin dotera l'Ordre du grand Saint-Bernard de biens fonds rapportant 20,000 francs de revenus. Cet Ordre entrera en jouissance de ces biens le 1er germinal prochain.
Art. 4. — Le ministre de l'intérieur de la République française fera verser dans la caisse de cet Ordre 20,000 francs dans le courant de germinal, et 20,000 francs dans le courant de messidor prochain, époque à laquelle ces deux hospices devrout être en pleine activité. Les sommes seront employées à la construction et établissement de ces deux hospices.
Art. 5. — Le général Turreau, chargé d'ouvrir une communication entre le Simplon et la Cisalpine, les préfets du Léman et du Mont-Blanc donneront à l'Ordre toutes les facilités nécessaires pour la construction et l'organisation de ces deux hospices.
Art. 6. — Les ministres de l'intérieur et des relations extérieures sont chargés, chacun en ce qui le concerne, de l'exécution du présent arrêté.
Bonaparte.»

6 Napoléon Ier, tome VII, 74
«Paris, 16 ventôse an IX (7 mars 1801).
Je vous renvoie, Citoyen Ministre, vos mémoires sur l'Helvétie. Les arrangements proposés de part et d'autre me paraissent très-convenables; mais il est un principe auquel le Gouvernement ne peut pas déroger: c'est de ne céder à une autre puissance un pouce de terrain qui serait constitutionnellement réuni; à plus forte raison ne cé-derai-je pas la terre de Sésigné, qui est de l'ancienne France. C'est là véritablement le cas d'appliquer les principes qui dérivent des droits de l'homme et du citoyen.
Je préfère donc que tout reste *in statu quo* sur les frontières de la Suisse et de la France; je leur demande le Valais jusqu'à une limite connue au delà de Brigg, de manière que de Genève on puisse aller, par le lac ou par la rive méridionale, à Villeneuve et de là au Simplon, en restant toujours sur le territoire français.
En compensation, nous donnerons à la Suisse le Frickthal, nous reconnaîtrons sa neutralité, et, à dater d'une époque, telle, par exemple, que six mois après l'établissement du gouvernement définitif, nous renoncerons au bénéfice du passage par le territoire suisse.
Comme je désirerais faire décréter, dans la session actuelle, la réunion du Valais à la République, je vous prie de conclure ce traité dans la décade.
Bonaparte.»

7 Napoléon Ier, tome VII, 114, 126, 127

8 Napoléon Ier, tome VII, 150
«Paris, 27 floréal an IX (17 mai 1801).
Le ministre de la guerre propose aux Consuls d'accorder à la République helvétique une somme de trois millions à compte de ce qui lui est dû pour fournitures faites aux troupes françaises, et d'assigner un fonds particulier pour cet objet.
Le troupes de la République l'ayant rétablie dans son intégrité, y joignant même une partie du Valais et les Ligues Grises, tout dommage qu'auraient occasionné à l'Helvétie les événements de la guerre se trouve compensé par les résultats, avantageux pour elle, des triomphes de la République. Bonaparte.»
Vgl. dazu Napoléon Ier, tome VII, 182
«Paris, 7 messidor an IX (26 juin 1801).
Le ministre de la guerre prie les Consuls de faire connaître si les fournitures faites par le Gouvernement helvétique aux troupes françaises stationnées sur son territoîre doivent être ou non comprises dans leur décision du 27 floréal dernier.
La Rèpublique française a défendu la Rèpublique helvétique; les comptes sont soldés.
Bonaparte.»

9 Napoléon Ier, tome VII, 202

10 Mahan, Sea Power, 71, 72;
Posselt 1803, 23-30

11 Napoléon Ier, tome VII, 281

12 Napoléon Ier, tome VII, 302

13 Mahan, Sea Power, 75
«We have seen Jacobinism deprived of its fascination; we have seen it stripped of the name and pretext of liberty; it has shown itself to be capable only of destroying, not of building, and that it must necessarily end in a military despotism.»

14 Napoléon Ier, tome VII, 342, 343
«Paris, 9 frimaire an X (30 novembre 1801).
Il est nécessaire, Citoyen Ministre, que vous donniez au citoyen Verninac des instructions sur sa conduite à tenir en Helvétie.
Tous les hommes attachés à la France se plaignent de la composition actuelle du *Petit Conseil* et des *Landammans,* et déjà ce gouvernement se montre réacteur.
Le citoyen Verninac ne doit faire aucun acte ostensible, mais faire connaître confidentiellement que je suis extrèmement mécontent de l'esprit de réaction qui paraît diriger les *Landammans* et le *Petit Conseil;* que je ne

souffrirai pas qu'on insulte à tous les hommes de la révolution, à tous ceux qui ont montré de l'attachement à la République; que j'ai vu avec peine que déjà la Gouvernement oubliait les principes de modération; que la composition du *Petit Conseil* n'était pas le résultat de l'amalgame, mais le triomphe d'un parti; que le Gouvernement actuel ne pouvait être considéré que comme une commission provisoire; qu'il n'était point légitime, puisque le corps législatif n'avait pas le droit de culbuter la diète, et que d'ailleurs le corps législatif n'était composé que de seize membres; et que c'est étrangement se jouer des nations que de croire que la France reconnaîtra la volonté de seize individus comme le vœu du people helvétique; que le rappel de tous les hommes qui ont été à la solde de l'Angleterre, sans concert avec le Gouvernement français, est une véritable insulte à l'alliance qui unit aujourd'hui les deux républiques.
Le citoyen Verninac doit donc, dans toutes les circonstances et publiquement, dire que le Gouvernement actuel ne peut être considéré que comme provisoire, et faire sentir que non-seulement le Gouvernement français ne l'appuie pas, mais même n'est point satisfait de sa composition et de sa marche. Ceci doit se faire sans écrit, sans imprimé et sans éclat.
Le citoyen Verninac doit continuer à nous donner des renseignements sur l'esprit qui anime le Gouvernement, ainsi que chaque ville et chaque canton.
Bonaparte.
Vour ferez connaître au citoyen Verninac que je ne veux point pour ministre helvétique à Paris du citoyen Diesbach, de Carrouge.»

15 Napoléon Ier, tome VII, 347
«Paris, 11 frimaire au X (2 décembre 1801).
Vous ferez connaitre, Citoyen Ministre, au général Montchoisy, commandant en Helvétie, par un courrier extraordinaire, que le Gouvernement ne reconnait point la Gouvernement actuel helvétique, et voit avec peine la réaction qui se prépare dans ce pays contre tous les amis de la France. Le général commandant en Helvétie doit donc n'appuyer aucune mesure de ce gouvernement et ne faire aucun acte de reconnaissance.
Je désire que vous fassiez connaître au général Montrichard qu'il est urgent qu'il se rende sur-le-champ en Helvétie. Bonaparte.»

16 Meyer 1802, 67

17 Napoléon Ier, tome VII, 356, 357
«Paris, 16 nivôse an X (6 janvier 1802).
Citoyen Reding, depuis deux ans vos compatriotes m'ont quelquefois consulté sur leurs affaires. Je leur ai parlé comme l'aurait fait le premier magistrat des Gaules, dans le temps où l'Helvétie en faisait partie.
Les conseils que je leur ai donnés pouvaient les conduire à bien et leur épargner deux ans d'angoisses; ils en ont peu profité. Vous me paraissez animé du désir du bonheur de votre patrie. Soyez secondé par vos compatriotes, et que l'Helvétie se replace enfin parmi les puissances de l'Europe.
Les circonstances de la guerre ont conduit les armées françaises sur votre territoire. Le désir de la liberté a armé vos peuples, et surtout ceux des campagnes, contre les privilégiés. Des événements de différente nature se sont succédé en peu d'années. Vous avez éprouvé de grands maux; un grand résultat vous reste, l'égalité et la liberté de vos concitoyens.
Quel que soit le lieu où naisse un Suisse aujourd'hui, sur les bords du Léman comme sur ceux de l'Aar, il est libre; c'est la seule chose que je voie distinctement dans votre état politique actuel.
La base du droit public de l'Europe est aujourd'hui de maintenir dans chaque pays l'ordre existant. Si toutes les puissances ont adopté ce principe, c'est que toutes ont besoin de la paix et du retour des relations diplomatiques et commerciales.
Le peuple français doit donc, autant qu'il est en lui, maitenir dans votre pays ce qui existe.
Il est vrai que vous êtes sans organisation, sans gouvernement, sans volonté nationale... Pourquoi vos compatriotes ne feraient-ils pas un effort? Qu'ils évoquent les vertus patriotiques de leurs pères. Qu'ils sacrifient l'esprit de système, l'esprit de faction à l'amour du bonheur et de la liberté publique.
Alors vous ne craindrez pas d'avoir des autorités qui soient le produit de l'usurpation momentanée d'une faction; vous aurez un gouvernement, parce qu'il aura pour lui l'opinion et qu'il sera le résultat de la volonté nationale. Toute l'Europe renouvellera ses relations avec vous. La France ne sera arrêtée par aucun calcul d'intérêt particulier; elle fera tous les sacrifices qui pourront assurer davantage votre constitution, l'égalité et la liberté de vos concitoyens; elle continuera par là à montrer pour vous ces sentiments affectueux et paternels qui, depuis

tant de siècles, forment les liens de ces deux parties indépendantes d'un même peuple.
Bonaparte.»

18 Thiers, Consulat 3, 395, 396

19 Philippson, 20

20 Napoléon Ier, tome VII, 384
«Paris, 27 pluviôse an X (16 février 1802).
J'ai reçu la lettre de Votre Majesté, du 3 décembre dernier. Le tendre intérêt que Votre Majesté prend aux affaires de l'Helvétie est tout à fait digne du caractère paternel que Votre Majesté déploie dans le gouvernement de ses États et qui la fait bénir de ses peuples. J'ai un plaisir tout particulier à faire connaître à Votre Majesté ce que j'ai pu faire pour tâcher de ramener la tranquillité chez cette bonne nation.
M. Reding, qui parait jouir d'un grand crédit parmi ses compatroiotes, est venu à Paris; je lui ai conseillé d'user de toute son influence pour concilier les différents partis, étouffer toutes les haines, afin de retrouver leur esprit national. Un sénat, composé des hommes les plus éclairés et les plus probes de toutes les factions, s'occupe de l'organisation définitive de l'Helvétie; et je suis dans l'espérance que, sous peu de mois, la nation se trouvera réorganisée et tout à fait digne de reprendere sa place parmi les nations indépendantes. Je joins ici la note des individus qui composent le sénat, ainsi que les différents articles qui m'ont paru convenir et devoir être mis à exécution. Les troupes françaises évacueront l'Helvétie dès l'instant que le sénat croira pouvoir s'en passer, afin d'éviter le retour de l'anarchie et du désordre. Je lui ai fait témoigner publiquement que je n'étais animé que du désir du bien-être de l'Helvétie, et que la France ne regarderait à aucun sacrifice pour la reconstituer avec le plus de dignité possible.»

21 Vgl. Correspondance de Frédéric César de La Harpe et Alexandre Ier, Tome I, Neuchâtel: Baconnière, 1978

22 Napoléon Ier, tome VII, 396-398

23 Wyss, Leben, 400-401
Am 20. März 1802 berichtet Wyss Sohn, der Banquier Haller in Paris habe an einen Freund geschrieben: «Je regarde maintenant l'indépendance de la Suisse comme assurée; on doit cela à l'Angleterre et à la Russie, qui se sont fortement opposées aux projets de la France et de l'Autriche, pourvu que maintenant on soit sage.»

24 Napoléon Ier, tome VII, 415-416
«Paris, 29 ventôse an X (20 mars 1802).
Il faut décider l'affaire du Valais. Vous verrez, dans ma réponse, comment j'envisage la question. Faites faire des recherches et rédigez-moi un petit mémoire sur l'ancienne organisation de ce pays et sur celle que l'on pourrait lui donner; je l'enverrai dans le pays, et tout sera terminé. Je crois que les ducs de Savoie y avaient une influence quelconque.
Quant à la constitution, il est difficile de pouvoir, dans l'éloignement où nous sommes, juger positivement. En la parcourant, toutefois légèrement, je n'ai pas vu qu'elle s'éloignât beucoup de ce qui est convenable.
Ecrivez au citoyen Verninac que, l'Helvétie n'étant point une province française, et ayant reconnu son gouvernement, je dois la laisser se gouverner à sa manière; que l'affaire qui m'intéresse est celle du Valais. Communiquez-lui la réponse que vous faites, et faites-lui connaître que, si le citoyen Reding n'est pas content du *mezzo termine* que je prends, il perdra tout.
Les deux points principaux sont: point de *sujets,* et l'indépendance du Valais en petite rèpublique. Comme affaires générales et comme affaires particulières, le citoyen Verninac doit protéger, mais d'une manière très-couverte, les hommes de la révolution, les baillages italiens, le pays de Vaud et les pays démembrés des bailliages.
J'ai signé les arrêtés de détail, hormis celui de la Batavie, que je vous renvoie, parce que je ne prendrai aucune résolution avant la paix générale.
Je vous renvoie vos papiers d'Amiens; je garde ceux relatifs à l'Allemagne.
Bonaparte.»

25 Mahan, Sea Power, 81;
Thiers, Conusulat 3, 568;
Posselt 1803, 35-49

26 Napoléon Ier, tome VII, 423

27 Napoléon Ier, tome VII, 428
«Paris, 13 germinal an X (3 avril 1802).
J'ai lu avec attention, Citoyen Ministre, la lettre de Berne, du citoyen Verninac. Vous devez lui prescrire de continuer à encourager les hommes qui ont des idées libérales, et l'engager à vous développer ses plans pour arriver au but qu'il croit facile pour donner une nouvelle influence à Dolder, Rutmann, etc., sans secousse, sans laisser voir l'influence française, et sans rien faire qui montre la force de nos troupes.
Je désire également qu'il pousse les négociations que j'avais prescrit d'entamer, et connaître positivement les protocoles qu'il aurait tenus jusqu'à cette heure.
Dans l'affaire avec les Suisses, ils doivent s'engager à se servir de nos sels, puisque, d'un autre côté, nous nous engageons à avoir un bataillon suisse à notre solde.
Bonaparte.»

28 Napoléon Ier, tome VII, 441
« Au Général Berthier, minstre de la guerre.
Paris, 30 germinal an X (20 avril 1802).
Je vous prie, Citoyen Ministre, de faire connaître au général Turreau, en lui recommandant de bien traiter les Valaisans et de bien activer les travaux de la route du Simplon, que le Gouvernement connaît les tracasseries qu'on cherche à lui faire, et qu'il est content de sa conduite.
Bonaparte.»

29 Napoléon Ier, tome VII, 446, 447

30 Napoléon Ier, tome VII, 530

31 Napoléon Ier, tome VII, 454
«La République helvétique, reconnue au dehors, est toujours agitée au dedans par des factions qui se disputent le pouvoir. Le Gorvernement, fidèle aux principes, n'a dû exercer sur une nation indépendante d'autre influence que celle des conseils: ses conseils jusqu'ici ont été impuissants. Il espère encore que la voix de la sagesse et de la modération sera écoutée, et que les puissances voisines de l'Helvétie ne seront pas forcées d'intervenir pour étouffer des troubles dont la continuation menacerait leur propre tranquillité.»

32 Napoléon Ier, tome VII, 464, 465
«Paris, 26 floréal an X (16 mai 1802).
La constitution du Valais m'est assez indifférente, Citoyen Ministre, pourvu qu'elle convienne aux Valaisans, et que tout se fasse sans que rien soit imprimé.
L'article 1er doit être ainsi conçu: Le Valais forme une république indépendante, sous la protection des républiques française, helvétique et italienne.
Art. 2. La religion catholique, apostolique et romaine, est la religion de l'Etat.
Art. 3. La grande route du Simplon est ouverte et entretenue aux frais des républiques française et italienne. Les fortifications établies ou à établir pour la sûreté de cette route seront faites par la France, qui a le droit d'établir, à ses frais, les magasins nécessaires pour assurer à ses armées le passage. Le gouvernement valaisan est tenu de faire établir une poste aux chevaux à l'instar et au même tarif que celles de France.
Aucun péage ni droit ne peuvent être mis sur cette grande route sans le consentement de la France. Chaque commune est responsable et doit maintenir la sûreté sur la portion de la route qui passe sur son territoire.
Art. 4. La république du Valais ne reçoit et n'envoie des agents qu'aux trois républiques qui la protègent.
Le reste de la constitution m'est assez indifférent; donnez carte blanche au citoyen Verninac pour l'arranger comme il le voudra et comme il conviendra aux Valaisans. Une fois convenue, un député français, un helvétique, un italien, se rendraient à Lyon pour installer le gouvernement; mais tout se ferait sans éclat et sans que rien fût imprimé.
Bonaparte.»

33 Napoléon Ier, tome VII, 473, 474
«La lettre de Votre Majesté, du 4 février, m'a été remise par M. de Markof.
Les affaires de l'Helvétie se sont encore brouillées. Ce sont des peuples qu'il est difficile d'arranger lorsqu'on ne veut pas s'y montrer avec la force, et qu'on ne veut le faire que par les conseils et les voies de douceur. J'espère toutefois que cet intéressant pays est enfin au moment d'arriver au port.»

34 Napoléon Ier, tome VII, 500-502
«Envoyez quelqu'un reconnaître comment vont les travaux du Simplon. C'est là surtout qu'il faut fixer nos regards. Ce chemin seul peut garantir Milan en cas de guerre, car nos troupes de la Bourgogne et de la Franche-Comté y gagnent beaucoup de marches. Les Valais va former une république indépendante sous la protection de la France, de l'Italie et de la Suisse, et où le passage sera libre.»
«MESSAGE A LA CONSULTE D'ÉTAT DE LA RÉPUBLIQUE ITALIENNE.
Paris, 12 messidor an Ier (1er juillet 1802).
Citoyens Consultateurs, je m'empresse de vous mettre sous les yeux la consitution de la République du Valais, et de vous communiquer l'intention où je suis, comme président de la République italienne, de mettre cette république sous la garantie de la France, des républiques italienne et helvétique, afin que l'état de la République du Valais, garanti par ces trois puissances, soit à l'abri des vicissitudes des temps et puisse toujours, en conservant une exacte neutralité, servir de point de réunion entre ces républiques.
Je vous prie donc de prendre en considération le présent message, et de me faire connaître si vous pensez que cette garantie soit avantageuse ou non à la République. Bonaparte.»

35 Charles Eckert, Vie et action d'Adrien de Lezay-Marnésia, in: Saisons d'Alsace, no. 11, été 1964, 265 ff., 275; vgl. Biographie universelle, ancienne et moderne, tome 24, Paris: Michaud, 1819, 405-407.

36 Fischer, Wattenwyl, 25-28

37 Relations diplomatiques, 565, 566

38 Th. Herzog, Das Abhängigkeitsverhältnis der Schweiz in den Jahren 1798-1803, Zürich: Kobold-Lüdi,1911, 70

39 Relations diplomatiques, 569, 570

40 Ebenda und Dejung, Rengger, 197

41 Bonaparte, Talleyrand et Stapfer 1800-1803, herausgegeben von Albert Jahn, Zürich: Orell, Füssli, 1869, 171
«Markow: On dit que les troupes françaises vont vous quitter?
Stapfer: Nous n'en avons jamais douté.
Markow: Vous êtes bien bons. Elles rentreront en plus grande force au premier moment où vos dissensions en fourniront le prétexte. On prévoit cet événement et on veut se mettre en mesure d'en profiter, avant que l'ordre chez vous soit tout-à-fait établi et consolidé.»

42 Napoléon Ier, tome VII, 532, 533
«Paris, 6 thermidor an X (25 juillet 1802).
Je vous prie, Citoyen Ministre, de faire connaître, par une circulaire, à nos ministres à Londres, Vienne, Pétersbourg, Berlin, Munich, que les troupes françaises viennent d'évacuer la Suisse, en laissant une indépendance entière et absolue à cette république; que le royaume de Naples vient d'être également évacué, et qu'Ancône a été remis entre les mains du Pape. Je désire que la nouvelle de l'évacuation de ces trois États soit annoncée avec pompe et retentisse dans toute l'Europe, comme une preuve du peu d'ambition et de la modération du Gouvernement français.
Faites connaître à notre agent près le gouvernement du Valais qu'à compter du 1er fructidor les revenus du Valais seront à la disposition du gouvernement de ce pays, et que nos troupes ne seront plus à sa charge. Je compte qu'à cette époque le pays sera organisé et le gouvernement définitivement institué. Bonaparte.»
«Paris, 6 thermidor anx (25 juillet 1802). Toutes les troupes françaises qui sont en Helvétic, Citoyen Ministre, se mettront en marche, le 11 thermidor, pour évacuer ce pays.
La 104e se rendra dans la 5e division militaire; les 73e et 85e se réuniront dans le Valais; les détachements d'artillerie et de gendarmerie rejoindront leurs corps.
Les généraux et officiers d'état-major obtiendront un congé jusqu'au 1er vendémiaire; ils conserveront leurs appointements, et à cette époque ils recevront de l'activité. Enfin il est indispensable qu'au plus tard le 20 thermidor il n'y ait plus en Helvétie de troupes françaises. Les malades seront évacués sur les hôpitaux les plus proches de l'Helvétie, ainsi que nos magasins.
Tout ce qui existe d'artillerie de modèle français, de munitions de guerre appartenant à l'armée, sera également évacué sur les arsenaux les plus proches.
Le Valais forme une république indépendante, sous la protection de la France, de l'Italie, de l'Helvétie. Nos

troupes continueront à y rester. Les troupes du Valais feront partie de la 7e division militaire; elles seront soldées, nourries par les agents de cette division.
Vous ferez connaître aus général Turreau que mon intention est qu' à dater du 1er fructidor il laisse jouir le nouveau gouvernement du Valais, qui sera probablement formé à cette époque, de la plus entière indépendance; qu'il lui restitue tous les revenus du pays, de manière que les troupes françaises ne coûtent rien aux habitants.
On lui laisse deux demi-brigades, afin qu'il puisse travailler avec le plus d'activité possible au chemin du Simplon.
Sous quelque prétexte que ce soit, les troupes françaises ne doivent plus passer désormais sur le territoire de l'Helvétie, ni dans le pays de Vaud. La route d'étape passera de Genève au Valais par la rive gauche du lac Lémon, et, par le lac, de Genève à Villeneuve.
Donnez l'ordre au général commandant la 7e division militaire de faire visiter, par un officier du génie de sa division, la route sur la gauche du Léman, et de vous faire connaître quand les voitures y pourront passer: les ponts et chaussées ont eu ordre d'y travailler depuis un an.
Les deux demi-brigades qui ont eu ordre de traverser l'Helvétie, pour se rendre d'Italie en France, passeront par le Valais ou par le Mont-Cenis.
Bonaparte.»

43 z.B. Rütsche, 275
«Samstags den 31. Juli, morgens um elf Uhr, begann der Abzug aus dem Kanton Zürich. Die französische Militärmusik brachte Sonntag abends dem Statthalter und der Municipalität ein Ständchen und spielte eine Weile zum Abschied auf der obern und der unteren Brücke. Am folgenden Tage wurden die Militärspitaleffekten in 75 Wagen nach Hüningen geführt. Die Verwaltungskammer war der Ansicht, dass dem Kanton Zürich nicht allein die ganze Last dieser Fuhren aufgebürdet werden dürfe und fordedrte von den Kantonen Baden und Aargau je 25 Wagen. Baden lieferte wirklich 16 Stück. Aargau gab eine abweisende Antwort, weil daselbst viel Artillerie weggeführt werden müsse.
Etwa 12 bis 15, hauptsächlich an venerischen Krankheiten leidende Soldaten mussten zurückgelassen werden, so dass der Militärspital noch nicht ganz eingehen konnte. Der bürgerliche Spital hatte deren Aufnahme durchaus verweigert. Am 18. August waren nur noch zwei französische Soldaten auf dem zürcherischen Gebiet.»
vgl. Wyss, Leben, 414, 415

44 Relations diplomatiques, 573, 574

45 Kuhn, Volkslieder, 1-3, 57-59

Anmerkungen II

1 Wyss, Leben, 404-408
Meyer 1802, 70
Fischer, Jenner, 221-223

2 Rengger, Schriften, 87

3 Fischer, Jenner, 40
Steinauer, Schwyz, 335-337

4 Kleist 1801/1802, 720

5 Kleist 1801/1802, 719

6 Wyss, Leben, 410, 411; vgl. Fischer, Wattenwyl, 27

7 Strickler VIII, 251-266

8 25. August 1802,
Wyss, Leben 418

9 Rovéréa, Memoires, 232

10 Briefwechsel Steinmüller-Escher, 109-111

11 Fischer, Jenner, 36
Muller, Confédération 17, 229, 230

12 Meyer 1802, 68, 69

13 Strickler VIII, 411, 412
Muller, Confédération 17, 224
Steinauer, Schwyz, 342, 343

14 Muller, Confédération 17, 225

15 Steinauer, Schwyz, 343, 344

16 Steinauer, Schwyz, 349 ff.

17 Steinauer, Schwyz, 361

18 Muller, Confédération 17, 228
Steinauer, Schwyz, 361

19 Steinauer, Schwyz, 345-347

20 Steinauer, Schwyz, 348

21 Strickler VIII, 481

22 Meyer 1802, 71, 72

23 Strickler VIII, 581, 582
Meyer 1802, 71, 72

24 Steinauer, Schwyz, 350, 351
Sehr aufschlussreich ist ein Text aus der Feder des Aargauer Regierungsstatthalters Rothpletz vom 12. August: «Der Kampf für die Sache der Freiheit, wenn es noch dazu kommen sollte, muss mit besoldeten stehenden Trup-

pen bestanden werden. Unser Volk ist zu schlaff und zu wenig aufgeklärt, um für die Vertheidigung seiner eigenen Rechte in Bewegung gesetzt zu werden, und nur in Vermehrung der stehenden Truppen findet die Regierung die ihr nöthige Kraft.» «Freiheit» ist hier natürlich das, was Rothpletz darunter versteht und «nicht aufgeklärt» ist, wer eine andere Meinung vertritt. Das Zeitalter der Ideologien hatte auch in der Schweiz begonnen! (Strickler VIII, 1155)

25 Steinauer, Schwyz, 351, 352

26 Steinauer, Schwyz, 371; Strickler VIII, 654 ff.

27 Strickler VIII, 1142

28 Strickler VIII, 684, 685

29 Briefwechsel Steinmüller-Escher, 114

30 Strickler VIII, 738

31 Stadtarchiv Aarau (St A Aa) II 159, 348, 351
Strickler VIII, 916-918

32 Strickler VIII, 741, 742

33 Steinauer. Schwyz, 359-361
Strickler VIII, 740

34 Strickler VIII, 579-592, 740-742, 762-782
Niquille, Fribourg, 49-50
Strickler VIII, 748-753

35 Strickler VIII, 916 ff.

36 Strickler VIII, 726
Paul Wernle, Der schweizerische Protestantismus in der Zeit der Helvetik, Zweiter Teil, Zürich und Leipzig: Niehans, 1942, 364-395; Bundesarchiv Bern, Helvetik, Band 3040, 246. Andermatt schreibt an Schmid, der Kommandant des 2. Linienbataillons habe in der Nacht vom 10. auf den 11. zwei Kompanien nach Zug detachiert «pour maintenir l'ordre pendant le tirage à la cible».

37 Strickler VIII, 727

38 Strickler VIII, 728

39 Strickler VIII, 728, 729

40 Strickler VIII, 729

41 Strickler VIII, 729, 730

42 Strickler VIII, 918

43 Strickler VIII, 1085, 1086

44 Strickler VIII, 1086

45 Meyer 1802, 73, 74

46 Strickler VIII, 918

47 Strickler VIII, 919

48 ebenda

49 Strickler VIII, 919, 920

50 Strickler VIII, 920, 1086, 1087

51 Strickler VIII, 920
von Flüe, Obwalden, 181

52 Steinauer, Schwyz, 371

53 Strickler VIII, 920, 921

54 Strickler VIII, 1087, 1088

55 ebenda

56 Meyer 1802, 75
Wyss, Leben, 417

57 Meyer 1802, 74
Strickler VIII, 1087
Wyss, Leben, 417

58 Strickler VIII, 1088, 1089

59 Strickler VIII, 921, 922

60 ebenda

61 Strickler VIII, 922 ff.

62 Hosang, Graubünden, 55

63 Steinauer, Schwyz, 373
Adolf Collenberg, Die de Latour von Brigels in der Bündner Politik des 19. Jahrhunderts, Bern und Frankfurt am Main: Lang, 1982, 31

64 Strickler VIII, 1156

65 Stadtarchiv Aarau (St A Aa) II 159, 351

66 Strickler VIII, 924

67 Strickler VIII, 926

68 Strickler VIII, 925

69 Strickler VIII, 1089

70 Strickler VIII, 1090, 1091

71 Meyer 1802, 75, 76
Strickler VIII, 1091

72 «Un bon génie paraît vous avoir inspiré l'idée d'envoyer de vos troupes à Zurich; ils ne pouvaient pas arriver plus à propos.»
Strickler VIII, 1091

73 Strickler VIII, 1091, 1092

74 Meyer 1802, 78

75 Strickler VIII, 1022, 1023
von Flüe, Obwalden, 182, 183,
Arnold, Uri und Urseren, 321

76 Strickler VIII, 878, 879

77 Strickler VIII, 924, 925

78 Strickler VIII, 1142

79 Strickler VIII, 926, 927

80 Strickler VIII, 866, 867

81 Strickler VIII, 1097

Anmerkungen III

1 Strickler VIII, 728-730, 755, 756

2 Strickler VIII, 745

3 Robert Durrer, Die Kunstdenkmäler des Kantons Unterwalden, Zürich: Landesmuseum, 1899-1928, 435, 436

4 Strickler VIII, 757, 758

5 Strickler VIII, 772

6 Strickler VIII, 773

7 Strickler VIII, 774

8 Strickler VIII, 776

9 Strickler VIII, 776

10 ebenda

11 Strickler VIII 776, 777

12 Strickler VIII, 778

13 ebenda

14 Strickler VIII, 778, 779

15 Strickler VIII, 780

16 Strickler VIII, 781, 782

17 Strickler VIII, 783
Schlachtenjahrzeit, 150, 157, 176, 185, 228

18 Strickler VIII, 784

19 Strickler VIII, 786

20 ebenda

21 Strickler VIII, 787

22 Strickler VIII, 788, 789

23 Strickler VIII, 789

24 Strickler VIII, 789

25 Strickler VIII, 789

26 Strickler VIII, 790

27 Strickler VIII, 790

28 ebenda

29 Strickler VIII, 872

30 Strickler VIII, 877, 878

31 Strickler VIII, 876, 877, 1069

32 Strickler VIII, 875

33 Strickler VIII, 869, 870
Schlachtenjahrzeit, 150, 157, 176, 185, 228
Von Heinrich Egger sagt der Text, er sei in «der schlacht uf der Rengg zu Altnacht wider die feinde unsrer alten fryheit» geblieben.

34 Strickler VIII, 781

35 Strickler VIII, 1091

36 Strickler VIII, 1094

37 Meyer 1802, 78-81; Baugartengesellschaft, 216

38 Strickler VIII, 1098

39 Strickler VIII, 1097, 1098

40 Strickler VIII, 1098

41 Strickler VIII, 870, 871

42 Strickler VIII, 871

43 Strickler VIII, 870-872

44 Strickler VIII, 871

45 Strickler VIII, 873, 874

46 Strickler VIII, 872

47 Strickler VIII, 872

48 Strickler VIII, 928

49 Strickler VIII, 1100

50 nicht benutzt

51 Strickler VIII, 1099, 1100

52 Strickler VIII, 1030, 1031

53 Strickler VIII, 875

54 Strickler VIII, 875

55 Strickler VIII, 1025

56 Strickler VIII, 881, 882, 883

57 Briefwechsel Steinmüller-Escher, 114, 115

58 Strickler VIII, 891

59 Strickler VIII, 1041, 1100

60 Strickler VIII, 1081

61 Strickler VIII, 1070

62 Strickler VIII, 1026, 1027

63 Effinger 1802, 225, 226

64 Edwin Züger, Alois Reding und das Ende der Helvetik, Zürich: Juris, 1977, 184
Bundesarchiv Bern, Helvetik, Band 3040, 248, 252

65 Strickler VIII, 876, 1032

66 Jürg Meister, Kriege auf Schweizer Seen, Zug: Bucheli, 1986, 154-161

67 Strickler VIII, 1031, 1032

68 Strickler VIII, 70

69 Strickler VIII, 230, 231

70 Strickler VIII, 302

71 Für die ganze Frühgeschichte der Verbrüderung zentral ist: (Rudolf von Erlach), Denkschrift über den Aufstand der Confoederirten gegen die helvetische Central-Regierung im Herbstmonate 1802, in: Helvetia, Band 1, herausgegeben von Joseph Anton Balthasar, Zürich: Gessner, 1823, 4ff.

72 Strickler VIII, 1143, 1156, 1157

73 Strickler VIII, 1081

74 Strickler VIII, 928, 929

75 Strickler VIII, 1032, 1033

76 Strickler VIII, 1143

77 Strickler VIII, 1101

78 Strickler VIII, 928

79 Strickler VIII, 1050, 1051

80 Paul Glarner und Lili Zschokke-Glarner, Aus Bad Schinznachs Vergangenheit, Aarau: Sauerländer, ohne Jahr, 97-101

81 Denkschrift (s. Anm. 71), 13, 14
Weissenfluh, 53, 54, 55, 57

82 Zschokke, Denkwürdigkeiten 3, 34

83 Rengger, Schriften, 92-94

84 Strickler VIII, 1101

85 Strickler VIII, 1102

86 Strickler VIII, 1102

87 Strickler VIII, 1102

88 Strickler VIII, 1144, 1157, 1158

89 Strickler VIII, 1209

90 Geschichtsforscher 9, 75-104
Strickler VIII, 1057

91 ebenda

92 Strickler VIII, 1033, 1034

93 Strickler VIII, 1065, 1066

94 Strickler VIII, 1064-1066

95 Strickler VIII, 1079, 1080

96 Strickler VIII, 1027, 1028

97 Strickler VIII, 1042, 1043

98 Strickler VIII, 1033

99 Strickler VIII, 1068; Denkschrift (s. Anm. 71), 15

100 Strickler VIII, 1043, 1044

101 Strickler VIII, 1056, 1057

102 Strickler VIII, 1044

103 Strickler VIII, 1047

106 Strickler VIII, 1067

107 Strickler VIII, 1045, 1046

108 Strickler VIII, 1028, 1029

109 Geschichtsforscher 9, 105-113
Strickler VIII, 1209, 1210, 1211

110 Strickler VIII, 1034

111 Strickler VIII, 1034, 1035

112 Strickler VIII, 1051, 1210
Stadtarchiv Aarau (St A Aa) II, 159, 355, 356

113 Strickler VIII, 1196, 1197
Sigrist, Solothurn, 427

114 Strickler VIII, 1158

115 Strickler VIII, 1158

116 Strickler VIII, 1103

117 Strickler VIII, 1133, 1134

118 Strickler VIII, 894

119 Strickler VIII, 892-894

120 Strickler VIII, 894, 895

121 Strickler VIII, 1051

122 Strickler VIII, 1029, 1036

123 Strickler VIII, 1036

124 Strickler VIII, 1197, 1198, 1199

125 Strickler VIII, 1054-1058

126 Strickler VIII, 1073-1075
Dierauer, Eidgenossenschaft, 132
Oechsli, Schweiz, 375

127 Strickler VIII, 1037, 1038

128 Strickler VIII, 1037, 1038

129 Denkschrift (s. Anm. 71), 16

130 Meyer 1802, 81, 82; Wyss, Leben, 419

131 Strickler VIII, 1084, 1085

132 Strickler VIII, 1103, 1104

133 Strickler VIII, 1038

134 Strickler VIII, 1038, 1039

135 Strickler VIII, 930, 1199

136 Strickler VIII, 1055

137 Strickler VIII, 1074, 1075

138 Strickler VIII, 1076

139 Strickler VIII, 1052

140 Strickler VIII, 1116, 1117

141 Strickler VIII, 1118

142 Strickler VIII, 1118

143 Strickler VIII, 1071, 1134

144 Strickler VIII, 1119

145 Strickler VIII, 1145

146 Strickler VIII, 1118

147 Strickler VIII, 1105

148 Strickler VIII, 1106

149 ebenda

150 Meyer 1802, 83

151 Strickler VIII, 1105
Erinnerungen 1802, 70-74

152 Meyer 1802, 83-86

153 Meyer 1802, 82-86

154 Strickler VIII, 1106, 1107

155 Strickler VIII, 1106-1108

156 Strickler VIII, 1078

157 Neues Berner Taschenbuch auf das Jahr 1923, herausgegeben von Heinrich Türler, Bern: Wyss, 1922, 143, 144

158 Stadtarchiv Aarau (St A Aa) II 159, 358

159 Strickler VIII, 1199, 1200

160 Strickler VIII, 1211

161 Strickler VIII, 1081

162 Strickler VIII, 1194

163 Strickler VIII, 1048

164 Ludwig Meyer von Knonau, 147, 148

165 Strickler VIII, 1079

166 Meyer 1802, 88

167 Meyer 1802, 89, 90

168 Meyer 1802, 90, 91

169 Meyer 1802, 91

170 Strickler VIII, 1109

171 Meyer 1802, 94, 95

172 Meyer 1802,98; Strickler VIII, 1109, 1110

172 Strickler VIII, 1052, 1053, 1058

174 Strickler VIII, 1039

175 Strickler VIII, 1212

176 Strickler VIII, 1200

177 Ludwig Meyer von Knonau, 149

178 Strickler VIII, 1110, 1111

179 ebenda

180 Strickler VIII, 1109

181 Wyss, Leben, 420-421

182 Meyer 1802, 99-103

183 ebenda

184 Strickler VIII, 1108
Strickler IX, 37 - 39

185 Meyer 1802, 106

186 Strickler VIII, 1053

187 Strickler VIII, 1132, 1133

188 Strickler VIII, 1112

189 Effinger 1802, 226

190 Effinger 1802, 226

191 Strickler VIII, 1059

192 Strickler VIII, 1059

193 Strickler VIII, 1059

194 Strickler VIII, 1137

195 Strickler VIII, 1136, 1137

196 Strickler VIII, 1114, 1115

197 Strickler VIII, 1115; Lauterburg, May, 259, 260

198 Strickler VIII, 1112-1113

199 Meyer 1802, 105-107; Mantel 1, 9, 10, 11

200 Ludwig Meyer von Knonau, 149, 150

201 Meyer 1802, 111

202 Meyer 1802, 107

203 Meyer 1802, 107-109
Abriss, 65

204 Meyer 1802, 109-110

205 Meyer 1802, 109

206 Meyer 1802, 108-109

207 Fischer, Jenner, 42

208 Strickler VIII, 1114

209 Strickler VIII, 1158, 1159

210 Strickler VIII, 1200

211 Denkschrift (s. Anm. 71), 19

212 Denkschrift (s. Anm. 71), 21-23

213 Strickler VIII, 1114

214 Strickler VIII, 1115

215 Strickler VIII, 1114

216 Strickler VIII, 1116

217 Wyss, Leben, 422

218 Strickler VIII, 1137, 1138

219 Strickler VIII, 1049, 1050

220 Rengger, Schriften, 99

221 «12. September, (Abends 7 Uhr). Das Kriegsdept. an G. Andermatt. 1. Erwähnung der letzten Briefe. Neue Nachrichten fehlen; man vermuthe dass ein Unfall im Wege sei. Heute haben Berichte aus Zürich gemeldet, dass ein neuer Stillstand von 24 Stunden bewilligt und ein Theil der Truppen über den See gesetzt worden sei, etc. «Je dois vous avouer, 1° que le défaut de nouvelles de votre part devient très inquiétant pour moi, et que 2° je commence à douter de la nécessité de l'occupation de Zurich par nos troupes. Vous avez bien pu rassembler ce qu'il fallait pour imposer à une ville dont l'insurrection n'avait pas pris ce degré de consistance, et dont on se serait emparé dans la première surprise. Mais votre petite force et surtout votre artillerie de campagne n'est pas faite pour entreprendre un siège régulier.» 2. Begleitschreiben betreffend die Munitionssendung, die man über Lucern gehen lasse, aber beinahe für überflüssig halte; denn wenn es bis zur Stunde nicht gelungen sei, den Einmarsch zu erwirken, so möchte die Munition, die vor dem 17. nicht anlangen könne, zu spät eintreffen; es habe unglaubliche Mühe gekostet, die nöthigen Pferde zu bekommen. 3. «Nos militaires vous blâment beaucoup de ce que vous avez canonné la ville, au lieu d'avoir forcé une des portes de la ville. Je ne connais pas assez Zurich, et surtout je ne connais pas le côté devant lequel vous êtes arrivé, pour en pouvoir juger avec connaissance de cause; mais il

me semble effectivement que la canonnade devait se fonder sur la presque certitude qu'on imposerait par là; car son effet manqué, les affaires ont dû prendre plus d'opiniâtreté de la part des révoltés. 4. J'espère qui le cit. May sera arrivé chez vous hier; il se pourrait très bien que les Messieurs (..) lui refusent l'entrée en ville. En tout cas il se sera concerté avec vous et vous avec lui pour les mesures ultérieures. 5. On débite ici que 200 à 400 paysans sont entrés dans la ville pour la défendre contre nos troupes; la chose me paraît assez vraisemblabe; mais est-ce que les patriotes ne feront rien pour soutenir vos troupes? Voila ce qui (!) me tarde à apprendre.» 6. Nachrichten über Unruhe im Canton Baden; die dort und im Aargau stehenden Truppen zu schwach und zu wenig geübt, um die Übelgesinnten einzuschüchtern; wenn einige Mannschaft verfügbar sei, so sende man sie dahin. 7. Sendung einer Abschrift des gestrigen Briefs (oder heute früh?), für den Fall dass derselbe aufgefangen worden.»
Strickler VIII, 1164, 1116

222 «Citoyen – Vous avez parfaitement interprété mes sentiments et ma répugnance de me servir de moyens de rigueur, surtout vis-à-vis de mes compatriotes; mais je crois avoir épuisé tous les moyens de modération et de conciliation, sans avoir rien obtenu. Dans toute autre occasion que celle où mes devoirs seraient compromis, vous ne devez pas douter combien je prendrai en considération vos recommandations et sollicitations. Agréez mes sentiments d'estime et de considération.»
Strickler VIII, 1165

223 «D'ici je saluerai ces messieurs de temps en temps; mais pour ne pas rester court, je suis obligé d'économiser beaucoup les munitions. Je vous prie, Citoyen Ministre, de m'envoyer sans délai ce que je vous ai demandé et le contenu de la note ci-jointe (..?). Sans cette malheureuse économie forcée je serais dans la ville; quoique le moyen des boulets rouges me répugne, j'en jetterai quelqu(es)-un(s) cette nuit, non pour brûler la ville, mais pour lui faire ouvrir les portes aux troupes. 2. J'ai écrit sur-le-champ à May, qui s'arrête à Lucerne, de poursuivre sa route pour se rendre ici; j'en serais enchanté; mais je crois qu'il veut attendre les ordres du Gouvernement. 3. Ma position me rend la voie de Lucerne plus facile, quoiqu'un peu plus longue. — Pardonnez mon griffonage; attribuez-le au bivac où je suis, ainsi que tout le monde depuis quatre jours. Tout à vous.»
Strickler VIII, 1164

224 Meyer 1802, 111, 112

225 Stutz 1802, 308

226 Tavel, Zürich 1802, 25, 26

227 Mantel, 10
Erinnerungen 1802, 81, 86

228 Meyer 1802, 112, 113

229 Hess, Landolt, 128-132; Meyer 1802, 112, 113

230 Pfyffer, Baden, 46

231 Pfyffer, Baden, 47

232 Pfyffer, Baden, 26

233 Pfyffer, Baden, 29

234 Keller, Wasserschloss, 90

235 Pfyffer, Baden, 30; die gesammelten Entschuldigungen der Munizipalitäten tönen wenig überzeugend

236 Strickler VIII, 1039

237 Strickler VIII, 1060

238 Strickler VIII, 1063

239 Strickler VIII, 1138, 1139

240 Strickler VIII, 1060-1063

241 Strickler VIII, 1053, 1054, 1138

242 Strickler VIII, 1053, 1054

243 Ludwig Meyer von Knonau, 150

244 Briefwechsel Steinmüller-Escher, 115, 116

245 Briefwechsel Steinmüller-Escher, 117

246 Wyss, Leben, 423-424
Meyer 1802, 114-118
Strickler VIII, 1168-1171
Vogel, Denkwürdigkeiten, 65

247 Meyer 1802, 116-118

248 Strickler VIII, 1166, 1167

249 ebenda

250 Vogel, Denkwürdigkeiten, 64; Wyss, Leben, 423
Strickler VIII, 1170

251 Schnurre, schnurre-n-um und um

252 Eine Variante bietet Pestalozzi, Revolutionspoesie, 269, 270:
«In zürcherischen Kreisen hat sich daneben bis auf den heutigen Tag seines urwüchstigen Humors und seiner muntern Melodie willen das Liedlein vom General Andermatt erhalten, das ich zum Schlusse hier vollständig aufnehme, indem es gewiss von keinem unserer ehrenwerten Mitbürger aus dem zürcherischen Oberland mehr übelgenommen wird.

Schnurre, schnurre um und um,
Redli trüll di umme,
euseri Sach gaht schüüli chrumm,
d'Leue thüend scho brumme.

Chumme grad ietz us der Stadt
Hei mit Wyb und Chind're:
Ha mit General Andermatt
Zürri welle plünd're.

Plunder für ganz Chelleland
Hämmer welle holle:
Gold und Silber, Diamant,
Alli Säck' ganz volle.

Dech vergäbis vor der Stadt
Simmer Alli g'sesse,
Will der ung'schickt Andermatt
D'Chugle hät vergesse.

Myni Säck, die bring' i hei
Leer vu alle Schätze,
Langi Nase, müedi Bei,
Und die alte Fetze.

Schnurre, schnurre, um und um,
Redli, trüll die umme,

S'ist mer grad jetzt nümme d'rum,
Züri z'biribumme.»

253 Hess, Landolt, 131, 132

254 Strickler VIII, 1167

255 Keller, Wasserschloss, 92

256 Wyss, Leben, 422

257 Strickler VIII, 1141, 1142
Keller, Wasserschloss, 92
Hudibras gibt den Unterschriftenblock wie folgt: «Gegenwärtige Ausgleichung wurde in Anwesenheit des Bürger Hagnauer, Commissär, von den helvetischen Hauptleuten Wasmer und Roschi, und von unserer Seite von Hauptmann Stauber, Leutnant Bildy und Xaver Keller zu Ennetbaden getroffen den 13. Herbstmonat 1802.»
Otto Mittler, Geschichte der Stadt Baden, Band II, Aarau: Sauerländer, 1965, 162-168

258 Strickler VIII, 1146, 1147

259 Zschokke, Denkwürdigkeiten 3, 35

260 Keller, Wasserschloss, 92

261 Nachlaß von Rudolf Ludwig de Goumoëns im Staatsarchiv Bern. Herr Dr. Vinzenz Bartlome hat uns auf diesen wertvollen Bestand in selbstloser Weise aufmerksam gemacht. Herzlichen Dank! Vgl. Anhang 3.

262 Willy Pfister, Die Prädikanten des bernischen Aargaus, Zürich: Zwingli-Verlag, 1943, 140

263 Willy Pfister, Aargauer in fremden Kriegsdiensten, Aarau: Sauerländer, 1984

264 Dank der liebenswürdigen Mitteilung von Herrn Pfarrer F. Fröhlich ist die hochinteressante Schilderung zur Kenntnis des Verfassers gekommen. Herzlichen Dank!

265 E. Jörin, Der Aargau 1798-1803, ohne Ort und Jahr, 225 (Argovia LXIII).

266 Keller, Wasserschloss, 92-94

267 Zschokke, Denkwürdigkeiten 3, 35

268 Gerber, Schinznach-Dorf, 112

269 Erismann, 1802, 18, 19

270 Stadtarchiv Aarau (St A Aa) II 159, 359

271 ebenda

272 Erismann, 1802, 14

273 Strickler VIII, 1145

274 Strickler VIII, 1149, 1167, 1168
«Vous y perdrez peut-être du monde; mais si le salut de la patrie, le destin et l'existence de la République dépendent d'une mesure semblable, le sacrifice de quelques braves de l'armée peut bien être fait. L'on m'assure qu'il était assez facile de trouver un de ces points; les fortifications ne doivent avoir à plusieurs endroits que 15 pieds de hauteur et l'entrée qui borde le lac doit être très faible et la petite porte mal gardée. Il me semble donc toujours que vous devriez vous attacher plutôt à un coup de main que d'avoir l'air de vouloir faire le siège de Zurich. Vos troupes sont bonnes et bien disposées et sauront repousser une garde bourgeoise, qui jamais ne s'organise pour une résistance opiniâtre.»

275 Rengger, Schriften, 99, 100

276 Strickler VIII, 1134, 1135

277 Wyss, Leben, 429-430

278 Strickler VIII, 1148

279 Strickler VIII, 1068

280 Meyer 1802, 121

281 Strickler VIII, 1169, 1170

282 Meyer 1802, 124

283 Meyer 1802, 125

284 Meyer 1802, 125

285 Meyer 1802, 126, 127

286 Gysler-Schöni, Helvetias Töchter, 50, 185, 186

287 Strickler VIII, 1145, 1146

288 Strickler VIII, 1159

289 Jörin (s. Anm. 265), 225, 226

290 Strickler VIII, 1159, 1160

291 Denkschrift (s. Anm. 71) 30, 31

292 Denkschrift (s. Anm. 71), 31-35. Vgl. Strickler VIII, 1153-1155. Bei Strickler wird eine andere Redaktion geboten, bei der der wackere Rothpletz noch etwas wackerer erscheint, ohne daß sich an der Substanz der Dinge etwas ändern würde.
Erismann, 1802, 14, 15

293 Strickler VIII, 1039, 1040, 1212

294 Strickler VIII, 1169

295 Strickler VIII, 1040

296 Aus Gottlieb Jakob Kuhns «Fragmenten für meine Kinder», herausgegeben von H. Stickelberger, in: Neues Berner Taschenbuch für das Jahr 1911, Bern: Wyss, 1910, 1-36, 27

297 ebenda, 27, 28

298 Fischer, Wattenwyl, 28-38; Winfried Lausberg, Die Gemmi, Hamburg: Krüger & Nienstedt, 1975, 54

299 Rengger, Schriften, 100

300 Strickler VIII, 1150, 1168

301 Rengger, Schriften, 101

302 Strickler VIII, 1151

303 Rengger, Schriften, 101; Strickler VIII, 1149

304 Strickler VIII, 1140

305 Strickler VIII, 1063, 1064

306 Strickler VIII, 1040

307 Strickler VIII, 1182

308 Strickler VIII, 1174, 1175

309 Strickler VIII, 1181, 1182

310 Strickler VIII, 1175

311 Strickler VIII, 1163

312 Strickler VIII, 1172

313 ebenda

314 Strickler VIII, 1173

315 Strickler VIII, 1174

316 Strickler VIII, 1172

317 Vogel, Denkwürdigkeiten, 65

318 Meyer 1802, 129

319 Wyss, Leben, 424

320 Meyer 1802, 129

321 Meyer 1802, 129, 130

322 Meyer 1802, 128

323 Meyer 1802, 128-130

324 Meyer 1802, 131

325 Strickler VIII, 1161

326 ebenda

327 F. Heitz, Die Festung Aarburg und ihr Kommandant im Stecklikrieg 1802, in: Aarburger Neujahrsblatt 1973, Aarburg 1973, 7-9 sowie Jörin (s. Anm. 265), 229

328 Denkschrift (s. Anm. 71), 36

329 Denkschrift (siehe Anmerkung 71), 37, 38

330 Denkschrift (siehe Anmerkung 71), 39

331 Strickler VIII, 1160, 1161

332 Stadtarchiv Aarau (St A Aa) II 159, 359

333 Strickler VIII, 1161, 1162

334 Strickler VIII, 1041

335 Strickler VIII, 1178

336 Strickler VIII, 1172, 1173

337 Strickler VIII, 101, 102

338 Strickler VIII, 1195

339 Strickler VIII, 1183

340 Strickler VIII, 1175

341 Strickler VIII, 1176

342 Meyer 1802, 132

343 ebenda

344 Meyer 1802, 132-134

345 Stadtarchiv Aarau (St A Aa) II 159, 359, 360

346 Strickler VIII, 1200, 1201

347 Denkschrift (siehe Anmerkung 71), 39, 40

348 Strickler VIII, 1041; Geschichtsforscher 9, 115, 116
Jörin, Oberland, 530, 531

349 Strickler VIII, 1212; Geschichtsforscher 9, 115, 116

350 Strickler VIII, 1212

351 Strickler VIII, 1189

352 Strickler VIII, 1140, 1141

353 «Cette idée plut surtout depuis que l'on savait qu'une médiation directe et prompte de la part de la France souffrirait peut-être quelques retards; ...»
«Verninac ne paraissait pas disposé à donner des directions positives que le Sénat crut devoir procéder à l'élection d'un nouveau pouvoir exécutif; Watteville de Landshut fut nommé landamman, les citoyens Monod, de Lausanne, et d'Eglise, de Bulle du Canton de Fribourg, statthalters.»
Strickler VIII, 1191

354 Rengger, Schriften, 102

355 ebenda

356 ebenda

357 Wurstemberger 1802, 205
Burkhard, Mutach, 112-117

358 Wurstemberger 1802, 206

359 Effinger 1802, 226-228; Geschichtsforscher 9, 117-119

360 Meyer 1802, 133

361 Strickler VIII, 1183

362 Strickler VIII, 1185

363 Strickler VIII, 1183, 1184

364 Strickler VIII, 1184

365 Strickler VIII, 1162

366 Stadtarchiv Aarau (St A Aa) II 159, 360, 361

367 Ein Stadt, 236
«Le général Andermatt ayant demandé le passage amical pour Berne au commandant des troupes bernoises en Argovie, il a été accordé et promis qu'on (ne) mettrait aucune opposition à la marche des troupes du général, qui par contre promet de rester neutre et de ne mettre ni opposition ni obstacle aux dispositions et mouvements des troupes bernoises pendant le passage. De quoi on est convenu à L.» etc. -
Sigg. May von Schöftland; G.B. Hässig. - Jayet. - Copie von Bat. Chef Müller.
Strickler VIII, 1205; Rengger, Schriften 103

368 Strickler VIII, 1176

369 Strickler VIII, 1203

370 Strickler VIII, 1201

371 Strickler VIII, 1205

372 Strickler VIII, 1205

373 Strickler VIII, 1203, 1205

374 Strickler VIII, 1205

375 Strickler VIII, 1190

376 Rengger, Schriften, 102, 103

377 Strickler VIII, 1201

378 Strickler VIII, 1195, 1196

379 Denkschrift (siehe Anmerkung 71), 40-44

380 Wurstemberger 1802, 206

381 Wurstemberger 1802, 206

382 Burkhard, Mutach, 114

383 Wurstemberger 1802, 206, 207

384 Effinger 1802, 226-228

385 Effinger 1802, 229

386 Effinger 1802, 229

387 Effinger 1802, 230

388 Denkschrift (siehe Anmerkung 71), 44-50

389 Effinger 1802, 230, 231

390 Wurstemberger 1802, 207

391 Effinger 1802, 231, 232

392 Effinger 1802, 232, 233

393 Effinger 1802, 233, 234

394 Effinger 1802, 233, 234

395 Effinger 1802, 234-237

396 Haller, Müslin, 51

397 Wurstemberger 1802, 208

398 Amiguet, Milices, 254
«Le bataillon de la Harpe reçut ordre de marcher vers le point attaqué. La compagnie d'Orbe étant réduite à un seul officier, j'y fus présenté comme sous-lieutenant et suivis ainsi le mouvement de la troupe. En passant devant l'Arsenal, j'observais que les grenadiers y étaient retenus, quoiqu'ils demandassent à grands cris de marcher à l'ennemi; mais le prudence exigeait que les postes de l'intérieur, surtout celui de l'arsenal, fussent soigneusement gardés.
Arrivé avec ma compagnie sur les remparts proches de la porte de Soleure, où se trouvait déja de la cavalerie

légère de la légion, je vis que les hauteurs vis-à-vis, sur l'autre rive de l'Aar, étaient occupées par les assaillants qui me parurent presque tous en habits bourgeois; ils réussirent, malgré la fusillade de nos gens, à conduire une pièce de canon vis-à-vis de la porte de Soleure et faisaient un feu assez nourri. Après une heure de combat, l'officier qui commandait les artilleurs ennemis fut tué à côté de sa pièce; c'était un jeune Dewert, de Berne; un mausolée lui a été élevé par ses compatriotes, sur la place même où il a reçu le coup mortel.»

399 Stettler II, III

400 Wurstemberger 1802, 209

401 Effinger 1802, 238-246

402 Rengger, Schriften, 103-106

403 Strickler VIII, 1208

404 Strickler VIII, 1206, 1218

405 Strickler VIII, 1218

406 Wurstemberger 1802, 211

407 Strickler VIII, 1214-1217

408 Strickler VIII, 1187

409 Strickler VIII, 1187
von Flüe, Obwalden, 191

410 Wyss, Leben, 425
Geschichtsforscher, 119-123

411 Wurstemberger 1802, 211, 212

412 Wurstemberger 1802, 212

413 Strickler VIII, 1219

414 Amiguet, Milices, 254, 255

415 Stettler II, 118

416 Fischer, Jenner, 45; Stettler II, 115

417 Stettler II, 118, 119

418 Strickler VIII, 1219

419 Strickler VIII, 1221

420 Strickler VIII, 1221

421 Rengger, Schriften, 106

422 Wurstemberger 1802, 212, Stettler II, 114

423 Stettler II, 114

424 Stadtarchiv Aarau (St A Aa) II 159, 361

425 Stettler II, 114

426 Stettler II, 112, 113, 114

427 Stettler II, 110-111

428 Stettler II, 114

429 Stettler II, 117, 118; Strickler VIII, 1282; Stettler 1802, 174, 175

430 Strickler VIII, 1276, 1277; Wurstemberger 1802, 213, 214; Geschichtsforscher 9, 124, 125

431 Wurstemberger 1802, 212, 213; Stettler II, 115

432 ebenda

433 Wurstemberger 1802, 213

434 Strickler VIII, 1188

435 Strickler VIII, 1226

436 Amiguet, Milices, 255, 256

437 Stettler II, 119, 120
Specialia 15, 87, 111

438 Wurstemberger 1802, 214

439 Heitz (siehe Anmerkung 327), 9

440 Strickler VIII, 1253

441 Strickler VIII, 1230, 1231
Leuthold, Baden, 231

442 Strickler VIII, 1228, 1229

443 Strickler VIII, 1247-1250

444 Strickler VIII, 1259, 1261; 1284

445 ebenda

446 Strickler VIII, 1055, 1056

447 Augusta Weldler-Steinberg, Geschichte der Juden in der Schweiz, bearbeitet und ergänzt durch Florence Guggenheim-Grünberg,Goldach: Schweizerischer Israelitischer Gemeindebund, 1966, 104, 105, 240

448 Strickler VIII, 1243

449 Strickler VIII, 1263-1267

450 Strickler VIII, 1232

451 ebenda

452 Strickler VIII, 1257, 1258

453 St A B, Helv. BE 33', Manual der Standeskommission

454 Fischer, Jenner, 45-47

455 Strickler VIII, 1268, 1269

456 Strickler VIII, 1255

457 David Müslin, Standrede gehalten den 21ten September 1802, Bern: Stämpfli, 1802
Karl F. Wälchli und andere, Bernische Denkmäler, Bern und Stuttgart: Haupt, 1987, 42-48

458 Gottlieb Jakob Kuhn, Volkslieder und Gedichte, Bern, Biel, Zürich: Ernst Kuhn, 1913, 60-62

459 Amiguet, Milices, 256
Niquille, Fribourg, 53

460 Rengger, Schriften, 106, 107

461 Stettler II, 122,; Strickler VIII, 1277
Specialia 15, 231, 239
Specialia 16, 751

462 Strickler VIII, 1256
«A la suite des événements qui ont précédé votre départ, nous nous sommes trouvé(s) dans le cas de satisfaire au vœu bien prononcé de tout le pays et particulièrement des troupes qui sont accourues au secours de la ville, c'est-à-dire, de rétablir notre ancienne forme de gouvernement. C'est aujourd'hui que l'Avoyer, Petit et Grand Conseil de la ville de Berne se sont reconstitués sur la maison de ville, au lieu ordinaire de leurs séances, et se sont décidés aussitôt à s'ajourner et à remettre jusqu'à des temps plus tranquilles leur pouvoir dans les mains d'une commission de dix membres pris dans leur sein, lesquels se sont adjoints différents membres qui ne sont pas du Gouvernement, afin de convenir avec eux des modifications à faire dans la constitution cantonale et de concerter avec les autres Cantons constitués les moyens les plus propres à parvenir à un gouvernement central basé sur le vœu général de la Suisse et tel qu'il puisse convenir aux différentes puissances qui sont en relations d'amitié et de bon voisinage avec elle. Dans le but, Citoyen Ministre, de ne vous laisser aucun doute à ce sujet, nous avons chargé M. Freudenreich de Thorberg, membre de la dite commission, de se rendre auprès de vous, pour vous donner connaissance de ce qui s'est passé et [de] vous assurer que nous n'avons rien de plus à cœur que de prouver au premier Consul de la République française les sentiments de respect que nous lui avons voué(s). Agréez, C. M., les assurances de notre parfaite considération.»

463 Strickler VIII, 1162
Erinnerungen 1802, 88-91

464 Strickler VIII, 1262

465 ebenda

466 Strickler VIII, 1284, 1285

467 Strickler VIII, 1284, 1285

468 Rengger, Schriften, 107

469 Strickler VIII, 1214
Specialia 15, 245, 275, 289, 369

470 Strickler VIII, 1268

471 Strickler VIII, 1278

472 Strickler VIII, 1284

473 Strickler VIII, 1277, 1278

474 Strickler VIII, 1278

475 Wurstemberger 1802, 216, 217

476 Stettler II, 124

477 Wurstemberger 1802, 216; Stettler II, 125, 126

478 Steinauer, Schwyz, 384-386; Stettler II, 126, 127; Wurstemberger 1802, 217; Strickler VIII, 1331-1336; Bundesarchiv Bern, Helvetik, Band 3040, 254
Specialia 15, 61, 263

479 Effinger 1802, 247

480 Stettler II, 125, 126

481 Strickler VIII, 1234, 1235

482 Strickler VIII, 1235; Georg Dufner, Engelberg während der Helvetik 1798-1803, Heft 4, Engelberg: Engelberger Dokumente, ohne Jahr, 38-51

483 Strickler VIII, 1236, 1237

484 Strickler VIII, 1232, 1233

485 Strickler VIII, 1233, 1234

486 Rengger, Schriften, 107, 108

487 Strickler VIII, 1283, 1284
Wattelet, Stecklikrieg, 58
Niquille, Fribourg, 55
Dey, 1802, 402

488 Strickler VIII, 1286, 1287

489 Strickler VIII, 1287

490 Strickler VIII, 1287, 1288; Bundesarchiv Bern, Helvetik, Band 3040, 256

491 Strickler VIII, 1286

492 Strickler VIII, 1288, 1289

493 Strickler VIII, 1268, 1269

494 Strickler VIII, 1269, 1270

495 Wurstemberger 1802, 217

496 Strickler VIII, 1278
Specialia 15, 311, 323; vgl. auch die Proteste gegen handgreifliche Repressionsmassnahmen in Bolligen und anderswo (Verhaftungen, Hausdurchsuchungen, Schläge, selbst gegenüber Frauen) in Specialia 15, 315, 319

497 Rütsche, 285, 286

498 Strickler VIII, 1237, 1238

499 Strickler VIII, 1237

500 Strickler VIII, 1237

501 Strickler VIII, 1291
Bundesarchiv Bern, Helvetik, Band 3040, 258, 259

502 Strickler VIII, 1292

503 Strickler VIII, 1291-1292

504 Strickler VIII, 1292

505 Strickler VIII, 1289

506 Wurstemberger 1802, 218

507 Strickler VIII, 1272

508 Stettler II, 127; Strickler VIII, 1273

509 Wurstemberger 1802, 217

510 Strickler VIII, 1270-1272
Specialia 15, 345
Specialia 16, 899

511 Strickler VIII, 1293

512 Strickler VIII, 1294; Rovéréa, Mémoires, 227-323

513 Strickler VIII, 1292, 1293

514 Strickler VIII, 1292

515 Stettler II, 128

516 Wurstemberger 1802, 221

517 Strickler VIII, 1279

518 Strickler VIII, 1295-1296

519 Rengger, Schriften, 108, 109

520 Stettler II, 131-137; Wurstemberger 1802, 221-225; Bundesarchiv Bern, Helvetik, Band 3040, 259
Wattelet, Stecklikrieg, 57-62
Niquille, Fribourg, 57-58
Orbe & Bellerive, 176-177

521 Wyss, Leben, 432, 433

522 Wyss, Leben, 433; Strickler VIII, 1239, 1240

523 Strickler VIII, 1280
Specialia 15, 405-417, 547

524 Wyss, Leben, 433-434; Muller, Confédération 17, 273

525 Strickler VIII, 1280

526 Strickler VIII, 1280

527 Strickler VIII, 1280

528 Wurstemberger 1802, 226

529 Rengger, Schriften, 109
Strickler VIII, 1298-1304
Wattelet, Stecklikrieg, 61-63

530 Wurstemberger 1802, 226, 227; Stettler II, 141-142

531 Amiguet, Milices, 257; Strickler IX, 1309

532 Stettler II, 142, 143; Strickler VIII, 1282
Strickler VIII, 1312-1314
Wattelet, Stecklikrieg, 65-66
Niquille, Fribourg, 59-60

533 Wurstemberger 1802, 227, 228

534 Wurstemberger 1802, 228, 229

535 Stettler II, 144-148; Strickler VIII, 1282

536 Wurstemberger 1802, 229

537 Rengger, Schriften, 110

538 Amiguet, Milices, 257

539 Strickler VIII, 1434-1436; Strickler IX, 90, 102
Dey, 1802, 404, 405

540 Strickler IX, 91, 108; Bachmanns Proklamation datiert von Leuenberg vom 2.10.1802 und enthält folgende Passagen: «Il dépend de Vous, Habitants du Pays-de-Vaud, de nous recevoir en amis ou en ennemis. Nous avons déclaré la guerre au Gouvernement helvétique seulement; mais nous serons obligés de la faire à tous ceux qui soutiendraient sa cause, et toute résistance de votre part tournerait par conséquent à votre perte et attirerait sur votre patrie des maux dont vous seuls seriez responsables. Mais si au contraire vous refusez de soutenir un gouvernement que toute la Suisse a déjà rejeté; si ceux d'entre vous qui ont été forcés de prendre les armes, les posent à notre approche ou se joignent à nous pour nous aider à libérer leur pays, nous vous promettons solennellement de n'entrer chez vous qu'à titre d'amis, de ne gêner en rien le choix qu'il vous plaira de faire pour votre constitution, et de nous retirer aussitôt qu'avec l'aide de Dieu nous aurons rempli le seul but que nous nous proposons.» Wurstemberger 1802, 231, 255; Amiguet, Milices, 257
Specialia 15, 589-753;
Specialia 16, ganzer Band

541 Wurstemberger 1802, 231-233

542 Amiguet, Milices, 257-260; Strickler IX, 104-107
Dey, 1802, 405, 406
Niquille, Fribourg, 62
Wattelet, Stecklikrieg, 68-76
Reymond, Cathédrale, 171 178

543 Wurstemberger 1802, 235-238

544 Wyss 1802, 257

545 Fribourg 1802, 171-174
Specialia 15, 237
Specialia 16, 55ff

546 Strickler IX, 130-134, 158, 159, 185, 221, 222
Rengger, Schriften, 112-114
Reybaz, 1802, 123-125

547 Bundesarchiv Bern, Helvetik, Band 3040, 280, 308
Merz, Aarburg, 55

548 Berner Taschenbuch auf das Jahr 1860, Bern: Haller, 1860, 198-200
Escher, Staatsgefangene, 3, 6-8, 14, 42
Es waren auf Aarburg gefangen:
Alois Reding
Hans Kaspar Hirzel
Franz Anton Würsch
Jakob Zellweger
Karl Reding (Baden)
Johann Ludwig Baldinger
Ludwig Aufdermaur
Sigmund Emanuel Hartmann
Hans Schneeberger (von Ochlenberg)
Jakob Matthys (von Chur)
Hans Reinhard (am 3. Tag freigelassen, weil Vertreter der Stadt Zürich in der Konsulta)

Anmerkungen IV

1 Gajus Julius Caesar, Commentarii de bello gallico, III. 1–6

2 D. Imesch, Zur Geschichte des Simplonpasses, Brig: Tscherrig & Tröndle, 1904, 13
R. Céard, Souvenirs des travaux du Simplon, Genève: Fick, 1837, 6, 40: «Dans l'automne de 1805, l'époque indiquée à l'Empereur arriva enfin, et le 25 Septembre l'Inspecteur eut la satisfaction, qui dut être bien grande pour lui, de pouvoir écrire de Sesto-Calendo au Directeur-général et au Ministre des relations extérieures du Royaume d'Italie, que le passage du Simplon était maintenant ouvert à l'infanterie et à la cavalerie et que sous dix ou douze jours l'artillerie pourrait également y passer.»
Frédéric Barbey, La Route du Simplon, Genève: Atar, 1906

3 Napoléon Ier, tome XXI, 248, 249

4 Jakob Kaiser (Bearbeiter), Repertorium der Abschiede der eidgenössischen Tagsatzungen aus den Jahren 1803 bis 1813, zweite Auflage, Bern: Wyss, 1886, 783, 784:
«Napoléon, Empereur des Français, Roi d'Italie, Protecteur de la Confédération du Rhin, Médiateur de la Confédération suisse; Considérant que la route du Simplon qui réunit l'Empire à notre royaume d'Italie, est utile à plus de soixante millions d'hommes; qu'elle a coûté à nos trésors de France et d'Italie plus de dix-huit millions, dépense qui deviendrait inutile, si le commerce n'y trouvait commodité et parfaite sûreté; Que le Valais n'a tenu aucun des engagemens qu'il avait contractés, lorsque nous avons fait commencer les travaux pour ouvrir cette grande communication; Voulant d'ailleurs mettre un terme à l'anarchie qui afflige ce pays, et couper court aux prétentions abusives de souveraineté d'une partie de la population sur l'autre,
Nous avons décrété et ordonné, décrétons et ordonnons ce qui suit:
Art. 1er. Le Valais est réuni à l'Empire.
2° Ce territoire formera un département, sous le nom de département du Simplon.
3° Ce département fera partie de la 7e division militaire.
4° Il en sera pris possession, sans délai, en notre nom, et un commissaire général sera chargé de l'administrer pendant le reste de la présente année.
5° Tous nos ministres sont chargés de l'exécution du présent décret.
Signé NAPOLEON.
Par l'Empereur, le ministre secrétaire d'état, signé H.B. Duc de Bassano.»

5 Napoléon Ier, tome VIII, 18
«Paris, 12 fructidor an X (30 août 1802).
Vous écrirez, Citoyen Ministre, au général Turreau, que j'ai appris avec peine qu'il y a dans le Valais des assemblées où l'on s'agite pour demander la réunion à la République française. Le général Turreau doit faire connaître aux Valaisans que toute réunion à la France est impossible, et qu'ils doivent joindre leurs efforts pour s'organiser en petite république indépendante.
Bonaparte.»

6 Napoléon Ier, tome VIII, 18, 19

7 Stapfer 1800–1803, 169

8 Stapfer 1800–1803, 178
«Je me tiens toujours à l'égard du comte de Cobentzel dans des généralités très vagues, tant parce qu'il a la réputation d'être commère, que parce que le gouvernement français ne paraît pas, dans ce moment, être fort content de l'Autriche, et que cette maison ne peut, dans l'état actuel de faiblesse ou plutôt de nullité où l'incapacité de son chef et les faux systèmes de ses ministres l'ont réduite, nous être d'aucune utilité quelconque. Tenons-nous en à la France, notre alliée naturelle, et la seule puissance qui, par sa position, peut prendre un véritable intérêt à notre sort.»

9 Thiers, Consulat 3, 547–550

10 Stapfer 1800–1803, 179; 2.8.1802

11 Stapfer 1800–1803, 179; 12.8.1802
«Dans mes dernières conférences avec le ministre des Relations extérieures j'ai tâché d'attirer l'attention très sérieuse du gouvernement français sur les disposition des Petits Cantons et sur le penchant vers la démocratie qui règne universellement dans les campagnes et auquel il sera difficile d'opposer une digue, si les premiers réussissent à rétablir leurs anciens usages de démocratie et de licence populacière.»

12 Relations diplomatiques, 575

13 Stapfer 1800–1803, 181, 182, 14.8.1802
«Je lui ai ensuite renouvelé mes représentations sur la nécessité que nous soyons reconnus par l'Angleterre et la Russie, et les bons effets qui en résulteraient pour l'affermissement du gouvernement helvétique. Il me répondit en ces mots: «Nous avons fait pour vous tout ce qu'il était possible; mais nous ne pouvons obtenir de l'Angleterre la reconnaissance de la République italienne et du roi d'Etrurie; et cependant nos liens avec la première sont encore plus intimes qu'avec vous. Votre gouvernement est reconnu. Le Premier Consul ne pouvait pas le faire par un acte plus marquant que par la réception publique de vos lettres de créance. C'est à vous de faire le reste. Vous devriez nommer un chargé d'affaires temporaire auprès du roi d'Angleterre. Il serait bien forcé de l'admettre. Mais on ne veut pas vous payer; c'est pour cela qu'on fait toutes ces difficultés.»

14 Stapfer 1800–1803, 182–183

15 Relations diplomatiques, 575, 576
«Talleyrand à Verninac. Paris, 29 Thermidor X.
Cit., j'ai reçu votre dépêche en date du 22 thermidor. Je l'ai soumise au Premier Consul. Les détails que vous me transmettez relativement aux réunions des petits cantons, aux mesures préméditées des chefs et aux réclamations de cette section du peuple helv., ne lui ont pas paru de nature à motiver une détermination. La lettre qui lui a été adressée, l'appui qu'on lui demande, sont tout-à-fait hors de la sphère des rapports de gouv. et d'Etat, les seuls qu'on doive actuellement connoître en Europe. Les petits cantons sont une portion d'un peuple, et ne peuvent ni ne doivent s'adresser aux gouv. étrangers. C'est dans ce sens que le Premier Consul m'a chargé de vous dire que votre conduite à l'égard des députés ou commissaires des petits cantons devoit être dirigée. Vous informerez donc verbalement les personnes qui vous ont prié de faire parvenir une lettre au Premier Consul, qu'ils ne doivent rien attendre de cette démarche, et vous engagerez en général les cit. de l'Helvétie à vivre unis entre eux. Mais vous éviterez avec soin de rien écrire sur cet incident ni sur tout autre de cette espèce. Quand les mouvemens qui peuvent amener la discorde au sein d'un peuple, sont arrêtés à tems, on s'applaudit de n'avoir laissé aucune trace de l'opinion qu'on a eue de leurs suites, et quand il arrive qu'ils ont des suites, on s'applaudit encore plus de pouvoir prouver qu'on n'y a pris aucune part.»

16 Stapfer 1800–1803, 183, 184

17 Stapfer 1800–1803, 184
«Après avoir parlé de l'indépendance à laquelle le Premier Consul a rendu et dans laquelle il est déterminé à maintenir l'Helvétie, il montre combien il est important de conserver dans ce pays allié l'influence qu'avaient su s'y acquérir et s'y ménager les rois de France, particulièrement au moyen des pensions et du service militaire. Il s'attache ensuite à prouver que la République française ne peut s'assurer les avantages de cette influence prépondérante sur celle des autres puissances, qu'en ouvrant aux principales familles du pays, dans le service étranger et le payement des pensions qui leur sont dues en vertu des traités, une source de rapports et d'aisance qui doivent les rattacher au peuple français.»

18 Commentaires de Napoléon Premier, tome troisième, Paris: Imprimerie Impériale, 1867,444, 445
«La Suisse est un grand camp retranché d'où on peut facilement se porter en France, en Allemagne et en Italie. Les débouchés pour entrer dans le Tyrol sont plus difficiles. Une armée qui de Suisse voudrait porter la guerre en Allemagne serait mal conseillée de prendre sa ligne d'opération en traversant le Rheintal et le Vorarlberg et tournant le lac de Constance. Elle éprouverait moins d'obstacles et aurait toute espèce d'avantages à passer le Rhin à Schaffhouse et à Stein, couverte par le lac de Constance; elle se trouverait de suite sur le Danube, dans un pays ouvert et facile. Le col du Saint-Gothard, qui conduit dans la vallée du Tessin, dont les eaux se dirigent perpendiculièrement sur le Pô, est le meilleur débouché pour entrer en Italie; ce col franchi, on descend toujours. Le col du Splugen n'a pas les mêmes avantages: la vallée du haut Adda, dans laquelle il débouche, suivant parallèlement les Alpes jusqu'au lac de Côme, l'armée qui aurait passé ce col devrait surmonter de nouveaux

obstacles, et serait encore obligée de traverser les montagnes du Bergamasque et du Brescian pour se porter dans la plaine d'Italie.
Il existe en Suisse quatre lignes principales pour couvrir les frontières de France: 1° la ligne du Rhin, qui se compose du Rheinthal, du lac de Constance et du Rhin, jusqu'à Bâle, sur une étendue de 70 lieues; 2° la ligne de la Linth, qui prend sa source dans le massif du Saint-Gothard et se jette dans le lac de Zurich, d'où cette ligne suit la rive gauche de la Limmat et de l'Aar jusqu'au Rhin, enfin la rive gauche de ce fleuve jusqu'à Bâle; son étendue est de 50 lieues; 3° la ligne de la Reuss, qui prend également sa source au Saint-Gothard, traverse le lac des Quatre-Cantons, et se jette dans l'Aar, où cette ligne rentre dans la précédente; son étendue jusqu'à Bâle est de 45 lieues; 4° la ligne de l'Aar, qui prend sa source au mont Grimsel, traverse les lacs de Brienz et de Thun, passe à Berne et se jette vis-à-vis Waldshut dans le Rhin, dont la ligne suit alors le cours jusqu'à Bâle; son étendue est de 65 lieues.»

19 Ebenda, 312

20 Napoléon Ier, tome III, 493

21 Napoléon Ier, tome VIII, 16
«Paris, 11 fructidor an X (29 août 1802).
Monsieur le Président des Etats du Frickthal, j'ai reçu votre lettre en date du 9 août. J'ai vu avec une vive satisfaction que les peuples du Frickthal sont contents de leur sort et qu'ils seront heureux dans leur nouvelle position. Faites-leur connaître qu'ils ne me seront jamais indifférents, et que la France, en intervenant pour changer leur situation, a par la contracté l'obligation de prendre intérèt à ce qui peut les regarder. Bonaparte.»

22 Relations diplomatiques, 577, 578

23 Stapfer 1800–1803, 185, 186
«Je me rendis … chez le citoyen Talleyrand et appris de lui que le Premier Consul était très disposé à accorder au gouvernement helvétique sa demande, mais qu'il désirait que je l'énonçasse encore une fois dans une seconde note officielle, en ajoutant que le gouvernement helvétique, après avoir exigé l'évacuation de la Suisse, se trouvait dénué des moyens suffisans de répression contre les malveillans et les révoltés des Petits Cantons.»

24 Napoléon Ier, tome VIII, ll

25 Stapfer 1800–1803, 186–187

26 Stapfer 1800–1803, 187–189, 3.9.1802
«J'ai vu le général Montrichard qui a eu une audience du Premier Consul dans laquelle celui-ci a montré les meilleures dispositions pour nous accorder la seconde demibrigade; mais il lui a dit, en même temps, qu'il lui fallait, pour se justifier aux yeux des puissances étrangères d'avoir fait entrer derechef des troupes en Suisse l'allégation d'un traité positif qui en donnât le droit au gouvernement helvétique, soit directement, soit en vertu d'usages établis anciennement.»

27 Muller, Confédération 17, 235

28 Stapfer 1800–1803, 187–189

29 Stapfer 1800–1803, 189

30 Napoléon Ier, tome VIII, 29, 30

31 Stapfer 1800–1803, 189–194
«Il remarqua qu'une constitution qui avait besoin des bayonnettes pour se soutenir, ne valait rien; que nous avions paru enchantés de la nôtre et assurés de son succès.»

32 Stapfer 1800–1803, 189–194
«Je répliquai qu'une nation ayant été arrachée à son ancienne organisation, et ne pouvant, par mille raisons, y retourner, il était difficile d'imaginer comment il serait possible d'y établir un nouvel ordre stable et raisonnable, sans l'ascendant d'une grande autorité, particulièrement si cette nation, formée de peuplades très diverses et agitée par des passions haineuses et des préjugés enracinés, n'avait de point de ralliement ni dans les anciennes institutions, sur lesquelles leurs partisans même ne pouvaient s'accorder pour le mode et la nature de leur

résurrection, ni dans de grands hommes, fixant les regards de la multitude par des actions d'éclat et des services importans, ni dans un système qui plût généralement, aucune forme de gouvernement ne pouvant être considérée comme voulue par la grande majorité. J'ajoutai que le seul penchant bien prononcé de la multitude était vers l'établissement d'un régime démagogique bien licencieux et bien épouvantable, vers l'isolement absolu et vers la métamorphose de toutes les vallées, villes, bourgs et villages de l'Helvétie en autant d'Etats démocratiques tumultueux et indépendans; qu'une pareille dissolution de la Suisse serait le tombeau de la civilisation, la honte du siècle et aurait pour effet de voir la Suisse effacée de la liste des Etats, et surtout de celle des Républiques alliées et tenant au système de la France.»

33 «les ennemis intérieurs»

34 «Toutes vos demandes doivent pouvoir être montrées aux puissances étrangères.»

35 *«Moi:* Je ne suis point autorisé à vous remettre une pareille note. Il me semble que le Premier Consul pourrait faire publier une déclaration semblable, sans craindre que les cours de l'Europe la considèrent soit comme un écart de la ligne de modération qu'il s'est tracée, soit comme une contravention au traité de Lunéville ou aux engagemens qu'il peut avoir pris. Le gouvernement helvétique est reconnu par le Premier Consul, par l'empereur et le roi de Prusse; il ne va pas tarder à l'être par l'Angleterre. Il faut bien que la Suisse soit rendue à la tranquillité et à la paix, comme le reste du monde. Qu'est–ce qui pourrait faire hésiter le Premier Consul sur la propriété de tous les moyens qui peuvent le plus promptement, sans coup férir et sans nous causer de frais, ramener le calme en Helvétie? La Prusse et la Bavière ne sont pas moins que la République italienne et la France intéréssées à empêcher qu'il ne s'établisse en Suisse des Etats, disparates en affections et en systèmes politiques, qui, dans des guerres futures, la diviseraient en deux partis et en livreraient la partie militairement la plus importante au rival naturel de l'Empire français.
Talleyrand: Le Premier Consul n'aime pas à se mêler des affaires des autres. Il vous a donné des conseils; il a reconnu votre gouvernement en vous recevant en audience solennelle; on avait demandé à différentes époques qu'il retirât les troupes françaises; il les a retirées.
Il ne peut pas, coup sur coup et en même temps, adopter d'autres mesures; vous pouvez, au reste, être sûr qu'il prendra très promptement une détermination à l'égard du contenu de votre note. Je vous répète qu'il ne reconnaîtra jamais en Helvétie qu'un gouvernement et qu'une république.
Le marquis de Lucchésini m'a fait confidentiellement part de la conversation qu'il a eue le 15 fructidor avec le Premier Consul sur l'état de la Suisse. Lucchésini lui fit compliment sur le bon effet que produisait en Europe la retraite des troupes françaises. «Il me répondit, dit Lucchésini, avec un accent de vérité qui me paraissait partir du cœur, qu'il nous laisserait faire.»
Je ne cachai pas au marquis de Lucchésini que l'état de la Suisse n'était nullement tranquillisant, et, comme il venait de me dire qu'il renouvelait son cours de belle littérature avec M. Fox, je lui observai que nous aurions peut-être besoin de Neptune pour calmer les flots irrités, et qui prononçat le *Quos ego!* Il sourit et dit qu'il faudrait bien y venir, si l'agitation ne se calmait autrement. Il m'assura que le Premier Consul avait parlé d'Aloys Reding avec le plus grand mépris, et qu'il avait dit, entr'autres choses, de lui qu'il s'était perdu sans retour dans l'opinion publique.
Le marquis paraît avoir prêché au Premier Consul le rétablissement d'une confédération complète en Helvétie; mais je lui ai fait sentir qu'une fédération suisse donnerait à l'Autriche les mêmes facilités et les mêmes chances que le morcellement du Nord de l'Allemagne lui fournirait dans la position actuelle de l'Europe. …
Le ministre Talleyrand, en revenant sans cesse au reproche: «Pourquoi avez-vous demandé, pourquoi avez-vous laissé sortir de l'Helvétie les Français?» veut, comme je lui ai dit, ou s'égayer à nos dépens, ou il confond les lieux, les temps et les personnes. Les ministres étrangers, surtout ceux de Russie et d'Angleterre, ont, sans doute, très souvent pressé le gouvernement français de retirer ses troupes. Les différens ministres helvétiques qui ont résidé auprès du gouvernement de la République française, ont fréquemment porté plainte des frais et des désagrémens qui résultaient pour nous d'un trop grand nombre de troupes étrangères. Enfin le citoyen Reding a insisté dans plusieurs notes sur l'évacuation de la Suisse par l'armée française.
Mais depuis ce moment-là il ne m'est pas connu qu'il ait été fait une seule réclamation au sujet des troupes. Quant à moi, non seulement je n'ai jamais demandé l'évacuation, mais j'ai surtout, pendant l'insurrection du Pays-de-Vaud et lorsqu'on prévoyait déjà que l'établissement de la constitution dans les Petits Cantons rencontrerait des obstacles majeurs, plus d'une fois fait l'observation au ministre que la présence des troupes françaises était très nécessaire au repos de l'Helvétie, et qu'une compagnie de Français, agissant avec vigueur, était

capable d'en imposer à des corps très nombreux de rebelles. Le ministre sait fort bien tout cela. Aussi quand il paraît rejeter l'évacuation subite de la Suisse sur le Conseil d'exécution, il ne peut avoir de motif que celui de détourner la conversation et de se dispenser de répondre catégoriquement, quand je le presse de me donner une réponse à la demande de la demi-brigade. Il ne peut certainement pas venir sérieusement dans l'esprit du gouvernement français, que nous ayons depuis le 17 avril soit désiré, soit demandé l'évacuation de la Suisse avant l'achèvement complet de l'organisation, tant générale que particulière, de tous les Cantons. Les propos du ministre n'ont indubitablement qu'un but de conversation. Mais je n'ai pas pris le change, comme vous aurez vu par ma seconde note. ...»
Vgl. Muller, Confédération 17, 237

36 Stapfer 1800–1803, 194–196; 11.9.1802 «Fi! s'est-il écrié, une médiation entre un gouvernement légitime et des rebelles! Quelle indignité! Ce serait un scandale affreux dans l'ordre social de l'Europe et d'un exemple désorganisateur pour les gouvernemens. Un gouvernement qui capitule avec quelques villages qui doivent lui obéir? Non, jamais le gouvernement français ne se prêtera à une transaction aussi avilissante.»«Rien, ai-je répliqué, rien de ce qui tend à épargner le sang humain n'est avilissant, Citoyen Ministre; la nature de l'insurrection, le caractère des insurgés, des symptômes du même mal éclatans dans différents endroits, la pénurie de ses ressources ont déterminé mon gouvernement –»«Votre gouvernement? Il n'est plus gouvernement, dès le moment où il cède à des révoltés. Vous n'avez pas de gouvernement: on l'insulte inpunément, et il ne se fait point assez respecter.»Relations diplomatiques, 581

37 Relations diplomatiques, 581, 582

38 Stapfer 1800–1803, 200–202 «...une intervention très marquante et très loyale du gouvernement français, ...»
«Les fondateurs de la liberté helvétique n'ont certainement pas eu en vue ni la barbarie et le scandale du régime des Landsgemeinden, ni les abus et le rétrécissement des bourgeoisies exclusives!»

39 Der Vertrag des Jahres VI ist der oben erwähnte vom 19. August 1798

40 Relations diplomatiques, 582, 583
«Entre les mesures que votre sagesse peut choisir à cet effet, nous osons proposer comme la plus naturelle une déclaration qui assure à la constitution helv. l'appui de votre influence politique et au besoin celui de vos armées.Si seulement les généraux commandant les divisions militaires les plus voisines étaient autorisés à envoyer dans ce pays, sur la demande formelle du gouv., la quantité de troupes que celui-ci jugerait nécessaire pour rétablir l'ordre et que nous pussions rendre publique une telle promesse, les troubles de l'Helvétie toucheraient à leur fin... (Signé) Dolder et Jenner.»

41 Stapfer 1800–1803, 202, 203
«Je n'ai pas manqué de mettre sous les yeux du gouvernement le tableau des déchirements et de la désorganisation dont l'Helvétie était menacée, sans l'apparition d'un puissant et bon génie au milieu de nous.»

42 Relations diplomatiques, 584

43 Stapfer 1800–1803, 204–206
«L'envoi des troupes françaises dans un pays agité ne pouvant avoir lieu sans les faire participer aux dissensions qui le divisent, le sang français pourrait couler, et le Premier Consul ne peut pas l'exposer que pour l'intérêt propre et immédiat des Français.Certainement la France ne peut voir avec indifférence les maux d'un pays voisin et ami. Aussi le Premier Consul serait-il disposé peut-être, si les troubles augmentaient au point de compromettre la masse entière du peuple helvétique, à modifier sa première détermination, de rester entièrement étranger à l'ouvrage de l'établissement de l'ordre public en Helvétie. Il ne renoncera sans doute qu'à regret, et entraîné seulement par la nécessité, à cette détermination qu'il avait prise d'après des motifs extrêmement puissans sur son esprit; mais il faut que l'impression du malheur de l'Helvétie le ramène à céder sur ce point. Il pourra offrir à vos concitoyens toute l'influence de son ascendant sur les opinions d'un peuple en discorde et les conseils de bienveillance et de sagesse auxquels les chefs qui ont gouverné votre pays se sont si mal trouvés de n'avoir pas voulu déférer; et si le peuple suisse, éclairé par le malheur, a, comme il l'espère, assez de confiance en lui pour ne pas s'abandonner aux passions qui l'agitent, il est à croire que les désordres de la Suisse pourront encore se réparer.
Le Premier Consul n'a pas conseillé la dernière constitution, comme le Conseil d'exécution l'expose dans sa lettre; il n'a pas fait connaître qu'il lui donnât son approbation; il a constamment observé, sur tout ce qui s'est

passé à cet égard en Suisse, une attentive et patiente impartialité. Dans cette vue il n'a pas répondu à la lettre qui lui a été écrite par le chef du Conseil d'exécution, et voyant s'essayer une constitution arrêtée par un nombre considérable de notables, il a dû présumer que cette constitution pourrait convenir aux Suisses; mais sa première résolution n'ayant pas été directement ébranlée par des motifs tirés de l'examen des principes sur lesquels elle est basée, il a dû, à cet égard, rester dans la position qui convenait au Premier Consul de la République française et attendre les résultats du temps.
Il paraît aujourd'hui que cette constitution ne convient pas à l'Helvétie, puisque de toutes parts on s'élève contre elle. Or en la faisant établir par des bayonnettes étrangères, on ne ferait que constater avec éclat qu'elle est peu propre à faire le bonheur de vos concitoyens. ...»

44 Strickler VIII, 1262

45 Napoléon Ier, tome VIII, 45–47 «Saint-Clond Ier vendémiaire an XI (23 septembre 1802)
Je vous prie, Citoyeu Ministre, d'envoyer chercher le colonel Mullinen. Dites-lui que la lettre qu'il m'a écrite m'a été remise; que je l'ai lue avec une grande attention; que rien ne m'a échappé des mouvements de la Suisse; que les proclamations de Soleure et de Berne sont évidemment le plus violent outrage que l'on puisse faire à l'honneur français; que ce n'est ni la conduite ni le style d'hommes sensés, mais la conduite furibonde d'hommes qui poussent la passion et l'inconsidération au dernier degré;
Que les deux cents familles de Berne s'intitulent souverains; que, quoi qu'ils puissent dire, j'estime trop le peuple suisse pour croire qu'il consente encore à être le sujet de quelques familles;
Que la France a d'ailleurs garanti à la Suisse l'égalité de droits; qu'une contre-révolution peut être tentée, mais ne sera jamais consommé en Suisse; que ce qu'il dit de la volonté du peuple est une déraison; que ce n'est point en ameutant une poignée d'hommes armés à force de guinées que l'on a la volonté du peuple; que, d'ailleurs, mes calculs ne sont pas subordonnés seulement à la volonté du peuple suisse, mais aux intérêts de quarante millions d'hommes que je gouverne;
Que consolider les mouvements qui viennent d'avoir lieu, c'est, de gaieté de cœur et sans raison, consolider le règne des ennemis de la République; qu'ils ont poussé l'aveuglement jusqu'à ne pas nommer le canton de Vaud parmi les cantons qu'ils reconnaissaient; que le noyau d'individus avec lequel on a culbuté ce sénat lâche et méprisable a été fait en le composant en secret d'hommes cessant à peine d'être à la solde de l'Angleterre et de l'Autriche; et, certes, ce serait une étrange ineptie de ma part de livrer un pays, que nous avons défendu contre les armées russes ou autrichiennes liguées, à 1000 ou 1500 soldats qui faisaient partie de ces mêmes armées; que mon caractère, en Europe et chez eux, était trop connu pour que je pusse manquer à ce point à l'honneur et à la politique; que je n'ai et ne puis avoir d'estime pour le sénat actuel; si j'en eusse eu, sa lâcheté dans ces circonstances la lui eût ôtée;
Que je me persuade bien aujourd'hui de la nécessité d'une mesure définitive; que si, dans peu de jours, les dispositions de ma proclamation ne sont pas remplis, 30 000 hommes entreront en Suisse sous les ordres du général Ney; et, s'ils m'obligent à ce coup de force, c'en est fait de la Suisse;
Que j'ai besoin, par-dessus tout, d'une frontière qui couvre la Franche-Comté; un gouvernement stable et solide, ami de la France, c'est le premier vœu que je forme; si celui-ci ne peut avoir lieu, l'intérêt de la France me dictera la conduite à tenir; qu'il n'y a dans ma proclamation pas un mot qui ne soit un volume; qu'il n'y a rien d'oratoire; elle est toute ma pensée: car ma politique est franche et ouverte, parce qu'elle est le résultat de longues méditations et de la force;
Que sa présence à Paris est inutile et ne pourrait que tromper ses commettants sur mes résolutions; qu'il parte dans douze heures; qu'il arrive à Berne comme un trait; et qu'il rende compte de tout ce que vous venez de lui dire: car, si un drapeau français entre en Suisse, ce sera un malheur pour eux; que je suis impartial dans toutes leurs querelles; que je n'ai d'affection pour aucun homme; que je me suis constamment plaint et de Dolder et de Reding; aucun n'a suivi mes conseils.
Si ma médiation est acceptée, et s'il n'entre point de troupes françaises en Suisse, je la regarde comme entrant dans le port; toute modification, tout faux-fuyant est inutile; rien ne sera écouté; qu'il dise bien à ses compatriotes que, depuis deux ans, cela est un véritable jeu d'enfants; qu'il est temps que cela finisse, et que je ne vois pas de milieu entre *un gouvernement suisse solidement organisé et ami de la France, ou point de Suisse.*
Appuyez surtout fortement sur son départ. Il n'a plus rien à faire à Paris; il ne peut plus rendre de services à ses compatriotes qu'à Berne. Bonaparte»

46 «parti fédéraliste»

47 «parti des patriotes»

48 Relations diplomatiques, 584–586

49 Muller, Confédération 17, 272

50 Napoléon Ier, tome VIII, 50, 51
«Paris, 6 vendémiaire an XI (28 septembre 1802).
Vous voudrez bien, Citoyen Ministre, envoyer sur-le-champ un courrier extraordinaire au général Ney, qui doit être à Nancy, pour lui porter l'ordre de se rendre en toute diligence à Genève, où il prendra le commandement du Valais. Les 73e et 87e demi-brigades, qui sont dans le Valais, seront sous ses ordres. Donnez l'ordre à un bataillon de la 78e, qui est à Chambéry, qui sera complété à 600 hommes, de se rendre à Genève: donnez l'ordre au général commandant la 5e division militaire de réunir à Huningue, à la disposition du général Ney, six bataillons et six pièces d'artillerie. Donnez également ordre au général commandant la 6e division militaire de réunir à Pontarlier trois bataillons et six pièces d'artillerie, également à la disposition du général Ney. Vous recommanderez aux généraux commandant les 5e et 6e divisions militaires de ne pas prendre de troupes dans les demi-brigades revenues d'Egypte, lesquelles, étant fatiguées, ont besoin de se reformer. Les généraux commandant les 5e et 6e divisions militaires tiendront chacun un régiment de chasseurs à la disposition du général Ney. Vous donnerez l'ordre au général commandant l'armée d'Italie de réunir à Côme trois bataillons, lesquels seront également sous les ordres du général Ney. Dans les troupes qui seront choisies par les généraux des divisions, les demi-brigades qui n'auront que deux bataillons n'en fourniront qu'un, et celles qui en auront trois en fourniront deux; les bagages et les dépôts ne marcheront pas; dans les escadrons de cavalerie, les dépôts ne marcheront pas, ni le 4e escadron.
Vous enverrez dans les 5e et 6e divisions militaires et en Italie les ordres par des officiers en poste, qui se rendront ensuite à Genève pour rendre compte au général Ney du départ des différentes troupes, afin que ce général puisse leur faire passer des ordres ultérieurs, selon les circonstances. Vous ferez connaître, du reste, aux généraux commandant les divisions que, sous quelque prétexte que ce soit, les troupes qui seront sur les frontières ne doivent les dépasser en rien, ni se mêler d'aucune manière des affaires des Suisses, sans les ordres du général Ney.
Vous ferez connaître au général Ney qu'arrivé à Genève il trouvera des instructions sur la mission de conciliation qu'il a à remplir en Suisse, et sur l'emploi qu'il doit faire de ses forces. Bonaparte.»

51 Napoléon Ier, tome VIII, 54
«Il est vrai que j'avais pris le parti de ne me mêler en rien de vos affaires. J'avais vu constamment vos différents gouvernements me demander des conseils et ne pas les suivre, et quelquefois abuser de mon nom, selon leurs intérêts et leurs passions.
Mais je ne puis ni ne dois rester insensible au malheur auquel vous êtes en proie; je reviens sur ma résolution; je serai le médiateur de vos différends; mais ma médiation sera efficace, telle qu'il convient aux grands peuples au nom desquels je parle.
Cinq jours après la notification de la présente proclamation, le sénat se réunira à Berne.
Toute magistrature qui se serait formée à Berne depuis la capitulation sera dissoute; et cessera de se réunir et d'exercer aucune autorité.
Les préfets se rendront à leur poste.
Toutes les autorités qui auront été formées cesseront de se réunir. Les rassemblements armés se dissiperont.
Les 1re et 2e demi-brigades helvétiques formeront la garnison de Berne.
Les troupes qui étaient sur pied depuis plus de six mois pourront seules rester en corps de troupes.
Enfin tous les individus licenciés des armées belligérantes et qui sont aujourd'hui armés déposeront leurs armes à la municipalité de la commune de leur naissance.
Le sénat enverra des députés à Paris; chaque canton pourra également en envoyer.
Tous les citoyens qui, depuis trois ans, ont été landammans, sénateurs, et ont successivement occupé des places dans l'autorité centrale, pourront se rendre à Paris, pour faire connaître les moyens de ramener l'union et la tranquillité et de concilier tous les partis.
De mon côté, j'ai le droit d'attendre qu'aucune ville, aucune commune, aucun corps, ne voudra rien faire qui contrarie les dispositions que je vous fais connaître.»

52 «il fera dire (sans écrire)»

53 Napoléon Ier, tome VIII, 52, 53
«Dans les petits cantons, et dans toute sa mission, le citoyen Rapp fera connaître que je suis résolu à en finir et à organiser l'Helvétie d'une manière conforme aux vœux des habitants, mais sans donner gain à aucune faction.»

54 Napoléon Ier, tome VIII, 58–60
«L'aide de camp Rapp doit être arrivé avec la proclamation. Le ministre des relations extérieures a écrit au général Ney pour lui tracer la conduite qu'il doit tenir. Vous y ajouterez que, si jamais, contre toute probabilité, les insurgés attaquaient le pays de Vaud, il ferait sur-le-champ entrer toutes ses troupes pour le défendre; mais ceci n'est qu'une supposition, car il faudrait qu'ils eussent perdu tout jugement.»

55 «Le général Ney se préparera à agir de la manière suivante au premier ordre du Gouvernement:
La 87e et la 73e, qu'il va réunir à Villeneuve le plus tôt possible, les troupes qu'il aura pu réunir à Genève, avec les demi-brigades de ligne helvétiques, formeront une division, qu'il réunira dans le pays de Vaud pour marcher droit à Berne.
Les troupes que le général de la 6e division aura pu réunir à Pontarlier se joindront au général Ney avant son arrivée à Berne.
La division qui se réunit à Huningue se portera, le plus rapidement possible, à Berne.
Deux bataillons de la 13e légère, que vous donnerez l'ordre au général commandant la 27e division militaire de réunir sur-le-champ à Aoste, passeront le Saint-Bernard pour joindre le général Ney à Berne.
Les deux bataillons que vous avez ordonné de réunir à Côme séront mis sous les ordres d'un général de brigade, et se rendront à Lucerne.
Donnez l'ordre au général commandant l'armée d'Italie de compléter cette brigade à quatre bataillons, de manière qu'elle monte à plus de 2000 hommes.
Les quatre bataillons qui se réunissent dans la Valteline seront mis sous les ordres d'un général de brigade, et se rendront à Coire.
Par ce moyen, le général Ney se trouverait avoir en Suisse vingt-cinq à trente bataillons.
On calcule que la proclamation du Premier Consul ne pourra arriver à Berne que le 12. Le général Ney saura, le 18 ou le 19, si les Bernois veulent se dissoudre ou non.
Dans le cas où ils ne voudraient pas se dissoudre, du 20 au 25 serait le moment où il faudrait que toutes les colonnes entrassent à la fois en Suisse, puisque alors le Gouvernement pourrait en avoir envoyé l'ordre avec des instructions ultérieures.
Il est donc nécessaire que le général Ney prévienne les généraux commandant sous ses ordres de se munir de vivres pour six jours, et de se tenir, du 20 an 25, prêts à entrer en Suisse.»

56 Relations diplomatiques, 591, 592

57 Ebenda

58 Relations diplomatiques, 623
«Quant à l'ancien Sénat, retiré à Lausanne, il est généralement méprisé et détesté; on l'accuse d'avoir abusé de ses pouvoirs. Ce qui paroit faire beaucoup de peine aux Suisses, c'est l'article de votre proclamation qui ordonne son retour à Berne.
La force de l'armée des insurgés est de trente mille hommes, la moitié réunie aux ordres du gén. Bachmann, et le reste, à la disposition de la Diète, est distribué dans les différens cantons. Quant aux troupes helv., on ne peut en calculer le nombre, vu la grande désertion journalière. Aussitôt que j'aurai la réponse de la Commission des dix, j'aurai l'honneur de vous en faire part.»

59 Relations diplomatiques, 593–596

60 «La perfide Albion» Louis Madelin, L'avènement de l'empire, Histoire du consulat et de l'empire, Paris: Hachette, 1939, 8

61 Alberto Rovighi, Un secolo di relazioni militari tra Italia e Svizzera 1861–1961, Roma: Ufficio Storico SME, 1987, 558–561. Benito Mussolini schrieb am 19.10.1940 an Adolf Hitler:
«Sono sicuro che non Vi sorprenderete di vedere anche la Svizzera compresa fra le superstiti posizioni conti-

nentali della Gran Bretagna. Col suo incomprensibile atteggiamento ostile la Svizzera pone da sè il problema della sua esistenza.»

62 Napoléon Ier, tome VIII, 63, 64

63 Napoléon Ier, tome VIII, 64–66
«Paris, 23 vendémiaire an XI (15 octobre 1802)
Je vous prie, Citoyen Ministre, d'envoyer un courrier extraordinaire au général Ney: donnez-lui l'ordre d'entrer en Suisse, en dirigeant les troupes du Valais, celles qu'il a à Genève, celles de Pontarlier et celles de Bienne, droit sur Berne, où il est indispensable d'arriver d'abord.
Vous lui recommanderez de réunir le plus possible, ses troupes ne devant donner que réunis;
De réunir les deux demi-brigades helvétiques à Fribourg, de manière qu'il en soit sûr, et de faire entrer, un ou deux jours avant lui, la brigade qui part de Huningue, afin qu'elle attire de ce côté les ennemis;
De faire passer le Saint-Bernard à la 13e légère, qui est à Aoste, pour la faire entrer dans le Valais, et de la faire marcher par le plus court chemin pour grossir son armée;
D'augmenter la brigade de Bâle de deux bataillons de la 16e de ligne, qui sont à Fribourg et qui se rendront en droite ligne à Bâle; par ce moyen, la division de Bâle se trouvera d'une force raisonnable.
Donnez ordre à la demi-brigade qui se réunit à Côme de passer le Splugen et de se rendre à Coire;
A la brigade qui se réunit dans la Valteline, de se rendre également, par le plus court chemin, à Coire.
Chargez le général en chef de l'armée d'Italie de donner un commissaire des guerres, et un général de division pour commander ces deux demi-brigades, de manière à combiner ses opérations pour les faire donner de concert dans les Grisons. Le général Murat donnera les instructions nécessaires pour cet objet. Arrivé à Coire, le général de division prendra les ordres du général Ney, pour tous les mouvements qu'il aura à faire.
Le général Murat réunira également à Bellinzona une brigade de 2000 hommes, qui tiendra une avant-garde sur le Saint-Gothard, s'emparera du pont du Diable, poussera des reconnaissances jusqu'à Uri et Altorf, et se tiendra prête à marcher à Lucerne lorsque le général Ney lui en donnera l'ordre. Le général Murat joindra deux escadrons de hussards, de 130 hommes chacun, à la division qui doit marcher à Coire.
Le général Murat fera encore avancer 3000 hommes du côté de la Valteline, pour soutenir, s'il y avait lieu, ce corps de troupes.
En prévenant le général Ney, prévenez aussi le général Murat, parce que la division, en attendant qu'elle arrive à Coire, sera sous les ordres de ce général; arrivée à Coire, elle sera sous les ordres du général Ney.
Le général Ney fera une proclamation courte et d'un style simple, par laquelle il dira que les petits cantons avaient demandé la médiation du Premier Consul, que le sénat avait demandé la médiation du Premier Consul, qui, touché enfin des maux auxquels ils étaient en proie, a cédé aux sollicitations de la nation suisse et a interposé sa médiation pour terminer toutes leurs querelles; mais qu'une poignée d'hommes congédiés du service des puissances belligérantes, amis du trouble et indifférents aux maux de leur partie, contre laquelle ils ont porté les armes pendant toute la guerre, sont insensibles à toute raison et à toute considération, trompent et égarent une portion du peuple, à un tel point qu'ils ont allumé la guerre civile au nom même du Premier Consul;
Qu'il est obligé de se mettre en marche pour dissiper ces insensés, et les punir s'ils osaient persister dans leur rébellion;
Qu'il espère cependant que le peuple, auquel ils ont même caché la proclamation du Premier Consul, en fera promptement justice.
Les troupes, en passant à Bâle, rétabliront le préfet et remettront les choses comme elles étaient avant l'insurrection.
Le général Ney défendra aux généraux de faire aucune espèce de proclamation et de rien imprimer; il leur enverra seulement sa proclamation imprimée en français et en allemand, pour qu'ils puissent la distribuer en entrant en Suisse.
Arrivé à Berne, le général Ney fera sur-le-champ installer le sénat, mais se réservera toute l'autorité nécessaire pour la police; partout où il passera, il désarmera les malintentionnés et fera arrêter les boute-feu, et surtout les chefs connus pour avoir été à la solde de l'Angleterre et de l'Autriche contre nous.
Vous donnerez l'ordre au général commandant la 26e division militaire de faire passer la 50e demi-brigade, qui est à Mayence, à Huningue.
Je suppose que la brigade qui est dans la Valteline avec celle de Coire forme près de 5000 hommes; si ces deux corps ne faisaient pas 5000 hommes, le général Murat les complétera. Il peut, en se concertant avec le citoyen Melzi, y mettre un bataillon de 600 Italiens, pour les accoutumer à la guerre.

Recommandez au général Ney de bien réunir ses troupes avant de marcher, afin d'avoir peu d'affaires hasardeuses et d'épargner le sang. Bonaparte.»

64 Napoléon Ier, tome VIII, 69

65 Ney II, 90–108

66 «Le principal objet de votre mission est de les maintenir et de les diriger dans le sentiment de cette juste et sage déférence.»
«Vous ne devez cesser de faire comprendre aux citoyens de l'Helvétie que le premier consul a surtout en vue le repos, le bonheur et la puissance de l'Helvétie; que cette République ne peut être riche, heureuse et puissante que par son union avec la France; et c'est principalement dans cette vue qu'il désire que la confiance que la Suisse a toujours eue dans le gouvernement français ne cesse de lui être accordée.
Les puissances étrangères ne sont plus ennemies de la France; mais l'état de paix ne saurait détruire l'envie: elles ne sauraient toutes désirer comme la France que la Suisse soit tranquille. Il est dans la politique d'envisager les agitations de l'Helvétie comme un moyen d'inquiéter la France et tous les Etats voisins; et ces agitations présentent peut-être à quelques hommes ennemis de la paix de l'Europe une perspective plus ou moins lointaine d'une suite de dissensions politiques, qui pourraient avoir pour résultat de renouveler la guerre.
Ainsi, la tranquillité de l'Helvétie est un avantage commun à l'Europe entière; ainsi son organisation sage et calme sous la sauve-garde de la France, se trouve liée au grand intérêt de la paix générale; et par-là, il entre dans les devoirs du gouvernement de la République de s'en occuper, et dans un de ses plus grands intérêts de l'accomplir.»

67 Napoléon Ier, tome VIII, 72, 73
«Votre Majesté a paru, dans le temps, s'intéresser au sort des Suisses. J'avais fait évacuer leur territoire par les troupes françaises, pour les laisser jouir de leur indépendance. Mais ils se sont mis de nouveau en révolution, et j'ai été contraint, pour arrèter les troubles de la guerre civile, d'intervenir dans leurs différends. Au reste, quelque chose que l'on puisse dire. Votre Majesté peut rester persuadée que l'indépendance et le territoire de cette petite république seront maintenus dans leur intégrité.»

68 Relations diplomatiques, 628
«D'après ce que me mande l'aide de camp Rapp, les insurgés suisses ont consenti à tout ce qu'exige d'eux votre proclamation; cependant d'après les dispositions manifestées par l'esprit public des habitans de l'Helvétie, on peut assurer que leur soumission est plutôt due au voisinage des troupes franç., qu'à leur inclination à reconnaître l'autorité du gouv. contre lequel ils s'étaient insurgés, qui ne peut leur inspirer ni confiance ni respect. Il est donc très probable, mon général, qu'on ne pourra les maintenir dans la volonté qu'ils témoignent de rester tranquilles, qu'en faisant demeurer au milieu d'eux des forces suffisantes pour comprimer leur penchant à la réticence et déjouer les manœuvres secrètes de l'Autriche et de l'Angleterre, puissances chés lesquelles ont servi les principaux chefs de l'insurrection et dont la plupart sont encore pensionnés par elles; c'est principalement pour vous transmettre cette observation que je vous envoye le cit. Passinges, mon premier aide de camp, qui a été témoin oculaire du peu d'énergie des chefs du gouv. helv., maintenant réinstalés à Berne, lesquels courreraient plus grand risque d'en être chassés de nouveau, avant le retour des députés de cette nation, que vous mandés à Paris: ces derniers pourraient d'ailleurs, mon général, vous suggérer des mesures ultérieures, d'ont l'exécution exacte serait garantie par la seule présence de nous troupes.»

69 «Je m'arrête un instant ici, où j'ai trouvé l'adjudant commandant Le Marois que j'avais dépêché (près l'aide de camp Rapp à Berne) dès le 24, à l'effet de connaître d'une manière positive la résolution de la Diète de Schwytz sur votre proclamation. Les chefs de l'insurrection paraissent avoir abusé de la bonne foy de votre aide de camp, mon général; aussi leur soumission n'est-elle qu'éphémère. Les troupes confédérées, quoique rentrées dans leurs cantons respectifs, restent armées et prêtes à former tel rassemblement que la Diète voudrait provoquer. Le gouv. helv. tremble sur son existence déjà si précaire, et si des troupes franç. n'arrivent bientôt à Berne pour maintenir votre volonté, mon général, et faire respecter les délibérations vigoureuses que les circonstances nécessitent, je prévois que de nouveau malheurs inonderont l'Helvétie.
Les chefs de l'armée insurrectionnelle disent même que pour leur justification vis-à-vis des puissances belligérantes (sans doute de l'Autriche et de l'Angleterre) ils ne pourront abandonner la partie à moins d'y être forcés par des forces franç. Je me rends en toute hâte à Berne et j'employerai tous mes moyens à réconcilier les têtes en effervescence et à ramener à l'ordre des hommes dont l'égarement n'a d'autre but que de fomenter la

ruine de la Suisse. Veuillez, mon général, peser dans votre sagesse la conduite particulière que j'aurai à tenir et me faire prescrire la prompte entrée des troupes franç. si vous jugiez indispensable.»

70 Ney II, 84–89

«Le général Bachmann, qui commande en chef l'armée des insurgés, est un ancien colonel au service de France, d'où il était passé en qualité de général-major au service du roi de Sardaigne. A la déchéance de ce prince, on lui refusa de l'emploi dans l'armée française; il en prit en Angleterre, et leva une légion de son nom, à la tête de laquelle il a fait la dernière guerre. Il est âgé d'environ soixante-quatre ans. On lui donne des talens militaires.
Les généraux sous ses ordres sont:
Aufdermaur de Schweitz, âgé d'environ trente-deux ans. Il a été capitaine au service du roi de Sardaigne. Il est parent de Reding et sa créature. Il peut avoir du courage, mais il n'a pas une grande habileté. Il est d'un caractère impétueux et opiniâtre.
Wattenwyl de Berne a servi en Hollande. Ses connaissances militaires ne sont pas, dit-on, très-étendues. Il a néanmoins de la capacité, et c'est l'un des chefs du parti qui pencheraient le plus vers un accommodement.
Herrenschwand de Morat, est un ancien officier très-riche et ayant des connaissances. Il avait obtenu avant la révolution la bourgeoisie de Berne.
Pillichaudi, ci-devant seigneur dans le pays de Vaud, avait obtenu également la bourgeoisie de Berne. C'est un homme très-remuant, déterminé, et entièrement dévoué à l'olygarchie.
Les autres officiers de l'armée insurgée sont, la plupart, des jeunes gens de Berne, Zurich et Soleure; quelques-uns ont fait la guerre avec Bachmann et Roverera, qui commandait aussi une légion à la solde de l'Angleterre.
L'homme qui a montré le plus constamment des dispositions hostiles pendant le cours de la révolution, est Reding de Schweitz. Il commandait les troupes des petits cantons, lorsque le général Schawenburg les réduisit. Il a été depuis landamman de la république helvétique; pendant qu'il a exercé cette place, il a beaucoup contribué au dérangement des affaires de son pays. Il a été éloigné du gouvernement le 17 avril dernier. Depuis ce moment il n'a pas cessé de porter le désordre dans son canton, où il a à sa disposition un certain nombre d'individus qui n'ont rien à perdre, et qui lui facilitent les moyens d'y exercer une influence extrêmement dangereuse. On croit généralement que c'est lui qui commanda le massacre d'un détachement de troupes françaises, envoyé en l'an VII à Schweitz, pour rétablir la tranquillité publique. Il s'est toujous montré l'ennemi de la France et a abusé souvent du nom du premier consul pour tromper ses concitoyens. Il n'a que des moyens fort ordinaires; mais il est ambitieux, opiniâtre; et entier dans ses résolutions. L'olygarchie s'est emparée de lui, et a su profiter de son orgueil et de son influence. Il est en ce moment président de la diète assemblée à Schweitz.
Reding est fortement secondé par les moines, et entre autres par les capucins, parmi lesquels on distingue le nommé Paul Stiger. Ce fanatique soulève les paysans, leur communique la fureur dont il est animé, et abuse de leur ignorance et de leurs opinions superstitieuses pour les porter aux plus grands excès. Il a été censuré par l'évèque de Constance, mais il n'en a pas moins continué sa conduite scandaleuse (1).»
«(1) Les autres chefs de parti que signalait Verninac étaient;
Dans le canton de Berne:
Freudenriech de Thorberg, homme éclairé et qui a résidé en Angleterre pendant la révolution. Il est l'un des coryphées de l'olygarchie, et extrèmement attaché à l'ancien ordre des choses.
D'Erlach, ancien bailly de Berthoud. C'est un homme âgé, dont l'esprit a souffert quelque dérangement. C'est lui qui a soulevé les paysans de l'Argovie, dont il prit d'abord le commandement qui lui fut ensuite ôté.
Thormann, secrétaire d'Etat pendant que Reding était à la tête du gouvernement. Orgueilleux, intrigant, il est un des olygarques les plus exaspérés. Ennemi de la France, ainsi que tous les instigateurs de la contre-révolution.
Dans le canton de Bâle:
Mérian, ex-grand tribun, partisan de l'Autriche, peu instruit, intrigant et propriétaire.
Dans le canton de Glaris:
Zwnifl, vieillard entêté, sans talens.
Dans le canton d'Unterwalden:
Le docteur De Flue, homme instruit, de l'une des familles les plus anciennes et les plus considérées de la Suisse; jouissant de beaucoup d'influence.
Wursch, ex-préfet, actuellement landamman, fanatique et entêté; chaud partisan du parti démagogique.
Dans le canton de Friburg:
Montenach et Gadi, ancien avoyer, adroits et instruits.
Dans le canton de Schaffhausen:
Pfister, homme très-ordinaire, dévoué au parti insurgé.

Dans le canton du Tésin:
Rossi, maître de poste à Lugano, s'est chargé de faire connaître à la 2e demi-brigade auxiliaire les propositions des insurgés.
Dans le pays de Baden:
Baldinger, sans capacité; mais dirigé par Charles Reding, parent de celui de Schweitz, et ayant des talens.
Dans le canton d'Uri:
Müller, ancien landamman, sans moyens, dévoué à Reding et démagogue chaud.
Jauch, instruit et rusé.
Dans le canton d'Appenzell:
Zellweguer, l'un des plus riches particuliers de la Suisse, exaspéré, peu instruit.
Dans le cantons des Grisons:
La famille Salis, considérée, puissante, et dévouée à l'Autriche.
Dans le canton de Zurich:
Hirzel, Wiss et Reinhard, anciens membres du gouvernement olygarchique, adroits et instruits, ayant toujours servi leur cause avec beaucoup d'ardeur.
Dans le canton de Lucerne:
Balthazard, ancien membre du gouvernement; versé dans les affaires, exaspéré.
Dans le canton de Soleure:
Gloutz, faible et peu capable.»

71 Napoléon Ier, tome VIII, 82

72 Ney II, 77, 78

73 Napoléon Ier, tome VIII, 89

74 Napoléon Ier, tome VIII, 94

75 Napoléon Ier, tome VIII, 124
«La nature a fait votre Etat fédératif; vouloir la vaincre ne peut pas être d'un homme sage.»

Anmerkungen V

1 Hubert Foerster, Der Bockenkrieg, 1804, Heft Nr.6 der Schriftenreihe der GMS, Zürich: GMS, 1987

2 Nold Halder, Geschichte des Kantons Aargau 1803-1953, Aarau: Neue Aargauer Zeitung, 1953

3 August Guido Holstein, Das Freiamt 1803-1830 im aargauischen Staate, Aarau: Sauerländer 1982, 15 - 19
Hubert Foerster, Der Aargau und die Zürcher Unruhen, 1804, Manuskript, Freiburg: Hubert Foerster, 1990
Wilhelm Oechsli, Quellenbuch zur Schweizergeschichte, Zürich: Schulthess, 1918, 494-496

4 Arnold Kaech und andere, Entstehung und Wirken der Direktion der Militärverwaltung (DMV), Brugg: Effingerhof, 1989, 14-17

5 Napoléon-Louis C. Bonaparte, Politische und militärische Betrachtungen über die Schweiz, Zürich: Orell Füssli, 1833, 38
Souvenir Napoléonien, No.289, 39e année, Paris: Souvenir Napoléonien, Septembre 1976
Eugène de Budé, Les Bonaparte en Suisse, Genève: Kündig, 1905

6 2. Aufzug, 2. Szene

7 Johannes von Müller, Geschichten schweizerischer Eidgenossenschaft, herausgegeben von E.A. Hoffmann, Erstes Buch, Zollikon - Zürich: Volk und Schrifttum, 1942, 186,187
Die Rütliszene lautet hierin: «In der Nacht Mittewochs vor Martinstag im Wintermonat brachte Fürst, Melchtal und Stauffacher, jeder zehn rechtschaffene Männer seines Landes, die ihm redlich ihr Gemüt geoffenbaret, an diesen Ort. Als diese dreiunddreissig herzhaften Männer, voll Gefühls ihrer angestammten Freiheit und ewigen Bundesverbrüderung, durch die Gefahr der Zeiten zu der innigsten Freundschaft vereiniget, im Rütli beisammen waren, fürchteten sie sich nicht vor König Albrecht und nicht vor der Macht von Östreich. In dieser Nacht gaben sie einander mit bewegten Herzen die Hände darauf, «dass in diesen Sachen keiner von ihnen etwas nach eigenem Gutdünken wagen, keiner den andern verlassen wolle; sie wollen in dieser Freundschaft leben und sterben; jeder soll das unschuldige unterdrückte Volk in seinem Tal nach gemeinem Rat in den uralten Rechten ihrer Freiheit so behaupten, dass ewig alle Schweizer an dieser Freundschaft Genuss haben sollen; sie wollen den Grafen von Habsburg von allen ihren Gütern, Rechten und eigenen Leuten auch nicht das geringste entfremden; die Vögte, ihr Anhang, ihre Knechte und Söldner sollen keinen Tropfen Blut verlieren, aber die Freiheit, welche sie von den Voreltern empfangen, dieselbe wollen sie ihren Enkeln aufbewahren und überliefern.» Als alle dessen fest entschlossen waren, und mit getrostem Angesicht und mit getreuer Hand jeder, in Erwägung, dass von ihrem Glück wohl all ihrer Nachkommen Schicksal abhange, seinen Freund ansah und hielt, hoben Walther Fürst, Werner Stauffacher und Arnold an der Halden aus Melchtal ihre Hände auf gen Himmel, und schwuren in dem Namen Gottes, der Kaiser und Bauern von gleichem Stamm in allen unveräusserten Rechten der Menschheit hervorgebracht hat, also mannhaftig die Freiheit mit einander zu behaupten. Als die dreissig dieses hörten, hob ein jeglicher seine Hand auf und leistete bei Gott und bei den Heiligen diesen Eid. Über die Art, ihren Entschluss zu vollstrecken, waren sie einig; damals ging jeder in seine Hütte, schwieg still und winterte das Vieh.»

8 Josef Schmidt, Erläuterungen und Dokumente (zu) Friedrich Schiller, Wilhelm Tell, Stuttgart: Reclam, 1979, 69
Die Wendung «die Unglücksfälle der Schweiz» sowie der Brief an Gottfried Körner stammen aus: Fritz Jonas (Hrsg.), Schillers Briefe, 6. Band, Stuttgart, Leipzig, Berlin, Wien: Deutsche Verlags-Anstalt, ohne Jahr, 408, 414, 415

9 Hans Spreng, Die Alphirtenfeste zu Unspunnen 1805 und 1808, Bern: ohne Verlag, 1946, 17, 18, 22, 23, 33, 41, 43, 44
Vgl. auch etwa: Sandor Kuthy, Elisabeth Louise Vigée-Lebrun und das Alphirtenfest in Unspunnen, in: Revue suisse d'Art et d'Archéologie, Band 33, Heft 2, Zürich: Berichthaus, 1976, 158-171

10 Napoléon Ier, tome III, 234, 235
« Les temps ne sont pas éloignés où nous sentirons que, pour *détruire véritablement l'Angleterre,* il faut nous emparer de l'Egypte.» (Auszeichnung von J. Stüssi-Lauterburg)

11 « By letters from Berne, of the 27th ult. we learn, that the insurgents have commenced hostilities. They have carried the post of Reng, which was occupied by a company of Carabiniers of the Canton de Vaud. The Captain, and about thirty men, were killed in the action. We have not received correct details respecting this unfortunate event but it appears that those who occupied this post suffered themselves to be surprised, and that the insurgents made themselves easily masters of the place, by taking their station on a height which commanded it, and which they did not take the precaution to guard. On this intelligence, General ANDERMATT and the Commissioner of Government KELLER, ordered all the Helvetic forces to advance. They have addressed also a last proclamation to the inhabitants of Uri, Schwitz, and Unterwald, to summon them to submit to Government; but as things have gone so far, it is not probable that this summons will have any effect.»

12 « The spirit of independece which has burst forth into action in Helvetia, will also, if properly encouraged, tend to diminish the influence of France, which has at present got too great an ascendancy in Germany, and I much question whether the flame, which is now spreading in all directions, in that ancient land of freedom, will easily vanish before the frowns, or even before the troops, of the FIRST CONSUL of France.The party of independence is daily gaining ground in that country, in so much that, in the last sitting of the Senate of Berne, it was warmly debated, whether the assistance of French troops should be demanded against the Cantons which, deprecating the interference of foreign Powers, were determined to have a Constitution of their own choosing

13 « The Revolution in Helvetia is daily assuming more consistency. The influence of the French party is already greatly diminished; and is likely, by some recent events, to be entirely destroyed. The Cantons of Glaris and Appenzel, the two districts of Rhoden, a part of the Grisons, and even Zug, as far as the presence of a battalion of troops of the line permits, have followed the example of the three primitive Cantons. The troops of the Gaulo-Helvetic Government amount only to 2800 men; and they have not money enough to raise or support more. By accounts of the 12th Sept. the spirit of insurrection has extended to the Canton of Zurich. The existing central Government, as it is called, having sent a battalion of troops of another Canton, having opposite opinions, to take possession of the town of Zurich, the inhabitants refused them admission. Upon their refusal, General ANDERMATT orderd that it should be occupied by several companies of troops of the line. The unexpected arrival of this force produced great agitation among the inhabitants; they collected very tumultuously, and as the effervescence seemed to be carried to a very high degree, the Municipality not choosing to take upon themselves all the responsability, thought proper to call to their assistance six persons of the greatest influence in the town. After due deliberation it was resolved to guard against all surprize by refusing admission to the troops. The Municipality of Zurich wrote to the Helvetic Commandant, that the citizens would guard their own walls, and wished to see no more foreign troops among them; that notwithstanding he would be permitted to enter, on condition that his soldiers should be lodged in barracks guarded by the citizens. Immediately afterwards, Citizens VEISS and SCHINTZ left Zurich to have an explanation with the Central Government. That took place on Tuesday.General ANDERMATT, informed of these movements, left Lucerne on the 12th, with all the troops and artillery in the place. He arrived at night before Zurich, and at half past two in the morning caused the town to be summoned, by the sound of trumpet, to open its gates. The Commandant of Zurich replied, that he would send his request to the Municipality, and would wait their orders. Upon which General ANDERMATT began to bombard the town with shells; he fired 160, besides some four and six pound balls. But his ammunition was soon expended, and he had no more than 2000 men. He offered at nine o'clock to suspend hostilities, provided a part of the town was put into his hands, until he could receive ulterior orders from his Government. In effect, an armistice was agreed upon till Saturday, at six o'clock in the evening; but the Citizens, enraged at the attack made upon them, and encouraged by the bad success of the morning attack (there were none killed or wounded, and the fire occasioned by the shells was soon extinguished), refused all other arrangement. Their friends from the country were arriving every hour to the succour of Zurich, paricularly old General STEINER, who at eighty years of age, entered the city at the head of three hundred men well armed. Such was the state of things on the 12th instant.A suspension of arms for an unlimited time was agreed upon between the three Cantons and the Central Govermnent. The following are said to be the contitions:
«1. Hostilities are not to recommence till after three days reciprocal notice.
«2. The passage of merchandize and provisions shall be free during the continuance of the Armistice.
«3. The respective armies shall take the position they may think proper, it being understood that they shall not pass the line they actually occupy.«The Deputies of the three Cantons wished to extend the armistice to those of Glaris and Appenzel, but the Helvetian General declared his powers did not extend so far.When it is recollected that the people of Switzerland do not take up a cause without the most mature deliberation, we see little chance

of the speedy reestablishment of peace among them. France is obviously reduced to the alternative of reinstating the ancient federative union under which the country existed in perfect security and happiness for nearly five centuries or of marching into the heart of it and maintaining there an army to enforce the helv. Constitution.»
Castalia Countess Granville (editor), Lord Granville Leveson Gower, Private Correspondence 1781 to 1821, vol.I, London: Murray, 1916, 360: «... had I been an Irishwoman and proud of my Country, I should possibly have thought a struggle for independance more glorious than submission, as I should do were I a Swiss.»

14 «Letters from Berne of the 14th instant mention, that on the 13th, in consequence of the dispatches received by the French Minister from his Court, active and numerous conferences were held at the Landamman DOLDER'S. A rumour spread that it was in agitation to create a *Dictator, or Great Conciliator,* and that DOLDER was destined for this extraordinary Magistracy. But on the 14th, about ten o'clock in the morning, Citizen DOLDER was carried away from his house, and from under the eyes of his guards, after having been forced to give in his resignation. The following are the particulars of this extraordinary event: At five o'clock in the morning, three citizens of Berne, and two of Zurich, MURALT, FISCHER, WYTTEMBACH, TABLER, and HEIDEGGER; went to the Landamman's, and presented a resignation already prepared, which they requested him immediately to sign, imforming him it would be also signed by the other Members of the Executive Council; that this measure was commanded by circumstances, and that they had the consent of the Senate, &c.; Citizen DOLDER signed without opposition. The five Citizens before mentioned afterwards put the Landamman in an carriage, and conducted him to Jegisdorf, three leagues form Berne, where he is guarded in the house of Mr.STURLER, of that city.This event, as may well be believed, has caused great surprise and general uneasiness. The Senators themselves had no knowledge of what was going on, and it is not certainly known what may be the object of this blow, but it is thought to be to prevent DOLDER from being elevated to the Dictatorship, as was mentioned the day before. Citizens RUTTIMAN and FUSSLY, Members of the Ececutive Council, also offered their dismission; but the Senate, before composing a new government, wished to know fully respecting the affair of Citizen DOLDER, and for that purpose sent him two Senators. In the mean time, Citizens RUTTIMAN and FUSSLY continue to perform their functions. On the 15th, the Members of the Senate, who were sent to Citizen DOLDER had returned; but the particulars of their report to the Senate had not transpired.The Cantons or Argovia and Baden are in full insurrection. The peasants have risen in a mass, and taken possession of Brugg and Lenzburg. The town of Arau was also menaced with an invasion. The peasants proposed afterwards to proceed to the Castle of Arbourg, to release a person of the name of MAY, of Schoftland, imprisoned in that place. It is said that a very warm action was fought at Baden, between the peasants and two companies of Helvetic troops: The peasants had 30 men killed, and many wounded: but it seems they were victorious.Thus we see that events daily multiply in Switzerland, and that they take the turn which might be expected by those who have any knowledge of human nature. The brave Swiss cannot, but by the constant presence of a large military force, be induced either to adopt or to maintain a Government fashioned on the French model. Repeated experience has shown the bad success attending attempts to impose a govermnent upon a people determined to be free; and common sense shows in all cases their wickedness. Alternately starved, massacred, and oppressed, the noble descendants of WILLIAM TELL have never despaired of reconquering their freedom. He must have a bad soul and a base heart who does not sympathise with them.»

15 «As the affairs of the Swiss Cantons are becoming every day more serious, it will not be uninteresting to the Public to be better acquainted with the character of the person who is the leader of those brave men who are now endeavouring to recover their liberties, and to free Switzerland from the abject dependence on a foreign power. ALOYS REDING, the valiant Chief of the Independent Cantons, and who, if we are not mistaken, is destined to make a distinguished figure in history, studied the art of war in the service of Spain, in which he attained the rank of Colonel. A short time previous to the Revolution, he had retired into the solitary vallies of his native country, and devoted his leisure to friendship, to the Muses, and to the cultivation of his lands. He had long wished for an amelioration of the federal system and that his country should enjoy useful and free liberty but his heart revolted at the idea of a revolution effected by a foreign Power, and at the still more abhorrent idea of seeing his country fall under the dominion of France.Such are the motives which induced him to resume the sword, and to show himself worthy of the Helvetian name, and of his brave ancestors...From the bravery and skill with which ALOYS REDING defended his country, when the French first invaded Switzerland, we may judge what he is now capable of performing should they reurn. With a few hundred men he repeatedly routed a whole army; and was at last obliged to yield to terms only by the treachery of Priests, and a constant diminution of his numbers. Like LEONIDAS of old, waiting a certain and glorious end at the pass of *Thermopyle,* such was REDING

at the head of this troops on the famous heights of *Morgarten.* Upon-this occasion he made the following remarkable speech to his soldiers, of which the authenticity is considered unquestionable: - «Brave Comrades, beloved fellow Citizens! The decisive moment is now arrived. Surrounded by enemies, and deserted by our friends, it only remains to know if we will courageously imitate the example formerly set by our ancestors at Morgarten. An almost certain death awaits us. If any one fears it, let him retire: we will not reproach him. Let us not impose upon each other at this solemn hour. I would rather have a hundred men on whom I could depend, than five hundred who, by flight, might occasion confusion and, by a perfidious retreat, immolate the brave men who would still defend themselves. As to myself, I promise not to abandon you even in the greatest danger. DEATH AND NO RETREAT. If you participate my resolution, let two men come out of your ranks, and swear to me in your name that your will be faithful to your promises.«The soldiers, leaning upon their arms, listened in silence, and with a religious awe, to the words of their Chief; tears dropped down the cheeks of those manly warriors; and when REDING had done speaking, a thousand voices exclaimed, «We will partake your lot! we will never abandon you!» Then two men came out of each rank, and gave their hands to REDING, in token of fidelity in life and death. This treaty of alliance between the Chief and his soldiers was sworn in open air, and in the face of Heaven: it bears marks of Patriarchal manners, worthy of the golden age.Whoever thinks that such men, when they are once assured of the existence of designs against their liberty, and have had time to organise themselves for resistance, can be easily vanquished by an army of regular soldiers, however complete their discipline, and great their valour, must have profited very little by the perusal of history, or the observation of events. When the army of France, under the auspices of the Directory, violated every principle of justice, liberty, and even decency, by entering Switzerland, to force upon the people of that country what they called liberty, the honest inhabitants of the Cantons were amazed at their wickedness, and even incredulous as to the extent of their perfidious designs; but even in their unprepared state, without union, or organization, the troops of the small Cantons alone made a brave and vigorous resistance, which, but for the trachery of some fanatic Priests, by whose means the French troops were suffered to pass the defiles, might have been followed by very different results. If such was their resistance under these unfavourable circumstances, what must it be now, convinced as they are of the domineering intentions of the French Government, more united, better prepared for war, and enabled by experience to guard against the treachery of fanaticism. Add to this, that the Frech soldiers, when they first entered Switzerland, believed they were fighting for liberty, and were therefore capable of vanquishing greater difficulties than they can now do, when the lowest Drummer in their army no longer labours under the agreeable delusion. With respect to the exertions of the Gallo-Helvetic Government, without the assistance of French troops, it appears very evident that they must soon give way before the energy of the free and independent Cantons. How different is the elevation of mind of the man who fights for the ordinary pay of a soldier, from that of him who fights for the liberation of his Country.»

16 «We yesterday received the PARIS Journals of the 26th inst. From the facts we have laid before our Readers within the last few days respecting the disturbance in Switzerland, they will not be surprised to hear that a civil war rages in the bosom of that country, and that there is no appearance of its being speedily terminated. The Government was so much alarmed, that it was agitated in the Senate to remove its sittings from Berne to Lausanne, but the contrary opinion prevailed. The City of *Zurich* has been obliged to capitulate, after being much damaged by red hot balls which had been thrown into it. The cruelties exercised against this City have revolted every friend of liberty, and severe retaliations may be expected.In the mean time we learn with indignation, though not with surprize, that the French Government has communicated to the Senate at Berne, that it has ordered two demi-brigades to march directly into Switzerland.It may be doubted whether this is not a direct infraction of the Treaty of Amiens. Were England, Russia, or any other Power to attempt to new model the Government of Constantinople, after their fashion, would the other Potentates of Europe tamely look on, and acquiesce in this extraordinary assumption of authority. Most assuredly not; and in what respect is the interference of the French with the Constitution of Switzerland different? In none, but that it is forcing a Government upon a free people; where the other would be only changing an arbitrary Government which cannot be rendered worse. The principle is the same, although the consequences might be very different.There is no doubt but the EMPEROR would take part in these disputes, were he in a state to oppose the French interest. That his MAJESTY is extremely discontented with the interference of Russia and France in the affairs in Germany, and that he will resist it to the utmost of his power, may be learnt from what has recently passed at Ratisbon, where the Imperial Minister has been directed to refuse ratifying the *Conclusum* by which the Extraordinary Deputation of the Diet acceded to the plan of indemnities. This refusal has given rise to very warm debates; the Prussian and

Bavarian Ministers have proposed that the indemnities should be definitively arranged without the co-operation of the Imperial Ministers. The French and Russian Ministers have presented strong remonstrances against the conduct of Austria, and the Deputation have pressed her to persist no longer in her refusal; and upon the subject of the occupation of Passau by the Austrians, the French and Russian Ministers have each presented notes to the Diet; in one of which it is announced «that the CHIEF CONSUL, personally, will not suffer so important a place to remain in the hands of Austria; not that she shall obtain any part of the territories which Bavaria possesses on the right of the Inn. «The French Government have received news from St.Domingo, which is said to be satisfactory; the disorder has somewhat abated.»

17 «If one compares the conduct of the *Great Natio*n with that of the *little* Cantons of Switzerland, one must see that Liberty never went deeper than the mouth of the one, and that she is planted in the heart of the other.»

18 «BERNE, SEPT.21
At eight o'clock in the evening of the 18th, M. WATTEVILLE arrived here, wearing in his hat the red and black cockade. He waited immediately on M. DOLDER, and the following Convention was settled between them:
«1. A suspension of arms for twenty-four hours.
«2. In that space of time, that which assumed the name of the
Government shall, with all its troops, leave the city. The Bernese army shall furnish the necessary accommodations for the removal of the said Government to Lausanne.«This Convention was concluded, in consequence of an obstinate action, fought with much bloodshed, immediately before the walls of Berne. The army, commanded by Mess.WATTEVILLE, D'ERLACH, and EFFINGUER, was composed of Peasants from Argovia, Soleure, Oberland, Petit-Lac,
Niddaw, and Arberg. DOLDER's troops fired from the ramparts; and the Peasants threw some cannon balls into the town, which damaged nothing but the Town-house, Mr. EFFINGEUR was introduced to a parley, with his eyes under a bandage. No agreement could be effected, and the attack was renewed. After a severe and warmly sustained combat at one of the gates, the usurpers proposed to capitulate. It is doubtful whether they may find a gracious reception at Lausanne. The whole Pays de Vaud is in commotion - the Peasants are up in arms - but whether to support the revolutionary cause, we know not.»

19 «When the Helvetic Government left Berne, the French and SpanishMinisters followed them to Lausanne, from where it is implied, that the French will oppose the new order of things. We are afraid it will prove true, as was predicted by one of our political writers, that France will only suppress Jacobinism in her own interior, and for her own ends, and that she will encourage and protect it , as an engine of her ambition, in every foreign State upon which she is able to exert an influence, direct or indirect. If no French brigades are sent to General ANDERMATT, and the Jacobins of the Cantons, it is evident that things will return peacably to the old Constitution. Can there be any thing more atrocious than to prevent it? Next to the poor Negroes of St.Domingo, France has the most dreadful reckoning to settle with the inhabitants of Switzerland, who were so lately the happiest, the freest and the most virtuous of the States of Europe.»

20 «By the Paris Journals of the 2d instant, which came to hand yesterday, we received the most interesting intelligence that has reached us since we hard of the famous *Consulta* at Lyons; and we shall not be surprized if the result of General BONAPARTE's «blessed interposition» for the Swiss Cantons, which, he says, is directed by Heaven, should be similar to that to which we have alluded; for we find the Constituted Authorities of that unhappy Country are summoned to send a Delegation to Paris to receive the law from his Consular Majesty, and perhaps to repeat the same solemn farce as was played off by the degraded Deputies of the Cisalpines.»

21 «We know the nature of ambition; its active and restless spirit, and its disdain of every consideration that opposes its ends. It is not, therefore, when the danger is at hand, that alarm should be given. We certainly do not recommend force of arms, or hostility; but we certainly recommend that moral force which consists in the declaration of public opinion. In conformity with this principle, it is surely incumbent on the other Nations of Europe to cause France to observe that maxim toward others, whith she expects that others should observe toward her. It is incumbent on her not to interfere otherwise than by this moral force in the affairs of Switzerland.»

22 «In giving an account of the taking of this City, the numbers of the besiegers have been much exaggerated. The fact is, this grand affair was effected in two hours, with only two hundred and forty men. After the Convention which followed the second bombardment of Zurich, General ANDERMATT, with the 1200 men which remai-

ned with him, marched to Ergen, from which place an equal number of Insurgents had marched for the relief of Zurich; but as they had taken a different route, they did not fall in with General ANDERMATT. That General, however, was stopped in his march near Arau, by a body of 500 men, under the command of M.MAY, who compelled him to sign a Convention, by which he agreed to retreat to Berne, and not to interrupt the proceedings of the Bernese army. Twelve hundred men of that army marched to Soleure, and took possession of it on Friday, 18th September, the next day 1000 men proceeded from Soleure to Berne. The advanced guard of this corps consisted of 240 men, and was commanded by M. EFFINGUER MULLINER. In his march he met M. LAHARPE, who was reconnoitring with 300 men. The latter immediately prepared to defend himself, but at the same time offered an armistice of two hours. To this M. MAY consented, on condition that LAHARPE should retire into Berne, without leaving a guard upon the heights, M. EFFINGUER having passed Warblen, collected his force at Breitfeld, which then amounted to 800 men; he advanced to attack the out-posts of Berne, in hopes of entering the City with the fugitives; but there were no outposts. Being arrived upon the heights, he formed the resolution of going himself to the City, and summoning the Landamman to surrender, allowing only half an hour to deliberate upon the proposition, which was rejected.
At three o'clock the attack commenced. M. EFFINGUER chose 240 men who were the best armed, and ordered them to advance under the command of Messrs. WAGNER, KIRCHBERGAER, DELOHE, and DELVERTH. M. DE LUTTERMAN placed three pieces of cannon on a height which commands the town. M. WAGNER conducted the Riflemen by the way which leads down to the Esplanade, and Messrs. KIRCHEBERGAER and DELVERTH, with four peasants, volunteers, had the boldness to drag a small piece of cannon opposite the gate of the bridge, though exposed to a most dreadful fire. They exhausted all their ammunition without being able to succeed in destroying the beams of the draw-bridge, which they battered in vain with their small balls. M. DELVERTH received a wound, of which he died in the course of the night. They brought back the piece of cannon; at that moment a flag of truce came from the City, with proposals to capitulate. There were then 1100 men in the City, and General ANDERMATT was only six leagues off. The Capitulation was agreed upon, and the City taken possession of.»

23 «LAUSANNE, SEPT 28.
Yesterday was mustered the whole reserve of Lausanne, and today a Company sets out for Yverdon.Citizens RUTTIMAN, STATTHALTER, and the Senator MESMER, set off yesterday for the army. The Minister at War has received the following Dispatch from General ANDERMATT, dated yesterday, from his Head-quarters at Morat: -«Citizen Minister, the moment I effected the junction of the three battalions of Vaubois, at Payerne, I set off from it to take a position here. The Insurgents retreated on the approach of my troops, who pursued them as far as Guminen; night put an end to a very hot cannonade; yet we had only seven men slightly wounded! Those of the enemy must be much more considerable. We have made a dozen prisoners, who make but a poor appearance; three of them are wounded. The enemy has retreated from before Fribourg. A copy of the orders was found on a Dragoon who was killed. I shall send out some reconnoitring parties tomorrow. (signed) «ANDERMATT.» We are assured that a French Camp of twelve shousand men is forming at Versoix, and that these troops will enter Switzerland on an early day. -The auxiliary Helvetic Demibrigades will also arrive speedily. All the troops that arrive here are marching immediately to the frontier of the cantons, in which hostilities are expected to recommence. The Bernese Deputies, who arrived here yesterday, had no audience of the French Minister.»

24 « The Swiss insurgents, as those brave and loyal mutineers are called, who delivered their country from the Gallo-jacobin yoke, have disgraced their cause by no act of violence or retaliation. Their noble conduct, we trust, will teach more powerful Nations, that force alone cannot enslave a country determined to be free. We hope the *Great Nation* will be obliged to content itself without this little *arrondissement* and that the Court Geographer will find no necessity for amending his *Grande Charte de la Republique.»*

25 «The vows of all mankind are united in favour of the Swiss Patriot, and the odiousness of his cause makes them hate even the great qualities of the CONSUL, which are so misdirected, and productive only of slavery and unhappiness to mankind.People are astonished at the number of workmen BOMAPARTE employs; but do they not see what a piece of work he has cut out for them?The Swiss have certainly been very sanguine in believing BONAPARTE would permit them to make thier own Laws, and establish their own Constitution; as long as that General lives, no State in Europe can hope to have any other than cannon-law.»
The Journal and Correspondances of William, Lord Auckland, vol.IV, London: Bentley, 1862, 169:

«The transactions in Switzerland are interesting; but the poor Swiss must submit to the mandate of the little great man, *«Who doth bestride this narrow world like a Colossus.»* "

26 *«Thought of a Briton on the Subjugation of Switzerland*
Two Voices are there; one is of the Sea,One of the Mountains; each a mighty Voice: In both from age to age Thou didst rejoice, They were thy chosen Music, Liberty!There came a Tyrant, and with holy glee Thou fought'st against Him; but hast vainly striven; Thou from thy Alpine Holds at length art driven, Where not a torrent murmurs heard by thee.Of one deep bliss thine ear hath been bereft; Then cleave, O cleave to that which still is left!For, high-soul'd Maid, what sorrow would it be That mountain Floods should thunder as before, And Ocean bellow from his rocky shore, And neither awful Voice be heard by thee!»
H.M. Margoliouth (Herausgeber), Wordsworth, Selected Poems, London und Glasgow: Collins, 1959, 442

27 *«Otto, min. plénipotentiaire de la Rép. franc. près S.M.Britannique, à Talleyrand. Londres, 19 Vendémiaire XI.*
Cit. min., l'exaltation des Anglais pour ce qu'ils appellent les patriotes suisses, est portée à un excès que je ne pouvois pas encore apprécier en vous adressant ma dernière dépêche. Malgré les efforts du gouv. pour empêcher toute entremise incompatible avec les principes de la paix, des souscriptions ont été proposées en faveur des Suisses, et tous les écrivains politiques se déchaînent contre nous avec une violence sans exemple. Ce sentiment devient tellement universel ici qu'il influe sur les dispositions de ceux même, qui depuis la grande époque du 18 brumaire s'étoient prononcés pour la France, et l'on me cite entre autres l'université d'Oxford, qui, après avoir ouvertement blâmé les principes et la conduite des fauteurs de la guerre, semble vouloir se rapprocher d'eux. Il paroît qu'à la première vacation, M. Windham, qui recherche depuis longtemps les suffrages d'Oxford, pourra être nommé représentant de cette université, célèbre par l'influence qu'elle exerce sur l'opionion publique.
Le ministère, lui-même, intimidé par les clameurs du public, s'est rassemblé avant-hier et après une délibération fort longue, il a pris la résolution de faire intervenir le roi dans une affaire qui lui est entièrement étrangère. La première proposition, et très fortement soutenue, étoit de vous faire présenter une note officielle par M. Merry. Lord Hawkesbury s'y est opposé et a fait sentir combien une interposition aussi directe serait inconvenante, dans un moment où les intentions du Premier Consul à l'égard de la Suisse ne sont encore que très imparfaitement connues; mais, pour empêcher tout malentendu, il a proposé de me communiquer confidentiellement les appréhensions du ministère et le voeu du roi, que l'indépendance de la Suisse soit conservée intacte. Cet avis a enfin prévalu et lord Hawkesbury m'a remis hier la note *non signée* dont je joins ici la traduction. En me lisant cette pièce il m'a dit qu'elle ne devoit être considérée que comme une *communication verbale,* comme une démarche confidentielle propre à conserver la bonne intelligence entre les deux gouv.
J'ai d'abord hésité sur le parti que je devois prendre et j'ai témoigné à lord Hawkesbury ma très grande surprise de voir intervenir le roi dans une affaire qui ne le concerne en aucune manière et de l'entendre parler surtout de l'exécution du traité de Lunéville, auquel S.M. avoit formellement refusé dans le tems de prendre part. Quant au premier point, lord Hawkesbury m'a répliqué que le repos de l'Europe et l'indépendence des Etats qui la composent ne pourroient être étrangers à un gouv. qui y avoit toujours joué un des principaux rôles, et, quant au traié de Lunéville, il m'a dit qu'on ne l'avoit invoqué que pour prouver que la demande du roi est non seulement fondée sur les principes généraux du droit des gens, mais même sur l'engagement formel du Premier Consul de garantir l'indépendence de l'Helvétie et de lui permettre d'adopter telle forme de gouv. qu'elle jugeroit convenable. Ici lord Hawkesbury a récapitulé en détail les sujets d'inquiétude et de jalousie, qui se sont présentés depuis la signature des préliminaires. Il m'a parlé de la formation alarmante de la République italienne; de la réunion du Piémont; de la rigueur avec laquelle il prétend que les indemnités ont été plutôt ordonnées que réglées en Allemagne; et, voulant faire à l'administration un mérite du silence qu'elle a gardé jusqu'ici, il s'est efforcé d'établir qu'elle étoit d'autant plus autorisée à élever aujourd'hui la voix en faveur d'un peuple dont le sort a de tout tems intéressé la majorité de la nation anglaise. Comme le ministre n'a pu s'empêcher de convenir que l'Angleterre n'a avec la Suisse aucune espèce de contact, pas même commercial, il s'est rejeté sur le sentiment universel de la nation et sur l'impossibilité de résister à ce sentiment. «Ce n'est pas le roi, a-t-il ajouté, c'est l'opinion publique qui gouverne ici et, en la supposant même erronée, elle n'en commande pas moins en souveraine. Nous nous opposerions en vain aux souscriptions que l'on va ouvrir pour les Suisses, comme autrefois pour l'Impératrice-Reine et pour les Polonais, et si nos représentations à ce sujet étoient méprisées à Paris, nous serions entraînés, malgré nous, dans les discussions les plus fâcheuses.»
J'ai dit au ministre ce que je pense de l'opinion publique et combien elle se trompe dans ce moment sur les intentions du Premier Consul et sur celles de la faction prétendue patriote et peut-être étrangère, qui a attaqué le gouv. helv. Quioqu'en disent les libellistes anglais, il est faux que les Suisses soient unanimes puisque les rap-

ports journaliers attestent que les mêmes places ont été prises et reprises par les troupes de différents partis; il est faux que la France ait eu d'autre but que d'empêcher cette lutte sanglante et de ne pas laisser à côté d'elle un foyer de guerre civile. S'il en était autrement, pourquoi auroit-elle retiré ses troupes? Qui pouvoit l'y contraindre? Quel intérêt peut-elle avoir à gêner la volonté de la majorité d'un peuple sans force et sans ambition? Pourquoi aimeroit-elle mieux un gouv. helv. consolidé, qu'un amas informe de cantons sans pouvoir central et sans unité d'institutions? Et n'est-ce pas calomnier le gouv. franç. que de lui prêter des vues d'agrandissement et d'hostilités au moment même où il s'efforce de pacifier les partis et de comprimer les factions? N'est-ce pas la malveillance qui donne exclusivement le titre de patriotes suisses à ceux qui se révoltent ouvertement contre un gouv. légalement établi? N'est-ce pas démentir tous les raisonnements qu'on a employés ici pour justifier la dernière guerre contre la France? N'est-ce pas mettre de nouveau en doute la légitimité de tous les gouvernements? Tant de considérations auroient dû imposer silence à tout Anglais instruit et principalement au ministère; mais je les ai fait valoir inutilement et lord Hawkesbury m'a instamment requis de vous soumettre la pièce ci-jointe.
Il est remarquable qu'il n'y a que 4 jours que M. Addington et lord Hawkesbury m'ont parlé avec intérêt de la Suisse, sans cependant faire entrevoir une démarche de la part du roi. Tant il est vrai que les clameurs d'un public égaré ont inquiété le ministère, en lui donnant des appréhensions sur sa propre existence et sur sa popularité. Il est vrai que le parti Grenville et Windham s'agite plus que jamais pour exposer la faiblesse de M. Addington et de ses collègues et pour opérer un changement. La cité de Londres est presque entièrement gagnée. On soupçonne les maisons les plus riches de jouer à la baisse et de faire de grands sacrifices pour engager le public à désirer le retour de M. Pitt.
En déplorant la nécessité où se trouve le ministère de prendre part auc affaires de la Suisse, lord Hawkesbury m'a dit que le public, extrêmement inquiet depuis quelque tems, seroit rassuré par l'échange des ambassadeurs respectifs. Lord Whitworth est prêt depuis longtemps, et il se mettra en route aussitôt que le gén. Andréossi aura définitivement fixé le jour de son départ. Je vois clairement aujourd'hui, que, malgré ce qu'on m'a dit dans le tems, on tient assés à l'étiquette pour observer exactement ce qui s'est fait autrefois, et que les deux ambassadeurs partiront à la même époque de Paris et de Londres. Ce délai donne lieu ici à mille conjectures et favorise les spéculations de ceux qui ne s'occupent que des moyens de rallumer la guerre.

Traduction d'une note non signée remise par lord Hawkesbury au cit. Otto, min. plénipotentiaire de la Rép. franc. près S.M. Britannique.

Lord Hawkesbury a reçu l'ordre de S.M. de communiquer au gouv. franç., par l'intermédiaire de M. Otto, les sentiments de profond regret qu'ont excité dans l'esprit de S.M. la proclamation du Premier Consul au peuple helv., publiée officiellement dans le *Moniteur* du 1er de ce mois, et les représentations qui ont été faites à S.M. en faveur d'une nation, dont les intérêts se trouvent aussi essentiellement affectés par cette proclamation. S.M. déplore très sincèrement les convulsions auxquelles les cantons suisses ont été exposés depuis quelque tems; mais elle ne peut considérer leurs derniers efforts sous un autre point de vue que comme les tentatives légitimes d'un peuple généreux et brave pour recouvrer ses anciennes lois et son gouv. et pour rétablir un système que l'expérience a démontré être non seulement favorable à son bonheur domestique, mais entièrement convenable à la tranquillité et à la sûreté des autres puissances.
Les cantons suisses possèdent indubitablement, au même degré que tout autre Etat indépendant, le droit de régler leurs affaires intérieures et ce droit a, d'ailleurs, été formellement et explicitement garanti à la nation helv. par le gouv. franç. dans le traité de Luneville, conjointement avec les autres puissances qui se trouvaient parties dans cet arrangement. S.M. n'a d'autre désir que de voir le peuple helv., qui paroît être maintenant si généralement d'accord, entièrement libre d'organiser son gouv. intérieur sans l'interposition d'aucune puissance étrangère; et, quelque regret que S.M. ait éprouvé en lisant la proclamation dont s'agit, elle a peine à se persuader que le gouv. franç. veuille persister à gêner une nation indépendante dans l'exercice de ses droits légitimes. S.M. se croit engagée par sa sollicitude pour le bien général de l'Europe et par sa bienveillance particulière pour les intérêts et le bonheur de la nation suisse d'exprimer ici ses sentiments avec la franchise et la sincérité, qu'elle doit à son caractère et la bonne intelligence qu'elle désire de conserver avec le gouv. franç.
Downing Street, le 10 octobre 1802»

Relations diplomatiques, 593-596

Mahan, Sea Power, 85

Rivoluzione, repubblica e impero in Piemonte 1789-1814,
Torino: Museo Nazionale del Risorgimento Italiana, 1990, 31

28 Erzherzog Carl S, 608-610

29 «After the First Consul had betrayed the peace, had trodden down every remaining liberty in western Europe and, scorning his own promises, had insulted, threatened and cheated the only people save the Russians who had never flinched before him in the field, no Briton was ready to trust his word again ...»
Bryant, Endurance, 353

30 Die entscheidenden Quellen finden sich in: The Annual Register, ... For the Year 1803, London: Otridge etc., 1805, 670-675
Sie lauten:

«No.16
Extract of a Dispatch from Mr. Merry to Lord Hawkesbury, dated October 3, 1802.

As soon as the Helvetic government had retired from Berne to Lausanne, the partizans of the ancient federative system of the Swiss cantons, who established immediately in the former city a provisional government, deputed a confidential to Paris, for the purpose of counteracting the measures of M. Stapfer, and of engaging the first consul to suffer the inhabitants of Switzerland to settle their affairs amongst themselves. He was instructed in any emergency to address himself to the ministers here of the principal powers of Europe, and to solicit their interference and assistance in the objects of his mission. He reached Paris four days ago, and had reason to flatter himself, from the result of an interview which he had immediately with M. Talleyrand, that the first consul would put no obstacle in the way of any arrangement which the Swiss might agree upon among themselves for the final settlement of their government; he was therefore much surprised to learn, soon afterwards, that a change had taken place in the first consul's sentiments, and his astonishment was completed when he found that the latter had taken so decided and so unfavourable a part in the business as that which is announced by a resolution published in yesterday's Moniteur, (which I have the honour to transmit enclosed,) in the form of an address to the inhabitants of Switzerland. This person having, besides this public declaration, acquired some private information of its being the first consul's intention to give the most immediate and vigorous effect to it, lost no time in addressing a letter to the latter, in which he took the liberty of stating that he must have been deceived by false representations, that his interference in the affairs of Switzerland was, as he was authorised to say, entirely unsolicited by the majority and the best thinking part of the inhabitants, and that he had therefore to entreat of him, in the most earnest manner, to suspend the execution of his resolution until those explanations could take place which he trusted might be the means of preventing the immense effusion of blood which would otherwise inevitably ensue. He at the same time addressed himself, in the course of yesterday, to me, as well as to the Austrian and Spanich ambassadors, and to the Russian and Prussian ministers, (not having gained admittance to M. de Cobenzel, nor to M. de Markoff or Lucchesini, he afterwards wrote to them,) soliciting, in the strongest terms, an interference (jointly, if possible) on their part, with the French government, to endeavour to avert the impending evil. I naturally observed to him, in answer, that the present state of political relations between the great powers of Europe afforded no prospect of his obtaining of their ministers at Paris to adopt a concerted measure in favour of the object which he had so much at heart, and that of course I could not take it individually upon myself, without any express instruction from my government. He returned to me, today, to acquaint me that he was not only as yet without a reply from any quarter, but had reason to fear that his prayers would not be listened to by the Austrian, Russian, and Prussian ministers; *he therefore conjured me to transmit them to his majesty's government, from whom only his countrymen could have a hope of deriving any assistance in the terrible conflict which he knew they were determined to stand, and which would only cease by the extermination of every virtuous and brave man in the country.* He then put into my hand a note, which he had drawn up in a hurry, and of which I enclose a copy. Whilst, my lord, it was out of my power to give him any encouragement to expect from his majesty's government the assistance which his petition expresses, I have thought it my duty to lose no time in making you acquainted with a state of things which may shortly be attended with very important consequences.

Note referred to in No. 16

So long as Switzerland was occupied by the French armies, the wishes of the people could never be freely manifested. The petty revolutions which took place in the government were the mere tricks of certain factions, in

which the nation at large took but a very trifling interest. Scarcely did Switzerland think herself independent when she was desirous of returning to her ancient institutions, rendered still dearer to her by her late misfortunes, and the arbitrary acts of the government furnished her with the means of doing so. Almost the whole of Switzerland, with unexampled unanimity and moderation, shook off the yoke. The cantons formed themselves into constituent bodies, and twelve of the thirteen cantons of Switzerland sent their representatives to the diet of Schwitz, in order there to organize a central power which might be acceptable to the neighbouring powers.
The aristocratical cantons renounced their exclusive rights; the Pays de Vaud was left at liberty to form its own constitution, as well as Thurgovia and the other new cantons.
The government having taken refuge at Lausanne, was by no means secure there, notwithstanding its regular troops; perhaps even at the present moment it no longer exists.
Who would not have thought that, according to the stipulation of the treaty of Luneville, which grants independence to Switzerland and the right of choosing its own government, every thing was settled, and that this nation might see its former happiness and tranquillity revive?
Who could have thought that the first consul would have issued such a decree as that of the 8th Vendemiaire? Is an independent nation to be thus treated? Should Bonaparte persist in his determination, and the other powers should not interpose in our favour, it only remains for us either to bury ourselves in the ruins of our houses, although without hope of resistance, exhausted as we are by the Colossus who is about to overwhelm us, or to debase ourselves in the eyes of the whole universe!
Will the government of this generous nation, which has at all times afforded so many proofs of the interest it takes in the welfare of the Swiss, do nothing for us under circumstances which are to decide whether we are still to be ranked amongst *free people?* We have only men left us: -the revolution, and spoliations without end, have exhausted our means; we are without arms, without ammunition, without stores, and without money to purchase them.

No.17
Note from Lord Hawkesbury to M. Otto, dated October 10, 1802.

Lord Hawkesbury has received his majesty's commands to communicate, through M. Otto, to the French government, the sentiments of deep regret which have been excited in his majesty's mind by the address of the first consul to the Helvetic people, which was published by authority, in the Moniteur of the 1st instant, and by the representations which have been made to his majesty on this subject, on behalf of the nation whose interests are so immediately affected by it. His majesty most sincerely laments the convulsions to which the Swiss cantons have for some time past been exposed; but he can consider their late exertions in no other light than as the lawful efforts of a brave and generous people to recover their ancient laws and government, and to procure the re-establishment of a system which experience has demonstrated not only to be favourable to the maintenance of their domestic happiness, but to be perfectly consistent with the tranquillity and security of other powers.
The cantons of Switzerland unquestionably possess, in the same degree as every other independent state, the right of regulating their own internal concerns: and this right has moreover, in the present instance, been formally and explicitly guaranteed to the Swiss nation by the French government, in the treaty of Luneville, conjointly with the other powers who were parties to that engagement. His majesty has no other desire than that the people of Switzerland, who now appear to be so generally united, should be left at liberty to settle their own internal government without the interposition of any foreign powers; and with whatever regret his majesty may have perused the late proclamation of the French government, he is yet unwilling to believe that they will farther attempt to control that independent nation in the exercise of their undoubted rights. His majesty thinks himself called upon by his regard for the general interests of Europe, and by his peculiar solicitude for the happiness and welfare of the Swiss nation, to express these his sentiments with a frankness and sincerity which he feels to be due to his character, and to the good understanding which he is desirous of preserving with the government of France.

Downing Street, Oct. 10, 1802.

M. Otto, &c. &c. &c.

No.18
Dispatch from Lord Hawkesbury to Mr. Moore, dated October 10, 1802.

Sir, His majesty having deemed it expedient, that a confidential person should be sent, at the present moment, to Switzerland, in consequence of the communication which he has received from the Swiss confederacy,

through their representative at Paris, I am commanded to inform you that he has made choice of you for that purpose. It is of the utmost consequence, considering the nature of the business with which you are entrusted, that you should lose no time in taking your departure from hence, and that you should make every practicable exertion to arrive on the frontiers of Switzerland with as little delay as possible. You will inform yourself there what is the actual residence of the government of the Swiss confederation, to which you will immediately repair. Having taken the proper means to obtain a confidential interview with the persons who may be entrusted with the principal direction of affairs, you will communicate to them a copy of the note verbale which I delivered to M. Otto, and which is herewith inclosed; and you will take every opportunity of impressing upon their minds the deep interest which his majesty takes in the success of their exertions. You will state to them, that his majesty entertains hopes that his representation to the French government may have the effect of inducing the first consul to abandon his intention of compelling the Swiss nation by force to renounce that system of government under which they had so long prospered, and to which they appear to be almost unanimously anxious to return. In this event his majesty will feel himself bound to abstain from all interference on his part; it being his earnest desire that the Swiss nation should be left at liberty to regulate their own internal concerns, without the interposition of any foreign power. If, however, contrary to his majesty's expectations, the French government should persist in the system of coercion announced in the proclamation of the first consul, inserted in the Moniteur of the 1st instant, you will, in that case, inform yourself, by every means in your power, of the disposition of the people at large of the Swiss confederacy, and particularly of those who have the direction of their affairs, and of those who possess the greatest share of influence amongst them, to persevere in the defence of their rights, and in the maintenance of the system they have adopted. You will likewise enquire into the means of defence of which they may be possessed, and of the probability of their being exerted with success. You will on no account encourage them to persevere in active measures of resistance which they are not temselves desirous to adopt, or which they may believe are unlikely to be ultimately effectual. If, however, you should find that the people of the Swiss confederacy are generally determined to persevere in the maintenance of their independence, and of their right to return to their ancient system of govenment: and if you should be of opinion that, from the union that subsists amongst the people, and from their zeal and enthusiasm in the cause in which they are engaged, they are finally resolved, at all hazards, to resist the threatened attempt of the French government to interpose, by force of arms, in the settlement of their internal concerns; you will then immediately communicate, in confidence, to the Swiss government, that, either in the event of a French army having entered the country, or in the event of your having reason to be convinced that a French army is actually advancing for that purpose, his majesty has authorised you to accede to their application for pecuniary succours.
I have furnished you with a cypher and decypher, that you may have it in your power to correspond with his majesty's ministers at Vienna and Munich, if you should think it advisable; and as it is highly probable that the armies of the Swiss confederacy may be inadequately supplied with arms, ammunition, or provisions, and may be desirous of procuring supplies thereof from the neighbouring countries, you will use your utmost endeavours to give them every facility for this purpose. You will be very particular in informing me of the numbers and situation of any Austrian corps in the neighbourhood of Switzerland, and of the probability of their advancing in any event into the Swiss territory.
As it is of great importance that his majesty's government should be regularly informed of the events which may be passing in Switzerland, and of the dispositions that may prevail there, you will endeavour to ascertain the most safe and expeditious mode of conveying your letters which will avoid their passing through any part of the French republic.
As it is possible that, previous to your arrival in Switzerland, the present state of affairs may have undergone a decided alteration, either in consequence of the submission of the Swiss cantons, or of any compromise having taken place as to their internal concerns, it will be proper that, in that case, you should take up your residence in such a situation as you may think most convenient in the neighbourhood of Switzerland, of which you will give me the earliest intelligence, and there wait for his majesty's further orders. I am, Sir, &c.
(Signed) Hawkesbury.
Francis Moore, Esq.

No.19
Dispatch from Mr. Moore to Lord Hawkesbury, dated Constance, October 31, 1802.

My lord, I have the honour to inform your lordship that I arrived here on the 27th instant, and that, having received this evening authentic information of the submission of the diet of Switzerland, assembled at Schwitz, to

the French arms, I lose no time in dispatching the messenger Shaw with this intelligence; from which your lordship will perceive that it only remains for me to obey that part of my instructions by which I am directed, under such circumstances, to take up my residence in the neighbourhood of Switzerland, and there to await his majesty's further orders. I have the honour to be, &c. (Signed) Fra. Moore.
The Right Hon. Lord Hawkesbury, &c. &c.

No. 20
Dispatch from Lord Hawkesbury to Mr. Moore, dated November 25, 1802.

Sir, I have duly received your several letters by the messenger Shaw. As from the present state of Switzerland, your continuance in the vicinity of that country appears to be no longer necessary, you are at liberty to return to England as soon as it may suit your convenience.
I am, &c. (Signed) Hawkesbury.

Francis Moore, Esq.»

Philippson, 47, 102
Strickler IX, 10, 11, 12, 13, 833, 834, 965

31 «If the emancipation of Switzerland is the object, it can only be attained by a formidable combination upon the Continent, but will never be effected by our fleet, or the capture of some French islands in the West Indies.»
Cornwallis III, 494, 495

32 «With respect to our actual predicament, I take for granted, that Bonaparte's petulant language to us, and to the Emperor, his menaces towards Portugal, and his interference with Switzerland, led the ministers to an apprehension that a rupture would become inevitable. Under that impression they seem to have given provisional orders to suspend the cession of Malta, the Cape, Demerara, &c. Angry explanations may ensue: but I am satisfied that there will not be a war. In truth, the two countries are not willing, and therefore their Governments are not able, to resort to the agitations and expenses of a state of hostility I am, my dear Lord, ever most sincerely yours, AUCKLAND.»
«I have still more complacency perhaps for the ministers, because my speculations in respect to the probable conduct of Bonaparte, have in part failed, as well as theirs. It now appears to me somewhat weak to have trusted him, on the supposition that he would think it his interest to maintain peace, and that he could not support such a great navy and army, as he could not make Germany, &c. the theatre of war, and subsist them out of France. The contrary is proved, and that nothing impedes his mischievous projects. I must ever lament that we did not in the first instance check the injurious encroachments of Bonaparte. It will and may be said that in the present prostrate state of Europe, it would be a thankless and a dangerous task to stand forth the champion of its rights. Alas! those rights will every day be more invaded, and we shall every day be less able to check Bonaparte's ambition and hostility; and if we do not adopt the *tua res agitur now,* we shall do so too late, when the house is on fire.
War is a desperate remedy, but peace, that peace of Amiens, I fear will prove a more fatal palliative. I am astonished that Bonaparte should have been so impolitic as to show what he is so soon. If he had amused us a year or two, our dupery would have been complete, and we should not have had a chance of effectual resistance.
Notwithstanding the general abhorrence of war, if ministers do not maintain a firm tone, not only they, but the country will fall.
Yours ever, most sincerely, SHEFFIELD.»

The Journal and Correspondence of William, Lord Auckland, Vol. IV, London: Bentley, 1862, 172, 173

«LORD HOBART to THE MARQUESS WELLESLEY
Private and secret *Roehampton November 14, 1802*

You will probably be surprised that the official despatch which this letter accompanies should convey to you so early a decision to countermand the late orders for delaying the restitution of the French and Dutch settlements, and I will endeavour to explain to you the reasons which have led to so sudden an alteration in the sentiments of the King's confidential servants. When the determination was formed to make a representation to the French Government upon the subject of Switzerland it was conceived that the people of that unfortunate country might have found the means of resisting the outrageous attempt of Buonaparte to render the Swiss subservient to his power, and it was not thought improbable that they might be aided in any efforts they might be disposed to make for that purpose by the Emperor of Germany, who, just at that time, was manifesting a strong tendency to maintain by force the possession he had taken of Passau, and to withhold his acquiescence to the plan of indemnities which France, Russia, and Prussia were imposing upon the Empire. In such a situation of things it was thought not improbable that the interference of this country might have been brought forward with effect in order to afford some control upon the views of the Chief Consul upon the Continent, and it was resolved to have made the attempt, even at the hazard of a renewal of hostilities; and whilst that question was at issue it was judged advisable to retain such of the possessions as had not been restored in conformity to the Treaty of Amiens, in our hands. The subsequent submission of the Swiss, and the Emperor's concurrence in the arrangement for the German indemnities with some trifling modification in favour of the Grand Duke, would sufficiently have disappointed all expectation of a continental effort to have rendered the policy of our further interference extremely questionable, even if another vicious truce had not occurred which forcibly suggested the expediency of avoiding the adoption of any measures that were likely to lead to an immediate rupture with the French Government.»

The Wellesley Papers, Vol. I, London: Jenkins, 1914, 158, 159

Die Haltung Pitts geht aus zwei Briefen an Lord Grenville hervor. Der eine stammt vom 16. März 1803, behandelt aber den November 1802, der andere ist vom 15. November 1802 datiert:

«I am equally confident, on memory, that I have never in writing to Addington at any previous time mentioned this subject, exept *once*. The period I allude to was just before the opening of the session in November, when after expressing my doubts of the prudence of pushing the question of Switzerland to a rupture, I added, in a single line at the end of my letter, that I took for granted a separate arrangement must be made respecting Malta.»

«With respect to the general state of things, I scarcely know anything of what has been passing since I came here, except from the newspapers, and have no means of forming a final judgement of what may be the issue of the present crisis, or what I should myself think the exact line to be pursued. Two things, however, I am afraid are but too clear, that all chance of resistance in Switzerland is at an end, and that there is no present hope of any aid either from Austria or Russia. If this be the case, though we have abundant provocation to justify us in any steps of precaution or hostility against France, I much doubt on reflection the policy of determining, in consequence of what has passed, to insist on retaining our conquests at the hazard or rather with the certainty of immediate war.»

Historical Manuscripts Commission, Report on the Manuscripts of J.B. Fortescue, Esq., preserved at Dropmore, Vol. VII, Hereford: Hereford Times, 1910, 149, 126; vgl. auch 128

«...; and this led me to observe how much better it would be, if he could come into Office at the end of one difficult measure, and before a new difficult one arose; as, for example, at the pause (I feared it would be but a short one) which would succeed the termination of the Swiss remonstrance, which would be probably either a concession or a retraction («a retreat,» said Pitt); that coming in then, he would not be responsible for what was past, as it would have been made appear by his staying here he had had no concern in it, and the past would be a reason and authority for him to put the country into that state of defence which alone could keep war at a distance, or enable us to resist it if attacked. This, he admitted most fully, and considered it was a very wise thing to do. I went on by saying, that if he came in at *such* a moment, and could preserve peace, even but for a year, and till war was manifestly forced upon us, he would do away that clamor raised against him (and *no one better than myself* knew how undeservedly) of his being fond of war.»

«There was some little difference of opinion between Pitt's ideas and mine, as to the *right* time of his resuming Office. He seemed to think the moment of a *certain war* was the best. I contended for the contrary. That if he came in after the Swiss business was over, and it would probably be settled not very creditably for us, he would then find *enough* to do - would not be responsible for the situation in which he found the country - be relieved from the odium and disgrace of having contributed to it, and be at liberty to submit to it for a while, and, if he could, maintain the country at peace for a year or more, or, indeed, till such time as Buonaparte's insolence and oppression redered the duration of it any longer impossible.»

James Harris, First Earl of Malmesbury, Diaries and Correspondence, Vol IV, London: Bentley, 1844, 107 - 116

33 Cornwallis III, 507

«It was, indeed, reported, although I never heard it from any authority, that Pitt was angry that we did not persevere in enforcing the orders, which he is said to have recommended, for retaining, or rather re-occupying, the Cape of Good Hope, in consequence of the conduct of the French towards Switzerland; but as that would have been a gross violation of the Treaty of Amiens, and must have produced an immediate renewal of hostilities, it was, in my opinion, too strong a measure to be pressed upon any Minister, by a person who had no responsibility.»

«There appears to be no doubt that orders are sent to retain such of our conquests as are not already given up, which Martinique unfortunately is. These strong orders must have been given in consequence of some provocations from France. On one hand, therefore, France must consider the orders to retain our conquests notwithstanding the engagements to surrender them as a cause of war, - and, on the other, how can our Government recede from those orders unless France recede from the measures we complain of? Nothing seems more improbable than concession on the part of France: accordingly she is going on as rapidly as she can without regard to our representations. Switzerland is to be first disarmed, then garrisoned by a French army which they must pay for that service.»

Life and Letters of Sir Gilbert Elliot, First Earl of Minto, Vol III
London: Longmans, Green, and Co., 1874, 259

Parliamentary History, 914 - 1115:

Viscount Nelson: «... a restless and unjust ambition in those with whom we desired sincere amity ...» (937)

Lord Grenville:

«In our madness for a hollow peace, we had sent out orders to surrender all our conquests to the enemy.» (944)

«France has been continuing a system of conquest and aggrandisement which is now coming home to our own doors. Is any man so absurd as for a moment to imagine that she will be more favourable to Great Britain than to Piedmont, Switzerland, &c. » (945)

«You have no hope of salvation, but by a strong system of defence ...the energy and spirit of Great Britain may arouse the states of the continent to a glorious struggle for their liberty and independence.» (945)

Mr. Cartwright:
«... deplore the sufferings of that brave people, ...» (949)

«Sir *John Wrottesley* said, that conceiving the situation of the times extremely perilous, and that the imprudence of the present ministers led in a great measure to that situation, he could not forbear to censure those ministers. The period which had passed since the conclusion of peace had been productive of many important events; but he much feared, that amongst them could not be reckoned the improvement of our commerce and revenue. It seemed that ministers now began to see the ambitious spirit of France; recent events were, indeed, sufficient to convince the most incredulous, that peace was not so secure; that the French govenment was not so pacifically inclined as was not long since confidently stated. Within a short time, that government was seen arrogantly dictating to the Emperor, annexing Parma to her already overgrown territory, and audaciously interfering to deprive the gallant Swiss of the right of establishing their liberties, an act that ranked among the most atrocious that modern history presented. It was, indeed, stated that ministers remonstrated against this proceeding. If ministers did so, he trusted they would lay a copy of that remonstrance on the table of the House, and that it would appear to be such a one as the nation could be proud of, even though it had not produced the desired effect; for Switzerland was now over-run by above 40'000 French troops, and its best patriots were consigned to the dungeon, condemned to share the fate of Touissaint. In such a state of affairs, he most ardently wished that those abilities could be called forth which lately directed the administation of our government; that those talents which once preserved the country, might again come forward to save it. The occasion was not less pressing, and, judging from experience, he was encouraged to hope, that the known disinterestedness of that right hon. gentleman (Mr. Pitt) would not at this crisis desert him; that when his country was in danger, he would attend to the call of his countrymen.» (949, 950)

Mr. Fox:
«The power of France is unquestionably too great; but it is not increased to such a degree since the peace was concluded as to justify a rupture.» (958)

«As to the acts of the French governement indicating a spirit of hostility to the interests of this country, I shall at present say nothing. They are not now before the House, ...» (954)

«Mr. *Canning* said, he concurred in the approbation given to the address by the hon. member who preceded him, but with a variation upon some points of opinion. The first object was, to know what line of conduct he might be deemed to support in the vote he was about to give. Whatever some bold men might think proper to assert, in maintaining that war was the remedy for the evils that surrounded us, all must concur, or at least a great majority, in approving the system of preparation which ministers were adopting. The hon. gentleman who spoke last seemed to doubt the expediency and necessity of our increasing our naval and military establishments. But whether the House was ultimately to sanction them, he considered as matter for future discussion; and gentlemen were pledged by the present address, to support them no farther than the circumstances of the country might require. He, for one, gave the ministers credit for the peace they had concluded; but by doing so, they had not done every thing; all was not done, if every thing was conciliation on our part; all was not done, if we gave our rival to understand that we were ready to submit to insult, and were not disposed to take advantage of any ebullition manifested in the country in favour of standing up for the rights of other nations. The speech from the throne had not alluded to any of those notorious transactions on the continent which occupied so great a portion of the public attention, and only exhorted ud to repose confidence in the wisdom of his majesty's councils. If, however, the interference of those councils in some foreign proceedings were really such as had been represented, they, in his judgment, afforded no great grounds of confidence in their future wisdom. There was no man, for instance, who did not sympathize in the sufferings of the people of Switzerland, and rejoice in the gallant example of spirit and love of independence which they exhibited. They must be peculiarly so to Englishmen, who knew not how soon they might be called upon to exercise the same virtues. It was however, to be hoped, that our government did not instigate that unfortunate country to resistance; and if our interference was such as public notoriety proclaimed it, certainly no remonstrance was ever so unwise. He thought it of importance to know by whom and to whom that interference was made. It was evident, that the feelings of all ranks of people in this country were in unison with those of the Swiss; but a wise administration should not suffer itself to be led or influenced by such feelings on every occasion; and if our remonstrance was precipitate, it did injury instead of good. The blow was then already struck. We had no alliance on the continent to back our interference - Austria was quite unprepared or unequal to the attempt, and we could not expect to call armies with the same facility that men might call a coach from a stand. Our interference, therefore, was ill-advised and unnecessary if it was made, and could not be attended with any moral or political good whatever. The Swiss were already conquered, and the business was done. Did the ministers accompany their remonstrance with a declaration, that if it should be ineffectual, a war would be the alternative? Upon this subject we had no official communication.»(959, 960)

Lord Hawkesbury:
«Our policy has been, and will be, to resist unjust demands made by any foreign power, and to preserve peace as long we can, consistantly with that policy.» (971)

Mr. Windham:
«The reasons for war we have now found out in the peace.» (975)
«There is something in the boasted title of pacificator so ludicrous, that it excites contempt. It is like the cant slang so much in use with smugglers, robbers, and gypsies. With such people, smuggling is called a «free trade», «skipping a hedge», «moonshine», and «running away at night». I remember a set of thieves in Suffolk, who called every sort of plunder of the revenue, «hiding». So when the first consul marches 40,000 men into Switzerland, he calls it «settling their affairs». When he invaded Egypt, in breach of treaty with the Porte, he called it chastising the rebellious pachas. If any oppose his measures, they are called disturbers of the peace; but his soldiers and partisans are all supporters of order. The Romans, too had something of this language - «Ubi solitudinem faciunt pacem appellant». We are a little cured of the mania in this country, which was only an octave higher, when we were told, that those who advised the war were men delighting in blood, while those who opposed them were lovers of peace. Not being in an official situation, I am not sufficiently informed to advise particularly: but on such a question, I think we should weigh well in what situation we shall be when the war

shall come upon us, for come it will, and sooner than I wish to say. I think it would be the wiser way to anticipate the blow: but this is more than is necessary for me to enter into, as that is for ministers to determine. We should not, moreover, let out of our hands any of the means which accident or precaution has left in them for another war. I admit this may lead to a war; but, taking into consideration our hope of advantage from war's delay, and the chance of our being in a worse situation by its speedy commencement, I have no hesitation to declare for the latter; and so little chance is there of the peace improving our situation, that we are not authorised to purchase delay upon such terms. Now, one of these terms has been alluded to, namely, co-operation upon the continent; a hope, whimsical enough, when the treaty of Amiens is allowed to be a renunciation of the continent. But if it be a little unreasonable to hold this language, and to entertain these hopes, it is surely still more unreasonable to say, «formerly we interfered for your advantage, and struck the first blow, when we were farthest from the danger; now, when the danger is close at hand to us, do you begin first». If we are waiting for a co-operation on such terms, it will never happen. We should begin and set the example. Had we done so, we should now see in Europe a vigour and energy that do not at present exist. The Italian republic would not have been erected, Piedmont would not have been annexed to France, nor would Switzerland have been over-run. None of these could have happened, not even the settling of the indemnities, as it is called, or, properly speaking, the partitioning and dividing Germany among the partisans of France, in furtherance of her ambition, and the destruction of the German Empire.» (977, 978)

«Sir, unless the House see the danger as I see it, unless exertions and sacrifices be made such as we have never seen before, unless we abandon all those low-minded and ignoble ideas, the country must be inevitably hurried on to its ruin.» (982)

Mr. Elliot:
«A more flagrant and unprovoked aggression on the rights and liberties of a brave, innocent, and injured people, than the conduct of France towards the Swiss exhibited, he believed the records of tyranny did not furnish.» (1000)

Mr. Fox:
«I now come to Switzerland. Dreadful as the two partitions of Poland were, they were not a greater source of regret than this. I love the people of Switzerland; I have known and seen their happiness. It has been, at different times, the refuge of liberty; and I lament the fate that has befallen it, proportionably with the pride and happiness which they placed in the enjoyment of independence. But the case of Switzerland is admitted to be no ground of war, and consequently can be no aggression against Great Britain; for I presume it will not be contended that an aggression is not a ground of war. But was not Switzerland in the hands of the French at the very time of the treaties of Luneville and Amiens? It certainly was, and, a considerable dissention having since arisen in that country, France has interfered. Now, are we the guarantees of the whole world? Whatever name you choose to give to the conduct of France in Switzerland, you cannot call it an aggression against Great Britain. The true cause of all this complaint is this: Switzerland is a great accession to France; but when you made the peace, did not you see that Switzerland, whether divided into small cantons, or large cantons, whatever the form of its government, or the state of its parties, was in the power of France? Did you not hear it stated, and did you not know that the peace left her in the power of France?» (1019, 1020)

Mr. T. Grenville:
«On the subject of Switzerland I cannot help saying a few words. I have been told that a gentleman, holding a high situation, was a considerable time during the disturbances in Switzerland, resident at Constance, and held frequent conferences with the principal directors of the Swiss insurrection. If this anecdote be true, it does not tally with the assertion, that ministers have not committed the honour of the country.» (1036, 1037)

The Secretary at War:
«...; nor has any nation a right to expect that it will remain unmolested, unless it possesses such means of defence as render it dangerous for any rival power to insult its honour or to invade its rights.» (1046)

Mr. Ryder:
«When we beheld the subjugation of the Swiss, and the progressive aggrandisement of France, were we to sit still, and suffer her to devour the rest of Europe, contented at her forbearence in making us the last whom she was to snap at?» (1055)

Mr. Sheridan:
«One hon. gentleman, who rebuked an hon. general that spoke before him, declared that he would not give his opinion with respect to the conduct of France to Switzerland; and what does his rebuke amount to? He confesses that upon that subject there can be but one opinion. Why then, Sir, he either adopts the opinion of the hon. general or not. If he does adopt it, he gives as strong an opinion aganist the conduct of France as can possibly be given. If he does not adopt it, why then all we can say is, that there are two opinions. But what, he asks, has Switzerland to do with the question? It has this to do with it. The hon. general introduced the subject in this way: he contends that a power which is capable of such unprovoked aggression, and such perfidy, is the power that ought to be watched. But the hon. gentleman goes on to assert, that we have nothing to do with the case of Switzerland, nothing to do with France, nothing but with her power: - nothing but her power! - as if that were little. He asks too where is the great difference between France under the Bourbons and under her present ruler? Why, Sir, the hon. general inferred, from the conduct of France, that with her growing power she had a growing disposition to mischief. But is that power, demands the hon. gentleman, greater now than it was last June? Perhaps it is not, Sir. But her mischievous disposition is greater; and if I am asked to bring a proof of the truth of my assertion, I must bring the case of Switzerland. Sir, if I see a purposed contempt of the independence of a nation; if I see a perfidious disregard of the faith of treaties; if I see a power withdraw her assistance, only to return and entrap a country of freemen with greater certainty, why then I say there has been a change, and a great change too, and that such a power we have a right to watch. But, says the hon. gentlemen, we have no right to make use of invectives against the first consul of France. I will abstain if I can; I say if I can, because I feel that even a simple narrative may be construed into invective. With regard to the general question of a disposition to peace or war, I, for one, declare, that I am as strongly and as sincerely for the preservation of peace as any man, and that I do not consider war as any remedy for the evils complained of. If a war spirit be springing up in this country, if a chivalrous disposition be observable, if a sentiment of indignation be rising upon the subject of the treatment of Switzerland, I, for one, shall contend that the treatment of Switzerland is no cause of war. I would therefore say, preserve peace if possible: peace if possible, because the effects of war, always calamitous, may be calamitous indeed, buckling, as we should be forced to do, all our sinews and strength to that power in a contest with her upon such grounds. I repeat, therefore, peace if possible; but I add, resistance, prompt, resolute, determined resistance to the first aggression, be the consequences what they may. Influenced by these sentiments, I shall vote cordially and cheerfully for this large peace establishment; ...» (1057, 1058)

Mr. Canning:
«Let us consider the state of the world as it is, not as we fancy it ought to be! Let us not seek to hide from our own eyes, or to diminish in the eyes of those who look to our deliberations for information, the real, imminent, and awful danger which threatens us, from the overgrown power, the insolent spirit, and still more, the implacable hatred of our natural rivals and enemies! Let us not amuse ourselves with vain notions, that our greatness and our happiness, as a nation, are capable of being separated. It is no such thing. The choice is not in our power. We have, as my hon. friend (Mr. Sheridan) has well observed, no refuge in littleness. We must maintain ourselves what we are, or cease to have a political existence worth preserving.» (1073)

Mr. Fox:
«Is 20,000 men added to our expenses, a remedy against the French attack on Switzerland?»

34 «Rouen, 13 brumaire an XI (4 novembre 1802).
Vous devez, Citoyen Ministre, faire connaître au citoyen Otto ainsi qu'au général Andréossy:
1o Que l'état du continent tel qu'il était alors, et rien que cet état, ne porterait aucun préjudice à l'état actuel, puisqu'à l'époque de la signature du traité d'Amiens et un mois après nous avions en Suisse 10,000 hommes, en Piémont 30,000 hommes, et dans la République italienne près de 40,000 hommes; que, par conséquent, en demandant l'état tel qu'il était à la paix d'Amiens, ils ne peuvent pas se plaindre de l'état d'aujourd'hui;
2o Que, le roi d'Angletrre n'ayant voulu reconnaître ni la République italienne, ni la République ligurienne, ni la République helvétique, l'état du continent ne pouvait être garanti par l'Angleterre, puisqu'elle ne le reconnaissait pas;
3o Que le traité d'Amiens n'en parle d'aucune manière, et dès lors l'Angleterre n'a rien à demander en bon droit; 4o Que, d'un autre côté, nous avons aussi à demander l'état des Indes tel qu'il était à l'époque du traité; et cependant il s'y est opéré de grands changements;

5o Qu'il est vrai que l'état des négociations d'Allemagne, où le nom même du roi d'Angleterre ne se trouvait pas cité, était fait pour irriter la nation; mais que ce n'est pas la faute du Gouvernement français, mais celle du Gouvernement anglais;
6o Que l'esprit d'irritation constante qu'entretiennent les journaux, la protection accordée aux brigands, aux évêques rebelles, aux Bourbons, l'argent qu'on continue à donner aux émigrés, ne peuvent que nous maintenir dans la plus grande méfiance; qu'on doit donc s'attendre à aucune confidence, à aucun concert intime, tant que l'on n'aura pas pris un parti qui fasse cesser l'état de disposition hostile du Gouvernement anglais contre le Gouvernement français;
7o Que, si même notre commerce réciproque se trouve sans concert, on doit encore l'attribuer à la même cause, qui empêche de compter sur rien de stable de la part d'une nation d'où il ne revient que des accents de fureur, des provocations à la mort, des trames, des complots;
8o Que, quant à la Suisse, nous ne souffrirons pas que l'Angleterre s'en mêle, parce qu'elle ne s'en occuperait que pour y semer le désordre; ce serait un nouveau Jersey d'où l'on fomenterait des troubles contre la France.
BONAPARTE.

Je pars demain à six heures pour le Havre. Il est difficile d'être plus satisfait que je le suis de tout ce pays-ci.»
Napoléon Ier, tome VIII, 89, 90

35 «L'histoire prouve que la Suisse a toujours été gouvernée par les influences de la France. C'est par les influences de la monarchie que l'aristocratie bernoise s'est élevée; c'est par celles de la France république que l'égalité a dû s'établir. Quoique l'insurrection ait en dernier lieu écrit à toutes les puissances, aucune n'a récusé ma médiation. L'Empereur m'a écrit qu'il ne se mêlait point des affaires de votre pays. A l'égard des Anglais, ils n'ont rien à faire en Suisse. Je ne puis souffrir que la Suisse soit un autre Guernesey du côté de l'Alsace. Il faut que l'Angleterre ne puisse entretenir en Suisse un seul homme suspect. Elle ne peut avoir là d'émissaires que contre la France. Ce sont eux qui ont fomenté tous vos troubles; vous avez vu, dans une des dernières séances du parlement, qu'un émissaire de Londres, établi à Constance, avait excité votre dernière insurrection. Il faut que, pour ce qui regarde la France, la Suisse soit française, comme tous les pays qui confinent à la France.»
Napoléon Ier, tome VIII, 131

36 Bryant, Victory, 29 - 51
J. Steven Watson, The Reign of George III, 1760 - 1850, Oxford: Clarendon, 1960, 414

Die Passage aus Lady Bessboroughs Brief lautet:
«But Mr. H.'s great anger is for the reception of the Swiss deputation. In a speech of an hour long he tells them first how they may cover themselves with glory (viz., by becoming a Department of France; but this he does not *advise*, only mentions). He advises them to form a Federal Republic, with a chief who must be a Foreigner; then describes a man of great activity, tried courage, and whose rank and situation may give them weight in other nations, but adds that as to himself *he* has too much already on his hands, and cannot undertake it. I was going on, but Ly. Elizabeth Monck is just come, and I must go to her.»

Castalia Countess Granville (editor), Lord Granville Leveson Gower (First Earl Granville) Private Correspondence 1781 to 1821, vol. I, London: Murray, 1916, 374

«I see no hope therefore: Holland will follow Switzerland - Malta, the Cape. And the next Session of Parliament (if we survive as an independent country so long) will begin with the same expectation of a better system, and will end with the same disappointment. Yet Malta and Holland are the two points to which he swore!!! I wish I could yet trust his oath - but I dare not.»

Gabrielle Festing, John Hookham Frere and his friends, London: Nisbet, 1899, 92

«PROJECT.
I. The French govenment shall engage to make no opposition to the cession of the island of Lampedosa to his majesty by the king of the two Sicilies.

II. In consequence of the present state of the island of Lampedosa, his majesty shall remain in possession of the island of Malta, until such arrangements shall be made to him, as may enable his majesty to occupy Lampedosa as a naval station; after which period, the island of Malta shall be given up to the inhabitants, and acknowledged as an independent state.

III. The territories of the Batavian republic shall be evacuated by the French forces within one month after the conclusion of a convention, founded on the principles of this project.

IV. The king of Etruria, and the Italian and Ligurian republics, shall be acknowledged by his majesty.

V. Switzerland shall be evacuated by the French forces.

VI. A suitable territorial provision shall be assigned to the king of Sardinia, in Italy.

SECRET ARTICLE.
His majesty shall not be required by the French government to evacuate the island of Malta until after the expiration of ten years. Article IV. V. and VI. may be entirely omitted, or must all be inserted.»

«But his majesty has, unfortunately, had too much reason to observe and to lament that the system of violence, aggression, and aggrandizement which characterized the proceedings of the different governments of France during the war, has been continued with as little disguise since its termination. They have continued to keep a French army in Holland aganist the will, and in defiance of remonstrances of the Batavian government, and in repugnance of the letter of three solemn treaties. They have, in a period of peace, invaded the territory, and violated the independence of the Swiss nation, in defiance of the treaty of Luneville, which had stipulated the independence of their territory, and the right of the inhabitants to chuse their own form of government. They have annexed to the dominions of France; Piedmont, Parma, and Placentia, and the island of Elba, without alloting any provision to the king of Sardinia, whom they have despoiled of the most valuable part of his territory, though they were bound, by a solemn engagement to the emperor of Russia, to attend to his interests, and to provide for his establishment. It may, indeed, with truth, be asserted, that the period which has elapsed since the conclusion of the definitive treaty, has been marked with one continued series of aggression, violence, and insult on the part of the French government. In the month of October last, his majesty was induced, in consequence of the earnest solicitation of the Swiss nation, to make an effort, by a representation of the French government, to avert the evils which were then impending over that country. This representation was couched in the most temperate terms; and measures were taken by his majesty for ascertaining, under the circumstances which then existed, the real situation and wishes of the Swiss cantons, as well as the sentiments of the other cabinets of Europe. His majesty learned, however, with the utmost regret, that no disposition to counteract these repeated infractions of treaties and acts of violence was manifested by any of the powers most immediately interested in preventing them; and his majesty, therefore, felt that, with respect to these objects, his single efforts could not be expected to produce any considerable advantage to those in whose favour they might be exerted.»

«His majesty has thus distinctly and unreservedly stated the reasons of those proceedings to which he has found himself compelled to resort. He is actuated by no disposition to interfere in the internal concerns of any other state; by no projects of conquest and aggrandizement; but solely by a sense of what is due to the honour of his crown, and the interests of his people, and by an anxious desire to obstruct the further progress of a system, which, if not resisted, may prove fatal to every part of the civilized world.
Westminster, May 18, 1803.»

The Annual Register, London: Otridge etc., 1805, 733, 736, 742

«ART. 6. - Sa Majesté Impériale et Royale cédera, à la paix de l'Empire, à la République française, la souveraineté et propriété du Frickthal et de tout ce qui appartient à la Maison d'Autriche sur la rive gauche du Rhin, entre Zeuzach et Bâle, moyennant qu'à la paix susdite Sa Majesté obtienne une compensation proportionnelle, en Allemagne, qui soit à sa convenance.
La République française réunira lesdits pays à la République helvétique, moyennant les arrangements qu'elles pourront prendre entre elles sans porter préjudice à S.M. l'Empereur et Roi, ni à l'Empire.»

Napoléon Ier, tome III, 386

Die Preisgabe erfolgt durch die Bereitschaft Oesterreichs, sich solange nicht in die «arrangements» zwischen Frankreich und der antizipierend Helvetische Republik genannten Schweiz zu mischen als diese Oesterreich und das Reich nicht weiter berühren, d.h. solange sich Bonaparte damit auf dem linken Rheinufer bewegt.

Quellenverzeichnis

Abriss:
Abriss der denkwürdigsten politischen Ereignisse im Kanton Zürich seit der Staatsveränderung vom 17. April 1802, Erstes Heft, ohne Ort 1803

Briefwechsel Steinmüller-Escher:
Johannes Dierauer (Herausgeber), Briefwechsel zwischen Johann Rudolf Steinmüller und Hans Konrad Escher von der Lint (sic) (1796-1821), Mitteilungen zur Vaterländischen Geschichte XXIII, Dritte Folge III, St. Gallen: Huber, 1889

Cornwallis III:
Charles Ross (editor), Correspondence of Charles, First Marquis Cornwallis, Second Edition, London: Murray, 1859

Dey, 1802:
Précis sur les événements qui ont eu lieu en Suisse en 1802, rédigé par M. Dey, curé à Onnens, édité par Max de Diesbach, in: Archives de la Société d'histoire du Canton de Fribourg, tome VIII, Fribourg: Fragnière, 1907, Seiten 400 ff.

Effinger 1802:
Rudolf von Effinger, Zur Geschichte des Aufstandes gegen die helvetische Regierung im Herbste 1802, besonders der Einnahme Berns, mitgeteilt von Ludwig Lauterburg, in: Berner Taschenbuch auf das Jahr 1857, Bern: Haller, 1857, Seiten 220-249

Erinnerungen 1802:
Conrad Escher (Herausgeber), Erinnerungen aus der Epoche der Beschiessung Zürichs durch die Truppen des Generals Andermatt im Jahre 1802, in: Zürcher Taschenbuch auf das Jahr 1902, Zürich, Fäsi & Beer, 1902, 70-91

Erzherzog Carl 5:
Ausgewählte Schriften weiland Seiner Kaiserlichen Hoheit des Erzherzogs Carl von Österreich, herausgegeben im Auftrag seiner Söhne der Herren Erzherzoge Albrecht und Wilhelm, Fünfter Band, Wien und Leipzig: Braumüller, 1894

Fribourg 1802:
M.F. Reichlen (Herausgeber), Une relation de la prise de Fribourg en 1802, in: revue Historique Vaudoise, 5e année, Lausanne: Vincent, 1897, 171-174

Haller, Müslin:
A. Haller, David Müslin, in: Berner Taschenbuch auf das Jahr 1872, gegründet von Ludwig Lauterburg, fortgesetzt von Gottfried Ludwig, Bern: Haller, 1872, 1–94

Hess, Landolt:
David Hess, Salomon Landolt, Zürich und Leipzig, Rascher, 1912

Kleist, 1801/1802:
Heinrich von Kleist, Sämtliche Werke und Briefe, Zweiter Band,
München: Carl Hanser, 1961

Kuhn, Volkslieder:
Gottlieb Jakob Kuhn, Volkslieder und Gedichte, Bern, Biel, Zürich: Ernst Kuhn, 1912

Ludwig Meyer von Knonau:
Gerold Meyer von Knonau (Herausgeber), Lebenserinnerungen von Ludwig Meyer von Knonau 1769–1841, Frauenfeld: Huber, 1883

Meyer 1802:
Wilhelm Meyer, Die Beschiessung der Stadt Zürich durch die helvetischen Truppen im September 1802, in: Zürcher Taschenbuch auf das Jahr 1858, Zürich: Orell, Füssli und Comp., 1858, 63–136

Monod, Souvenirs:
Henri Monod, Souvenirs inédits, Bibliothèque Historique Vaudoise XV, Lausanne: Librairie de l'Université, 1953

Napoléon Ier, tome III:
Correspondance de Napoléon Ier, publiée par ordre de l'empereur Napoléon III, tome troisième, Paris: Plon et Dumaine, 1859

Napoléon Ier, tome VII:
Correspondance de Napoléon Ier, publiée par ordre de l'empereur Napoléon III, tome septième, Paris: Plon et Dumaine, 1861

Napoléon Ier, tome VIII:
Correspondance de Napoléon Ier, publiée par ordre de l'empereur Napoléon III, tome huitième, Paris: Plon et Dumaine, 1861

Napoleon Ier, tome IX:
Correspondance de Napoléon Ier, publiée par ordre de l'empereur Napoléon III, tome neuvième, Paris: Plon et Dumaine, 1862

Napoléon Ier, tome XXI:
Correspondance de Napoléon Ier, publiée par ordre de l'empereur Napoléon III, tome vingt et unième, Paris: Plon et Dumaine, 1867

Ney II:
Michel Ney, Mémoires du Maréchal Ney, Duc d'Elchingen, Prince de la Moskowa, publiés par sa famille, tome deuxième, Paris: Fournier & London: Bull, 1833

Orbe & Bellerive:
C.G., A Orbe et à Bellerive en 1802, in Revue Historique Vaudoise, publiée sous la direction de Eugène Mottaz, 43me année, Lausanne: Imprimerie Centrale, 1935, 172–178

Parliamentary History:
The Parliamentary History of England, from the earliest period to the year 1803, vol. XXXVI, London: Hansard, 1820

Posselt 1803:
Ernst Ludwig Posselt, Taschenbuch für die neuste Geschichte, Nürnberg: Bauer– und Mannische Buchhandlung, 1803

Relations diplomatiques:
Emile Dunant, Les Relations diplomatiques de la France et de la République Helvétique 1798–1803, Basel: Basler Buch- und Antiquariatshandlung, 1901 (= Quellen zur Schweizer Geschichte, Band 19)

Rengger, Schriften:
Friedrich Kortüm (Herausgeber), Dr. Albrecht Rengger's ..., kleine, meistens ungedruckte Schriften, Bern: Jenni, 1838

Reybaz, 1802:
Jean-Louis Reybaz, Souvenirs de la guerre civile de 1802, in: Revue Historique Vaudoise, publiée sous la direction de Paul Maillefer et Eugène Mottaz, 8me année, Lausanne: Vincent, 1900, 123–125

Reymond, Cathédrale:
Maxime Reymond, Le Sénat Helvétique à la Cathédrale de Lausanne le dimanche 3 octobre 1802, in: Revue Historique Vaudoise, publiée sous la direction de Paul Maillefer et Eugène Mottaz, 12me année, Lausanne: Vincent, 1904

Rovéréa, Mémoires:
C. de Tavel (Herausgeber), Mémoires de F. de Rovéréa, tome troisième, Berne: Stämpfli; Zürich: Schulthess; Paris: Klincksieck, 1848

Schiller Goethe 2:
Emil Staiger (Herausgeber), Briefwechsel Schiller Goethe, Zweiter Band, Frankfurt: Insel, 1977

Schlachtenjahrzeit:
P. Rudolf Henggeler O.S.B., Das Schlachtenjahrzeit der Eidgenossen, Basel: Birkhäuser, 1940

Schnurre, schnurre-n-um und um:
Otto von Greyerz (Herausgeber), Im Röseligarte, Band III, Bern: Francke, 1976, Seiten 18, 19, 71, 72

Specialia 15, 16:
Staatsarchiv des Kantons Bern, Helvetik, Kanton Bern, Specialia, Nr. 15, Nr. 16

Stadtarchiv Aarau (St A Aa) II 159:
Munizipalitätsprotokoll No. II im Stadtarchiv Aarau

Stadtarchiv Aarau (St A Aa) II 159 c:
Munizipalitätskonzept vom 23. März 1802 bis zum 1. März 1803 im Stadtarchiv Aarau

Stapfer 1800–1803
Bonaparte, Talleyrand et Stapfer 1800–1803, Zürich: Orell, Füssli, 1869

Stettler II:
Karl Ludwig Stettler, Aus den Erinnerungen, in: Neues Berner Taschenbuch auf das 1924, Bern: Wyss, 1923, 110–165

Stettler 1802:
Karl Ludwig Stettler, Ein schönes, neues, langes Lied enthaltend eine ganz wahrhaftige und grunddeutliche Historia und Bericht des Feldzugs der Eydgenossen gegen die Helvetier im Jahre des Heils 1802, herausgegeben von Ludwig Lauterburg, in: Berner Taschenbuch auf das Jahr 1860, Bern: Haller, 1860, Seiten 168–200

Strickler VIII: (weitere Bände siehe unten)
Amtliche Sammlung der Acten aus der Zeit der Helvetischen Republik (1798–1803) bearbeitet von Johannes Strickler, VIII. Band, Bern: Stämpfli, 1902
(Weitere Bände werden analog als Strickler I bis XI zitiert. Ihre Erscheinungszeit liegt zwischen 1886 und 1911.)

Stutz 1802:
Jakob Stutz, Sieben Mal sieben Jahre aus meinem Leben, Dritte Lieferung, Pfäffikon, Kanton Zürich: Zwingli, 1855

Weissenfluh:
Johann von Weissenfluh, Chronik 1792–1821, in: Aufzeichnungen zweier Haslitaler, herausgegeben von Andreas Fischer, Bern: Francke, 1910

Wurstemberger 1802:
Johann Ludwig Wurstemberger, Tagebuch des Stecklikrieges im Herbst 1802, herausgegeben von Hans Haeberli, in: Berner Erinnerungen aus der Zeit des Übergangs, Bern: Burgerbibliothek und Stämpfli, 1956, Seiten 199–261

Wyss 1802:
Rud. Krähenbühl, Zwei Veteranenbesuche und deren Rückerinnerungen an 1798 und 1802, nämlich Besuch bei Samuel Blatter in Aarmühle, Veteran des Gefechtes von Lengnau, und Besuch von Peter Wyss aus Isenfluh, Veteran des Gefechtes von Neuenegg und des sogenannten Stecklikriegs, in: Berner Taschenbuch auf das Jahr 1862, Bern: Haller, 1862, Seiten 235–260

Wyss, Leben:
Friedrich von Wyss, Leben der beiden Zürcherischen Bürgermeister David von Wyss Vater und Sohn aus deren schriftlichem Nachlass, Erster Band, Zürich: Höhr, 1884

Zschokke, Denkwürdigkeiten 3:
Heinrich Zschokke, Historische Denkwürdigkeiten der helvetischen Staatsumwälzung, Dritter Band, Winterthur: Steiner, 1805

Darstellungsverzeichnis

Anderwert:
J.C. Mörikofer, Landammann (C. Joseph) Anderwert, im Auftrage der thurgauischen gemeinnützigen Gesellschaft verfasst und auf deren Kosten gedruckt, ohne Ort, Verlag und Jahr

Amiguet, Milices:
Frederic Amiguet, Les Milics Vaudoises, Lausanne: Martinet, 1914

Fred Ammann:
100 Jahre Hotel du Sauvage ''Zum Wilden Mann'' Meiringen 1880-1980, Meiringen: Sauvage, 1980

Arnold, Uri und Ursern:
Werner Arnold, Uri und Ursern zur Zeit der Helvetik 1798-1803, Historisches Neujahrsblatt 1984/1985, Altdorf: Verein für Geschichte und Altertümer von Uri, 1985

Bachmann:
Biographie des Eidgenössischen Generals Nicolaus Franz von Bachmann, in: 77. Neujahrsblatt der Feuerwerker-Gesellschaft, Zürich: Orell Füssli, 1882, 1-18

Baugartengesellschaft:
Fritz Hunziker-Meyer, Zur Erinnerung an die Baugartengesellschaft (1802-1904), in: Zürcher Taschenbuch auf das Jahr 1905, Zürich: Fäsi & Beer, 1905, 212-233

Fernando Bernoulli:
Die helvetischen Halbbrigaden im Dienste Frankreichs 1798-1805, Diss. Bern, Frauenfeld: Huber, 1934

Biedermann:
Aloys Emanuel Biedermann, Aus dem Leben meines Vaters Emanuel Biedermann von Winterthur (1779-1836), in: Zürcher Taschenbuch auf das Jahr 1884, Zürich: Höhr, 1884, 1-65

Edgar Bonjour:
Englands Interesse an der schweizerischen Neutralität 1802, in: Schweizerische Zeitschrift für Geschichte, 26. Jahrgang, 1976,Seiten 612-622

Bryant, Endurance:
Arthur Bryant, The years of endurance 1793-1802, London: Collins, 1942

Bryant, Victory:
Arthur Bryant, Years of Victory 1802-1812, London: Collins, 1944

Burkhard, Mutach:
Ernst Burkhard, Kanzler Abraham Friedrich von Mutach 1765-1831, Bern: Haupt, 1923

David G. Chandler:
The campaigns of Napoleon, London: Weidenfeld & Nicolson, 1966

Dejung, Rengger:
Emanuel Dejung, Rengger als helvetischer Staatsmann, Schweizer Studien zur Geschichtswissenschaft, XIV. Band, Heft 2, Zürich-Selnau: Leemann, 1925

Dierauer, Eidgenossenschaft:
Johannes Dierauer, Geschichte der schweizerischen Eidgenossenschaft, Band 5, Gotha: Perthes, 1917

Ein Stadt:
Heinrich Zumstein, Ein Stadt in sin Zyt, Aus der Geschichte der Gemeinde Mellingen, Brugg: Effingerhof, 1988

Elmer, Dolder:
Alice Elmer, Dolder als helvetischer Politiker, 1798-1803, Diss. Zürich, Affoltern a.A.: Weiss, 1927

Erismann, 1802:
Paul Erismann, Aarau im Stecklikrieg Anno 1802, in: Aarauer Neujahrs-Blätter 1952, Aarau: Sauerländer, 1952, 3-21

Hans-Ulrich von Erlach:
Rudolf Ludwig von Erlach 1749-1808, genannt Hudibras, Burgdorfer Jahrbuch, 51. und 52. Jahrgang, Burgdorf: Casino-Gesellschaft u.a., 1984, 1985

Escher, Staatsgefangene:
Hermann Escher, Die Staatsgefangenen auf Aarburg im Winter 1802/03, Neujahrsblatt herausgegeben von der Stadtbibliothek Zürich, Nr. 264, Zürich: Fäsi & Beer, 1908

Escher, Unterhaltungen:
Hermann Escher, Aus den Unterhaltungen der Staatsgefangenen auf Aarburg, Neujahrsblatt herausgegeben von der Stadtbibliothek Zürich, Nr. 265, Zürich: Fäsi & Beer, 1909

Fischer, Jenner:
K.L. Friedrich von Fischer, Beat Ferdinand Ludwig von Jenner, Bern: Wyss, 1883

Fischer, Wattenwyl:
E.F. von Fischer, Erinnerung an Niklaus Rudolf von Wattenwyl, Bern: Dalp, 1867

von Flüe, Obwalden:
Niklaus von Flüe, Obwalden zur Zeit der Helvetik, Obwaldner Geschichtsblätter, Siebentes Heft, 1961, Sarnen: Abächerli, 1961

Gerber, Schinznach-Dorf:
Eduard Gerber, Chronik von Schinznach-Dorf, 2. Auflage, Schinznach-Dorf: Lerchmüller, 1976

Geschichtsforscher 9:
Der Schweizerische Geschichtsforscher, Neunter Band, Lebensgeschichte des Schultheissen Niklaus Friedrich von Mülinen, Bern: Jenni, 1837

Emil Günter:
's Järbsyte-Peters Gschichtli vom alte Napolion u vom Chräjebüel, Bern: Wyss, 1908

Gysler-Schöni, Helvetias Töchter:
Rosy Gysler-Schöni (Herausgeberin), Helvetias Töchter, Frauenfeld: Huber, 1989

Hall, Strategy:
Christopher D. Hall, British strategy in the Napoleonic War 1803-15, Manchester and New York: Manchester University Press, 1992

Heer, Helvetik:
J. Heer, Der Kanton Glarus unter der Helvetik, Dritter Zeitraum, in: Jahrbuch des historischen Vereins des Kantons Glarus, Achtes Heft, Zürich & Glarus: Meyer & Zeller, 1872, 28-112

Herrmann, Aufstieg:
Alfred Herrmann, Der Aufstieg Napoleons, Berlin: Mittler, 1912

Hilty, Vorlesungen:
Carl Hilty, Oeffentliche Vorlesungen über die Helvetik, Bern: Fiala, 1878

Hosang, Graubünden:
G. Hosang, Die Kämpfe um den Anschluss von Graubünden an die Schweiz von 1797-1803, Chur: Bernhard, 1899

Jörin, Oberland:
Ernst Jörin, Der Kanton Oberland 1798-1803, Zürich-Selnau: Leeman, 1912 (= Schweizer Studien zur Geschichtswissenschaft, Heft 2, V. Band)

Jufer, Oberaargau:
Max Jufer, Der Oberaargau in der Helvetik 1798-1803, in: Jahrbuch des Oberaargaus lg70, Herzogenbuchsee: Schelbli, 1970, Seiten 99 ff.

Keller, Wasserschloss:
Heiner Keller und andere, Das Wasserschloss, Brugg: Effingerhof, 1989

Peter F. Kopp:
Peter Ochs, Basel: Basler Zeitung, 1992

Lang, 1802, 1803:
Robert Lang, Der Kanton Schaffhausen im Revolutionsjahr 1798. Die Schicksale des Kantons Schaffhausen in den Jahren 1802 und 1803 bis zur Mediation, 12. Neujahrsblatt des Historisch-anti-quarischen Vereins und des Kunstvereins der Stadt Schaffhausen, Schaffhausen: Lang, 1903.

Lauterburg, May:
Ludwig Lauterburg, Albrecht Friedrich May, Staatsschreiber von Bern, in: Berner Taschenbuch auf das Jahr 1860, Bern: Haller, 1860, 201-347

Leuthold, Baden:
Rolf Leuthold, Der Kanton Baden 1798-1803, Separatdruck aus Argovia XLVI, ohne Ort, Verlag und Jahr

Leuthy, Bocken-Krieg:
J.J. Leuthy, Vollständige Geschichte von dem Bocken-Krieg, Zürich: Leuthy, 1838

Luginbühl, Stapfer:
Rudolf Luginbühl, Phil. Alb. Stapfer, Basel: Reich, 1902

Mahan, Sea Power:
A.T. Mahan, The Influence of Sea Power upon the French Revolution and Empire 1793-1812, Vol. II, Boston: Little, Brown, and Company, 1894

Mantel:
Alfred Mantel, Geschichte der Zürcher Stadtbefestigung, Dritter Teil, 116. Neujahrsblatt der Feuerwerker-Gesellschaft, Zürich: Beer, 1921

Merz, Aarburg:
Walther Merz, Zur Geschichte der Festung Arburg (sic), Aarau: Wirz, 1893

Mestral, Reding:
Aymon de Mestral, Aloys von Reding, übersetzt von James Schwarzenbach, Zürich: Fretz & Wasmuth, 1945

Johann Jakob Meyer:
Einige Erinnerungen aus dem Leben des Seligen Herrn Oberst Joh. Jakob Meyer, von Zürich, Zürich, 1820

Muller, Confédération 17:
Jean de Muller, Robert Gloutz-Blozheim, J.-J. Hottinger, Charles Monnard, Louis Vulliemin, Histoire de la Confédération Suisse, tome 17, Paris: Ballimore & Lausanne: Chantrens, 1847

Niquille, Fribourg:
Jeanne Niquille, La contre-revolution de 1802 dans le canton de Fribourg, in: Zeitschrift für Schweizerische Geschichte, 28. Jahrgang, Zürich: Leemann, 1948, Seiten 47-74

Obersimmental:
Niklaus Siegenthaler, Bilder aus der Geschichte des Obersimmentals, Zweisimmen: Blessing, 1937

Ochsenbein, Murten
Gottlieb Friedrich Ochsenbein, Die Urkunden der Belagerung und Schlacht von Murten, Freiburg: Bielmann; 1876

Oechsli, Schweiz:
Wilhelm Oechsli, Geschichte der Schweiz im Neunzehnten Jahrhundert, Erster Band, Leipzig: Hirzel, 1903

Pestalozzi, Revolutionspoesie:
F.O. Pestalozzi, Ein zürcherischer Beitrag zur schweizerischen Revolutionspoesie, in: Zürcher Taschenbuch auf das Jahr 1882, Zürich: Höhr, 1882, 236-270

Pfyffer, Baden:
Ivo Pfyffer, Der Aufstand gegen die Helvetik im ehemaligen Kanton Baden im September 1802, Baden: Wanner, 1904

Philippson:
M. Philippson, Die äussere Politik Napoleons I. Der Friede von Amiens 1802, Leipzig: Gustav Fock, 1913

Robe, Oberland:
Udo Robe, Berner Oberland und Staat Bern, Archiv des Historischen Vereins des Kantons Bern, 56. Band, Bern: Stämpfli, 1972

Rütsche:
Paul Rütsche, Oer Kanton Zürich zur Zeit der Helvetik (1798-1803), Zürich: Fäsi & Beer, 1900

Sigrist, Solothurn:
Hans Sigrist, Solothurnische Geschichte, Dritter Band, Solothurn: Regierungsrat des Kantons Solothurn, 1981

Steinauer, Schwyz:
D. Steinauer, Geschichte des Freistaates Schwyz, Erster Band, Einsiedeln: Benziger, 1861

Pierre-Andre Steiner:
Interpretation de la votation du 25 mai 1802, memoire de licence, Neuchatel 1969 (Signatur der Schweizerischen Landesbibliothek H 1385)

Suter, Winterthur:
Meinrad Suter, Winterthur 1798-1831, Winterthur: Stadtbibliothek, 1992

Tavel, Zürich 1802:
Hans Christoph von Tavel, Bombardement und Sieg der Stadt Zürich 1802 in Bildern von Kleinmeistern der guten alten Zeit, 164. Neujahrsblatt der Feuerwerker-Gesellschaft, Zürich: Beer, 1973

Tavel, Lombach:
Rudolf von Tavel, Der Houpme Lombach, Bern: Francke, ohne Jahr

Thiers, Consulat 3:
A(dolphe) Thiers, Histoire du Consulat et de l'empire, tome troisieme, Paris: Paulin, 1845

Thiers, Consulat 4:
A(dolphe) Thiers, Histoire du Consulat et de l'Empire, tome quatrieme, Paris: Paulin, 1845

Otto Tschumi:
Die Mission des helvetischen Gesandten Bernhard Gottlieb Isack von Diesbach in Wien 1802, Diss. Bern, Bern: Stämpfli, 1901

Jean Tulard:
Louis Garros, Itineraire de Napoleon au jour le jour 1769-1821, Paris: Tallandier, 1992

Vogel, Denkwürdigkeiten:
Friedrich Vogel, Die alten Chroniken oder Denkwürdigkeiten der Stadt und Landschaft Zürich, Zürich: Schulthess, 1845

Wattelet, Stecklikrieg:
H. Wattelet, Zur Geschicht des Stecklikriegs, in: Freiburger Geschichtsblätter, X. Jahrgang, Freiburg: Universitäts-Buchhandlung, 1903, 55-76

Wraight, Swiss/British:
John Wraight, The Swiss and the British, Salisbury: Russell, 1987

Wymann, Uri:
Eduard Wymann, Das Schlachtjahrzeit von Uri, Altdorf: Staatsarchiv, ohne Jahr

Zimmermann, Schaffhausen:
Jürg Zimmermann, Beiträge zur Militärgeschichte Schaffhausens bis zum Beginn des 19. Jahrhunderts, Diss. Zürich, Schaffhausen: Nohl, 1961

Zschokke, Festschrift:
Ernst Zschokke, Historische Festschrift für die Centenar-Feier des Kantons Aargau 1903, verfasst im Auftrage der Centenarfeierkommission, Aarau: Sauerländer, 1903

Verzeichnis der Abbildungen

Allen Institutionen und Personen, die im folgenden Verzeichnis erwähnt werden, und all ihren Mitarbeitern sei hiermit der herzlichste Dank für ihr Wohlwollen und ihre Unterstützung abgestattet!

Jürg Stüssi-Lauterburg und
Derck Engelberts

Abbildung 1
Medaille auf den Frieden von Lunéville, aus dem Friedens-Almanach von 1803, Göttingen: Heinrich Dieterich, 1803, Frontispiz. Abbildung: Dominic Pedrazzini.

Abbildung 2
Die politische Schaukel. Photographie Schweizerisches Landesmuseum, Zürich, Inventar-Nummer LM-41456, Negativ-Nummer NEG-116783.

Abbildung 3
Johann Rudolf Dolder, Schweizerische Landesbibliothek, Bern, Negativ-Nummer 77a. Die Abbildungen 3, 4, 17, 26 verdanken wir der Liebenswürdigkeit von Frau Marie-Louise Schaller, Graphische Sammlung, Schweizerische Landesbibliothek.

Abbildung 4
Josef Leonz Andermatt, Schweizerische Landesbibliothek, Bern.

Abbildung 5
Albert von Escher, Helvetische Legion, Leichte Infanterie, 1802, Eidgenössische Militärbibliothek, Bern, W. 223.2.

Abbildung 6
Albert von Escher, Jäger zu Pferd, Eidgenössische Militärbibliothek, Bern, W. 223.2.

Abbildung 7
Friedens-Almanach von 1803, Göttingen: Heinrich Dieterich, 1803, Frontispiz.

Abbildung 8
Albert von Escher, Infanterie (Füsiliere), Eidgenössische Militärbibliothek, Bern, W. 223.14.

Abbildung 9
Die Schauenburg-Sammlung der Eidgenössischen Militärbibliothek und des Historischen Dienstes, Hauterive (Suisse): Gilles Attinger, 1989, Karte Nr. 17 (24), Frid. Fischer, ca. 1770–77, «Plan de Züric».

Abbildung 10
Einige Erinnerungen aus dem Leben des Seligen Herrn Oberst Joh. Jakob Meyer von Zürich, Zürich, 1820, Frontispiz.

Abbildung 11
Medaille auf das Ende des Bombardements von Zürich durch Andermatt. Arbeit des Zinngiessers Rudolf Manz (1771–1829). Photo aus Auktion 58 (Nr. 334) der Leu Numismatik AG, In Gassen 20, 8001 Zürich.

Abbildung 12
Albert von Escher, Artillerie 1802, Eidgenössische Militärbibliothek, Bern, W 223.X.

Abbildung 13
Albert von Escher, Infanterie 1802, Eidgenössische Militärbibliothek, Bern, W 223.X.

Abbildung 14
Schloss Thunstetten. Aufnahme von Fritz Kuert, Langenthal, zur Verfügung gestellt von der Stiftung Schloss Thunstetten.

Abbildung 15
Schloss Wittigkofen. Aufnahme von Derck Engelberts.

Abbildung 16
Die Schauenburg-Sammlung der Eidgenössischen Militärbibliothek und des Historischen Dienstes, Hauterive (Suisse): Gilles Attinger, 1989, Karte Nr. 44 (56), J.R. Müller, Andréossy, 1798 «Plan du camp de la Ville de Berne, Occupé par 12 Battaillons de l'Armée Française en Helvetie etc.»

Abbildung 17
Rudolf Effinger, Schweizerische Landesbibliothek, Bern. Die Vorlage entstammt dem Berner Taschenbuch auf das Jahr 1858, herausgegeben von Ludwig Lauterburg, Bern: Haller, 1858, Frontispiz.

Abbildung 18
Das Denkmal Sigmund Rudolf von Werdts in Bern. Photographie von Armand Vitali.

Abbildung 19
Schäden vom föderalistischen Beschuss von Bern, 18. September 1802. Haus Mattenenge 2. Photographie von Armand Vitali.

Abbildung 20
Bernisches Historisches Museum, Inventar 5847, Aquarell Zehender, «Sic abit ad astra», Der Tag des 18. September 1802.

Abbildung 21
Im Haus Nr. 40 an der Gerechtigkeitsgasse in Bern wurde am 18. September 1802, 20.00 Uhr, die Kapitulation unterzeichnet. Zeichnung von Architekt Fridolin Limbach aus seinem herrlichen Buch «Die schöne Stadt Bern», Bern: Benteli, 1978, Seite 59.

Abbildung 22
Votivtafel aus der St. Anna-Kapelle zu Schwanden. Photographie von Pfarrer Franz Herger, Kath. Pfarramt, 6461 Unterschächen/Uri. Pfarrer Herger schreibt in einem Begleitbrief vom 17. Oktober 1993:
«Im alten Jahrzeitenbuch ist hierüber unter anderm zu lesen:» «Anno 1802 sind vom hiesigen Kanton 350 Mann ausgezogen, um den andern Eidsgenossen von Schwitz... von unserer Gemeinde ist folgende Mannschaft mitgezogen. Maria Gisler von Urigen wurde in der Schlacht beym Murt-... leicht an einem Fusse verwundet.
Aloys Arnold im Döldigerbergli von einem Hobizenspliter leicht an einer Hand verwundet. Dann folgen noch 18 Namen, alle unverletzt.»

Abbildung 23
Fahne der Helvetischen Republik, von den Föderalisten erbeutet im Feldzug von 1802. Fahne und Photographie befinden sich im Besitz des Staatsarchivs Schwyz.

Abbildung 24
Albert von Escher, Berner Freicorps 1802. Eidgenössische Militärbibliothek, Bern, W 228.11.

Abbildung 25
Albert von Escher, Stadtlegion 1802, Eidgenössische Militärbibliothek, Bern, W 228.11.

Abbildung 26
Niklaus Franz Bachmann, Schweizerische Landesbibliothek, Bern. Negativ-Nummer 823.

Abbildung 27
Michel Ney, aus H. Bonnal, La Vie Militaire du Maréchal Ney, tome premier, Paris: Chapelat, 1910, Frontispiz.

Abbildung 28
Erzherzog Karl aus Oskar Criste, Erzherzog Carl von Österreich, Band 3, Wien und Leipzig: Braumüller, 1912, Frontispiz.

Abbildung 29
Georg III auf einem Dollar der Bank of England aus dem Jahre 1804. Die Münze wurde von Herrn Konrad Eckert, Foto Neumarkt, Alte Zürcherstrasse 20, 5200 Brugg, aufgenommen.

Abbildungen 30 und 31
Blattübersicht von Meyer-Weiss, ATLAS SUISSE, 1796–1802, Archiv der L+T = ATLAS L+T CH-152, mit freundlicher Genehmigung der Historischen Kartensammlung des Bundesamts für Landestopographie, Seftigenstrasse 264, 3084 Wabern.

Anhang 1

Das amtliche Ergebnis der Verfassungsabstimmung

Am 2. Juli 1802 fasste der Kleine Rat folgenden Erwahrungsbeschluss über die Volksabstimmung betreffend die Einführung einer neuen Verfassung:

«*Beschluss vom 2. Heumonat 1802.*

Öffentliche Bekanntmachung des von der Mehrheit der stimmfähigen Bürger in Helvetien angenommenen Verfassungsentswurfes vom 25. May 1802.

Der Kleine Rath,
Nach angehörtem Berichte des Departements der innern Angelegenheiten, über das Resultat der eingelangten Stimmenverzeichnisse für die Annahme oder Verwerfung des neuen Verfassungsentwurfes, und genauer Untersuchung derselben, erklärt:

Der Verfassungsentwurf, welcher dem Gutachten der Notabelnversammlung vom 20. May 1802. zufolge, und nach der Vorschrift der Sanction des helvetischen Volkes unterworfen worden, ist von der grossen Mehrheit aller stimmfähigen Bürger in Helvetien angenommen, und hierdurch zum Staatsgrundgesetze der helvetischen Republik erhoben worden.
Zufolge dieser feyerlichen, im Namen der Nation gegebenen Erklärung ihres souveränen Willens, beschliesst er:

1. Die Annahme der helvetischen Verfassung soll, in dem Regierungssitze der Republik, Samstags, den 3. Heumonat, und in allen Cantonen unverzüglich öffentlich bekannt gemacht, auch dass solches geschehen sey von den B. B. Regierungsstatthaltern dem Departement der Justiz und Polizey sofort einberichtet werden.
2. Der gegenwärtige Beschluss soll der Haupturkunde der Verfassung angehängt, von allen Mitgliedern und dem Ober-Schreiber des Kleinen Rathes eigenhändig unterschrieben, und mit dem bisherigen grossen Siegel der Republik verwahrt werden.
3. Die solcher Gestalt beglaubigte Urkunde der neuen Verfassung soll dem Senat in seiner ersten Sitzung übergeben, und in den Archiven desselben aufbewahrt werden.

Dieser Beschluss soll, so wie die Verfassung selbst, nebst dem Rapport des Departement der innern Angelegenheiten, mit beygefügtem Resultat der eingelangten Stimmenverzeichnisse jeden Cantons, in den drey Sprachen gedruckt, und öffentlich bekannt gemacht werden.

Geschehen in Bern an dem gewöhnlichen Sitzungsorte des Kleinen Rathes, den zweyten Heumonat ein tausend acht hundert und zwey.

Der Präsident und die Mitglieder des Kl. Rathes,

Rüttimann.	Rengger.
Füssli.	Schmid.
Kuhn.	U. Gluz.
Dolder.	

Der Ober Schreiber des Kleines Raths, Mousson.»

Die amtlichen Ergebniss nach den Distrikten lauteten:

Canton Aargau.

Namen der Distrikte	Anneh. d. Unter.	rüksch. Anneh.	Sum. d. Anneh.	Verw. d. Unters.	Zahl der Activb.
Aarau	817	2155	2972	438	3410
Lenzburg	1676	1165	2841	132	2973
Brugg	1162	668	1830	464	2294
Kulm	1888	1269	3157	168	3325
Zoffingen	813	1155	1968	591	2559
	6356	6412	12,768	1793	14,561

Canton Baden.

Baden	1491	683	2174	276	2450
Bremgarten	598	979	1577	408	1985
Muri	736	1057	1793	86	1879
Sarmnenstorf	1266	647	1913	588	2501
Zurzach	2383	196	2579	64	2643
	6474	3562	10,036	1422	11,458

Canton Basel.

Basel	559	3896	4455	87	4542
Gelterkinden	604	751	1355	922	2277
Liestall	434	606	1040	513	1553
Wallenburg	792	624	1416	204	1620
	2389	5877	8266	1726	9992

Canton Bellenz.

Bellinzona	357	719	1076	697	1773
Leventina	410	937	1347	625	1972
Blenio	133	781	914	574	1488
Riviera	4	306	310	405	715
	904	2743	3647	2301	5948

Canton Bern.

Bern	1229	2623	3852	198	4050
Steffisburg	376	1917	2293	16	2309
Höchstetten	475	1984	2459	118	2577
Laupen	397	1267	1664	76	1740
Burgdorf	175	1063	1238	1650	2888
Zollikofen	619	2009	2628	64	2692
Wangen	586	1403	1989	953	2942
Ober-Emmenthal . .	237	2390	2627	25	2652
Ober-Sestingen . . .	92	944	1036	436	1472
Büren	580	1186	1766	284	2050
Seeland	294	852	1146	903	2049
Langenthal	464	2450	2914	1840	4754
Nieder-Sestingen . .	341	1430	1771	509	2280
Schwarzenburg . . .	5	1437	1442	349	1791
Nieder-Emmenthal . .	470	2494	2964	109	3073
	6340	25,449	31,789	7530	39,319

Canton Freyburg.

Freyburg	717	1541	2258	452	2710
Schmitten	21	1501	1522	24	1546
La Roche	57	623	680	407	1087
Gruyeres	314	997	1311	18	1329
Bulle	95	874	969	329	1298
Chatel St. Denis . .	78	604	682	182	864
Rue	188	243	431	434	865
Romont	230	367	597	1031	1628
Stäffis	210	447	657	846	1503
Payerne	58	792	850	736	1586
Avenches	480	709	1189	569	1758
Murten	852	700	1552	196	1748
	3300	9398	12,698	5224	17,922

Tagbl. der Beschl. und Verord. VI. Heft.

Canton Leman.

Namen der Distrikte	Anneh. d. Unter.	stillsch. Anneh.	Sum. d. Anneh.	Verw. d. Unters.	Zahl der Activb.
Aigle	1706	1480	3186	129	3315
Aubonne	42	506	548	1296	1844
Cossonay	116	428	544	1722	2256
Echallens	106	667	773	1158	1932
Grandson	338	566	904	1412	2316
Lausanne	343	1642	1985	563	2548
Lavaux	331	1809	2130	38	2178
Morges	181	849	1040	1276	2306
Moudon	345	989	1334	1081	2415
Nyon	378	1072	1450	889	2339
Oron	94	395	489	719	1208
Orbe	78	791	869	1443	2312
Pays d'Enhaut . . .	192	912	1104	2	1106
Rolle	123	426	549	538	1087
Vallee du Lac de Joux .	87	714	801	294	1095
Vevay	1060	1467	2527	57	2584
Yverdun	191	595	780	1687	2467
	5711	15,308	21,019	14,288	35,307

Canton Linth.

Namen der Distrikte	Anneh. d. Unter.	stillsch. Anneh.	Sum. d. Anneh.	Verw. d. Unters.	Zahl der Activb.
Werdenberg	1506	427	1933	566	2499
Neu St. Johann . .	52	2897	2949	121	3070
Mels	356	2029	2385	80	2465
Schwanden	24	803	827	650	1477
Glarus	125	1546	1671	805	2476
Schennis	92	1240	1332	1221	2553
Rapperschwyl	329	543	872	1451	2323
	2484	9485	11,969	4894	16,863

Canton Lugano.

Namen der Distrikte	Anneh. d. Unter.	stillsch. Anneh.	Sum. d. Anneh.	Verw. d. Unters.	Zahl der Activb.
Lugano	74	491	565	3292	3857
Locarno	235	779	1014	1430	2444
Mendrisio	112	973	1085	588	1673
Vallemaggia	79	136	215	648	863
	500	2379	2879	5958	8837

Canton Luzern.

Luzern	458	3046	3504	270	3774
Hochdorf	479	1257	1736	224	1978
Sempach	83	609	692	808	1495
Münster	617	449	1066	241	1307
Sursee	494	389	883	812	1695
Russwyl	478	1170	1648	446	2094
Willisau	249	2381	2630	191	2821
Altishofen	727	1274	2001	260	2261
Schüpfheim	136	2738	2874	275	3149
	3721	13,313	17,034	3527	20,561

Canton Oberland.

Thun	61	1138	1199	12	1211
Nieder-Simmenthal .	115	955	1070		1070
Ober-Simmenthal . .	138	1255	1393		1393
Sanen	110	1099	1209		1209
Fruttigen	38	908	946		946
Aeschi	11	985	996		996
Unterseen	72	532	604		604
Interlaken		1626	1626		1626
Brienz	37	838	875		875
Oberhasli	439	729	1168		1168
	1021	10,065	11,086	12	11,098

Canton Rhätien.

Plessur	158	403	561	1275	1836
Unter-Landquart . . .	293	164	457	1015	1472
Ober-Landquart . . .	111	547	658	920	1578
Glenner	216	526	742	996	1738
Heinzenberg	66	407	473	221	694
Albula	13	93	106	1070	1176
Hinter-Rhein	37	174	211	491	702
Bernina	182	598	780	577	1357
Inn	675	205	880	155	1035
Moesa	40	118	158	555	713
Rheinquellen	8	36	44	1550	1594
	1799	3271	5070	8825	13,895

Canton Säntis.

Namen der Distrikte	Anneh. d. Unter.	stillsch. Anneh.	Sum. d. Anneh.	Verw. d. Unters.	Zahl der Activb.
St. Gall	300	2140	2440	326	2766
Gossau	361	289	650	1457	2107
Wyl	41	273	314	1173	1487
Lichtensteig	197	2325	2522	19	2541
Flaawyl	316	1178	1494	709	2203
Mosnang	70	1272	1342	592	1934
Herisau	33	406	439	2327	2766
Teufen	49	974	1023	2471	3494
Wald	265	1053	1318	1669	3017
Appenzell	69	1653	1722	478	2200
Ober-Rheinthal	611	1724	2335	549	2884
Unter-Rheinthal	584	1631	2215	344	2559
Roschach	422	784	1206	463	1669
	3318	15,702	19,020	12,607	31,627

Canton Schaffhausen.

Schaffhausen	458	1199	1657	28	1685
Reinach	770	133	903	29	932
Klettgau	1447	976	2423	20	2443
Stein	255	166	421	37	458
	2930	2474	5404	114	5518

Canton Schwytz.

Schwytz	28		28	2690	2718
Arth	121		121	1380	1501
Einsiedeln	1	28	29	1247	1276
	150	28	178	5317	5495

Canton Solothurn.

Solothurn	360	2353	2713	883	3596
Ballstall	40	506	546	859	1405
Olten	319	279	598	988	1586
Dornach	339	727	1066	1069	2135
	1058	3865	4923	3799	8722

Canton Thurgau.

Arbon	1830	511	2341	72	2413
Gottlieben	2335	684	3019	78	3097
Steckborn	1632	465	2097	315	2412
Frauenfeld	1791	526	2317	3	2320
Weinfelden	1883	717	2600	7	2607
Tobel	1238	663	1901	944	2845
Bischoffszell	1478	631	2109	122	2231
Diessenhofen	421	124	545	1	546
	12,608	4321	16,929	1542	18,471

Canton Unterwalden.

Sarnen	6	6	12	2912	2924
Stanz	116	104	220	2502	2722
	122	110	232	5414	5646

Canton Uri.

Altorf		253	253	2170	2423
Andermatt	162	133	295	253	548
	162	386	548	2423	2971

Canton Zürch.

Benken	1334	601	1935	46	1981
Andelfingen	1148	897	2045	120	2165
Winterthur	561	1720	2281	88	2369
Elgg	673	1081	1754	17	1771
Fehr-Altorf	528	2597	3125	274	3399
Basserstorf	1004	1572	2576	574	3150
Bülach	1499	1109	2608	211	2819
Regenstorf	772	1908	2680	34	2714
Zürch	646	3311	3957	120	4077
Mettmenstätten	866	2248	3114	454	3568
Horgen	816	3194	4010	208	4218
Meilen	517	3437	3954	44	3998
Grüningen	214	2625	2839	97	2936
Uster	274	2292	2566	42	2608
Wald	144	2505	2649	455	3104
	10,996	31,097	42,093	2784	44,877

Canton Zug.

Zug	92	1927	2019	928	2947

Anhang 2

Kalender 1802

Herr Werner Suter in Maur ZH besitzt ein Exemplar des in Zürich bei Orell, Füssli und Compagnie herausgekommenen «Regierungs- und Adress-Calender des Kantons Zürich auf das Jahr 1802.» Der ursprüngliche Besitzer, ein Zürcher, hat neben meteorologischen auch politisch-militärische Notizen eingetragen. So liest man unter dem 31. Juli: «Die französ. Truppen marschieren aus Zürich ab, nach Basel, u. verlassen sämtlich die Schweiz.» Für die Zeit vom 26. bis zum 31. August vermerkt er zum Wetter: «Ein paar Tage bedekt, kühle Luft, einmal in der Nacht Regen, dann wieder schön, hell u. warm.» Die meteorologischen Einträge für den Rest der Zeit des Aufstands lauten: 1.–10. September «Schön Wetter, mitunter ein wenig Regen.» 11.–30. September «Ununterbrochen schönes Wetter bey Nordwind. Gegen dem End 2. Tage Wolken, u. kalte Luft, dann wieder schön u. hell.» 1.–6. Oktober «Hell, warm.» Die politisch-militärischen Notizen beziehen sich naturgemäss auf Zürich und lauten für die Zeit vom 8. bis zum 16. September:

«8. zwo Comp. helvet. Truppen kommen vor Zürich, werden nicht eingelassen, u. bleiben im Hard.

9. Um Mitternacht kommt General Andermatt mit circa 1000 Mann Truppen beym Bürgli an, u. nach kurzer Aufforderung, beschiesst er die Stadt am

10. von 4.–6. Uhr frühe mit glühenden Kugeln u. Haubitzgranaten. Dann Waffenstillstand auf 48. Stunden.

11. Setzt er das Corps über See, u. besetzt Küsnacht.

12. Die Helvet., die in der Nacht vorher auf den Züriberg marschirt waren, besetzen denselben, u. machen Batterien.

13. Frühe gleich nach Mitternacht, geht das Schiessen mit Kugeln, Granaten u. Pechkränzen an, u. dauert bis 6. Uhr dann etwas schwächer bis Abends.

14. Nachts ist in der Stadt alles in Bewegung, weil man einen Sturm erwartet.

15. Die geschlossene Convention endet die Feindseligkeiten.

16. Einige 100. Mann Bauern verstärken den Andermatt, der aber Nachmittags abzieht; dann die Bauern auch.–»

Unter dem 29. Oktober erfahren wir dann: «Die Franzosen rüken frühe in Zürich ein, 4000 Mann stark. Sie verbreiten sich über die ganze flache Schweiz, setzen die verjagte Regierung wieder ein.» Auf den folgenden Seiten wird der Leser den rein kalendarischen Teil sowie den (inoffiziellen) helvetischen Staatskalender finden, wie er zu Beginn des Jahres 1802 galt.

Jenner.

NIVOSE. (Schneemonat.)

Freytag	1	Neu Jahr	11 Primidi
Samst.	2	Abel Domi	12 Duodi
Sonnt.	3	Enoch ◡	13 Tridi
Montag	4	Gottfried ○ 8 n.	14 Quartidi
Dienst.	5	Simeon	15 Quintidi
Mitw.	6	Cas. Mel. Bal.	16 Sextidi
Donstag	7	Veritas	17 Septidi
Freytag	8	Erhard	18 Octodi
Samst.	9	Julianus	19 Nonodi
Sonnt.	10	Samson	20 *Décadi*
Montag	11	Diethelm ☽	21 Primidi
Dienst.	12	Satyrus	22 Duodi
Mitw.	13	XX. Tag	23 Tridi
Donstag	14	Felix Priester	24 Quartidi
Freytag	15	Maurus	25 Quintidi
Samst.	16	Marcellus	26 Sextidi
Sonnt.	17	Antonius ◠	27 Septidi
Montag	18	Prisca J. ● 10 v.	28 Octodi
Dienst.	19	Pontianus	29 Nonodi
Mitw.	20	Seb. Fab. ☉ in	30 *Décadi*
			PLUVIOSE.
Donstag	21	Meinradus	1 Primidi
Freytag	22	Vincentius	2 Duodi
Samst.	23	Emerentiana	3 Tridi
Sonnt.	24	Timotheus	4 Quartidi
Montag	25	Pauli Bekehr.	5 Quintidi
Dienst.	26	Polycarpus	6 Sextidi
Mitw.	27	Joh. Chrysost. ☾	7 Septidi
Donstag	28	Carolus	8 Octodi
Freytag	29	Valer. Rüg	9 Nonodi
Samst.	30	Adelgundus	10 *Décadi*
Sonnt.	31	Vigilius ◡	11 Primidi

Tagslänge 9. Stund 8. Minuten.

Hornung.

PLUVIOSE.
(Regenmonat.)

Montag	1	Brigitta	12 Duodi
Dienst.	2	Liechtmeß ○ 7 n.	13 Tridi
Mitw.	3	Blasius	14 Quartidi
Donstag	4	Cleoph. Veron.	15 Quintidi
Freytag	5	Agatha	16 Sextidi
Samst.	6	Dorothea	17 Septidi
Sonnt.	7	Richardus	18 Octodi
Montag	8	Salomon	19 Nonodi
Dienstag	9	Apolonia ☽	20 *Décadi*
Mitw.	10	Scholastica	21 Primidi
Donstag	11	Euphrosina	22 Duodi
Freytag	12	Susanna	23 Tridi
Samst.	13	Castor Jonas ⌒	24 Quartidi
Sonnt.	14	Valentinus	25 Quintidi
Montag	15	Faustinus	26 Sextidi
Dienst.	16	Juliana	27 Septidi
Mitw.	17	Donatus ● 5 n.	28 Octodi
Donstag	18	Sabin Ruth	29 Nonodi
Freytag	19	Gutbrecht ⊙ in	30 *Décadi*
			VENTOSE.
Samst.	20	Dietrich	1 Primidi
Sonnt.	21	Simachus	2 Duodi
Montag	22	Peter Stuhlf.	3 Tridi
Dienstag	23	Josua Sever	4 Quartidi
Mitw.	24	Mathias	5 Quintidi
Donstag	25	Victorinus ☾	6 Sextidi
Freytag	26	Nestorius	7 Septidi
Samst.	27	Nodosius ◡	8 Octodi
Sonnt.	28	Hr. Faßn. Leand.	9 Nonodi

Tagslänge 10. Stund 36. Minuten.

Merz.

VENTOSE. (Windmonat.)

Montag	1	Albinus	10 *Décadi*
Dienst.	2	Simplicius	11 Primidi
Mitw.	3	Eschm. Lucius	12 Duodi
Donstag	4	Adrian. ○ 5 v. finst	13 Tridi
Freytag	5	Eusebius unsicht.	14 Quartidi
Samst.	6	Fridolinus	15 Quintidi
Sonnt.	7	Inv. Felicitas	16 Sextidi
Montag	8	Pontius	17 Septidi
Dienstag	9	40 Ritter	18 Octodi
Mitw.	10	Fronf. Küngolt	19 Nonodi
Donstag	11	Attalus ☽	20 *Décadi*
Freytag	12	Gregorius ☊	21 Primidi
Samst.	13	Macedonius	22 Duodi
Sonnt.	14	Rem. Zacharias	23 Tridi
Montag	15	Longinus	24 Quartidi
Dienstag	16	Violanda	25 Quintidi
Mitw.	17	Gertrud	26 Sextidi
Donst.	18	Alexand. Gabriel	27 Septidi
Freytag	19	Joseph ● 11 v.	28 Octodi
Samst.	20	Eman. finst. unsit.	29 Nonodi
Sonnt.	21	Occ. Bened. ☉ in Tag und N. gleich	30 *Décadi*
			GERMIN.
Montag	22	Victorinus	1 Primidi
Dienstag	23	Fidelis	2 Duodi
Mitw.	24	Pigmenius	3 Tridi
Donstag	25	Mariä Verk.	4 Quartidi
Freytag	26	Castul Jfr. ☾ ☋	5 Quintidi
Samst.	27	Proclus	6 Sextidi
Sonnt.	28	Lät. Priscus	7 Septidi
Montag	29	Eustachius	8 Octodi
Dienst.	30	Guido	9 Nonodi
Mitw.	31	Balbina	10 *Décadi*

Tagslänge 12. Stund, 30. Minuten.

April.

Germinal.
(Keimmonat.)

Donstag	1	Hugo Bischof	11 Primidi
Freytag	2	Abund. ○ 3 U.n.	12 Duodi
Samst.	3	Venatius	13 Tridi
Sonnt.	4	Jud. Ambrosius	14 Quartidi
Montag	5	Martianus	15 Quintidi
Dienst.	6	Ireneus	16 Sextidi
Mittw.	7	Celestinus	17 Septidi
Donstag	8	Maria in Eg. ◠	18 Octodi
Freytag	9	Procurius	19 Nonodi
Samst.	10	Ezechiel ☽	20 *Décadi*
Sonnt.	11	Palmt. Leo Pabst	21 Primidi
Montag	12	Julius Pabst	22 Duodi
Dienst.	13	Egesipius	23 Tridi
Mittw.	14	Tiburtius	24 Quartidi
Donstag	15	Hoh. D. Raphael	25 Quintidi
Freytag	16	Charf. Daniel	26 Sextidi
Samst.	17	Rudolf Traug.	27 Septidi
Sonnt.	18	Ostert. Valer. ●	28 Octodi
Montag	19	Wernerus 3 U. v.	29 Nonodi
Dienst.	20	Herman. ⊙ in	30 *Décadi*
			Floreal.
Mittw.	21	Fortunatus	1 Primidi
Donstag	22	Gajus Pabst	2 Duodi
Freytag	23	Georgius ◡	3 Tridi
Samst.	24	Adelbertus	4 Quartidi
Sonnt.	25	Quas. M. E. ☾	5 Quintidi
Montag	26	Anacletus	6 Sextidi
Dienst.	27	Anastasius	7 Septidi
Mittw.	28	Vitalis	8 Octodi
Donstag	29	Peter Meil.	9 Nonodi
Freytag	30	Quirinus	10 *Décadi*

Tagslänge 14. Stund, 3. Minuten.

May.

FLOREAL.
(Blumenmonat.)

Samst.	1	Philipp Jacob	11 Primidi
Sonnt.	2	Mis. Athan. ○ 2 v.	12 Duodi
Montag	3	† Erfindung	13 Tridi
Dienst.	4	Florianus	14 Quartidi
Mitw.	5	Gotthardus	15 Quintidi
Donstag	6	Joh. Gefäng. ◠	16 Sextidi
Freytag	7	Juvenalis	17 Septidi
Samst.	8	Michael Ersch.	18 Octodi
Sonnt.	9	Jub. Beatus ☽	19 Nonodi
Montag	10	Gordianus	20 *Décadi*
Dienst.	11	Mamertus	21 Primidi
Mitw.	12	Pancratius	22 Duodi
Donstag	13	Servatius	23 Tridi
Freytag	14	Christian	24 Quartidi
Samst.	15	Sophia	25 Quintidi
Sonnt.	16	Cant. Peregrinus	26 Sextidi
Montag	17	Priscilla ● 3 n.	27 Septidi
Dienst.	18	Isabella	28 Octodi
Mitw.	19	Potentiana	29 Nonodi
Donstag	20	Bernhardina ◡	30 *Décadi*
			PRAIRIAL.
Freytag	21	Constan. ☉ in ♊	1 Primidi
Samst.	22	Helena	2 Duodi
Sonnt.	23	Rog. Achilles	3 Tridi
Montag	24	Joh. Louisa ☾	4 Quartidi
Dienst.	25	Urbanus	5 Quintidi
Mitw.	26	Eleutherus	6 Sextidi
Donstag	27	Auffah. Lucian.	7 Septidi
Freytag	28	Wilhelmus	8 Octodi
Samst.	29	Maximinus	9 Nonodi
Sonnt.	30	Ex. Wigandus	10 *Décadi*
Montag	31	Petronella ○ 1 n.	11 Primidi

Tageslänge 15. Stund, 18. Minuten.

Brachmonat.

PRAIRIAL. (Wiesenmonat.)

Dienst.	1	Nicomedes	12 Duodi
Mitw.	2	Marcellinus ◠	13 Tridi
Donstag	3	Erasmus	14 Quartidi
Freytag	4	Cyprianus	15 Quintidi
Samst.	5	Bonifacius	16 Sextidi
Sonnt.	6	Pfingst. Benign.	17 Septidi
Montag	7	Paulus Bischof	18 Octodi
Dienstag	8	Medardus ☽	19 Nonodi
Mitw.	9	Fronf. Prim. Fel.	20 DÉCADI
Donstag	10	Onophirus	21 Primidi
Freytag	11	Barnabas	22 Duodi
Samst.	12	Basilides	23 Tridi
Sonnt.	13	Trinit. Felicula	24 Quartidi
Montag	14	Vallerius	25 Quintidi
Dienst.	15	Vitus Modest	26 Sextidi
Mitw.	16	Just. Aur. ● ob. ◡	27 Septidi
Donstag	17	Fronl. Paula Jgf.	28 Octodi
Freytag	18	Marcelliana	29 Nonodi
Samst.	19	Gervasius	30 DÉCADI
			MESSIDOR.
Sonnt.	20	1 Tr. Abigael	1 Primidi
Montag	21	Albanus	2 Duodi
Dienst.	22	10000 R. ☾	3 Tridi
Mitw.	23	Basilius ⊙ in ♋ l. T.	4 Quartidi.
Donstag	24	Joh. Täufer	5 Quintidi
Freytag	25	Eberhard	6 Sextidi
Samst.	26	Joh. Paul	7 Septidi
Sonnt.	27	2. 7 Schläfer	8 Octodi
Montag	28	Hortentia	9 Nonodi
Dienst.	29	Peter Paul ◠	10 DÉCADI
Mitw.	30	Pauli Ged. ○ ib.	11 Primidi

Tagslänge 15. Stund, 42. Minuten.

Heumonat.

MESSIDOR.
(Erndemonat.)

Donstag	1	Theobaldus	12 Duodi
Freytag	2	Maria Heims.	13 Tridi
Samst.	3	Cornelius	14 Quartidi
Sonnt.	4	3 Ulrich Bischof	15 Quintidi
Mont.	5	Anshelmus	16 Sextidi
Dienst.	6	Esaias	17 Septidi
Mitw.	7	Wilibaldus	18 Octodi
Donstag	8	Kilianus ☽	19 Nonodi
Freytag	9	Cyrillus	20 *Décadi*
Samst.	10	7 Brüder	21 Primidi
Sonnt.	11	4 Jahel, Rachel	22 Duodi
Montag	12	Lydia, Hermon	23 Tridi
Dienst.	13	Kaiser Heinrich	24 Quartidi
Mitw.	14	Bonaventura ◡	25 Quintidi
Donstag	15	Margar. ● 3 n.	26 Sextidi
Freytag	16	Hunds. Anf.	27 Septidi
Samst.	17	Alexius	28 Octodi
Sonnt.	18	5 Maternus	29 Nonodi
Montag	19	Rosina, Arnold	30 *Décadi*
			THERMID.
Dienst.	20	Elias Hartm.	1 Primidi
Mitw.	21	Dietegen ☾	2 Duodi
Donstag	22	Maria Magd.	3 Tridi
Freytag	23	Apolin. ☉ in ♌	4 Quartidi
Samst.	24	Christina	5 Quintidi
Sonnt.	25	6 Jacob Christ.	6 Sextidi
Montag	26	Anna	7 Septidi
Dienst.	27	Martha, Sara ◠	8 Octodi
Mitw.	28	Panthaleon	9 Nonodi
Donstag	29	Beatrix ○ 3 n.	10 *Décadi*
Freytag	30	Wilpert Jacobea	11 Primidi
Samst.	31	Germanus	12 Duodi

Tagslänge 14. Stund, 54. Minuten.

Augstmonat.

THERMIDOR.
(Wärmemonat.)

Sonnt.	1	7 Peteri Kett.	13 Tridi
Montag	2	Moses, Aaron	14 Quartidi
Dienstag	3	Steph. Erfind.	15 Quintidi
Mitw.	4	Justinus Jos.	16 Sextidi
Donstag	5	Oswald	17 Septidi
Freytag	6	Sixtus ☽	18 Octodi
Samst.	7	Afra, Zigonia	19 Nonodi
Sonnt.	8	8 Cyriacus	20 DÉCADI
Montag	9	Romanus	21 Primidi
Dienstag	10	Laurentius ◡	22 Duodi
Mitw.	11	Gottlieb	23 Tridi
Donstag	12	Paravici Clara	24 Quartidi
Freytag	13	Hypolitus ● 3 n.	25 Quintidi
Samst.	14	Samuel	26 Sextidi
Sonnt.	15	9 Mar. Himelf.	27 Septidi
Montag	16	Jodoch Roch.	28 Octodi
Dienst.	17	Romulus	29 Nonodi
Mitw.	18	Benjamin	30 DÉCADI
			FRUCTID.
Donstag	19	Sebaldus	1 Primidi
Freytag	20	Bernhardus ☾	2 Duodi
Samst.	21	Privatus	3 Tridi
Sonnt.	22	10 Adolph. ⊙ in	4 Quartidi
Montag	23	Zachäus ◠	5 Quintidi
Dienst.	24	Bartholomeus	6 Sextidi
Mitw.	25	Ludovicus	7 Septidi
Donstag	26	Genesius	8 Octodi
Freytag	27	Hundst. Ende	9 Nonodi
Samst.	28	Pelag. O7v. finst.	10 DÉCADI
Sonnt.	29	11 Joh. E. sichtb.	11 Primidi
Montag	30	Felix Priest.	12 Duodi
Dienst.	31	Rebecca	13 Tridi

Tagslänge 13. Stund, 16. Minuten.

Herbstmonat.

Fructidor. (Früchtemonat.)

Mitw.	1	Verena	14 Quartidi
Donstag	2	Emericus	15 Quintidi
Freytag	3	Theodosius	16 Sextidi
Samst.	4	Esther, Serap	17 Septidi
Sonnt.	5	12 Herculinus ☽	18 Octodi
Montag	6	Magnus	19 Nonodi
Dienstag	7	Regina	20 *Décadi*
Mitw.	8	Maria Geb.	21 Primidi
Donstag	9	Const. Kirchw.	22 Duodi
Freytag	10	Gorgonius	23 Tridi
Samst.	11	F. K. Er. ● 11 n	24 Quartidi
Sonnt.	12	13 Tobias fin. unf.	25 Quintidi
Montag	13	Achior Hector	26 Sextidi
Dienst.	14	✝ Erhöhung	27 Septidi
Mitw.	15	Fronf. Nicodem.	28 Octodi
Donstag	16	Lampertus	29 Nonodi
Freytag	17	Euphemia	30 *Décadi*
			Festtage.
Samst.	18	Fereolus ☾	1 Tugend
Sonnt.	19	14 Januarius	2 Genie
Montag	20	Fausta	3 Arbeit
Dienst.	21	Matheus	4 Meynung
Mitw.	22	Mauritius	5 Belohnung
			Vendem.
Donstag	23	Lin. Tec. ☉ in ♎ T.	1 Primidi
Freytag	24	Ropert. u. N. gl.	2 Duodi
Samst.	25	Cleophas	3 Tridi
Sonnt.	26	15 Cyprianus	4 Quartidi
Montag	27	Cosm. Dam. ○ ov.	5 Quintidi
Dienst.	28	Wenceslaus	6 Sextidi
Mitw.	29	Michael	7 Septidi
Donstag	30	Ursus Hieron.	8 Octodi

Tagslänge 11. Stund, 43. Minuten.

Weinmonat.

VENDEMIAIRE. (Weinlesemonat.)

Freytag.	1	Remigius	9 Nonodi
Samst.	2	Leodegarius	10 *Décadi*
Sonnt.	3	16 Lucretia	11 Primidi
Montag	4	Franciscus ☽	12 Duodi
Dienst.	5	Constans	13 Tridi
Mitw.	6	Angela	14 Quartidi
Donstag	7	Judith Seraph	15 Quintidi
Freytag	8	Amaley	16 Sextidi
Samst.	9	Dionysius	17 Septidi
Sonnt.	10	17 Gedeon	18 Octodi
Montag	11	Burkhard ● 8 v.	19 Nonodi
Dienst.	12	Wallfried	20 *Décadi*
Mitw.	13	Maximilian	21 Primidi
Donstag	14	Wilhelmina	22 Duodi
Freytag	15	Theresia	23 Tridi
Samst.	16	Gallus	24 Quartidi
Sonnt.	17	18 Lucina	25 Quintidi
Montag	18	Lucas Ev. ☾	26 Sextidi
Dienst.	19	Ptolomeus	27 Septidi
Mitw.	20	Wendelinus	28 Octodi
Donstag	21	Ursula	29 Nonodi
Freytag	22	Sever. Cord.	30 *Décadi*
			BRUMAIR.
Samst.	23	Severinus	1 Primidi
Sonnt.	24	19 Salome ☉ in	2 Duodi
Montag	25	Crispinus	3 Tridi
Dienst.	26	Amandus ○ 5 v.	4 Quartidi
Mitw.	27	Columbus	5 Quintidi
Donstag	28	Simon Judä	6 Sextidi
Freytag	29	Narcissus	7 Septidi
Samst.	30	Theonestus	8 Octodi
Sonnt.	31	20 Wolfgang.	9 Nonodi

Tagslänge 10. Stund, 10. Minuten.

Wintermonat.

BRUMAIRE.
(Nebelmonat.)

Montag	1	Aller Heiligen	10 *Décadi*
Dienst.	2	Aller Seelen	11 Primidi
Mitw.	3	Theophilus ☽	12 Duodi
Donstag	4	Sigismundus	13 Tridi
Freytag	5	Malachias	14 Quartidi
Samst.	6	Leonhardus	15 Quintidi
Sonnt.	7	21 Florentinus	16 Sextidi
Montag	8	4 Gekrönte	17 Septidi
Dienst.	9	Theodor. ● 7 n.	18 Octodi
Mitw.	10	Thaddeus	19 Nonodi
Donstag	11	Martin Bisch.	20 *Décadi*
Freytag	12	Arsotius	21 Primidi
Samst.	13	Brutius ◠	22 Duodi
Sonnt.	14	22 Friedericus	23 Tridi
Montag	15	Leopoldus	24 Quartidi
Dienst.	16	Othmarus	25 Quintidi
Mitw.	17	Casimirus ☾	26 Sextidi
Donstag	18	Eugenius	27 Septidi
Freytag	19	Elisabetha	28 Octodi
Samst.	20	Eduardus	29 Nonodi
Sonnt.	21	23 Maria Opf.	30 *Décadi*
			FRIMAIRE.
Montag	22	Cecilia	1 Primidi
Dienst.	23	Clemens ☉ in ♐	2 Duodi
Mitw.	24	Chrysogon	3 Tridi
Donstag	25	Catharina ○ 8 v.	4 Quartidi
Freytag	26	Conradus	5 Quintidi
Samst.	27	Jeremias ◡	6 Sextidi
Sonnt.	28	1 Adv. Geroldus	7 Septidi
Montag	29	Saturinus	8 Octodi
Dienstag	30	Andreas	9 Nonodi

Tagslänge 8. Stund, 35. Minuten.

Christmonat.

FRIMAIRE. (Reifmonat.)

Mitw.	1	Longinus	10 *Décadi*
Donstag	2	Candidus ☽	11 Primidi
Freytag	3	Caßianus	12 Duodi
Samst.	4	Barbara	13 Tridi
Sonnt.	5	2 Sabina	14 Quartidi
Montag	6	Nicolaus	15 Quintidi
Dienst.	7	Agathonius	16 Sextidi
Mitw.	8	Mariä Empf.	17 Septidi
Donstag	9	Joachim ● 8U.v.	18 Octodi
Freytag	10	Waltherus	19 Nonodi
Samst.	11	Damasius	20 *Décadi*
Sonnt.	12	3 Epimachus	21 Primidi
Montag	13	Jos Luc. Ott.	22 Duodi
Dienst.	14	Nicasius	23 Tridi
Mitw.	15	Fronf. Abr. Jsac	24 Quartidi
Donstag	16	Adelheit ☾	25 Quintidi
Freytag	17	Lazarus	26 Sextidi
Samst.	18	Wunibaldus	27 Septidi
Sonnt.	19	4 Nemesius	28 Octodi
Montag	20	Ursicinus	29 Nonodi
Dienst.	21	Thomas Apost.	30 *Décadi*
			NIVOSE.
Mitw.	22	Chyrid. ☉ in ♑ kürz.	1 Primidi
Donstag	23	Dagobertus Tag	2 Duodi
Freytag	24	Adam, Ev. ○ 10 u.	3 Tridi
Samst.	25	Christtag	4 Quartidi
Sonnt.	26	Stephanus	5 Quintidi
Montag	27	Joh. Evang.	6 Sextidi
Dienst.	28	Kindleintag	7 Septidi
Mitw.	29	Thomas Bischof	8 Octodi
Donstag	30	David	9 Nonodi
Freytag	31	Sylvester ☽	10 *Décadi*

Tagslänge 8. Stund, 18. Minuten.

I.

Die
helvetische Regierung.

A. Die Landammänner.

Erster: B. Aloys Reding, von Schweiz.
Zweyter: B. Albrecht Rengger, von Brugg.

B. Die Landsstatthalter.

Erster: B. G. Vinzenz Rütimann, v. Luzern.
Zweyter: B. Hs. Caspar Hirzel, von Zürich.

C. Der kleine Rath.

Nebst den zwey Landammännern und Landsstatthaltern.

Departement des Kriegswesens.

B. Conrad Escher, von Zürich.
— Carl Albr. Frisching, v. Rümligen v. Bern.

Departement der Finanzen.

B. Joh. Rudolf Dolder, von Meilen.

Departement der Inneren Angelegenheiten.

B. Heinrich Füßli, von Zürich.
— Amanz Gluz, von Solothurn.

Departement der Justiz und Polizey.

B. Friedrich Kuhn, von Bern.
— Jakob Schmidt, von Basel.

Erster Sekretair des kleinen Raths.

B. Marcus Mousson, gewes. Generalsekretair, von Morsee.

Erster Staatssekretair.

B. Thormann, gewes. Rathschreiber, v. Bern.

D. Der Senat.

(Nebst den zwey Landammännern, zwey Landsstatthaltern und sieben kleinen Räthen.)

B. Ludwig Bay, Exdirektor, von Bern.
— David Wyß, alt Unterschreiber v. Zürich.
— Krus, alt Schultheiß, von Luzern.
— Müller, alt Landammann von Urj.
— Fr. Ignaz Vonderflüe, von Unterwalden.
— Carl Franz Andermatt, Obrist von Zug.
— Zweifel, alt Landammann, von Glarus.
— Peter Franz Savary, Exvollz. R. v. Freyb.
— Franz Joseph Peter Lanther, Exkriegsminister, von Freyburg.
— Gysendörfer, Vater, von Basel.
— Pfister, alt Obereinnehmer, von Schaffhausen.
— Anton Joseph Mittelholzer, v. Appenzell.
— Zellweger, Sohn, von Appenzell.
— Baldinger, alt Untervogt, von Baden.
— Vinzenz Salis Sils, von Bündten.
— Anton Marcacci, von Locarno.
— Mauriz Zur Briggen, von Wallis.
— Desaussüre, vom Waadtlande.
— Pellis, vom Waadtlande.
— Joseph Anderwerth, aus dem Thurgau.

Untersekretair.

B. Huber, von Basel.
— Gerwer, von Bern.

Erster deutscher Sekretair des Senats.

B. Carl Wild, von Bern, gewes. Mitglied der Regierung.

Erster franz. Sekretair des Senats.

B. Joh. Franz Briatte, v. Lausanne.

II.

Die Regierungs-Statthalter

in den Cantonen.

Aargau.	B. Hünerwadel, v. Lenzburg.
Baden.	— Hans Jakob Scheuchzer, von Zürich.
Basel.	— Wieland.
Bellinzona.	— Sacki.
Bern.	— David Rudolf Bay.
Luzern.	— Gennhard.
Rhätien.	— Gengel.
Schwytz.	— Suter.
Sentis.	— Gschwend.
Solothurn.	— Amanz Glutz.
Unterwalden.	— Würsch.
Ury.	— Beroldingen.
Zug.	— Blattmann.
Zürich.	— Hans Reinhard.

Anhang 3

Petition an Karl Friedrich Reinhard, Minister der Französischen Republik in Bern, für eine Wiedervereinigung des Aargaus mit dem Kanton Bern (Mai/Juni 1801).

Die Unterschriftenbogen und zugehörige Dokumente liegen im Nachlass Goumoëns des Berner Staatsarchivs (Signatur 4.1.). Sie werden hier als augenfälliger Ausdruck der starken bernischen Tendenz im Kanton Aargau vor dem Aufstand von 1802 und als Quelle zur Schweizer Geschichte faksimiliert.

Notta.

der Addressen von Seiten der verschiedenen Gemeinden des Kantons Argau, die sich haltend den Wunsch um wieder mit dem Kanton Bern vereinigt zu werden.

	Bezirk Zofingen	Unterschriften.	
No 1.	Stadt Zofingen	132.	
	Kölliken	137.	
No 2.	Kirchleerau	48.	
	Moosleerau	55.	
No 3.	Reitnau	142.	
	Attelwyl	32.	
	Stafelbach	23.	
	Wyliberg	16.	
	Bottenwyl	70.	
	Uerkheim	37.	
	Hinterwyl	109.	
	Safenwyl	34.	845.
	Bezirk ~~Kulm~~ Arau		
No 4	Gränichen	182.	
No 5	Oberflachs	35.	
	Veltheim	43.	
No 6	Schinznacht	166.	
	Villnachern	58.	484.
	Bezirk Kulm		
No 7	Menziken	175.	
No 8	Schöftland	116.	
	Hirschthal	60.	351.
		Summa =	1680.

351
212
563

Bezirk Lenzburg. Unterschriften

No 9.	Hunzschwyl	78.	
No 10.	Ammerswyl	23.	
	Hendschiken	22.	
No 11.	Holderbank	32.	
	Möriken	18.	
No 12.	Dannwyl	54.	
	Fahrwangen	99.	
	Meisterschwanden	48.	
No 13.	Lenzburg (Stadt)	135.	509.

Bezirk Brugg.

No 14	Stadt Brugg	46.	
No 15	Windisch	80.	
	Altenburg	25.	
No 16	Rüfenacht	22.	
	Rein	13.	
No 17	Habsburg	28.	
	Schörtz	56.	
	Hausen	75.	345.
		per Transport.	1680
		Summa =	2534
18	Brunegg		212
			2746
19.	[illegible]		141
20	[illegible]		30.
20	[illegible]		40
21.	[illegible]		17
22	[illegible]		19
			2993

Bürger Minister

Seit einichen Jahrhundert ware der jezige Kanton Argau dem Kanton Bern underleibet, und wan dessen Einwohner schon als Underthanen angesehen wurden, so ware die Behandlung der Regierung nicht despotisch, nicht drükend, sondern war Vätterlich gerecht und klug. Der Wohlstand dieses Lands vor der Revolution ist ein hinlänglicher Beweis davon.

Bey der im Jahr 1798. ausgebrochenen Revolution wurde dieses Land dem Kanton Bern entrissen und zu einem eignen einverleibet, obschon vielleicht drey Viert dissen Einwohner diese Absönderung nicht gern gesehen, sondern gewünscht hätten dem Mutter Kanton einverleibet zu verbleiben, allein man müßte der Gewalt nachgeben, und sich hinein tragen. gedultig trugen wir die Einwohner dieses Kantons! alle die unzähligen Drangsalen, als undermeidliche Folgen der Revolution, ruhig und friedlich ware unser Betragen, Gehorsam gegen die Oberkeit, Befolgung der Gesetzen, Entrichtung der Abgaben, Zeichneten uns vielleicht vor vielen andern Kantonen aus, und diese Grundsätze werden bey uns immer die nemlichen seyn.

Da wir aber dem Zeitpunct nahe seyn sollen, wo eine neue Constitution unser Land wiederum aufrichten und beglüken, zugleich auch eine neue Eintheilung und Organisation der Kantonen statt haben solle.

Wan in diesem Augenblik, wir wiederum athmen dörfen. wan einem jeden Eidsbürger vergönt ist, seine Wünsche und Meinungen in so fern solche nicht gegen Ordnung und Gesetze streiten, laut werden lassen, so seye auch uns Bewohner deß Argaus erlaubt Ihnen Bürger Minister! unsern Wunsch und Verlangen

Verlangen vorzutragen, welches kurz dieses ist, daß unser Kanton Argau möchte aufgehoben, und wir wiedrum dem Mutter Kanton einverleibet werden.

Bürger Minister! Wir wollen die Gründe hier nicht einführen, warum wir diese Wiedervereinigung mit dem Kanton Bern sehnlich wünschen und verlangen, auch auf alle mögliche erlaubte Weise betreiben werden; solche wären zu weitläufig, und können ohnehin Ihrer Einsicht Bürger Minister! nicht entgehen.

Bürger Minister! Traurig waren Jammer Noth und Elend die unglücklichen Folgen der Revolution, aber wir wissen daß Sie Bürger Minister! durch Ihre stille Denkungsart noch viel Unglück und Jammer so uns hätte treffen sollen, von uns abgewehrt, zu diesen Wohlthaten thun Sie noch die vor uns so wesentlichste zu; daß Sie uns unseren heißen Wunsch der Wiedervereinigung mit dem Kanton Bern so viel an Ihnen ist, gewähren, und unsere sehnliche Bitte, da wo Sie solches thunlich und nöthig finden, mit Ihrem kräftigen Fürwort unterstützen, Wir und unsere Kinder werden Ihnen dafür danken, und Sie dafür segnen, genehmigen Sie übrigens Bürger Minister die Versicherung unserer Ehrfurcht und wahre Hochschätzung.

Von der Gemeind Zofingen.

Melchior Ried der Municipalität zu Zofingen	Johann Haller Kupferschmid
für mich und [illegible] im nahmen meiner drey [illegible] Söhnen [illegible]	Heinrich Hürlimann Schuster
Rudolf [illegible]	Johan Heinrich Ringger Specierer
Friedrich Zimmerli Rothgerber	Jacob Zürlinden im nahmen 3 Söhnen
Samuel Haller für mich und mein Nachkommen	David Sigfrid [illegible] Wirth samt 2. Söh.
Joh: Jacob [illegible] für mich und mein Nachkommen	Johan Jakob Bossard Pfister
Joh: Jacob Müller [illegible]	Beat Ludwig Hunkeler Pfister
[illegible]	Samuel Wagner [illegible]
Joh: Rudolf Müller	Emanuel Bossard Glaser.
[illegible]	

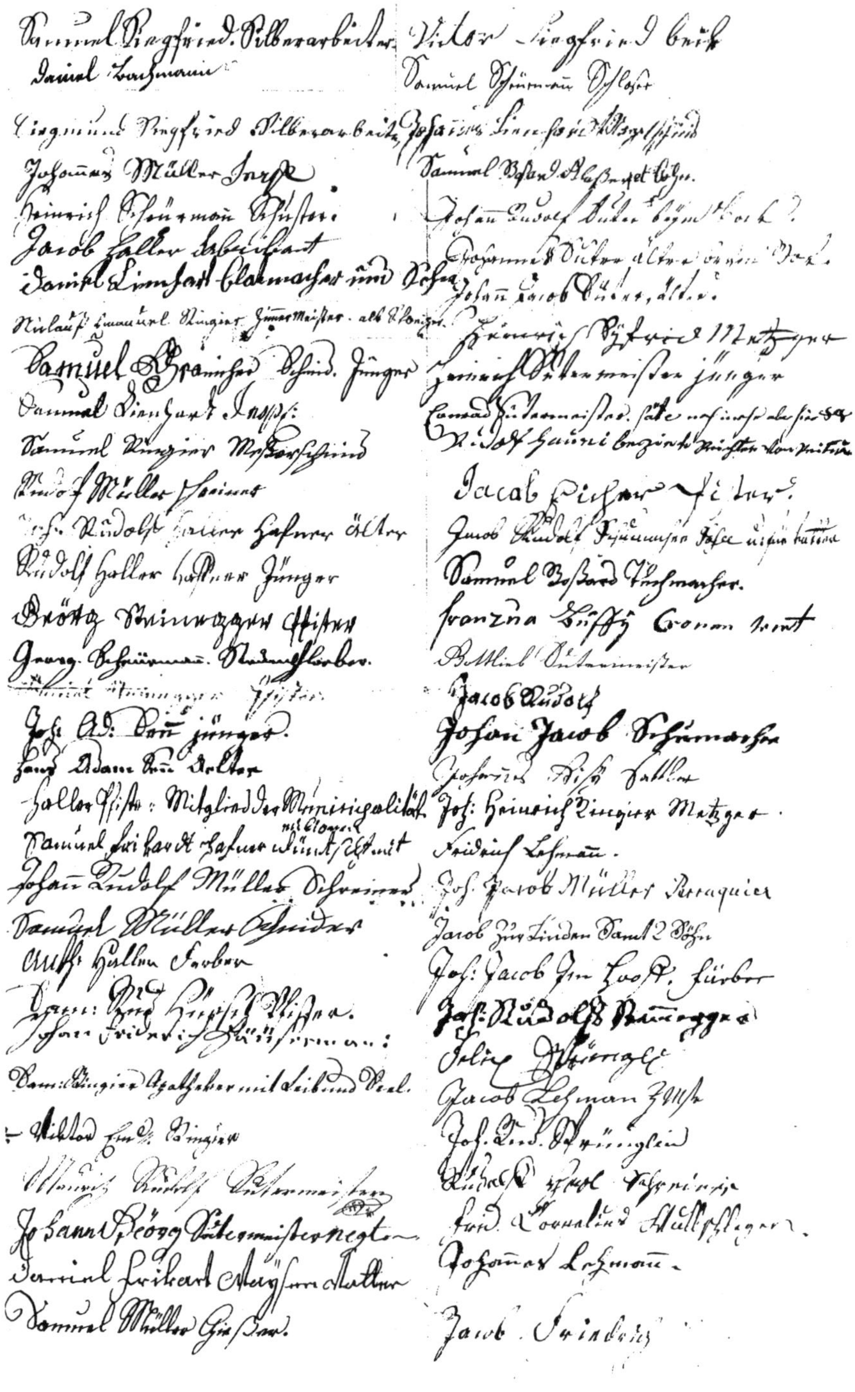
Samuel Siegfried Silberarbeiter
Daniel Lehmann
Sigmund Siegfried Silberarbeiter
Johannes Müller [illegible]
Heinrich Schürmann Schuster
Jacob Haller [illegible]
Daniel Lienhard Glasmacher und Sohn
Niklaus Emanuel Ringier Zimmermeister. alt Ringier
Samuel [illegible] Schmid. Jünger
Samuel Lienhard [illegible]
Samuel Ringier Messerschmid
Rudolf Müller [illegible]
Joh. Rudolf Haller Hafner älter
Rudolf Haller Hafner Jünger
[illegible] Pfister
Georg Schürmann Strumpfweber
[illegible] Pfister
Joh. Ad. Bau jünger
Hans Adam Bau Aelter
Haller Pfister: Mitglied der Munizipalität
Samuel Frikart Hafner [illegible]
Johan Rudolf Müller Schreiner
Samuel Müller Schneider
Rud. Haller Färber
Sam: Rud. [illegible] Pfister
Johan Friedrich [illegible]
Sam. Ringier [illegible] mit Leib und Seel.
Niklaus [illegible] Ringier
Moritz Rudolf Sutermeister
Johann Georg Sutermeister [illegible]
Daniel Frikart [illegible]
Samuel Müller Gießer.
Viktor Siegfried [illegible]
Samuel Schürmann Schlosser
Johannes [illegible]
Samuel Bossard [illegible]
Johan Rudolf Suter [illegible]
Johannes Suter [illegible]
Johan Jacob Suter, älter.
Heinrich Siegfried Metzger
Heinrich Sutermeister jünger
Conrad Sutermeister [illegible]
Rudolf Hauri Bezirksrichter [illegible]
Jacob Fischer [illegible]
Jacob Rudolf Schürmann [illegible]
Samuel Bossard Tuchmacher.
Franz [illegible] Cronen Wirt
[illegible] Sutermeister
Jacob Rudolf
Johan Jacob Schumacher
Johannes [illegible] Sattler
Joh: Heinrich Ringier Metzger.
Friedrich Lehmann.
Joh. Jacob Müller Perruquier
Jacob Zur Linden [illegible] Sohn
Joh: Jacob Im Hoof. Färber
Joh. Rudolph [illegible]
Felix [illegible]
Jacob Lehmann [illegible]
Joh. Rud. [illegible]
Rudolf [illegible]
[illegible] Müllschlager
Johannes Lehmann.
Jacob Friedrich

Müller Kupferschmid
Jacob Reimer
Jacob Ringier Maler
Friedrich Ringier Schneider
Samuel Müllschlegel [illegible]
[illegible] Bäu [illegible]
Johan Jacob Hürsch [illegible]
Johannes Rinderknecht
Johannes Schauenberg
~~[illegible]~~
~~[illegible]~~
Abraham Siegfrid mahler
Johannes Bär Metzger
Joh: Jacob Ringier, Metzger!
Rudolf Ringier, Metzger;
[illegible] Metzger
Joh: [illegible]
Johannes Lang [illegible]
Heinrich Hool jünger
Jacob Käser Hutter
Jacob Hunkeler Bieger
2 Johannes Häusermann Kupferschmid
und Sohn
Heinrich Bräuchler
Samuel Zurlinden Schuster
Albrecht Ringier
Johannes Sollenberger
Rüetsch [illegible] mein
Bruder Rudolf Rüetsch.

J: Jacob Baller Gärtner
Jacob Müller [illegible]
Samuel Mühlschlegel [illegible]
Rudolf Müller Nagler
Johannes Müller Schuster
Samuel Salchli Alt Schultheiß
Samuel Dürrmeister Alt [illegible]
Johannes und Rudolf Zimmerli
6 3. Gebrüder Mühlschlegel

No 1.
Distrikt Zofingen
Zofingen — 132 Stimmen
Kölliken — 137.

Die Bewohner des Kantons Argau

an

den Bürger Reinhard, Minister der fränkischen Republik bey der Helvetischen in Bern.

Bürger Minister!

In dem von dem ersten Consul durch Sie unserer Regierung mitgetheilten Constitutions-Entwurfe, ist es für die Bewohner des untern Argäus auffallend gewesen, daß ihre Gegend, mit der ehmaligen Grafschaft Baden, den so genannten Freyämtern, und einem Theil des Frickthals einen Kanton ausmachen sollen.

Sie fühlen sich geneigt von ihrem mächtigen Verbündeten zu erwarten, daß wenn sich dieser bemühen ihr Vaterland mit einer festen und bleibenden Verfassung zu beglücken, Sie bey dem Entwurfe derselben auch auf die Bedürfnisse, die Gewohnheiten, die Wünsche und den wahren Vortheil der verschiedenen Landschaften, aus welchen die Helvetische Republik besteht, Rücksicht nehmen werden.

Desto befremdender und schmerzender muß es ihnen vorkommen, sich einzig von einem Kanton getrennt zu sehen, von welchem sie seit bald 400 Jahren einen Bestandtheil ausgemacht haben. Wann schon dessen Bewohner als Unterthanen angesehen wurden, so war die Behandlung der Regierung nicht despotisch, nicht drückend, sondern wahrhaft väterlich, gerecht und klug. Der Wohlstand dieses Lands vor der Revolution ist ein hinlänglicher Beweis davon.

Freylich wurden sie schon bey der im Jahr 1798 ausgebrochenen Revolution von demselben abgerissen. Allein die Umstände, welche die Veranlassung dazu gaben, waren von einer solchen Natur, daß kein guter Bürger wünschen darf, das Product derselben, diese Trennung, durch eine gesezliche Verfügung verewiget zu sehen.

Indessen trugen wir die Bewohner dieses Kantons die unzählichen Beschwerden, und Drangsalen als unvermeidliche Folgen der Revolution ruhig und gelassen; freudig war unser Betragen.
Befolgung der Gesezen, Entrichtung aller Abgaben zeichneten uns vortheilhaft von vielen andern Kantonen aus.

Wenn wir uns den Zeitpunkt nahe vorzustellen, wo es um eine neue Constitution, und neue Eintheilung der Schweiz in gewisse Kantonen zu thun ist, wenn selbst der 11te Artikel des in Luneville abgeschlossenen Friedens Tractat das Schweizervolk zu berechtigen scheint, zu seiner künftigen Organisation mitzuwirken, so wird es auch den Einwohnern des sogenannten Argäus erlaubt seyn Ihnen Bürger Minister nach dem Beyspiel der kleinen Kantonen ihr Verlangen und ihre sehnlichsten Wünsche, welche im Wesentlichsten dahin gehen: dass sie wiederum dem Mutter Kanton möchten einverleibt werden, vorzulegen.

Ohne uns mit weitläufiger Anführung der Gründe, die Ihnen nicht ganz unbekannt seyn können, abzugeben, können wir doch das nicht mit Stillschweigen übergehen, dass dankbare Erinnerungen uns an den Kanton Bern knüpfen, und dass wir in unserem Wohlstand, so wie er vor der Revolution war, in der Bevölkerung unsers Landes, in der Cultur desselben, und in dem Glücke aller Arten von Gewerben, die Hofnung begründet zu finden, in Vereinigung mit dem Kanton Bern unter einer bessern Verwaltung zu stehen, als wenn wir eine eigene Verwaltung ausmachen, oder mit andern sollten verschmolzen werden.

Die Bewohner des untern Argaus glauben sich durch die erlittenen Drangsalen des Kriegs: und durch die grossen, und mit ihrer Bevölkerung in keinem Verhältniss stehenden Opfern, auch einiche Ansprüche auf diejenige Achtung erworben zu haben, welche der erste Consul den ehmaligen kleinen Kantonen durch ihre Wiederherstellung bewiesen hat.

Wir rufen also Bürger Minister, da wir Ihre edle Denkungsart kennen, Ihre gütige und nachdruckvolle Verwendung an, dass bey der neuen Eintheilung Helvetiens der untere Argau wieder mit dem Kanton Bern, dessen Bestandtheil er ehmals ausmachte, wiederum möchte vereinigt werden.

Wir hoffen und zweifeln um so weniger bey Ihnen Bürger Minister künftige Vermittlung und gütige Unterstützung zu finden, da wir Sie schon bey so manchen Anlässen, auf die edelste und nachdrucksvollste Weise für das Wohl unsers Vaterlands verwendeten.

Unsere durch diese neue Wohlthat noch mehr gerührte, und dankvolle Herzen, werden nicht aufhören, für Sie die besten Segnungen des Himmels zu erflehen.

Genehmigen Sie übrigens Bürger Minister die Versicherungen unserer allseitigen Ehrfurcht und wahren Hochachtung.

Kirchlerau Jacob Hunziker
Municipalitäts President
Kirchlerau Jacob Hunziker Munizipal
Kirchlerau Samuel Hunziker Munizipal
Kirchlerau Jacob Hunziker Munizipal
Kirchlerau Jacob Hunziker President gemeinen Kammer
Kirchlerau Jacob Hunziker gemeinds Kammer
Kirchlerau Hansrudi Hunziker gemeinds Kammer
Kirchlerau Heinrich Hunziker gemeinds Kammer

Kirchlerau Samuel Hunziker
Kirchlerau Jacob Müller
Kirchlerau [illegible]
Kirchlerau Hansrudi Hunziker
Kirchlerau Melchior Hun[ziker]
Kirchlerau Jacob Balliger
Kirchlerau Christen Bumbarger
Kirchlerau Jacob Hunziker
Kirchlerau Rudolf Hunziker

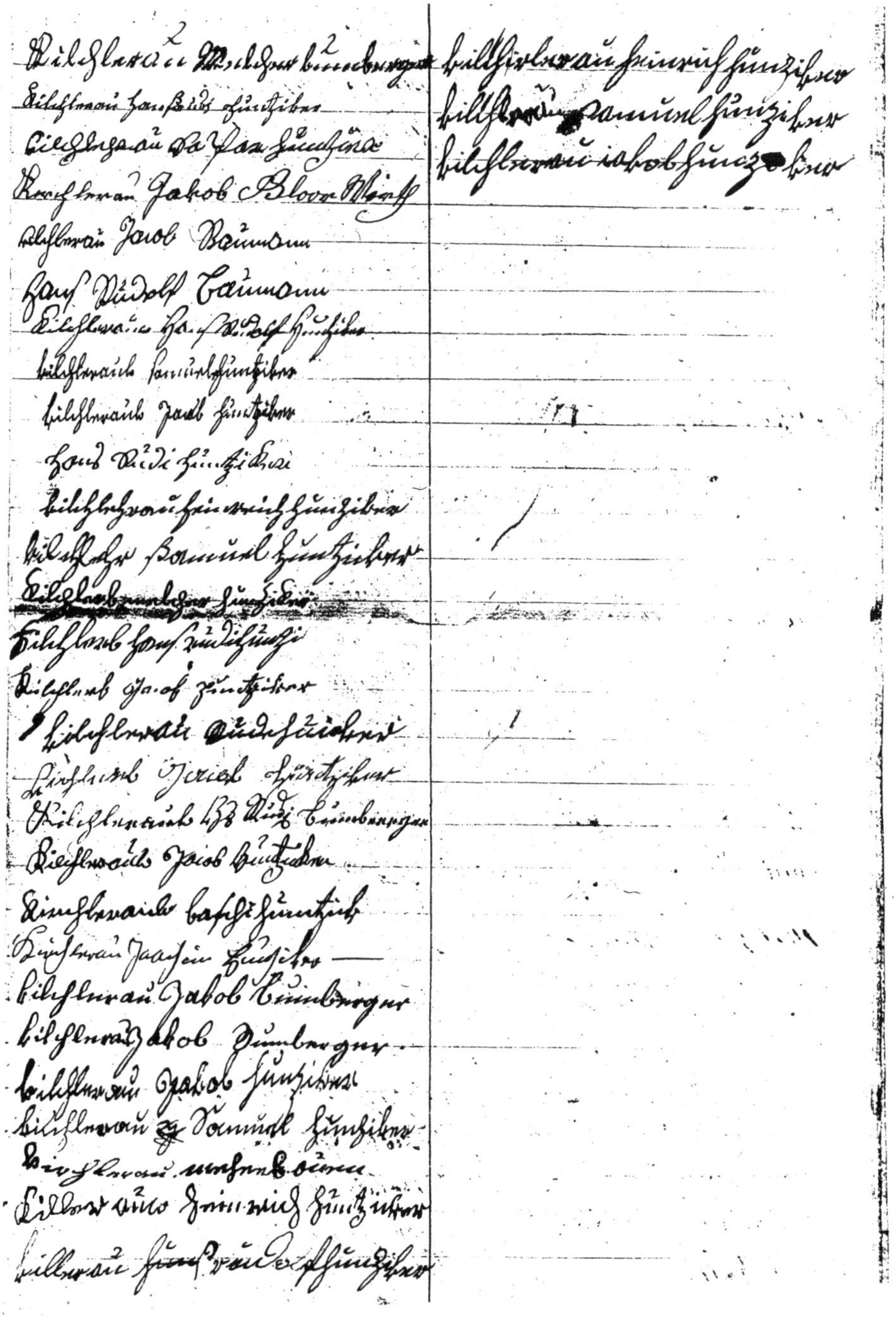

Underschriften der Gemeind Bürgern der Gemeinde Mooßleerau

Jacob Steiner Munizipal
Melcher Hunziker Munizipal
Joh. Rudolf Henry Suplent
Rudolf Schärli
Caspar Hüselman Weibel
Heinrich Hoffmann
Samuel Hächler
Jacob Lüscher
Hans Hunziker Koller
Heinrich Hunziker
Samuel Maurer
Jacob Hunziker
Friedrich Hunziker
Rudolf Hunziker
Jacob Hochstrasser
Rudolf Hunziker
Hans Lüscher
Hans Rudolf Hoffmann
Melcher Lüscher
Hans Rudi Hunziker
Samuel Eichenberger
Hs. Rudi Hunziker
Hans [illegible] Steiner
Samuel Hächler
Samuel Hunziker
~~Hans Rudi Hunziker~~
Heinrich Haller

Hans Rudolf Lüscher
Melcher Hunziker
Jacob Hunziker
Samuel Hüselman
Jacob Hüselman
Hartman Hunziker
Heinrich Hüselmann
Rudolf Lüscher
Samuel Lüscher
Jacob Bürgi
Caspar Hüselmann
Rudolf Hunziker
Hs. Rudi Lüscher
[illegible] Hunziker
Jacob Hunziker
Hs. Rudolf Hunziker
Hs. Rudolf Hüselman
Samuel Lüscher
Heinrich Lüscher
Samuel Lüscher
Hs. Rudi Hunziker
Samuel Lüscher
Jacob Hunziker
Caspar Hüselman
Jacob Hüselmann
Melcher Lüscher
Jacob Hächler
Hans Rudi Hächler

No 2.

District Zofingen

[illegible] —— [illegible]

[illegible] —— 53

Die Einwohner des Cantons Aargau
an
den Bürger Reinhard Minister der
fränkischen Republick in Bern.

Bürger Minister!

Bey dem von dem ersten Consul durch die unsere Regierung mitgetheilten Constitutions Entwurfe ist es für die Einwohner des untern Aargaus auffallend gewesen, daß ihre Gegend mit der ehemaligen Grafschaft Baden, den sogenannten Freyämtern, und einem Theil des Frickthals einen Canton ausmachen sollen.

Sie fühlen sich geneigt von ihren mächtigen Verbündeten zu erwarten, daß wenn sich diese bemühen ihr Vaterland mit einer festen, und bleibenden Verfaßung zu beglücken, sie bey dem Entwurfe derselben auch auf die Bedürfniße die Gewohnheiten die Wünsche und den wahren Vortheil der verschiedenen Landschaften, aus welchen die helvetische Republick besteht, Rücksicht nehmen werden.

Desto befremdender, und schmerzhafter muß es ihnen vorkommen, sich nächstens von einem Canton getrennt zu sehen, von welchem sie seit bald 400. Jahren einen Bestandtheil ausgemacht haben; Wann schon dessen Einwohner als Unterthanen angesehen wurden, so war die Behandlung der Regierung nicht desbotisch, nicht drückend, sondern wahre väterlich, gerecht, und klug. Der Wohlstand dieses Lands vor der Revolution

ist

stein hinlänglicher Beweis haben.
Freylich wurden sie schon bey der im Jahr 1798. an-
gebrochenen Revolution von demselben abgeriß
Allein die Umstände, welche die Veranlaßung dazu
gaben, waren von einer solchen Natur, daß kein guter Bürger wünschen darf, das Product derselben,
durch eine gesetzliche Verfügung, diese Trennung ver-
ewigt zu sehen.
Indeßen trugen wir die Bewohner dieses Cantons
die unzähligen Beschwerden, und Drangsalen als
unvermeidliche Folgen der Revolution ruhig und
gelaßen; friedlich war unser Betragen;
Befolgung der Gesetzen; Entrichtung aller Abgab
zeichneten Uns vor vielen andern Cantonen aus.
Wann wir nun den Zeitpunkt nahe sehen sollen
wo es um eine neue Constitution, und neue Einth
lung der Schweiz in gewißen Cantonen zu thun ist
wann selbst der 11te Artikel des in Luneville ge-
schloßenen Friedens Tractat das Schweizervolk
zu berechtigen scheint, zu seiner künftigen Organisation mitzuwirken, so wird es auch den Einwoh
des sogenannten Argäues erlaubt seyn Ihnen
Bürger Minister nach dem Beyspiel der [illegible]
Cantonen ihr Verlangen, und ihre sehnlichste
Wünsche, welche im Wesentlichsten dahin geh
daß sie wiederum dem Mutter Canton wie
einverleibet werden, vorzulegen.
Ohne uns mit weitläufiger Anführung de
den, die Ihnen nicht ganz unbekannt seyn
abzugeben, können wir doch das nicht mit S
gen übergehen, daß dankbare Erinner
an den Canton Bern knüpfen, und daß

unseren Wohlstand, so wie er vor der Revolution war, in der Bevölkerung unsers Landes, in der Cultur der Felder, und in dem Blühen aller Arten von Gewerben, die Hofnung begründet zu finden, in Vereinigung mit dem Canton Bern unter einer bessern Verwaltung zu stehen, als wenn wir eine eigene Verwaltung ausmachen, oder mit andern sollten verschmolzen werden.

Die Bewohner des untern Argäus glauben sich durch die erlittenen Drangsalen des Kriegs, und durch die großen, und mit ihrer Bevölkerung in keinem Verhältniß stehenden Opferen, auch einiche Ansprüche auf diejenige Achtung erworben zu haben, welche der erste Consul den ehemaligen kleinen Cantonen durch ihre Wiederherstellung bewiesen hat.

Wir rufen also Bürger Minister, da wir ihre edle Denkungsart kennen, Ihre gütige und nachdrucksvolle Verwendung an, daß bey der neuen Eintheilung Helvetiens das untere Aargau wieder mit dem Canton Bern, dessen Bestandtheil es ehemals ausmachte, wiederum möchte vereiniget werden.

Wir hoffen und zweifflen umso weniger bey Ihnen Bürger Minister kräfftige Vermittlung und gütige Unterstützung zu finden, da Sie sich schon bey so manchen Anläßen, auf die edelste und Nachdrucksvollste Weise für das Wohl unsers Vaterlands verwendeten.

Unseren durch diese neue Wohlthat noch mehr

ge

// gerührte und dankvolle Herzen, werden nicht aufhören, für Sie die besten Segnungen des Himels zu erflehen.

Genehmigen Sie übrigens Bürger Minister die Versicherungen unserer allseitigen Ehrfurcht und wahrer Hochachtung.

Gemeinde Reitnau	Heinrich Häfliger
Jacob Bräuntli damaliger Munizipalitäts President	Heinrich Bautschi –
Rudolf Hochulli –	Jacob Hablützel
Heinrich Hauri	Heinrich Bautschi
Jacob Müller	Jacob Müller
Rudolf Hauri bezirksrichter	Samuel Müller
Rudolf Müller Chirurgus	Melcher Hochulli
Jacob Häfliger Munizipal beamter	Hs Jakob Wolf
	Hans Läuchli
Rudolf Kaiser Munizipal beamter	Samuel Läuchli
	Rudolf Müller
Melcher Hauri Munizipalbeamter	Jacob Müller
Caspar Hauri Munizipal	Heinrich Müller
Melcher Hablützel –	Samuel Müller
Jacob Läuchli	Ulrich Müller
Caspar Kaiser	Hans Jakob Häfliger
Heinrich Häfliger	Johannes Lehman
Jacob Läuchli	Hans Lehman
Jakob Hauri	Bernhart Ernst
Heinrich Häfliger	Johannes [illegible]
Jacob Hauri	Jacob Hochulli –
Rudolf Bräuntli	Melcher Hauri
Hans Steiner	Hs Ulrich Häfliger
Jacob Hochulli	Heinrich Hochulli
Rudolf Häfliger	Rudolf Hauri
Melcher Läuchli	Heinrich Hauri
Rudolf Hägli	Hans Rudolf Hablützel

Hanss Baumann
Jacob Baumann
Heinrich Elsässer
Jacob Lehmann
Rudolf Lehmann
Melcher Hochüli
Heinrich Hochüli
Rudolf Müller
Jacob Hunziker
Heinrich Keiser
Rudolf Keiser
Caspar Keiser
Hans Hauri
Heinrich Hauri
Heinrich Baumann
Jacob Bründli
Hans Bründli
Heinrich Bründli
Heinrich Hauri
Jacob Baumann
Rudolf Hauri
Heinrich Müller
Rudolf Müller
Hans Baumann
Jacob Hochüllij
Hans Hüfligen
Christen Hüfligen
Heinrich Hüfligen
Hs. Ullij Hüfligen
Melcher Hüfligen
Hs. Jacob Müller
Melcher Müller
Jacob Keiser
Jacob Hochüli
Caspar Hochüli
Jacob Hauri
Rudolf Hochülli
Baschi Steiner

Hans Jacob Steiner
Heinrich Steiner
Uli Müller
Hans Jacob Müller
Jacob Hochüli
Jacob Keiser
Heinrich Hunziker
Melcher Hochülli
Caspar Hochülli
Melcher Hochülli
Jacob Hauri
Hans Jacob Hochüli
Melcher Hochüli
Hans Hochüli an [illegible] und [illegible]
Melcher an [illegible]
Hans Lehmann
Jacob Baumann
Hans Keiser
Ulrich Hochüli
Melcher Hauri
Hans Hunziker
Samuel Hunziker
Hans Rudolf Hüfligen
Hans Hüfligen
Hans Hüfligen
Jacob Lehmann
Jacob Hunziker
Hans Hochstrasser
Rudolf Hochstrasser
Heinrich Fischer
Melcher Fischer
Hans Baumann
Jacob Oler
Rudolf Hochüli
Melcher Hochüli
Heinrich Hochüli
Jacob Hauri

Rudolf baumann
Heinrich müller
Rudolf müller
Rudolf baumann
Felix Weimer
Sohn. Felix Weimer
Hans Häfliger
Hr: Jacob Christen
Heinrich Christen
Jacob Brändli
Caspar Christen
Hr: Jacob Kaufman
Rudolf Hauri
Samuel Hunziker
Ulrich Lüthj
Heinrich Lüthj Sohn.
Summa 142. Bürger

Gemeind Attelwill
Melchior Müngenthaler damals President.
Caspar Maurer
Heinrich Müngenthaler
Hanß Bauman
Heinrich bauman
Heinrich Müngendaler
Jacob Maurer
Hr. Jacob Maurer
Heinrich Müngenthaler [illegible]
Jacob bauman
Melcher Müngendaler
Jacob Müngendaler
Rudolf Maurer
Jacob Müngenthaler

Heinrich Müngendaler
Jacob Müller
Hans Müngendahler
Jacob Hauri
Felix Müngendahler
Jacob Müngendahler
Jacob Müngendahler Philip
Melchior Baumann
Melcher Maurer
Jacob Baumann
Samuel Bühler
Rudolf Zimmerly
Johannes Baumann
Heinrich Baumann
Jacob Müngenthaler
Hans Coni
Jacob Müngendaller
Jacob Maurer
Summa 32. Bürger

Von der Gemeind Staffelbach

~~H. Heinrich Hauri Munizipalitet preside zu Staffelbach~~

Hans Rudolf Dättwiler Munizipall zu Staffelbach

~~Rudolf Rich munizipal~~

Jakob Dätwyler Supliant von der Munizipalitet Staffelbach

Heinrich Bolliger schreiber von Staffelbach

Rudolf Graber

Rudolf Dättwiller

Hans Dättwiller

Hr Rudolf Hunziker Schulmeister alda

Hans Rudolf Hunziker

Jakob Hunziker

Caspar Bolliger Krämer

Heinrich Hunziker Schneider

Heinrich Hunziker

Hans [illegible] weiller

Johannes Hunziker Krämer

~~Caspar Rich~~

Melcher Hunziker

Johannes Hunziker

Heinrich Dätweiler

Hans Rudolf [illegible]

Jacob Dätwiller

Jacob Hunziker

Gemeinde Wiliberg

Hans Müller

Johannes Lüscher

Jacob Müller

Hans Rudj Müller

Samuel Müller

Melchior Müller

Jacob Müller

Caspar Müller

Heinrich Müller

Samuel Müller

Heinrich Müller

Heinrich Müller

Samuel Müller

Hans Jakob Müller

Heinrich Müller

Heinrich Lüscher

Bernund Bottenwil.

Melcher Föllman
Bernhardt Föllman
Rychardt Bachman
Jacob Bachman
Mauritz Bachman
Jacob Bachman
Hanss Bilman
Mauritz Bachman
Melcher Bachman
Mauritz Bauman
Jochen Bauman
Melcher Bachman
Jacob Bachman Schulmeister
Simon Bachman
Jacob Bauman
Simon Bachman
Mauritz Bauman
Rudolff Bachman
Mauritz Bachman
Jacob Bachman
Jacob König
Rudolff König
Melcher König
2 Son
Simon König
Samuel König
Jacob Graber
Uoli Graber
Caspar Graber
Wilhelm Graber
Melcher Graber

Melcher Graber
Jacob Gärber
Hans Graber
Mauritz Bachman
3. Söhn.
Caspar Schmidt
Johannes Bassler
Hans Bassler
Simon Bassler
Daniel Kirchmer
Jacob Bachman
Mauritz Bachman
Mauritz Bachman
Caspar Graber
Caspar Lüscher
Caspar Bachman
Ulrich Bachman
Heinrich Döttweiler
Daniel Döttweiler
Jacob Döttweiler
Simon Bassler
Jacob Bassler
Abraham Fretz
Hanss Bachman
Heinrich Jacob Schärer
Hans Bauman
Jacob Föllman
Hans Fretz

Jacob Bachman

Martj Bachman

Hans Jacob Basler

Melcher Schnitzer

Jacob Schnitzer

Hans Schnitzer

Simon Hüttman

Bernhart Hüttman Jung

Jacob Baßler
Samuel Linnhart
Melchior Linnhart
Jacob Linnhart
Hans Rudi Matter
Samuel Matter
Hans Baßler
Hans Rudolf Müller
Caspar Fischer
[illegible] Fischer
Hans Jacob Moßer
Samuel Sternbach
Melchior Sternbach
Ulli Sternbach
Peter Sternbach
Simon Bäni
Hans Rudi Bäni

Jacob Hürtzeler
Rudolf Hürtzeler
Melchior Bäni
Simon Bäni
Hans Bäni
Hans Jacob Bäni
Moritz Äli
Jacob Wältj
Melchior Schenk
Melchior Graber
Hans Baßler
Hans Schenk
Rudolf Schenk
Caspar Schenk
Caspar
David Nötiger

Jacob Nötiger
Hans Nötiger
Samuel Nötiger
Melchior Nötiger
Caspar Graber
Jacob Hürtzeler
Walter Baßler
Melchior Schenk
Jacob Bäni
Ulli Wilhelm
Melchior Nötiger
Jacob Nötiger
Samuel Hürtzeler
David Nötiger
Jacob [illegible]
Hans Fischer
Samuel Hürtzeler
Rudolf Nötiger
Rudolf Schenk
Jacob Schenk

145

Hinrich Hoffman
Hans Bachmann
Melchior Bäni
Jacob Bäni
Caspar Nötiger
Melchior Nötiger
Rudolf Nötiger
Jacob Bäni
Hans Jacob Moßer
Jacob Martin
Melchior Martin
Caspar Schenk
Rudolf Schlag
Abraham [illegible]
[illegible]
[illegible]
Jacob [illegible]

~~Abschrift~~

2 Nach der Schrifft der Sedition der
Bürgeren der gemein Safenweill

Ich Melcher Hilfiker alt Ammann	Ich Samuel Wilhelm
Jacob Clauß alt Statthalter	
Moy Jonas husi Signe est trois fis	
Ich Hans Jacob Hüssy	
Ich Samuel Wilhelm	
Ich Rudolf Wilhelm	
Ich Heinrich Wilhelm	
Ullrich Wilhelm	
Johannß Wilhelm	
Ich der Rudolff Wilhelm Heinrichs Sohn	
Bernhart Dürrwächter	
Ich Jacob Schürmann	
Bernhart Dürrwächter Elter	
~~Johannes Schürman~~	
Daniel Gaut	
Jacob Schürman	
Samuel Wilhelm Schulmeister.	
Ich Jacob Wilhelm	
Hans Jacob Hüssy	
Ich Hans mater	
Ich abraham Hilfiker	
Ich Hans Jacob Weillem	
Ich Jacob Hilfiker	
Ich Rudolf Zimmerli	
Jacob Zimmerli	
Jakob Hilfiker Hammerschmid Chor Richter	
Hanß Jacob Wilhelm	
Hanß Ullrich Wilhelm	
Hanß Rudolff Wilhelm	

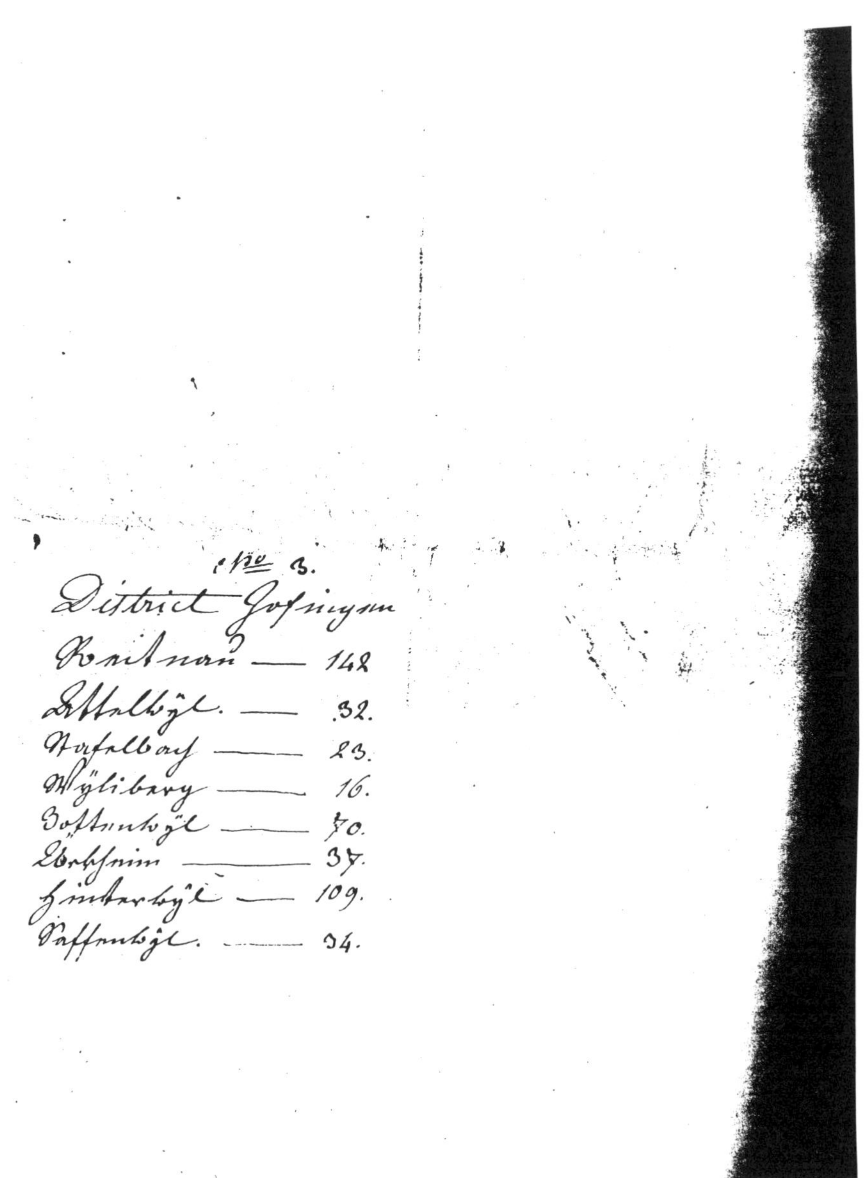

No 3.

District Zofingen

Reitnau	142
Attelwyl.	32.
Staffelbach	23.
Wyliberg	16.
Bottenwyl	70.
Uerkheim	37.
Hinterwyl	109.
Saffenwyl.	34.

Die Einwohner des Kantons Argau

an

den Bürger Reinhard Minister der fränkischen Republik bey der helvetischen in Bern.

Bürger Minister!

In dem von dem ersten Consul durch die unsere Regierung mitgetheilten Constitutions-Entwurfe, ist es für die Einwohner des untern Argäu auffallend gewesen, daß ihre Gegend mit der ehemaligen Graffschaft Baden, den so genannten Freyämtern, und einem Theil des Frickthals einen Kanton ausmachen sollen.

Sie fühlen sich geneigt von ihren mächtigen Verbündeten zu erwarten, daß wenn sich diese bemühen ihr Vaterland mit einer festen und bleibenden Verfassung zu beglücken, sie bey dem Entwurfe derselben auch auf die Bedürfnisse, die Gewohnheiten, die Wünsche und den bessern Vortheil der verschiedenen Landschaften, aus welchen die helvetische Republik besteht, Rücksicht nehmen werden.

Desto befremdender und schmerzender muß es ihnen vorkommen, sich einzig von einem Kanton getrennt zu sehen, von welchem sie seit bald 400 Jahren einen Bestandtheil ausgemacht haben. Wann schon dessen Einwohner als Unterthanen angesehen wurden, so ware die Behandlung der Regierung nicht despotisch, nicht drückend, sondern vielmehr väterlich gerecht und klug. Der Wohlstand dieses Lands vor der Revolution ist ein hinlänglicher Beweis davon.

Anfänglich wurden sie schon bey der im Jahr 1798. ausgebrochenen Revolution von demselben abgerissen. Allein die Umstände, welche die Veranlassung dazu gaben, waren von einer solchen Natur, daß kein guter Bürger wünschen darf, das Product derselben, diese Trennung, durch eine gesetzliche Verfügung bekräftigt zu sehen.

Indessen trugen wir die Einwohner dieses Kantons die unzähligen Beschwerden und Drangsalen als unvermeidliche Folgen der Revolution ruhig und gelassen, friedlich war unser Betragen, Befolgung der Gesetzen, Entrichtung aller Abgaben zeichneten uns vorzüglich vor vielen andern Kantonen aus.

Wann

Wenn Sie nun dem Zeitpunkt nahe seyn sollen, wo es um eine neue Constitution, und neue Eintheilung der Schweiz in gewisse Kantonen zu thun ist, wenn selbst der 11te Artikel des in Luneville abgeschlossenen Frieden Tractat das Schweizervolk zu berechtigen scheint, zu seiner künftigen Organisation mitzuwirken, so wird es auch den Einwohnern des so genannten Argäues erlaubt seyn Ihnen Bürger Minister nach dem Beyspiel der kleinen Kantonen ihr Verlangen und ihre sehnlichsten Wünsche, welche im Wesentlichsten dahin gehen daß sie wiederum dem Berner Kanton möchten einverleibet werden, vorzulegen.

Ohne uns mit weitläufigen Anführung der Gründen, die Ihnen nicht ganz unbekannt seyn können, abzugeben, können wir doch das nicht mit Stillschweigen übergehen, daß dankbare Erinnerungen uns an den Kanton Bern hinziehen, und daß wir in unserem Wohlstand, so wie er vor der Revolution war, in der Verbesserung unsers Landes, in der Cultur desselben, und in dem Blühen aller Arten von Gewerben, die Hofnung begünstiget zu finden, in Vereinigung mit dem Kanton Bern unter einer bessern Verwaltung zu stehen, als wenn wir eine eigene Verwaltung aus machen, oder mit andern sollten verschmolzen werden.

Die Bewohner des untern Argäues glauben sich durch die erlittenen Drangsalen des Kriegs, und durch die grossen, und mit ihren Vermögen in keinem Verhältniß stehenden Opfern, auch einiche Ansprüche auf diejenige Achtung erworben zu haben, welche der erste Consul den ehemaligen kleinen Kantonen durch ihre Wiederherstellung bewiesen hat. Wir rufen also Bürger Minister, da wir Ihre edle Denkungsart kennen, Ihre gütige und Nachdrucksvolle Verwendung an, daß bey der neuen Eintheilung Helvetiens das untere Argau wieder mit dem Kanton Bern, dessen Bestandtheil es ehemals ausmachte, wiederum möchte vereiniget werden.

Wir hoffen und zweiflen um so weniger bey Ihnen Bürger Minister kräftige Vermittlung und gütige Unterstützung zu finden, da Sie sich schon bey so manchen Anlässen, auf die edelste und Nachdrucksvolleste Weise für das Wohl unsers Vaterlands verwendeten.

Unsere durch diese neue Wohlthat noch mehr gerührte, und dankvolle Herzen, werden nicht aufhören, für Sie die besten Segnungen des Himmels zu erflehen.

Genehmigen Sie übrigens Bürger Minister die Versicherungen unserer allseitigen Ehrfurcht und wahren Hochachtung.

Gränichen d. 9ten Juny 1801.

Jacob Widmer President.

H. J. Castad Ammann Municipal u. B. Verwalter	Jacob Widmer Presidänt der Gemein Cammer
Bernhard Widmer Municipal u. Gemeindschreiber	Jacob Peter Mitglied d. Gemeind Cammer

Heinrich Zimmerman [illegible]	Albrecht Kaufman Munizipal
Hs Jörg Läuppi Munizipal	
Johannes Läuppi [illegible]	
1 Samuel Widmer [illegible] jung	20 Jakob [illegible] auf Rütihof
2 Rudolf Widmer [illegible]	21 Daniel Läuppi Elter
3 Hans Caspar [illegible]	22 Heinrich Widmer [illegible]
4 Hs Samuel Widmer [illegible]	23 Hans [illegible] ab dem Rütihof
5 [illegible]	24 Jakob Haller [illegible] alda
6 Samuel Widmer Organist	25 Johannes [illegible] alda
7 Samuel Widmer Metzger	26 Hans Caspar Widmer von alda
8 Bernhard [illegible]	27 Hans Rudi Widmer von alda
9 Hs Rudolf Widmer [illegible]	28 Bernhard Widmer [illegible]
10. Hans Caspar Widmer [illegible]	29 Hans Sigrist auf dem Rütihof
11 Hans Hägi	30 Samuel Widmer auf [illegible]
12 [illegible]	31 [illegible]
13 Hs Jacob Widmer [illegible] jung	32 Samuel Widmer
14 Hans Caspar Läuppi Jünger	33 Samuel Wagner
15 Hans Caspar Widmer	34 Jacob [illegible]
16 Hans [illegible]	35 Caspar Widmer Schmid
17 Hans Caspar [illegible]	36 Hans Rudi Widmer Elter
18 Hans Ulrich Widmer	37 Caspar Widmer Schmid jung
19 Jacob Widmer	38 Johannes Haller

39 Jacob Lüscher [illegible]
40 Hans Rud. Zimmerman [illegible]
41 Jacob Widmer [illegible]
42 Johanes Zimmerman
43 Johanes Brunner
44 Rudolf Zender
45 Casper Suter Elter
46 Caspar Suter jung
47 Friedrich Hilfiker
48 Bernhart Eichenberger
49 Samuel Hilfiker
50 Albrecht Zimmerman
51 Jacob Suter Schulmeister
52 [illegible]
53 Bernhard Hoch
54 Hans [illegible] Hoch
55 Hans Caspar [illegible]
56 Hans Rudolf Eichenberger
57 Jacob Hilfiker [illegible]
58 Hans Caspar Hilfiker Jung
59 Bernhart Eichenberger jun
60 Jacob Frich
61 Joseph Häggi [illegible] Häggi
62 Bernhart Häggi
63 Caspar Brunner
64 Jacob Lehner
65 Daniel Brunner
66 Joseph Häggi [illegible]
67 Jacob Kaufman
68 Johannes Zimmerman Küefer
69 Baltasar [illegible]
70 Samuel Müller [illegible]
71 Jacob Lehner Elter
72 Johanes [illegible]
73 Jacob Brunner jünger
74 Jacob Lehner Jünger
75 Jacob Müller jünger
76 Daniel Zimmerman Küefer
77 Albrecht [illegible] Jung
78 [illegible]
79 Friedrich Zimmerman Küefer
80 Samuel Kaufman [illegible]
81 Caspar Kaufman [illegible]
82 Hs Caspar Lehner [illegible]
83 Daniel Lehner
84 Hans Caspar Lehner j.
85 Hans Jacob Häggi
86 Jacob Lehner [illegible] Jung
87 Jacob [illegible]
88 Johannes Häggi Weibel
89 Hans Caspar Zimmerman
90 Hans Caspar Zimmermann Elter

91 Hans Jörg Müller groß
92 Melcher Sager
93 Caspar Widmer [illegible]
94 Hans Rudi Widmer [illegible]
95 [illegible] Widmer
96 [illegible]
97 Rudolf [illegible] Schneider
98 Daniel Richner
99 Rudolf Richner Jünger
100 Jacob Richner Jung
101 Caspar Müller [illegible]
102 Jacob Müller [illegible]
103 Caspar Zimmerman Wißaugen
104 Caspar Richner
105 Caspar Zimmerman [illegible]
106 Samuel Zimmerman Wißaugen
107 Rudolf [illegible]
108 Hans Rudolf Richner
109 Bernhart Hafner [illegible]
110 Bernhart Wasser Elter
111 Hans Ulrich Wasser
112 Jacob Wasser [illegible]
113 Jacob Richner [illegible]
114 Samuel Richner
115 Jacob Richner [illegible]
116 Rudolf Müller

117 Zacharias Mezner
118 Jacob Graf
119 Johannes Gautschi
120 Samuel Walti
121 Caspar Sager, Samuels
122 Johannes [illegible]
123 Samuel Gautschi jung
124 Hs. Caspar Widmer, [illegible]
125 Samuel Gautschi Elter
126 Jacob Gautschi jung
127 Jacob Widmer im [illegible] jung
128 Caspar Zimmermann [illegible]
129 Caspar Widmer [illegible]
130 [illegible]
131 Jacob Fröhlich
132 Caspar Lüscher jünger
133 [illegible]
134 Jacob [illegible]
135 Bernhard [illegible]
136 Hans Jörg [illegible]
137 Jacob Widmer [illegible]
138 Jacob Hafner [illegible]
139 Caspar Widmer [illegible]
140 Samuel Widmer
141 Caspar Widmer
142 Bernhart Widmer

143 Gabriel Hächler	166 Jacob Zimmer[illegible]
144 Caspar Lindauer [illegible]	167 Salomon Zimmerman
145 Hans Ulrich [illegible]	168 Hans Ulrich Lindauer
146 Samuel [illegible]	169 Samuel [illegible]
147 Johannes [illegible]	170 Jacob Kaufman
148 Jacob [illegible]	171 Hans Ulrich Kaufman
149 Jacob [illegible]	172 Leonhard Kaufman
150 [illegible]	173 Caspar [illegible]
151 Jacob Zimmerman	
152 [illegible]	
153 Jacob Müller [illegible]	
154 [illegible]	
155 [illegible]	
156 Jacob Lindauer	
157 Jacob Hächler	
158 Samuel [illegible]	
159 [illegible]	
160 Hans [illegible]	
161 Hs Rudolf Lindauer [illegible]	
162 Johannes [illegible]	
163 Rudolf Haberstich	
164 Hans Ulrich [illegible]	
165 Daniel [illegible]	

No 4.
District Aarau
Gränichen. — 182 Nummern

Die Einwohner des Cantons Aargäu
an
Den Bürger Reinhard Minister der fränkischen Republik in Bern.

Bürger Minister!

In dem von dem ersten Consul durch die unserer Regierung mitgetheilten Constitutions Entwürfe, ist es für die Einwohner des untern Aargäus auffallend gewesen, daß ihre Gegend mit der ehemaligen Grafschaft Baden, den so genannten Freyämtern und einem Theil des Frickthales, einen Canton ausmachen sollen.

Sie fühlen sich geneigt, von ihrem mächtigen Verbündeten zu erwarten, daß wenn sich dieser bemühen, ihr Vaterland mit einer festen und bleibenden Verfassung zu beglücken, sie bey dem Entwurfe derselben, auch auf die Bedürfnisse, die Gewohnheiten, die Wünsche und den wahren Vortheil der verschiedenen Landschaften, aus welcher die helvetische Republik besteht, Rücksicht nehmen werden.

Daß die befremdender und schmerzender muß es ihnen vorkommen, sich einzig von einem Canton getrennt zu sehen, von welchem sie seit bald 400. Jahren einen Bestandtheil ausgemacht haben.

Wenn schon dessen Einwohner als Unterthanen angesehen wurden, so war die Behandlung der Regierung nicht despotisch, nicht drückend, sondern sanft, väterlich, gerecht und klug. Der Wohlstand dieses Lands vor der Revolution ist ein hinlänglicher Beweis davon.

Vorzüglich wurden sie schon bey der im Jahr 1798. ausgebrochenen

Revol.

// Revolution von denselben abgerissen. Allein die Umstände, welche die Veranlassung dazu gaben, waren von einer solchen Natur, daß kein guter Bürger wünschen darf, das Product derselben, diese Trennung durch eine gesetzliche Verfügung verewiget zu sehen.

Indessen trugen wir die Beschwerden dieses Cantons die unzähligen Beschwerden, und Drangsalen als unvermeidliche Folgen der Revolution ruhig und gelassen.

Friedlich war unser Betragen.

Befolgung der Gesetzen

Entrichtung aller Abgaben zeichneten uns vor vielen andern Cantonen aus.

Wann wir nun den Zeitpunkt nahe seyn sehen, wo es um eine neue Constitution und neue Eintheilung der Schweiz in gewisse Cantonen zu thun ist, wo selbst der 11te Artikel des in Luneville abgeschlossenen Friedens-Tractat das Schweizervolk zu berechtigen scheint, zu seiner künftigen Organisation mitzuwirken, so wird auch den Einwohnern des so genannten Aargäus erlaubt seyn, Ihnen Bürger Minister nach dem Beyspiel der kleinen Cantonen ihr Verlangen und ihre sehnlichsten Wünsche, welche im Wesentlichsten dahin gehen, daß sie wiederum dem Mutter Canton möchten einverleibet werden, vorzulegen.

Ohne uns mit weitläufiger Anführung der Gründen, die Ihnen nicht ganz unbekannt seyn können, abzugeben, können wir doch das nicht mit Stillschweigen übergehen, daß dankbare Erinnerungen uns an den Canton Bern knüpfen, und daß wir in unserm Wohlstand, so wie er vor der Revolution war, in der Verbesserung unsers Landes, in der Cultur desselben, und in dem Blühen aller Arten von Gewerben die Hofnung begründet zu finden, in Vereinigung mit dem Canton Bern

unter

=unter einer bessern Verwaltung zu stehen, als wenn wir eine eigene Verwaltung ausmachen, oder mit andern sollten verschmolzen werden.

Die Bewohner des untern Argäus glauben sich durch die erlittenen Drangsalen des Kriegs, und durch die grossen, und mit ihrer Bevölkerung in keinem Verhältniss stehenden Opfern, auch einiche Ansprüche auf diejenige Achtung erworben zu haben, welche der erste Consul den ehemaligen kleinen Cantonen durch ihre Wiederherstellung bewiesen hat.

Wir rufen also Bürger Minister, da wir Ihre edle Denkungsart kennen, Ihre gütige und wohlwollende Verwendungen, dass bey der neüen Eintheilung Helvetiens der untere Argäu wieder mit dem Canton Bern, dessen Bestandtheil er ehemals ausmachte, wiederum möchte vereiniget werden.

Wir hoffen und zweiflen um so weniger bey Ihnen Bürger Minister kräftige Vermittlung und gütige Unterstützung zu finden, da Sie Sich schon bey so manchem Anlassen auf die edelste und Nachdruckvollste Weise für das Wohl unsers Vaterlands verwendeten; Unsere durch diese neüe Wohlthat noch mehr gerührte und dankvolle Herzen werden nicht aufhören für

=Sie

Die die besten Segnungen des [illegible] zu erflehen.
Genehmigen Sie übrigens Bürger Minister
die Versicherungen unserer allseitigen Ehrfurcht
und besondern Hochachtung. Die Municipalitet und
Bürger der Dorfgemeinde Oberflachs im Canton Bozen und
Distrikt Brugg.

Joh: [illegible] Municipalitets President
Kaspar Weber
Daniel Zimmerman
Ludwig Zimmerman Municipal
(Kirchmeyer) Hans Uli Kaser
Claus Frei
(alt [illegible]) Heinrich Kaser
Daniel Wüber
(Seckelmeister) Hans Jacob Kaser
Abraham Seiler
(Kirchmeyer) Hans Urech Kaser
Mark Häser
(Gleser) Ludi Zimmermann in
(Jakobsbrück) Hans Jacob Kaser
(Bärner) Heini Kaser
(alt [illegible]) Abraham Lüdin
(alt Untervogt) Jacob Kaser
[illegible] Kaser
Heinrich [illegible] Beiri

Johannes Zimmerman
Hans Lüder Weibel
Jacob Lüdin [illegible]
Jacob [illegible] Kaser [illegible]
Hans Ulrich Kaser [illegible]
Niklaus Zimmerman
Claus Lüder
Conrad [illegible] Zimmerman
Jacob [illegible] Zimmerman
Jacob Müller Wirth und Jäger
bauer, Melchior Müller
Jacob Lüder [illegible]
Melcher Zimmerman jünger
[illegible] Conrad Lüder [illegible]
Hans Lüder [illegible]
Heinrich Zimmerman Heinrich

Veltheim
Rudolf Baugger
alt Ratshaler Jacob Salm
Hans Jacob Amsler
Ehrengeachter Amtsweibel des ehemaligen Amts Schenkenberg
Johannes [illegible]
Hans [illegible]
Conrad Salm
Abraham Eiland
Jacob Eiland
Hans Baugger
Heinrich Baugger alt Ratshalter
Andreas Schönenberg
Conrad Weber
Heinrich Salm
Heini Schönenberg
Hans Jürg Salm
Hs Ulrich Salm
Johannes Buchmann
Abraham Baugger
Johannes Baugger
Johannes [illegible]
[illegible]
Lucas Ziegler
Rudolf Baugger [illegible]
Heinrich Salm Schneider
Conrad Baugger [illegible]
Samuel Häller

Rudolf Eiland
Heinrich [illegible]
Heinrich Salm [illegible]
Jacob Weber
Conrad Salm Müller
Daniel [illegible]
Conrad Salm
Heinrich Keller
Rudolf Keller älter
Rudolf Keller älter [illegible]
Rudolf Weber Zöllner
[illegible]
Jacob [illegible]
Hans Baugger Jünger
Daniel Weber alt [illegible]
Hans Ulrich Mäyer

No 5.

District Aarau

Oberfläche. — 35 Stunden

[illegible]. — 43.

Die Einwohner des Cantons Argäu

an

Den Bürger Reinhard Minister der fränkischen Republik in Bern

Bürger Minister!

In dem von dem ersten Consul durch die unsrer Regierung mitgetheilten Constitutions Entwurfe ist es für die Einwohner des untern Argaues auffallend gewesen, daß ihre Gegend mit der ehemaligen Grafschaft Baden, den so genannten freyämtern und einem Theile des Frickthals einen Canton aus machen sollen.

Sie fühlen sich geneigt von ihren mächtigen Verbündeten zu erwarten, daß wenn sich dieselbe bemühen ihr Vaterland mit einer festen und bleibenden Verfassung zu beglücken, sie bey dem Entwurfe derselben auch auf die Verhältnisse, die Gewohnheiten, die Wünsche, und den wahren Vortheil der verschiedenen Landschaften, aus welchen die helvetische Republik besteht, Rücksicht nehmen werden.

Desto befremdender und schmerzender mußte es ihnen vorkommen, sich einzig von einem Canton getrennt zu sehen, von welchem sie seit bald 400. Jahren einen Bestandtheil ausgemacht haben; obschon dessen Einwohner als Unterthanen angesehen wurden, so war die Behandlung der Regierung nicht despotisch, nicht drückend, sondern, weise

= mild

väterlich, gerecht und klug; der Wohlstand dieses Landes vor der Revolution ist ein hinlänglicher Beweis davon.

Freylich wurden sie schon bey der im Jahr 1798. ausgebrochenen Revolution von denselben abgerissen. Allein die Umstände, welche die Veranlassung dazu gaben, waren von einer solchen Natur, daß kein guter Bürger wünschen darf, das Product derselben, diese Trennung durch eine gesetzliche Verfügung verewiget zu sehen.

Indessen trugen wir die Bewohner dieses Cantons die unzähligen Beschwerden, und drangsalen als unvermeidliche Folgen der Revolution ruhig und gelassen; friedlich waren unser Betragen, Befolgung der Gesetzen, Entrichtung aller Abgaben zeichneten uns vor vielen andern Cantonen aus.

Wie nun der Zeitpunkt [illegible], wo nun eine neue Constitution, und neue Eintheilung der Schweiz in gewisse Cantonen zu thun ist, wenn selbst der 11te Artikel des in Luneville abgeschlossenen Friedens Tractat das Schweizervolk zu berechtigen scheint, zu seiner künftigen Organisation mitzuwirken, so wird es auch den Einwohnern des so genannten Argäues erlaubt seyn, Ihnen Bürger Minister nach dem Beyspiel der kleinen Cantonen ihr Verlangen, und ihre sehnlichsten Wünsche, welche im Wesentlichsten dahin gehen, daß sie wiederum dem Mutter Canton möchten einverleibet werden, vorzulegen.

Ohne uns mit weitläufiger Anführung der Gründen, die Ihnen nicht ganz unbekannt seyn können, abzugeben, können wir doch das nicht mit Stillschweigen

über

übergehen, daß dankbahre Erinnerungen uns an
den Canton Bern knüpfen, und daß wir in unserm
Wohlstand, so wie er vor der Revolution war, in der
Bevölkerung unsers Landes, in der Kultur desselben,
und in dem Blühen aller Arten von Gewerben, die
Hoffnung begründet zu finden, in Vereinigung mit
dem Canton Bern unter einer bessern Verwaltung
zu stehen, als wenn wir eine eigene Verwaltung ausmachen, oder mit andern sollten verschmolzen
werden.

Die Bewohner des untern Argäues glauben sich durch
die erlittenen Drangsalen des Kriegs, und durch die
großen, und mit ihrer Bevölkerung in keinem
Verhältniß stehenden Opfern, auch einiche Ansprüche
auf diejenige Achtung erworben zu haben, welche
der erste Consul den ehemahligen kleinen Cantonen durch ihre Wiederherstellung bewiesen hat.

Wir rufen also Bürger Minister, da wir Ihre
edle Denkungsart kennen, Ihre gütige und Nachdrucksvolle Verwendung an, daß bey der neuen
Eintheilung Helvetiens das untere Argäu wieder mit dem Canton Bern, dessen Bestandtheil
er ehemals ausmachte, wiederum möchten vereiniget werden.

Wir hoffen, und zweiflen um so weniger bey
Ihnen Bürger Minister kräftige Vermittlung
und gütige Unterstützung zu finden, da Sie sich
schon bey so manchen Anläßen auf die edelste und
Nachdrucksvolleste Weise für das Wohl unsers Vat-
terlands verwendeten. Unsere durch diese neue

Wohl-

Wohlthat auch eure gerechte und dankbaren Herzen werden nicht aufhören, für die die besten Segnungen des Himmels zu erflehen.

Genehmigen Sie übrigens Bürger Minister die Versicherungen unserer allseitigen Ehrfurcht und wahren Hochachtung.

Schinznach

Rudolf Müri president	Hans Simmen
Jacob Zimmermann Munizipal	Caspar Simmen
Heinrich Schaffner Mu.	Friedrich Keser
Rudolf Lüscher Munizip.	Jacob Keser
Friedrich Zur Mülli Munizip.	Samuel Rinicker
Heinrich Simmen	Daniel Dubelbeis
Johannes Amsler	Samuel Zulauf
Obermüller	[illegible]
Jacob Amsler [illegible]	Johannes Müri
Hs. Amsler	Rudolf Dubelbeiss
Hs. Rudolf Amsler	Samuel Hiltbolt
Samuel Mühlimann	Samuel Amsler
Samuel Zulauf	Jacob Hofer
Samuel Simmen Ziegler	Heinrich Meyer
Caspar Amsler	Johannes Zulauf
Johannes Hilbold	Jacob Simmen
Rudolf Rhinberger	Johannes Wagner
Heinrich Simmen	Caspar Hiltbolt
Jacob Rinicker	Klaus Hiltbolt
Hans Dubelbeiss	Samuel Wagner
Friedrich Zulauf	
Abraham Meyer	
Hans Ulrich Hilbold Küfer	

Samuel Zulauf
Hans Jacob Hartman
Hans Ulrich Hartman
Jacob Simon
Wilhelm [illegible]
Emanuel [illegible]
[illegible]
Ulrich Joho
Hs Ulrich Schaffner
Wilhelm Mürj
Ueli Mürj
Johannes Zur Mühli
Ulrich Zulauf
Bernhard Schaffner
Johannes Hartman
Johannes Mürj
Jakob Laubalbriß
Hs Ulrich Mühliman
Hs Ulrich Amsler
Jacob Zulauf
Caspar Lüscher
Simon Simon
Samuel Mürj
Hans Hiltbold Schneider
Samuel Zulauf
Hs Ulrich Zulauf
Samuel Zur Mühli
Caspar Hiltbolt
Samuel Zulauf
Hans Schaffner
Samuel Meyer

Fridli Mürj
Hans Ulrich Mürj
Melcher Hiltbolt
Rudolf Simon
Simon Mürj
Jacob Mürj
Jacob Zur Mühli
Jakob Herman
Samuel Zulauf [illegible]
Johannes Mürj Fridlis
Caspar Mürj Fridlis
Franz Zulauf
Friedrich Simon
Jacob Amsler Müller
Friedrich Hiltbolt
Samuel Hiltbolt
Hans Hiltbolt [illegible]
Conrad Mürj
Ulj Mürj
Hs Ulrich ~~Mürj~~ Amsler
Hs [illegible]
Abraham Simmen Schneider
~~[illegible]~~
Hans Jacob Zulauf
Hans Jacob Amsler
Heinrich Mürj
Ueli Mürj Elter
Jacob Schaffner
Bernhard Schaffner
Peter Mürj
Johannes Laubalbrich
Jakob Wenger

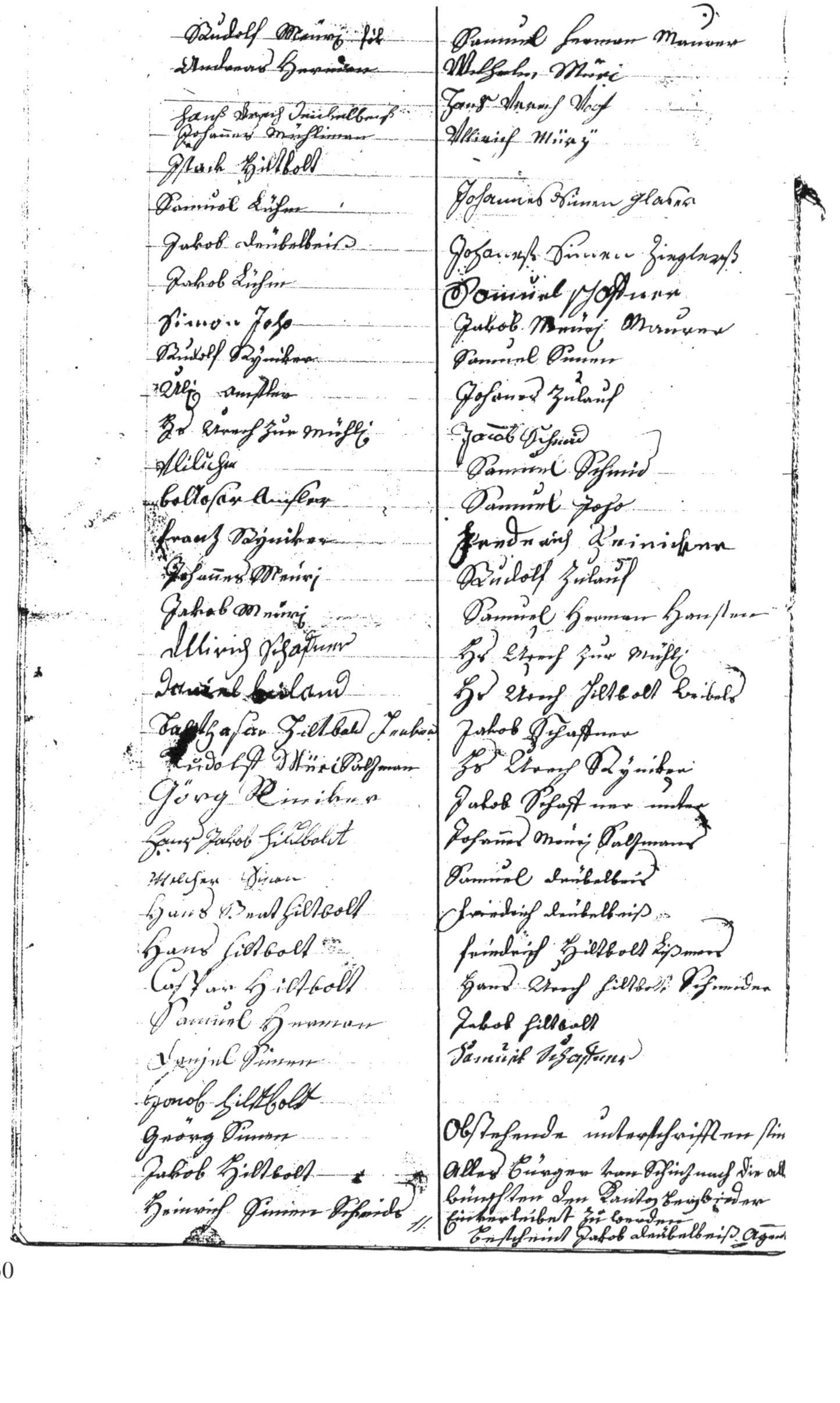

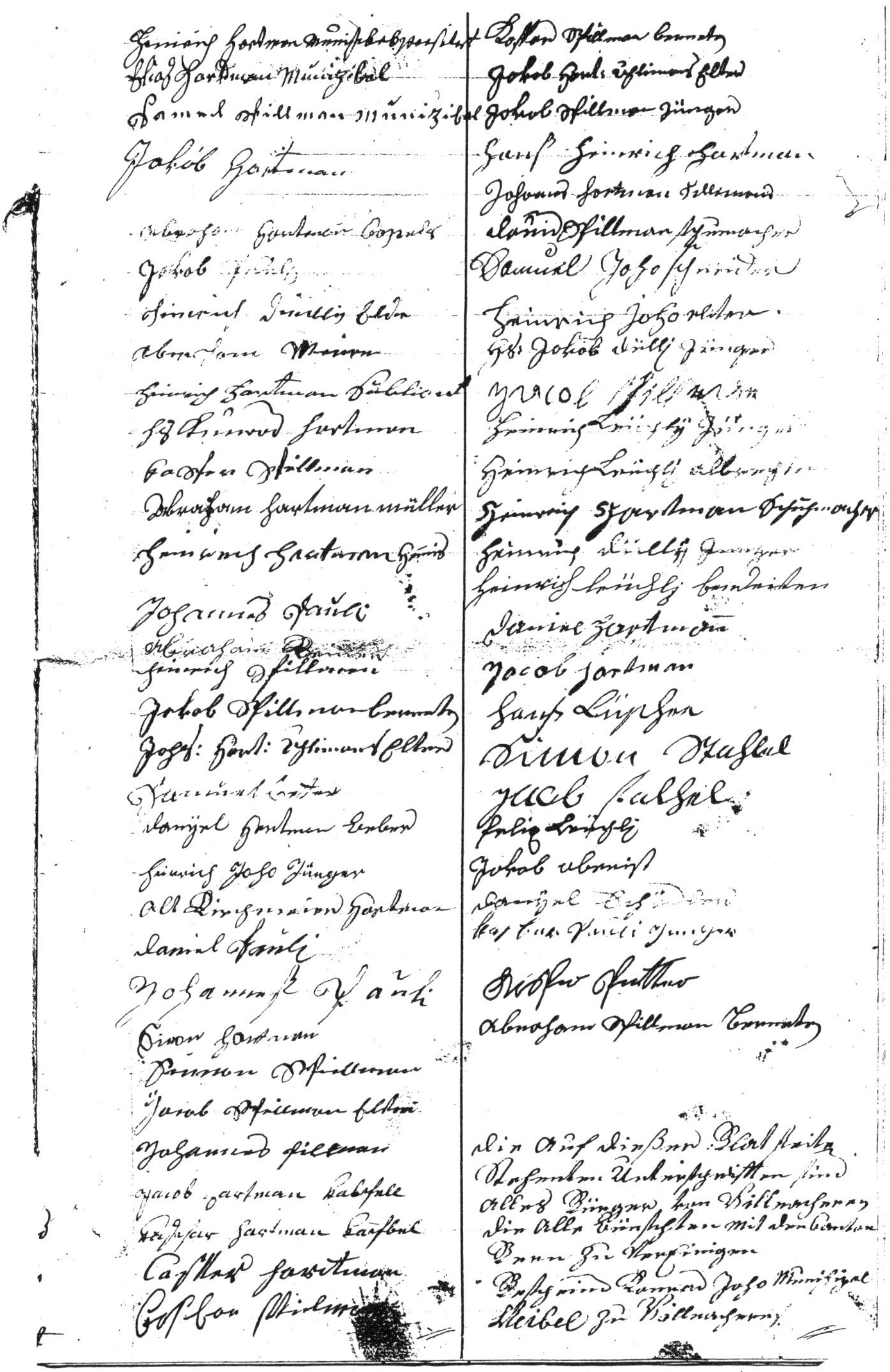

No 6.
District Aarau
Schildwacht — 166 Mann
[illegible] — 58.

Gmeinde	Menzikhen
Jacob Vogt Jacobß	Heinrich Mertz [illegible]
Samuel Mertz [illegible]	Rudolf [illegible] [illegible] ×
Samuel Mertz Zimmer	Hans Rudolf Wäber Zimbermann
Hans Rudi Wäber [illegible]	Jacob Weber Heinrichs ×
Heinrich [illegible] +	Jacob Wäber Vögeli
Heinrich Bolliger +	Hs Mertz [illegible]
Heinrich Wäber +	Sebastian Ber +
Hs Rudolf Mertz [illegible]	Melcher Mertz [illegible] +
Hans Adam Siegrist +	Jacob Wäber [illegible]
Hans Rudi Mertz Jacob	~~Jacob Vogt~~
Hans Jacob Mertz Rudolf	~~Hans Rudi Vogt~~
~~Hans Jacob Vogt~~	~~Hs Vogt [illegible]~~
~~Melcher [illegible]~~	
Jacob Vogt Melchers +	Hans Vogt Melchers ×
Hans Rudolf Fritz	Johannes Fritz
Hs Rudolf Fritz	Hs Jacob Fritz ×
Samuel Fritz	Marti Fritz +
Marti Mertz Döbel	Hans Jacob Vogt
Melcher Mertz	Hans Rudi Siegrist +
Hans Rudolf Mertz	Rudi Sager +
Samuel Mertz	Hans [illegible] +
Rudi Wäber +	Heinrich Sager +
Peter Lauber	Melcher Siegrist
Hans Jacob Siegrist	Hs Rudi [illegible]
Js Melcher Wäber	Samuel Mertz Trüllmeister
Hs Jacob Mertz [illegible] +	Melcher Mertz Spengler
Js Jacob Mertz [illegible]	Hans Rudolf Weber
Jacob Haller	

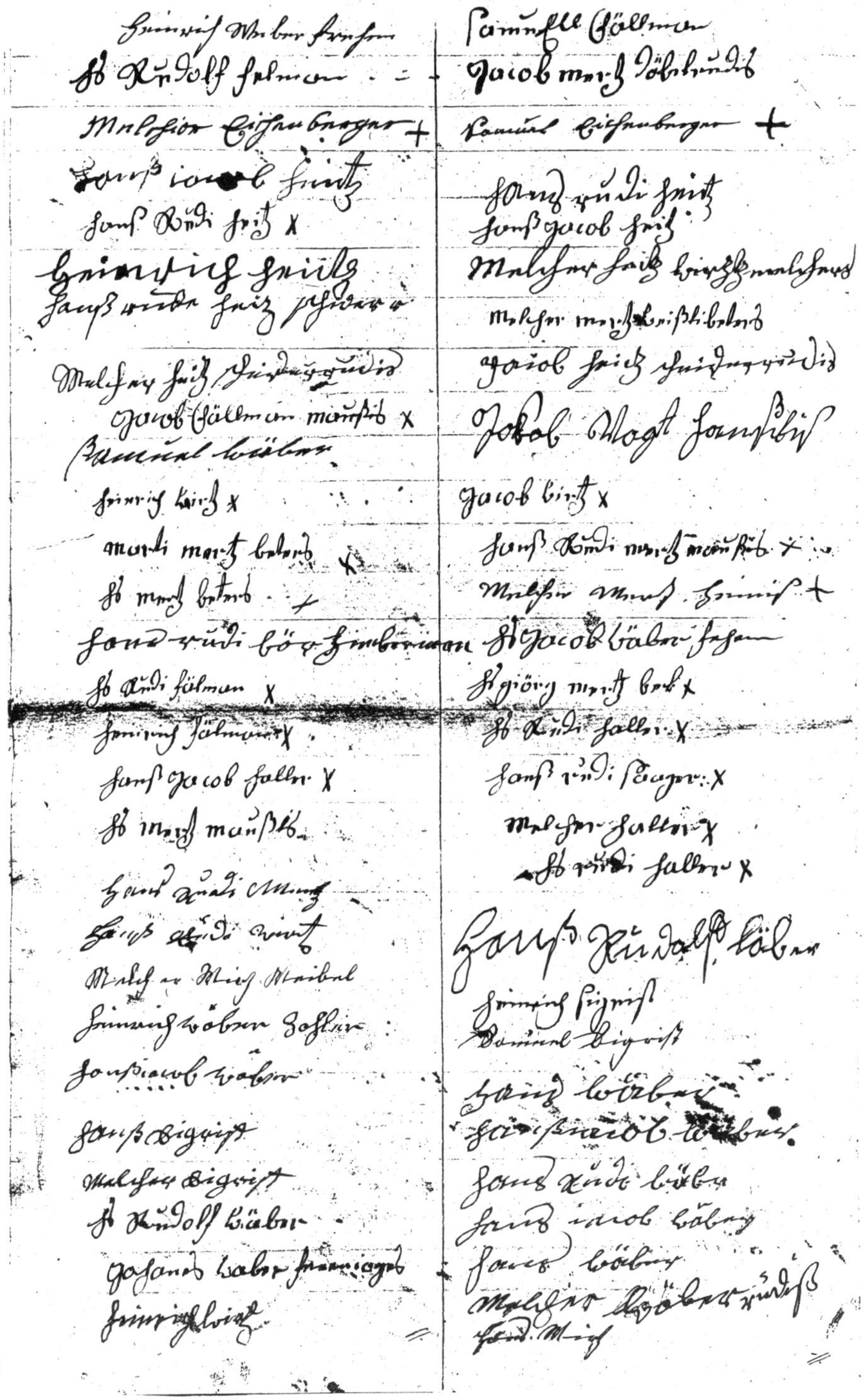

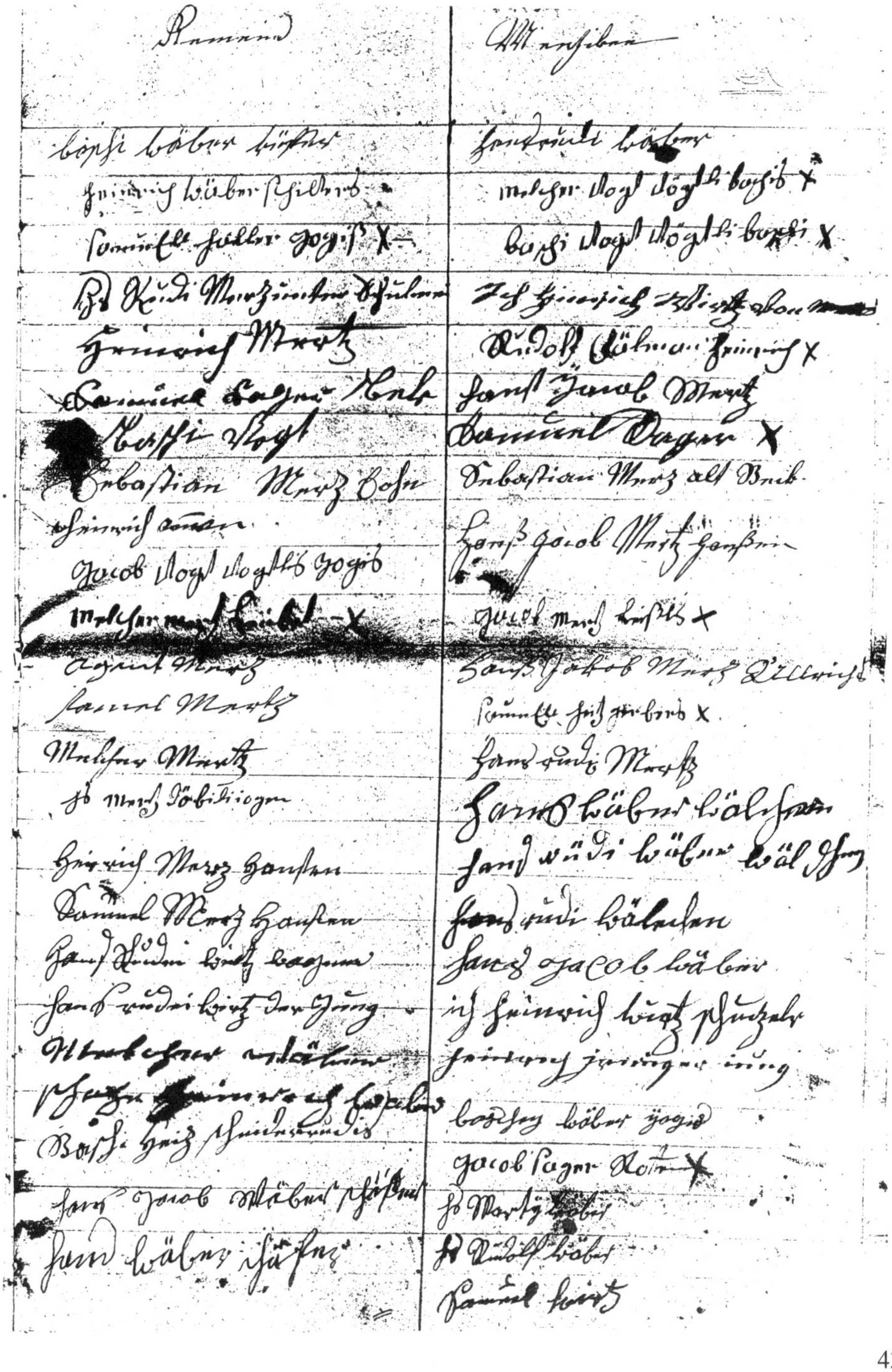

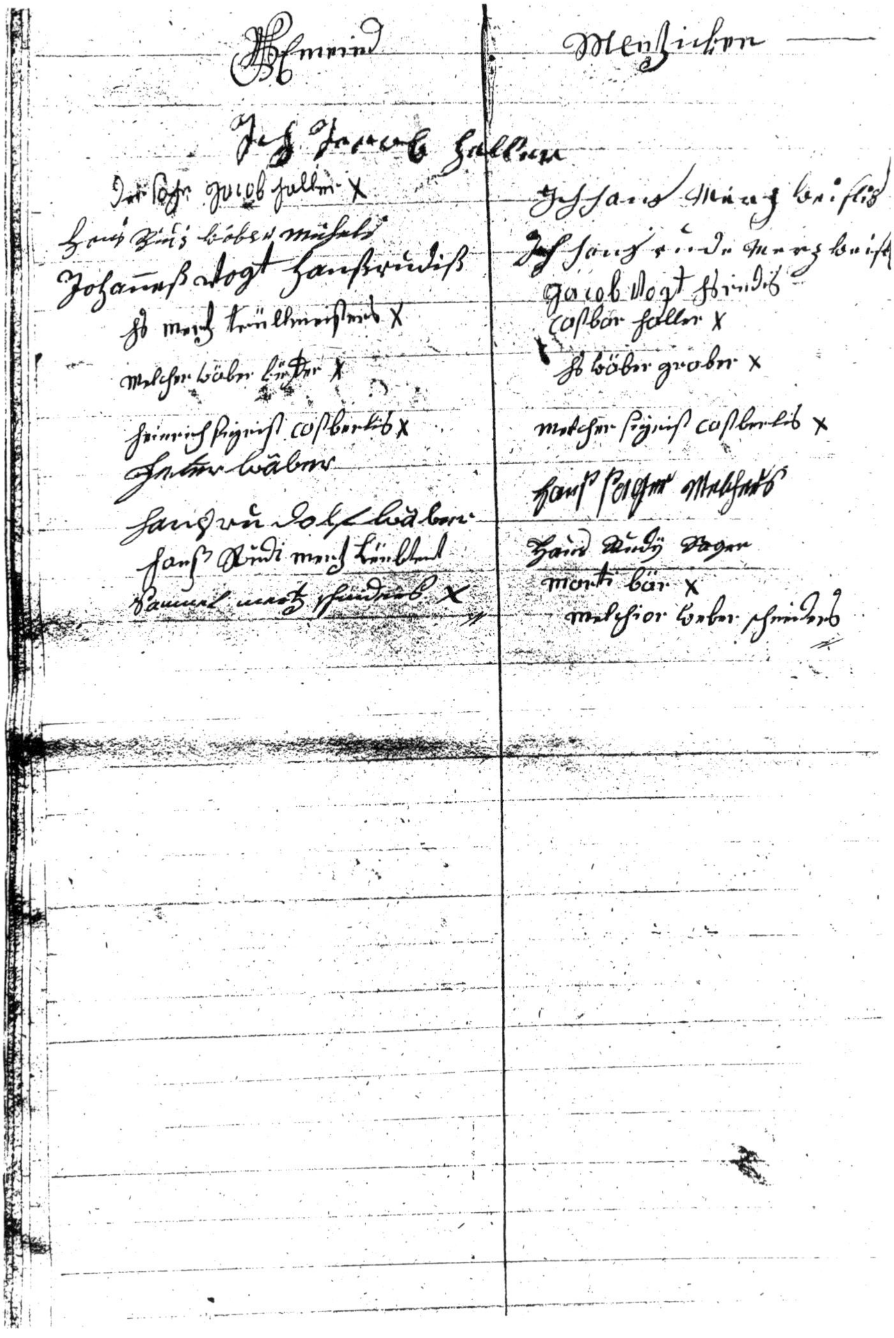

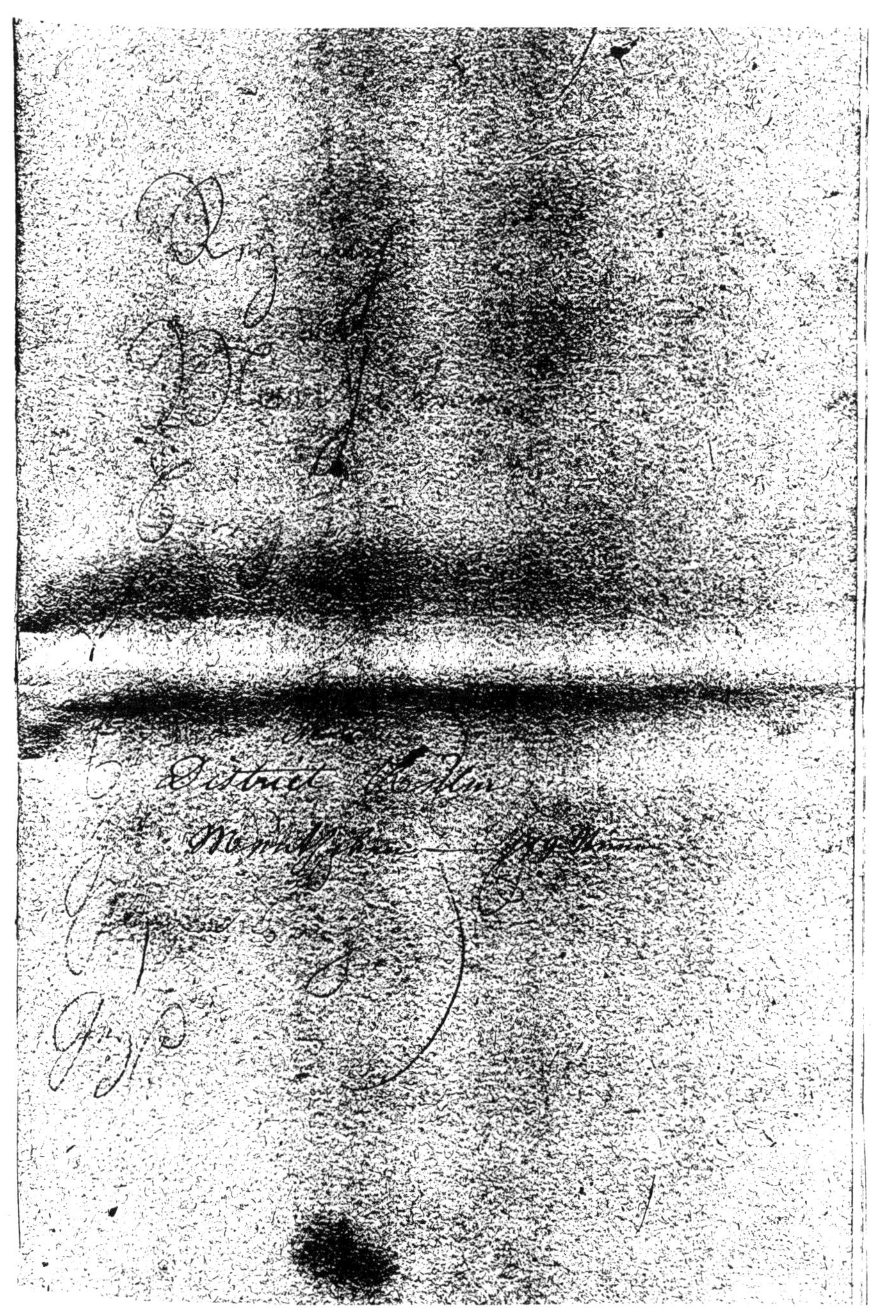
District Kulm

Ehrfurcht, und wahrer Hochachtung.

d: 1 May von Schöftland Municipalitaet President von allen

Jacob Hall Municipal

Schöftland

Daniel Hochstr

Rudolf Klor

Caspar Lüthi [illegible]

Samuel Bär

Andreas Klor

Heinrich Müller

Samuel Laster

Samuel Künzli

Jacob Klor

Samuel Rüg

Samuel Rud. Maÿ

Jacob Walti

Johannes Walti

Jacob Künzli

Jacob Künzli Sohn

Jacob Lüscher Obermüller

Jacob Lüscher Undermüller

Jacob Fischerman

Heinrich Stüngger

Rudolf Sutter Alter

Jacob Sutter

Caspar Künzli —— 24

Samuel Röthlisperger

Caspar Fäs

Conrad Scherrer

Emanuel Müller

Rudolf Wäber Vater

Caspar Wallenberg

Melcher Lüthi

Johannes Schneider

Jacob Martz

Melcher Dietiker

Jacob Dietiker

Melcher Bächli

Caspar Morach Vater

Caspar Morach Sohn

Ulrich Wallenberg

Peter Büchner

Rudolf Wäber

Rudi Wäber Sohn

Jacob Wäber Vater

Jacob Fäs

Heinrich Christen

Hans Jörg Müller

Abraham Kläus

Peter Hochuli 23

Schöfftland

Peter Düblj
Samuel Düblj Sohn
Jakob Lüscher
Friedrich Lüscher
Hans Jacob Plast
Hr Rudolf Roth
Peter Lüthj
Hans Rudi Müller
Heinrich Ernst Hinnen
Hans Hochulj
Melcher Lüscher Sambert
Heinrich Hochulj
Hr Caspar Christen
Peter Künzlj
Caspar Lüscher Vatter
Caspar Lüscher Sohn
Hans Rudolf Müller
Hr Rudolf Müller Sohn
Melchior Lüthy
Jacob Lüthy
Heinrich Lüthj
Samuel Merz
Heinrich Fäs
Heinrich Hochulj
Rudolf Düblj
Jacob Düblj
Rudolf Fäs Uhl
Rudolf Düblj Rudis
Samuel Düblj
Rudolf Bucher 30

Schöftland

Samuel Hochulj
Jacob Hochulj
Samuel Merz Vatter
Jacob Merz Sohn
Heinrich Bucher
Jacob Bucher
Melcher Lüscher
Heinrich Fäs Maurer
Jacob Düblj alt
Heinrich Hochulj Ruhlober
Heinrich Hochulj Vatter
Caspar Hochulj Sohn
Daniel Hochulj Sohn
Caspar Müller
Hr Heinrich Müller
Samuel Bälti Sohn
Hs Jacob Bälti
Ulrich Bälti Vatter
Hr Rudolf Müller Doktor
Caspar Müller Jägis
Ulrich Sutter
Samuel Lüthi
Peter Lüscher
Hans Rudi Bälti
Rudolf Fäs Maurer
Heinrich Bälti Bürkli
Melcher Fäs
Rudolf Merz
Heinrich Lüthi 29

Schöftland

Rudolf Kleiner
Rudolf Dietiker
Caspar Dietiker
Rudolf Ernst [illegible]
Jacob Häuri
Samuel ~~müller~~ Brächli
Melcher Brächli
Hans Müller
Hs Ulrich Dietiker

Hirschthal [illegible] (1847)
Melcher [illegible]

Samuel Müller
Hans Rudi Müller
Caspar Müller
Melcher Müller
Hans Rudi Müller
Melcher Müller
Melcher Müller
Samuel Häuri Hans
Hans Rudolf Häuri
Caspar Klauenbösch
Peter Häuri Küfer
Hans Rudi [illegible]
Caspar Zürcher
Caspar Häuri
Hans ~~[illegible]~~ Häuri
Hans Rudi Häuri

Hans Rudolf Müller
Samuel Weber
Melcher Müller [illegible]
Melcher Klauenbösch
Hs Rudi Häuri
Melcher Häuri
Melcher Häuri Küfer
Jacob Häuri
Hans Rudi Häuri
Hans Rudi Häuri
Melcher Häuri
Melcher Müller
Hans Häuri Weibel
Ulrich Häuri
Peter Bolliger
Samuel Klauenbösch
Caspar Müller
Rudolf Müller
Rudolf [illegible]
Melcher Müller
Samuel Müller
Samuel Hunziker
Hans Müller
Melcher [illegible]
Melcher [illegible]
Melcher Kleiner
Caspar Klauenbösch
Hans Häuri
Rudolf Müller
Samuel Gloor
Rudolf Häuri

Hirschtahl den
20ten brachmonat
1801

Melcher Haurÿ
Heinrich Müller
Melcher gloor
Hans Rüdolf Müller
Samuel Müller
Melcher müller hans caspar
caspar hauri hansi
Samuel hauri schmid
heinrich haur hausi
caspar hauri sing
Caspar Brügger
Samuel Müller matisen
Samuel Brugger

No. 8.
District Kulm
Schöftland — 116 Numm
Hirschthal — 60.

die Versicherungen unserer allseitigen Ehrfurcht, und wahren Hochachtung.

Hunzischwyl

Jacob Zubler President
Johannes Frikker Mittglied
Jakob Zubler Mittglied
Jacob Zubler alt Vogt
Johannes Rohr alt Vorgesetzt
Marx Rohr alt Vorgesetzte
Rudolff Zubler
Johannes Rohr
Heinrich Brunner
Jacob Rohr Zürich Bott
Samuel Rohr
Johannes Rohr
Hans Ulrich Rohr
Jakob Rohr Bannwarten
Jacob Zubler Spittel
Jakob Zubler Gysslinger
Jakob Rohr Schmied
Johannes Rohr Bannwart
Johannes Zubler Bannwart
Rudi Zubler Weibel
Johannes Frikker
Johannes Härdi
Heinrich Rohr Schneider
Christoff Rohr
Hans Rudolff Rohr

Jacob Zbildi von Hunzischwyl
Hans Ulrich Lieber
Johannes Zubler Spittel
Johannes Zubler alt Schulmeister
Rudolf Hürsemann
Johannes Frikker alt President
Jakob Härdi
Johannes Härdi Küfer
Jacob Härdi
Samuel Härdi
Samuel Rohr
Hans Jacob Rohr alt Schulmeister
Johannes Rohr Müller
Hans Jacob Rohr Schreiner
Jacob Rohr Unterlehrmeister
Hans Jacob Zubler
Hans Härdi Bürer
Samuel Zubler Brunner
Rudolff Zubler Rudis
Hans Rudi Rohr Hanssis
Heinrich Frey
Samuel Rohr
Samuel Rohr
Samuel Rohr Wagner

Johannes Rohr [illegible]
Jakob Rohr
Jakob Rohr [illegible]
Melcher Rohr alt weibel
Johannes Zubler [illegible]
Hans Zubler Schumacher
Jakob Rohr [illegible]
Heinrich Rohr
Johannes Rohr
Christian Zubler [illegible]
Johannes Zubler [illegible]
Heinrich Zubler
Ulrich Zubler [illegible]

Heinrich Zubler
Jacob Zubler
Melchi Rohr [illegible]
Hansrudi Zubler
[illegible]
Samuel [illegible]
Johannes Rohr [illegible]
Jakob Zubler Hans Rudis
Hans Rudolf Rohr auf dem Hübel
Jacob Zubler [illegible]
Samuel Zubler
Johannes Zubler [illegible]
Jacob Härdi [illegible]
Jacob Rohr [illegible]
Johannes Zubler [illegible]
Jacob Zubler [illegible]

No 9.
District Lenzburg

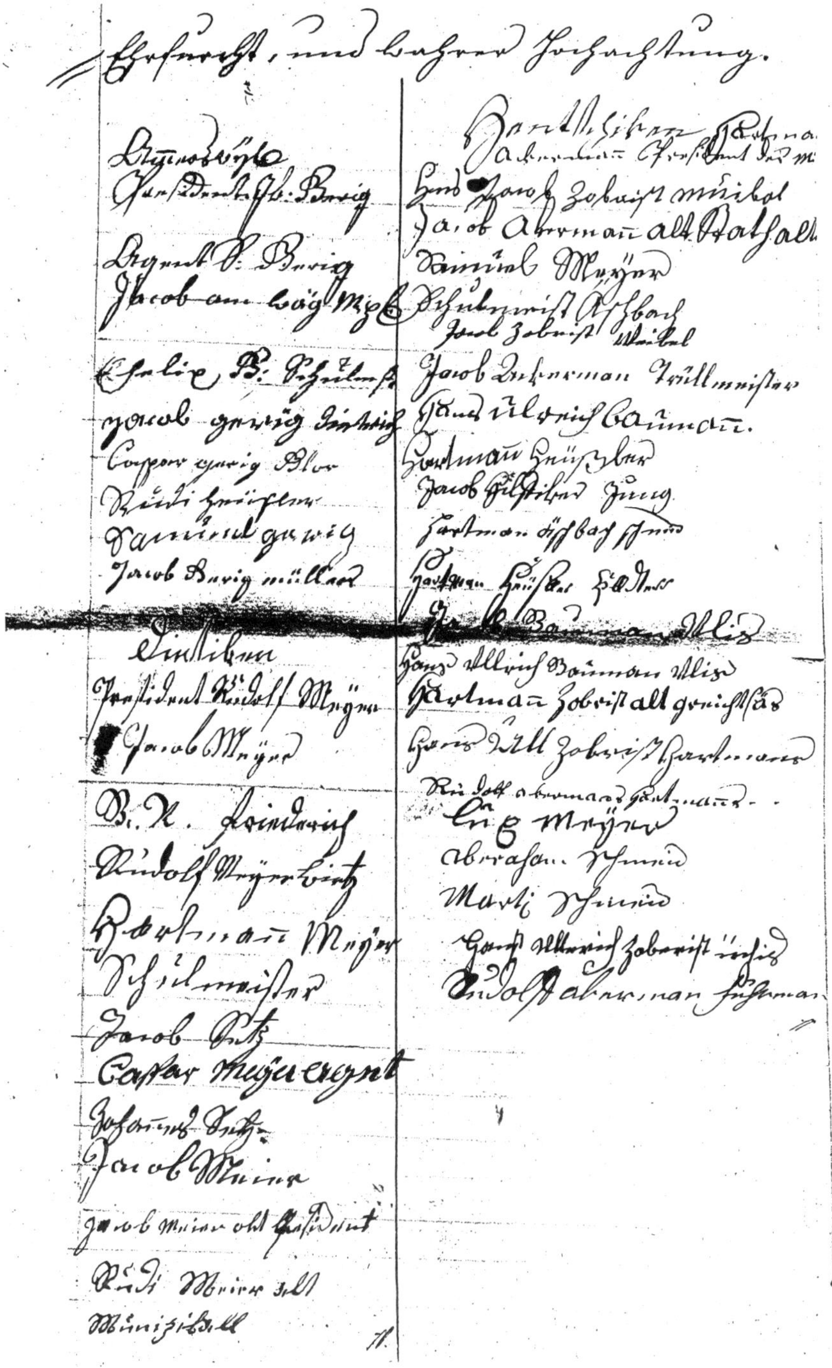

No 10.
District Lenzburg
Gemeindsbezirk — 23 Numm.
Hauptschulen. — 22.

die Versicherungen unserer allseitigen Ehrfurcht und wahren Hochachtung.

Holderbank hat 40 bürger Unterschriebene 32

Holderbank.

Sam. Wild, President der Municipalitat.

H Ulrich Wild Munizipal

Jb: Ulrich Meyer Munizipal

abraham Wild

Weibel Samuel ...

Böhman

Hans Ulrich Dübelbeis

Jacob Wild

Samuel Furter

Heinrich Frey

Johannes Dübelbeis

Daniel Weiss

Johannes Weiss

Jörg Gättiger

Heinrich Weiss

Rudolf Weiss

Jörg Dübelbeis

Heinrich Dübelbeiss

Rudi Wild

Philip Ringier

Johannes Baldinger alt

adam Baldinger

Hans Ulrich Wild

Hans Ulrich Baldinger

Heinrich Rütiger

Emanuel Dübelbeiss

Jacob Weiss, Kassier

Ulrich Lenz

Hs Rudi Wild

Rudi Wild, Jörgen

Conrad Lenz

Jakob Baldinger

Johannes Wild

Jacob Mayer.

Möriken

Jacob Brunner Weibel

Rudolph Fischer alt under Vogt

~~Heinrich Hartmann alt Kirchmeier~~

Rudolph Frey

Hans Ulrich Brunner

~~Lorentz Bircher~~

Johannes Hächler

Rudi Hartmann

Heinrich Brunner

Johannes Stäbhart alt Vogt

Heinrich Weber

Heinrich Hartmann

~~Heinrich Frey Elter~~

Jacob Wieland Schulmeister

Johannes Bachmann

Rudolph Fischer

Jacob Gisi alt Statthalter

Heinrich Glor [illegible]

No 11.

District Lenzburg

Holderbank. —— 32 Numm

Möriken —— 18.

aufhören, für Sie die besten Segnungen des Himmels zu erflehen.

Genehmigen Sie übrigens Bürger Minister die Versicherungen unserer allseitigen Ehrfurcht und wahren Hochachtung.

Gemeinde Tennwil

Jacob Fischer Präsident der Munizipalität
Caspar Huber Munizipal
Jacob Fischer [illegible]
Caspar Huber Schneider ×
Samuel Fischer Hansen ×
Jacob Fischer altholzweibel
Jacob Fischer Hansen +
Samuel Fischer Zimmermann +
Jacob Fischer Zimmermann
Jacob Fischer Hölzler
Jacob Fischer alt Vorgesetzter
Rudolf Fischer [illegible]
Rudolf Fischer Trantschen jünger
Jakob Fischer Schulmeister
Jacob Fischer Trantschen
Samuel Fischer Trantschen
Jacob Fischer [illegible]
Ludwig Fischer [illegible]
Caspar Fischer [illegible]
Samuel Fischer Ludwigs

Ludwig Fischer Jüngst
Rudolf Fischer Wagner
Jacob Fischer Wagner
Fridli Fischer Schmid
Fridli Fischer
Johannes Fischer Schmied
Johannes Fischer Schulmeisters
Caspar Fischer Trantschen Caspar ×
Peter Fischer [illegible]
Jacob Fischer [illegible]
Samuel Fischer [illegible]
Samuel Fischer [illegible]
Jacob Fischer [illegible]
Jacob Huber Metzger
Johann Nussbaumer [illegible]
Samuel Fischer alt Schulmeister
Jacob Fischer Zimmermann
Jacob Fischer Schumacher
Jacob Huber Schneider
Johannes Fischer Wächter ×
Fridli Fischer Hölzli

Casper fischer Stöffis
Heinrich fischer Stöffis
Casper fischer Stöffis Jung.
Rudolf fischer Eichenberger
Hartman fischer Eichenberger x
Caspar fischer Weibel
Heinrich fischer Fridolin +
Rudolf fischer Schuhmacher
Heinrich fischer Müslis
Rudolf fischer Melchers
Samuel fischer annlishans
Hartman fischer Hartmans x
Jacob fischer Hartmans +

Gemeinde Fahrwangen
Jacob Rodell President
Rudolf Bourger Munizipall
Rudolf Döbeli Munizipall
Rudolf Rodel Ctaibel
Caspar Rodel Subliant
Caspar Eichenberger Subliant
Rudolf Lindenman Subliant
Jonas Lenzger
Caspar fischer
Rudolf Hochstrasser
Jakob Müller
Adolf Müller
Heinrich fischer
Samuel Hochstrasser +

Heinrich Müller x
Jacob Brunner +
Joseph Lehner
Hartman Hochstrasser b
Jacob Rodel
Rudolf Keig
Hans Rudolf Lindenman
Conrad fischer
Jacob fischer x
Hans Hochstrasser x
Friedrich Rodell *
Caspar Rodel
Philip Hochstrasser +
Rudolf Sigrist
Jacob Döbeli
Samuel Döbeli
Rudolf Hochstrasser Schulmeister
Rudolf Müller Schlosser +
Hartman Müller +
Caspar Lindenman auf Börn
Hartman Richter
Melchior Rodell +
Jacob Haller
Hans Hochstrasser +
Salomon Hochstrasser
Hartman Döbeli +
Jacob Müller +
Samuel Stalder
Felix Stalder

Hartman Döbeli
Rudolf Weg
Jacob Müller
Rudolf Rodel Hübe
Rudolf Sigrist +
Hans Lantimer
Salomon Lantimer +
Jacob Sigrist
Rudolf Eichberger Büchner
Caspar Lindenman +
Rudolf Müller
Felix Müller
Heinrich Müller
Johannes Döbeli +
Jacob Hochstrasser +
Caspar Eichenberger +
Heinrich Rodel
Hans Müller
Rudolf Döbeli
Hartman Döbeli
Rudolf Döbeli
Heinrich Sigrist
Caspar Rodel
Jacob Eichenberger
Caspar Sigrist
Rudolf Eichenberger
Jacob Rodel
Heinrich Rodel

Rudolf Burger +
Felix Rodel
Rudolf Sigrist
Jacob Rodel
Daniel Sigrist
Samuel Rodel
Felix Rodel
Jacob Fischer
Jacob Sigrist +
Hans Ulrich Eichenberger
Jacob Rodel
Caspar Hochstrasser
Rudi Rodel
Jacob Rodel
Hans Lantimann
Rudi Rodel
Samuel Lantimer +
Rudolf Rodel
Hans Lindenman
Jacob Hochstrasser +
Heinrich Hochstrasser
Heinrich Fischer
Hans Jacob Sigrist
Samuel Rodel
Caspar Rodel
Jacob Rodel
Johannes Rodel
Jacob Rodel

Gemeinde Meisterschwanden
Presidänt Jakob Sigrist
Hartmann Fischer Richter
Hans Fischer
Hans Sigrist
Rüdi Fischer
Hartman Fischer Wirt
Johans Sigrist Müller
Johannes Sigrist Sohn
Hans Rüdi Sigrist
Rudolf Fischer Wagner
Samuel Fischer Sohn
Rudolf Fischer aug sohn
Jakob Sigrist Schumacher
Jonas Fischer Bebue
Sammuel Fischer Rüdels
Hans Rudolf Fischer Rüdels
Jacob Fischer Rüdels
Jacob Sigrist Kilchmeister
Jacob Sigrist Burkarten
Heinrich Sigrist Burkarten
Salomon Sigrist Müller
Samuel Sigrist Burkhart
Jacob Sigrist Burkarten
Johannes Fischer Abersi
Johannes Fischer Abers Jünger
Jacob Fischer
Melcher Sigrist
Johannes Sigrist

Johannes Sigrist Bartlist
Rudolf Sigrist Bartlist
Samuel Sigrist
Jacob Sigrist Macher
Hartmann Sigrist Macher
Hans Rüdi Fischer
Johannes Sigrist Schmiedner
Jacob Sigrist Schmieden
Hans Rudi Sigrist Dekan
Daniel Döbeli
Samuel Döbeli
Johannes Fischer Babelis
Hartman Döbeli
Jacob Döbeli
Heinrich Döbeli
Hans Rudolf Sigrist Wagner +
Hartman Döbeli
Rudolf Sigrist
Rüdi Fischer Babeli
Jakob Sigrist

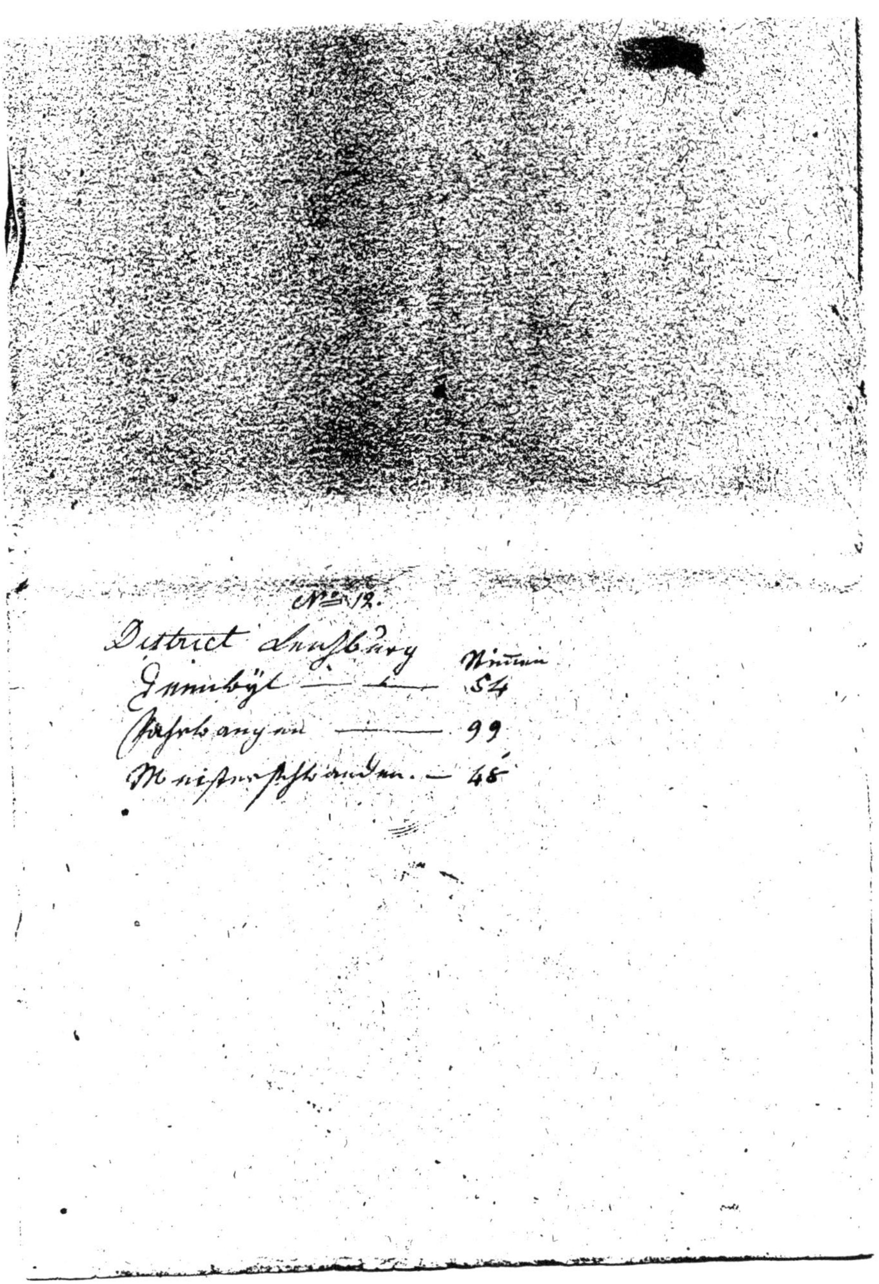

No 12.

District Lenzburg

	Nummern
Gemeindgüt	54
Beschwerungen	99
Meisterschafts[illegible]	48

vollständigen Ehrfurcht, und wahrer Hochachtung.

Gottlieb Hünerwadel, Hutter
Abr. Bertschinger Hutter
J. Jacob Fischer Municipal
Rudolf Strauß Hutmacher
Joh. Jacob Strauß [illegible]
Joh. Jacob Halder [illegible]
Johann Müller Schlosser
Samuel Rohr [illegible]
Johann Rohr [illegible]
Joh. Jacob Rohr [illegible]
Johannes Rohr Schreiner
Joh. Rohr [illegible]
Abraham Schürmann
Bernhard Seiler
J. Halder
Johan Jacob Rohr jgr.
Hünerwadel Municipal
Gottlieb Bertschinger
Daniel Hünerwadel [illegible]
Ferdinand Fischer
Ulrich [illegible]
M. R. Hünerwadel
Johan Jacob Rohr [illegible]
Rudolf Halder [illegible]
Victor Frank [illegible]
Samuel Hünerwadel Schuhmacher
Joh. Jacob Dietschi Hutmacher
Joh. Heinrich Rohr Municipal

Strauß jünger Municipal
Steinbrüchel [illegible]
Sam. Müller
Friedrich Rohr Schlosser
Gottlieb Fischer Schneider
Samuel Hünerwadel Kleinweibel
Marx Rudolf Scheller Medalstecher
Samuel Bertschinger
Jacob Hünerwadel [illegible]
Rudolf Albrecht [illegible]
Hieronimus Halder Schulmeister
Caspar Halder [illegible]
Samuel Albrecht Buchbinder
Rudolf Fischer Schumacher
Samuel Fischer Schumacher
Caspar Seiler Schumacher
Jacob [illegible]
Jacob [illegible] Weber
Johan Jacob Bertschinger [illegible]
Johannes Seiler [illegible]
Johannes Häusler jgr. Sattler
Marx Brunner
Daniel [illegible]
Jacob [illegible] Baumeister
Samuel Häusler
Johannes Häusler alter

Franciscus Kieser Cordonier
Joh: Hamman Insp.
Gottlieb Ross Sigrist
Albrecht Albrecht Buch.
Abra: Hamman Glaser
Joh: Albrecht [illegible]
Johannes Halder Pasimenter
Heinrich Hämmerli alt Weibel
Gottlieb Hämmerli [illegible]
Rudolf Seiler Schmid
Caspar Hüchler Schneider
Samuel Hämmerli [illegible]
Samuel Halder [illegible]
Samuel Mayer Schmid
Bernhart Müller Schneider
~~Johannes Müller [illegible]~~
Jacob Hamman Schneider
Daniel Kieser Modelstecher
Frantz Ludwig Müller Steinhauer
Heinrich Scheller [illegible]
Jacob [illegible]
Samuel Dietschi [illegible]
Samuel Müller Schneider
Rudolf Brüngall bauer
Caspar Brüngall sohn
Samuel Brüngall sohn
Daniel Fischer [illegible]
Abraham Müller [illegible]
Johannes Müller [illegible]
Samuel Müller Küfer
Caspar Brüngal
Johannes Dietschi Weber
Jacob Halder [illegible]

Hieronimus Hünerwadel alter
Rudolf Halder Bader
Jacob Krauss Tischmacher
Caspar Müller Weber alter
Rudolff Hächler
Caspar Müller Jünger Weber
Heinrich Müller Messerschmid
Johannes Müller Messerschmid
Marx [illegible] Hünerwadel
G. Hünerwadel
Halder [illegible]
Emanuel Halder Schlosser
Johan Jacob Scheller Tischmacher
Jörg Krauss Gerber
Salomon Fischer
Conrad Bachofinger Metzger
Hans Jacob [illegible]
Johan Heinrich Mayer Metzger
Joh: Jacob Fischer Glaser
Joh Heinrich [illegible]
Samuel [illegible]
David Hamman Schumacher
Jacob Seiler Drechsler
Heinrich Müller Wund-Artzt
Jacob Müller Wund-Artzt
Bernhard Hünerwadel
Jacob Bachofinger Jünger
Jacob Bachofinger alter
Johannes Halder
Gottlieb Halder
Samuel Kieser
Caspar Kieser

Samuel Müller Rotgiesser
Samuel Krauss Beck
Rudolf Holder Schreiner
Jacob Rieser [illegible]
Johannes Baumann Schreiner
Jos. Ullrich Häusler Tuchmacher
Johannes Häusler Glaser
Daniel Rohr Schlosser
Abraham Schollar Schmied
Abraham Dietschi älter
Franz Bertschinger
Jacob Fischer Zimmerman und Sohn
Abraham Häusler
Johann Rudolf Hünziger [illegible]

Lenzburg am 15. Juny 1801.
= Hünerwadel Seckel.
President der Munizipalität

Wir hoffen und zweiflen um so weniger bey Ihnen Bürger Minister kräftige Vermittlung, und gütige Unterstützung zu finden, da Sie sich schon bey so manchen Anlässen auf die edelste und nachdrucksvollste Weise für das Wohl unsers Vaterlands verwendeten. Unsere durch diese neue Wohlthat noch mehr gerührte und dankvolle Herzen werden nicht aufhören für Sie die besten Segnungen des Himmels zu erflehen.

Genehmigen Sie übrigens Bürger Minister die Versicherungen unserer allseitigen Ehrfurcht, und wahren Hochachtung.

Johannes Frey älter.
Jakob Friedrich Frey
Jos: Caspar Frey
Joh: Rudolph Rauchenstein
Johannes Frey Pfister
Caspar Krafft älter.
Joh Jacob Stäblin Elter
Samuel Stäblin Elter
Jacob Kraemer Hutmacher
J Jacob Stäbelin Schmid

Johannes Bäurlin Vatter
Johan Caspar Krafft Sohn
Jac: Jägerfeld u. Sohn
Beat Egger Metzger.
Jos: Ulr: Rothler Metzger
Johan Jacob Kunz
Johann Jakob Spiegel Jünger
Johan Caspar Frey jüngerer
Hans Jörg Locher

[illegible]
Heinrich Hummel
Heinrich Hummel alt Buchbinder
Jacob Füchslin.
Johannes Schilpli
Johan Caspar Stapfer Sohn
Samuel Meür Vater
Jacob Ulmer [illegible]
Samuel Meür Sohn
Samuel Steinegger
Rudolf Unger
Daniel Ründer
Jacob Dallenbach
Jakob Lechlisperner
Sig: Seer, althauptmann
Johann Abraham Zegenfeld.
Caspar Stapfer Vatter
Johannes Füllhartz
Johanes Vögtlin, Goldschmid
Daniel Dillmann
Lelie Rauchenstein.
Jacob Brugger
Johan Friedrich Stapfer
Kürsener alt Schaffner
Leonhard Hummel.
Abraham Unger.

No. 14.
District Brugg
Brugg. – 46 Num.

Genehmigen Sie übrigens Bürger Minister die Versicherungen unserer allseitigen Ehrfurcht und besten Hochachtung.

Windisch Munizipalität

Johannes Rauber	Johannes Schatzman
Franz Schatzman	Daniel Willman
Friedrich Schatzman	Friedrich Willman
Rudolph Schatzman	Caspar Willman [illegible]
Heinrich Schatzman	Isaac Schatzman
in namen und aus geheiss des [illegible] Schatzmans und er schreibt sich franz schatzman	Conrad Schatzman
Johannes Rauber	Jakob Schatzman
Jacob Rauber	Daniel Schatzman
aus geheiss das samuel schatzman und er schreibt franz schatzman	Ullrich [illegible]
[illegible] Rauber	Johannes Müller [illegible]
Rudolf [illegible]	Friedrich [illegible]
Samuel [illegible]	Daniel [illegible]
Caspar [illegible]	Daniel Schatzman alt gericht säss
Abraham Schatzman	[illegible] Meyer [illegible]
Daniel Schatzman	Friedrich Huber
Jakob [illegible]	Hans Conrad Kämpf
in namen des Jakob [illegible]	Rudolf Kämpf
durch franz Schatzman	[illegible]
Jacob Rauber [illegible]	Rudolf Kämpf
Johannes Hofman	Caspar Meier
Burkart Hofman	Jacob Meier
Daniel Rauber [illegible]	Johannes Huber
in namen Conrad [illegible] und er schreib	Johannes [illegible]
durch franz Schatzman	Conrad Meier
Johannes Meyer	Stephan Meier
Jakob [illegible]	Daniel [illegible]
Jacob [illegible]	Johannes [illegible]
	[illegible]
	Johannes [illegible]

Johannes Keißlinger	Alten Burg
Daniel Keißlinger	Johannes Baur
Heinrich [illegible]	Jacob Bäder
[illegible]	[illegible]
Jacob Braun der	Conrad Baur
Conrad Braun Sohn	Ludwig Glor
Heinrich Beiland	[illegible] Bingeli
Jacob Hofmann	Jacob Brugger
Johannes Dauber Schneider	Christian Häuser
Albrecht Läuffer	Daniel Keller
Obm Jacob Müller	Hans [illegible]
Daniel Mo[illegible]	Martin Balliger
Daniel Dauber	Jacob Baumann
Jacob Müller	Conrad Barth
Joseph Vogelsanger	Rudolf Glor
Heinrich Dauber in Altenburg	Emanuel Häuser
Heinrich Fogler	Heinrich Barth
Friderich Müller	Rudolf Barth
Hans Jörg Müller	Heinrich Brugger
Daniel Müller	Daniel Läder
Johann Jost Walther	Johannes Barth Elter
Hans Jörg Walther	Johannes Barth Jünger
	Johannes Walther
	Rudolf [illegible]
	Johannes Walther Jünger
	Isaac Walther

Dis ist von unser gemeind
Altenburg einhellig abgegangen
daß wir alle an Canton
Baden schließen

No 15.

District Brugg

Windisch — 80 Num

Altenburg. — 25.

Revolution war in der Vereinigung unsers Landes
in der Cultur desselben & in dem Blühen aller Arten
von Gewerben die Hoffnung begründet zu finden in der
Vereinigung mit dem Canton Bern, unter einer bessern
~~Verwaltung~~ zu stehen, als wenn wir eine eigene
Verwaltung annehmen, oder mit andern sollten verschmolzen werden.

Die Einwohner des Untern Aargäus glauben sich
durch erlittene Drangsalen des Kriegs und durch die
großen, und mit ihrer Vereinigung in keinem Verhältnis stehenden Opfern, auch einiche Ansprüche
auf diejenige Achtung erworben zu haben, welche der erste
Consul allen ehemaligen kleinen Cantonen durch ihre Wiederherstellung bewiesen hat.

Wir wissen also Bürger Minister! da wir Ihre edle Denkungsart kennen; Ihre gütige & nachdrukvolle Verwendung an daß
bei der ~~neuen~~ Eintheilung Helvetiens der untere Aargäu
wieder mit dem Canton Bern, dessen Bestandtheil er ehemals
ausmachte, wiederum möchte vereinigt werden.

Wir hoffen & wissen aus so vielen Proben Bürger
Minister, kräftige Vermittlung & gütige Unterstützung zu
finden, da Sie schon bei so wichtigen Anlässen sich die
edelste & nachdrukvollste Weise für das Wohl unsers
Vaterlands verwendeten, Unsere durch diese neue Wohlthat
noch mehr gewonnenen & dankbaren Herzen werden nicht
aufhören [illegible] die besten Segnungen dafür [illegible] zu
erflehen.

Genehmigen Sie übrigens Bürger Minister! die
Versicherungen unserer vollkommenen Ehrfurcht & wahren
Hochachtung.

Gemeind Rüfenacht.

~~Caspar Vogt~~
Hans jakob Vogt
Jakob Vogt

Hans jakob Würgler
Jakob Würgler jünger
Heinrich Würgler

Johannes Hirt [illegible]
Jacob Vogt
Jakob Vogt Hansrudis
Heinrich Vogt
Gabriel Märki
Jacob [illegible] Märki
Heinrich Vogt Hansrudis
Heinrich Vogt Sohn
Hans Heinrich Märki
David Meyer
Heinrich Vogt
Jacob Vogt
Jacob Vogt [illegible]
Heinrich Vogt
Jacob Märki [illegible]
Heinrich Märki

Hermann Reich
Johannes Rütter von Rein
Jacob Rütter
Jacob Rütter
Caspar Rütter
Johannes Rütter
Rudolf Nussbaum
Johannes Müller
Jakob Baldi Jünger
Jacob Rütter Tambur
Jacob Rütter Sohn

Jacob Steiner Sohn
Rudolf Baldi
Jacob Hirt

B

No 16.
District Brugg
Ruhenacht — 22 Num
Reis. —— 13

Ehrfurcht und wahrer Hochachtung.

Habsburg d. 19. Juni 1801.

Joh: [illegible]	Joh. Friedrich Rinicker
Fridli Rinicker	Jacob Rinicker
Jacob Rinicker	Fridli Rinicker
Jacob Rinicker	Benedict Käber
Hans Heinrich Rinicker	Hans Jacob Baum
Hans Heinrich Baur	Felix Baum
Johannes [illegible]	Rudolf Baum
Jacob [illegible]mann	Jacob Baum älter
Johannes Baum	Heinrich [illegible]
Jacob Hübli	[illegible] Rinicker
[illegible] Rinicker	Hans Jacob Rinicker
[illegible] älter	Jacob Rinicker älter
Johannes Baum	Fridli Rinicker
Jacob [illegible]	[illegible]

Ausschliessung der Stimmen an Canton Bern	Ausschliessung der Stimmen an Canton Argau
1 Daniel Hartmann President	Michel
2 Caspar Hedinger Müller	
3. Jacob Wild alt Müller	
4. Jacob Stoll	
5. Daniel Meÿer	
6. Friedrich Wild	
7. Johannes Hummel	
8. Johannes Hartmann	
9. Hans Jacob Reÿ	
10. Hans Ulrich Reÿ	
11 Hans Ulrich Meÿer Schumacher	
12 Samuel Reÿ	
13. Johannes Reÿ	
14. Hans Jacob Reÿ Zim.	
15 Heinrich Stoll	
16 Hans Ulrich Meÿer	
17 Johannes Meÿer	
18 Jacob Meier	
19 Johannes Meier	
20 Johannes Wild	
21 Heinrich Reÿ beck	
22 Heinrich Reÿ	
23. Samuel Reÿ Kirchmeyer	
24 Jacob Reÿ Vögli	
25 Jacob Wild Maurer	
26 Jacob Wild alt Maurer	
27 Heinrich Meÿer Schuhmacher	
28 Samuel Reÿ	
29. Freiwillig an Canton Bern an seinen alten Vatterstadt	

Anschliessung der Stimmen an Canton Bern	Anschliessung der Stimmen an Canton Argau
1 Heinrich Rey [illegible]	Nichts
2 Daniel Hümbel [illegible]	
3 Daniel Hümbel	
4 Heinrich Meyer	
5 Heinrich Meyer Metzger	
6 Heinrich Meyer	
7 Johannes Rey [illegible]	
8 Hans Heinrich Rey	
9 Rudolf Hümbel	
10 Hans Ulrich Rey	
11 Johannes Wild	
12 Jacob Engel	
13 Rudolf Engel	
14 Johannes [illegible]	[illegible]
15 Jacob Hümbel	
16 Rudolf [illegible]	
17 Hans Jacob Rey Zimmerman	
18 Heinrich [illegible]	
19 Johannes Rey	
20 Johannes [illegible]	
21 Heinrich [illegible] Wälti	
22 Johannes Rey	
23 Jacob Rey	
Gott und [illegible] ist Mir wol bekant dass [illegible] Regieren Mein Vatterland Jacob Hümbel 24	
25 Hs. Ulrich Engel	
26 Abraham [illegible]	
27 Johannes [illegible] im Hof	
Da die Stimmen an die alte Mutterstatt Bern sind 56.	

Hausen Den 20 Januari 1801
[illegible] Mitunterschriebenen in der
Gemeindt Hausen Wünschen Widerum
Mit dem Canton [illegible]
[illegible]

Johannes Hartmann [illegible]
Heinrich Schatzmann
Hans Jacob Hartmann
Kaspar Dällÿ
Jacob Schatzmann [illegible]
Hans Schatzmann [illegible]
Jacob Bossart Schulmeister
Jacob Schatzmann [illegible]
Johannes Schatzmann
Johannes Rohr
[illegible] Rohr
aus Befehl Schatzmann Daniel
Friedli Hartmann
Jacob Müller
Hans Jacob Hartmann [illegible]
Johannes Müller
Ulrich Wagner
Ullrich Schatzmann
Jacob Schatzmann
Jacob [illegible]
Johannes Schatzmann
Johannes Widmer
Friedrich Hartmann
[illegible] Kaspar Schatzmann
Jacob Schatzmann
Friedrich Bossart

Rudolf Widmer
Jacob Meyer Conraden
Jacob [illegible]
[illegible] Konrad Schatzmann
Jacob Bossart
Johannes Dägli
Hans Jakob Dägli
Johannes Widmer [illegible]
aus Befehl Jörg Schatzmann
Jacob Dägli
Heini Dägli
Heinrich Schatzmann
Jacob Schatzmann
Johannes Schatzmann
Johannes Schatzmann
Jacob Schatzmann
Rudolf Imhof
Ulrich Imhof
Kaspar Schatzmann
Johannes Schatzmann
Johannes Widmer [illegible]
Heinrich Widmer [illegible]
Jacob [illegible] Wagner
Daniel Widmer [illegible]
Daniel Schatzmann [illegible]
David Widmer [illegible]
Hans Heinrich Müller

Rudolf Schaffner
Conrad Schaffner jüngere
[illegible] Schaffner [illegible]
Johannes Schatzmann [illegible]
Daniel [illegible]
Hansiacob Meyer
Balthasar Meyer
Hans Jörg Roth
Friedrich Roth
Heinrich Roth
Hans Konrad Schaffner Alter
[illegible] Hans Roth
Jacob [illegible]
Friedrich Roth
Daniel Schatzmann
Jacob Meyer
Heinrich Meyer
Caspar Widmer
Jacob Widmer
Hans Caspar Schatzmann
Daniel Widmer
[illegible]
[illegible]
[illegible]
[illegible]

Friedrich Roth

No. 17.
District Brugg
Habsburg. — 28 Stimmen
Schärtz. — 56.
Hausen. — 75.

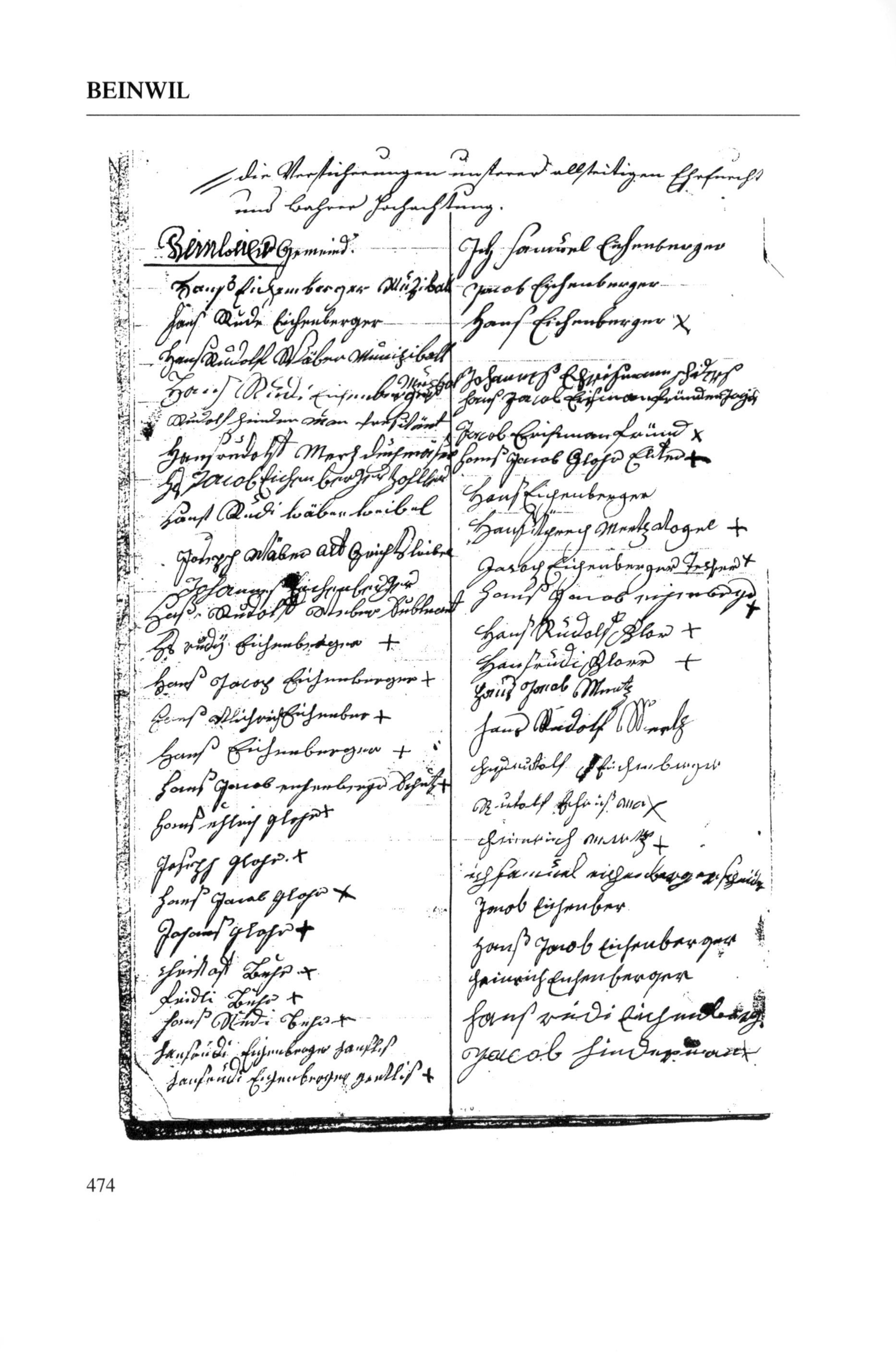

Hs Rudi Hinderman Schnider
Hans Rudi Hinderman +
Johans Hinderman +
Heinrich Eichenberger
Hans Rudolf Eichenberger
Jacob Eichenberger
Johannes Hinderman +
Hs Rudi Hinderman +
Hs Rudi Geris man +
Samuel Geris man +
Hans Hinderman +
Johannes Hinderman +
Hs Rudi Hinderman +
Heinrich Mertz [illegible]
Rudolf Geiß man
Hans Rudy Geiß mann
Rudy Geiß mann
Fridly Geiß man
Hans Rudi Mertz Vogel
Hans Rudi Eichenberger
Fridli Eichenberger +
Hans Rudy Hinderman [illegible]
Samuel Hinderman
Melcher Hinderman
Johannes Eichenberger [illegible] +
Jacob Eichenberger [illegible] +
Jacob Eichenberger [illegible] +

Hans Eichenberger [illegible] +
Heinrich [illegible] +
Hs Rudi Eichenberger [illegible] +
Joseph Hinderman [illegible]
Hans Rudolf Eichenberger [illegible]
Marti Eichenberger [illegible] +
Hs Rudi Eichenberger [illegible] +
Hans Geiß mann
Rudolf Geiß man
Hans Jacob Geiß man
Hans Rudi Eichenberger
Fridli Eichenberger +
Joseph Eichenberger +
Rudolf Eichenberger +
Rudolf Eichenberger +
Jacob Eichenberger Beck +
Heinrich Eichenberger Beck
Hans Rudolf Eichenberger +
Hans zu Walli
Rudolf Walli
Hans Jacob Walli
Hans zu Walli
Rudy Merz [illegible]
Johannes Merz [illegible]
Rudy Geiß man [illegible] +
[illegible] Eichenberger [illegible] +
Joseph Eichenberger [illegible] +

6.

Hs Jacob Eichenberger [illegible]
Joseph Eichenberger [illegible]
Johannes Hindermann [illegible] +
Heinrich Eichenberger
Johannes Eichenberger
Rudi Eichenberger
Hans Rudi Eichenberger
Melcher Hindermann
Fridli [illegible]
Hans Eichenberger [illegible]
Hans Rudi Hindermann [illegible]
Hs Rudi [illegible] +
Hs Hans [illegible] Eichenberger
Hs Johannes Eichenberger
Hans Eichenberger
Hs Hans Rudolff Eichenberger
Hans Hindermann
Hans Rudi Hindermann
[illegible] Melcher Hindermann
Hans Rudi Hindermann
Hans Bür +
Johannes Hindermann
Hans Rudolf Eichenberger +
Christof Bühler [illegible]
[illegible] [illegible]
[illegible] Jacob Eichenberger
Hs [illegible] Eichenberger +

Johannes Eichenberger +
[illegible] Eichenberger +
Jacob Eichenberger +
Hs Rudi Eichenberger +
Jacob Eichenberger
Christoff Eichenberger
Hans Eichenberger
Hans Jacob Eichenberger
Hs Hans Rudi Zeller
[illegible] Rudi [illegible] Mertz
[illegible] Mertz Vogel +
Jacob Mertz +
Jacob Hindermann
Hans [illegible]
Hans Jacob Mertz
Johannes Mertz
Jacob Mertz
[illegible] Mertz
Hans Rudi Mertz +
Jacob Mertz
Rudi Mertz +
Hans Rudi Mertz +
Hans Mertz +
Hans Rudi Mertz +
Melcher Hindermann +
Johannes [illegible]
Jacob Eichenberger

Hans Rudolf Berger
Joseph Chrisimann alter man
Hans Rudli Chrisimann
Joseph Chris Man
Heinrich Eichenberger ×
Johannes Eichenberger ×
Hans Eichenberger +
Christof Eichenberger +
Jacob Gloor Vatter +
Hans Rudolf Mertz
Hans Rudolf Mertz
Hans Jacob Mertz +
Hans Rudi Chrisman
Hans Chrisman +
Hans Jacob Halder +
Daniel Eichenberger
Heinrich Eichenberger
Jacob Eichenberger [illegible] +
Heinrich Eichenberger +
Rudi Mertz Ölrudis +
Rudi Mertz Hermannis
Johannes Mertz Hermannis
Hans Jacob Eichenberger
Rudolf Merz Öllrudli
Hans Rudi Eichenberger [illegible]
Christofel Eichenberger

Fridli Halder
Hans Rudi Halder
Johannes Halder
Rudi Mertz Ölrudis +
Heinrich Eichenberger
Joseph Eichenberger
Rudolf Eichenberger
Jacob Eichenberger ×
Jacob Eichenberger +
Johannes Weber
Hans Rudi Eichenberger
Johannes Eichenberger
Johannes Mertz
Jacob Merz
Heinrich Eichenberger
Hans Rudi Eichenberger [illegible]
Hans Eichenberger ×
Johannes Eichenberger
Johannes Eichenberger
Hs. Jacob Eichenberger
Rudi Chrisman +
Johannes Eichenberger
Hans Chrisman +
Hans Rudolf Weber [illegible]
Johannes [illegible]
Joseph Chrisman

Hans Eysenberger Meiers
[illegible] Rudi Glaser +
fridli Mertz alt Schifman

// stellen, von uns abgewälzt, zu diesen Wohlthaten thun Sie noch die
vor uns so wesentlichste zu, dass Sie uns unseren heissten Wunsch
der Wiedervereinigung mit dem Kanton Bern, so viel an Ihnen
ist, gewähren, und unsere sehnliche Bitte, da wo Sie solches thunlich
und nötig finden, mit Ihrem kräftigen Fürwort unterstützen.
Wir und unsere Kinder werden Ihnen dafür danken, und Sie
dafür segnen. Genehmigen Sie übrigens Bürger Minister die
Versicherung unserer Ehrfurcht und wahren Hochschätzung.

Ich Jacob Wilhelm President der Municipalität
von Ürkheim
Jacob Hänggler alda
Adam Küpfer alda
Hans Jacob Flück [?] alda
Melchior Däschwiler von Oftringen Schulmeister alda
der President von Oftringen Heinrich Weiger [?]
Jacob [?] Hürzeler Municipalbeamter von Oftringen
Caspar Wirth von Oftringen
Bernhard Däschwiler Municipal Weibel von Oftringen
Metzger, Presid.t der Municipalität zu Zofingen
Joh. Rudolf Hürsch von Zofingen
Samuel Ringier, Municipal beamt.
Johannes Zür [?] vel. Gemeinde Verwalter [?]
Friedrich Hünerlin [?] Rathsherr von Zofingen. von Oftringen
Johannes Läsi [?] Municipalität beamter
auf dem Wägliberg [?]
Joh. Müller President der Municipalität auf dem
Wylibrg [?]
Christian Lüscher von Bottenwil
Samuel Wirz [?] von Botenwihl [?]
Melchior Hällmann [?] von Bottenwil
Jacob Müller auf dem Wiliberg [?]

Gemeind Kölliken

Rudolf Matter
Jacob Häfliger
Friedrich Häfliger
Daniel Fischbach
Jacob Sutter
Heinrich Bolliger
Hans Rudolf Haus
Jacob Sutter
Jacob Sutter
Samuel Mathys
Bernhart Matter
Rudolf Matter
Hansjacob Vogel
Samuel Stern
Samuel Hilfiker
Jacob Hilfiker
Hans Rudolf Matter
Jacob Matter
Hans Rudolf Matter
Johannes Sutter [illegible]
Samuel Bossart
Samuel Vogel
David Sutter
Jacob Bossart
Samuel Bossart
Daniel Sutter [illegible]
Samuel Sutter
Daniel Sutter

Gemeind Kölliken

Hans Rudolf Hilfiker alt [illegible]
Jacob Sutter alt [illegible]
Johannes Sutter alt [illegible]
Samuel Sutter
Rudolf Matter Sternen
Melchior Matter Sternen
Rudolf Matter Sternen
Johannes Matter
Samuel Lüscher
Johannes Matter
Jacob Matter
Jacob Matter Sternen
Daniel Sutter
Samuel Matter
Melchior Matter
Samuel Vogel
Samuel Härri alt [illegible]
Samuel Bossart Kloster
Hs Jacob Hilfiker
Samuel Lüthy
Hans Rudolf Hilfiker
Hs Jacob Sutter
Jacob Lünenberger
Jacob Burghart
Hans Rudolf Hilfiker
Daniel Sutter
Hs Rudolf Matter
Bernhard Matter

56

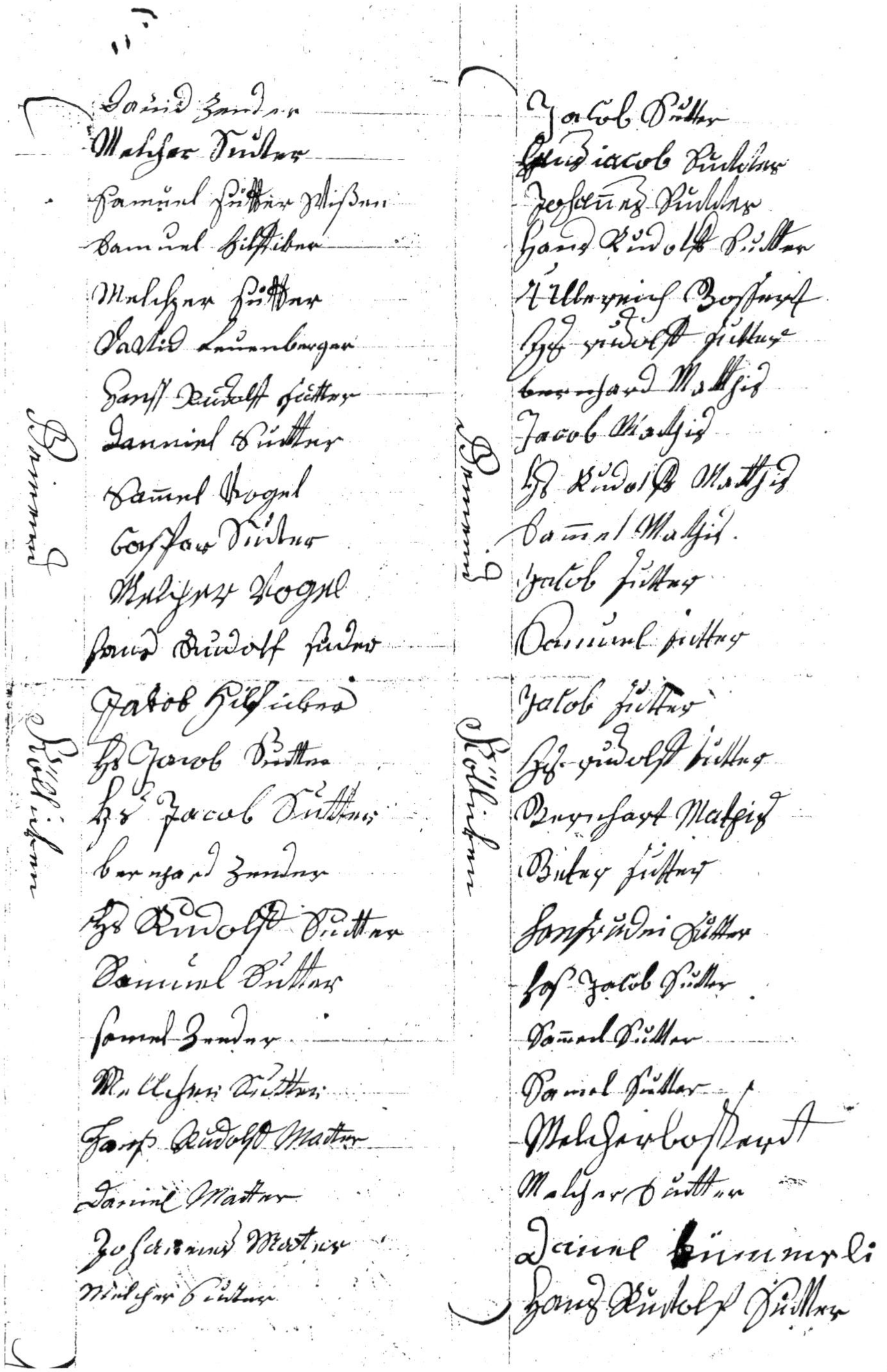

[illegible]	Samuel Ernst	Samuel Hüttner
	Hs Rudolf Kümmerli	Jacob Heuer mit 3 Söhnen
	Rudolf Aschbach	
	Jacob Hüttner	
	Samuel Hüttner	
	Ulrich Hüttner	
	Samuel Hüttner	
	Jacob Matter	
	Daniel Kümmerli	
	Melchior Matter	
	Jacob Matter	
Kölliken	Hans Ulrich Matter	
	Samuel Mater	
	Hans Rudolf Kümmerli	
	Hans Rudolf Ernst	
	Samuel Matter	
	Hans Rudolf Kümmerli	
	Hans Jacob Kümmerli	
	Hans Rudolf Matter	
	Jacob Hüttner	
	Daniel Bossert	
	Samuel Hilfiker mit 6 Söhn	10
	Jacob Heuer mitt 3 Söhn	56
		75
	Daniel Bossert mit 4 Söhnen	141
	Melchior Hüttner	

4.1.20c

Der vorstehenden schrift Bescheine Ich
Jacob Brändli President von Bittnau
Namens übrigen Municipalitets Glidern

Escheint Melchior Morgenthaler President Im Namen
der gantzen Munizipalitet zu Kettelweill

Ich Melcher Hüßiker alt agent bescheine für Mich
und allen Mit bürger der gemein Safenwill

Ich Jacob Klauß Alt Statthalter bescheine
ein Mich dißer befohrschenkter geschrift
Ich Heinrich Lüthi alt Kabitän in Safenwil
Erkenne obiger für mich und meine 4 Söhne
und Kinder der abstatt

Gemeind Kölliken
Rudolf Mattner
Melchior Hüttner
Jacob Rütter
Daniel Rüttner
Jacob Rütter
Samuel Mathhiß
Samuel Stern
Jacob Eschbach
Samuel Lauren Bägner
Daniel Rütner Minicibal

16

Vereinigung mit dem Kanton Bern, so wie er Ihnen ist, [illegible] und unsere sehnliche Bitte, da wo Sie solches thunlich und nötig finden mit Ihrem kräftigen Fürwort unterstützen. Wir und unsere Kinder werden Ihnen dafür danken, und Sie dafür segnen, genehmigen Sie übrigens Bürger Minister die Versicherung unserer Ehrfurcht und wahren Hochschätzung.

Fahrwangen den 27.ten May 1801.

Jacob [illegible] Presadent

Rudolf [illegible] Munizipall

Rudolf Döbeli Munizipall

Daniel [illegible] Munizipale von Fahrwangen den 28ten May 1801.

Jacob Fischer in [illegible] bescheint Heinrich Fischer von [illegible]

Daniel [illegible] Munizipal Präsident zu Leutwil

Jacob Kraft Munizipal in Leutwil den 28ten May 1801.

Daniel Holliger Munizipal

Johannes [illegible] President in Alliswil den 28. May 1801.

Samuel Schaub Munizipal in Alliswil den 28ten May 1801

Jacob Holliger President in Boniswil datum obstat

Jacob Humbel Munizipal in Boniswil

Jacob Urech President in Niederhallwil datum obstat

Heinrich Urech Munizipall

Jacob Urech Suppliant

Jacob Fischer President der Munizipalität in [illegible]

[illegible] Huber Munizipall

Jacob Fischer Alt Vorgesetzter in Dennwil

Jacob Fischer [illegible] in Tennwil

Jacob Siegrist President der Munizipalität in Meisterschwanden

Rudolf Siegrist Munizipall

Hartmann Fischer in Meisterschwang

Johannes Siegrist Müller in Meisterschwanden

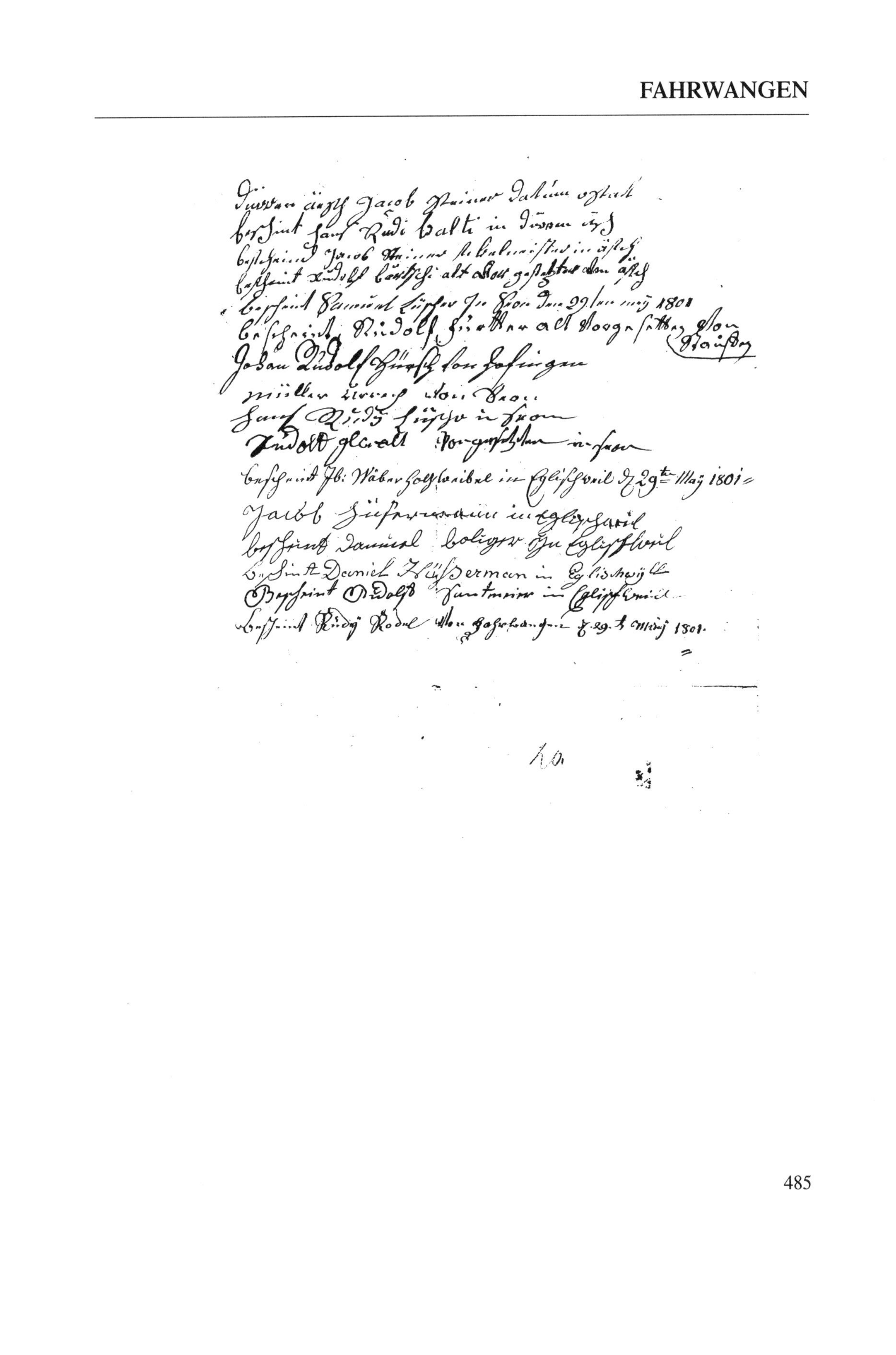

// Bürger Minister durch Ihre alle menschenfreundliche Bemühungs-
=Arth- noch viel Unglück und Jamer so uns hätte treffen sollen, von
uns abgewälzet, zu diesen Wohlthaten thun Sie noch die vor uns so
vorteilhafte zu dass Sie uns unseren heissen Wunsch der Wieder-
=Vereinigung mit dem Kanton Bern, so viel an Ihnen ist, gewähren
und unsere sehnliche Bitte, als wo Sie solches thunlich und nöthig fin-
=den, mit Ihrem kräftigen Fürwort unterstützen. Wir und unsere
Kinder werden Ihnen dafür danken, und Sie dafür segnen
genehmigen Sie übrigens Bürger Minister die Versicherung
unserer Ehrfurcht und wahren Hochschätzung.

1te Beinwil d. 26te May 1801. Namens der ge-
=meinde erschienen
Rudolf Fischer Man presidänt
Erschient Hanss Eichenberger Munizipall
Erschient hr. Jacob Eichenberger Schulmeister
Erschient Daniel Haller Munizipall und Drüllmeister
und in Namen denen Mithaften der gemeind
Gundiswil
Erschint gr. menzikon Jacob Vogt samt mithaften der
mehrertheill der gemeind –
Erschiendt hr. Rudolf Fediger von Rynach
samt Mit haften den Mehren Theil der
Gemeind Rynach
Birwil der Jacob Bloor gmeindsverwalter
birwil Caspar Häri Michel Jörid
birwil Heinrich Lautweiler Untervogt
Rudolf Stattler Braunis
Uolhan Bloor Küfer
Rudolf Lüthenwiller Müller alt Untervogt. –

Zetzwil; Kaspar Frisch auch und im namen
Seinen mithafften den mehrern Theil von der
gmeinde